Lexicon Syropalaestinum Adiuvante Academia Litterarum Regia Borussica...

Friedrich Schulthess

LEXICON SYROPALAESTINUM

ADIUVANTE

ACADEMIA LITTERARUM REGIA BORUSSICA

EDIDIT

FRIDERICUS SCHULTHESS

BEROLINI
IN AEDIBUS GEORGII REIMER
MCMIII

Lipsiae: typis Guil. Drugulini.

L. B. S.

Decennium iam confectum est, ex quo F. Schwally libellum edidit cui inscribitur „Idioticon des christlich-palästinischen Aramäisch". Quo temporis spatio tam multa ad hanc dialectum pertinentia innotuerunt sive interim edita sive inedita, ut siquis novum lexicon susceperit condendum, viris doctis eum gratum facturum esse spes sit, eo magis cum libri illius auctor nescio qua ratione ductus rem ita instituerit, ut eas tantum voces reciperet quibus nostra dialectus a syriaca edessena discrepat, omnes vero excluderet quibus et cum edessena illa et cum dialectis iudaeis consentit. Quamquam ut nostrae ἰδιότης vere patefieret, iudaeopalaestinenses potius in comparationem vocari debuerunt quam edessena. Accedit quod nostra haud minus interest scire quibus rebus conspirent dialecti quam quibus discrepent. At his studiis ad hoc temporis omnino non tantum profecimus, ut iam de perfecto omnibusque numeris absoluto lexico aramaeo cogitari liceat: permulta erunt antea perscrutanda colligenda edenda, quam fiducia aliqua effici poterit, quaenam sit ratio nostram inter ceterasque dialectos. Quare hisce in rebus notum illud „festina lente" maxime teneatur oportet, id quod in hac quoque praefatione monendum duxi, cum virum quendam doctum deque lexicographia necnon grammatica iudaeopalaestinensi bene meritum in errorem notabilem abductum esse observassem. Qui cum dialectos lexici potissimum ratione habita discernere nuper conatus esset, eo pervenit ut nostram dialectum galilaeae magis quam iudaeae affinem esse statueret.* In quem errorem manifestum ille certe non incidisset, nisi de re admodum abstrusa iudicium ferre voluisset, cum dialectorum reliquiae quam plenissime et accuratissime potest in iusti lexici formam nondum essent redactae. Nam et studium linguae samaritanae inde a Geigeri Kohniique conaminibus fere neglectum iacet, nec quisquam denuo suscitare et ad artis philologicae qualis hodie est normam promovere instituit.

Quae cum ita sint de huius mei operis utilitate philologica vix est quod dicam, spero tamen etiam theologos eo usuros, quippe quibus studium harum rerum in accurata librorum sacrorum, imprimis evangeliorum synopticorum interpretatione ad scriptorum sententias plene percipiendas non modo non superfluum, immo plane necessarium sit. Payne Smithium quidem in

* G. Dalman, Grammatik des jüdisch-palästin. Aramäisch, 1894, p. 33 sq.

Thesaurum suum syriacum vocabula syropalaestinensia recepisse eosque qui post auctoris mortem ingens opus ad finem perducendum curabant, libros vel nuperrime editos excerpsisse Thesaurumque hinc multis auxisse nemo est quin sciat; sed et de hoc constat, raptim fere, ne dicam omni ἀκριβείᾳ philologica vel ratione critica neglecta, id factum esse, insuper nonnullas voces prorsus omissas.

Ex iis quoque quae ad res grammaticas pertinent codicum nuper inventorum ope permulta melius pleniusque intelleguntur, alia nunc demum velut ex tenebris emergunt, aliis denique quae Ev. codex A (Vaticanus) exhibere quidem videbatur, sed ea intempesta correctoris Syri manu oblitterata vel mutata, Ev. codicum sinait. auctoritas fidem addidit. Quod ut paucis illustrem, formae quaedam ad hoc temporis rarissime obviae (veluti verbum suffixis instructum et infinitivi) pluribus comprobantur exemplis; de إمالة quam vocant (velut ܡܩܒܠܢ = מְקַבְּלָן) nunc satis constat. Adde pluralia tantum, ea quoque ab editoribus parum intellecta, velut ܓܘܕܦܝܢ βλασφημία, alia. Ex iis quae ad syntaxin spectant proferre libet illud ܗܘ ܗܘ (τὸ αὐτό), quod alibi, quantum scio, nusquam occurrit. Verba facere nolo de orthographiae varietate quali Iudaeorum libri utuntur, nec placet pluribus disserere de iis formis quae num recte a librariis exaratae sint vel a legentibus exceptae dubitari queat, velut de st. abs. pl. m. in ـــ desinente (cf. p. 17[b], 5 sq., 140[b], 10).

Maximo opere id egi ut voces proponerem quam plenissime atque formas singulas quod eius fieri posset illustrarem. At codices manu scriptos erroribus vitiisque cuiusvis generis refertos esse et editores haud ita felices fuisse in illis cognoscendis delendis emendandis, neminem fugit qui quidem harum rerum idoneus est existimator. Nonnulli, ut libri palimpsesti a viro docto et sagacissimo J. P. N. Land editi, magnam partem prorsus foedi sunt. Quamquam cavendum est, ne iusto iniquius de codicum fide statuas. Quis enim, ut hoc uno exemplo defungar, universam dialecti rationem hodie ita perspectam habet, ut de formis ܚܪܡܘܣ et ܚܘܪܡܘܣ certis argumentis sit iudicaturus? Licet enim promptum sit suspicari, sive hanc sive illam scribentis errore natam esse, tamen utraque speciem prae se fert genuine aramaeam; quam ob rem ut alteram uteram reprobarem a me non potui impetrare. Verum asteriscos notulasque criticas larga manu apposui nec parcus fui coniecturis. Praeter haec sedulo anquirendae erant voces ex Syrorum sermone assumptae, quales etiam in libros vetustiores irrepserunt. Porro cum neque concordantias quas vocant conficere mihi in proposito esset neque artem grammaticam conscribere, formas quidem potiores prolixe attuli, de rarioribus diligenter admonui, at omnia singillatim percensere non meum putavi. Grammaticae est demonstrare, verborum pr. א et verborum pr. י imperfecta *Pe.* tam ut ܢܐܡܪ, ܢܐܬܐ quam ut ܢܝܬܐ, ܢܡܪ formari, et quae sunt huius modi cetera. Vocabulis usitatissimis aliquammultos locos adscripsi, rarioribus et quae maioris sunt momenti omnes hodie obvios. In re syntactica id semper respiciendum est, universas litterarum syropal. reliquias ex libris graecis versas esse atque interpretes (vernaculi quidem sermonis ne in minutiis quidem plane oblitos, cf. e. g.

ܡܦܪܚ ܦܪܚܐ πετεινὸν πτερητόν Gen. 1 21, al.) verba graeca tam servilem in modum sequi consuevisse, ut quisquis legit creberrime graeca magis quam aramaea sibi ob oculos versari opinetur. En istud ܢܣܒܘ ܡܠܟܐ συμβούλιον ἔλαβον Mt. 22 15, al.), ܢܣܒ ἦρεν (Mt. 24 39, al.), ut taceam illepidum illud ܐܡܪ ܐܡܪ, εἶπε λέγων (Ex. 10 1 al.).

Nonnullis vocibus formas secundum Iudaeorum Syrorumve traditionem vocalibus instructas, vel adeo arabicas addidi, cum ne quid in re critica neglexisse viderer, tum ut legentes, ubi dubitationi locus esset, de mea sententia certiores facerem. Quod tamen nolim ita accipi tamquam dialectis aramaeis inter se comparandis dedita opera inservire voluissem; immo disertis verbis repetam me hoc consulto declinasse, cf. ZDMG 55, 337. Ubi fieri potuit, ad Schwallyi Idioticon legentes remisi, in graecis ad tomum alterum libri a Samuele Krauss quamvis invita Minerva conscripti, librorum tamen adhibitorum et laudatorum copia perutilis, insuper a viro doctissimo I. Löw diligenter castigati.

Ut nomina propria reciperem ratio flagitabat. Nam harum litterarum reliquiae admodum exiguae quoad fieri poterat hoc opere colligendae erant integrae; ceterum neque iniucundum erit neque inutile observare quomodo huiusmodi nomina partim semitica partim graeca vel graecissantia interpretes reddiderint.

Literis ABC Evangeliarii codices illos tres (Vatic., Sin.[1, 2]) insignivi, secutus in hac re editores, litera D eiusdem Ev. codicem illum sinaiticum de quo editores in appendice (p. 314 sqq.) rettulerunt; literis A[1] A[2] etc. Evangeliarii pericopas quae duobus locis vel tribus vel etiam pluribus extant secundum ordinem, in quem Lagarde eas redegit typisque exprimi iussit. Similiter res se habet in Anecd.[1] etc. Ubicumque pericopae pluribus locis traditae consentiunt, nudum locum adscripsi. Ea quae J. F. Stenning Ox. 9 fragmentis a Gwilliamio editis (Ox. 5) addidit tacens adhibui, neque aliter ea, quae in Stud. Sin. 1, 98 sqq. leguntur.

Codicum manu scriptorum, magnam partem palimpsestorum, fragmenta ante hos tres annos a viro docto mihique amicissimo *Bruno Violet* Berolinensi in Omajjidarum moschea Damasci reperta, hoc tempore in museo Berolinensi asservata, ipse meum in usum perlustravi descripsi excerpsi, sperans tamen fore ut felix inventor quam primum fieri poterit ipse edat publicique iuris faciat.

Sero ad me venerunt, ut nonnisi in plagulis corrigendis adhibere potuerim, aliorum quorundam codd. ms. paucula fragmenta, quae cand. min. dr. phil. Hugo Duensing, theologorum convictus hac in urbe inspector, editurus est mihique interim ut excerperem benigne concessit. Sed cum plane ex eius apographis penderem, quae lectiones mihi incertiores vel minus probabiles videbantur aut prorsus omisi aut emendavi. Ipsa exempla meis oculis lustrare non licebat. Si quod vocabulum gravioris momenti propter spatii angustias inseri non poterat, addendis reservavi.

Christianos palaestinenses praeter S. S. litterarum molem haud contemnendam a Graecis sibi comparatam habuisse hodie constat, nonnullique codices etiamnunc in Orientis moscheis synagogis monasteriis latere certo putandi sunt: quibus ex latebris fore ut aliquando effodiantur sive conquirantur publicique iuris fiant et hoc quoque opus novis incrementis ditetur confidenter spero.

Haec fere habebam quae praefarer. Restat ut publice gratias quam maximas agam Academiae Litterarum Regiae Borussicae, cuius munificentia ita me adiuvit, ut hic libellus typis mandari posset.

Scr. Gottingae mense Sept. 1903.

F. Schulthess.

COMPENDIA QUAEDAM POTIORA.

B. A.	„Beiträge zur Assyriologie" . . . ed. Haupt et Delitzsch.
Dalm. Gr.	Dalman, Grammatik des jüd.-palästin. Aramäisch. Lps. 1894.
G. G. A.	„Götting. gelehrte Anzeigen".
Idiot.	Schwally, Idioticon des christlich palästin. Aramäisch. Giss. 1893.
Krauss 2.	Sam. Krauss, Griechische und latein. Lehnwörter im Talmud, Midrasch und Targum, altera pars. Berol. 1899.
Nöld.	Nöldeke, Beiträge zur Kenntniss der aramäischen Dialekte. II. Über den christlich-palästinischen Dialect: ZDMG 22, p. 443—527.
P. Sm.	Thesaurus Syriacus.
WZKM	„Wiener Zeitschrift für die Kunde des Morgenlandes".
ZDMG	„Zeitschrift der Deutschen Morgenländischen Gesellschaft".

---

corr.	corrector.
p. o.	puncto (punctis) omisso (omissis).
pass.	passim.

CONSPECTUS FONTIUM.

Anecd. = Anecdota syriaca collegit edidit explicuit J. P. N. Land. Tom. IV. Lugd. Bat. 1875, p. 103—224. — *Bibl. Fragments* from Mount Sinai, ed. by J. Rendel Harris. London 1890. — *Cod. Dam.* = codices Damasceni, vid. praef. — *Ev.* = The Palestinian Syriac Lectionary of the Gospels, re—edited from two Sinai MSS and from P. de Lagarde's Edition of the „Evangeliarium Hierosolymitanum", by Agnes Smith Lewis and Margaret Dunlop Gibson. London 1899. — *Fragmenta septem*: ZDMG 56, 249—261. — *Lag.* = Bibliothecae syriacae a Paulo de Lagarde collectae quae ad philologiam sacram pertinent Gott. 1892 p. 257—404. — *Lect.* = A Palestinian Syriac Lectionary containing Lessons from the Pentateuch etc., edited by Agnes Smith Lewis, with Critical Notes by Prof. Eberh. Nestle, and a Glossary by Margaret D. Gibson. London 1897. — *Lit.* = The Liturgy of the Nile, by the Rev. G. Margoliouth: The Journal of the R. Asiat. Society of Great Britain and Ireland for October, 1896, p. 677—727. Cf. Proceedings of the Society of Bibl. Archaeology tom. XVIII p. 223—236. 275—283; XIX p. 39—60 et The Palestinian Syriac Version of the H. Scriptures etc. by G. Margoliouth. London 1897 (52 pag.). — *Lit. Dam.* = Liturgiae cujusdam fragmenta Damascena. — *Ox. 5* = Anecdota Oxoniensia: The Palestinian Version of the Holy Scriptures, Five more Fragments etc., edited by G. H. Gwilliam. Oxford 1893. — *Ox. 9.* = Anecdota Oxoniensia: Biblical and Patristic Relics of the Palestinian Literature etc., edited by G. H. Gwilliam, F. Crawford Burkitt and John F. Stenning, Oxford 1896. — *S. F.* = Palestinian Syriac Texts from Palimpsest Fragments in the Taylor-Schechter Collection, edit. by Agnes Smith Lewis and Margaret Dunlop Gibson. London 1900. Cf. Studia Sinaitica 11 (1902) pag. [illegible]—[illegible] et XLVII. *Stud. Sin.* = Studia Sinaitica No. I: Catalogue of the Syriac MSS in the Convent of S. Catharine on Mount Sinai, compiled by Agnes Smith Lewis. London 1894.

I. SYNOPSIS LOCORUM SCRIPTURAE SACRAE.

Gen.	1,1—2,3	Lect. 80 sqq.	Gen.	50,1—12	Cod. Dam.
	2,4—14	Lect. 83 sq. Lit. 698 sq.	Ex.	8,22b—9,35	Lect. 59,
	2,15—3,24	Lect. 84 sqq.		10,1—11,10	Lect. 65.
	6,9—9,19	Lect. 89.		12,28b—51a	Cod. manuscr.
	18,1—5	Lect. 98.		15,1—5a	ZDMG 56, 249.
	18,18—33	Lect. 98 sq.		15,7—20a	Cod. manuscr.
	19,1—10	Lect. 100. Cod. Dam.		16,2b—10	Cod. manuscr.
	19,11—30	Lect. 101 sq.		16,32—36	Cod. manuscr.
	22,1—19	Lect. 105.		17,1—6	Cod. manuscr.
	49,24b—33	Cod. Dam.		19,7—17a	Cod. manuscr.

1 Thess.	4,3—12	S. F. 58 sqq. Ox. 5,12 sqq.
	4,13—14	S. F. 60. Ox. 5,15. Lect. 77.
	4,15ª	Ox. 5,15 Lect. 77.
	4,15ᵇ	Lect. 77. Cod. Dam.
	4,16—17	Cod. Dam.
1 Tim.	3,14—16	Lect. 20.
2 Tim.	1,10—15	Ox. 5,16 sq.
	1,16—2,7	Ox. 5,17 sqq. Lect. 21.
	2,8—10	Lect. 21.
	2,16—20	S. F. 62.
	2,22—23	S. F. 64.
	2,25—26	S. F. 64.
Tit.	1,11—2,8	Ox. 5,20 sqq.
	2,11—15	Lect. 39.
Tit.	3,3ᵇ—12	S. F. 66 sqq.
Hebr.	1,1—12	Lect. 22. Cod. Dam.
	1,13—14	Cod. Dam.
	2,1—4	Cod. Dam.
	2,11—18	Lect. 14. 118.
	4,2—16	Cod. Dam.
	5,1—14	Cod. Dam.
	6,1—4	Cod. Dam.
	7,16ᵇ—28	Cod. Dam.
	8,1—5	Cod. Dam.
	9,11—15	Lect. 14. 120.
	10,19—25	Lect. 15. 121 sq.
	10,32—38	Lect. 19.
	11,32—40	Lect. 19.

II. ALIA QUAEDAM.

Libri apocryphi cuiusdam fragmentum	Cod. Dam.
Actorum S. Andreae et S. Matthiae fragmentum [1]	Cod. Dam.
Vitae Abrahami Qīdūnāiā fragmentum [2]	ZDMG 56, 255 sq.
Actorum Adriani fragmentum [3]	Cod. Dam.
Vitae S. Antonii fragmenta [4]	S. F. 76—80. 84—89. 98—104. Stud. Sin. 11,146—149.
Martyrii Philemonis fragmenta [5]	Anecd. 169 sq. S. F. 74. 93.
Vitae S. Sabae cuiusdam paucula dantur in	Anecd. 170.
Vitae Eulogii (τοῦ λατόμου) fragmentum [6]	ZDMG 56, 258 sqq. (VII).
Vitarum aliorum quorundam fragmenta	Cod. Dam.; ZDMG 56, 257 sq. (VI).
Homiliarum fragmenta	Anecd. 171—211. Ox. 9, 50—75.
Aliquot hymni	Lect. 136—139. Anecd. 111—113.
Symboli Nicaeni fragmentum	S. F. 72 sq.
Liturgia s. celebratio Nili fluvii	Lit. 677 sqq.
Alius liturgiae fragmentum	Cod. Dam.

[1] Graece in Act. Andr. et Matth. p. 12 sqq; Act. apost. apocr. ed. Lipsius-Bonnet 2, 1, 78 sqq. (ed. Tischendorf, 1851, 132 sqq.).

[2] Graece apud Bolland., Act. Sct., Mart. tom II, p. 932—937. Syriace in Analectis Bolland., tom. X, repetiit Bedjan, tom. VI.

[3] Graece apud Bolland., Act. Sct., Sept. tom. III, p. 221, § 9.

[4] Textum graec. editor addidit. Praeterquam videas Migne, Patrol. gr. tom. 26 col. 900. 904 sq.

[5] Graece apud Bolland., Act. Sct., Mart. tom. I, p. 887 sq.

[6] Graece in Bibliothèque hagiograph. orient. (ed. Clugnet) 1 (1901), p. 33 (cf. Guidi, ZDMG 57, 196).

ܐ

ܐܘ ἤ *1.* aut, vel *pass.* Creberrime ܐܘ; alias ܐܘ̈ Luc. 8 16 BC, ܐܘ Mt. 24 36 A¹ ܐܘ Mt. 21 25 B. 25 44 Ev. 97 B, al. ܐܝ Dt. 13 6 sq. Js. 7 11. 10 14. Cod. B: Mt. 5 36; 10 37 Ev. 66; 18 16. Rom. 4 9 sq. (Lect.) 10 7. 14 21. Eph. 3 20; ܐܝ Mt. 10 37 A. ܐܘ — ܐܘ aut — aut, Mt. 6 24. *2.* In comparatione: quam Mt. 18 9. 19 24. ܐܝ Rom. 13 11. ܓܝܪ ܐܘ (ἢ γὰρ) id. (pro ἤ) Mt. 10 15. Luc. 10 12 A. 18 25 AC. Joh. 3 19. Cf. ܐܘ.

---

*ܐܐܪ (genus non cognoscitur) ἀήρ — ܠܐܐܪ εἰς ἀέρα 1Thess. 4 17. ܐܐܪ 1Cor. 9 26. Eph. 2 2 (ita repono pro ܐܪܐ cod.).

ܐܒ *m.* Mt. 3 9. 10 21 al. emph. ܐܒܐ. C. suff. ܐܒܘܗܝ, ܐܒܘܟ, al. per ܩ scr. (cf. ZDMG 55 338). ܐܒܘܗܝ A: Mt. 19 5. Mc. 15 21; *p. o.* utroque loco C; ܐܒܝ Luc. 8 51 C. ܐܒܘܢ. ܐܒܝ (v. infra). ܐܒܘܟܘܢ, etc. [ܐܒܘܟܘܢ i. e. أبوكم Joh. 20 17 C]. pl. ܐܒܗܝܢ, emph. ܐܒܗܬܐ. Cum suff. ܐܒܗܬܢ, etc. 1. p. ܐܒܗܬܝ, ܐܒܗܬܐ Luc. 1 55 A et in marg. (BC om.), ܐܒܗܬܟܘܢ Mt. 23 30 A². — pater, V. et N. T. *pass.*; Act. Sct. Anecd. 170 12 sqq. Lit. 695 3. ZDMG 56 257. Pro forma suffixo 1. pers. instructa (ܐܒܝ Mt. 8 21 A, ܐܒܐ B) statum emph. usurpare solent: Gen. 22 7. 3 Reg. 8 20. 24 sqq. Job. 17 14. Joh. 5 43; cf. Gal. 4 6. — Pl. „parentes“ Act. Adrian. fol. 1ʳ. Alibi ܐܒܗܐ, ܐܒܗܬܐ vocant.

ܐܒܕ *Pe.* ܐܒܕ *pass.* ܐܒܕ Joh. 17 12 Ev. 191 BC. 3. *f.* ܐܒܕܬ; etc. pl. 3. *f.* ܐܒܕܝ Mt. 10 6 BC. Impf. ܢܐܒܕ, ܢܒܕ; ܢܒܕ Mt. 5 29 sq. Joh. 3 16 B, Ev. 13 C. 6 12 BC. ܬܐܒܕܘܢ, ܬܐܒܕ s. ܬܐܒܕ (Luc. 21 18 BC); etc. Ptc. act. ܐܒܕ, ܐܒܕܐ, etc. — periit, interiit Gen. 19 15. Ex. 10 7. Js. 8 15. 11 13. 15 1 sq. 60 12. Jon. 1 6. 14. 3 9. 4 10. Job. 17 1. 21 10. Mt. 5 29 sq. 8 25. 9 17. 10 6. 15 24 A (BC om.) 18 11. 26 52. Luc. 5 37. 15 17. 21 18. Joh. 3 16. 6 12. 27. 10 28. 11 50. 17 12. 2 Petr. 3 6. 9. 1Cor. 10 9 sq. Hebr. 1 11 [„amisit“ Luc. 8 43 A: interpol.].

ܐܒܝܕ (*qᵉṭîl.* Aliter edess. ܐܒܝܕ), ܐܒܝܕ Luc. 19 10 A. *f.* ܐܒܝܕܐ. pl. ܐܒܝܕܝܢ, ܐܒܝܕܬܐ — perditus Js. 11 12. Luc. 15 24. 32. 19 10. 1Cor. 1 18. 2Cor. 4 3. Vit. Abrah. Qīd. p. 256.

ܐܒܕܢ Phil. 1 28. 3 19. emph. ܐܒܕܢܐ (A; cett. p. om.). C. suff. ܐܒܕܢܗܘܢ. *m.* — interitus, perditio ll. cc., Job. 21 30. Mt. 7 13. 26 8. Joh. 17 12. 2 Petr. 3 7. Vid. etiam quae ad ܗܒܕ adnotavi. [Pro ܐܒܕܢܢ Vit. Anton. Stud. Sin. 11 149, 3 reponendum ܐܬܠܡܕܢ s. ܐܬܠܡܕܢ = ἡμεῖς . . . μαθόντες Migne, P. Gr. 26 904 B.].

Aph. a) *ܐܘܒܕ. Impf. 2. *m.* ܬܘܒܕ Gen. 18 23. Ptc. act. ܡܘܒܕ Gen. 18 24. 28 sqq.; pl. ܡܘܒܕܝܢ 19 13. *b)* ܐܘܒܕ Sirac. 46 6, al., Impf. ܢܘܒܕ Mt. 10 42, al., ܢܘܒܕܝܢ Mc. 8 35 A (*p. o.* ib. Dam.); ܬܘܒܕ, etc. Ptc. ܡܘܒܕ,

ܡܘܒܕ, etc. — *1.* perdidit, delevit Gen. 18 23sqq. 19 13. Dt. 11 4. Ps. 142 12. Jer. 11 19. Sirac. 46 6. Mt. 2 13. 3 4. 18 10. 22 7. 27 20. Mc. 9 22. Luc. 4 34. 6 9. Joh. 10 10, al. Act. Andr. et Matth. fol. 2ᵛ. Hom. Anecd. 176 13 (cit Prov. 12 4). Insequ. ܠܡܘܒܕܐ = ἀπελπίζειν Luc. 6 35. *2.* amisit Mt. 10 39. 42. 21 41. Mc. 8 35. 9 40. Joh. 6 39. 12 25. 18 9. Hom. Anecd. 183 21.

ܐܒܝܐ N. pr. Αβια Luc. 1 5 C; ܐܒܝܐ B, ܐܒܝܐ A.

ܐܒܝܘ N. pr. Αβιου Mt. 1 7ᵇ AC; ܐܒܝܘ B.

ܐܒܝܘܕ N. pr. Αβιουδ Mt. 1 13 A; *p. o.* BC; v. 7ᵃ C. Ex. 28 1.

ܐܒܝܠ N. pr. Αβελ Mt. 23 35 A; *p. o.* BC; ܐܒܠ Anecd.

ܐܒܝܠܢܝܬܐ N. pr. ἡ Ἀβιληνή Luc. 3 1 A; per ܦ scrib. B, ܐܒܠܢܝܬܐ C. Fieri potest ut ad formam *ἡ Ἀβιλῖτις referendum sit. Sin minus ad exemplum vocis ܡܘܐܒܝܬܐ = ἡ Μωαβῖτις similiumve est formatum.

ܐܒܝܢ pro ܐܒܢ, cf. rad. ܐܒܢ.

ܐܒܝܪܘܢ N. pr. Αβειρων Dt. 11 6 (Peš. ܐܒܝܪܡ).

ܐܒܝܬܪ N. pr. Αβιαθαρ Mc. 2 26 A; *p. o.* C; B corrupt. (Peš. ܐܒܝܬܪ).

*ܐܒܠ. ܐܒܠ Gen. 50 10sq. emph. ܐܒܠܐ (i. e. אֵבְלָא) Gen. 50 11. C. suff. 2. *f.* ܐܒܠܟܝ. *m.* — luctus ll. cc., Gen. 50 4. Js. 60 20. 61 3. Am. 8 10.

*ܐܒܝܠ. pl. *m.* ܐܒܝܠܝܢ — tristis Mt. 5 4 C.

Ithpa. 3. *f.* ܐܬܐܒܠܬ. pl. 3. *f.* ܐܬܐܒܠ (?) Ps. 77 63. Impf. pl. ܢܬܐܒܠܘܢ; ܢܬܐܒܠܘܢ Mt. 9 15 C, ܢܬܐܒܠܘܢ B. Ptc. act. pl. ܡܬܐܒܠܝܢ; ܡܬܐܒܠܝܢ Mc. 16 10 C (per ܦ scr. B) — luxit Js. 61 3. Am. 9 5. Mt. 5 4 AB; sequ. ܥܠ p. Gen. 50 3.

*ܐܒܢ. ܐܒܢ st. cst. Ex. 9 18, al. emph. ܐܒܢܐ. pl. ܐܒܢܝܢ; emph. ܐܒܢܝܐ, ܐܒܢܝܐ Hom. Anecd. 199 18 (sic leg. pro ܐܒܢܝܐ). *f.* — lapis ll. cc., Job. 21 32. Mt. 21 42 Ev. 154 BC (cett. ܟܐܦܐ habent, ut in eadem pericopa Ev. 89). 2 Cor. 3 7. Cf. ܟܐܦܐ.

ܐܦܣܠܡܘܣ ψαλμός psalmus Lit. 701 18.

ܐܒܪ (Idiot. 2, inscr. Hadad 15 21, Wellhausen GGA 1899, p. 607). 1 Cor. 12 26. pl. ܐܒܪܝܢ, emph. ܐܒܪܝܐ. Cum suff. ܐܒܪܘܗܝ Hom. Anecd. 193 24. ܐܒܪܝܟ Mt. 5 29 A, al. ܐܒܪܝ BC. ܐܒܪܝܢܢ, ܐܒܪܝܟܘܢ *m.* — membrum ll. cc., Rom. 12 4sq. 1 Cor. 12 22. 25 sqq. Eph. 4 25. Col. 3 5. Hom. Anecd. 193 20. 26. 194 2. 209 21.

ܐܒܪܗܡ (Ev. cod. A ܐܒܪܗܡ Mt. 1 1sq. 17. 39ᵇ. 8 11. 22 32. Luc. 3 8. 13 16, al.; sed ܐܒܪܗܡ Gen. 18 1 Lect.; ܐܒܪܗܡ[ܐ] Luc. 13 16 C). N. pr. Abraham, *pass.*, Act. Andr. et Matth. fol. 2ʳ. In ܐܒܪܗܝܡ Luc. 1 55 A (in marg.) formam arab. ابرهيم subesse suspicor legendumque ܐܒܪܗܡ (BC om.).

ܐܓܢܐ: haec forma parum credibilis Prov. 9 2 apud Landium exstat, qui comparat ἀγγεῖα. Correxerim ܐܓܢܐ i. e. ܐܓܢܐ, q. v. (LXX κρατήρ), licet mira sit duplex litera *g*.

*ܐܓܘܢ. Praeced. praep. ܒ: ܒܐܓܘܢ. *m.* — ἀγών, certamen Hymn. Anecd. 113 9.

ܐܓܘܣܛܘܣ N. pr. Αὐγοῦστος Luc. 2 1 A. ܐܓܘܣܛܘܣ (syr. ܐܓܘܣܛܘܣ) C ܐܓܘܣܛܘܣ B.

ܐܓܝ N. pr. Αγγαι Js. 10 28sq.

ܐܓܝܐ ἅγιοι Lit. 709 12.

ܐܓܠܝܡ N. pr. ܓܠܝܡ[ܐ] Γαλλειμ Js. 10 30. Fieri potest ut scriptura sit phonetica. Sin minus, litera ܐ est prothetica. (Peš. ܓܠܝܡ).

*ܐܓܪ. emph. ܐܓܪܐ. pl. ܐܓܪܝܢ, ܐܓܪܝܢ Joh. 2 6 B. emph. ܐܓܪܝܐ, ܐܓܪܝܐ Joh. 2 7 B.

f. — urceus Prov. 9 2sq. (Lect. 96). Joh. 2 6sq. Cf. ܐܓܢܐ.

---

*ܐܓܪ. emph. ܐܓܪܐ A: Mt. 24 17 etc.; *p. o.* all. pl. ܐܓܪܝܢ; c. suff. 3. *f.* ܐܓܪܝܗ. *m.* — tectum l. l., Js. 15 3. Luc. 5 19. 12 3.

ܐܓܪ *Pe.* Impf. ܝܐܓܪ — mercede conduxit Mt. 20 1. 7 AC. Vit. Eulog. ZDMG 56 260, 7.

ܐܓܝܪ (אֲגִיר) Joh. 10 12sq. pl. ܐܓܝܪܝܢ, c. suff. 2. *m.* ܐܓܝܪܝܟܘܢ, ܐܓܝܪܝܟܘܢ Luc. 15 19 BC. *m.* — mercede conductus, mercenarius ll. cc., Luc. 15 17.

ܐܓܪ Joh. 4 36 A. ܐܓܪ Mt. 6 1 B. ܐܓܪ C: Mt. 6 1, 10 41, Joh. 4 36. (ܡܐ ܐܓܪ = ܡܐ ܐܓܪ Mt. 5 46 B.) emph. ܐܓܪܐ. C. suff. ܐܓܪܗ, ܐܓܪܟ, etc. ܐܓܪܗܘܢ, ܐܓܪܟܘܢ BC *pass.*; etc. *m.* — merces Js. 40 11. Jon. 1 3. Zach. 11 12. Mt. 5 12. 46. 6 1sq. 5. 16. 10 41sq. 20 8. Mc. 9 41. Luc. 6 23. 35. 10 7. Joh. 4 36. Rom. 4 4. Hebr. 10 35. Hom. Ox. 97 2 17. Hom. Anecd. 183 22.

Pa. ܐܓܪ — mercede conduxit Mt. 20 7 B (Tamen fort. librarius *Pe.* intellectum voluit).

ܐܬܐܓܪ; vid. ܐܓܪ.

ܬܐܓܘܪ Tit. 1 11. emph. ܬܐܓܘܪܬܐ Act. 16 16, ܬܐܓܘܪܬܐ Hymn. Lect. 139 11(?). C. suff. ܬܐܓܘܪܬܗ Mt. 22 5 BC, ܬܐܓܘܪܬܗ ib. A. ܬܐܓܘܪܬܗܘܢ Act. 16 19. *f.* — *1.* mercatura, negotium, ll. cc. (*pass.*). *2.* lucrum Act. 16 16. 19. Tit. 1 11.

---

*ܐܓܪܐ st. cst. ܐܓܪܬ; ܐܓܪܬ C: Mt. 5 31. 19 7 (et sic in cod. B ibid. reponendum pro ܐܓܪܬܐ). *f.* — literae, epistula ll. cc., Hom. Anecd. 192 20. Lect. 26. Cf. ܦܝܬܩܝܢ.

ܐܓܪܝܢܘܢ mendosum monstrum Ps. 82 7 (LXX καὶ οἱ Ἀγαρηνοί; Symm. et Syro-Hex. καὶ οἱ ἐξ Αγαρ).

ܐܓܪܝܢ, v. ܐܓܪܐ.

ܐܕܝܘܣ (proprie ὁ Διός!) Act. 14 13: cf. ܙܘܣ.

ܐܕܘܡ N. pr. Εδωμ Js. 63 1; ἡ Ἰδουμαία 11 14 (Symm. Εδωμ). Jo. 3 19.

*ܐܕܘܡܝ. pl. emph. ܐܕܘܡܝܐ — Idumaeus Ps. 82 7.

ܐܕܘܢܝ N. pr. Αδωναι 1Reg. 1 11.

ܐܕܝ N. pr. Αδδι Luc. 3 28 B (ut Peš.; cf. Lidzbarskii Ephem. 1 213). [C ܐܠܡܕܝ].

ܐܕܡ N. pr. Αδαμ Gen. 2 7 (Lit.) 16. 18 (Lit.) 19 sqq. 3 8sqq. Luc. 3 38. Hom. Anecd. 193 21. 25. 210 19. 211 6. Apocr. Dam. fol. 2r. Lit. Dam. I fol. 2v.

ܐܕܡ sanguis, v. ܕܡ.

ܐܕܢ Js. 50 4 (S. F.), ܐܕܢ ib. (Lect.). emph. ܐܕܢܐ; ܐܕܢܐ Luc. 12 3 C (fort. corr. ܐܕܢܐ). C. suff. ܐܕܢܗ, ܐܕܢܗ Mt. 26 51 Anecd.; etc. pl. ܐܕܢܝܢ; emph. ܐܕܢܝܐ [ܐܕܢܝܐ Luc. 12 21 A: interpol.; BC om.]. C. suff. 3. *m.* ܐܕܢܘܗܝ, ܐܕܢܝܗ Mc. 7 33 C. 1. p. ܐܕܢܝ; ܐܕܢܝܟܘܢ, etc. *f.* — auris ll. cc., Dt. 31 28. Js. 42 20. 43 8. 50 5. Ps. 16 6. 44 11. 85 1. Mt. 11 15. 13 43. Mc. 7 33. Luc. 1 44; al.

---

*ܐܕܪ. emph. ܐܕܪܐ; ܐܕܪܐ(ܠ) Hom. Anecd. 183 7. C. suff. 3. *m.* ܐܕܪܗ. pl. ܐܕܪܝܢ. *m.* (*f.* Jo. 2 24, nisi fort. ܚܠܒܗ leg. pro ܚܠܒܗܘܢ) — area ll. cc., Gen. 50 10 sq. Luc. 3 17.

ܐܕܪܝܐܢܘܣ N. pr. Adrianus martyr Act. Adrian. fol. 3r in praescripto. Vocativus ܐܕܪܝܐܢܐ Ἀδριανέ ib. fol. 1r.

ܐܗܪܘܢ N. pr. Ααρων Ex. 8 25. Num. 13 27, al. Sirac. 45 25. Hom. Anecd. 207 4. 208 16. 18. 23. Hom. Ox. 95 11. ܗܪܘܢ(?) Ps. 76 21. Luc. 1 5 BC.

ܐܘ I. Interiectio vocandi vel exclamandi: *1.* ὦ o! Jon. 4 2 (LXX om.) Mt. 15 21 BC. 17 17 A (priore loco) C (B om.). Mc. 9 18. 24 A (sed cf. adnot.). Luc. 9 41. Act. 1 1. Hom. Ox. 96 3 14. 72 8. 73 5. 15. Hom.

Anecd. 194 19. Hymn. Anecd. 111 5. 11. 112 3. 8. Lit. 696 3 sqq. 704 12. ZDMG 56 252, 9. Lit. Dam. fol. 2ʳ. In Ev. cod. A nonnunquam ܐܘ apparet (Mt. 15 28, ex vers. Peš. assumtum; 17 17 altero loco; 18 32, sed cf. adnot.): dubitatur ignorantiaene librarii punctum sit adscribendum, an, quod mihi placet, ortum confusione cum ܐܘ εὖ. Utut est, librarius erravit. *2.* euge! Mt. 25 21 BC. 23 BC; A utroque loco ܐܘ (ܐܘ?), Anecd. ܛܒܐ. Est εὖ (Peš. ܐܘܓ), falliturque Schwally ܐܘ ex ܛܒܐ corruptum putans (Idiot. p. 39). *3.* οὐά heus tu! vah! Mt. 27 40 BC. Mc. 15 29 C. A utroque loco ܐܘ.

ܐܘ II. aut, vel Mt. 18 20 C. Alias hoc significatu ܐܘ adhibetur.

ܐܘܐ I. *ܐܘܢ (אוֹן). emph. [ܐ]ܘܢܐ. C. suff. ܐܘܢܝ Mt. 6 6 A; *p. o.* cett. pl. ܐܘܢܝܐ, ܐܘܢܝܢ *m.* — conclave Js. 42 22. Mt. 6 6. 24 26. Luc. 12 3. Vit. Abrah. Qid. ZDMG 56, 255, 4.

ܐܘܐ II. ܐܬܐ *pass.* ܐܬܐ Joh. 10 41 A. [ܐܬܐ A: Mt. 26 48; Joh. 2 18. ܐܬܐ Luc. 21 2 C. 34 C. Joh. 6 30 A]. ܐܬܐ(ܐ) Luc. 2 34 B. emph. ܐܬܐ; ܐܬܐ A: Mt. 24 3 Ev. 91, al. [ܐܬܐ Joh. 12 18 Ev. 167 A]. C. suff. ܐܬܗ Mt. 24 30 A. Luc. 11 29. pl. *a*) abs. ܐܬܝܢ Act. 1 3; al. [ܐ Luc. 21 11 A, al. de ܐܬܐ Joh. 11 47 A cf. Lagard.]. emph. [ܐܬܝܐ Mc. 16 17 A]. ܐܬܝܐ Mt. 24 3 Ev. 160 A, al. C. suff. ܐܬܘܗܝ, ܐܬܢ Joh. 2 11 C. 1. p. ܐܬܝ, ܐܬܝ, etc. *b*) abs. [ܐܬܘܢ Mt. 24 24 A] ܐܬܘܢ *pass.* De formis quas uncinis saepsi similiter iudicandum videtur ac de ܐܝܢ, ܐܝܟܐ „ubi“ (pro אָן). Recentiores sunt, si omnino rectae. [emph. ܐܬܘܬܐ Mt. l. l. *corr.*] *m.* — signum (σημεῖον) Gen. 1 14. 9 12 sq. 17. Ex. 8 23. 10 1. 2. 11 9. Dt. 11 3. 18. 13 1 sq. Js. 7 11. 14. 8 18. 11 12. Job. 21 29. Mt. 24 3. 24. 30. 26 48. Mc. 8 11 sq. 16 17. 20. Luc. 2 12. 34. 11 29. 21 11. 25. Joh. 2 11. 3 2. 4 48. 54. 6 26. 30, *et pass. al.* Act. 1 3. 2 22. Rom. 4 11. 1Cor. 1 22.

ܐܘܒܝܡ N. pr., cf. ܥܒܝܡ.

ܐܘܕܝܐ N. pr. Εὐοδία Phil. 4 2.

ܐܘܛܘܟܘܣ N. pr. Εὔτυχος Hom. Anecd. 191 12 (cit. Act. 20 9).

ܐܘܝܠܛ N. pr. Ευιλατ Gen. 2 11 (Lect.). ܐܘܝܠܛ ib. (Lit.) ܚܘܝܠܛ Lit. 704 22.

ܐܘܠܘܓܝܡܢܘܣ εὐλογημένος Lect. 77 5. 78 9.

ܐܘܠܘܓܝܘܣ N. pr. Εὐλόγιος, beatus quidam ZDMG 56 259 sq. (*pass.*)

ܐܘܝܠܛ: cf. ܐܘܝܠܛ.

ܐܘܢ I. ܐܘܢ *pass.*, ܐܘܢ Mt. 24 42 A[1], ܐܘܢ 10 16 Ev. 290 A. ܐܢ Luc. 10 40 A. — οὖν, igitur, ergo, itaque *pass.* (cf. concordantias). Praeterea Js. 44 2. Act. Adrian. fol. 3ᵛ. Hom. Anecd. 193 7. 196 21. 198 13. 201 18. 204 8. 205 24. Act. Sct. Anecd. 169 4. 14. 20. 170 4. — Cf. etiam ܗܘܢ.

ܐܘܢ II. Interiectio clamantis ὦ Luc. 1 3 ABC (Anecd. om.). Cf. ܐܘ I, *1.*

ܐܘܢܐ plus semel occurrit in invocatione s. benedictione Nili fluminis: ܢܝܠܐ ܐܘܢܐ Lit. 696 11. 697 14, al. Aut fallor, aut convenit cum *āḇūnā* i. e. „pater noster, pater optime!“

ܐܘܣܝܐ, ܐܘܣܝܐ; ܐܘܣܝܐ Luc. 15 12 C. — οὐσία, *1.* essentia, substantia Credo S. F. 721 sq. *2.* facultates, opes Luc. 15 12 sq.

ܐܘܪܚܘܬܐ: v. ܐܪܚ.

ܐܘܦ *pass.*, ܐܘܦ constanter Ev. cod. A. [ܐܦ Joh. 14 29 Stud. Sin. Vix recte]. — etiam, *pass.* ܘܐܘܦ καί γε Eccl. 7 15. 19. 22. ܘ — ܐܘܦ et — et Joh. 15 24. ܘ ܐܘܦ plonastice pro καί Phil. 4 6 sq. (Lect.). ܐܘܦ — ܐܘܦ et — et Phil. 4 12 (*bis*). ܐܘܦܠܐ: v. ܠܐ; semel ܐܘܦ Luc. 20 3 Dam. ܡܕܡ ܠܐ ܐܘܦ οὐδεμία Phil. 4 15.

ܐܘܪܝܐܣ N. pr. Ουριας Mt. 1 6 A [B ܐܘܪܝܐܣ, C ܐܘܪܝܐ].

ܐܘܪܚܐ: vid. ܐܪܚ.

ܐܙܠ *Pe.* ܐܙܠ constanter BC; Luc. 6 1 A. [ܐܙܠ A: Mt. 18 30. 21 29 al.]. ܐܙܠܗ (= ܐܙܠ ܠܗ) Mt. 27 60. 3. *f.* ܐܙܠܬ Mc. 16 10 A, *p. o.* BC; etc. pl. ܐܙܠܘ, ܐܙܠܘ, etc. Impf. ܝܐܙܠ A: Mt. 2 22ᵃ, al., ܝܐܙܠ Jo. 2 7. Mt. 2 22 C, al., ܝܙܠ Luc. 5 3 A, al., ܝܙܠ Mt. 25 14 B, al.; *f.* ܬܐܙܠ; etc. pl. ܝܐܙܠܘܢ, ܝܙܠܘܢ; etc. Imp. ܐܙܠ, ܐܙܠ; etc. pl. ܐܙܠܘ; ܙܠܘ Luc. 5 4 A; *f.* ܐܙܠܝ s. ܐܙܠܝ. Ptc. ܐܙܠ, ܐܙܠ, etc. Inf. v. infr. — ivit, abiit Gen. 3 19. 22 2. Ex. 8 27. 10 9. 28. Num. 13 28. Dt. 12 30. 13 2. 5 sq. 13. Jo. 2 7. 20. Jon. 1 2. Zach. 9 14. Ps. 44 15. Mt. 18 30. Mc. 1 35. Luc. 6 1. Joh. 11 44, *et pass.* Hom. Anecd. 176 3. 179 23. ܐܙܠ ܒܬܪ (ἐπ)ακολουθεῖν Luc. 9 11. Sirac. 46 6. ܐܙܠ ܒܐܘܪܚܐ profectus est, iter fecit Dt. 11 19; cf. Mt. 25 14 Anecd. ܚܕ ܓܒܪ ܕܐܙܠ ܠܗ ܠܐܬܪܐ ἀποδημῶν.

*ܡܐܙܠ (infinitivus). C. suff. ܡܐܙܠܗ Luc. 13 22 B, ܡܐܙܠܗ A. *m.* — πορεία l. l.

*ܐܙܢ. ܡܐܙܢܝܐ (pl.; proprie dual.). *m.* — bilanx qua libratur (ζυγός) Js. 40 12. 15.

ܐܚ Mt. 10 21 BC. Hom. Anecd. 207 26. ܐܚ Mt. l. l. A. C. suff. ܐܚܝ A: Mt. 4 21, al.; ܐܚܘܢ Mt. 10 2 A, *p. o.* al., ܐܚܘܢ(?) Mt. 10 2 Anecd.; ܐܚܘܗ 17 1 A, al.; ܐܚܘܗ 4 18 BC, 21 C. Mc. 6 3 B, al. *f.* ܐܚܘܗ; ܐܚܘܗ Joh. 11 2 A. 2. ܐܚܘܟ, *f.* ܐܚܘܟܝ; etc. pl. abs. ܐܚܝܢ; ܐܚܝܢ Mt. 4 18 AB. Hebr. 2 11 (Lect. 118). emph. ܐܚܝܐ; ܐܚܝܐ 1 Thess. 4 10. C. suff. ܐܚܝ; ܐܚܝܢ Act. Andr. et Matth. fol. 1ʳ. ܐܚܝ Mt. 1 11 BC, al.; ܐܚܘܗܝ Mt. 13 55, etc. — frater ll. cc. et passim al., Hom. Ox. 9 51 14.

ܐܚܬܐ Luc. 10 39 A, *p. o.* BC. C. suff. ܐܚܬܝ; ܐܚܬܝ ante Ex. 15 1. Joh. 11 39 BD. 3. *f.* ܐܚܬܗ; ܐܚܬܗ(ܐ) Joh. 19 25. Ev. 206 A; ܐܚܬܗ(ܐ) Joh. ib. Dam. 1. p. ܐܚܬܢ, praec. ܕ: ܕܐܚܬܢ Luc. 10 40 A. pl. ܐܚܘܬܐ; ܐܚܘܬܝ Mt. 19 29 C. emph. ܐܚܘܬܐ (cod. manuscr.). C. suff. 3. *m.* ܐܚܘܬܗ Mt. 13 56, al. — soror, ll. cc., Job. 17 14. Mt. 13 56. 19 29. Joh. 11 1. 5. 28. 39, al. Hom. Ox. 9 51 13. Hom. Anecd. 201 25.

ܐܚܕ *Pe.* Impf. ܝܚܕ, pl. ܝܚܕܘܢ. Imp. ܚܕ(ܐ) Mt. 6 6 AC, ܚܕ ib. B. [ܐܚܕ A *corr.*]. Ptc. act. ܐܚܕ, pass. ܐܚܝܕ A: Joh. 20 19. 26; BC ܐܚܝܕ utroque loco. — *1.* prehendit, apprehendit, insequ. ܠ Js. 52 15: ܐܚܕܝܢ ܦܘܡܗܘܢ ora opprimunt (συνέξουσι τὸ στόμα αὐτῶν). *2.* clausit, reclusit Gen. 7 16. 19 6. 10. Mt. 6 6. 23 13. Luc. 13 25. Joh. 20 19. 26.

[ܐܚܝܕ tenens: ܐܚܝܕ ܟܠ omnitenens, παντοκράτωρ Lit. 680, ex Syrorum dialecto assumtum. Christianis palaestin. est ܪܒ ܟܠܐ, cf. ܪܒ].

Ithpe. ܐܬܐܚܕ Mt. 25 10 Ev. 96 A, ܐܬܚܕ B, Ev. 164 C; ܐܬܐܚܕ Ev. 164 A, *p. o.* Anecd. 130. Praec. ܘ: ܘܐܬܚܕ ib. Anecd. 129; etc. Impf. ܢܬܐܚܕܘܢ — clausus, occlusus est l. l., Js. 60 11. Luc. 4 25.

*ܡܐܚܕܐ. pl. ܡܐܚܕܬܐ. *f.* — funda (nostrates „Einfassung") Ex. 35 25, pro ἀσπιδίσκη.

ܐܚܐܙ N. pr. Αχαζ Js. 7 10. 14 28. ܐܚܙ 7 12.

*ܐܚܪ. *Aph.* ܐܘܚܪ, etc. Ptc. act. ܡܘܚܪ, ܡܘܚܪܐ. — cunctatus, moratus est Mt. 24 48. 25 5. 2 Petr. 3 9. 1 Tim. 3 15. Hebr. 10 37.

ܡܘܚܪܐ (inf. *Aph.*) *f.* — cunctatio 2 Petr. 3 9.

ܚܪܢ, ܐܚܪܢ. *a*) ܚܪܢ *pass.* Hom. Ox. 9 62 3 sq. S. F. 100 15. ZDMG 56 260, 3. A: ܚܘܪܢ, ܚܪܢ, ܚܘܪܢ, ܚܘܪܢ. ܚܘܪܢ paene constanter Ev. codd. BCD. ܚܪܢ Joh. 5 7 B. 18 15 B. emph. ܚܪܢܐ, ܚܘܪܢܐ, ܚܪܢܐ. *f.* ܚܪܢܝ, ܚܘܪܢܝ, emph. ܚܪܢܝܬܐ, ܚܘܪܢܝܬܐ; ܚܘܪܢܝܬܐ Mt. 27 61 B. pl. *m.* ܚܪܢܝܢ, ܚܘܪܢܝܢ, ܚܪܢܝܢ, ܚܘܪܢܝܢ. emph. ܚܪܢܝܐ. *f.* abs. ܚܪܢܝܢ; ܚܪܢܝܢ Luc. 8 3 C, ܚܪܢܝܢ ib. B, Joh. 6 23 B. *b*) ܐܚܪܢ, ܐܚܪܢ(ܐ) Mt. 11 3 C. emph. ܐܚܪܢܐ, ܐܚܪܢܐ(ܐ) Joh. 19 32 Ev. 238 A, al. *f.* emph. ܐܚܪܢܝܬܐ Mc. 3 5 C, ܐܚܪܢܝܬܐ B ib. et Luc. 6 10. pl. *m.*

ܐܚܪܢܝܢ, ܐܚܪܢܝܢ, ܐܚܪܢ; *f.* ܐܚܪܢܝ Joh. 20 30 B. [emph. ܐܚܪܢܝܬܐ Luc. 24 1 A marg., *corr.*] — alius, V. et N. T. *pass.* (vid. concordantias), ll. cc., Act. Andr. et Matth. fol. 2ʳ. S. F. 100 15. Hom. Ox. 96 2 3 sq. Lit. 704 1. 707 2. 15. Lit. Dam. I fol. 1ʳ.

*ܐܚܪ (אחר, אַחֲרָא): ܒܚܪܬܗܘܢ ܕܝܘܡܝܐ in postremo dierum, novissima die 2Petr. 3 3; ܕܝ' ܝܘܡܝܐ ܒܚܪܬܗܘܢ Hebr. 1 1; 'ܕܝ (sic) ܒܚܪܬܗܘܢ Lit. Dam. I fol. 1ᵛ s. fin.

ܠܚܪܘܝ, ܠܚܪܘܝ (*pass.*); ܠܚܪܝ C: Mt. 24 18, al.; ܠܐܚܪܝ Luc. 8 44 B, ܠܚܪܝ 9 62 B. Joh. 20 14 C. C. suff. ܠܚܪܘܗܝ, ܠܚܪܘܗܘܢ, etc. — retro, retrorsum Gen. 19 17. 26. Js. 42 17. Jo. 2 3. 20. Ps. 55 10. Mt. 24 18. Luc. 7 38. 8 44. 9 62. Joh. 6 66. 18 6. 20 14. Act. Adrian. fol. 3ʳ. — ܡܢ ܠܚܪܘܝ a tergo, ὄπισθεν Mt. 9 20. Mc. 5 27 (C ܡܢ ܠܚܪܝܗ et ܡܢ ܠܚܪܝܗ); c. suff. [ܡܢ ܠܚܪܘܝܗ Mt. 9 20 A *corr.*: ex legitima forma efficere voluit suffixo instructam], ܡܢ ܠܚܪܘܝܗܘܢ Dt. 11 4.

*ܐܚܪܝ. emph. ܐܚܪܝܐ (ܐܚܪܝܝܐ Joh. 11 24 D) — *1.* postremus Mt. 5 26. Luc. 14 9 sq. Joh. 6 40 Anecd. 11 24 BC (A ܚܪܝܐ). 12 48. *2.* ultimus Jo. 2 20.

*ܐܚܪܝܬ. ܒܚܪܝܬܐ (*pass.*), ܒܚܪܝܬܐ A: Mt. 21 30. 32. 37 Ev. 154, ܒܚܪܝܬܐ Mt. 26 60 Ev. 180, *p. o.* Mt. 25 11 Anecd., BC compluribus locis — in postremo, postremum Dt. 13 9. Mt. 21 30. 32. 37. 25 11 Anecd. (cett. ܒܚܪܬܐ). 26 60. Mc. 16 14. Joh. 13 36. pl. c. suff. 3. *m.* ܚܪܝܬܗ τὰ ἔσχατα αὐτοῦ Luc. 11 26.

ܐܬܐܕ N. pr. Αταδ Gen. 50 10 sq.

---

*ܐܬܐ. *Aph.* ܐܝܬܝ, etc. Impf. ܢܝܬܐ, etc. Imp. pl. ܐܝܬܘ, ܐܝܬܘܢ(ܘ) Mt. 21 2 C. Ptc. act. ܡܝܬܐ etc. — i. q. ܐܬܐ *Aph.* adduxit, attulit, apportavit Gen. 2 19. 22. 6 17. 7 4. 8 1. 18 19. Ex. 10 4. 13. 19. 11 1. 4Reg. 2 20. Mt. 21 2. 7. 25 20 Ev. 165 A *cod.* BC. 26 10 A *cod.*, B, Ev. 170 C. Mc. 2 3. 7 32. 9 16. 18. 19. Luc. 18 5. Joh. 12 24. 15 2. 5. 8 Ev. 136. 19 4. 13. 21 10 BC. Act. 16 19.

ܐܬܘܣ Hom. Anecd. 197 16: vox nihili in palimpsesti loco foedissimo.

ܐܘ = ἤ, v. ܐܘ.

ܐܝܕܝܩܠܛ Lit. 680, leg. ܐܝܕܝܩܠܛ, q. v.

ܐܝܕܩܠ N. pr. Εδδεκελ (ass. *Idiklat*, hebr. חִדֶּקֶל, targ. דִּגְלַת) Tigris flumen Gen. 2 14 (Lit.). ܐܝܕܩܠܬ (دِجْلَة) Lit. 704 22. Cf. ܐܝܕܝܩܠܛ.

ܐܝܘܒ N. pr. Ιωβ Job. 16 1. 21 1. Hom. Anecd. 181 23. 197 15. Lect. 55 16.

ܐܝܬܐ I. εἴτε. ܐ' — ܐ' sive — sive Rom. 12 6 sqq. 1Cor. 15 11. Cf. ܐܘ — ܐܘ.

ܐܝܬܐ II. εἶτα, postea, deinde, tum 1Cor. 15 5. 7; pro ἔπειτα 1Cor. 12 28.

ܐܝܬܐ *f.* — ἰτέα, populus salix Js. 44 4: sic haud dubie leg. pro ܐܠܢܬܐ, licet a tradita lectione longius distet. Cf. Löw. Pfl. 83. 301.

ܐܝܬܘܪܝܐ N. pr. ἡ Ἰτουραία Luc. 3 1.

[ܐܝܟ: Eximendum lexico. Est enim vox edessena, a dialecto aliena. ܐܝܟ ܕ sicut, quemadmodum Mt. 15 28 A (interpol.). Luc. 14 22 A marg. (*manus satis recens*, Lag.). 18 20 (*in intercolumnio*, Lag.)].

ܐܝܠ 2Cor. 4 7 vox male exarata. Cum locum teneat vocis δύναμις, reponendum puto ܚܝܠ.

---

*ܐܝܠ. ܐܝܠܐ (אַיָּלָה) *f.* — cerva Js. 35 6.

ܐܝܠܐܠܐ N. pr. Ελεαλη Js. 15 4.

ܐܠܝ Ηλει, Ηλι 1Reg. 1 12 sqq. Luc. 3 23.

ܐܠܝܐ N. pr. Ηλιας Luc. 3 29 C [B ܐܠܝ]. Cf. ܐܠܝܐܣ.

ܐܠܝܐܣ N. pr. Ηλιας A: Mt. 17 11 sq. (BC om.); B: Mt. 11 14. 16 14. Joh. 1 21. Hom. Anecd. 179 13 (cit. Mt. 16 14). 181 1 (cit. 3. Rg. 17). 7. ܐܠܝܐܣ Mc. 8 28 A, *p. o.* BC: Mt. 27 47. 49, Mc. 8 28, Luc. 1 17;

praeterea C: Mt. 11 14. Joh. 1 21. 25. In A ܐܠܝܐܣ *pass.* ܐܠܝܐ Mc. 6 15 A, *p. o.* BC ib., Mt. 17 3 sq. Luc. 4 25 sq. 9 30. 33. B: Joh. 1 21; C: Mt. 16 14. Luc. 3 29. ܐܠܝܐ A: Mt. 17 3 sq. Luc. 9 30. 33; *p. o.* Mt. 17 10 (BC om.), Luc. 4 26. 9 8.

[ܐܝܠܝ ܝ qui: vox mere edessena eximendaque lexico. Luc. 6 4 A *corr.* Lectionem sinceram codd. BC praebent: [Syriac]; Anecd. [Syriac]].

ܐܝܠܢ; ܐܝܠܢ (*Imāla*) C: Mc. 3 10, 7 17, Luc. 3 9, 13 19; B: Luc. 13 19. emph. ܐܝܠܢܐ. pl. ܐܝܠܢܝܢ Num. 13 21. emph. ܐܝܠܢܝܐ; ܐܝܠܢܐ Mt. 21 8. Luc. 3 9 C. *m.* — arbor ll. cc., Gen. 1 11 sq. 29. 2 9. 17. 3 1 sq. 8. Ex. 9 25. 10 12. 15. Jo. 1 19. Mt. 3 10, al. Hom. Anecd. 210 15. Lit. 708 7.

ܐܝܢ, ܐܝ — sane, etiam, ita est Mt. 5 37. 9 28. 11 9. 13 51. 15 27. 17 25. 21 16. Mc. 7 28. Luc. 7 26. 10 21. 21 15. Rom. 3 29. ZDMG 56 259, 12. 19.

ܐܝܩܢ *adv.* — εἰκῆ temere Col. 2 18.

---

*[Syriac]: [Syriac], [Syriac]: Quid lateat, frustra quaero. Vocabulum obscurum ter occurrit in palimpsesti locis corruptis: Hom. Anecd. 193 5. 194 6. 210 1.

ܐܝܪܡܝܐ N. pr. Ιερεμιας Hom. Anecd. 189 4. ܐܪܡܝܐ Jer. 39 1. 2. Mt. 27 9 Anecd. ܐܪܡܝܐ Jer. 30 1. BC: Mt. 2 17, 16 14, 27 9. Lect. 121 7. ܐܪܡܝܐ Mt. 16 14 A, cf. 2 17 A. ܐܝܪܡܝܐܣ Hom. Anecd. 179 15.

ܐܝܫܝ N. pr. Ιεσσαι (Peš. ܐܝܫܝ) Mt. 1 5[b] A. C. praep. ܠ: ܠܐܝܫܝ ib. v. [a]A. ܐܝܫܝ Js. 11 10 Anecd. Cf. [Syriac], [Syriac], [Syriac].

ܐܝܫܥܝܐ *pass.* ܐܝܫܥܝܐ Joh. 12 41 Ev. 169 AB. ܕܐܝܫܥܝܐ Mt. 3 3 A. ܐܝܫܥܝܐ A: Mt. 12 2, Luc. 3 4, 4 17, *p. o.* Joh. 12 41 Ev. 49 B. ܐܫܥܝܐ Mt. 1 22 B. 8 17 C. Mc. 1 2 C. Luc. 3 4 B. 4 17 B, al. ܫܥܝܐ Joh. 1 23 B. Lect. 23 9. 35 15. 36 8. 37 13. 38 7. 39 13. 57 11. 76 1. 116 10. 119 8. 124 1. 135 5; praeced. ܘ: ܫܥܝܐ Mt. 3 3 C. 4 14 BC. 8 17 B. Mc. 1 2 B. ܐܫܥܝܐܣ Joh. 12 39. Ev. 169 B. Hom. Anecd. 174 17. ܐܫܥܝܐ Joh. l. l. C. ܐܝܫܥܝܐܣ ib. C. — N. pr. Ησαιας ll. cc. et pass. al., Hom. Anecd. 189 17. 192 9. Lect. 25 7.

ܐܝܬ — est, sunt *pass.* ܠܝܬ Mt. 24 43 Ev. 94 B. 27 42 Ev. 212 C. Luc. 8 5 C. C. suff. ܐܝܬܗ Js. 35 4. Jon. 1 12. Joh. 6 40 AB. ܐܝܬܝܟܘܢ Hebr. 1 12 Dam. Alibi cum pron. pers. coniungitur (cf. Nöld. p. 511 sq.): ܐܝܬ ܗܘ BC: Mt. 19 9. 17, 22 12, al.; ܐܝܬܗ Luc. 8 11 A (*corr. antiquus*, Lag. An potius codex?) Joh. 6 40 C. ܐܝܬ ܗܝ Ps. 43 16. Mt. 11 30. ܐܝܬ ܠܝ Jon. 1 8, etc., ܐܝܬܝ Js. 43 2. ܐܝܬ ܠܢ Lit. Dam. fol. 2[r]. ܐܝܬ ܐܢܐ Jon. 1 9, al. ܐܝܬ ܗܘܝܢ Ps. 54 22. ܐܝܬ ܐܢܬ Act. 16 21 [ubi ܐܢܬ ex sermone edess. assumtum]. Unde orta est periphrasis ܗܘ ܕܝܢ ܠܐ ܐܝܬܘܗܝ ܐܫܬܩܠ, ille autem conticuit (ὁ δὲ ἐφιμώθη) Mt. 22 12; [Syriac] sua morte mortem pedibus calcat Lit. Dam. I, fol. 2[v]; alia id genus.

ܐܚܙ N. pr. Αχαζ Mt. 1 9 AB (*bis*). C ܐܚܐܙ.

ܐܟܠ *Pe.* ܐܟܠ, ܐܟܠ, ܐܟܠ (B: Mc. 2 26. Luc. 6 4. 15 30. 24 43; C: Luc. 15 30). 3. *f.* ܐܟܠܬ, etc. Impf. 3. et 1. ܢܝܟܘܠ, ܢܝܟܠ, ܢܟܠ (Joh. 6 50 C, al.) ܐܝܟܠ Hom. Anecd. 180 1. 2. *m.* ܬܝܟܠ, etc. Imp. ܐܟܘܠ, ܐܟܘܠ (Joh. 4 31 C), ܟܘܠ (ib. B), etc. Ptc. ܐܟܠ, ܐܟܠ, etc. Inf. ܡܝܟܠ Gen. 2 9. 16. 3 6. 6 21; ܡܝܟܘܠ 2 9 (Lit.) 16 (Lit.). — edit, comedit, *pass.* V. et N. T. (cf. concord.), ll. cc. Notandum Act. 1 4 propter varias lectiones in codd. graec. obviis, de quibus cf. Blassii edit. ad loc.

*ܐܟܘܠ (אָכוֹל). *f.* abs. ܐܟܘܠܐ — edax *ignis* Jo. 2 3.

*ܐܟܠܐ. emph. ܐܟܠܐ, ܐܟܠܐ. *m.* — βρῶσις Mt. 6 19 sq. (rubigo).

ܡܝܟܠ (Rom. 14 17), ܡܝܟܘܠ (Col. 2 16). emph. ܡܝܟܠܐ. pl. ܡܝܟܠܝܢ. emph. ܡܝܟܠܝܐ,

ܡܐܟܘܠܬܐ (Jo. 1 16. 2 23). *m.* — cibus ll. cc., Gen. 6 21. Mt. 14 15. Luc. 3 11. Rom. 14 15. 20 (βρῶσις, βρῶμα).

ܐܘܟܠܘܣ (ὄχλος) Mc. 8 1. Maxime opere variatur haec vox. Potiora indicabuntur. ܐܘܟܠܘܣ Js. 43 17 (Lect. 35) al.; *pass.* BC. ܐܘܟܠܘܣ Mt. 26 47 A. ܐܘܟܠܘܣ Jer. 38 8, al. ܐܘܟܠܘܣ Luc. 6 17 A[1]. C: ܐܘܟܠܘܣ Mt. 14 14, al. ܐܘܟܠܘܣ Joh. 6 5 A. ܐܘܟܠܘܣ Mt. 8 1 C. 20 29 BC. Luc. 5 29 B. emph. ܐܘܟܠܘܣܐ Mc. 8 2. 6, al. ܐܘܟܠܘܣܐ A: Mt. 20 31, al. ܐܘܟܠܘܣܐ Mc. 7 33 A, al. ܐܘܟܠܘܣܐ Mt. 9 23 A, al. ܐܘܟܠܘܣܐ B: Mt. 27 15 Ev. 200; Mc. 7 33. ܐܘܟܠܘܣܐ Mc. 9 24 A. ܐܘܟܠܘܣܐ Act. Sct. Anecd. 169 14. 19. C. suff. 3. *f.* ܐܘܟܠܘܣܗ Dt. 13 16. pl. ܐܘܟܠܘܣܝܢ B: Mt. 8 1; Mc. 5 24. ܐܘܟܠܘܣܝܢ Mt. 8 1 A, etc. ܐܘܟܠܘܣܝܢ Mt. 5 25 C. 8 18 B, etc. emph. ܐܘܟܠܘܣܝܐ (haec forma saepius singularis munere fungitur). ܐܘܟܠܘܣܝܐ C: Mt. 9 23, *pass.* ܐܘܟܠܘܣܝܐ *pass.* ܐܘܟܠܘܣܝܐ Mt. 7 28 A, al., *p. o.* Mt. 5 1 A[2] *corr.* 11 7 A. Luc. 4 42. ܐܘܟܠܘܣܝܐ Luc. 3 10 A (*cod.*); B: Mt. 7 28, 14 22 Ev. 88; 15 35, al., C: Mt. 5 1. Luc. 5 19. C. suff. ܐܘܟܠܘܣܝܗܘܢ Num. 4 46. Praeterea hic illic varie corruptum legitur. — turba, vulgus, *pass.* V. et N. T. (cf. concord. i. v. ὄχλος), ll. cc., Act. Sct. Anecd. 169 14. 16. 19. Ita vertitur δῆμος, δῆμοι Dt. 13 16. Num. 4 46.

---

*ܐܘܟܡ. *ܐܘܟܡ (אֻכּוּם, mand. עכומא). *f.* ܐܘܟܡܐ — niger, ater Mt. 5 36 BC (in A pericopa non exstat).

ܐܘܟܣܢܝܣ (Mt. 25 43 Ev. 130 A, cf. v. 35. 38. 44 Ev. 130). ܐܟܣܢܝܣ Ev. 25 35. 43 sq. Ev. 166 sq. ܐܟܣܢܝܐ BC ll. cc. pl. ܐܟܣܢܝܢ Rom. 12 13. Eph. 2 19. [ܐܟܣܢܝܢ, ܐܟܣܢܝܢ, (ܠ)ܐܟܣܢܝܢ) Mt. 27 7 Ev. 199 BC, 209 C: leg. ܐܟܣܢܝܢ]. emph. ܐܟܣܢܝܐ Mt. l. c. Anecd., ܐܟܣܢܝܐ ib. Ev. 199 A, ܐܟܣܢܝܐ ib. Ev. 209 B. De ξένος deriv. — advena, peregrinus, ll. cc.

---

*ܐܟܦ *Pe.* Ptc. act. ܠ ܐܟܦ ܠܐ οὐ μέλει τινὶ περί τινος, sequ. ܥ Mt. 22 16 ܥܠ ܠ Joh. 10 13; ܕ c. impf. Luc. 10 40 (al. ܐܟܦ, ܐܟܦ). Haec locutio, quam Schwally (Idiot. p. 46) minus recte intellegit, respondet locutioni Iud. לא אכפה ל (cf. syr. ܠ ܟܦܠ, ܠ ܐܬܟܦܠ), et aeque ac radix talm. כפל, exorta est falsa, ut ita dicam, dissolutione vocum ܐܬܟܦܠ (cui conferas jud.-aram. מה אכפה לה = מכפלה, Dalman. Gramm. p. 195), quae fort. ab ipso scriba archetypi hoc modo scriptae fuerant.

---

*ܐܟܪ. *ܐܟܪ (אִכָּר). pl. ܐܟܪܝ. *m.* — arator, agricola Js. 61 5.

---

*ܐܠܝ. ܐܠܝܐ. — lamentum, lamentatio Am. 8 10. Si vere est tradita, forma est *qiṭṭūl*, *m.*, sed fors. errori scribendi debeatur et corruptum sit ex ܐܠܝܐ, quod aut voci syr. ܐܠܝܐ, ܐܠܝܬܐ, aut אִלְיָא ܐܠܝܐ (*m.*) responderet.

ܐܠܐ (ex ܠܐ ܐܢ) Mt. 24 36[1], etc. ܐܠܐ Act. Sct. Anecd. 169 13; ܐܠܐ Luc. 12 7 A; ܐܠܐ Mc. 9 36 (Anecd. 141); Hom. Ox. 9 58 20; Act. Andr. et Matth. fol. 2[r], al. — *1.* si non, nisi Dt. 10 12. Js. 42 19 *bis.* Mt. 24 36 A[2]. Ev. 162 B. Luc. 6 4 B. 11 29 A. Joh. 13 10. ܐܠܐ ܐܢ εἰ μή, ἐὰν μή Mt. 5 13. 11 27 *bis.* 17 8. 24 36 A[1]. B. Ev. 162 C. Mc. 2 7. 26. 6 4. 9 28. Luc. 4 26 sq. 6 4 AC. Anecd. 8 51. 11 29. Anecd., al. ܐܠܐ ܕ nisi quod, praeterquam quod Luc. 24 24. *2.* sed, verum, tamen Gen. 2 18 (Lit.). 19 2. Ex. 8 28, *et pass.* ܐܠܐ — ܐܦ ܐܢ etiamsi — tamen 2 Cor. 5 16. *3.* sane, profecto Gen. 22 17 (ἦ μήν).

ܐܠܗܐ (st. abs. et cst. Dt. 6 15. Js. 9 6. 43 10. 11 (Lect. 76). Jer. 39 38. Mc. 12 27. Joh. 1 1 A. Rom. 1 21. Lit. 707 14. Lit. Dam. I, fol. 1[r]. III[v]. Act. Andr. et Matth. fol. 2[r]). emph. ܐܠܗܐ *pass.* C. suff. ܐܠܗܗ; ܐܠܗܗ B: Mt. 22 32 *ter*; Luc. 1 68. ܐܠܗܝ; ܐܠܗܝ BC: Mt. 4 7. 10, al. ܐܠܗܢ, ܐܠܗܢ (Ex. 15 2. Ps. 142 10, al.). ܐܠܗܟܘܢ, ܐܠܗܟܘܢ (Ps. 90 1. Luc. 1 16 C, al.). ܐܠܗܟܘܢ Joh. 8 54 BC.

ܐܠܗܟܘܢ 2017C (cf. quae ad ܐܠܗܟܘܢ adnotavi). ܐܠܗܝ, ܐܠܗܝܢ Js. 61 2, al. pl. ܐܠܗܝܢ, ܐܠܗܝܢ (Joh. 10 34B). emph. ܐܠܗܐ. C. suff. ܐܠܗܟܘܢ; 1. p. ܐܠܗܢܢ Js. 42 17. — deus *pass.* V. et N. T., ll. cc., Hymn. Anecd. 111 13. Lit. 706 20.

ܐܠܗܘ Lit. Dam. I, fol. 1v. 2v. emph. ܐܠܗܘܬܐ. C. suff. ܐܠܗܘܬܗ, ܐܠܗܘܬܟ. *f.* — divinitas ll. cc., Col. 2 9. Tit. 2 3. Hom. Anecd. 171 4. 179 7. 207 23. Hom. Ox. 9 75,10 *et pass.* Lit. 698 6. 707 14. 708 11. Lit. Dam. I, fol. 1v. Act. Andr. et Matth. fol. 1r.

ܐܠܘܝ Ελωε 1Reg. 1 11.

ܐܠܘ *conj.* ܐܠܘ Joh. 14 28A, ܐܠܘ *pass.* A; ܐܠܘ Mt. 24 43 Anecd. — si, quodsi *pass.* [ܐܠܘ ܠܐ Sap. 9 17, leg. ܐܠܐ ܠܐ]. ܠܐ ܐܠܘ si non, nisi Joh. 15 22. 19 11. Hom. Ox. 9 52, 7. Hom. Anecd. 173 3sq. ; ܠܐ ܐܠܘ id. Gen. 31 1. Joh. 9 33. 15 24. 18 30. Mentione digna est periphrasis ܐܠܘ ... ,ܕ ܗܘ .... ܐܠܘ ܠܐ , ... ܠܐ εἰ μὴ ... οὐκ ἂν ... Mt. 24 22, itidemque in negatione ... ܐܠܘ ... ,ܐܠܘ ܠܐ ܗܘ ܠܐ ... 1Cor. 11 31, *s.* ... ܐܠܘ ... ,ܐܠܘ ܕ ܗܘ ܠܐ ... Hebr. 8 3. ܐܠܘܠܐ Mt. 26 35A ex coniunctione vocum ܐܠܘ et ܠܐ (i. e. ܐܠܐ) natum esse suspicor. Pro quo codd. BC Anecd. ܠܘܠܐ (i. e. ܠܐ ܠܘ) habent. [Pro ܐܠܘ 2Tim. 2 2 Lect. reponendum ܐܘ, ut in Ox. legitur].

ܐܠܝ N. pr. Ηλει Mt. 27 46A; BC ܐܝܠܝ (Peš. ܐܝܠ).

[ܐܠܝ Mt. 9 18A, ܐܠܐ Joh. 8 3 in praescripto (Lag. p. 372 7): arab. إلى: scriptor in suum sermonem lapsus est. Sinceram lectionem ܠ praebent BC Mt. l. l.].

ܐܠܝܐܒ N. pr. Ελιαβ Dt. 11 6 (Peš. *id.*).

ܐܠܝܘܕ N. pr. Ελιουδ Mt. 1 14sq. A, *p. o.* BC.

ܐܠܝܩܘܡ N. pr., v. ܐܠܝܩܝܡ.

ܐܠܠܠܐ, v. ܠܠܠܐ.

[ܐܠܡ: Gal. 3 1 ܐܠܡ ܚܡܐ ܠܟܘܢ reddit ἐβάσκανεν ὑμᾶς. Scriptoris vel potius lectoris σφάλμα subesse suspicor. Correxerim ܠܡܢ ܚܡܐ (Ita Syri vertebant vocem βασκανία, cf. H. Gressmann. Studien zu Eusebs Theophanie p. 30* i. v. ܚܡܐ). βασκάνως significat *enviously* apud Joseph. Ant. 14 10,26 et alibi, teste Sophoclei, Lex. s. v.].

ܐܠܣܝ (sic) N. pr. Ελσει Luc. 3 25 (Peš. ܐܣܠܝ).

ܐܠܥܙܪ N. pr. Ελεαζαρ Ex. 28 1. Mt. 1 15A *bis*, v. aB. ܐܠܥܙܪ l. l. C, v. bB. Luc. 3 29C. Cf. ܠܥܙܪ, ܠܥܙܪܘܣ.

ܐܠܝܥܙܪ N. pr. Ελιεζερ Luc. 3 29B (C ܐܠܥܙܪ).

ܐܠܝܩܝܡ N. pr. Ελιακειμ Mt. 1 13A *bis*; *p. o.* BC. ܐܠܝܩܝܡ Luc. 3 30B, ܐܠܝܩܝܡ C.

ܐܠܝܣܒܛ (ܐܠܝܣܒܛ A) N. pr. Ελισαβετ Luc. 1 5sqq. Apocr. Dam. fol. 1v *bis.* 2v; ܐܠܝܣܒܛ Luc. l. l. v. 24 Ev. 278B. 40C.

ܐܠܝܣܝܘܣ N. pr. *1.* Ελισσαιος 4Reg. 2 19—22. Luc. 4 27. *2.* Mt. 1 5C (ubi AB Ιεσσαι, ut text. gr. habet).

ܐܠܟܣܢܕܪܘܣ N. pr. Ἀλέξανδρος Mc. 15 21BC. ܐܠܟܣܢܕܪܘܣ A (Metathesis fort. confusioni cum arab. الاسكندر debetur).

ܐܠܟܣܢܕܪܝܐ N. pr. Alexandria urbs Vit. Sct. ZDMG 56 258, 2. [ܐܠܟܣܢܕܪܝܢܘܣ] Lit. 696 5.

*ܐܠܡܝܛܐ, pl. abs. ܐܠܡܝܛܝܢ — Ἐλαμεῖται Act. 2 9.

ܐܠܠ, v. ܚܠܠ.

ܐܠܥܙܪܘܣ N. pr. Λάζαρος, vel potius Ἐλεάζαρ-ος (אל־עזר) Luc. 16 20 BC. 24 C. 25 B. Joh. 11 1sq. BC. 5BC. 11B. 12 1D. 2BCD. Cf. ܠܥܙܪܘܣ.

ܐܠܦ I. *Pe.* ܐܠܦ, etc. Impf. 1. ܐܐܠܦ (Gal. 3 2), pl. ܢܐܠܦܘܢ, ܬܐܠܦܘܢ (Dt. 31 12). Imp. ܐܠܦܘ, ܐܠܦܘ. Ptc. act. ܐܠܦ; ܐܠܦ Sir. 18 19.

— didicit Dt. 31 12. Js. 8 16. Sirac. 18 19. Sap. 9 18. Mt. 9 13. 11 29. 24 32. Joh. 7 15. Gal. 3 2. Phil. 4 9. 11. Col. 1 7. Hebr. 5 8. Vit. Anton. S. F. 98 16. Hom. Anecd. 194 15. [Cf. etiam quae ad ܐܠܦ adnotavi].

*ܝܠܝܦ. pl. ܝܠܝܦܝܢ — edoctus 1Thess. 4 9 (διδακτοί).

*ܐܠܝܦ. pl. ܐܠܝܦܝܢ, ܐܠܝܦܝܢ (Luc. 2 27 BC) consuetus (εἰωθώς) Luc. l. l. Hebr. 10 25 (Lect. 16). Cf. ܐܠܘܦ.

ܐܠܘܦ (num fort. *qaṭṭūl?*) (ܐܠܘܦ A: Mt. 27 15 Ev. 200. Luc. 4 16; ܐܠܘܦ Hom. Anecd. 174 24). pl. ܐܠܘܦܝܢ Joh. 19 40 A [B ܐܘܠܦܝܢ, C ܐܘܠܦܝܢ] — consuetus (i. q. ܐܠܝܦ), *abs.* Luc. 2 27 A. 4 16. 22 39 *corr.* (versus non extat in BC). Hebr. 10 25 (Lect. 122); *sequ. ptc.* Mt. 27 15. Joh. 19 40. Hom. Anecd. 174 24.

ܐܘܠܦܢ (Joh. 18 39 A; *p. o.* BC). emph. ܐܘܠܦܢܐ. C. suff. ܐܘܠܦܢܟܘܢ (A: Mt. 22 33, Joh. 18 19), per ܘ scriptum Luc. 4 32 A; ܐܘܠܦܢܗ Mt. 22 33 C; etc. pl. ܐܘܠܦܢܝܐ Hom. Anecd. 182 6. 211 9, al. *m.* — *1.* consuetudo, mos Luc. 1 9. Act. 16 21 (ἔθος). Joh. 18 39 (συνήθεια; cf. ܥܝܕܐ). Hom. Anecd. 209 24. *2.* doctrina, disciplina Hom. Anecd. 209 14. 210 1. Reddit vocem διδαχή Mt. 7 28. 22 33. Mc. 11 18. 12 38. Luc. 4 32. Joh. 7 16. 18 19. Hebr. 6 2; διδασκαλία Rom. 12 7. Col. 2 22. Tit. 2 1. 7.

*ܝܘܠܦܢ. pl. ܝܘܠܦܢܝܐ. *m.* — Hom. Anecd. 209 12, ubi incertum, utrum ad „doctrinas" an ad „mores" scriptor respexerit, cum verborum series mutilata sit.

Pa. ܐܠܦ, ܐܠܦ; etc. Impf. ܢܐܠܦ, ܢܠܦ; etc. Imp. ܐܠܦ. Ptc. act. ܡܠܦ, ܡܐܠܦ. — docuit Dt. 11 19. Js. 9 15. 40 13. Ps. 142 10. Job. 21 22. Mt. 5 2. 19. 9 35. 11 1. 21 23. 28 20. Mc. 9 30. Luc. 6 6. 12 12. 13 26. 19 47. Joh. 8 28. Act. 1 1. 2 Tim. 2 2, et saepe al. Vit. Anton. S. F. 104 12. Hom. Anecd. 183 3. Hymn. Anecd. 111 9.

ܡܠܦܢ (Joh. 3 2 A, al.) ܡܠܦܢ (ib. BC). emph. ܡܠܦܢܐ. C. suff. ܡܠܦܢܢ A: Mt. 9 11, al. ܡܠܦܢܟܘܢ (sic) Mt. 9 11 B. 17 24 BC. 23 8 BC. pl. ܡܠܦܢܝܐ. C. suff. 3. ܡܠܦܢܗ, ܡܠܦܢܢ (Luc. 5 17 BC). *m.* — doctor, praeceptor Mt. 8 19. 9 11. 17 24. 19 16. 22 24. 36. 23 8. 26 18. Mc. 9 16. 37. 10 35. 12 32. Luc. 2 46. 3 12. 5 17. Joh. 3 2. 2 Tim. 1 11. Hom. Anecd. 181 13. pl. *f.* abs. ܡܠܦܢܝܢ Tit. 2 3.

Ithpa. Pf. pl. ܐܬܐܠܦܘ Mt. 28 15 BC [A ܐܬ[ܠ]ܦܘ]; etc. Ptc. ܡܬܐܠܦ, etc. — *1.* doctus, instructus est Mt. 28 15. Joh. 7 15 B (AC ܝܠܦ). *2.* μελετᾶν Ps. 89 9. Luc. 21 14. [Hom. Anecd. 209 9 locus lacunis deformatus].

ܐܠܦ II. ܐܠܦ (Jon. 1 3), ܐܠܦ (Joh. 6 22 C), *p. o.* Act. Adrian. fol. 3ᵛ. emph. ܐܠܦܐ (Jon. 1 6 et saepe al.), ܐܠܦܐ (Mt. 8 23 Ev. 245 A; *corr.* ܐܠܦܐ); ܐܠܦܐ Mt. 15 39 A; *p. o. pass.* C. suff. ܐܠܦܗܘܢ Act. Philem. Anecd. 169 11. pl. ܐܠܦܝܢ. emph. ܐܠܦܝܐ. C. suff. ܐܠܦܝܗܘܢ Js. 11 14. *f.* (*m.* Jon. 1 3, congruentia generum gramm. neglecta) — navis, ll. cc., Js. 43 14. 60 9. Jon. 1 3 et saepe. Mt. 4 21. 8 23 sq. Mc. 8 10. 13. Luc. 5 2. 7. 8 22. 37. Joh. 6 16 sqq. Hom. Ox. 9 64 7 sqq. 65 11. 21. 67 11. Hom. Anecd. 187 1 (cit. Job. 9 26. Act. Philem. S. F. 74 3. 7. 9. Act. Adrian. fol. 3ʳ. 3ᵛ.

*ܐܠܦܝ (syr. ܐܠܦܝܐ). pl. ܐܠܦܝܐ. *m.* — nauta Jon. 1 5.

ܐܠܦ III. ܐܠܦ mille Ps. 89 4. 2 Petr. 3 8 *bis.* emph. ܐܠܦܐ Joh. 18 12 A, *p. o.* BC. pl. ܐܠܦܝܢ Sirac. 46 8. Joh. 6 10 A. 1 Cor. 10 8; *p. o.* Js. 60 22. Ps. 90 7. Mt. 14 21. 15 38. Mc. 8 9. Joh. 6 10. ܐܠܦܐ ܪܝܫ χιλίαρχος Joh. 18 12 BC; pl. ܪܝܫܝ ܐܠܦܐ ib. A. C. suff. 3. *m.* ܪܝܫܝ ܐܠܦܝܗܘܢ Mc. 6 21.

ܐܠܦܝܢܛܝܢ: Ita Ps. 44 9 vox ἐλεφάντινοι vertitur. Num forte leg. ܐܠܦܢܛܝܢ?

---

*ܐܠܦܝ nauta, v. supra ܐܠܦ II.

ܐܡ (Mt. 10 37 Ev. 66 B. 19 29 B), ܐܡ

(ita constanter cod. A, et saepe al.) emph. ܐܡܐ, ܐܡܡܐ. C. suff. ܐܡܗ, ܐܡܡܗ, etc. pl. ܐܡܗܬܐ (cod. manuscr.). — mater, *pass.* V. et N. T., Act. Adrian. fol. 1v. Hymn. Anecd. 111 12. 21. Lit. Dam. I, fol. 1v. IIv. Pro „mater mea" dicunt ܐܡܝ (cf. Job. 17 14. Luc. 8 20 AC); vid. quae ad ܐܒܐ „pater" adnotavi.

ܐܡܗ. pl. ܐܡܝܢ (Joh. 21 8 A), ܐܡܘܝܢ (Gen. 6 15 *ter.*) *f.* — ulna, cubitus Gen. 6 15 sq. 7 20. Mt. 6 27. Joh. 21 8.

[*ܐܡܘܪ. ܐܡܘܪܝܬ Hom. Ox. 9 63 4, leg. ܐܡܘܪܝܬ, cf. ZDMG 53 708].

*ܐܡܗ. emph. ܐܡܬܐ. C. suff. 3. *m.* ܐܡܬܗ, ܐܡܗܬܝ — pl. c. suff. 1. ܐܡܗܬܝ Act. 2 18. — serva, ancilla l. c., Ex. 11 5. 1 Reg. 1 11. 16. Luc. 1 38. 48.

ܐܡܘܢ N. pr. Ἀμων Mt. 1 10 A, *p. o.* BC.

[. . . ܐܡܘܪ Dt. 31 4 οἱ Ἀμοῤῥαῖοι: restituendum ܐܡܘܪܝܐ vel ܐܡܘܪܝܐ].

ܐܡܝܢܕܒ. ܐܡܝܕܒ N. pr. Ἀμιναδαβ Mt. 1 4. Luc. 3 33 BC.

*ܐܡܝ. ܐܡܝܢ *f.* — Quid? ܠܐܡܝܢ Hymn. Lect. 136 2; phonetice scr. ܠܡܢܐ ib. 1 in contextu obscuro.

ܐܡܝܢ, ܐܡܢ — אָמֵן ἀμήν Mt. 5 18. 25. Rom. 1 25 et saepius. Hebr. 1 8 (textus graec. om.). Hom. Ox. 9 54 17. Hom. Anecd. 177 15. 188 20. Lit. 705 10. 708 22. 709 7 sqq.

*ܐܘܡܢ. emph. ܐܘܡܢܐ. *m.* — artifex, peritus Hom. Anecd. 173 25. 174 3 (ubi ܐ- supplendum).

*ܐܘܡܢܘ. emph. ܐܘܡܢܘܬܐ *f.* — ars, artificium Ex. 28 11.

ܗܝܡܢ (ܗܝܡܝܢ), etc. Impf. ܢܗܝܡܢ, ܝܗܝܡܢ (Joh. 3 18 B), ܬܗܝܡܢ Luc. 16 11 B. Joh. 17 21 Ev. 58 BC; etc. Imp. ܗܝܡܢ, etc. Ptc. act. ܡܗܝܡܢ, ܡܗܝܡܢܐ, etc. pl. ܡܗܝܡܢܝܢ 2 Tim. 2 2 Ox. — fidem habuit, credidit, *pass.* V. et N. T. Hymn. Anecd. 111 24. Hom. Anecd. 202 7 (cit. Joh. 11 40). 205 25 (cit. Js. 7 9). Hom. Ox. 9 66 21. 69 14. Sequitur ܠ *p.* Luc. 20 5 AB Dam. Gal. 3 6, et saepius al.; ܒ p. Mt. 27 42. Luc. 7 16. 20 5 C. Joh. 5 24 (cf. Hom. Anecd. 202 13). Act. 16 31. Rom. 3 22. 4 5. Dam. Gal. 2 16. Phil. 1 29. Hom. Ox. 9 73 8. 75 6; ܥܠ p. Rom. 4 5 (Lect.). Notandum ܗܝܡܢܬ ܠܐ ܠܐ ܐܢܐ ܘܐܦ κἀγὼ ἐθαύμασα (εἰ κ. τ. ἑ.) Act. Adrian. fol. 2v.

ܗܝܡܢܘ (ܗܝܡܢܘܬ) Mt. 17 20. 21 21. Rom. 3 30 Dam. emph. ܗܝܡܢܘܬܐ. C. suff. ܗܝܡܢܘܬܟܘܢ, etc. *f.* — fides, *pass.* V. et N. T. (vid. concord.).

ܡܗܝܡܢ (מְהֵימָן), ܡܗܝܡܢ, ܡܗܝܡܢ. emph. ܡܗܝܡܢܐ. pl. ܝܢ —. C. suff. ܡܗܝܡܢܝܗܘܢ Hom. Ox. 9 66 21. — fides, fide dignus, fidelis (πιστός) l. l., Job. 17 9. Mt. 24 45. Luc. 16 11 sq. Col. 1 2. Hebr. 2 17. 10 23. Hymn. Anecd. 112 7. Quibus locis alii addi possunt.

Ithpa. ܐܬܗܝܡܢ (sic 1Tim. 3 16) Impf. 3. *f.* ܬܬܗܝܡܢ 3Reg. 8 26. Ptc. ܡܬܗܝܡܢ — creditus est Rom. 10 10. 1Tim. l. l.; confirmatus est 3Reg. l. l.

ܐܡܪ I. *Pe.* ܐܡܪ. 3. f. ܐܡܪܬ, etc. pl. ܐܡܪܘ; ܐܡܪܘܢ Joh. 9 23 B, etc. Impf. ܢܐܡܪ, ܬܐܡܪ, ܐܡܪ, ܢܡܪ, ܢܡܪ, ܬܡܪ, etc. Imp. ܐܡܪ, ܐܡܪ, etc. Ptc. act. ܐܡܪ, ܐܡܪܐ, ܐܡܪܐ, etc. Pass. ܐܡܝܪ, etc. — *1.* dixit *pass.* *2.* opinatus est: ܐܡܪ ܐܢܬܘܢ ܠܟܘܢ ܡܐ τί ὑμῖν δοκεῖ; Mt. 18 12 Anecd. (cett. habent ܡܐ, q. v.); ܐܡܪܝܢ δόξαντες Joh. 11 31 (cit. in Hom. Anecd. 204 4), δοκοῦντες 1Cor. 12 23.

Ithpe. ܐܬܐܡܪ, ܐܬܡܪ; anteced. ܕ: ܕܐܬܡܪ (C: Mt. 5 21. 38. 27 35 BC. Ev. 211 A), ܕܐܬܐܡܪ (Mt. 1 22 A). Ptc. ܡܬܐܡܪ, ܡܬܡܪ, ܡܬܐܡܪܐ, ܡܬܡܪܐ, etc. — dictus est, *pass.*

*ܐܡܪܬܐ *f.* pl. c. suff. ܐܡܪܬܗܘܢ (A, *p. vocal. o.* BC) — Ita vertitur „τὰ φυλακτήρια αὐτῶν" Mt. 23 5. Talm. אֲמִירָה, אִמְרָה fimbria. De etymologia cf. Schwallyum (Idiot. p. 4), qui recte hebr. אמיר „ramus summus, cacumen" et arab. أَمَرَة „tumulus, signum viae" comparat. At frustra hanc rad. a rad. אמר „dixit" separare nuper conatus est J. Barth (Wurzeluntersuchungen p. 4). Nam princeps (أَمِير) est, qui negotia suae gentis gerit et pro ea loquitur (cf. خَطِيب, خطب). Verbi אמר notio primaria est praepositum esse. Hinc: (pro aliquo) locutus est; ex quo communis significatus dicendi natus est.

ܐܡܪ II. (cf. Idiot. p. 4. 114. WZKM 1 24).

ܐܡܪ *m.* st. abs. Hom. Anecd. 172 8. emph. ܐܡܪܐ. pl. ܐܡܪܝܢ (Joh. 10 16 A, al.; *p. o.* Js. 53 6 et saepe al.), ܐܡܪܝܢ (Joh. 21 11, etc.), ܐܡܪܝ (Mt. 9 36 C). [ܐܡܪܝܢ Ps. 43 23, leg. ܐܡܪܝܢ]. emph. ܐܡܪܝܐ, ܐܡܪܐ. C. suff. ܐܡܪܝܗܘܢ Hom. Ox. 9 53 15. 1. p. ܐܡܪܝ ib. 50 7, ܐܡܪܝ Joh. 21 16 sq. — agnus ll. cc., Gen. 22 7 sq. Js. 11 6. Jer. 11 19. Ps. 76 21. Mt. 7 15. 10 16. 18 12. 25 32 sq. 26 31 BC (A om.). Joh. 21 4 sq. 10 16. Hom. Ox. 9 50 7 (cit. Joh. 21 15).

*ܐܡܪܬܐ *f.* pl. ܐܡܪܢ Mt. 9 36 A, ܐܡܪܝܢ (*Imâla* intelligi potest, si vere est tradita forma. Syntaxi utitur *f.*) Mt. 18 12 A. emph. ܐܡܪܬܐ s. ܐܡܪܬܐ. Praeced. ܕ: ܕܐܡܪܬܐ Lit. 697 7 (cf. ZDMG 53 708). C. suff. ܐܡܪܬܗ, etc. — agna, ll. cc., Ex. 9 3. 10 9. 24. Js. 60 7. 61 5. Jo. 1 18. Jon. 3 7. Zach. 11 11. Mt. 10 6. 26 31 Anecd. Joh. 10 1 sqq. Hom. Ox. 9 50 9. 63 14. Lit. 697 7 (cit. Ps. 64 14). [Pro ܐܡܪܬܐ Js. 40 11 Anecd. leg. ܡܪܥܝܬܐ, ut habet Lect.].

*ܐܡܪܘܢ. pl. ܐܡܪܘܢܐ. *m.* — agnus parvus Hom. Ox. 9 50 11.

ܐܡܬ N. pr. Εμαθ (Peš. ܚܡܬ) urbs Num. 13 22.

ܐܡܬܝ (ܐܡܬ Mt. 24 3 Ev. 160 C. Itidem ܡܬܝ, v. infra). — quando? Dt. 6 15. Mt. 24 3. 25 37 sqq. Mc. 9 18. Luc. 12 36. Joh. 6 25, et saepe al. ܐܡܬܝ ܠܐ, *sequ. impf.*: ne (ita ad verbum vertunt gr. μήποτε, μήπως) Gen. 3 22. Ps. 12 4 sq. Eccl. 7 17. Mt. 4 6 C. 5 25. 7 6. 15 32. 25 9 ABC Anecd. 130. 27 64 A (sic leg.) BC (in Anecd. solum ܠܐ legitur). Mc. 8 3. Luc. 14 8. 1 Cor. 9 27. Hebr. 2 1. ܥܕ ܐܡܬܝ quousque? Ex. 10 3. Mt. 17 17 A. Mc. 9 18 A. Luc. 9 41. Joh. 10 24 A; in unum vocabul. coniunctum ܥܕܡܬܝ Ex. 10 7. Ps. 81 2. Mc. 9 18 BC. ܥܕܡܬܝ Mt. 17 17ᵃ C. ܥܕܡܬܝ Joh. 10 24 B. (Cum hic scribendi modus tantum modo in hac coniunctione inveniatur, forma ܡܬܝ nihil commune habet cum hebr. מָתַי, ut Nestle, Lect. p. XXXII docuit. Phonetice est scriptum). ܥܕ ܐܡܬܝ ܕ quamdiu Mt. 25 45 Ev. 130 B. ܟܠ ܐܡܬܝ ܕ quotiescunque 1 Cor. 11 25 sq. ܥܕ ܟܠ ܐܡܬܝ ܕ *1.* quamdiu Mt. 9 15 AB. 25 40. 45 A, Ev. 97 B, Ev. 130 C, Ev. 167 BC. Gal. 4 1. *2.* donec, quoad Hebr. 10 37. ܡܢ ܐܡܬܝ ܕ ex eo tempore quo 2 Petr. 3 4. [Pro ܥܕ ܡܢ ܐܡܬܝ ܕ Mt. 5 19 C leg. ܥܕ ܟܠ ܐ' ܕ].

ܐܡܬܝ N. pr. Αμαθι Jon. 1 1 (Peš. ܡܬܝ).

ܐܢ I. (אָן = הֵן) — ubi? Rom. 3 27 (Lect.). Cf. ܗܢ.

ܐܢ II. ܐܢ *pass.* ܐܝܢ *pass.*, constanter Ev. Cod. C. ܐܢ Mt. 17 20 A (primo loco). 18 12 B, et saepe al. — *part. conditionis et interrog.* si, *pass.* ܐܢ — ܐܢ sive — sive Phil. 1 27. Col. 1 20 (Plane convenit cum ܐܠܘ — ܐܠܘ, q. v.). ܐܦ ܐܢ κἄν Luc. 12 38; ܐܦܢ Eccl. 11 8. ܐܢ — ܐܦ (quibusdam verbis intercedentibus) id. Mt. 21 21. [In ܗܝܡܢܘ ܐܢ ܠܐ Mt. 17 15 AC ܐܢ dittographema est. Recte B].

ܐܢܐ pron. pers. ego. In enclisi phonetice scribitur, veluti ܐܙܠܢܐ, ܐܡܪܢܐ, ܚܙܝܢܐ. — ܐܢܚܢ nos; saepe quoque أنا; أنو, ܐܢܘ (Joh. 11 6 B. 31 1 B). [ܐܢܐ semel tantum, ni fallor, occurrit: Mt. 19 27 A, ubi auctor punctorum erravit].

ܐܢܓܢܘܣܛܐ *m.* — ἀναγνώστης Lit. 680 (ubi sic leg.).

ܐܢܓܪܝܐ — ἀγγαρεία (cf. Lagard., Gesammelte Abhdlg. p. 184. S. Krauss. 2 63. Brockelm. Lex. syr. p. 14 sq.) Mt. 27 32 Ev. 210 A; ܐܢܓܪܝ ib. Ev. 201 A. Mc. 15 21 A. (Vocalem *e*, si revera ad literam ܐ pertinet, dialecti ratione ortam esse suspicari possis, cum syllaba sit clausa. Sed vide ne subsit forma ἐγγαρία (cf. ἐγγαρεύειν), de qua cf. Blassii Gramm. d. Neutestam. Griech.[2] p. 22 et not. 2). *p. o.* Mt. 27 32 Ev. 210 C. ܐܓܪܝܐ Mt. 5 41 BC (A om.). 27 32 Ev. 210 B. Constanter coniunctum c. verbo ܫܪ, ܐܫܪ, sequ. ܠ *p.*, gr. ἀγγαρεύειν reddit ll. cc.

ܐܢܕܪܐܘܣ N. pr. Ἀνδρέας A: Mt. 10 2, Joh. 1 44. Ev. 137, al., ܐܢܕܪܝܘܣ Joh. l. l. Ev. 74, *p. o.* Mt. 4 18 A (*codex*). Joh. 6 8 B. ܐܢܕܪܘܣ Mt. 4 18 BC. 10 2 BC Anecd. Joh. 1 40 C. 44 B. Ev. 137 C. 12 22 BC. [ܐܢܕܪܝܐܘܣ Mt. 4 18 A *corr.*]. ܐܢܕܪܐܘܣ Joh. 6 8 C. ܐܢܕܪܐܘܣ 1 44 Ev. 7 C. (De formis edessen. itidem variis videantur, quae Gwilliam, Tetraev., ad Mt. 4 18 adnotavit).

ܐܢܢ nos, v. ܐܢܐ.

ܐܢܘܢܣ (ἀννώνας) *f.* — annonae Luc. 3 14 A; *p. o.* BC.

ܐܢܘܫ N. pr. Ενως, (Peš. ܐܢܘܫ) Luc. 3 38.

---

*ܐܢܚ. *Ittaph.* ܐܬܬܢܚ Mc. 7 34 A (sic) = אֶתְאַנַּח, *p. voc. o.* B, ܐܬܢܚ C. — gemuit, l. l. ܐܢܚܐ (Mt. 2 18 A), ܐܢܚܐ (ib. BC). emph. ܐܢܚܬܐ. C. suff. ܐܢܚܬܗ. *f.* — gemitus, suspirium, l. l., Gen. 3 16. Js. 35 10.

ܐܢܛܘܠܝܐ N. pr. Forma parum credibilis, quam corruptam esse suspicor ex ܐܢܛܠܝܐ, i. e. Ναταλία (c. ܐ prothetico). Uxor est S. Adriani, Act. fol. 3[r].

ܐܢܛܘܢܝܘܣ N. pr. Ἀντώνιος monachus ille clarissimus Vit. Ant. 98 10 et saepius. ܐܢܛܘܢܝܐ ib. 89 [3]. 5. 10. 90 11. Vocat. ܐܢܛܘܢܝ Vit. Anton. Stud. Sin. 11 147 3 (Ἀντώνιε: Migne, P. Gr. 26 900 C). [Lit. 680, loco syriaco].

ܐܢܛܝܕܝܩܘܣ (ἀντίδικος. Cf. Idiot. p. 103. Krauss. 2 69. 599). C. suff. ܐܢܛܝܕܝܩܝܟ, ܐܢܛܝܕܝܩܟ. 1. p. ܐܢܛܝܕܝܩܢ, ܐܢܛܕܝܩܢ. — adversarius Mt. 5 25. Luc. 18 3.

ܐܢܛܝܢܘܐ N. pr. ܡܕܝܢܬܐ 'ܐ Act. Philem. Anecd. 169 17, si recte legit editor. Mallem ܐܢܛܝܢܘܢ = ἡ Ἀντινόων. Hoc loco in textu gr. nihil respondet, sed alias εἰς τὴν Ἀντινόων habet. Fieri potest etiam, ut formam Ἀντινώ (= ἡ Ἀντινόπολις, cf. Sophocl. Dict. i. v.) reddat.

ܐܢܛܝܦܘܢ *m.* — ἀντίφωνον (cf. Land. Anecd. p. 192. Christ et Paranikas, Anthol. gr. p. LVIII) Anecd. 105 19. 106 16. 108 14. 109 13. Lit. 696 12. 19. 697 3.

ܐܢܝ, ܐܢܝ, v. ܐܢܐ.

ܐܢܝܣܝܦܘܪܘܣ N. pr. Ὀνησίφορος 2 Tim. 1 16 Ox. (Lect. mendose ܐܢܝܣܦܘܪܘܣ).

---

*ܐܢܟܘܪܝܛܐ. pl. ܐܢܟܘܪܝܛܝܢ — anachoreta (cf. syr. ܐܢܟܘܪܝܛܐ): ita repono pro ܐܢܟܘ . ܛ . Vit. Anton. Stud. Sin. 11 148 2. Textus gr. apud Migne, P. Gr. 26 904 B habet μοναχοί.

ܐܢܣ (אנס, syr. ܐܬܐܢܣ) *Pe.* ܐܢܣ etc. Imp. ܐܢܘܣ. Ptc. act. ܐܢܣ, ܐܢܣܐ. — oppressit, coegit Gen. 19 3. Mt. 14 22. Luc. 14 23. 24 29. Hom. Ox. 9 63 6 (cit. Gal. 2 14).
Ithpe. ܐܬܐܢܣ — coactus est Gal. 2 3.

---

*ܐܢܦ. ܐܦܝ (Mt. 6 16. 22 16, al.); ܐܦܝ Dt. 10 17. Js. 9 14, *pass.* emph. ܐܦܐ, ܐܦܐ, ܐܦܐ *pass.* C. suff. ܐܦܘܗܝ, ܐܦܟ (Mt. 26 67 Ev. 195 B), ܐܦܟ (Luc. 9 29 C. Joh. 11 44 C, al.). 3. *f.* ܐܦܗ, ܐܦܗ (Luc. 21 35 Ev. 128 C); ܐܦܝܗ, etc. *m.* — *1.* superficies Gen. 2 6. 7 4. Luc. 21 35, al. *2.* facies Mt. 6 16. 22 16, al. *3.* ܐܦܝ ܣܓܝܐܢ πολυτρόπως Hebr.

11 (Lect.). Cf. ܠܘܬܗܘܢ, ܠܘܬܗ, ܠܘܬܟ, ܠܘܬܢ, ܐܬܐ *Pa.*, ܐܫܘܐ *Pa.*

ܠܘܬ (ܠܘܬܝ, ܠܘܬܟ, ܠܘܬܗ, ܠܘܬܗ̈) — *praep.* versus, ad Gen. 811. 1927. Js. 920. 1026 (sic leg.). Ps. 456 (leg. ܠܘܬܗ). Mt. 203. 5sq. 9. 2746. ܠܘܬ ܐܢܫܗ ܕ super Gen. 25 (Lit.): Utrum forma suffixo 3. p. sg. *f.* instructa sit (= ܐܢܫܗ) an mendosa, incertum. Fieri potest etiam, ut ܕ delendum sit. ܠܘܬ ܐܢܫܗܘܢ super eos Dt. 114.

ܐܢܫ (Mc. 1233sq. A), *p. o. pass.*; ܐܢܫ constanter Ev. cod. C, exc. Mc. 938, aliquoties B. ܐܢܫ Joh. 332 C. ܠܐܢܫ Mc. 168 Ev. 217C. — *1.* quidam (τὶς) Gen. 25. 1912. Ex. 1023. Dt. 1124. Js. 820. Mt. 213, et saepe al. Hom. Ox. 9624. Act. Philem. Anecd. 1705. *2.* unusquisque (ἕκαστος) Ex. 112. Quisque, unusquisque hisce modis exprimitur: *a*) ܐܢܫ ܐܢܫ Jo. 27sq. Jon. 15. 7. 38. *b*) ܟܠ ܐܢܫ Job. 2133. Mt. 1835AC. 2515. Luc. 23C. Phil. 24 *bis*. *c*) ܟܠ ܐܢܫ ܐܢܫ Mt. 1835B Anecd. Luc. 23AB. — pl. ܐܢܫܝܢ, ܐܢܫܝܢ Mc. 91 Dam., ܐܢܫܝܢ Luc. 1236C: quidam, τινὲς Job. 228. Mt. 93. 2747. 2811. Mc. 26. 83. 39. 91. Luc. 518. 62. 719. 1236AB. 2Petr. 39. 1Cor. 107sqq. 156. Act. Adrian. fol. 3r. v. Hom. Ox. 96318. — emph. ܐܢܫܐ Lect. 213 (ܠܐܢܫܐ phonetice scr. pro 'ܠܐ). C. suff. ܐܢܫܝܗܘܢ Luc. 2116. — *1.* homines Lect. l. l. *2.* parentes Luc. l. l. — Cf. ܒܪ.

*ܐܢܫܐ *f.* C. suff. 3. m. ܐܢܫܘܗܝ, 3. *f.* id. — parentes Luc. 227. 41. 43. 856. Joh. 92sq. 18. 20sqq.

ܐܢܬܝ *pron. pers.* tu. *f.* ܐܢܬܝ (Luc. 131A); ܐܢܬܝ (Luc. 1312A). [ܐܢܬܝ Mt. 1528A in pericopa edessen.] pl. ܐܢܬܝܢ. *f.* ܐܢܬܝܢ.

ܐܢܬܬܐ *f.* st. abs., ܐܢܬܐ (Luc. 1038A), ܐܢܬܐ (*pass.*). emph. ܐܢܬܬܐ (semel tantum invenitur ܐܢܬܐ Mt. 922C). C. ܠ: ܠܐܢܬܬܐ Joh. 442AC. C. suff. ܐܢܬܬܗ Luc. 15 Anecd. ܐܢܬܬܗ (si, quod dubito, vera est lectio) Mt. 1825 Anecd. 2. ܐܢܬܬܝ, 1. ܐܢܬܬܟ. pl. ܢܫܝܢ, ܢܫܝܢ; ܢܫܝܢ Luc. 82C. ܐܢܫܝܢ Luc. 241BC (A om.). cst. ܢܫܝ, ܢܫܝ. emph. ܢܫܝܐ: ita constanter Ev. cod. A, praeterea Luc. 2424C et saepius al. ܢܫܐ paene constanter BC, Lit. Dam. I fol. 2r. IIv. [ܢܫܐ Luc. 241A *corr.*]. C. suff. ܢܫܝܗܘܢ; ܢܫܝܗܘܢ, 'ܢܫܝ. — mulier, uxor *pass.*

*ܐܣܝܐ. ܐܣܝ (אָסָא) st. abs. (Hom. Anecd. 17216). emph. ܐܣܝܐ. pl. ܐܣܘܢ (Mc. 526A). [emph. ܐܣܘܬܐ Luc. 843A *corr.*]. *m.* — medicus ll. cc., Mt. 912. Mc. 217. Luc. 423. 531. Col. 414. Hom. Ox. 9708. Hom. Anecd. 17815.

*ܐܣܘ (אַסְוָ). emph. ܐܣܘܬܐ. pl. st. abs. ܐܣܘܢ. *f.* — sanatio 1Cor. 1228. 30. Hymn. Anecd. 1129. Vocem θεραπεία, quae *cultum* v. *sacra* significat Jo. 114, interpres temere per 'ܐ reddidit.

ܐܣܘܬ — *id.* Luc. 911 (אסוּ; sed potius leg. ܐܣܘܬ = אָסְוָן).

Pa. ܐܣܝ. Impf. ܢܐܣܐ, ܢܐܣܐ, ܢܐܣܝ, ܬܐܣܐ; etc. Imp. ܐܣܝ. Ptc. ܡܐܣܐ, ܡܐܣܐ, ܡܐܣܝܐ, ܡܐܣܝܐ; etc. — sanavit, curavit 4Reg. 221. Js. 611. Ps. 405. Mt. 423sq. 87. 935. 101. 1716. 2114. Mc. 32. Luc. 418. 23. 517. 67. 18. 91sq. 6. 109. 1314. 143. Joh. 447. 1240.

Ithpa. ܐܬܐܣܝ, ܐܬܐܣܝ. Impf. ܢܬܐܣܐ, ܢܬܐܣܐ; etc. Ptc. ܡܬܐܣܐ, ܡܬܐܣܐ, ܡܬܐܣܝܐ; etc. — *1.* sanatus est 4Rg. 222. Js. 535. Sirac. 1819. Mt. 88. 13. [1528]. 1718. Mc. 529. Luc. 617sq. 77. 82. 43. 47. 1314. 1715. Joh. 510. 13sq. Hom. Ox. 9706. *2.* bene valuit Mc. 1618 (καλῶς ἔχειν).

ܐܣܐ N. pr. Ἀσα Mt. 17sq. A, *p. o.* BC [B v. 7 ܐܣܐ].

ܐܣܘܦܘܣ — ὕσσωπος Joh. 1929 Dam.

ܐܣܚܩ (cod. A constanter ܐܝܣܚܩ; *p. o. pass.* ܐܝܣܚܩ Mt. 2232B). N. pr. Ἰσαακ יִשְׂחָק *pass.* V. et N. T., Act. Andr. et Matth. fol. 2r.

*ܐܣܛܕܝܢ (?) στάδιον (cf. Idiot. p. 112. Krauss. 2 119). pl. ܐܣܛܕܝܢ Mt. 14 24. Luc. 24 13 AC. Joh. 6 19 BC. 11 18 AC. Act. Adrian. fol. 3r. ܐܣܛܕܝܢ Joh. A. ܐܣܛܕܝܢ B: Luc. l. l. et Joh. 11 18.

---

*ܐܣܛܘܐ στοά (cf. Krauss. 2 79). *m.* — porticus. C. suff. ܐܣܛܘܗ Joh. 10 23 A, *p. o.* BC. pl. ܐܣܛܘܢ (scriptura defectiva pro ܐܣܛܘܢ esse videtur) Joh. 5 2 BC. — Mc. 12 38 BC ܐܣܛܘܢ: haec forma, licet in Peš. sic occurrat (cf. Luc. 20 46) maxime suspecta est et haud dubie corrig. ܐܣܛܠܘܢ, quod cod. A. et text. graec. habent. — ܐܣܛܘܢ aut ܐܣܛܘܢ Joh. 5 2 A pl. vocis *ܐܣܛܘܢ (ܐܣܛܘܢ, אִסְטְוָן, e pers. ستون, استون) esse videtur, cf. ܐܣܛܘܐ (Mt. 6 2).

ܐܣܛܘܠܐ (cf. Idiot. 112. Krauss. 2 120. 601) *f.* st. abs. Mc. 16 5 Ev. 19 A, *p. o.* BC. ܐܣܛܘܠܐ Ev. 217 A, *p. o.* B Anecd. ܐܣܛܠܐ Mc., Ev. 217 C. emph. ܐܣܛܘܠܬܐ Luc. 15 22 A, *p. o.* BC. Ex. 28 2 sq. C. suff. ܐܣܛܘܠܬܗ Jon. 3 6. pl. ܐܣܛܘܠܢ Luc. 20 46 A, *p. o.* BC. ܐܣܛܠܢ Mc. 12 38 A (cf. ܐܣܛܘܐ) — στολή, ll. cc.

ܐܣܛܝܪ (אסתיר Krauss 2 98, syr. ܐܣܬܝܪ) Mt. 17 27 Anecd. ܐܣܛܛܝܪ A, *p. o.* C; ܐܣܛܛܝܪ B. — στατήρ l. l.

---

*ܐܣܛܪܛܝܓܐ. pl. ܐܣܛܪܛܝܓܝܐ Luc. 22 4 A, *p. o.* C. Act. 16 20. [B mend.]. *m.* — στρατηγός ll. cc.

ܐܣܝܐ N. pr. ἡ Ἀσία 2 Tim. 1 15; ܐܣܝܐ Act. 2 9.

---

*ܐܣܟܘܦܐ (assyr. orig.), emph. *ܐܣܟܘܦܬܐ. C. suff. 3. *m.* ܗ—. pl. ܐܣܟܘܦܐ. — postis Dt. 11 20 (φλιά). 1 Reg. 1 9.

ܐܣܡܥܝܠ N. pr. Ισμαηλ Lit. Dam. IIr.

ܐܣܦܘܓ (Mt. 27 48 Ev. 212 A, *p. o.* BC). emph. ܐܣܦܘܓܐ Mt., Ev. 204 A. ܐܣܦܘܓܐ B (sic leg.). Joh. 19 29 Dam. ܐܣܦܘܓܐ Joh. B et sic corr. C. *f.* — σπόγγος spongus, ll. cc.

---

*ܐܣܦܝܕܘܣ. pl. ܐܣܦܝܕܘܣܝܢ Js. 11 8 (Anecd.). 14 29. emph. ܐܣܦܝܕܘܣܐ Js. 11 8 (Lect., *bis*). *f.* — ἀσπίς anguis, ll. cc.

---

*ܐܣܦܩܘܠܛܘܪ (cf. Idiot. p. 112. Krauss. 2 92. 409). emph. ܐܣܦܩܘܠܛܘܪܐ(ܠ) Mc. 6 27 A, ܐܣܦܩܘܠܛܘܪܐ(ܠ) BC. *m.* — σπεκουλάτωρ speculator, confector, carnifex, l. l.

ܐܣܩܘܛܘܢ — σκοῦτον, scutum Ps. 45 10. Hom. Anecd. 206 12 (cit. Eph. 6 16, ubi text. graec. θυρεός habet). Cf. Krauss. 2 95.

ܐܣܩܠܐܣ N. pr. Ἀσκλᾶς, Asc(u)las Act. Philem. Anecd. 169 7. 8. 11.

ܐܣܪ I. *Pe.* ܐܣܪ. Impf. 2. *m.* ܬܐܣܘܪ, ܬܐܣܘܪ, ܬܐܣܪ, etc. Imp. ܐܣܪ, etc. pl. ܐܣܘܪܘ. Ptc. act. ܐܣܪ, ܐܣܝܪ; pass. ܐܣܝܪ, etc. — *1.* ligavit, cinxit Mt. 14 2. 16 19. 18 18. 21 2. 23 4 (cit. in Hom. Ox. 95 36). Mc. 11 4. Luc. 19 30. 32. Joh. 21 7. *2.* accinxit *lumbis saccum*, sequ. acc. et ܥܠ, Am. 8 10. *3.* cinctus est *aliqua re*, sequ. ܒ *r.*, Lit. 697 6 (cit. Ps. 64 13b), sequ. acc. *r.* Js. 15 3. Ps. 44 4. Lit. 706 17. *4.* cinxit *lumbos*, sequ. acc., Luc. 12 37. Sequ. ܚܨܝܗ cinctus, accinctus est Joh. 21 18.

ܐܣܝܪ (ptc. pass.) — captus, captivus Zach. 9 11 sq. Mt. 27 15. Act. 16 25. 27. Eph. 6 20. Vit. Abrah. Qīdōn. ZDMG 56 255 17. ܐܣܝܪܐ ܒܝܬ carcer Mt. 11 2 A. Act. 16 23 sqq.

*ܐܣܪ (אֱסַר). emph. ܐܣܪܐ. *m.* — vinculum Mc. 7 35. Luc. 13 16 (in BC corrupt.). Phil. 1 7. ܐܣܪܐ ܒܝܬ carcer Mt. 11 2 BC; fort. defective scr. pro ܐܣܝܪܐ 'ܒ.

*ܐܣܘܪ (אֱסוּר). emph. ܐܣܘܪܐ (sic) Jer. 13 4. pl. ܐܣܘܪܐ; ܐܣܘܪܝܐ (Luc. 8 29 A; *p. o.* C). C. suff. ܐܣܘܪܘܗܝ; 1. p. ܐܣܘܪܝ (Col. 4 18). *m.* — *1.* cingulum Jer. 13 4 (περίζωμα). *2.* vinculum Js. 42 7. Luc. 8 29. Act. 16 26. Col. 4 18. Hom. Anecd.

1903 (ubi leg. ܐܣܘܪܝܢ). ܒܝܬ ܐܣܝܪܐ carcer Hom. Anecd. 183 17. *3.* artus Col. 2 19 (συνδεσμός).

Ithpe. Impf. ܬܬܐܣܪܘܢ. Ptc. ܡܬܐܣܪ, ܡܬܐܣܪܐ — ligatus, vinctus est Js. 43 14 (Lect. 49). Luc. 8 29.

Pa. ܐܣܪ (Joh. 13 4 BC; A ܐܣܪ, leg. ܐܣܪ). Suff. 3. *f.* adiuncto ܐܣܪܗ Luc. 13 16 A, ܐܣܪܗ BC. — *1.* alligavit *alqd alcui r.*, sequ. acc. et ܒ, Joh. 13 4. *2.* vinxit Luc. l. l.

ܐܣܪ II. (i. q. ܐܨܪ) *Pe.* Imp. ܐܣܘܪ. Ptc act. ܐܣܪܝܢ — recondidit, reposuit Mt 6 19 sq. B.

ܐܣܪ. ܝ. Stud. Sin. 11 148 2 : vid. ܐܬܐܣܬܪ[ܘ]ܬܐ

ܐܣܘܪ N. pr. Assyri (Ασσουρ) Mich 5 5 (syntaxi *f.* utitur) Ps. 82 9.

---

*ܐܣܪ (אִסָּרָא, إسار). pl. ܐܣܪܝܢ (semel ܐܣܪܝܢ). *m.* — ἀσσάριον, as Mc. 12 42. Luc. 12 6.

ܐܝܣܪܐܝܠ, ܐܝܣܪܐܝܠ, ܐܣܪܐܝܠ (Js. 60 9. Mt. 9 33 Anecd., al.); ܐܣܪܐܝܠ; ܐܣܪܐܝܠ Dt. 6 4; ܐܣܪܐܝܠ Dt. 31 7. 12, et saepe c. praepos. ܠ, ܒ, ܕ coni.; ܐܣܪܐܝܠ Joh. 14 7 Ev. 137 C, praeterea in ܐܣܪܐܝܠ etc. ܐܝܣܪܐܝܠ Js. 43 15 (Lect. 76), Ps. 49 7. 77 59. 82 5. — Israel *pass.* V. et N. T.; Hom. Ox. 96 1 18. 73 6. Lit. Dam. I fol. 2ᵛ. Semel Israelitam significat, ad similitudinem iud. ישראל Joh. 14 7.

ܐܣܪܝܡܘܬ N. pr. Ασαρημωθ Jer. 38 40.

ܐܣܛܘܟܛܐ (sic per 1 script., nisi forte erravit editor. Cf. Krauss. 2 379 sq. I. Löw, Aram. Pfl. p. 58). — στακτή, stacte Ps. 44 9.

ܐܦܐ *Pe.* — coxit Gen. 19 3.

ܐܦܘܠܘܓܝܐ, ܐܦܠܓܝܐ, ܐܦܠܓܝܐ Luc. 21 14 Ev. 133 C; ܐܦܘܠܓܝܐ. *f.* — ἀπολογία Jer. 38 6. Luc. 12 11. 21 14.

ܐܦܘܠܘܢܝܘܣ N. pr. Apollonius Act. Philem. Anecd. 169 23.

---

*ܐܦܛܪܘܦܐ (cf. Idiot. 106. Krauss. 2 105). C. suff. ܐܦܛܪܘܦܝܗ Luc. 8 3 A, *p. vocal. o.* C, ܐܦܛܪܘܦܗ B. pl. ܐܦܛܪܘܦܝܢ Gal. 4 2. — ἐπίτροπος curator, ll. cc.

ܐܦܝܡܢܝܕܝܣ N. pr. Ἐπιμενίδης Tit. 1 12 in marg.

[*ܐܦܟܐ. *ܐܦܟ. C. suff. 3. *f.* ܐܦܟܗ subversio eius (sc. *Sodom urbis*) Hom. Anecd. 171 15. Sitne voc. ab *Aph.* radicis ܗܦܟ derivatum, an corruptum ambigit Schwally in Idiot. p. 6. Equidem correxerim ܐܒܕܗ „interitus eius“. Quamquam non contenderim, interpretem ignorasse notionem illam technicam, quam habet radix הפך, ubi de interitu Sodom et Gomorra urbium sermo fit (cf. etiam al Qorâni المؤتفكات). Quia tamen nomen אפכנא s. הפכנא nusquam aut apud Judaeos aut apud Syros invenitur (erravit enim Brockelm. in Lex. Syr. p. 85ᵇ), eo respexisse non credo.]

ܐܦܠܘܓܝܛܘܢ εὐλογητόν Lit. 709 12 (ܦ = ܒ = ܒ, quod ipsum pro ܘ).

ܐܦܠܘܓܝܛܐ (sic per 1 scr.) εὐλογεῖτε Lit. 709 11. De ܦ idem valet, quod ad voc. praegr. adnotavi.

ܐܦܣܘܣ N. pr. Ἔφεσος urbs Hom. Anecd. 191 20. 2 Tim. 1 18 Lect., ubi Ox. ܐܦܣܘܣ habet.

*ܐܦܣܝܐ. pl. emph. ܐܦܣܝܐܢ Lect. 78 16, ܐܦܣܝܐܢ 7 8 (ita utroque loco reponendum pro ܐܢ—) — Ephesii ll. cc.

ܐܦܝܣܩܘܦܐ. pl. ܐܦܝܣܩܘܦܐ — ἐπίσκοπος Phil. 1 1. Cf. ܐܣܩܦ.

ܐܦܦܪܘܕܝܛܘܣ N. pr. Ἐπαφρόδιτος Phil. 4 18.

ܐܦܦܪܐܣ N. pr. Ἐπαφρᾶς (vel potius *Ἔπαφρος) Col. 4 12. ܐܦܦܪܐ = gen. Ἐπαφρᾶ 1 7 (Peš. utroque loco ܐܦܦܪܐ).

ܐܦܩܪܛܘܣ Lect. 136 3, v. ܐܦܩܪ sub rad. ܦܩܪ(!).

ܐܦܪܝܡ N. pr. Εφραιμ Js. 9 9. 21. 11 13. 1Reg. 1 1, al. ܐܦܪܝܡ Joh. 11 54 B.

ܐܦܪܬܐ N. pr. l. Εφραθα Mich. 5 2 (Peš. id.).

*ܐܦܫ (talm. אֶפְשָׁ) *m.* — desiderium: ܠܐܦܫ (= ܐܦܫ ܠܐ) nolo Job. 21 14 (talm. אִי אֶפְשִׁי).

ܐܨܛܠܐ, v. ܐܣܛܠܐ.

*ܐܨܪ *Pe.* (أصر. Sed fort. a ܐܘܨܪ derivatum est, ut hebr. אָצַר de אוֹצָר. Vid. Nöld., Mand. Gramm. p. 134 sq. Cf. etiam ܐܣܪ II). Impf. pl. 1. p. ܢܐܨܘܪ Jo. 1 18. Imp. pl. ܐܨܘܪܘ Mt. 6 20 A, ܐܨܪܘ C. Ptc. act. ܐܨܪ Luc. 12 21 A, ܐܨܪ B, ܐܨܪ(ܢ) C. pl. ܐܨܪܝܢ. Pass. pl. ܐܨܝܪܝܢ. — recondidit, reposuit (θησαυρίζειν) ll. cc., Prov. 1 18. Mt. 6 19 AC. 2 Petr. 3 7; προτίθεσθαι Act. Adrian. fol. 1r.

*ܐܘܨܪ. C. suff. ܐܘܨܪܗ, ܐܨܪܗ Luc. 3 17 C. ܐܘܨܪܝܢ. pl. ܐܨܪܝܢ Mt. 6 26 B. cst. ܐܘܨܪܝ Lit. 708 4. emph. ܐܘܨܪܝܐ. C. suff. ܐܘܨܪܝܗܘܢ Hom. Anecd. 183 8. ܐܨܪܝܗܘܢ Mt. 6 26 C. ܐܘܨܪܝ, ܐܘܨܪܝ Luc. 12 18 A. *m.* — *1.* repositorium, horreum („Behälter", ἀποθήκη, الأوصر) Mt. 6 26. Luc. 3 17. 12 18. Hinc *2.* thesaurus, copia Jo. 1 17. Mt. 13 52. Hom. Anecd. et Lit. ll. cc. Hom. Ox. 96 39.

ܐܩܘܠܘܬܝܐ *f.* ἀκολουθία (vid. Christ et Paranikas, Anthol. gr. p. LVII) Lect. 65 10. 70 19.

ܐܩܪܝܢܘܢ (κρίνον) — lilium Js. 35 1.

ܐܪܐ I. *part. interrog.* ἆρα num Jon. 2 5. Luc. 18 8 BC. Hom. Anecd. 175 4. 182 15.

ܐܪܐ II. *part.* ἄρα itaque, ergo Mt. 18 1. 19 25. 27. 24 45. Luc. 1 66. 22 23. 2 Cor. 5 15. Hom. Anecd. 208 24.

[ܐܪܒܥ, leg. ܐܪܒܥ, q. v.]

ܐܪܓܘܢ Joh. 19 2. emph. ܐܪܓܘܢܐ; ܐܪܓܘܢܐ Luc. 16 19 B. *m.* — purpur ll. cc., Ex. 28 5. 8. Mc. 15 17. 20. Joh. 19 5.

*ܐܪܙ. emph. ܐܪܙܐ. pl. abs. ܐܪܙܝܢ, ܐܪܙܝܢ Jer. 38 40 (ut ܡܠܐܟܝܢ, ἄγγελοι = ܡܠܐܟܝܢ, alia id genus. Cf. Dalm., Gr. p. 151 s. 3. Lidzb., Handb. p. 397); emph. ܐܪܙܝܐ. *m.* — cedrus Js. 9 10. 60 13. Jer. l. l. Hom. Ox. 95 66. 17. 20. 58 23.

*ܐܪܚ. *a)* ܐܘܪܚ Mt. 21 2 A, *p. o. pass.* ܐܘܪܚܝܢ Js. 43 16. Ps. 142 10. Mt. 10 5. Ev. 246 C, et saepius al. emph. ܐܘܪܚܐ A; Mc. 9 32. Luc. 8 5. 12. 9 3, al. (cf. Mt. 22 16 Ev. 156); per ܘ script. Mt. 8 28 (cf. Mt. 22 16 Ev. 87). *P. o. pass.* Praeced. praepos. ܒܐܘܪܚ, ܒܐܘܪܚܐ Prov. 1 15. Mt. 21 32 C. Mc. 8 27 C. C. suff. ܐܘܪܚܗ, etc. *b)* *ܐܘܪܚܐ. emph. ܐܘܪܚܬܐ Lit. 704 20, cf. 21. C. suff. ܒܐܘܪܚܬܗ Js. 53 6. ܐܘܪܚܬܗܘܢ Gen. 18 5. — pl. ܐܘܪܚܢ Luc. 3 5 AB. Act. 2 28. ܐܘܪܚܢ Luc. 3 5 C. emph. ܐܘܪܚܬܐ A: Mt. 22 9 sq. Luc. 14 23. C. suff. ܐܘܪܚܬܗ, etc. — *f.* — via, ll. cc., Gen. 3 24. 18 19. Dt. 11 19 (cf. ܐܪܚ). 28. 13 16. Js. 11 16. Jon. 3 10. Job. 21 14. Eccl. 11 5. 1Cor. 12 31, et saepe al. Hom. Anecd. 176 2 (cit. Prov. 5 6). 187 2 (cit. Job. 9 26). 194 20 (cit. Prov. 6 6). Cf. ܗܪܚ.

ܐܪܛܡܘܢ N. pr. Artemon (?) Tit. 3 12 (Ἀρτεμᾶς).

*ܐܪܝ I. ܐܪܝܐ Js. 11 6 (Anecd.). emph. ܐܪܝܐ Js. l. l. (Lect.); v. 7. 35 9. pl. emph. ܐܪܝܘܬܐ (sic) Hebr. 11 33. Hom. Anecd. 206 1. *m.* — leo, ll. cc.

*ܐܪܝ II. ܐܘܪܝܐ, ܐܘܪܝܐ(ܒ) Luc. 2 7 B, al. pl. c. suff. ܐܘܪܝܬܗܘܢ. *f.* — praesepe Jo. 1 17. Luc. 2 7. 12. 16. 13 15.

ܐܪܝܢܘܣ N. pr. Arianus Act. Philem. Anecd. 169 12. 14. 18.

[ܐܪܝܐ. ܐܪܝܐ ܒܝ ܥܡ S. F. 81 10 leg. ܠܐ ܚܡ ܥܡ ܒܪܝܐ. Locus est Sirac. 18 20].

*ܐܪܟ *Pe.* Impf. pl. ܢܐܪܟܘܢ — longus fuit Dt. 11 9.

*ܐܘܪܟ. emph. ܐܘܪܟܐ Eph. 3 18. C. suff. ܐܘܪܟܗ. *m.* — longitudo l. l., Gen. 6 15. Hom. Anecd. 209 15.

*ܐܘܪܟܐ *f.* — ܐܘܪܟܬ ܪܘܚ μακροθυμία 2Cor. 6 6. Hom. Ox. 9 57 17.

ܐܪܝܟ (Js. 53 10). emph. ܐܪܝܟܐ. pl. *f.* ܐܪܝܟܢ — longus ll., Mt. 23 14. Mc. 12 40. Luc. 20 47. Hom. Ox. 9 58 11. ܐܪܝܟ ܪܘܚ μακρόθυμος Jo. 2 13. Jon. 4 2. Ps. 85 15. ܪܘܚܐ 'ܐ id. Lit. Dam. III[v].

Aph. Pf. pl. ܐܘܪܟܘ. Impf. 1. p. ܐܘܪܟ (num fort. leg. ܐܘܪܝܟ?) Anecd. 169 15. Imp. ܐܘܪܟ, ܐܘܪܝܟ. Ptc. act. ܡܘܪܟ, etc. — *1.* longam reddidit, longius produxit, porro porrexit *rem* (sequ. acc. r.) Hom. Ox. 9 55 11. 58 8; *misericordiam* ib. 57 16. Sequ. ܪܘܚܐ μακροθυμεῖν 2Petr. 3 9, c. ܥܠ p. (ἐπί τινι) Mt. 18 26. Luc. 18 7. Act. Philem. Anecd. 169 15. *2.* diu immoratus est, permansit Mt. 24 13. Hom. Anecd. 172 11 13; sequ. ܪܘܚܐ patiens fuit Hom. Ox. 9 60 18. Sequ. acc. p. mansit *alqm.* Js. 8 17 (cf. ZDMG 53 710).

ܐܪܟܝ. ܐܦܝܣܩܘܦܐ ܐܪܟܝ ἀρχιεπίσκοπος Hom. Anecd. 177 18/19.

ܐܪܟܘܢ (Js. 10 8, al.). emph. ܐܪܟܘܢܐ. C. suff. ܐܪܟܘܢܗ; ܐܪܟܘܢܗܘܢ Mt. 9 34 A, ܗܘܢ— BC, ܐܪܟܘܢܗܘܢ Hom. Ox 9 73 13. pl. ܐܪܟܘܢܝܢ, ܐ—. C. suff. ܘܗܝ—, etc. *m.* — ἄρχων ll. cc., Js. 3 14. 8 21. 9 6. 10 8. 12. 43 4. 9. 60 17. Mich. 5 2. Ps. 44 17. 46 10. 81 7. Job. 21 28. Mt. 9 18. 23. Luc. 14 1. 18 18. 23 35. 24 20. Joh. 7 26. 48. 12 31. 42. 14 30. 16 11. Lit. 695 17. Vit. ZDMG 56 259 20.

ܐܪܟܠܐܘܣ N. pr. Ἀρχέλαος Mt. 2 22 B. ܐܪܟܠܐܘܣ A, *p. vocal. o.* C.

ܐܪܟܝܦܘܣ N. pr. Ἄρχιππος Col. 4 16.

ܐܪܡ N. pr. Αραμ Mt. 1 3sq. BC (A ܐܪܡ). Luc. 3 33 BC.

ܐܪܡܝ Gal. 3 28 (Lect.) ܐܪܡܝܬ 2 3. *f.* ܐܪܡܝܬܐ. pl. ܐܪܡܝܐ s. ܐܪܡܝܐ — Ἕλλην ll. cc., Mc. 7 26. Joh. 12 20. 1Cor. 1 22. 24.

ܐܪܡܐܝܬ *adv.* — ἐθνικῶς Gal. 2 14. Hom. Ox. 9 63 4 (cf. ZDMG 53 708).

ܐܪܡܘܣ *m.* — ܐܪܡܘܣ ܕܩܢܘܢ ܕܟܠ ܢܥܡ Lit. Dam. I, fol. 2[r]. Fort. εἱρμός, term. techn. liturg., de quo vid. Tougard., Quid ad prof. mores etc. p. 201, Christ-Paranikas p. LX.

ܐܪܡܝܢ N. pr. *Αρμειν (Αδμειν) Luc. 3 33 C; ܐܪܡܝ B.

ܐܪܡܬܝܡ. ܨܘܦܝܡ 'ܐ N. pr. Αρμαθαιμ Σωφιμ 1Rg. 1 1; sed ܐܪܡܬܐ v. 19.

*ܐܪܢ. ܐܪܢ, ܐܪ(ܢ)ܐ. *m.* — loculus Luc. 7 14.

ܐܪܢܝ N. pr. Αρνει Luc. 3 33 B; C ܐܪܢܝ.

[ܐܪܢܣ Gen. 6 16. Leg. ܐܪܢܣ].

*ܐܪܣ I. (Qualis ratio sit inter hanc radicem et ܐܪܣ II — cf. Idiot. p. 6. 115 — hodie non perspicuum est).

ܐܪܘܣܐ (talm. אֲרוּשָׂה) Luc. 1 27 A, per ܘ scr. 2 5 A; *p. o.* utroque loco C. ܐܪܘܣܐ, quod B utroque loco habet, confusione cum voce sequ. ܐܪܝܣܐ (sub II) ortum videtur; sin minus ita formatum est ut ܟܠܬܐ, ܟܠܐ = syr. ܟܠܬܐ, ܟܠܐ, alia id genus. — sponsa, ll. cc.

Ithpe. Pf. 3. *f.* sg. ܐܬܐܪܣܬ, B ܐܬܪܣܬ. — desponsa fuit Mt. 1 18.

*ܐܪܣ II. *ܐܪܝܣ (אָרִיס, assyr. *irrišu*). emph. ܐܪܝܣܐ Joh. 15 1 Ev. 135 A, per ܐ scr. ib. 185 A. ܐܪܘܣܐ (?) Ev. 135 C. pl. ܐܪܝܣܝܢ; emph. ܐܪܝܣܐ, ܐܪܝܣܐ Mt. 21 34 Ev. 154 C, Ev. 88 BC et saepius; ܐܪܝܣܐ(ܝ) v. 40 Ev. 154 A. *m.* — γεωργός Mt. 21 33sqq. 40sq. Joh. 15 1. 2Tim. 2 6. Hom. Anecd. 183 7. 9.

ܐܪܣܛܘܢ, v. 'ܗ.

*ܐܪܥ I. ܐܪܥ (i. e. ܐܪܥ, v. infra) st. abs.

et cst. Gen. 3 19. Dt. 11 11. Js. 53 2. Jo. 2 20. Jon. 1 8, alibi. emph. ܐܪܥܐ; ܐܪܥܐ Mt. 5 35 B. ܐܪܥܐ(ܕ) Luc. 3 1 C. C. suff. ܐܪܥܟܘܢ, etc. pl. emph. ܐܪܥܬܐ Joh. 4 35 A (BC mendose ܐܪܥܬܐ). — *1.* terra *pass.* *2.* regio, ager Gen. 19 17. 29. Luc. 8 37. Joh. 4 35.

ܠܐܪܥ BC: Mt. 4 6 et 27 51; alias ܠܬܚܬ, ܠܬܚܬ, ܠܬܚܬ — κάτω, κατωτέρω 3Reg. 8 23. Js. 8 22. 63 3 (cf. ZDMG 53 713). Mt. 2 16. 4 6. 27 51. Joh. 8 23. 19 31 A (Lag. p. 402). Act. 2 19. Act. Andr. et Matth. fol. 1ʳ.

*ܐܪܥܝ — inferior. ܐܪܥܝܐ ܠܟܐ λάκκος κατώτατος Ps. 87 7. ܐܪܥܝܢ ܒܬܝܢ conclavia inferiora *s.* quae plano pede sunt Gen. 6 16 (sic leg.).

*ܐܪܥܝܢ. emph. ܐܪܥܝܬܐ; 'ܐܪ(ܥ) Phil. 3 19 (uno loco), ܐܪܥܝܬܐ ib. (altero loco). C. suff. 3. *f.* sg. ܐܪܥܝܬܗ. *f.* — *1.* ܐܪܥܝܬܐ, τὰ ἐπίγεια Joh. 3 12. Phil. 3 19. ܐܐ ܦܢܓܘܪܣ (sic leg.) ἡ ἐπίγεια πανήγυρις Act. Philem. Anecd. 169 22. *2.* profunditas, altitudo *terrae* Hom. Ox. 96 516.

---

*ܐܪܥ II. ܪܥ *m.* Vocem vexatissimam huc pertinere extra omnem dubitandi aleam pono. Legitur ܪܥ (ex *עֲרַ ortum) Mt. 26 11 Ev. 170 A, male ܪܥ Luc. 24 53 A *corr.* Pro quo aliquoties ܪܚ (Luc. ll. A *cod.*; Ps. 49 8. Sirac. 18 27. Hom. Anecd. 205 10; ܪܚ [sic] 2Cor. 4 10) in codd. extare dicunt, nescio quo iure. Aperte enim neque cum עד (وعد) cohaeret, id quod Lagarde in „Mitt." 4 340 sq. putabat, neque cum جب, quod Nöldeke p. 489, adn. 1 (cf. etiam Idiot. p. 72) suspicabatur, sed decurtatum est ex *ܥܪܥ s. *ܥܪܐ, sicut Iudaeorum עֲרָאִי „opportunus, fortuitus", pro quo exspectaveris אַרְעָאִי, cum eadem rad. sit ac عرض. Proprie igitur non tam tempus quam opportunitatem s. occasionem denotat, quare ܪܥ ܒܟܠ non tantummodo reddit διὰ παντός: Dt. 11 12. Js. 60 11. Ps. 37 18. 49 8. 118 109. Mt. 18 10 ABC (ubi Anecd. ܒܟܠ ܙܒܢ habent). Luc. 24 53. Act. 2 25 (cit. Ps. 15 8) = Hom. Anecd. 182 10 (ubi leg. ܒܟܠ ܪܥ pro ܪܥ ܒܟܠ, quod minus recte intellegit Schwally l. l. p. 71 paen.) Hebr. 2 15; ἐν παντί: Phil. 4 6; εἰς τὸ διηνεκές: Hom. Anecd. 205 10 (cit. Hebr. 10 12), sed etiam, quod est multo frequentius, πάντοτε: Mt. 26 11 *bis.* Luc. 15 31. Joh. 7 6. 8 29. 11 42 (ubi A *corr. antiquus* ܪܚ). 18 20 BC (A solum ܒܟܠ habet). Phil. 1 4. 2 12 (cod. male ܪܥ ܒܟܠ). 4 4. Col. 1 3. 4 12. 1Thess. 1 2. 4 17. Hebr. 7 25. Denique certe non casui debetur, quod hoc vocab. nonnisi in coniunctione modo commemorata adverbialiter usurpatur.

Aph. ܐܘܪܥ (Cur nequeat vere *Aph.* verbi ܐܪܥ esse, id quod Praetorius ZDMG 48, p. 363 negavit, non dispicio), ܐܘܪܥ Mt. 28 9 A, ܐܘܪܥ C, etc. Impf. ܢܘܪܥ, etc. — occurrit, sequ. ܠ p., Js. 8 14. Mt. 8 28. 28 9. Luc. 9 37. 17 12. 22 10. Joh. 4 51. 11 30. Act. 16 16.

*ܐܘܪܥܐ infinit. *Aph.* suffixo person. instructus, munere praepositionis fungitur: ܠܐܘܪܥܗ, ܠܐܘܪܥܗ (Mt. 25 1); pl. ܠܐܘܪܥܗܘܢ in occursum eius, εἰς ὑπάντησιν αὐτοῦ (contra disputat Praetorius l. l.): Gen. 19 1 Dam. (ubi Lect. ܠܩܘܒܠܗܘܢ habet). Mt. 8 34. 25 1. 6. Joh. 11 20 (BC ܠܩܘܒܠܗ). 12 13. [Pro ܠܐܘܪܥܗ Luc. 1 80 A leg. ܠܐܘܪܥܗ].

ܐܪܓܘ (sic) N. pr. Ραγαυ Luc. 3 35. Cf. ܪܓܘ (sic).

ܐܪܦܟܫܕ N. pr. Αρφαξαδ Luc. 3 36 B (sicut vers. Peš.), C corrupt.

ܐܪܪܛ N. pr. Αραρατ mons Gen. 8 4 (sic leg.). Hom. Ox. 9 597.

---

*ܐܣ. ܐܣ Hebr. 6 1 et saepius. plur. c. suff. 3. *f.* ܐܣܝܗ Ps. 81 5. ܐܣܝܗܘܢ. *m.* — fundamentum Ps. l. l., Eph. 2 20. Hebr. l. l., Hom. Ox. 96 23. 4.

ܐܣܐ (st. abs.) Hymn. Lect. 137 4. pl. emph. ܐܣܝܐ Act. 16 26. *f.* — id., ll. cc.

Pa. ܐܣܣ. Ptc. pass. ܡܫܬܐܣܣ, ܡܐܣܣ. — fundamenta posuit, condidit Js. 14 32. Am. 9 6. Mt. 7 25. 27 B (AC om.). Hebr. 1 10. Lit. 704 15.

Ithpa. Ptc. pl. ܡܬܐܣܣܝܢ — conditus est Eph. 3 18.

ܐܫܘܢ (hebr. אִשׁוֹן Prov. 7 9. 20 20; targ. — Obscurae originis, neque quidquam profecit Schwally, Idiot. p. 7 سِنّ جها comparans). ܐܫܘܢ A: Mt. 25 19 Ev. 94. Luc. 8 27. 29. 18 4. Joh. 12 35 Ev. 168; *p. o. pass.* ܐܫܘܢ Mt. 25 19 Ev. 165 A; ܐܫܢ ib. Ev. 94 C. Luc. 8 27 B. emph. ܐܫܘܢܐ *pass.*; ܐܫܘܢܐ Mt. 2 16 A, ܐܫܘܢܐ Hom. Anecd. 200 24. C. suff. 3. *m.* ܐܫܘܢܗ. 3. *f.* ܐܫܘܢܗ, ܗ— Luc. 1 57 AC. pl. st. abs. ܐܫܘܢܝܢ Act. 1 7. Hom. Anecd. 207 23. *m.* — tempus Js. 53 10. Mt. 2 7. 16. Mc. 9 21. Luc. 1 57. 8 13 (Anecd.). 18 4. Joh. 5 6. 12 35. 14 9. Act. 1 6 sq. Gal. 4 2. 4. Hebr. 1 12. 11 32. Hom. Anecd. 200 24. 207 23. 209 15. ܣܓܝܢ ܐܫܘܢ πολὺν χρόνον Mt. 25 19. Luc. 8 29; itidemque ܣܓܝܢ ? Luc. 8 27. ܣܓܝܢ [ܕ]ܐܫܘܢ Prov. 9 11. ܐܫܘܢ ܠܐ ܕ Lit. Dam. III^r, ubi textum graecum ἀϊδίως habuisse arbitror.

ܐܫܘܢܐ Luc. 14 21: αἱ ῥύμαι: leg. ܫܘܩܐ (rad. *ܫܩ).

*ܐܫܬ. ܐܫܬܐ Luc. 4 38. emph. ܐܫܬܐ, ܐܫܬܐ. pl. emph. ܐܫܬܐ Hom. Anecd. 178 7. *f.* — febris ll. cc., Mt. 8 14 BC (A om.). 15. Joh. 4 52.

ܐܫܝܪ N. pr. Ασηρ Luc. 2 36 AC [B ܐܫܪ].

ܐܬܐ *Pe.* 3. *f.* ܐܬܬ, 2. *m.* ܐܬܝܬ; etc. Impf. ܢܐܬܐ, ܬܐܬܐ, ܢܐܬܘܢ (Jo. 1 15), ܐܬܐ(ܕ) Act. Philem. Anecd. 169 10; etc. Imp. ܐܬܐ, ܐܬܐ (Hom. Ox. 9 68 7), ܐܬܝ (Mt. 14 29 B); etc. pl. ܐܬܘ (A: Mt. 21 38 Ev. 154), ܐܬܘ, ܐܬܘ. Ptc. ܐܬܐ (praec. pron. ܐܢ: ܐܢܐ ܐܬܐ Luc. 23 42 C utroque loco); etc. — venit, *pass.* Ptc. ܐܬܐ = συμφωνεῖ Luc. 5 36 (cf. targ. אתיא כ apud Dalm. Lex. p. 43).

*ܡܐܬܝܬܐ. C. suff. ܡܐܬܝܬܗ Mt. 24 37 A[1]. 39 A[1]; per ܘ script. Mt. 24 27. ܡܐܬܘܬܗ Mt. 24 3 Ev. 91 A; etc. Alibi varie corruptum legitur (ܡܐܬܝܬܗ etc.). *f.* — adventus (παρουσία) Mt. 24 3. 27. 37. 39. 2Petr. 3 4. 1Thess. 3 13. 4 15. Hom. Anecd. 197 21. Hom. Ox. 9 59 15. Hymn. Lect. 138 12 sq. Act. 2 2 (φερομένης).

Aph. ܐܝܬܝ, ܐܝܬܝ (B: Luc. 10 34. Joh. 14 2. 19 39). 3. *f.* ܐܝܬܝܬ Luc. 7 37 A[2], ܐܬܝܬ ib. A[1]BC. pl. ܐܝܬܝܘ, ܐܝܬܘ (B: Luc. 4 29. Joh. 9 13. 18 13). [C. suff. ܐܝܬܝܘܗܝ Mc. 9 19 A *corr.*]. 3. *f.* ܐܝܬܝ, ܐܝܬܝ [ܐܝܬܝܬܗ Luc. 24 1 A *corr.*]. Impf. ܢܝܬܝ, ܬܝܬܝ (Mt. 7 18 B. Mc. 6 27 C), etc. Imp. ܐܝܬܝ (Joh. 20 27 A), ܐܝܬܝ; *f.* ܐܝܬܝ; pl. ܐܝܬܘ; ܐܝܬܘ (Luc. 15 23 C; Joh. 2 8 B, A *cod.*). Ptc. act. ܡܝܬܝ, ܡܝܬܝܢ, etc. — adduxit, attulit, apportavit, ll. cc. *et pass.* — Cf. etiam *ܝܗܒ, ܐܝܗܒ.

ܐܬܘܢ Ex. 9 8. emph. ܐܬܘܢܐ. *m.* — furnus Gen. 19 28. Ex. 9 8. 10. Mt. 13 42. 50 Anecd. (ubi A ܩܡܝܢܐ habet). Hom. Anecd. 173 15. [27].

ܐܬܝܢܣ N. pr. („Ἀθῆνας") Athenae 1Thess. 3 1 (cf. Peš.).

ܐܬܠܝܛܝܢ pl. st. cst. *m.* — ἀθληταί Hymn. Anecd. 112 15.

ܐܬܠܝܛܘܬܗ[ܕ]: Ita supplendum esse suspicor ZDMG 56 256 15, ubi vid. adnot.

ܐܬܡܠ; ܐܬܡܠܝ Joh. 4 52 A (cf. Lag. adn.) [ܐܬܡܠܝ Ps. 89 4, leg. videtur ܐܬܡܠܝ] — heri ll. cc.

ܐܝܬܡܪ N. pr. Ιθαμαρ Ex. 28 1.

ܐܬܢ (Mt. 21 5 A. Joh. 12 15 Stud. Sin. per ܬ script. Joh. 12 15 A). ܐܬܢ(ܒܪ) Mt. l. l. C, Joh. l. l. B; ܐܬܢ(ܒܪ) Mt. B, Joh. C. *f.* — asina, ll. cc.

ܐܬܪ (st. abs. et cst.: Job. 16 18. Luc. 2 7. Joh. 14 2 sq. et saepe al.). emph. ܐܬܪܐ; C. suff. ܐܬܪܗ, ܐܬܪܗ(ܠ) Mt. 26 52 Anecd.,

ܐܬܪܝ; etc. pl. abs. ܐܬܪܝܢ (v. infra). emph. ܐܬܪܐ. *m.* — locus, ll. cc., Gen. 18 24. 26. 33. 19 12 sqq. Dt. 11 5. Js. 60 13. Mich. 5 5. Mt. 14 15. 16 13. Joh. 11 48. Vit. Eulog. ZDMG 56 260 2. Act. Sct. ib. 258 1. Lit. 705 2, alibi. Notanda sunt: ܐܬ ܒܚܕ (vel potius coniunctim leg.) εἰς ἕνα τόπον Joh. 20 7 C. ܐܬܪ ܡܚܪܒ ἔρημος τόπος Mc. 1 35. Act. Andr. et Matth. fol. 1r. ܐܬܪ ܒܟܠ ubicunque Js. 42 22. Mc. 16 20. Luc. 4 37. 9 6. Hom. Anecd. 189 10. ܡܢ ܟܠ ܐܬܪ undique Hom. Anecd. 211 9. ܡܢ ܐܬܪ ܠܐܬܪ *quasi* ex alio loco in alium Act. Sct. ZDMG 56 257. ܒܟܠ ܐܬܪܝܢ ubicunque Mt. 24 7. Luc. 21 11. — Cf. ܒܐܬܪ.

ܐܬܝܪ *m.* αἰθήρ, aether? Act. Adrian. fol. 2v (ubi noster text. gr. ἀήρ habet).

ܒ

ܒ *praepos.* C. suff. 3. *m.* ܒܗ; ܒܗܘ Luc. 19 48 B, ܒܘ ante Joh. 6 56 B. 3. *f.* ܒܗ, ܒܗ Luc. 24 18. 1. p. ܒܝ. pl. ܒܗܘܢ, ܒܗܘܢ; 1. ܒܢ, ܒܢ Luc. 1 1 BC, Phil. 2 5 (Lect. 10). — in. Denotat in primis *a*) *locum*, = in *sequ. ablat.*, *pass.*, = in *sequ. acc.* Gen. 2 7. Mt. 5 29 B (AC ܠ). *b*) *tempus*, *pass.* *c*) *pretium* Mt. 27 7 (Anecd. ܡܢ). *d*) *normam* (secundum) Gen. 1 26 sq. Rom. 1 3. 8 4. 5. 2 Cor. 5 16 (pro κατά c. acc.); Gen. 9 6. Rom. 8 9 (pro ἐν). *e*) *instrumentum* Rom. 1 5, *pass.* *f*) *relationem* (adversus, contra) Ex. 9 17 (cf. ܟܒܫ *Ithpa.*). Coniungitur cum voculis ܠܘܬ, ܕ, ܡܢ, ܠܚܘܕ, quas videas.

ܒܐܠܛ N. pr. Luc. 3 26 C (B ܡܐܠܛ), gr. Μααθ).

ܒܐܦܦܐ Παππᾶς, vid. ܦܦܐ.

*ܒܐܪ. *ܒܝܪ. emph. ܒܝܪܐ. *f.* — puteus Gen. 22 19. Luc. 14 5. Joh. 4 11. ܒܝܬ ܒܝܪ ܕܡܨܪܝܢ Nilus flumen vocatur Lit. 696 9; cf. בת בירתא M. Hullîn 106a. Pl. ܒܝܪܝܢ foveae (φωλεοί) Luc. 9 58, si recte se habet; cf. Praetorium ZDMG 48 364. Quia tamen Mt. 8 20 respondet ܫܥܘܒܝܢ (ܫܥܘܢܝܢ, ܫܥܘܢ), lectio dubia videtur admodum.

ܒܐܫ *Pe.* pf. (בְּאֵשׁ): ܒܐܫ ܠܗ ܕܒܐܫ ܗܘ = (αὐτὸς) διὰ τὸ κεκακῶσθαι Js. 53 7. ܒܝܫ, ܒܝܫ Mt. 27 23 Ev. 200 B. emph. ܒܝܫܐ; etc. — malus Gen. 29. 17. 35. 22. 4Rg. 2 19. Js. 3 9. 7 16. 9 17. 11 9. Mt. 5 45. 25 26. Rom. 12 17. Col. 3 5. Hebr. 5 14. Hom. Anecd. 209 22, et saepe alibi. — ܒܝܫ, ܒܝܫܐ *m.* (τὸ) πονηρόν Dt. 13 5. Rom. 13 10. ܕܚܝܫ ܒܝܫܐ aegrotus Hom. Anecd. 183 16 (Nescio an textus graecus κακῶς ἔχων habuerit). Subst. *f.* *a*) malum Gen. 8 21. 19 19. Js. 7 15. Mt. 6 34 BC. Luc. 5 22. 23 32. Alibi. *b*) malitia, improbitas Sirac. 46 7. Mt. 22 18 BC. Col. 3 8. *c*) ἀσθένεια Vit. Anton. Stud. Sin. 11 149 4 (ܒܝܫܘܬܗܘܢ, si vera est lectio) = Migne, P. Gr. 26, 904 B. Cf. ܒܐܫ.

ܒܝܫ *adv.* male Js. 8 21.

ܒܝܫܐܝܬ (Mt. 8 16 B. Joh. 18 23 AB. Hom. Anecd. 194 2, al.); ܒܝܫܝܬ solus Ev. codex C habet (Mt. 4 24. 8 6. 16. 9 12. 21 41 Ev. 88. Joh. 18 23); ܒܝܫܐܝܬ, forma ex illis duabus contaminata, Mt. 4 24 B. 17 15 C. — *adv.* *1.* male Mt. 8 6. Joh. 18 23. Hom. Anecd. 194 2. *2.* aegrote (vertit κακῶς, quod ipsum hoc significatu Aramaeorum imitationi tribuendum est) Mt. 4 24. 8 16. 9 12. 17 15. Cf. ܒܝܫ.

ܒܝܫܒܝܫܐܝܬ *adv.* male (an „permale"?) Act. Philem. Anecd. 170 4 (gr. om.). Divisim scriptum ܒܝܫ ܒܝܫܐܝܬ Mt. 21 41 (C Ev. 88 ܒܝܫ ܒܝܫܝܬ): ita vertitur κακοὺς κακῶς illud, de quo videatur Byzantin. Zeitschr. 3 152 sqq. Blass., Gramm. d. neutestam. Griech.[2] 305 et adn. 3, in nostra versione sicut in vers. Peš. Cave existimes, dittographema adesse. Cf. etiam locos a Payne Smithio laudatos, quibus alii addi possunt.

ܒܝܫܘ (Tit. 3 3). emph. ܒܝܫܘܬܐ *f.* — malitia l. l., Eccl. 7 15. Mt. 22 18 A. Hom. Anecd. 188 6.

*ܒܐܫ (Hebr. בָּאַשׁ, בּוּשׁ, בֹּשׁ; cf. עַד־בֹּשׁ 2Rg. 2 17 [8 11]. Jud. 3 25, quod vert. „bis zur Erschöpfung, b. zum Überdruß"). ܒܘܫ Joh. 5 4 A, *p. o.* Js. 53 4. Mt. 9 35, al. emph. ܒܘܫܐ. C. suff. 3. *m.* ܒܘܫܗ Joh. 5 4 B, al. 2. *f.* ܒܘܫܗܝܢ Luc. 13 12 A, *p. o.* BC. pl. ܒܘܫܝܢ Mt. 10 1 Ev. 288 A; per ܝ scriptum Mt. 4 23 Ev. 69 A, *p. o. pass.* emph. ܒܘܫܝܐ (Luc. 7 21, al.). C. suff. ܒܘܫܝܗܘܢ (sic!) Mt. 14 14 C, ܒܘܫܝܗܘܢ B. Luc. 6 17. 1. p. ܒܘܫܝܢ Hebr. 4 15, ܒܘܫܝܢܢ Mt. 8 17 BC. *m.* — corporis infirmitas, imbecillitas, aegritudo, ll. cc., Mt. 10 1. Luc. 4 40. 7 21. 9 1 sq. Plerumque est νόσος, paullo rarius ἀσθένεια Luc. 13 11 sq. Joh. 5 5. 11 4. Hebr. 4 15. 11 34; νόσημα Joh. 5 4; κάκωσις Js. 53 4; μαλακία ib. v. 3; ἀῤῥωστία Sirac. 18 19.

*ܒܘܫܐ *f.* pl. st. abs. ܒܘܫܢ Mt. 10 1 Ev. 245 A. C. suff. ܒܘܫܬܗܘܢ Rom. 15 1. — i. q. praegressum, scil. νόσοι Mt. l. l., ἀσθενήματα Rom. l. l.

ܒܐܝܫܘ (Hebr. 7 28). emph. ܒܐܝܫܘܬܐ. C. suff. 3. *m.* ܗ—. *f.* — i. q. praegressum, scil. ἀσθένεια Hebr. 5 2. 7 28; τὸ ἀσθενές 7 18.

ܒܐܝܫ (בָּאִישׁ, ex *qaṭṭīl*) A: Mt. 25 39 Ev. 166; 43 sq. ܒܐܝܫ ib. Ev. 129. ܒܐܝܫ (*p. o.*) *pass.* emph. ܒܐܝܫܐ Joh. 5 7 A, *p. o.* B. pl. ܒܐܝܫܝܢ Mc. 6 5 AB. 16 18 A (*corr. recentissimus*) B, et saepius al. ܒܐܝܫܝܢ Mc. 16 18 A *cod.*; Rom. 5 6 (Lect.). 1 Cor. 12 22. emph. ܒܐܝܫܝܐ Mt. 10 8 Ev. 246 AC. Luc. 10 9 A, al. C. suff. ܒܐܝܫܝܗܘܢ Mt. 14 14 A. (Aliquoties occurrunt formae variatae ܒܝܫ Joh. 4 46 C, ܒܝܫܐ Joh. 5 7 C, ܒܝܫܝܢ Mc. 6 5 C. 16 18 C. Mt. 10 8 Ev. 246 B, quas nescio an librarius ita intellectas voluerit ut *baiîš* etc. Potius tamen de forma *qᵉṭīl*, i. e. ܒܝܫ, cogitandum est. Ita cod. A Mt. 10 8 Ev. 288 A pronuntiare iubet). — infirmus, aeger, ll. cc., Joh. 5 3 sq. 6 2. 11 1 sqq. Rom. 8 3. 1 Cor. 11 30. Hom. Anecd. 178 7.

ܒܐܝܫܐܝܬ *adv.* male: 'ܕ ܒܝܫ ܕ ὁ κακῶς ἔχων Mc. 2 17, cf. Luc. 5 31. 7 2. De ܒܝܫܐܝܬ (Mc. AC), Luc. ll. cc. AB, ܒܝܫܐܝܬ ib. C, ܒܝܫܐܝܬ Luc. 5 31 Anecd. cf. quae supra adnotavi.

Ithpe. ܐܬܒܐܝܫ Gen. 49 33. ܐܬܒܫ Js. 53 5. 1. p. ܐܬܒܐܫܬ Mt. 25 36 BC (ܐܬܒܐܝܫܬ Ev. 129 A, ܐܬܒܐܝܫܬ Ev. 166 A: librarius *Ithpa.* efficere voluit manifeste errans). Ptc. ܡܬܒܐܫ. — *1.* male se habuit, aeger fuit Gen. l. l. (LXX om., Peš. ܐܬܟܢܫ), Mt. l. l., Rom. 14 21. *2.* vexatus, oppressus est Js. l. l. (nisi *Ittaph.* intellectum voluit librarius). ܡܬܒܐܫܝܢ [ܡܬܒܐܫܝܢ] κακουχούμενοι Hebr. 11 37. [Pro ܐܬܒܐܫܬ Hymn. Lect. 138 7 ܐܬܒܪܬ „fracta est" leg. suspicor; autoris animo locus Ps. 36 15 obversatus est].

Aph. Pf. 2. *m.* ܐܒܐܫܬ. Impf. ܢܒܐܫ, ܢܒܐܫܘܢ; etc. Ptc. act. ܡܒܐܫ. — malum intulit, male tractavit, sequ. ܠ *p.*, Gen. 19 7. 9. Js. 11 9 (Lect.) 50 9. Job. 22 9. Eccl. 7 23.

Ittaph. (?), v. *Ithpe.*

ܒܒܝܠ, ܒܒܠ (Jer. 39 1 sq. 36) N. pr. Babel urbs ll. cc., Js. 10 9. 11 11. 43 14. Mt. 1 11 sq. 17.

ܦܕܓܘܓܘܣ παιδαγωγός Gal. 3 24. 25 Lect. (Bibl. Fragm. ܦܕܓܘܓܐ).

[*ܒܪܐ. *Ithpe.* pl. 3. *m.* ܐܬܒܪܝܘ Mt. 4 3 A *corr.* (cf. adn. Lag.) Veram lectionem ܐܬܒܪܘ codices BC servaverunt].

ܒܪܐ *Pe.* Impf. 1. p. ܢܒܪܐ (Luc. 14 19; sic leg. pro ܢܒܪܐ). Ptc. act. ܒܪܐ, ܒܪܝܐ.

pl. ܒܚܝܢܝܢ. Pass. ܒܚܝܢ. — probavit, examinavit ll. cc., Zach. 11 13. Job. 21 22. Rom. 12 2. 14 22. 1Cor. 11 28. Jac. 1 12. Hom. Anecd. 182 27.

ܒܚܘܢ. emph. ܒܚܘܢܐ. *m.* — probatio (δοκιμή, δοκίμιον) Rom. 5 4 (*bis*). Jac. 1 3.

Ithpe. Pf. 2. *m.* ܐܬܒܚܢܬ, ܐܬܒܚܢܬ — probatus, examinatus est Zach. 11 13.

---

*ܒܕܪ. *Pa.* ܒܕܪ, 2. *m.* ܒܕܪܬ; etc. Impf. ܝܒܕܪ. Ptc. act. ܡܒܕܪ, ܡܒܕܪ. Ptc. pass. pl. ܡܒܕܪܝܢ. — dispersit, dissipavit Js. 8 10. 9 11. 35 8. Jer. 38 10 (leg. ܒܕܪ pro ܒܕܪ). Ps. 43 12 (sic leg. pro ܒܕܪܬ: διέσπειρας). Mt. 12 30. 25 24. 26. Luc. 1 51 A. Joh. 2 15. 10 12. 11 52. Hom. Ox. 96 5 18.

Ithpa. Pf. pl. ܐܬܒܕܪܘ. Impf. ܬܬܒܕܪ; etc. — dispersus est, se dissipavit Js. 11 12. Mt. 26 31. Joh. 16 32.

---

*ܒܗܡ. *ܒܗܡܐ (samar., hebr. בְּהֵמָה) *f.* emph. ܒܗܡܬܐ — 'ܒ ܚܝܘܬܐ animal quadrupes Hom. Anecd. 194 15 sq.

---

*ܒܗܩ. *Aph.* ܐܒܗܩ. Ptc. act. ܡܒܗܩ, ܡܒܗܩܝܢ (Luc. 24 4 A) — luxit, splenduit Luc. 9 29 B (AC ܡܒܗܩ). 24 4. Lit. Dam. III[r].

*ܐܒܗܩܩ (אַבְהָקָן, inf.). emph. ܬܐ—. C. suff. ܗ—. *f.* — splendor Hebr. 1 3. Hymn. Lect. 138 8.

ܒܗܬ *Pe.*, ܒܗܬܬ 2Tim. 1 16 (Lect.). 1. p. ܒܗܬ Js. 50 7[a]. Impf. ܬܒܗܬ, ܐܒܗܬ; etc. Imp. pl. ܒܗܬܘ Js. 42 17; etc. Ptc. act. ܒܗܬ (De ܒܗܬܬ Rom. 5 5 vid. *Aph.*). — *1.* pudore affectus est, puduit eum Gen. 2 25. Js. 42 17. 50 7. Jer. 12 13. Jo. 2 26 sq. Ps. 24 2. Luc. 13 17. Rom. 9 33. Hebr. 2 11. 2Tim. 1 12. 16. Sequ. ܒ *p.* s. *r.* Mc. 8 38. Rom. 1 16. *2.* Sequ. ܡܢ *p.* veritas est *alqm* Ex. 10 3. Mt. 21 37.

ܒܗܬܬ Luc. 14 9 A (sed cf. BC); *p. o.* Js. 42 17. emph. ܒܗܬܬܐ. C. suff. ܗ—, etc. *f.* — pudor Js. 42 17. 50 6. 61 6. Ps. 43 16. Luc. 14 9. Phil. 3 19.

Aph. Ptc. act. ܡܒܗܬܬ Rom. 5 5 (sic leg. pro ܒܗܬܬ). pl. ܡܒܗܬܬܝܢ Js. 3 15. — pudore affecit, pudefecit, ll. cc.

ܒܘܐܙ N. pr. Βοες Mt. 1 5 A; *p. o.* BC. Luc. 3 32 BC.

ܒܘܙܢܛܝܐ N. pr. τὸ Βυζάντιον Act. Adrian. fol. 3[v] (Ipse codex mendose ܒܘܙܢܛܝܐ aut ܒܘܙܢܛܝܐ habet).

---

*ܒܘܠ (בָּלָא, בְּלָא), emph. ܒܘܠܐ. *m.* — mens. Vide ܒܘܠ.

ܒܘܠܝܘܛܝܣ (cf. Krauss. 2 140 sq. 602). *m.* — βουλευτής Mc. 15 43 A; *p. o.* Anecd., Ev. 19 B. ܒܘܠܝܛܐ ib. C (cf. palmyr. בילוטא Vog. 20 2, quae forma est tuenda, contra Lidzb., Handb. p. 394).

---

*ܒܘܡܘܣ (cf. Krauss. 2 150 sq.). pl. ܒܘܡܘܣܝܢ Num. 23 1 (S. F. 110 10; sic leg.). C. suff. ܒܘܡܘܣܝܗܘܢ Js. 15 2. — βωμός, ara, ll. cc.

ܒܘܨܐ (cf. Brockelm. Lex. Syr. p. 34. Hübschmann., Armen. Gramm. p. 392. Idiot. p. 10. 116), ܒܘܨܐ (Luc. 16 19 BC). — βύσσος, l. l., Ex. 28 4 sqq.

ܒܘܨܝܢ (cf. Brockelm. l. l., Hübschm. l. l. 159. 301. Lagard., Symm. 2 110. Idiot. p. 10). Luc. 8 16 A. 11 33 A; *p. o.* 8 16 BC. emph. ܒܘܨܝܢܐ; per ܨ scr. Act. 16 29. C. suff. ܒܘܨܝܢܗ, ܗܘܢ— S. F. 108 2. ܒܘܨܝܢܟܘܢ (sic) Job. 21 17. Pl. c. suff. ܗܘܢ— Luc. 12 35 AB. *m.* — λύχνος, ll. cc., Mt. 5 15. 6 22. Luc. 11 36. 12 35 AB. Joh. 5 35.

---

*ܒܘܬ. *Aph.* (deriv. de ܒܝܬܐ; rad. بات) ܐܒܝܬ. Ptc. act. ܡܒܝܬ, pl. ܝܢ—. — noctem peregit (αὐλίζεσθαι) Jer. 38 9. Ps. 90 2. Mt. 21 17. Luc. 2 8 (v. ܠܒܪ ἀγρός).

---

*ܒܙ I. *Pe.* Pf. ܒܙ. 2. *m.* ܒܙܬ. Impf. ܬܒܙ. Ptc. act. pl. ܒܙܝܢ. Pass. ܒܙܝܙ — diripuit Js. 10 13. 42 22. 24. Lit. Dam. II[v]. III[r].

ܒܙܐ et ܒܙܐ (Js. 10 6, al.). emph. ܒܙܬܐ, ܒܙܬܐ (Hebr. 10 34). C. suff. 3. *f.* ܒܙܬܗ (Dt. 13 16). Pl. ܒܙܝܢ (Js. 53 12). *f.* — praeda, spolia, ll. cc., Js. 9 3. 10 2. 42 22. Prov. 1 13.

Ithpe. Pf. 3. *f.* ܐܬܒܙܝܬ — direpta est *Še'ōl* Lit. Dam. IIr.

ܒܙܪ — dispersit *fortunas* Luc. 15 13 (A; *p. o.* BC).

*ܒܙ II. *ܒܙܐ. *emph. ܒܙܐ (בִּזָּא, בִּזְיָא, بزّ. Graecae originis temere ducebat S. Krauss. I 305 sqq. Nescio an ad praegressam referenda sit radix). pl. emph. ܒܙܝܐ Luc. 11 27 A, *p. o.* ib. Anecd., Jo. 2 16. ܒܙܐ Luc. BC. — mamma, ll. cc.

ܒܙܥ (بزغ, בזע) *Pe.* ܒܙܥ, pl. ܒܙܥܘ. Impf. pl. ܢܒܙܥܘܢ. Imp. pl. ܒܙܥܘ (ܒܙܥܘ S. F. Jo. 2 13?) — fidit, discidit, laceravit Jo. 2 13. Mt. 7 6. 26 65. Act. 16 22.

ܒܙܥ, ܒܙܥ (Joh. 9 16 C. 10 19 B). emph. ܒܙܥܐ. Pl. c. suff. 3. *f.* ܒܙܥܝܗ (Hebr. 11 38), ܒܙܥܝܗܘܢ (= ܝܗܘܢ—) Jon. 2 6. *m.* — *1.* fissura Jon. et Hebr. ll. cc. *2.* discidium (σχίσμα) Mt. 9 16. Joh. ll. cc., 7 43. [1 Cor. 12 25].

Pa. Imp. pl. ܒܙܥܘ Jo. 2 13 (S. F.)? Ptc. act. ܡܒܙܥ, ܡܒܙܥ — disrupit Jo. l. l. (?). Mt. 9 17. Luc. 5 37.

Ithpa. ܐܬܒܙܥ Luc. 23 45 A, pl. ܐܬܒܙܥܘ. Ptc. ܡܬܒܙܥ etc. — disruptus est Gen. 7 11. Luc. 5 6. 23 45. Joh. 21 11.

ܒܙܩ *Pe.* aut *Pa.* — dispersit Job. 16 12. Apocr. Dam. fol. 2r: ܘܡܒܙܩ ܐܢܘܢ ܡܢ ܐܬܪܐ ܗܘܘ ܚܠܝܡܝܢ.

ܒܚܪ *Pe.* pf. 3. *f.* ܒܚܪܬ, etc. Impf. ܢܒܚܪ (Js. 7 15 sq.). Ptc. act. ܒܚܪ, pl. ܒܚܪܝܢ, ܒܚܪܝܢ (Luc. 14 7 BC). Ptc. pass. v. mox. — *1.* elegit Dt. 10 15. Js. 7 15 sq. 43 3. 10. 44 2. Jon. 4 8. Ps. 46 5. Luc. 10 42. 14 7. Joh. 15 16. 19. Act. 1 2. Eph. 1 4. *2.* examinavit Jer. 11 20.

*ܒܚܝܪ (ptc. pass.). emph. ܒܚܝܪܐ. C. suff. 3. *m.* ܗ—, ܒܚܝܪܘܗܝ Joh. 1 34 Ev. 4 B. Pl. ܒܚܝܪܝܐ. C. suff. 3. *m.* ܘܗܝ—, ܒܚܝܪܘܗܝ Mt. 24 31 BC. Luc. 18 7 BC; etc. *f.* ܒܚܝܪܢ. — electus, ll. cc., Js. 43 20. Jer. 38 39. Jo. 3 5. Sirac. 46 1. Mt. 20 16. 22 14. 24 22. 24. Luc. 23 35. Col. 3 12. 2 Tim. 2 10. Hymn. Anecd. 112 6. Hom. Anecd. 209 12.

*ܒܚܝܪ (בְּחִיר). pl. ܒܚܝܪܝܢ — robur militum (ἐπίλεκτοι) Ex. 15 4.

ܒܛܠ *Pe.* 3. *f.* ܒܛܠܬ (sic leg. 2 Cor. 3 7 pro ܒܛܠܐ) — cessavit, irritus factus est 2 Cor. 3 7. 11. 13.

*ܒܛܠ (בָּטֵל) ܒܐܛܠ Hom. Anecd. 194 13. *f.* ܒܛܠܐ. Pl. *f.* ܒܛܠܢ; etc. — otiosus, l. l., Mt. 12 36. 20 3. 6. Tit. 1 12.

*ܒܛܠ (בָּטְלָא?). Pl. *f.* ܒܛܠܢ (sic) vanus, inanis Mt. 6 7 (cf. Syr. Sin.).

Pa. ܒܛܠ. 2. *m.* ܒܛܠܬ; etc. Impf. ܢܒܛܠ. Ptc. act. ܡܒܛܠ Stud. Sin. 11 149 16; pl. ܡܒܛܠܝܢ. — cessare fecit, irritum fecit Zach. 11 14. Rom. 3 31. Gal. 3 17. Eph. 2 15. Hymn. Anecd. 113 25. Lit. Dam. I fol. 1v. IIIr (*bis*). Vit. Anton. Stud. Sin. l. c. (gr. καταργήσας).

[*ܒܛܠ, pl. ܒܛܠܝܢ Mt. 20 6a C: vix probandum. Leg. puto ܒܐܛܠܝܢ = ܒܛܠܝܢ, ut cett. habent].

Ithpa. Impf. 3. ܢܬܒܛܠ — irritus factus est Rom. 6 6.

*ܒܛܢ *Pe.* 3. *f.* ܒܛܢܬ — concepit utero 1 Reg. 1 20. Job. 21 10. Luc. 1 24; insequ. acc. ib. v. 36.

*ܒܛܢ. *f.* ܒܛܢܐ. Pl. ܒܛܢܢ, ܒܛܢܢ (Mt. 24 19 A *cod.* C). C. suff. ܒܛܢܬܗܘܢ (Job. 21 10). — gravida, ll. cc., Js. 40 11 (Lect.). Jer. 38 8. Luc. 2 5.

ܒܛܪܘܣ N. pr., v. ܦ.

ܒܛܪܝܪܟܐ patriarcha Lit. 696 4.

ܒܝ domus, v. ܒܝܬ.

ܒܝܡܐ, ܒܝܡܐ (Joh. 19 13 Ev. 199 A), ܒܝܡܐ

(cod. C *bis*) — βῆμα, tribunal Mt. 27 19. Joh. 19 13.

---

*ܒܝܢ *Pol.* Imp. ܢܒܝܢ. Ptc. act. v. mox. — docuit, sequ. dupl. acc. Ps. 118 12.

ܒܝܢܘ Mc. 12 34 A, *p. o. pass.* ܒܝܢܘ Tit. 3 10. emph. ܒܝܢܘܬܐ Mc. 12 33 A, 'ܒܘ Luc. 2 52 A, *p. o. pass.* C. suff. ܒܝܢܘܬܗ, etc. ܒܝܢܘܬܗܘܢ 1Cor. 1 19. *f.* — perceptio, intelligentia Hom. Anecd. 182 25. 205 23. Lit. 704 14. ZDMG 56 255 10; σύνεσις Js. 10 13. 11 2. 40 14. 53 11. Job. 21 22. Prov. 1 7. 9 6. 10. Mc. 12 33 sq. Luc. 2 47. 1Cor. 1 19. Col. 1 9. 2Tim. 2 7. Vit. Ant. S. F. 104 17; φρόνησις Job. 17 4. Luc. 1 17. Eph. 1 8; φρένες Prov. 9 4 (Lect.); νουθεσία Tit. 3 10. ܒܝܢܐܝܬ(ܝ) νουνεχῶς Mc. 12 34 (sic leg. pro 'ܒܝ); ἡλικία Luc. 2 52.

ܡܒܝܢ (ptc. pass.) Ps. 48 21, ܡܒܝܢܝܢ Rom. 1 21. Hymn. Anecd. 111 8. *f.* emph. ܡܒܝܢܬܐ Hom. Anecd. 175 26. pl. *m.* ܡܒܝܢܝܢ Luc. 10 21 Ev. 234 A, *p. o.* BC etc. ܡܒܝܢܝܢ l. l. Ev. 114 A. emph. ܡܒܝܢܐ. — dispiciens, intellegens (συνετός) ll. cc., Sirac. 18 29. 1Cor. 1 19. S. F. 79 14 (leg. ܡܒܝܢܝܢ). 98 paen. ܠܐ ܡܒܝܢ ἀνόητος Ps. 48 21, ἀσύνετος Rom. 1 21.

ܡܒܝܢܐܝܬ *adv.* συνετῶς Ps. 46 8.

Ithpol. ܐܬܒܝܢ, pl. ܐܬܒܝܢܘ; etc. Impf. ܠܬܒܝܢ; etc. Imp. pl. ܐܬܒܝܢܘ. Ptc. act. ܡܬܒܝܢ; etc. — dispexit, intellexit Hom. Anecd. 179 1; συνιέναι Js. 43 10. 52 13. 15. Hos. 14 10. Ps. 40 2 (Lect. 11 3). 48 21. 81 5. Sap. 9 11. Mt. 17 13 A. Mc. 7 14. Luc. 2 50. 8 10 Anecd. Hom. Anecd. 205 26 (cit. Js. 7 9) νοεῖν Joh. 12 40. Sequ. ܒ p. *v.* r. Mt. 13 51. Luc. 24 45, Vit. Ant. S. F. 100 11.

ܒܝܢ (ܒܝܢܝ Joh. 11 54 C, ܒܝ Mt. 10 16 B. 14 2. 19 10 B. Joh. 21 14 A) *praep.* — in medio, inter V. et N. T. *pass.* (vid. concord.), Hom. Anecd. 173 20. Lit. 707 19. 708 2. Simplex vocula directionem (in medium, εἰς) denotat in ܒܝܢ ܐܝܪܘ Luc. 23 46, sicut ܠܒܝܢ Jo. 3 8. Ps. 77 61. Job. 16 11. Act. 2 23. Hom. Ox. 9 61 5. 65 6 in eadem locutione. C. suff. ܒܝܢܝ Mt. 17 20 A; etc. ܒܝܢܢ Joh. 11 29 A, *p. o.* BC. ܒܝܢܝ Gen. 3 15. ܒܝܢܟ Gen. 9 12, al. ܒܝܢܝܗܘܢ; ܒܝܢܝܗܘܢ Mc. 9 27 A. ܒܝܢܝܟܘܢ Luc. 16 26 A, ܒܝܢܝܟܘܢ Gen. 9 15. ܒܝܢܟܘܢ Luc. 16 26 A, *p. o.* BC. Complura membra hisce modis coniunguntur: *a*) ܠ — ܒܝܢ Gen. 1 6. Mt. 19 10. 23 35. Lit. 707 19. *b*) ܘܠ — ܒܝܢ Mt. 24 3. Mc. 7 33. 9 28 BC. 13 8 (sic leg.). Joh. 11 28 BC. *c*) ܘܒܝܢ — ܒܝܢ Gen. 1 18. Ex. 9 4. Mt. 18 15 A *corr.*, cf. Gen. 9 15. *d*) ܠܒܝܢ — ܒܝܢ Gen. 1 14. 3 15. 9 13. 17. Ex. 8 23 (cf. ZDMG 53 711). 11 7. Mt. 18 15 A. *cod.* BC. Luc. 16 26. Joh. 11 28 A. ܒܝܢ ܠܒܝܢ ܗܠ ܒܝܢܬܐ ἡμιθανής Luc. 10 30 (cf. Syr. cur. sin.). *e*) ܘܠܒܝܢ — ܒܝܢ Gen. 1 4. 9 16. Zach. 11 14. *f*) ܘܒܝܢ — ܠܒܝܢ — ܒܝܢ Gen. 9 12. — Composita sub *b*) et *d*) memorata nonnunquam separatim, seorsum, clam significant: κατ' ἰδίον, λάθρα, cf. ad *b*): Mt. 24 3 Ev. 160 AC. Mc. 7 33. 9 28. 13 3 (sic leg.). Luc. 10 23. Joh. 11 28 BC; ad *d*): Mt. 17 19. Joh. 11 28 A. Cf. Mt. 18 15.

ܡܢ ܒܝܢ e medio (creberrime gr. ἐξ reddit) Js. 10 14. 43 13. Mt. 13 49. 14 2. 17 9. 27 64. Mc. 6 14. Joh. 10 28. 39. 12 1. 9. Rom. 6 4. 9. 8 11. 10 7. 9. Eph. 1 20. Col. 1 18. Hom. Ox. 9 65 15. 72 14. Hom. Anecd. 208 17. Act. Sct. Anecd. 170 5. Vit. Eulog. ZDMG 56 258. Lit. Dam. I fol. 2r (*bis*). IIv.

[ܒܝܢܬ Luc. 8 43 A: correctori debetur. Est forma a dialecto aliena].

ܒܝܢܬ in medio, inter. Nonnisi suffixis adiunctis usurpatur, scil. ܒܝܢܬܗܘܢ Ps. 21 19. Mt. 27 35. Mc. 9 35 AC, Anecd. 216. Luc. 20 5 Dam. 22 24 AC, al. ܡܢ— Dt. 13 11 (Lect.). Mc. 10 43. Luc. 22 17. ܒܝܢܬܢ Gen. 19 9 Dam. Prov. 1 14. Luc. 7 16. — ܒܝܢܬܗܘܢ Js. 42 23 (sed dittographema subesse videtur); cum ܡܢ: ܡܢ ܒܝܢܬܗܘܢ Dt. 13 5. Eph. 4 31.

*ܒܝܥ. *ܒܝܥܐ *f.* Pl. emph. ܒܝܥܐ. — ovum Js. 10 14.

[ܒܝܪܝܢ Hom. Anecd. 206 15, cit. Eph. 6 16: (βέλη) πεπυρωμένα: cf. ܒܥܪ I].

---

*ܒܝܬ. ܒܝ Mt. 20 1 B. Luc. 8 27 B, al. ܒܝ Prov. 9 1. Mt. 13 52 A Anecd. 201 AC. 21 33 Anecd., Ev. 88 ABC; al. st. cst. ܒܝܬ Num. 4 46. Dt. 13 5. Js. 60 7. Rom. 1 3. ܒܝܬ Mc. 12 43 A; ܒܝܬ B: Mt. 11 2, 25 10 Ev. 164, Luc. 2 7; C: Luc. 19 29. emph. ܒܝܬܐ Mt. 24 43 Ev. 94 B (C?), *p. o. pass.* C. suff. 3. *m.* ܒܝܬܗ Gen. 18 19 (sic leg. pro ܒܝܬܗ), ܒܝܬܗ Mt. 24 43 Ev. 163 B, ܒܝܬܝ; etc. Pl. st. abs. ܒܬܝܢ Mt. 19 29 BC, ܒܬܝܢ ib. A. emph. ܒܬܝܐ Ex. 9 20, al., ܒܬܐ Js. 42 22. Jo. 2 9. C. suff. ܒܬܝܗ Ex. 8 24. Js. 8 14. ܒܬܝܟ Ex. 10 6. ܒܬܝܗܘܢ Luc. 7 25 A, ܒ' ib. Anecd. Ex. 8 24, al. ܒܬܝܗܘܢ Job. 21 9 (Lect.). Mt. 11 8 BC, al. ܒܬܝܗܘܢ Luc. 20 47 A *cod.* (*corr.* ܒܬܝܗܘܢ). ܒܬܝܗܝ (si sana est lectio) Prov. 1 13. *m.* — domus *pass.* ܒܢܝ ܒܝܬܗ domestici, familia eius Act. 16 32 sq. (ex Peš. assumtum). 34. Eph. 2 19. Cf. rad. ܐܒܝܬ; ܒܝܬ, ܒܬ, ܒܝܬܐ, ܒܝܬܘܬܐ, ܒܝܬܝܐ, ܒܝܬܘܬܐ, ܒܢܬܐ, ܒܝܬܐ, ܒܝܬܘܬܐ, ܒܝܬܝܐ, ܒܝܬܝ, ܒܝܬܝܢ, ܒܝܬܐ, ܒܝܬܘܬܐ, ܒܝܬܝ, ܒܝܬܐ.

Nomina loci:

ܒܝܬ ܚܣܕܐ Joh. 5 2 A, ܒ' ܚܣܕܐ BC, Βηθεσδά.

ܒܝܬ ܠܚܡ, ܒ' ܠܚܡ Βηθλεεμ Mich. 5 2. Mt. 2 5, al.

ܒܝܬ ܢܗܪܝܢ ἡ Μεσοποταμία Act. 2 9.

ܒܝܬ ܥܢܝܐ Βηθανια Mt. 21 1, al.

ܒܝܬ ܦܐܓܝ Βηθφαγη Mt. 21 1 A. ܒ' ܦܐܓܐ ib. BC. Mc. 11 1. Luc. 19 29 BC (A om.).

ܒܝܬ ܨܝܕܐ Βηθζαϊδα Luc. 9 10. Joh. 1 44. 12 21 (Peš. ܒܝܬ ܨܝܕܐ).

ܒܟܐ *Pe.* ܒܟܐ *pass.* pl. 3. *f.* ܒܟܝܢ. Impf. 3. *f.* ܬܒܟܐ, ܬܒܟܝܢ Joh. 11 31 D. 2. *f.* ܬܒܟܝܢ; etc. Imp. pl. ܒܟܘ. Ptc. act. *f.* ܒܟܝܐ. pl. *m.* ܒܟܝܢ, ܒܟܝܢ. — flevit, deflevit Js. 15 2. Jo. 1 5. 18. 21 7. Mt. 2 18. 26 75. Mc. 16 10. Luc. 6 21. 7 13. 38. 19 41. Joh. 11 31. 33. 16 20. 20 11 sqq. Rom. 12 15. Hom. Anecd. 204 7.

ܒܟܝ (hebr. בְּכִי) Js. 15 3. Phil. 3 18; ܒܟܝܐ Mt. 2 18 A forma vitiosa, contaminata ex ܒܟܝ et ܒܟܝܐ (i. e. ܒܟܝܐ). st. emph. ܒܟܝܐ A: Mt. 22 13, al., ܒ 8 12 al., ܒܟܝܐ (בִּכְיָא) Mt. 24 51 A[1]. *m.* — fletus (κλαυθμός) ll. cc., Jer. 38 9. 16. Jo. 2 12. Job. 16 16. Mt. 8 12. 13 42. 50 (Anecd. om.). 22 13. 24 51. 25 30. Luc. 13 28.

Ithpa. Pf. pl. 3. *f.* ܐܬܒܟܝ — deploratus est Ps. 77 64.

---

*ܒܟܘܪ. ܒܟܘܪ (בְּכוֹר) Ex. 11 5 *bis.* emph. ܒܟܘܪܐ Hebr. 1 6. Col. 1 15, ܒܟܘܪܐ Mt. 1 25 A (BC om.). Col. 1 18. C. suff. ܒܟܘܪܗ Luc. 2 7 BC, ܒܟܘܪܗ Ex. 11 5. *f.* ܒܟܘܪܬܗ Luc. 2 7 A. Ex. 11 5. 1. p. ܒܟܘܪܝ Jer. 38 9. *m.* — primogenitus, ll. cc.

*ܒܟܝܪ. emph. ܒܟܝܪܐ. *m.* — *1.* prima *pluvia* (i. e. vernalis) Dt. 11 14. Jo. 2 23. *2.* ܒܟܝܪܐ ܕܢܝܠܘܣ (si vere est traditum) primitiae *Nili fluvii* post auctum eius Lit. 705 6.

*ܒܟܘܪܐ. pl. st. emph. ܒܟܘܪܝܬܐ. *f.* — primitiae Num. 13 21.

---

*ܒܠܕ (rad. samar. בלד *terruit* Gen. 45 24 A, Lit. Marqā ed. Geiger ZDMG **21**, str. 12 20, al., arab. تبلّد *attonitus fuit*, e. g. I. Hiš. 830 ult.).

Ithpa. Impf. pl. 2. *m.* ܬܬܒܠܕܘܢ — perculsus est, attonitus fuit, stupuit Eccl. 7 17.

---

*ܒܠܘܛ. *ܒܠܘܛ. st. emph. ܒܠܘܛܐ. *m.* — quercus Gen. 18 1.

---

*ܒܠܐ, *ܒܠܝ *Pe.* Impf. ܢܒܠܐ Ps. 48 15 (ed. ܢܒܠܐ) pl. ܢܒܠܘܢ Hebr. 1 11. [Mt. 15 32 C]. Ptc. act. pl. *m.* ܒܠܝܢ Luc. 12 33. — detrita, absumta est *res* ll. cc. — Mt. l. c. aut scriptoris aut lectoris σφάλμα subesse videtur; cod. A habet ܒܠܝܢ, B ܒܠܝܢ.

ܒܠܐ s. ܒܠܝ [Luc. 5 36 ܒܠܐ ex utraque forma contaminatum]. emph. ܒܠܝܐ. Pl. *m.*

ܒܠܝܢ. — detritus, absumtus Mt. 9 16 sq. Luc. 5 36 sq.

ܒܠܠܡ, v. ܒܠܡ.

ܒܠܥ *Pe.* Impf. pl. 1. ܢܒܠܥ. Ptc. act. pl. ܒܠܥܝܢ. — devoravit Dt. 11 6. Jon. 2 1. Prov. 1 12. Mt. 23 24 A (Anecd. om.).

Ithpe. Pf. 3. *f.* ܐܬܒܠܥܬ; etc. — devoratus est Ex. 15 4. Vit. Abrah. Qid. ZDMG 56 255 15. Hom. Anecd. 182 4 (palimps. loco corrupto).

ܒܠܥܡ N. pr. Βαλααμ (Peš. ܒܠܥܡ) Num. 22 41. 23 3.

ܒܠܩ N. pr. Βαλακ (Peš. ܒܠܩ) S. F. 110 *pass.* 111 5 (Num. 22 sq.).

ܒܢܐ *Pe.* ܒܢܐ, ܒܢܬ; etc. Impf. 1. p. ܐܒܢܝ, ܐܒܢܐ, ܐܒܢܐ (Mt. 26 61 Anecd.), pl. ܢܒܢܘܢ; etc. Ptc. act. ܒܢܐ, ܒܢܝ (Mt. 16 18 AB); etc. — aedificavit Gen. 2 22. 8 20. 22 9. 3 Rg. 2 10. Js. 9 10. Am. 9 6. Prov. 9 1. Mt. 16 18. 23 29. 26 61. 27 40. Luc. 4 29. 7 5. Hom. Ox. 960 8. 14 (cit. Mt. 16 18). 62 2. 63 8. 21. — Cf. quae ad *Pa.* adnotavi.

ܒܢܝܢ (בִּנְיָן) Rom. 14 19, ܒܢܝܠ 15 2 (sic leg. pro ܒܢܝܢ). emph. ܒܢܝܢܐ. Pl. ܒܢܝܢܐ; c. suff. ܒܢܝܢܘܗܝ, ܒܢܝܢܘܗܝ Mt. 24 1 A² BC. *m.* — *1.* aedificium Mt. l. l., Mc. 13 2. Eph. 2 21. *2. met.* aedificatio (οἰκοδομή) Rom. ll. cc.

*ܒܢܝ (בַּנַּי). Pl. emph. ܒܢܝܐ s. ܒܢܝܐ. *m.* — architectus Mt. 21 42 (Ita reponendum pro ܒܢܝܝ etc. Vid. quae ad *ܒܠܘܛܐ adnotavi).

Ithpe. ܐܬܒܢܝ, ܐܬܒܢܝܬ; etc. Ptc. ܡܬܒܢܐ; etc. — aedificatus est Num. 13 23. Js. 10 9. Joh. 2 20. Eph. 2 22. Hom. Ox. 967 6.

Pa. (Quot formae coniugationi *Pa.* adscribendae sint non constat nisi in ptc. Sicubi hoc verbum significat ἀνοικοδομεῖν, *Pa.* adesse statuo, rationem secutus dialecti edessenae, iis locis quoque, quibus LXX minus accurate simplicem οἰκοδομεῖν habent. Quamquam non contenderim, scribam hanc distinctionem scientem ac volentem adhibuisse). [ܒܢܐ A: Mt. 7 24, cf. v. 26: sed non est cur *Pa.* intelligamus]. Impf. 1. ܐܒܢܐ. pl. ܢܒܢܘܢ, ܢܒܢܘܢ. Ptc. act. ܡܒܢܐ. — denuo aedificavit, restauravit, restituit Js. 60 10. 61 4. Am. 9 11 (*bis*).

Ithpa. (Hic idem valet quod ad *Pa.* adnotavi). Impf. sg. 3. *f.* ܬܬܒܢܐ, pl. 3. *f.* ܢܬܒܢܝܢ — denuo aedificatus, restauratus, restitutus est Dt. 13 16. Js. 25 2.

ܒܢܛܩܘܣܛܝ πεντεκοστή Lit. 695 4.

ܒܢܝܡܝܢ N. pr. Beniamin Gen. 49 27.

---

*ܒܣܐ *Pe.* pl. ܒܣܘ, 1. p. ܒܣܝܢ — contempsit Mt. 22 5 (*abs.*); sequ. ܒ *r.* Hebr. 2 3. Ptc. pass. ܒܣܝܐ ܠܐ, ܡܠܬܐ λόγος ἀκατάγνωστος Tit. 2 8 (sed cf. Stenningium ad loc.).

*ܒܣܝܘ. st. emph. ܒܣܝܘܬܐ. *f.* — contemptio Sirac. 18 27 (LXX πλημμέλεια).

ܒܣܠܝܣܩܘܣ basiliscus Hom. Anecd. 193 5.

ܒܣܝܠܝܘܣ N. pr. Basilius Lect. 16 18.

ܒܣܡ *Pe.* Pl. ܒܣܡܘ; etc. Impf. ܢܒܣܡ; etc. Imp. ܒܣܡ, ܒܣܡܘ; etc. Ptc. act. ܒܣܝܡ; etc. — delectatus est; gavisus est Js. 35 1. Jer. 38 7. Jo. 2 21. 23. Ps. 89 14. Job. 21 12. Eccl. 11 9. Luc. 12 19. 15 23 sq. 29. 32. 26 19. Vit. Abr. Qīd. ZDMG 56 256 2. Sequ. ܥܠ Js. 9 17.

ܒܘܣܡ (ܒܘܣܡܐ) Hom. Anecd. 171 25, ܒܘܣܡ Joh. 11 2 A, ܒܣܘܡ Js. 12 3. Ps. 44 16, al. ܒܣܡ *pass.* *m.* — *1.* iucunditas Jo. 2 3 (τρυφή). Hom. Anecd. l. l.: ܕܪܘܚ ܒ' (sic cod., vid. tab. I, non autem ܪܘܚ) iucunditas animi. εὐφροσύνη: Js. 12 3. 35 7. 10. 60 15. 61 3. 7. 10. Ps. 44 16. Act. 2 28. *2.* convivium Mc. 6 21.

ܒܣܡܐ (בְּסָם, בֶּסֶם, ܒܣܡܐ) Gen. 8 21. Mt. 26 7 BC et saepius alibi BCD. ܒܣܡܐ

Phil. 4 18. emph. ܒܣܡܐ A: Joh. 12 3 et 5, *p. o. pass.* C. suff. 3. *f.* ܒܣܡܗ Joh. 11 2 C. Pl. *a*) ܒܣܡܝܢ Mc. 16 1 A, ܒܣܡܝܢ Joh. 19 39 A, *p. o.* Mc. l. l. C, al. ܒܣܡܝܢ Mc. ib. B. emph. ܒܣܡܝܐ Joh. 19 40 A, al. *b*) ܒܣܡܘܢ Mc. l. l. Anecd. emph. ܒܣܡܘܬܐ Luc. 1 10 Anecd. *m.* — suavitas odoris, aroma, ll. cc., Jo. 1 16. 2 3. Mt. 26 8 sq. Luc. 1 9. 10 Anecd. (cett. ܩܛܘܪܬܐ). 7 37 sq. 46. 24 1. Joh. 12 8 sq. Lit. Dam. II^v. III^v.

ܒܣܝܡ. st. emph. ܒܣܝܡܐ. Pl. ܒܣܝܡܝܢ, ܐ—. — *1.* dulcis, benignus Mt. 11 30. Luc. 5 39. 6 35. Lit. 708 4. *2.* honestus Tit. 2 2 et fort. Hom. Anecd. 209 14 ܠܐ ܒܣܝܡܐ inhonestus (opp. ܐܬܒܣܡ, lin. 16).

ܒܣܝܡܐܝܬ (sic leg. Mc. 6 20 A), ܒܣܝܡܐܝܬ. *adv.* — benigne, libenter Mc. 6 20. 12 37.

ܒܣܝܡܘ (2 Cor. 6 6, al.). emph. ܬܐ—. C. suff. ܗ—; etc. *f.* — *1.* benignitas Ps. 89 7. 2 Cor. 6 6. Eph. 2 7. Tit. 3 4. Lit. 697 4 (cit. Ps. 64 12) = 706 15. *2.* honestas Tit. 2 7. *3.* delectatio, laetitia Act. Philem. 169 17 (suppl. ܒܣܝܡܘܬܗ: χαρμονή).

*ܒܣܡܢܝ (*בַּסְמָנֵי?); pl. *f.* ܒܣܡܢܝܬܐ — mulieres quae odoramenta afferunt Lit. Dam. I fol. 1^v. v^r.

Pa. Pf. 2. *m.* ܒܣܡܬ; etc. Ptc. act. ܡܒܣܡ, ܡܒܣܡܐ. — *1.* odoravit Lit. Dam. II^v. *2.* oblectavit, gaudio affecit Ps. 44 9. 45 5. Hymn. Anecd. 111 23. Lit. Dam. I fol. 2^v (*bis*).

ܡܒܣܡ (i. e. מְבַסֵּם) lenis Mt. 11 30 B (A ܒܣܝܡ).

Ithpa. [Pf. ܐܬܒܣܡܘ Act. 16 34 mendose]. Impf. sg. *2. f.* ܬܬܒܣܡܝܢ; etc. Ptc. ܡܬܒܣܡ; etc. Apocop. plur. 2. *m.* ܬܬܒܣܡܘܢ Js. 14 29 (cf. ܐܬܒܣܡ Mt. 5 47). — delectatus, laetatus est l. l., Js. 9 3 (*bis*). 12 6. 61 10. Jer. 38 12. Mt. 11 5 BC. Luc. 7 22 BC (A utroque loco et Anecd. Luc. l. l. ܡܬܒܣܪܝܢ habent, sicut Gr.). Act. 16 34. S. F. 107 14. Hom. Anecd. 194 12. Lit. 697 2 (cit. Ps. 64 11). 706 13.

Aph. Pf. sg. 2. *m.* ܐܒܣܡܬ — gaudio affecit, sequ. acc. et ܒ Ps. 29 2.

---

*ܒܣܪ I. ܒܣܪ, ܒܣܪ, *p. o. pass.* ܒܣܪ Joh. 1 14 B. emph. ܒܣܪܐ. C. suff. ܒܣܪܗ; etc. ܒܣܪܟܘܢ Col. 2 13. ܒܣܪܗܘܢ Eph. 2 3 (*bis*). *m.* (*f.* Hom. Anecd. 200 26; est autem palimpsesti locus!) — caro ll. cc., Gen. 2 21 sqq. Js. 40 5 sq. (Lect. 88). Eccl. 11 10. Mt. 16 17, et saepe al. Lit. Dam. I, fol. 1^r.

*ܒܣܪܬܐ. Pl. (cf. syr. ܓܡܪܬܐ) c. suff. ܒܣܪܬܗ. *f.* — pellis, corium Job. 21 6.

ܒܣܪ II. *Pe.* Pf. ܒܣܪܘ. Impf. ܢܒܣܘܪ, pl. ܢܒܣܪܘܢ Hom. Anecd. 179 8 (sic leg.), al. [Ptc. pass. *f.* ܒܣܝܪܐ restituendum puto Tit. 2 8 pro ܒܣܝܪܐ] — contempsit, sequ. ܒ p. Mt. 6 24. 18 10 Anecd. Luc. 16 13. Hom. Anecd. l. l. (Schwallyo in Idiot. p. 13 ܒܣܪ III est, quod verborum seriei vix aptare queas). Hymn. Anecd. 113 23.

ܒܣܪ III. *ܒܣܘܪ (בְּסוֹר). emph. ܒܣܘܪܬܐ Mt. 24 14 A, ܗ 26 13 A, ܒܣܘܪܬܐ 4 23 Ev. 69 A. ܒܣܘܪܬܐ Hom. Anecd. 197 22. C. suff. ܒܣܘܪܬܝ; etc. *m.* — *1.* εὐαγγέλιον Mt. 4 23. 9 35. 24 14. 26 13. Mc. 1 1. 8 35. Rom. 1 1. 16. 1 Cor. 15 1. 2 Cor. 4 3. Gal. 2 5. 14. Eph. 1 13. Phil. 1 27 (*bis*). 4 3. 15. Alibi. 2 Tim. 1 10. 2 8. Anecd. 144 3. 154 19. Hom. Anecd. 177 22. 189 5. 197 1. 22. Hom. Ox. 967 8. Lit. 704 2. 4. *2.* evangeliarii exemplar Lit. 695 7.

Pa. ܒܣܪ, ܒܣܪܬ (Eph. 2 17); etc. Impf. 1. ܐܒܣܪ; etc. Imp. ܒܣܪ. Ptc. act. ܡܒܣܪ — evangelium nuntiavit Js. 40 9. 60 6. 61 1. Luc. 2 10. 3 18. 4 18. 43. 8 1. 9 6. 20 1. Joh. 20 18. Act. 14 7. 16 17. Rom. 1 14 sq. Eph. 2 17. 1 Thess. 3 6. Hom. Anecd. 191 22. Lit. Dam. II^v. Sequ. acc. p. Luc. 1 19. 1 Cor. 15 1.

*ܡܒܣܪܢ. emph. ܐ—. *m.* — evangelista Lit. 695 6.

Ithpa. Pf. pl. 1. ܐܬܒܣܪ[ܢ] Hebr. 4 2. Ptc. pl. ܡܬܒܣܪܝܢ — evangelii nuntium accepit Mt. 11 5 A. Luc. 7 22 A Anecd. (cett. ܡܣܬܒܪܝܢ). Hebr. 4 2.

ܒܘܣܪܐ N. pr. Βοσορ, Βοσρα Js. 63 1 (Peš. ܒܘܨܪܐ, ܒܨܪܐ).

ܒܥܐ ܒܥܐ *Pe*. Pf. ܒܥܐ, ܒܥܘ (Luc. 5 12. 2Tim. 1 17). 2. *m*. ܒܥܝܬ; etc. Impf. ܢܒܥܐ, ܢܒܥܘܢ; etc. Imp. pl. ܒܥܘ. Ptc. act. ܒܥܐ, ܒܥܝܢ; etc. — *1*. quaesivit, studuit, appetiit Dt. 12 30. Js. 8 19. Am. 8 12. Prov. 9 6. Mt. 6 33. 7 7. 26 53. Phil. 4 17. Col. 3 1. Lit. Dam. I fol. 1r, et saepe alibi. Sequ. ܕ c. impf. Gen. 19 9 Dam. (Lect. om.). Dt. 13 10. Joh. 5 35. Act. 16 27. Apocr. Dam. fol. 2v; sequ. impf. Joh. 4 9. *2*. petiit, postulavit, precatus est, sequ. acc. *r*. et ܡܢ *p*. Dt. 10 12. 11 6. Prov. 1 11. Mt. 18 32. Phil. 4 2 (cf. v. 3). 1Thess. 4 10. Tit. 2 6. Lit. 705 7. 16. 21. Sequ. ܥܠ ܕܐܦܝܗܘܢ Hebr. 7 25 (ἐντυγχάνειν ὑπέρ τινος); sequ. acc. et ܕ ܡܢ ܐܝܕܗ Mt. 7 9 Ev. 68 AB (cett. ܡܢ); sequ. ܡܢ ܒܥܐ ܐܝܕܝ ex manibus meis Vit. Eulog. ZDMG 56 258 a. p. u.

*ܒܥܘ. emph. ܒܥܘܬܐ. C. suff. ܒܥܘܬܟ; etc. pl. abs. ܒܥܘܢ Luc. 5 33. *f*. — petitio, precatio 3Reg. 8 28. Job. 16 20. Ps. 54 2. Luc. 1 13. 5 33. Rom. 10 1. Phil. 1 4. 4 6. Hebr. 5 7. Lit. 696 2. 707 6.

ܒܥܝܢ (Joh. 3 25). C. suff. ܒܥܝܢܗ. Pl. ܒܥܝܢܝܢ (Vit. Abrah. Qīd. ZDMG 56 256 20). emph. ܐ—. *m*. — *1*. cupiditas, aviditas *ventri* Hom. Anecd. 200 13 (v. ZDMG 53 707). *2*. contentio (ζήτησις) Joh. 3 25. [2Tim. 2 23]. Tit. 3 9; cf. 1Cor. 1 20. διάκρισις Vit. Abrah. Qīd. l. l.

Ithpe. Ptc. ܡܬܒܥܐ — opus est, δεῖ Mt. 23 23 Anecd. (A ܘܠܝ).

Ithpa. (deriv. a ܒܥܝܢ). Ptc. act. pl. ܡܬܒܥܝܢ (ܡܬܒܥܝܢ Mc. 9 33 C). — contendit *abs*. Mc. 12 28. Luc. 24 15. Sequ. ܥܡ p. Mc. 8 11. 9 33. Luc. 24 17. Joh. 16 19 AB; ܠ Joh. l. l. C; ܠܚܕܕܐ Luc. 22 23.

*ܒܥܠܕܒܒ. ܒܥܠܕܒܒܐ, ܒܥܠܕܒܒܐ. C. suff. ܒܥܠܕܒܒܗ; etc. Pl. ܒܥܠܕܒܒܝܢ (Rom. 5 10). cst. ܒܥܠܕܒܒܝ (Ps. 12 5. 44 6). emph. ܒܥܠ(ܝ)ܕܒܒܐ. C. suff. ܒܥܠܕܒܒܝܗ; etc. Interdum ܒܥܠܕܒܒܢ scriptum invenitur, alia id genus. Hic illic in edd. divisim legitur, velut ܒܥܠ ܕܒ', vix recte. *m*. — hostis, inimicus ll. cc., Ps. 16 9. 24 2. 29 2. 55 10. 77 61. 82 3. 142 9. 12. Sirac. 46 1. 5. Mt. 5 44. 22 44. Luc. 6 35. 8 12 Anecd. 10 19. 19 43. Act. 2 35. Rom. 12 20. Hom. Ox. 9 66 7. 13. Hom. Anecd. 196 12. 205 5 (cit. Hebr. 1 13). 14 (cit. Hebr. 10 13). 207 12. S. F. 78 13. Vit. Abrah. Qīd. ZDMG 56 255 ult. Lit. Dam. I fol. 2v. — Cf. ܣܢܐ.

ܒܥܠܕܒܒܘ Rom. 8 7. emph. ܒܥܠܕܒܒܘܬܐ Eph. 2 15 sq. — inimicitia, ll. cc.

ܒܥܠܙܒܘܒ Βεελζεβουβ Mt. 9 34 Anecd.

ܒܥܠܙܒܘܕ (si, quod dubito, sana est lectio) *id*. Hom. Ox. 9 73 [12 sq.] 18.

---

*ܒܥܪ I. *Pe*. Ptc. act. *f*. ܒܥܪܐ. — *1*. voravit Js. 10 16 sq. Hebr. 1 7. [Hom. Anecd. 191 1. 193 11?] *2*. arsit Hom. Anecd. 206 15 (ubi pro ܒܥܪܝܢ leg. puto ܒܥܝܪܝܢ, cit. Eph. 6 16).

ܒܥܝܪ (Gen. 7 23, al.). C. suff. ܒܥܝܪܗ. Pl. ܒܥܝܪܝܢ (Jon. 4 11). emph. ܒܥܝܪܐ. C. suff. ܒܥܝܪܝܗܘܢ; etc. Sg. *m*., pl. *f*. et *m*. (cf. Gen. 7 2!) — iumentum Gen. 1 26. 28. 3 14. 6 19. 7 2, al. Ex. 9 4 sqq. 13. 19 sqq. 10 26. Jer. 38 12. 39 43. Jo. 1 20. 2 22. Jon. 4 11. Joh. 4 12. Hom. Anecd. 208 7.

---

*ܒܥܪ II. *Pa*. Ptc. act. pl. ܡܒܥܪܝܢ — racemavit Js. 3 12.

[ܒܥܝܢܗ Hom. Anecd. 200 13, leg. ܒܥܝܢܗ].

[ܒܥܬ : ܒܥܬܐܢܘܢ misit eos Mt. 10 5 Ev. 245 A, cf. „Homon. Wurzeln“ p. 6, n. 2].

---

*ܒܨ. *ܒܨܐ, emph. *ܒܨܬܐ? Pl. abs. ܒܨܝܢ. *f*. — paludes (ἕλη) Js. 35 7 (*bis*).

*ܒܨܦ. *ܒܨܦ. emph. ܒܨܦܐ (Idiot. p. 13, ZDMG 48 364). *m.* — patina (παροψίς) Mt. 23 25 sq. A (BC om.).

ܒܨܪ *Pe.* Impf. 2. ܬܒܨܪ. Ptc. act. *f.* ܒܨܪܐ — *1. intr.* defecit, minus fuit *quam* (ܡܢ) Js. 53 3. *2.* detraxit, subtraxit Dt. 12 32.

---

*ܒܩܩ. *Pa.* Ptc. act. ܡܒܩܩ — oculos fixit, contemplatus est, sequ. ܒ Act. 14 9.

---

*ܒܩܪ. *ܒܩܪܐ *f.* pl. ܒܩܪܝܢ Js. 60 6. emph. ܒܩܪܝܬܐ Jo. 1 18. — greges *boum, camelorum* ll. cc.

ܒܪ. emph. ܒܪܐ. C. suff. ܒܪܗ; ܐܒܪܗ (antecedente ܗܘ) Mt. 13 37, Luc. 6 5 (Anecd.); (anteced. ܗܝ) Act. Andr. et Matth. fol. 1ʳ. ܒܪܢܫ Mt. 26 63 Anecd. Gal. 4 6. ܒܪܗ Mc. 8 29 Dam. et saepius Ev. codd. BC (e. g. Mt. 7 9 Ev. 135 C). 3. *f.* ܒܪܗ; etc. Pl. ܒܢܝܢ; cst. ܒܢܝ, ܒܢܝ; emph. ܒܢܝܐ. C. suff. ܒܢܝܗ (ܒܢܝܗ Mt. 18 25 B; ܒܢܗ ib. C. Luc. 5 10 B). 3. *f.* ܒܢܝܗ, ܒܢܗ (Mt. 2 18 B. 8 12 C); etc. — *1.* filius, *pass.* *2.* pullus Js. 43 20. — Insequ. nom. numeral. aetatem designat Gen. 7 6. Num. 4 47. Mt. 2 16. Luc. 3 23 BC; al. — Cum hominem (τὸν ἄνθρωπον) et ܒܪܢܫܐ et ܒܪܢܫܐ vocent, ὁ υἱὸς τ. ἀνθρώπου promiscue atque sine ullo discrimine redditur sive *a*) verbis ܒܪܗ ܕܒܪܢܫܐ sive *b*) ܒܪܗ ܕܒܪܢܫܐ (quod nullo modo sollicitandum est, contra Arn. Meyer, Jesu Muttersprache p. 93, adn. 1, qui hanc varietatem inscitiae interpretum tribuit, et Hjelt, Die altsyr. Evang.-Übers. 1903, p. 105, n. 1). Utriusque formulae aliquot saltem exempla adduxisse non poenitebit: *a*) Mt. 18 11 Anecd. 24 30 AC Anecd. 37 A², Ev. 162 B. 39 A², Ev. 163 C. 44 A², Ev. 163 C. 25 31 Ev. 166 C. 26 2 A, Ev. 167 BC, Ev. 175 BC. Mc. 2 10. 28. 8 31. 38 AC. 9 30. Luc. 11 30 Anecd. 19 10 Anecd. Joh. 1 51 Ev. 138. 12 23 et 34 Ev. 168 AC. Lit. 695 14. Mirum ܒܪܗ ܕܒܪܢܫܐ, Mt. 25 31 Ev. 166 A. ܒܪܗ ܕܐܢܫܐ Mt. 25 13 Ev. 96 A (sed *manu recenti additum,* Lag.). *b*) Mt. 8 20 BC. 9 6. 12 32. 13 37. 41. 16 13. 24 30 B. 37 A¹, Ev. 162 C, 39 A¹, Ev. 93 BC, Ev. 163 B. 44 A¹, A³, Ev. 94 BC, Ev. 163 B. Mc. 8 38 B. Luc. 5 24. 6 5. 22. 9 58. 11 30 A. 19 10 ABC. Mirum ܒܪܗ ܕܒܪܢܫ Mt. 25 31 Anecd. — Cf. ܒܪܬܐ, ܒܪ ܚܝܠܐ (rad. ܚܝܠ), ܒܪ ܙܘܓܐ, ܒܪ ܐܘܢ, ܒܪ ܡܠܟܐ, ܒܪ ܢܫܐ (rad. ܢܫ), ܒܪ ܠܚܡܐ (rad. ܠܚܡ), ܒܪܬ ܩܠܐ, ܒܪܬ ܚܕܬܐ, ܒܪ ܡܘܬܐ, ܒܪ ܢܫܐ, ܒܪ ܫܡܝܐ, ܒܪ ܢܫܐ, ܒܪܐ, ܒܪܬܐ, ܒܪܬܝܬܐ.

ܒܪܝܘ (Eph. 1 5). emph. ܒܪܝܘܬܐ. *f.* — υἱοθεσία, l. l., Gal. 4 5. Hom. Anecd. 172 15. 184 12.

ܒܪܢܫ st. abs. homo (ἄνθρωπος) Gen. 1 26. 6 9. 13. 7 21. 23. Ex. 9 25. 11 3, et saepe alibi. ܩܠ ܕܒܪܢܫ φωνὴ ἀνθρωπίνη Act. Andr. et Matth. fol. 2ʳ. st. emph. ܒܪܢܫܐ (ܒܪܢܫܐ Mt. 25 31 Ev. 166 A, cf. ܐܢܫ) Gen. 1 27. 2 7 sq. Num. 5 8. Mt. 4 4, et passim al. Pl. abs. ܒܢܝܢܫ ἄνθρωποι Js. 8 15. 14 30. 43 4. Jer. 39 43. Mt. 4 19. 19 12 A. Luc. 18 10. Joh. 8 17 B. 44 AB. Act. 14 11. 2Cor. 4 2. Phil. 2 7 (Lect. 11). 2Tim. 2 2. Hom. Anecd. 206 22. ܒܢܝܢܫ — ܐܚܪܢܝܢ — ܒܢܝܢܫ quidam — quidam, alii — alii Hom. Anecd. 179 12/14. ܕܒܢܝܢܫ, ἀνθρώπινος 1Cor. 10 13. emph. ܒܢܝܢܫܐ (ܒܢܝܢܫܐ Luc. 1 25 A utroque loco, v. supra) Gen. 8 21. Ex. 9 9. 10 7. Num. 5 6. Mc. 8 27, et pass. al. ܒܢܝܗܘܢ ܕܒܢܝܢܫܐ „filii hominum“ Hom. Ox. 9 57 18 sq.

ܒܪܢܫܘ (Hom. Anecd. 206 23). emph. ܒܪܢܫܘܬܐ. C. suff. ܒܪܢܫܘܬܗ. *f.* — natura s. conditio humana l. l., Hom. Anecd. 112 7. Lit. 707 5.

ܐܬܒܪܢܫ — homo factus est Lit. Dam. I, fol. 2ʳ (ܡܢ: ex *virgine*).

ܒܪܐ (Mt. 10 37 A, Ev. 76 C. Luc. 8 42). st. cst. ܒܪܬ (Zach. 9 9, al.), ܒܪܬ (Luc. 2 37 C. 24 10 C). emph. ܒܪܬܐ (בְּרַתָּא). C. suff. ܒܪܬܗ; etc. Pl. ܒܢܢ (Gen. 19 8. 12). st. cst. ܒܢܬ (v. ܒܢܝ). C. suff. ܒܢܬܗ; etc. — filia, *pass.* ܒܪܐ ܕܠܠܝܐ (lectio contaminata ex ܒܪ ܠܠܝܐ et ܕܠܠܝܐ ܒ) unam noctem nata Jon. 4 10.

ܒܪ ܐܒܐ (hic illic in unum vocab. coniunctum legitur), ܒܪ ܐܒܐ (Joh. 18 40[b] C) N. pr. Βαρραβας (-ν) Mt. 27 16 sqq. Joh. 18 40 (Peš. ܒܪ ܐܒܐ).

*ܒܪܐ. ܠܒܪ foras, foris Mt. 25 30. 26 69. Luc. 1 10. 8 20. 13 25. 1Thess. 4 12, alibi. [ܠܒܪܐ Mt. 25 30 Ev. 166 B]. ܠܒܪ ܡܢ foris Gen. 6 14. Mt. 23 27 sq. ܠܒܪ ܡܢ *1.* extra (de loco) Ex. 9 32. Num. 5 4. Mt. 10 14. 21 17. 39. Mc. 7 15. Joh. 9 22. *2.* praeter, nisi Ex. 10 24. Js. 10 15. 43 11. 44 6. Jo. 2 27. Mt. 5 32. Joh. 1 3. 15 5. Hebr. 4 15; al. Hom. Ox. 95 11 19 sq. 62 6. Hom. Anecd. 181 20 sq. 182 16. 193 13. 208 24. Lit. 707 15. Vit. Anton. S. F. 90 4 (sic ipse cod.). Lit. Dam. I, fol. 1[r]. ܡܢ ܠܒܪ ܡܢܗ Gen. 7 16.

*ܒܪ *m.* campus, v. mox ܒܪܝܐ.

*ܒܪܝ (בָּרִי, ܒܪܝ). emph. ܒܪܝܐ. *f.* abs. *id.* (Num. 13 21). — qui foris, extra est, externus Mt. 8 12. 22 13. 25 30; agrestis *terra* Num. l. l.

*ܒܪܝܬܐ. C. suff. ܒܪܝܬܗ; ܒܪܝܬܗܘܢ. *f.* — exteriora Mt. 23 25 sq.

ܒܪܐ I. (ברא بَرِئَ ZDMG 53 712). ܒܪܐ. *f.* ܒܪܝܐ. Pl. *m.* ܒܪܝܢ. — sanus Job. 21 23. Mt. 9 12. Mc. 2 17. Luc. 5 31. Joh. 5 9 et 11 BC (A ܚܠܝܡܐ). 15 B (AC om.). S. F. 98 14. — Cf. ܚܠܝܡ, ܒܪܝ.

ܒܪܐ II. *Pe.* Pf. ܒܪܐ. Impf. ܢܒܪܐ. — creavit Eccl. 12 1. Mt. 19 4. Eph. 2 15. Col. 3 10. [Pro ܒܪܐ Prov. 9 7 Anecd. leg. ܕܪܐ, pro ܒܪܐ Jer. 38 10 leg. ܕܒܪ].

*ܒܪܘܝ. emph. ܒܪܘܝܐ. C. suff. ܒܪܘܝܗ. *m.* — creator Rom. 1 25. Hom. Anecd. 193 10. Lit. 705 16. Lit. Dam. I, fol. 1[r] (infra).

ܒܪܝܐ (2Cor. 5 17, al). emph. ܒܪܝܬܐ. *f.* — *1.* creatio (κτίσις) Mc. 16 15. 2Petr. 3 4. Rom. 1 25. 2Cor. 5 17. Gal. 6 15. Col. 1 15. Hebr. 4 13. 9 11. Hom. Anecd. 193 7 (?). Lit. Dam. I fol. 1[v] (*bis*) II[r]. *2.* liber Geneseos Lit. 698 6.

Ithpe. ܐܬܒܪܝ, 3. *f.* ܐܬܒܪܝܬ; etc. Impf. 3. *f.* ܬܬܒܪܐ — creatus est Ex. 9 18. Ps. 89 2. Sap. 10 1. Eph. 2 10. Col. 1 16. Hom. Anecd. 197 6. 198 8.

ܒܪܐ III. (Minus minusque mihi arridet sententia, hanc rad. ex voc. βαρύς esse natam. Modo probabilius ἔτυμον proponere possem).

*ܒܪܐ, pl. *f.* ܒܪܝܢ Mt. 23 4 A (B ܒܪܝܢ, C om.) — gravia *onera* (βαρέα), l. c.

ܡܒܪܐ (num forte *Aph.* ptc. act.?) Sap. 9 15 pro βρίθει aut βαρύνει (ZDMG 53 708).

ܒܪܒܪ *m.* — barbarus Col. 3 11.

ܒܪܒܪܐ: 'ܒ ܗܘܐ ܒܪܒܪܐ ἄγριον εἶχε τὸ ἦθος Vit. Anton. S. F. 104 2. Primo obtutu putaveris esse graecum βάρβαρος, tamen textui gr. accuratius respondet ܒܪ ܒܪܐ „filius agri" (v. supra) *i. e.* agrestis, rudis. Ergo divisim legendum.

*ܒܪܕܐ. ܒܪܕ (Ex. 9 18). emph. ܐ—. *m.* — grando Sirac. 46 5 (ܡܛܪܐ ܘ ܒܪܕܐ). Ex. l. c., v. 19—34. 10 5. 12. 15 (ܐܒܢܝ ܒܪܕܐ).

ܒܪܘܛܝ πρώτη prima Anecd. 105 1. [109 13].

ܒܪܘܦܝܛܝܐ προφητεία Lit. 701 18.

ܒܪܝܢ, v. ܒܪܐ.

ܒܪܟ *Pe.* ܒܪܘܟ verborum ܒܪܘܟ ܐܒܪܟ ܠܟ εὐλογῶν εὐλογήσω σε Gen. 22 17 Nestle (ad h. l.) infinitivum absol. esse suspicabatur. Sed unde scriptori haec forma mere hebraica? Si recte se habet lectio, aut ptc. act. *Pe.* est (ut ܫܡܘܥ, al.), aut inf. *Pa.* (ut samar. לבטול Lev. 26 44 A, Ed. = למבטלה, etc.).

ܒܪܟܐ (Jo. 2 14 Lect., al.). emph. ܒܪܟܬܐ. C. suff. ܒܪܟܬܗ; etc. *f.* — *1.* benedictio Gen. 49 25 sqq. Dt. 11 26 sq. Js. 44 3. Jo. 2 14. Eph. 1 3. Lit. 705 11. 15. 708 4. 19. *2.* munus gratiae εὐλογία ZDMG 56 259 2 (cf. p. 260, adn., ZDMG 57 196; hebr. בְּרָכָה 2 Rg. 5 15, al.).

Pa. ܒܪܟ, ܒܪܝܟ (Mt. 4 19 C. 26 26 BC, et saepius al.). C. suff. ܒܪܟܗ Ps. 44 3. Impf. ܝܒܪܟ; etc. Imp. ܒܪܟ (Lit. 708 19); etc. Ptc. act. ܡܒܪܟ, ܡܒܪܟܝܢ; etc. — benedixit Gen. 22 17. Js. 25 3. 43 20. Ps. 44 3. Mt. 5 44. 14 19. 26 26. Luc. 2 28. 24 30. 50 sq. Rom. 12 14. Lit. 697 4 (cit. Ps. 64 12). 705 17, et saepe al. Lit. Dam. I, fol. 2r *pass.* Vit. Anton. S. F. 98 ult., Stud. Sin. 11 147 6 (cf. Migne, P. Gr. 26 900 B).

ܡܒܪܟ (ptc. pass.) Mt. 23 39 A², al.; ܡܒܪܟ Rom. 1 25. emph. ܡܒܪܟܐ Vit. Anton. S. F. 90 10. (Certa est lectio, cf. GGA 1901, p. 205, contra Stud. Sin. XI 142 10). *f.* Luc. 1 42. Pl. c. suff. ܡܒܪܟܘܢ, ܡܒܪܟܝܗ (Mt. 25 34 Ev. 96 B, Ev. 129 BC, Ev. 166 B). — benedictus, ll. cc., Js. 61 9. Joh. 12 13. Eph. 1 3. Hymn. Anecd. 111 3. 6. 10. 13. Hom. Anecd. 207 8. Lit. 681. 695 3, al. Lit. Dam. *pass.*

Ithpa. Impf. sg. 3. *f.* ܬܬܒܪܟ; etc. Ptc. ܡܬܒܪܟ — benedictus est Gen. 18 18. 22 18. Ps. 48 19. Act. Adrian. fol. 1r.

ܒܪܟܝܐ N. pr. (ut Peš.) Βαραχιας Mt. 23 35 A (*p. o.* Anecd.).

[ܒܪܡ *coni.* sed, autem Mt. 26 64 Anecd. Hom. Anecd. 178 10. 197 13. Dialecti ratio postulat ܒܪܡ s. ܒܪܡ. Quare num lectiones sincerae sint, multum dubito].

ܒܪܡ s. ܒܪܡ. Prior forma *pass.*, v. infra. Ev. codices BC sola altera utuntur, quae rarius in cod. A: Mt. 26 39 et 26 64 Ev. 180 occurrit, praeterquam Ps. 48 16 (ubi sic leg.) *coni.* — sed, autem. Uno loco Luc. 10 20 Ev. 114 B excepto, constanter ܕ insequitur (= πλήν, rarius ὅμως): Gen. 9 4. 3 Reg. 8 19. Ps. 48 16. Mt. 26 39. 64. Luc. 6 35. 10 11. 22 21 sq. Joh. 12 42. 13 34. Vit. Eulog. ZDMG 56 258 ult. — ܒܪܡ ܕ praeterquam quod Am. 9 8 (sic leg.).

ܒܪܢܒܐܣ N. pr. Βαρναβας Act. 14 12. Gal. 2 13.

ܒܪܫܐ v. ܒܪ.

---

*ܒܪܙ. *ܒܪܙ. emph. ܒܪܙܐ (si vera est lectio). *m.* — scabies Hom. Ox. 95 1 17.

---

*ܒܪܩ. *ܒܪܩ. emph. ܒܪܩܐ. *m.* — fulmen Zach. 9 14. Mt. 24 27. 28 3. Luc. 10 18.

Aph. Ptc. act. ܡܒܪܩ — fulsit Luc. 9 29 AC (B ܡܒܪܩܢ).

---

*ܒܪܬ. *ܒܪܘܬ. emph. ܒܪܘܬܐ (בְּרוֹתָא). *f.* — cypressus Hos. 14 9.

[ܒܫܒܩ ܠܐ ܐܘܫ: vox nihili Mc. 12 34 A (BC om.), leg. ܐܡܪ, q. v. (οὐκ ἐτόλμα)].

ܒܬܘܐܝܠ (?) N. pr. Βαθουηλ Jo. 1 1 (Peš. ܒܬܘܐܝܠ).

---

*ܒܬܠ. ܒܬܘܠܐ (Js. 7 14 et saepe al.). emph. ܒܬܘܠܬܐ. Pl. abs. ܒܬܘܠܢ; ܒܬܘܠܢ (*Imāla*) Ps. 44 15. Mt. 25 1 Ev. 95 BC, Ev. 164 C. emph. ܒܬܘܠܬܐ, ܒܬܘܠܬܐ (Mt. 25 11 Ev. 164 A); ܒܬܘܠܬܐ Mt. 25 7 Anecd. 130, Ev. 164 C. 11 Ev. 164 B. [Formae ܒܬܘܠܬܗܘܢ Ps. 77 63, ܒܬܘܠܬܐ Hymn. Anecd. 112 8 palimpsestorum sunt et vix rectae]. *f.* — *1.* virgo ll. cc., Js. 7 14. Jer. 38 13. Mt. 1 23. 25 1. 7. 11. Luc. 1 27. Hom. Anecd. 174 20 (leg. ܒܬܘܠܐ). 175 6. [114]. Hymn. Anecd. 111 4. ZDMG 56 251 13. Lit. Dam. I fol. 1v *et pass. al.* *2.* castus Lit. Dam. I, fol. 1v.

*ܒܬܘܠܘ. *f.* C. suff. 3. *f.* ܒܬܘܠܘܬܗ — virginitas Luc. 2 36.

ܒܬܪ (בָּתַר) *pass.*, ܒܐܬܪ (בָּאתַר, בְּאַתַר) v. mox formas suff. instructas (in quibus literam ܐ non matrem lectionis esse, sed vim etymologicam habere, ܒܐܬܪܝ demonstrat). C. suff. ܒܬܪܗ *pass.*, ܒܐܬܪܗ Mt. 8 10 B. 22 B. Mc. 5 24 C. ܒܬܪܝ *pass.*, ܒܐܬܪܝ Mt. 8 19 B. 19 27 B. ܒܬܪܢ; ܒܐܬܪܢ Mc. 2 14 C. 8 34 Dam. Luc. 18 22 C. ܒܐܬܪܢ Mc. 8 34 a B (sic leg. pro ܒܐܬܪܢ); defect. scr. ܒܬܪ

Mc. 2 14 A. ܒܬܪܟܘܢ; etc. *praep.* — post *a*) *de loco* Gen. 19 6. Dt. 13 4. Jo. 2 3. Am. 8 12. Eccl. 7 15. Mt. 4 19. Joh. 10 5. Act. 16 17 et saepe alibi. Cf. etiam ܐܬܪ, ܐܬܪܐ, ܐܬܪ. *b*) *de tempore* Mt. 25 19 Ev. 94 ABC. 26 73. Mc. 8 31. 9 30, *al.*

ܡܢ ܒܬܪ *de tempore* post Gen. 7 10. 8 3. 6. Num. 13 26. Dt. 10 15. 11 9. Mt. 1 12. 22 27. Hebr. 7 28, *al.* Hom. Anecd. 204 20 (cit. Jo. 2 28). Hom. Ox. 9 74 3. Hymn. Anecd. 112 3.

ܒܬܪ ܕ *coni.* postquam Luc. 12 5 AC (B ܡܢ ܒ ܕ).

ܡܢ ܒܬܪ ܕ *coni.* posteaquam Gen. 50 4. Num. 13 26. Dt. 12 30. Mt. 26 32. Mc. 16 19. Luc. 12 5 B. 15 14 AB. 22 20. 24 30. Act. 1 3. 1 Cor. 11 25. Hom. Ox. 9 72 9. 73 16. Vit. Abrah. Qīd. ZDMG 56 256 1.

ܒܬܪܟܢ, ܒܬܪܟܢ (cf. ܟܢ) *coni.* postea, deinde Mt. 25 11. Luc. 9 37. 12 4. Hom. Anecd. 180 2. Lit. 708 23.

ܒܬܪ ܗܕܐ *id.* Luc. 7 11 BC.

ܡܢ ܒܬܪ(ܗ)ܕܐ *coni.* post hoc, deinde Mt. 4 2. Joh. 20 27 B. Lit. 709 4.

ܡܢ ܒܬܪ ܗ(ܕ)ܐ *id.* Gen. 18 5. Ex. 10 14 (sic leg.). 12 8. Js. 44 6. Joh. 11 7. Act. 2 17. 1 Cor. 15 7. 1 Thess. 4 17.

ܡܢ ܒܬܪܟܢ ܕ posteaquam Luc. 15 14 C (AB ܡܢ ܒܬܪ ܕ).

ܓ

*ܓܘܒ. *ܓܘܒ. emph. ܓܘܒܐ. Pl. ܓܘܒܐ. *m.* — fovea Zach. 9 11. Ps. 29 4. 87 7; ܓܘܒܐ ܕܡܕܪܐ τὰ ὑπολήνια Jo. 3 13.

*ܓܒܐ. emph. ܓܒܬܐ. *f.* — patina Mt. 26 23. S. F. 78 11. 14.

ܓܒܬܐ N. pr. Γαββαθα Joh. 19 13 C, Ev. 199 B; ܓܒܒܬܐ ib. A, Ev. 199 B. — Cf. Idiot. p. 15 sq., „Homon. Wurzeln“ p. 16, n. 6; contra Dalm. Worte Jesu (1898) p. 6.

*ܓܒܐ *Pe.* Impf. pl. 2. *m.* ܬܓܒܘܢ. Ptc. act. ܓܒܐ, pl. ܓܒܝܢ (Js. 3 12[b], et sic leg. Luc. 12 20 pro ܓܒܝܢ A *cod.* BC, ܬܒܝܢ A *corr.*). — collegit, exegit ll. cc., Luc. 3 13. Hom. Ox. 9 53 23 (cf. Mt. 25 27). [Ptc. pass. ܓܒܝܐ electi Luc. 14 24 A, interpol.].

*ܓܒܝ (גַּבָּי). Pl. emph. ܓܒܝܐ. C. suff. ܓܒܝܟܘܢ — exactor Js. 3 12[a]. 9 4.

*ܓܒܝܢ. *ܓܒܝܢ, *f.* ܓܒܝܢܐ — Ita vertitur συνκύπτουσα Luc. 13 11. Sed cum haec radix nihil aliud significare possit quam *proceritatem* (cf. נביה), l. c. mendam omnibus codd. communem subesse suspicor. Hastam sinistram literae ܢ delendam puto legendumque ܟܦܝܢܐ (targ. כְּפִין, cf. hebr. כָּפַף). Contra Schwally, Idiot. p. 15. Ineptit B. Jacob ZATW 1902, p. 94.

ܓܒܝܪ N. pr. Γιββειρ Js. 10 31.

ܓܒܠ *Pe.* Impf. ܢܓܒܘܠ. Ptc. pass. *f.* ܓܒܝܠܐ — finxit, formavit Gen. 2 7 sq. 15. 19. Js. 43 1. 7. 53 11. Hom. Anecd. 193 17. Apocr. Dam. fol. 2[r].

Ithpe. ܐܬܓܒܠ — formatus est Sap. 10 1.

*ܓܒܢ (Proprie „se incurvavit“; cf. جبن „timidus fuit“).

*ܓܒܝܢ. *f.* ܐ—. — incurvata (συνκύπτουσα) Luc. 3 11, v. ܓܒܝܢܐ. Cf. etiam *ܓܢ *Aph.*

*ܓܒܝܢ. C. suff. ܓܒܝܢܗ Luc. 4 29 AC [B ܓܒܝܢܐ]. *m.* — supercilium montis (ὀφρὺς τ. ὄρους) l. c.

*ܓܒܪ. ܓܒܪ (Gen. 2 24. 19 8. Js. 63 3. Mt. 7 24. 26, al.). emph. ܓܒܪܐ. C. suff.

3. *f.* ܓܒܪܗ; etc. Pl. ܓܒܪܝܢ (Gen. 18 2, al.). emph. ܓܒܪܝܐ, ܓܒܪܐ (Luc. 9 32 A). C. suff. 3. *m.* ܓܒܪܘܗܝ. *m.* — *1.* vir, ll. cc. et pass. al. *2.* homo (ἄνθρωπος; synon. ܒܪܢܫ, quocum variat) Mt. 13 44 Anecd. 19 5. 25 14. 24. Luc. 6 6 Anecd. 19 7 ABC, et vid., quae ad ܒܪ (ܒܪܢܫܐ, ܒܪܢܫ) adnotavi. — ܓܒܪ ܓܒܪ ἄνδρα κατὰ ἄνδρα viritim Num. 4 49.

ܓܒܪܐ (Dt. 13 1). emph. ܓܒܪܬܐ (ib. v. 2). Pl. ܓܒܪܢ Joh. 4 48 A, *p. o.* Mt. 24 24 Dam. et Anecd. 21 4; ܓܒܪܝܢ (*Imâla*) Mt. l. l. B, Joh. l. l. BC. Act. 2 19. emph. ܓܒܪܬܐ Ex. 11 10. C. suff. 1. p. ܓܒܪܬܝ Ex. 11 9. *f.* — prodigium, ll. cc.

*ܓܒܪܘ (syr. ܓܒܪܘܬܐ?); pl. abs. ܓܒܪܘܢ Ps. 45 9 (cf. ZDMG 53 706), ܓܒܪܘܢ Mt. 24 24 A. *f.* — *id.*, ll. cc. (Nisi forte forma est variata vocis praegressae).

ܓܒܪܘ (גְּבָרוּתָא?), v. mox compositum. C. suff. ܓܒܪܘܬܟܘܢ. *f.* — virtus, fortitudo Jo. 3 11. ܒܓܒܪܘ *adv.* fortiter Hymn. Anecd. 112 2. 113 23.

Ithpa. Imp. ܢܬܓܒܪ — fortis factus est Dt. 31 7.

ܓܒܪܝܐܝܠ N. pr. Γαβριηλ Luc. 1 26 A; *p. o.* v. 19 A; ܓܒܪܐܝܠ cod. Dam.; ܓܒܪܐܝܠ v. 19 B, ܓܒܪܝܠ utroque loco C, v. 26 B.

---

*ܓܕܝ. ܓܕܝ (Luc. 15 29). emph. ܓܕܝܐ (Is. 11 6). Pl. emph. ܓܕܝܐ (Mt. 25 32 sq. Ev. 129 A, *p. o.* cett.). *m.* — hoedus, ll. cc.

ܓܕܠ I. *Pe.* Pf. pl. ܓܕܠܘ — plexit Mt. 27 29. Mc. 15 17. Joh. 19 2.

*ܓܕܠܐ; pl. ܓܕܠܬܐ. *f.* — pl. τὰ ἐμπλόκια Ex. 36 25 (*bis*).

ܓܕܠ II (Vulgo ad I referunt. Vix recte). ܡܓܕܠ (Is. 9 10. Mt. 21 33). emph. ܡܓܕܠܐ. *m.* — turris ll. cc., Is. 10 9.

ܡܓܕܠ N. pr. vid. infra suo loco.

ܓܕܥܘܢ N. pr. Γεδεων (Peš. ܓܕܥܘܢ) Hebr. 11 32.

*ܓܕܦ. *Pa.* ܓܕܦ, ܓܕܦܘ. Impf. ܬܓܕܦ, ܢܓܕܦ. Ptc. act. ܡܓܕܦ; etc. — blasphemavit, sequ. ܥܠ p., Mt. 9 3. 26 65. 27 39. Mc. 15 29. Luc. 12 10. 23 39. Joh. 10 36.

ܓܕܘܦܝܢ (plur. tantum, ut גִּדּוּפִין apud Dalm., Lex. p. 68[a]) Mt. 12 31[a]. Mc. 2 7. Luc. 5 21. Eph. 4 31. emph. ܓܕܘܦܐ Mt. 12 31[b] A, *p. o.* BC, ܓܕܘܦܝܐ Col. 3 8. C. suff. ܓܕܘܦܗ Mt. 26 65 Ev. 195 A *cod., p. o.* B (et sic leg. in C); ܓܕܘܦܗ ib. Ev. 181 AB. 2. *m.* ܓܕܘܦܝܢ Joh. 10 33 A, ܓܕܘܦܝܢ BC. *m.* — blasphemia, ll. cc.

[ܓܘܕܦܝܢ Mc. 2 7 A; ܓܘܕܦܗ Mt. 26 65 Ev. 195 A, ܓܘܕܦܗ ib. Ev. 181 A: formae a dialecto alienae correctori debentur; vid. adnott. editoris.]

ܡܓܕܦܢ (*מְגַדְּפָן) *m.* — conviciator Hom. Anecd. 184 2 (si vera est lectio).

Ithpa. Impf. 3 *f.* sg. ܬܬܓܕܦ. Ptc. *f.* ܡܬܓܕܦܐ. — blasphematus est Rom. 14 16. Tit. 2 5.

---

*ܓܕܫ. *ܓܕܝܫ. emph. ܓܕܝܫܐ. *m.* — acervus *lapidum* Job 21 32 [Ps 44 14 leg. ܓܕܝܫܝܢ].

---

*ܓܗܢ. *ܓܗܢ. emph. ܓܗܢܐ. *m.* — inclinatio (*term. liturg.*) Ox. 5 14 20.

ܓܗܢܐ (syr. ܓܗܢܐ) Gehenna Mt. 23 33 A. Luc. 12 5 A; ܓܗܢܐ Mt. 23 15 A; *p. o.* Mt. 23 33 BC Anecd. Luc. l. l. BC. Mt. 5 22. 29. 30 BC; ܓܗܢܐ Mt. 5 30 A. 18 9. 23 15 Anecd.

---

*ܓܘ. *ܓܘ. C. suff. 3 *m.* — interior pars, interius Mt. 23 26 A (BC om).

ܓܘ (ܓܘ Mt. 10 17. Lag. 290). C. suff. 3. *f.* ܓܘܗ, 2. *m.* ܓܘܟ; etc. 1. pl. ܓܘܢ, ܓܘܝܢ 2 Tim. 1 14. *praep.* — in, ἐν *pass.*, *e. g.* Gen. 1 17. Is. 10 12. 13 20 (Lect. 36). Job. 16 19. Mt. 5 12. 15 sq. 45. 48. 6 1. Eph. 1 20. 2 6. Phil. 3 20. 4 9 (Lect.). Col. 1 5. Hebr. 10 34. Hom. Anecd. 211 5. Hymn.

Anecd. 111 15. 27. Lit. 708 9. Lit. Dam. I fol. 1ᵛ. Cf. ܡܓܘܐ. — C. suff.: Dt. 6 15. 10 14. 14 14. Is. 42 10. Ps. 55 13. Mt. 23 37. Luc. 24 32. Joh. 1 14. 2 Tim. 1 14. Hebr. 2 3 al. Rarius denotat directionem: in, ad (εἰς): Luc. 7 10 Anecd. (cett. ܠ). 1 Thess. 4 8.

ܠܓܘ *praep.* — in (εἰς) Mt. 13 47. 17 25. 26 58. Mc. 7 15. 17. 24. 30. 9 32 Anecd. 216. 15 16. Luc. 2 15 B. 24 53 BC (A ܠ). Hom. Ox. 957 19. Hom. Anecd. 189 5. Act. Philem. Anecd. 170 10. C. suff.: Is. 35 9. Jo. 2 25. Ps. 56 7 al. — ܠ ܠܓܘ *id.* Gal. 4 6.

ܡܢ ܓܘ (ܡܓܘ Luc. 9 38 C, = מִגּוֹ) *praep.* — ex, ab, de Mt. 3 17. 17 5. 23 25. 27 sq. 24 17. 29. 28 2. Mc. 1 35 C. 7 33. 8 11. Luc. 3 22. 9 38. 11 27. 22 43. Joh. 6 31. Act. 2 2. 1 Thess. 4 16. 2 Tim. 2 10. Hom. Anecd. 171 20. Apocr. Dam. fol. 1ʳ. Cf. etiam ܡܓܘܐ.

ܡܢ ܠܓܘ *adv.* — intus, intrinsecus (ἔσωθεν) Gen. 6 14. Ps. 44 14. Mt. 7 15.

*ܓܘܝ (גַּוָּי). emph. ܓܘܝܐ — interior Act. 16 24. Eph. 3 16.

[ܓܘ Luc. 3 35 C: v. ܐܓܘܠ].

---

*ܓܘܒ. *Aph.* ܐܓܝܒ, ܐܓܒ (creberrime Ev. codd. BC); etc. pl. 3. *f.* ܐܓܒ Mt. 25 9 Ev. 164 C, Ev. 96 A (cett. ܐܓܝܒ). Impf. ܝܓܝܒ, ܢܓܝܒ; etc. Imp. ܐܓܝܒ; etc. Ptc. act. ܡܓܝܒ, ܡܓܒ; etc. Inf.: v. mox. — respondit, ἀποκρίνεσθαι, *pass.* V. et N.T. (vid. concord. i. v.), praeterea Act. Andr. et Matth. fol. 1ᵛ. Act. Philem. Anecd. 169 3. Hom. Anecd. 180 12. Sequ. ܠ *p.* Mt. 27 14. Hom. Anecd. 202 3; ܠܘܬ *p.* Is. 10 14 (gr. *dativ*). Usurpatur s. verbo ܐܡܪ insequente s. non, cf. e. g. Job 16 9 et varias lectiones Mt. 25 9. Sermone liturg. occurrit Lit. 696 11. 14. 18, al. (= syr. ܥܢܐ).

ܐܓܒܗ (inf. *Aph.*) Joh. 1 22 A; ܐܓܒܘ (ﺍﺟﺎﺑﺔ) Joh. 19 9 A, *p. o.* BC utroque loco. st. emph. ܐܓܒܬܐ Act. Philem. Anecd. 169 23. C. suff. ܐܓܒܬܟ Luc. 24 7 A, ܐܓܒܬܟ BC. ܐܓܒܬܝ Phil. 1 7. *f.* — responsio (ἀπόκρισις) Joh., Luc., Anecd. ll. cc.; ἀπολογία Phil. l. c.

Ithpe. ܐܬܓܒ Act. Philem. Anecd. 169 12. 21, ܐܬܓܒ (?) 170 5. Impf. pl. ܢܬܓܒܘܢ Is. 14 32, — quae omnia in codd. Petropol. — respondit, ll. cc.

Pol. Pf. pl. ܓܘܒܒܘ — respondit Job. 16 8.

---

*ܓܘܙ. *Pe.* ܓܙ, ܓܐܙ (Joh. 11 39 B). — transiit (euphem. pro *mortuus est*) Joh. 11 39.

*ܡܓܙ (מְגָז) emph. ܡܓܙܐ *m.* — ܕܐܘܪܚ ܡ' δίοδος Is. 11 16 (sic leg., v. B. Jacob ZDMG 55, p. 138). Cf. ܡܓܙܐ.

Aph. ܐܓܙ — transtulit, traduxit Col. 1 13.

---

*ܓܘܪ. *Pe.* Pf. 3. sg. *m.* c. suff. 3. *f.* ܓܪܗ Mt. 5 28 A, *p. o.* BC. Impf. [ܢܓܘܪ B: Mt. 5 32. 19 9]. 3. *f.* ܬܓܘܪ; etc. Ptc. act. ܓܐܪ, ܓܝܪ, pl. ܓܝܪܝܢ. — moechatus est, sequ. acc., ll. cc., Mt. 5 27. 18 20. 19 9. 18. Luc. 18 20; abs. Act. Andr. et Matth. fol. 2ᵛ.

ܓܝܪ (גַּיָּר) Mt. 19 9 A (*p. o.* BC). emph. ܓܝܪܐ Mc. 8 38 A, *p. o.* BC; ܓܐܝܪܐ ib. Dam. *f.* abs. ܓܝܪܐ Hom. Anecd. 176 16. Pl. emph. ܓܝܪܬܐ Luc. 18 11 A [BC ܓܝܘܪܐ, e confusione exortum cum ܓܝܘܪ] — adulter, adultera, ll. cc.

ܓܝܘܪ (Idiot. p. 17. ZDMG 48 364. Iud. originis) Mt. 23 15 A, *p. o.* Anecd. emph. ܓܝܘܪܐ. Pl. ܓܝܘܪܝܢ Dt. 10 19. *m.* — peregrinus, proselytus, ll. cc., Dt. 10 18 sq. 31 12. Act. 2 10.

*ܡܓܝܪ (Idiot. p. 17 Targ. מְגִירָא, samar. *id.*, *e. g.* Lev. 25 47 A, Ed.) *m.* Pl. c. suff. ܡܓܝܪܘܗܝ Joh. 9 8 A, ܡܓܝܪܘܗܝ BC. 3. *f.* ܡܓܝܪܝܗ Luc. 1 58 A B. pl. ܡܓܝܪܝܗܘܢ Luc. l. l. C; v. 65. 1. p. ܡܓܝܪܝܢ Ps. 43 14 (cf. ZDMG 53 705). *m.* — vicinus (γείτων, περίοικος), ll. cc.

*ܓܙ. *Pe.* Ptc. act. ܓܐܙ — totondit Is. 53 7.

*ܓܙܐ. *Pe.* Impf. ܢܓܙܐ, ܬܓܙܐ; etc. 1. p. ܐܓܙܐ Jon. 2 10. Imp. ܓܙܝ (Mt. 18 28), pl. ܓܙܘ. Ptc. act. ܓܐܙܐ, ܓܙܝܐ (Mt. 6 6 A), ܓܙܝܢ; etc. — solvit, reddidit, rettulit (ἀπο-, ἀνταποδιδόναι, ἀποτίνειν) ll. cc., Num. 5 7 sq. Is. 9 5. 35 4. 63 7. Jo. 2 25. 3 4. Zach. 9 12. Ps. 55 13. Job. 21 19. 31. Mt. 5 26. 33. 17 24. 18 25 sq. 30. 34. 20 8. Rom. 12 17. 13 7. 1 Thess. 3 9. al. Hom. Anecd. 183 17.

ܓܙܝܢ (Is. 35 4. 61 2, al.). emph. ܐ—. C. suff. ܓܙܝܢܗ, ܓܙܝܢܗܘܢ, etc. *m.* — remuneratio (ἀνταπόδομα, ἀνταπόδοσις) ll. cc., Is. 63 4. Jer. 11 20. Ps. 90 8. Jo. 3 4 (*bis*) 7. ܐܓܪܐ ܕܓܙܝܢܐ μισθαποδοσία Hebr. 2 2.

Ithpe. Pf. pl. ܐܬܓܙܝܘ. Impf. ܬܬܓܙܐ; etc. Ptc. *f.* ܡܬܓܙܝܐ; etc. — ei solutum, redditum, relatum est, Is. 40 14. Ps. 64 2. Mt. 18 25. Luc. 6 34. 23 41. Hebr. 10 35.

[ܓܙܡܝܢ Mt. 6 28 C: sinceram lect. perhibet B: ܓܕܠܝܢ.]

*ܓܘܙܠ. Pl. ܓܘܙܠܝܢ. C. suff. ܓܘܙܠܝܗ. Is. 60 8. *m.* — pullus columbinus Is. l. l.; ܬܪܝܢ ܓܘܙܠܝܢ ܕܝܘܢ Luc. 2 24.

ܓܙܪܒ (vix recte exaratum) N. pr. Γαρηβ (syr. ܓܪܒ) Jer. 38 39.

ܓܙܪ *Pe.* Impf. ܢܓܙܘܪ; pl. ܢܓܙܪܘܢ, ܬܓܙܪܘܢ; etc. Ptc. act. ܓܐܙܪ; etc. — *1.* circumcidit Dt. 10 16. Luc. 1 59. 2 21. Joh. 7 22. *2.* circumcisus est Gal. 2 3 *3.* decidit, decrevit Is. 10 23 (συντέμνειν).

ܓܙܪܐ (Col. 3 11), ܓܙܘܪܐ (2 11, cf. ZDMG 53 709). emph. ܓܙܘܪܬܐ, ܓܙܪܬܐ, ܓܙܘܪܬܐ (Hom. Anecd. 209 3). C. suff. ܓܙܘܪܬܗ (Col. 2 11). *f.* — circumcisio, ll. cc., Joh. 7 22 sq. Rom. 3 30. 4 9—12. Gal. 2 8 [12]. 6 15. Col. 2 11.

Ithpe. Pf. ܐܬܓܙܪܘ — circumcisus est Col. 2 11.

ܓܚܟ *Pe.* Impf. pl. ܢܓܚܟܘܢ; etc. Ptc. act. ܓܚܟܝܢ. — risit Luc. 6 21; sequ. ܥܠ *p.* Ps. 24 2. Job. 21 3. Mt. 9 24. Luc. 8 53.

Ithpe. ܐܬܓܚܟ, Ptc. ܡܬܓܚܟ — derisus est Mt. 2 16. Hom. Anecd. 186 15.

Pa. Pf. ܓܚܟܘ. Ptc. act. ܡܓܚܟܝܢ; etc. — derisit Jer. 38 4. Job. 21 11. Mt. 27 41. Mc. 15 31. 1 Cor. 10 7; sequ. ܒ *p.* Mt. 27 29. 31. Mc. 10 34. 15 20. Luc. 23 36. Act. Philem. Anecd. 169 13 (ubi fort. leg. ܡܓܚܟܝܢ ܒ).

ܓܚܘܟ (גְּחוּךְ) Gen. 19 14. Job. 17 6. Pl. ܓܚܘܟܝܢ. *m.* — iocus, lusus Gen. et Job. l. l.; derisus Hebr. 11 36.

ܓܝܠܘܣ (γιαλός = αἰγιαλός, cf. Thumb. Handb. § 8), ܓܝܠܘ (Joh. 21 4 BC). *m.* — litus Mt. 13 48. Joh. 21 4 (A ܕܝܡܐ ܠܗ) Hom. Ox. 974 20.

ܓܒܠ N. pr. Γεβαλ Ps. 82 8.

*ܓܝܕ. *ܓܕ *m.* Pl. ܓܝܕܐ, c. suff. ܓܝܕܘܗܝ. — nervus Act. Philem. Anecd. 169 23. Hom. Anecd. 201 13.

[ܓܝܘܬܐ Ps. 56 5: v. ܓܝܪܐ, rad. ܓܪܐ].

ܓܝܘܢ N. pr. Γεων fluvius (Peš. ܓܝܚܘܢ) Gen. 2 13.

ܓܝܦܪ N. pr. Γαιφαρ (vid. Field.) Is. 60 6.

ܓܝܦܐ vid. ܓܦܐ.

*ܓܝܪ *Pa.* (deriv. a גִּיר) ptc. pass. ܡܓܝܪܝܢ — dealbavit Mt. 23 27.

*ܓܠ. *ܓܠܠ, pl. ܓܠܠܝܐ, c. suff. ܓܠܠܘܗܝ. *m.* — unda Jon. 2 4. Mt. 8 24. 14 24. Hom. Ox. 964 12. 17. Act. Adrian. fol. 3r.

ܓܠܝܠ (*pass.* Ev. cod. A.), ܓܠܝܠܐ (Mt. 10 22 A[1] et paene constanter codd. BC. Lit. 707 17); ܓܠܝܠܝܐ (Mt. 24 44 A[3]); ܓܠܝܠܝܐ

Joh. 1931 Ev. 206C; ܡܛܠ A *pass.*, rarius BC. C. suff. ܡܛܠܬܗ, ܡܛܠܬܗܘܢ; ܡܛܠܬܟ, ܡܛܠܬܟܘܢ, ܡܛܠܬܢ; etc. *praep.* — ob, propter Mt. 1022. 1358. 143. 1720. 195. 249. 2718. Mc. 617. Luc. 622. 77. 819. 42. Joh. 626. 58. 743. 1115. 1227. 1411. 13. Joh. 1931; al. Lit. 70717. ܡܛܠ ܡܢܐ quapropter, cur? Mc. 1131. ܡܛܠ(ܗ)ܕ ܗܢ(ܐ) proptera Is. 154. 507. Job. 174. Mt. 1352. 2314. 2444; al. ܡܛܠ ܟܢ *id.* Mt. 142. ܡܛܠ ܗܕܐ *id.* Phil. 29 (Lect. 112).

ܡܛܠ(ܗ)ܕ ܕ ob, propter Joh. 667. 1931. 38. 216. C. suff. Mt. 2719.

ܡܛܠ ܕ (ܡܛܠܕ) *conj.* — *1.* quia, quod Gen. 314. 17. Dt. 725. Jo. 313 *bis.* Eccl. 711. Mt. 725. 1832. 2412. 276. Mc. 1614. Luc. 17. 13. 35. 24. 7. 86. 42A. Joh. 626. Act. 1412. Hom. Anecd. 18516. *2.* ut (sequ. impf.) Prov. 14. Job. 212. Eccl. 715. 18. Mt. 545. 64. 18. 96. 214. 276. Luc. 524 Anecd. 1133 ib. Joh. 17. 31. 315. 1928 Dam. Gal. 314. Eph. 318. Phil. 126 (ubi suppl. ܕ).

ܓܠܐ *Pe.* ܓܠܐ, ܓܠܝܬ; etc. Impf. ܢܓܠܐ. Imp. ܓܠܝ. Ptc. act. ܓܠܐ, pass. ܓܠܐ. — revelavit, manifestavit Jer. 1120. Mt. 1127. 1617. Luc. 817. 1021. Job. 211. 74. 211. 2Cor. 318.

[ܡܓܠܝܐ manifeste Mt. 66A *corr.*: edessen.]

ܓܠܝܐܝܬ *adv.* — manifeste Hom. Anecd. 20624. ܓܠܐܝܬ (?) Ps. 493.

*ܓܠܘ. C. suff. ܓܠܘܬܗ. *f.* — manifestatio 2Cor. 42.

*ܓܠܘ (גָּלוּ). emph. ܓܠܘܬܐ (A: Mt. 111sq. 17 *bis*). C. suff. ܓܠܘܬܗ (v. 17C *bis*). *f.* — exiliatio (μετοικεσία), ll. cc. (al. verbum varie corruptum legitur; sc. Mt. 111sq. B. 17B; v. 11sq.B.).

Ithpe. ܐܬܓܠܝ, ܐܬܓܠܝܬ; etc. Impf. ܢܬܓܠܐ, ܬ—; etc. — revelatus est Is. 405. 531. Mc. 1614. Luc. 235. 817. 122. 1911. Joh. 1238. Rom. 321. Col. 34. 1Tim. 316. Tit. 211 [Hom. Anecd. 19512, corr.].

Pa. ܓܠܝ — detexit Gen. 813 (ἀποκαλύπτειν).

ܓܠܝܢ (Mt. 54A), ܓܠܝܢ (Joh. 710A), ܓܠܝܢ Luc. 817A. *p. o.* Luc. 232A, Joh. l. l. B.; ܓܠܝ *pass.* emph. ܓܠܝܐ. C. suff. 3 *m.* ܓܠܝܗ (Tit. 213). *m.* — relatio Luc. 232. Eph. 117. Tit. 213. Hymn. Lect. 13810. ܒܓܠܝ(ܐ)ܢ *adv.* manifesto Mt. 54. 66. Joh. 710. ܠܓܠܝ(ܐ)ܢ *id.* (εἰς φανερόν) Luc. 817.

---

*ܓܠܓܠ I (rad. decurtata ex ܓܠܓܠ, cf. גלל) *Pa.* Impf. ܢܓܠܓܠ — abstulit, removit *tenebras* Hom. Anecd. 18424.

---

*ܓܠܓܠ II (ut targ. גלג garrivit, sam. laudibus ornavit; decurtatum ex ܓܠܓܠ, — sam. גלגל, — *q. v.*, arab. جلجل). *Pa.* Ptc. act. pl. ܡܓܠܓܠܝܢ — derisit Act. 213 (διαχλευάζειν). Ita suppl. puto ܡ.ܓܠܓܠܝܢ.

ܓܠܓܠܝܢ (pl. tantum) Rom. 42 (Lect.). emph. ܓܠܓܠܝܐ 327 (Lect.) Lit. Dam. I, fol. 1r. *m.* — gloria, gloriatio, ll. cc. (καύχησις, —μα).

*ܓܠܓܠ. ܓܠܓܠܝܢ (pl. tantum), emph. ܓܠܓܠܝܐ. *m.* — *id.* Rom. 327 Dam. 42 Dam.

ܓܠܓܠܝܐ: Hom. Anecd. 18117 ܕܝܢܐ ܠ. Quid significet, subobscurum.

*ܓܘܠܓܘܠܬ. st. emph. ܓܘܠܓܘܠܬܐ. *f.* — cranium Gen. 4926 (LXX κορυφή).

ܓܘܠܓܘܠܬܐ (cf. Idiot. p. 18) N. pr. loci Γολγοθα, A: Mt. 2733, Mc. 1522, Luc. 2333; ܓܘܠܓܘܠܬܐ Joh. 1917A, *p. o. pass.* BC. ܓܘܠܓܘܠܬܐ Mc. l. c. C, *p. o.* Mt. et Luc. ll. cc. B.

---

*ܓܠܛܝ. Pl. emph. ܓܠܛܝܐ Lect. 26; ܓܠܛܝܐ 3312. 1114; ܓܠܛܝܐ 41; [ܓܠܛܝܐ 810] — Γαλατες, ll. cc. Non dubito quin ipsi scriptori primario sint reddendae hae formae a librario quodam aut ab editore mutatae in ܓܠܛܝܐ, ܓܠܛܝܐ etc., quippe qui hastam finalem literae

ܢ (ܢ) pro *Nûn* final. haberet. (Similiter iudicandum est de formis ܓܘܢܝܢ pro ܓܘܢܐ, ܡܢܘܬܐ similibusque.)

ܓܠܝܠܐ, ܓܠܝܠ (Mt. 26 32 Anecd.) N. pr. Galilaea, V. et N. T. *pass.* (vid. concord.), Hom. Ox. 97 19. Semel ܓܠܝܠܝܐ (formatum ad similitudinem gr. Γαλιλαία) Lit. Dam. fol. 2r (infra).

*ܓܠܝܠܝ. emph. ܓܠܝܠܝܐ Mt. 26 69 A, *p. o.* Ev. 181 C, Ev. 196 B; ܓܠܝܠܐ Ev. 181 B. — Galilaeus, l. c. Pl. abs. ܓܠܝܠܝܢ Act. 2 7; ܓܠܝܠܝܢ ܓܒܪܝܢ ἄνδρες Γαλιλαῖοι Act. 1 11: leg. puto ܓܠܝܠܝܐ (st. emph.); cf. quae ad *ܓܒܠܝ adnotavi.

*ܓܠܡ. *ܓܠܡܐ (גּוּלְמָא, גַּלְמָא) *f.* Pl. ܓܠܡܬܐ, ܓܠܡܝܬܐ. — vallis Is. 40 12. Jer. 14 6.

ܓܠܘܣܩܡܐ (cf. Krauss. 2175sq.) (C), ܓܠܘܣܩܘܡܐ (BD); . . . . ܣܩܘܡ Stud. Sin., A corrupte. — γλωσσόκομον Joh. 12 6.

ܓܠܦ *Pe.* Pf. pl. 3 *f.* ܓܠܦܝܢ Act. Andr. et Matth. fol. 1v. Impf. 2. ܬܓܠܦ, ܬܓܠܦ — sculpsit, l. c., Ex. 28 9. 11.

*ܓܠܦ (גְּלַף). emph. ܓܠܦܐ. *m.* — sculptura Ex. 28 11.

*ܓܠܦ. Pl. ܓܠܦܝܢ, emph. ܓܠܦܝܐ. C. suff. ܓܠܦܝܗܘܢ (sic) Ps. 77 58. *m.* — sculptile, l. l., Is. 10 10. 42 8. 17. Act. Andr. et Matth. fol. 1v (γλυπτός).

*ܓܡܪ (vox peregr.). emph. ܓܡܪܐ — Jon. 4 6 ܩܪܐ, '~, num „faba"? (LXX om., Peš. ܩܪܐ).

ܓܡܠ (Mt. 3 4 BC. Mc. 1 6 BC). emph. ܓܡܠܐ (A: Mt. 23 24, Luc. 18 25), *p. o. pass.* Pl. ܓܡܠܝܢ, ܐ—. *m.* — camelus, ll. cc., Ex. 9 3. Is. 60 6. Mt. 19 24. Vit. Eulog. ZDMG 56 260 7.

*ܓܡܪ I. *Pa.* (an *Aph.*?) Ptc. act. pl. ܡܓܡܪܝܢ — perfecit, peregit Hom. Anecd. 200 2 (quem locum minus recte interpretatus est B. Jacob ZATW 1902, p. 109).

*ܓܡܪ II. *ܓܡܪܐ. emph. ܓܡܪܬܐ (Gen. 21 12 Lect.), ܓܘܡܪܐ (ib. Lit.). Pl. ܓܘܡܪܝܢ, ܓܡܪܝܢ (BC *bis.* Rom. 12 20). *f.* — pruna, carbo, ll. cc., Joh. 18 18. 21 9 [Hom. Ox. 97 5 10].

*ܡܓܡܪ. emph. ܡܓܡܪܐ Luc. 1 11 AC Anecd.; ܡܓܡܪܬܐ v. 10 ABC. Lit. 695 8. *m.* — *1.* turibulum Lit. l. l. *2.* suffitus Luc. 1 10 (Anecd. ܒܣܡܐ, cf. Peš.). 11.

ܓܡܘܪܐ N. pr. Γομορρα Mt. 10 15. ܓܡܘܪܐ Gen. 18 20. ܓܡܘܪܐ Gen. 19 24. 28. Hom. Anecd. 171 19. (Voci ܓܡܘܪܬܐ „carbo" adaptatum videtur.)

*ܓܢܢ. *Aph.* Impf. ܢܓܢ, ܬܓܢ. Ptc. act. ܡܓܢ, ܡܓܢܐ. — *1.* obumbravit, sequ. ܥܠ p., Luc. 1 35. *2.* protexit, sequ. ܥܠ p., Zach. 9 15. Ps. 90 4. Phil. 4 7 Dam. Lit. 701 20 (cit. Ps. 26 1).

ܡܓܢܢ (per الّة e מְגִנֵּן natum). *m.* — tutor (σκεπαστής) Ex. 15 2. Lit. Dam. fol. 1r.

ܓܢܐ (Joh. 19 41 BC). emph. ܓܢܬܐ (A), *p. o.* al.; ܓܢܬܐ Is. 61 11. C. suff. 3. *m.* ܓܢܬܗ Luc. 13 19. *f.* — hortus ll. cc., Dt. 11 10. Joh. 18 1. 26. 19 41.

ܓܢܢ (גַּנָּן) Joh. 20 15 A. emph. ܓܢܢܐ. *m.* — hortulanus, l. l., Hom. Ox. 97 07.

*ܓܢܘܢ. emph. ܓܢܘܢܐ (per ܘ scr. A: Mt. 9 15. 25 10). C. suff. 3. *f.* ܓܢܘܢܗ (Jo. 2 16). *m.* — thalamus: '~ ܒܝܬ παστάς Jo. 2 16; γάμοι Mt. 25 10. ܓܢܘܢܐ ܒܢܝ οἱ υἱοὶ τ. νυμφῶνος Mt. 9 15. Luc. 5 34.

ܓܢܒ *Pe.* Pf. pl. ܓܢܒܘ. Impf. ܢܓܢܒܘܢ; etc. Ptc. act. ܓܢܒ (Eph. 4 28 *bis*), ܓܢܒܝܢ. — surripuit, furatus est l. c., Job. 17 3. Mt. 6 19sq. 19 18. 27 64. 28 13. Luc. 18 20. Joh. 10 10.

ܓܢܒ (*pass.*), ܓܢܒ (*Imala*) C: Joh. 10 1, 12 6. emph. ܓܢܒܐ, ܓܢܒܐ Luc. 12 39 A. Pl. ܓܢܒܝܢ Joh. 10 8 A, *p. o.* B, ܓܢܒܝܢ

C. emph. [illegible], [illegible] Mt. 6 19 C. Luc. 12 33 A. *m.* — fur, ll. cc., Jo. 2 9. Mt. 6 20. Mt. 24 43. Luc. 12 39. Joh. 10 1. 10. 12 6. 2 Petr. 3 10.

Ithpe. [illegible] — furto subductus, ablatus est Lit. Dam. fol. III^v.

*[illegible]. *m.* — latus: [illegible] *praep.* ad Is. 10 26. Cf. [illegible] et [illegible].

[illegible] *praep.* — iuxta, prope, ad Gen. 18 1. 19 1. 22 5. Hom. Ox. 970 11. Hom. Anecd. 198 3. C. suff. 3. *m.* [illegible] Joh. 13 9 AC, [illegible] B. *f.* [illegible] Joh. 11 31 Dam. (cett. [illegible]); pl. [illegible] Joh. 4 40 A, *p. o.* B. Act. 1 10. [illegible] Mt. 26 55 Anecd. (cett. [illegible]). [illegible] Eph. 6 22.

[illegible] *praep.* — prope, ad (εἰς) Mt. 21 1 A, [illegible] C. C. suff. [illegible] Vit. Eulog. ZDMG 56 259 6 (Text. gr. ἐγγύς μου sic.).

*[illegible] (pl. st. cst., = נִגְבֵּי?). C. suff. 3. *f.* sg. [illegible] Luc. 1 38 B, [illegible] C. *praep.* — ab, l. l. (A [illegible]).

[illegible] *praep.* — iuxta, prope, ad Mt. 20 30 A. A quo non nisi dialectica varietate differt [illegible], quod est multo frequentius: A: Mt. 4 13. 18, Luc. 5 1 sq., 8 5. 12, Joh. 6 16, *p. o.* Num. 13 30 *bis.* [Jer. 13 4?]; [illegible] Ev. codd. BC ll. cc. perhibent. Radicalis *n* semel servata est Mt. 20 30 BC: [illegible]. [illegible] παρὰ θάλασσαν Num. 13 20; [illegible] ἡ παραλία Is. 9 1. [illegible] Luc. 8 12 Anecd.

[illegible] *Pe.* Pf. [illegible]. Ptc. pass. [illegible]; etc. — recondidit Job. 17 4. Luc. 8 17. Hebr. 4 13.

Ithpe. [illegible]. Ptc. [illegible] — *1.* occultatus est, reservatus est Hom. Anecd. 203 6. *2.* se occultavit, sublatus, remotus est Luc. 24 31.

---

*[illegible] (?). [illegible] ἡ σκέπη αὐτοῦ Ps. 90 1. Num huius radicis sit et omnino verum, non constat. Cogitaveris de rad. *[illegible] (vid. supra).

[illegible] (cf. Idiot. p. 104. Krauss. 2 180) A: Mt. 8 27, Mc. 6 2, alibi; [illegible] Mt. 13 47; [illegible] Mc. 9 36; [illegible] 7 26. [illegible] creberrime codd. BC; 2 Petr. 3 11. [illegible] Mc. 9 36 C. Luc. 1 29 C. Joh. 12 37 Ev. 169 A. emph. [illegible] *pass.*, [illegible] Mc. 9 28 AB. C. suff. [illegible], [illegible], [illegible]. *m.* — γένος, genus, ll. cc., Gen. 1 21. 6 20. 7 14. 8 19. Joh. 8 5. Lit. Dam. fol. 1^r. Mentione digna est ratio, qua pronomina quaedam graeca reddere solent, scil. *a)* ποταπός, —ποί: [illegible] Mt. 8 27 A (BC om.). 2 Petr. 3 11. [illegible] Luc. 1 29. *b)* τοιοῦτος: [illegible], insequ. suff., ut Joh. 8 5, s. nom. Mt. 9 8. Mc. 6 2. 9 36. Joh. 4 23. 8 5. 9 16. 12 37 Ev. 169. Tit. 3 11 (cf. GGA 1901 206). S. F. 102 ult. 104 16. Hom. Anecd. 182 15 (leg. [illegible]); [illegible] = τοιαῦτα Vit. Anton. Stud. Sin. 11 149 5. *c)* τηλικοῦτος Hebr. 2 3: [illegible] τηλικαύτη σωτηρία.

[illegible] liber Geneseos Lect. 80 3.

[illegible] Genesis (liber) Lect. 89 5. 98 2. 105 6.

[illegible] (cf. Krauss. 2 180) τὰ γενέσια, dies natalis Mc. 6 21 A (BC [illegible]).

[illegible], [illegible] (Luc. 5 1 A, *p. o.* constanter BC) N. pr. Γεννησαρετ (Peš. [illegible]) Mt. 14 34. Luc. 5 1.

---

*[illegible] (cf. „Homon. Wurzeln" p. 35). [illegible]. emph. [illegible] (A: Joh. 21 20, cf. Mc. 2 15), [illegible] (Joh. 13 4 Ev. 176 A). C. suff. 1. p. [illegible] Mt. 22 4. Pl. [illegible] (Luc. 20 46 A), [illegible] (*p. o.*) al. *m.* — coena, ll. cc., Mt. 23 6. Mc. 2 15. 12 39. Luc. 14 16 BC (A [illegible]). 17. 24. Joh. 12 2. 13 2. Vit. Abrah. Qīd. ZDMG 56 255 4. — Cf. [illegible].

*[illegible]. *m.* Pl. c. suff. [illegible] — Ps. 90 4. Num sincera vel omnino tuenda

sit tradita lectio dubitare possis, cum a vers. LXX al. (LXX ἐν τ. μεταφρένοις αὐτοῦ, Symm. ἐν τ. μέλεσιν αὐτοῦ) longius distet. Si recte se habet, ܓܦܬܐ pro נְפָא, נַפְפָּא (cf. „Homon. Wurzeln“ p. 35) ducendum est, quod etiam Landium (in parte lat., p. 218) video intellexisse.

---

*ܓܘܫ *Pe.* Ptc. act. ܓܐܫ — scaturire fecit, ebullivit Ps. 44 2.

ܓܕܣܡܢܝ N. pr. Γεθσημανει Mt. 26 36 Anecd. (corrupte); ܓܕܣܝܡܢܝ A, *p. o.* BC. Cf. Dalm., Gramm. p. 152; eiusdem „Worte Jesu“ (1898) p. 6 sq.

ܓܥܪ *Pe.* — increpuit, obiurgavit, sequ. ܒ p., Mc. 9 24 AB (C ܐܟܣ).

---

*ܓܦܐ (ex גדף natum). Pl. c. suff. ܓܦܝܗ Hom. Anecd. 190 26 (cit. Luc. 2 28), ܓܦܘܗܝ Mc. 9 35 A, *p. o.* C, Anecd. 216. Luc. 2 28 AC (sic leg.; ܓܦܗ B). *m.* — sinus cum bracchiis, ll. cc. (Mc. l. l. B habet ܥܘܒܗ). — Quomodo ܓܦܗ in ܒܝܢ ܓܦܝ ܡܕܒܚܐ ἀνὰ μέσον τῆς κρηπῖδος τ. θυσιαστηρίου Jo. 2 17 (Lect.) intellegendum sit, mihi non liquet. Dubitabundus huc dispono, forsitan praestet ad ܓܒ latus referre. S. F. l. l. (p. 40 12) perhibet ܥܘܒܗܘܢ.

---

*ܓܦܬܐ. ܓܦܢ Hom. Anecd. 171 27. emph. ܓܦܬܐ [ܓܦܐ Hos. 14 8, loco corrupto]. *f.* (Mt. 26 29 Anecd. Joh. 15 1. Hom. Anecd. 178 25) et *m.* (Mt. l. l. A, priore loco, BC; fort. Jo. 2 22. Hom. Anecd. 171 27). — vitis ll. cc., Luc. 22 18. Joh. 1 4 sq.

ܓܦܪܝܬ (Idiot. p. 20) Gen. 19 24, ܓܦܪܝܬ Hom. Anecd. 171 19. emph. ܓܦܪܝܬܐ Hom. Ox. 958 17. *f.* — sulphur, ll. cc.

ܓܪ, ܓܝܪ (*pass.*); ܓܐܪ Js. 10 24 et cf. ܡܐܓܪ; ܓܪ (particulae γάρ adaptatum) Mt. 4 18 A et 26 9 Ev. 175 A *cod. coni.* — nam, enim *pass.* Cf. etiam ܐܪ, ܡܓܝܪ.

---

*ܓܪܐ. *ܓܪ. emph. ܓܪܐ. Pl. ܓܪܝܢ (Ps. 54 22). C. suff. ܓܪܘܗܝ; etc. *m.* — telum (βέλος, βολίς), l. c., Jo. 2 8. Ps. 44 6. 90 5. Job. 16 9. Act. Adrian. fol. 2[v]. Hom. Anecd. 206 14 (cit. Eph. 6 16). Cf. etiam ܐܓܪ.

---

*ܓܪܓ I. *Aph.* Inf. ܐܓܪܓܐ — Ps. 43 14 reddit voc. καταγέλως aut χλευασμός. Exspectaveris ܡܓܪܓ.

ܓܘܪܐ II. *ܓܘܪ; emph. ܓܘܪܐ. Pl. ܓܘܪܐ (Ps. 56 5, sic leg.). *m.* — catulus leonis, l. c., Hom. Anecd. 207 12 (cit. Gen. 49 9[b]).

---

*ܓܪܒ. ܓܪܒ (Luc. 5 12). C. suff. ܓܪܒܗ. *m.* — lepra Mt. 8 3. Mc. 1 42. Luc. l. l. ܓܪܒ (Mt. 8 2. Mc. 1 40). emph. ܓܪܒܐ. Pl. ܓܪܒܝܢ, ܓ—. — leprosus ll. cc., Mt. 10 8. 11 5. 26 6. Luc. 4 27. 7 22. 17 12.

ܓܪܒ (גָּרָב). *f.* — urceus Luc. 22 10.

[ܓܪܒܝܐ septentrio Luc. 13 29 A. Vox edessena correctori debetur. BC om.].

---

*ܓܪܓܣܝܢܝ. Pl. emph. ܓܪܓܣܝܢܝܐ A: Mt. 8 28, Luc. 8 37; ܓܪܓܣܝܢܝ Mt. B; ܓܪܓܣܝܢܝ Mt. C, Luc. ABC. — Γεργεσηνός, ll. cc.

---

*ܓܪܕ. *ܓܪܝܕ. emph. ܓܪܝܕܐ — detrita *vestis* Vit. Anton. Stud. Sin. 1114 21 3. Lectio maxime incerta.

*ܓܕܝܠ (cf. ZDMG 53 705). pl. ܓܕܝܠܝܢ. *m.* — fimbria Ps. 44 14.

---

*ܓܪܡ. ܓܪܡ, ܓܪܡ (Joh. 19 36 BC). C. suff. ܓܪܡܗ. Pl. ܓܪܡܝܢ, ܓܪܡܝ (Luc. 24 39 B). emph. ܓܪܡܐ, ܓܪܡܝܐ (Eccl. 11 5). *m.* — os, ll. cc., Gen. 2 23. Mt. 23 27. Lit. 706 1. Suffixo instructum munere pronom. reflexivi fungitur, e. g. Ex. 10 28. Dt. 11 16. 12 30. Js. 10 1. 15 2. Ps. 40 7. Mt. 4 6. 18 4. 19 19. 23 12. 27 5. 40. Mc.

144. 28. 1530. 163. Luc. 38. 173. Joh. 531. Act. 13. 7. 2Petr. 38. Rom. 325. 611. 103. 132. 1422. 151. 3. 1Cor. 925. 1128. 31. 2Cor. 42 (leg. ܓܪܡܗ). 5. 64. Phil. 26 Dam. 7sq. 39. Tit. 27. Hebr. 58sqq. 727. 1025 (Lect. 16). Hom. Anecd. 17410. 18116. ܓܪܡܗ ܡܢ δι' ἑαυτοῦ Joh. 327 (gr. om.). Rom. 1414. ܠܓܪܡܗ secum, solus (μόνος) Joh. 1224, κατ' ἰδίαν Luc. 910, cf. Joh. 1632. ܐܙܠܘ ܠܒܝܬ ܠܓܪܡܗܘܢ domum redierunt Joh. 20 10 BC (A *cod.?*).

---

*ܓܪܫ. *Pe.* Impf. pl. ܢܓܪܫܘܢ. Ptc. act. ܓܪܫܝܢ. — traxit Joh. 218. Hom. Ox. 9756 (cit. Joh. l. c.). Act. Philem. Anecd. 16924 (v. ZDMG 53706. 713).

*ܓܫܫ. *Pe.* ܓܫܫ; etc. Impf. ܐܓܫܫ; etc. — *1.* tetigit Col. 221. *2.* exploravit Num. 1322. 24. 26. 33 *bis.* Gal. 24.

*ܓܫ. pl. ܓܫܝܐ. *m.* — tactus, sensus tangendi *v.* explorandi, „sensorium“ Col. 219 (ἁφή). Hom. Anecd. 20920.

*ܓܫܓܫ. Ptc. act. ܡܓܫܓܫ — contrectavit, exploravit Gen. 1911. Nostra versio hîc, ut saepe alibi, a graeco textu recepto discrepat, tuendaque est lectio, quidquid obnititur B. Jacob ZDMG 55 (139). 595.

ܓܫܓܫܐ *m.* — contrectatio: ܚܫܘܟ ܕܓ' ψηλαφητὸν σκότος Ex. 1021.

ܓܫܡ N. pr. Γεσεμ (syr. ܓܫܢ; גשן) Gen. 508. Ex. 926.

ܕ

ܕ; rarius occurrit ܕܝ, velut Js. 358. Jer. 3840. Ps. 4610. Mt. 213A. 1037 Ev. 66BC, Ev. 76BC (ܕܝܠܟ = ܕܝ ܠܟ דְּלִי). 2617ᵇA *cod.* 23BC. 35B. Joh. 1218 Ev. 47B (ܕܝܥܒܕ = דִּי עֲבַד). 1Cor. 151; al. *part.* — *1.* nota relationis, *pass.* *2.* nota genitivi, *pass.* *3.* quod, quia, *pass.* Orationem rectam indicat Gen. 31. Mt. 256 Anecd. Rom. 109. *4.* ut, *pass.* ܕܠܐ ne.

ܕ ܕܐ, vid. ܕܝ, ܕܝܢ.

---

*ܕܐܒ. ܕܝܒ (Gen. 4927). emph. ܕܐܒܐ. Pl. ܕܝܒܝܢ (Mt. 1016A¹. Luc. 103A), per ܝ scr. Mt. l. c. A²; ܕܝܒܝܢ (B saepius). *m.* — lupus, ll. cc., Js. 116. Mt. 715. Joh. 1012. Hom. Anecd. 1824.

ܕܐܠ *coni.*, vid. ܕܝ.

---

*ܕܒ. ܕܒܐ ܡܠܟܐ, ܕ' ܕܒܒܐ *m.* — κυνόμυια Ex. 824. 29. 31.

---

*ܕܒܚ. ܡܕܒܚ (Gen. 820. 229). emph. ܡܕܒܚܐ. C. suff. 3. *m.* ܡܕܒܚܗ (3Reg. 822). 2. *f.* ܡܕܒܚܗܝܢ (Js. 607). *m.* — ara, altare, ll. cc., Jo. 217. Mt. 523sq. 2318 *bis.* 19sq. 35. Luc. 111.

Pa. Imp. ܕܒܚ, pl. ܕܒܚܘ. — sacrificavit Act. Philem. Anecd. 1698. 20. 1704.

ܕܒܘܒܐ — ursus Js. 117. Haec forma utroque codici communis nata videtur ex analogia vocis ܦܪܕܘܣܐ (πάρδος) aliorumve similium, falliturque Schwally (Idiot. p. 20) librarii errorem subesse coniciens.

ܕܒܩ *Pe.* ܕܒܩ (Joh. 15A); etc. Impf. ܢܕܒܩ — c. suff. ܢܕܒܩܝܢܟܘܢ Joh. 1235 Ev. 169C —; etc. Impf. ܢܕܒܩ (per ܝ scr. A Mt. 1921). Ptc. act. ܕܒܩ, ܕܒܩܝܢ; etc. — *1.* adhaesit *rei*, sequ. ܠ Ps. 4326, ܒ Luc. 1011. *2.* secutus est, abs. 1Cor. 104 = Hom. Ox. 96121; sequ. ܠ Js. 3510. Mt. 919. 21. 27. Mc. 215. Joh. 137. 40B. 43. 104. 1131. 1336. 2119. Hom. Anecd. 2043 (cit. Joh. 1131); sequ. ܠ Gen. 224. Dt.

11 22. Am. 9 13. Mt. 19 5. Mc. 16 17. 20 C. Joh. 1 40 AC. 6 2. 8 12. Rom. 12 9; sequ. ܒ Dt. 13 17; ܒܬܪ Joh. 10 5; ܠܘܬ (πρός) Dt. 10 20. 3. assecutus est, comprehendit, abs. 1 Cor. 9 24; sequ. ܠܗ Gen. 19 19. Joh. 1 5. 12 35; ܠ Mc. 9 18. — [Luc. 14 19 leg. ܡܕܒܩܘܢ].

Ithpe. ܐܬܕܒܩ, ܐܬܕܒܩ (B). — adhaesit, adiunxit se *alcui* (ܠ) Luc. 15 15.

Pa. Ptc. pass. *f.* pl. ܡܕܒܩܢ — compegit, coniunxit Ex. 28 7.

ܕܒܪ *Pe.* Pf. ܕܒܪ Mt. 2 21 A, *p. o. pass.* ܕܒܪ Mc. 10 32 Dam. Joh. 19 27 B (in omnibus pericopis). ܕܒܪܘ Mt. 2 14 B. Impf. 2. ܬܕܒܪܘ. Imp. ܕܒܪܘ, ܕܒܪ (B: Mt. 2 13. 19; 18 16 Anecd.). Ptc. act. ܕܒܪ, *f.* ܕܒܪܐ. — sumpsit, secum duxit, ll. cc., Gen. 22 3. Mt. 1 20. 24. 4 5. 8. 17 1. 26 37. 27 27. Luc. 9 10. 28. 11 26. Joh. 14 3. 19 16. Act. 16 34. Cf. etiam ܡܕܒܪܐ.

ܡܕܒܪ (Mc. 1 35 A), ܡܕܒܪ (Mt. 14 15 A), *p. o. pass.* emph. ܡܕܒܪܐ; ܡܕܒܪܐ (Luc. 1 80 A), ܡܕܒܪܐ (Mc. 1 4 A). Pl. ܡܕܒܪܢ. C. suff. ܗ— (Js. 35 2). *m.* — desertum, ll. cc., Gen. 8 28. Num. 13 22 sq. 27. Dt. 11 5. 24. Js. 35 1. 6. 40 3. Jo. 1 19. 2 22. 3 19. Luc. 8 29. Hebr. 11 38. Hymn. Anecd. 111 8. 15. Al. Cf. etiam ܬܐܪ.

Ithpe. ܐܬܕܒܪ. Impf. ܢܬܕܒܪ; etc. 3. *f.* ܬܬܕܒܪ Mt. 24 41 A *cod.*; B, Ev. 163 C. Ptc. ܡܬܕܒܪ; ܡܕܒܪ Luc. 8 29 C (B, ubi sic leg.). — abductus est Mt. 4 1. 24 40. 41. Luc. 8 29.

Pa. Pf. 2. *m.* ܕܒܪܬ. Impf. 3. ܢܕܒܪ; c. suff. ܢܕܒܪܢܘܢ Js. 11 6 Anecd. 3. *f.* c. suff. ܬܕܒܪܢܝ Ps. 44 5. Ptc. act. ܡܕܒ(ܪ)ܪ; etc. — rexit, direxit, ll. cc., Ps. 76 21. 142 10. Sap. 9 11. Joh. 16 13. ܕܗܘ ܡܕܒܪ ܐܠܦܐ ὁ ναύκληρος Act. Adrian. fol. 3[v].

ܡܕܒܪܢ (Mich. 5 2. Mt. 2 6). emph. ܐ—; ܬܐ— Gal. 3 25 (Bibl. Fr.). Pl. ܡܕܒܪܢܝܢ, emph. ܐ— (sic leg. Mt. 2 6 AB), ܐ— (ib. C). *m.* — dux, gubernator ll. cc., Mt. 23 10 *bis.* Jon. 1 6: ܡܕܒܪܢܐ ܕܐܠܦܐ ὁ πρωρεύς.

ܡܕܒܪܢܘ (Prov. 1 5). C. suff. ܬܗ— Luc. 3 1. Pl. emph. ܡܕܒܪܢܘܬܐ Mich. 5 2. *f.* — 1. institutio Prov. l. c. 2. administratio Mich. et Luc. ll. cc.

Ithpa. Ptc. ܡܬܕܒܪ, ܝܢ—. — se gessit Job. 22 12. Hymn. Anecd. 111 6. [Mt. 15 22, edess.].

---

*ܕܒܪܝܬܐ. emph. ܕܒܪܝܬܐ (דַּבְּרִיתָא targ.). *f.* — apis Hom. Anecd. 194 28.

---

*ܕܒܫ. ܕܒܫ et ܕܒܫ *pass.*, ܕܒܫ (Hom. Anecd. 176 6. 177 7). emph. ܕܒܫܐ *pass.*, ܕܒܫܐ (Hom. Anecd. 176 18). *m.* — mel, ll. cc., Num. 13 28. Dt. 11 9. Js. 7 15. Mt. 3 4. Mc. 1 6. Luc. 24 42. Hymn. Anecd. 194 7. 15 (cit. Ps. 118 103).

---

*ܕܓܠ. *Pa.* ܕܓܠ. Impf. ܬܕܓܠܘܢ. Ptc. act. ܡܕܓܠ. — mentitus est (abs.) Mt. 5 11; sequ. ܒ p. (fefellit) Col. 3 9. Act. Adrian. fol. 2[r].

ܕܓܠ (דַּגָּל) *pass.*, ܕܓܠ (cf. ܕܓܠܐ = דַּגָּל, alia id genus) Joh. 8 44 BC. 55 BC. *f.* ܕܓܠܬܐ; ܕܓܠܬܐ Mt. 26 59 Anecd. Pl. *m.* ܕܓܠܝܢ, ܕܓܠܝܢ, ܕܓܠܝܢ; emph. ܕܓܠܝܐ. C. suff. 1. p. ܕܓܠܝܢ Job. 16 8. — mendax, fallax Mt. 7 15. 24 11. 24. 26 59 sq. Joh. 8 44. 55. Gal. 2 4. Tit. 1 12. Hom. Anecd. 174 21 sq. 26. [195 2]. — Pl. abstr. *m.* mendacium (ψεῦδος, ψεύδη) Jon. 2 9. Job. 16 8. Mt. 19 18. Luc. 18 20. Joh. 8 44. Rom. 1 25. Eph. 4 25.

---

*ܕܗܒ. ܕܗܒ (*pass.*), ܕܗܒ (Prov. 19 Lect. 25. Mt. 2 11 B). emph. ܕܗܒܐ. C. suff. ܕܗܒܗ; etc. *m.* — aurum, ll. cc., Gen. 2 11 sq. Ex. 11 2. 28 5. 8. 36 24 sqq. Dt. 7 25. Js. 60 6. 9. 17. Ps. 44 10. Mt. 2 11. 10 9. 23 16 sq. Hom. Anecd. 174 1. Vit. Eulog. ZDMG 56 260 *pass.*

ܕܘܝ. *ܕܘܝ (דְּוַי). emph. ܕܘܝܐ; pl. *m.* ܕܘܝܢ — languidus, debilis Js. 8 15. 22.

ܕܘܝ (דְּוַי). *m.* — languor, debilitas Js. 8 22.

ܕܘܝ (edess. ܕܘܝ) Js. 60 18. emph. ܬܐ—. *f.* — *id.*, l. c., Jo. 1 15 *bis.*

Pa. Pf. pl. ܕܘܝ — afflixit Ps. 16 9.

ܕܘܝܕ, ܕܘܝܕ (constanter Ev. codd. BC. Praeterquam Anecd. 103 21. 106 16. 107 14. 109 2) N. pr. Δαυιδ, ll. cc. et pass. V. et N. T.

[*ܕܘܠ. *ܕܘܠ.] emph. ܕܘܠܐ (דּוּלָא). *m.* — situla Js. 40 15. Cf. ܕܠܝ.

[ܕܘܡܣܝܢ Num. 23 1 in S. F. 110 10: leg. 'ܒܘ, βωμοί].

*ܕܘܢ *Pe.* Pf. 2. ܕܢܬ; etc. Impf. *a*) ܢܕܘܢ (Ps. 49 4, al.), ܢܕܘܢܘܢ (S. F. 70 7), etc. *b*) ܢܕܝܢ (Joh. 8 26 B. 12 47 Ev. 169 C); etc. Imp. *a*) ܕܘܢ (Ps. 34 1), ܕܘܢܝ (Ps. 81 3, al.). *b*) ܕܝܢܝ (Joh. 18 31 C). Ptc. act. ܕܐܝܢ, ܕܐܢ, ܕܝܢ; etc. Pass. ܕܝܢ. — iudicavit Gen. 18 25. 19 9. Js. 11 3. Jo. 3 12. Ps. 34 1. 49 4. 81 2 sq. Mt. 7 1. Luc. 7 7. 43. Joh. 7 24. 51. 8 16. 26. 12 47. 18 31. 1Cor. 10 15. Hebr. 4 12, et saepe alibi. S. F. 70 7. Arbitratus est 2Petr. 3 9 (ἡγεῖσθαι).

ܕܝܢ (Js. 9 7, al.). emph. ܕܝܢܐ. C. suff. 1. p. ܕܝܢܝ; ܕܝܢܗܘܢ. Pl. ܕܝܢܝܐ. C. suff. ܕܝܢܝܟ; 1. p. ܕܝܢܝ; ܕܝܢܝܗܘܢ: etc. *m.* — iudicium Gen. 18 19. 19 9. Dt. 10 18. 11 1. 3Reg. 9 4. Js. 3 18. 9 7. 10 2. 11 4. 40 14. Jer. 11 20. Ps. 16 2. Eccl. 11 9. Mt. 5 21. Mc. 12 40. Joh. 9 39. 2Petr. 3 7. 1Cor. 11 29. Al. ܒܝܬ ܕܝܢܐ iudicium, tribunal Hom. Anecd. 191 24/25.

ܕܝܢ (דַּיָּן) (Js. 35 4. Luc. 18 2 A). emph. ܐ—, ܕܝܢܐ. Pl. c. suff. 3. *f.* ܕܝܢܝܗܝܢ (Hom. Anecd. 186 20). *m.* — iudex, ll. cc., Jer. 11 20. Mt. 5 25. Luc. 18 6. Act. Andr. et Matth. fol. 2[v].

ܡܕܝܢܐ (Mt. 5 14. 10 5 etc.). emph. ܡܕܝܢܬܐ; ܡܕܝܢܬܐ (*pass.*, constanter codd. BC). C. suff. ܡܕܝܢ(ܬ)ܗ; etc. Pl. ܡܕܝܢܢ, ܡܕܝܢܝܢ (ܐܠܡܘ) Luc. 13 22 BC. emph. ܡܕܝܢܬܐ, ܡܕܝܢܬܐ (Mt. 9 35 B. 11 1 C, al.). *f.* — urbs ll. cc.. Dt. 13 12 sq. Js. 10 6. 15. 28. 25 2. Jo. 2 9. Ps. 45 5. Mt. 5 35, *et pass. al.* Hom. Anecd. 111 23. 177 21. 191 25 (cit. Act. 20 23). 192 2. ܒܢܝ ܡܕܝܢܬܐ oppidani, cives Luc. 15 15. 19 14. Act. Philem. Anecd. 170 7; cf. Eph. 2 19 (ubi leg. ܒܢܝ aut ; ܒܢܝ).

Ithpe. Impf. ܢܬܕܝܢܘܢ. Ptc. ܡܬܕܝܢ; etc. — iudicatus est Mt. 7 1 sq. Joh. 3 18. 1Cor. 11 31 sq. Hom. Anecd. 202 14 (cit. Joh. 5 24). Hom. Ox. 97 311.

Ithpa. Impf. ܢܬܕܝܢ. Ptc. ܡܬܕܝܢ — litigavit *c. alqo.* (ܥܡ) Jo. 3 2. Mt. 5 40 C [B ܡܬܕܝܢܘܢ, A om.].

*ܕܘܫ (cf. ZDMG 54 158). *Aph.* ܐܕܝܩ, ܐܕܩ (Joh. 20 5 C); etc. Imp. ܐܕ(ܝ)ܩ. — inspexit, speculatus est Mt. 14 19 A (BC ܐܕܝܩ). Luc. 21 28. 24 12. Joh. 20 5. 11. Hom. Ox. 97 017.

*ܕܘܪ. ܕܪ (דָּר). emph. ܕܪܐ. C. suff. ܕܪܗ; etc. Pl. ܕܪܝܢ. emph. ܕܪܝܐ. C. suff. ܕܪܝܗܘܢ. *m.* — aetas, saeculum Gen. 6 9. 7 1. 9 12. Ex. 40 15. Js. 60 15. Ps. 48 20. Sirac. 45 26. Mt. 1 17. Eph. 3 21. Lit. 707 4. 17. Al. ܠܕܪ ܕܪܝܢ in saeculum saeculorum Js. 60 15. Jo. 2 2. 3 20. ܠܟܠ ܕܪ ܘܕܪ omnibus aetatibus Ps. 44 18. 89 2.

*ܕܝܪ. emph. ܕܝܪܐ (דִּירָא). *m.* — caula Hom. Ox. 96 313.

*ܕܪܐ. emph. ܕܪܬܐ, ܕܪܬܐ. C. suff. ܕܪܬܗ. *f.* — aula, atrium Jer. 39 2 (vid. ܡܛܪܬܐ). Mt. 26 3. 58. 69. Mc. 15 16. Joh. 10 1 AC. 16. 18 15.

*ܕܝܪܐ (edess. ܕܝܪܐ). Pl. c. suff. ܕܝܪܝܗܘܢ. *m.* — domicilium, palatium Ps. 44 9 (βᾶρις).

*ܕܘܫ. *Pe.* Pf. 2. *m.* ܕܫܬ; etc. Impf. ܢܕܘܫ; etc. Imp. ܕܘܫ. Ptc. act. ܕܐܝܫ, ܕܝܫ. — *1.* pedibus calcavit, sequ. acc. Dt. 11 24. Js. 10 6. 63 3. 6. Jo. 3 13. Mt. 7 6. Lit. 698 3. Lit. Dam. I, fol. 2[r]; ܠ Dt. 11 25; ܥܠ ܠܟܠ Luc. 10 19 A, Ev. 233 B (cett. ܠܟܠ). *2.* contempsit (ܠ) Hom. Anecd. 200 15.

Ithpe. ܐܬܕܝܫ. Impf. ܢܬܕܝܫ. Ptc. ܡܬܕܝܫ

(Lit. Dam. I fol. 2r ult.). — pedibus calcatus est Mt. 5 23. Luc. 8 5. Lit. Dam. l. c.

Pa. esse videtur ܕܫܝܬ (1. p.) Js. 63 3: „conculcavi", si vere est traditum.

Aph. Impf. pl. ܢܕܫܘܢ Mt. 7 6 A (B corrupt.). 2. ܬܕܫܘܢ Luc. 10 19 C, Ev. 144 B. Ptc. act. ܡܕܫܝܢ Ps. 56 4. — i. q. *Pe. 1.*, ll. cc. (cf. *Pe.*).

ܕܚܠ *Pe.* ܕܚܠ *pass.*; ܕܚܝܠ BC: Mt. 2 22. 14 30; Joh. 19 8. [ܕܚܠ Mt. 2 22 A]; etc. Impf. ܢܕܚܠ; etc. Imp. ܕܚܠ, ܕܚܠܘ, ܕܚܠܘܢ (Luc. 12 5 BC). Ptc. act. ܕܚܠ, ܕܚܝܠ; etc. — timuit, s. abs. s. insequ. ܡܢ, ll. cc., Gen. 3 10. 22 12. Dt. 13 11. Js. 12 2. 40 9. Mt. 1 20. Mc. 5 33. Luc. 1 30. Joh. 9 22, *et pass. al.* Lit. 701 19. Act. Adrian. fol. 1r. Hom. Anecd. 193 10. Semel sequ. acc. p.: Dt. 10 20; impf. (ܕ *omisso*) Mt. 1 20.

ܕܚܠܐ (Mt. 28 8, al.). emph. ܕܚܠܬܐ, ܕܚܝܠܬܐ (Luc. 7 16 Anecd.). C. suff. ܕܚܠܬܗ; etc. *f.* — timor, metus, ll. cc., Gen. 9 2. Dt. 11 25. Js. 8 12 sq. 10 27. 29. 11 3. Jon. 1 5. Job. 21 9. Mt. 27 4. Luc. 1 12. 65. 2 9. 5 26. 21 26. Joh. 7 13. Rom. 13 3. Hom. Ox. 9 64 18. 67 21. Hom. Anecd. 187 26. Lit. Dam. I fol. 1v. IIv. Vit. Anton. Stud. Sin. 11 149 14 (gr. φόβους). ܒܕܚܠܐ *adv.* εὐσεβῶς Tit. 2 12.

ܕܚܝܠ (ptc. pass.) Ps. 46 3. emph. ܐ— (Dt. 10 17). — timendus, terribilis ll. cc. Pl. *f.* abs. ܕܚܝܠܢ res terribiles Luc. 21 11 C (B defective ܕܚܠܢ, ex quo A ܕܚܝܠܢ effecit).

[ܕܚܠܬܢܝܢ timidi Mt. 8 26 A in pericopa edessena ex vers. Peš. assumpta].

---

*ܕܘܚܩܐ. ܕܘܚܩ (דּוּחְקָא, דְּחוֹק) Luc. 14 18 BC (codd. ܕܘ̈), ܕܘܚܩܐ A (sic emend.) *m.* — pressio, necessitas, l. c. (ἀνάγκη).

Pa. Ptc. act. ܡܕܚܩ (cod. A Mc. 5 24. 31 *Aph.* legere iubet, vix recte), ܡܕܚܩܝܢ — pressit, ursit Mc. 5 24. 31. Luc. 8 42. 45. (Interdum mendose ܪ pro ܕ legitur).

ܕܝ *pron. demonstr.* — hic Mt. 26 71 Ev. 196 C. 72 Ev. 181 C. (Cf. ܗܕܝ = ܗܕܐ).

ܠܕܝ *praep.* — propter Luc. 5 19 C. Vix recte (AB ܠܓܠܠ).

ܕܝ *coni.* — sed, autem, *pass.* Ev. cod. C constanter, ni fallor, ܕܐܝ habet (*e. g.* Mt. 3 4. 17 20), i. e. *dai* (cf. אֲדַיִן, אַדִּי). — Cf. ܕܝܢ. — Aliquoties proclitice scriptum est, velut ܕܗܦܟܘ = ܗ̇ ܕܝ Mt. 21 35 Ev. 88 B, et cf. 26 56 B. 27 26 Ev. 201 BC. Luc. 15 A *cod.* Joh. 12 4 A (*corr.* sec. Lagard. An potius ipse codex?). 19 13 Ev. 237 A. 19 25 Ev. 238 AC, Ev. 281 C. — Toties totiesque pleonastice usurpatur in variis codd. (in primis in Lect.), velut Mt. 17 7 sq. B. 20 31 B. 21 9 BC. Act. 16 19. 21. 24. 34. Rom. 1 4. 7. 3 20. 25 sqq. Gal. 4 2 (*ter*). Cuius usus quae sit ratio, mihi nondum satis constat. Sed notandum est, hanc voculam creberrime particulam ܕ antecedere, ita ut altera correctori adscribenda sit. Alibi exeunti lineae deberi et fugae vacui inservire suspicor, licet taceant editores; cf. e. g. cod. Dam. Mc. 7 28 ܕܐܦ ‖ ܕܝ, 8 31 ܕܢܩܒܠܘܢ ‖ ܕܝ.

ܕܝ δή 3 Reg. 8 26.

ܕܝܒܘܢ N. pr. Δηβων (Peš. ܕܝܒܘܢ, sic) Is. 15 2.

ܕܝܘܣ N. pr. Zeus („Διός") Act. 14 12 (gr. Δία). Cf. ܐܕܝܘܣ.

---

*ܕܝܠ *part.* C. suff. ܕܝܠܗ, ܕܝܠܝ; etc. Defect. ܕܠ (= ܕܝܠ) Joh. 17 10 Ev. 190 A. — *pron. poss.* meus, *pass.* Hic illic pleonastice usurpatur, velut ܫܡܗ ܕܝܠܝ Mt. 18 20, cf. 24 35 AC. Rom. 10 1. Lit. 705 10.

ܡܛܠ *praep.* — propter Gen. 7 7. 18. 24. 28 sq. 31 sq. 49 25. Is. 9 19. 53 5. Mt. 24 2 Anecd. 27 1 Ev. 237 BC. Mc. 2 4. 27 (*bis*). 7 29 AC. Luc. 5 19 AB. Joh. 11 42 BCD. Rom. 3 25. Eph. 6 20. Col. 1 5. Hebr. 1 14.

Suff. adiunctis ܡܛܠܬܗ; etc.: Gen. 18 26. 19 20. 22 12. Dt. 7 25. Is. 43 14. Lit. Dam. I, fol. 2r, et saepe alibi. Notanda script. defect. ܡܛܠ (pro ܡܛܠܬ) Mt. 5 11 A[1]. 10 39 Ev. 76 AC. Mc. 8 35 A. Joh. 12 30 Ev. 168 A. ܗܕܐ ܡܛܠ ܗܕܐ ἕνεκεν τούτου Gen. 2 24 (cf. ܡܢ ܡܛܠ ܗܕܐ s. v. ܡܢ). Cf. etiam ܡܢ (ܡܢܗ), ܡܢ, ܟܐ.

ܡܛܠ ܡܢ *praep.* — *id.* Gen. 19 2 Dam. Is. 53 8. 12. Ps. 142 11. Mt. 19 29. Mc. 7 29 B (AC ܕ ܡܛܠ). Rom. 3 31 Dam. (Lect. ܡܛܠ). 8 10. 1 Cor. 15 2. Hebr. 2 15. Tit. 1 11. C. suff. Jon. 1 12. Joh. 12 11. Act. Andr. et Matth. fol. 2r.

ܕ ܡܛܠ *coni.* — *1.* quia, quod, quoniam Gen. 2 17 (Lit.). 19 8. 13 sq. 22 16. Is. 7 16. 8 10. 9 18. Mt. 7 27 B. 18 16 Anecd. 27 6 ib. (cett. ܕ ܡܛܠ). Luc. 1 1. 7 Anecd. Phil. 1 7. Hebr. 5 2. Hom. Ox. 96 54. 66 5. ZDMG 56 257. Lit. Dam. I, fol. 2v, al. *2.* ut Zach. 11 14 (Lect. 111). Mt. 5 16 AC. 6 2. 5. Luc. 1 4. 5 24 ABC. Joh. 13 34. Rom. 6 6. 8 4. 15 6. 1 Cor. 12 25. 2 Cor. 3 13. Gal. 2 4 sq. 3 24. 4 5. Eph. 1 17. 2 15. Phil. 2 10 (Dam., Lect. 11). Hebr. 2 14. Hom. Anecd. 171 7. Lit. 695 11. Vit. Abrah. Qīd. ZDMG 56 255 sq. (*bis*). ܕܠܐ — ne Jo. 2 17. ܕ ܗܘܐ 'ܠ ἵνα Col. 1 18.

ܕ ܡܛܠ ܡܢ *coni.* — *1.* quia, cum Is. 1 19 (Lect.). 60 15. Hom. Anecd. 208 19. *2.* ut Is. 43 10 (Lect. 49). Jac. 1 4.

ܕܝ *coni.* — sed, autem Num. 5 8. Mt. 16 11 B. Joh. 21 12 C. 2 Cor. 4 3. 1 Thess. 4 9 (Ox.). 2 Tim. 2 16. Tit. 3 9 (?). Vit. Anton. S. F. 90 a. p. u. (sic cod., non ܕܝܢ, quod in Stud. Sin. 11 142 a p u legimus). Legitima forma procul dubio est ܕܝ (ܕܐܝ) supra memorata. Quare vide, ne ll. cc. aut lectoris σφάλμα subsit aut corrector ignarus sincerum ܕܝ in peius mutaverit. Hisce locis Ev. cod. A: Mt. 6 3. 19 16. 18. 23 sqq. 26 56. 27 66. 28 11. 16 sq. Luc. 24 8 ܕܝܢ, teste Lagardio, correctori debetur.

Quid si etiam Mt. 3 10 sq. 6 6. 26 42. 28 9 (cf. adn.)?

ܕܝܢܪܐ. Pl. ܕܝܢܪܝܢ, ܕܝܢܪܝܢ. *m.* — δηνάριος Mt. 22 19. Luc. 7 41. 10 35. Joh. 6 7. 12 5.

ܕܝܬܝܩܐ (*pass.*), ܕܝܬܝܩܐ (Zach. 9 11), ܕܝܬܝܩܝ (Is. 42 6, al., *quinquies*), ܕ[ܝ]ܬܝܩܝ (Mt. 26 28 Anecd.). *f.* — διαθήκη, testamentum, foedus, ll. cc., Gen. 6 18. 9 9 sqq. Dt. 31 25 sq. 3 Reg. 8 21. Is. 61 8. Zach. 11 14. Ps. 43 18. 49 5. Mt. 26 28. Luc. 22 20. 1 Cor. 11 25. 2 Cor. 3 14. Gal. 3 15. Hebr. 9 15. Hom. Anecd. 197 24. Hom. Ox. 96 11 5. 62 12.

[ܠܕܘܡܣܩܘܣ Joh. 20 10 A correctori debetur. BC habent ܠܒܝܬܗܘܢ ܠܘܬ.]

---

*ܕܟܐ. ܕܟܐ (*pass.*), ܕܟܝ (Rom. 14 20, ܕܟܝܢ Phil. 4 8 Dam.). *f.* ܕܟܝܐ (Is. 35 8, al.); emph. ܕܟܝܬܐ. Pl. *m.* ܕܟܝܝܢ (Joh. 15 3 Ev. 185 A; *p. o.* al.), ܕܟܝܢܝ (Joh. l. l. Ev. 135 A), ܕܟܝܢ (ib. Ev. 54 BC. 13 10 Ev. 176 C. 11 Ev. 177 C). emph. ܕܟܝܐ. *f.* ܕܟܝܢ (Gen. 7 2 sq., al.). emph. ܕܟܝܬܐ (Gen. 7 8). — purus ll. cc., Gen. 8 20. Is. 35 8. Job. 16 17. 17 19. Mt. 5 8. 2 Petr. 3 1. Hebr. 10 23. Tit. 1 15. al. Lit. 708 14. Lit. Dam. I fol. 2v. IIr. Act. Adrian. fol. 2v. ܕܟܝܐܝܬ *adv.* — pure Sap. 9 11 (Text. gr. σωφρόνως). ܕܟܘ (2 Cor. 6 6. Hymn. Anecd. 111 19). emph. ܐܬ (Hom. Anecd. 211 13). — *f.* — puritas, ll. cc.

Pa. Impf. ܢܕܟܐ; etc. Ptc. act. ܡܕܟܐ, ܡܕܟܝܢ; etc. — purificavit Is. 53 10. Mt. 8 2. 10 8. Mc. 1 40. Luc. 3 17. 5 12. Joh. 15 2. Tit. 2 14. Hebr. 9 14.

ܕܟܘܝ (דכוי) (Job. 7 21). emph. ܕܟܘܝܐ (Joh. 3 25 A, *p. o.* C), ܕܟܘܝܐ ib. B. C. suff. ܕܟܘܝܗ (sic) (Hebr. 9 13 utroque loco). ܕܟܘܝܟ (Mc. 1 44 A *corr.*), ܕܟܘܝܟ (ib. A *cod.*), ܕܟܘܝܟ (BC). ܕܟܘܝܗܘܢ (Joh. 2 6 AC. al.), ܕܟܘܝܗܘܢ (ib. B). ܕܟܘܝܗܘܢ (Hebr. 1 3 Dam., al.). *m.* — purgatio, purificatio. ll. cc., Hom. Anecd. 204 24 (cf. ZDMG 53 707).

Ithpa. ܐܬܕܟܝ s. ܐܕܟܝ (Mt. 8 3 B, Mc. 1 42 B,

Luc. 4 27 AC); etc. pl. ܐܬܕܟܝܘ, ܐܕܟܝܘ (Luc. 17 14 C) [ܐܬܕܟܝܘ 17 14. 17 A *corr.*] Impf. 2. ܬܬܕܟܘܢ. Imp. ܐܬܕܟܘ, ܐܕܟܘ (Mc. 1 41 A *cod.*, C). Ptc. pl. *m.* ܡܬܕܟܝܢ, ܡܕܟܝܢ (BC, *bis*) — purificatus est Mt. 8 3. 11 5. Mc. 1 41 sq. Luc. 4 27. 7 22. 17 14. 17. Joh. 5 6. Hom. Ox. 9 52 8.

[ܕܟܝܢܝܢ Hom. Anecd. 191 15: vid. ܕܟܢ.]

---

*ܕܟܪ. ܕܟܪ (ܕܟܪ Mt. 19 4 A) *pass.* emph. ܕܟܪܐ. Pl. ܕܟܪܝܢ. C. suff. ܕܟܪܝܗܘܢ. *m.* — *1.* mas, masculus Gen. 1 27. 6 19 sq. 7 2 sq. 9. 16. Mt. 19 4. Luc. 2 23. Rom. 1 27. Gal. 3 28. *2.* aries Gen. 22 13. Is. 60 7. Lit. 697 7 (cit. Ps. 64 14).

ܕܘܟܪܢ, ܕܟܪܢ (Mt. 26 13 A). emph. ܕܘܟܪܢܐ. C. suff. ܕܘܟܪܢܝ; ܕܟܪܢܝ (Luc. 22 19 A); ܕܘܟܪܢܝܗܘܢ (Hos. 14 8); ܕܘܟܪܢܟܘܢ Phil. 1 3, ܕܘܟܪܢܟܘܢ (1 Thess. 1 2). *m.* — memoria, ll. cc., Prov. 1 12. 2 Petr. 3 1. 1 Cor. 11 24 sq. Hom. Anecd. 210 6. Hymn. Lect. 137 1.

Ithpe. Pf. ܐܬܕܟܪ (Mt. 26 75 Ev. 181 A), ܐܬܕܟܪ (Gen. 8 1, al.), ܐܕܟܪ (Mt. l. l. Ev. 196 C), ܐܕܟܪ (ib. B, Ev. 181 C), ܐܕܟܪ(ܬ) (Luc. 1 54 A); etc. Impf. ܢܬܕܟܪ, ܢܕܟܪ, ܢܕܟܪ; pl. 2. ܬܬܕܟܪܘܢ Is. 43 18 (Lect. 35). Imp. ܐܬܕܟܪ, ܐܕܟܪܝ, ܐܕܟܪ; etc. Ptc. ܡܬܕܟܪ, ܡܕܟܪ; etc. — *1.* meminit, abs. Job. 21 6; sequ. acc. (ܠ, ܥܠ) Gen. 8 1. 9 15 sq. 19 29. 1 Reg. 1 19. Js. 43 18. 63 7. Jon. 2 8. Eccl. 12 1. Sirac. 18 24 sq. Mt. 26 75. Luc. 1 54. 23 42. Joh. 16 21. 2 Petr. 3 2. Col. 4 18. 1 Thess. 1 3. Hebr. 10 32. 2 Tim. 2 8; insequ. enuntiato (ܕ, ܕ ܡܢ) Is. 12 4. Mt. 5 23. Luc. 16 25. 24 6. Joh. 2 17. *2.* commemoravit, sequ. acc. r. Vit. Anton. S. F. 98 11: ܐܬܕܟܪ ܫܡܗ ܕ ὀνομάζειν. Hom. Anecd. 207 20 (cit. Ps. 154ᵇ); *pec.* laudavit Hom. Anecd. 206 19. *3.* commemoratus est Jer. 11 19. Ps. 44 18. 82 5.

---

*ܕܠܐ. ܕܘܠܐ (*דָּלוֹ) Joh. 4 11 A, ܕܘܠܐ BC. — situla Joh. l. l. — Cf. etiam *ܕܠܠ.

[ܕܠܩܛܝܢ Hom. Anecd. 204 24, v. ܕܠܩ].

[ܕܠܩܢ Hom. Anecd. 198 2, vox male exarata].

ܕܠܩ *Pe.* Pf. 3. *f.* ܕܠܩܬ. Ptc. act. ܕ(ܠ)ܠܩ (Joh. 5 35), ܕܠܩܝܢ. — arsit Jo. 1 19. Luc. 12 35. Joh. l. c.

Aph. Imp. *f.* ܐܕܠܩܝ S. F. 108 1 (sic corr.). Ptc. act. ܡܕܠܩ, ܡܕܠܩ (sic leg. Luc. 8 16 B); ܡܕܠܩܝܢ. — accendit Mt. 5 15. Luc. 8 16. 11 33. S. F. l. l.

---

*ܕܡ. ܐܕܡ (Gen. 9 6. 3 Rg. 2 14; *pass.*). emph. ܐܕܡܐ (Gen. 9 4. 1 Cor. 11 25; *pass.*). Anteced. ܒ, ܕ, ܘ: ܒܐܕܡܐ (Zach. 9 11. Prov. 1 18. Rom. 3 25. Eph. 2 13. Col. 1 20. Hebr. 2 14 [Lect. 14]), ܕܐܕܡܐ Luc. 8 43 sq. B, ܒܐܕܡܐ Mt. 23 30 A² (*p. o.* Rom. 5 9, al.), ܕܐܕܡܐ (Luc. 22 44 A), ܘܐܕܡܐ Lit. Dam. I, fol. 2ᵛ. C. suff. ܐܕܡܗ (Mt. 27 24 sq. Ev. 201 A). *f. id.* (Mt. 26 28 C, A ܗ—), al. 1. ܐܕܡܝ (Mt. 26 28 A, al.) pl. ܐܕܡܟܘܢ (Js. 63 3, al.), ܐܕܡܗܘܢ (Mt. 23 30 Anecd.) ܐܕܡܗܘܢ (Gen. 9 5). Pl. abs. ܐܕܡܝܢ (Hom. Anecd. 207 20. (cit. Ps. 154ᵇ). *m.* — sanguis, ll. cc. et pass. al.

---

*ܕܡܐ. *Pe.* Impf. 3. *f.* ܬܕܡܐ. Ptc. act. ܕܡܐ, ܕܡܝܐ; etc. — similis fuit (ܠ) Gen. 2 20. Ex. 10 14. Jo. 2 2. Mt. 13 44 sqq. 52. 20 1. 23 27. Mc. 12 31. Luc. 13 21. Joh. 8 55. 9 9.

*ܕܡܝ (nabat. דמי = *דְּמֵי). Pl. ܕܡܝܢ (A: Mt. 26 7, 27 6 Ev. 199), ܕܡܝܢ al., ܕܡܝ (Mt. 13 46 A Anecd. 27 6 Ev. 199 C), ܕܡܝܢ, ܕܡܝܢ Ps. 43 13 (sed cf. adn.). C. suff. ܕܡܘܗܝ (Mt. 27 9. Joh. 12 3). *m.* — pretium, Ps. 43 13. Mt. 13 46. 26 7. 27 6. 9. Joh. 12 3.

ܕܡܘ (A: Mc. 16 12, al.), *p. o. pass.* ܕܡܘܬ (Is. 53 2. Hymn. Anecd. 111 5); ܕܡܘܬ (Mc. 16 12 C) [ܕܡܘ Rom. 1 23]. emph. ܕܡܘܬܐ. C. suff. ܕܡܘܬܗ, ܕܡܘܬܗ. Pl. emph. ܕܡܘܬܐ (Lit. 705 20). *f.* — *1.* similitudo Gen. 1 11 sq. 26. Luc. 3 22. Rom. 8 3. Phil. 2 7. 3 21. ܒܕܡܘܬ ὑποδείγματι Hebr. 8 4, καθ' ὁμοιότητα 4 15. ܒܕܡܘܬܐ ܕ ad instar. Act.

111. ܕܡܘ ܕܡܐ Apocr. Dam. fol. 1r. ܕܡܘܬܐ ܕܡܘܬܗ ܕܡܐ τὸ ὁμοίωμα τ. θανάτου αὐτοῦ Rom. 65. *2.* simulacrum Sap. 98. Act. Andr. et Matth. fol. 1v. Hom. Anecd. 18722. Lit. 70520. *3.* exemplar Joh. 1315. 2Tim. 113. *4.* forma, species (μορφή, εἶδος) Js. 5214. 532sq. Mc. 1612. Phil. 26. S. F. 788. Hymn. Anecd. 1115.

Pa. Impf. 1. ܐܕܡܐ. Ptc. act. ܡܕܡܐ, ܡܕܡܝܐ (Phil. 321). — *1.* assimilavit, sequ. ܠ *r.* et ܒ *alt.* Phil. 321. *2.* comparavit Luc. 1318. 20. Hom. Ox. 95924. 7521.

Ithpa. ܐܬܕܡܝ, ܐܬܕܡܝܬ; etc. ܐܬܕܡܝܘ Act. 1411. Impf. ܐܬܕܡܐ, ܬܬܕܡܝ, ܢܬܕܡܐ, ܢܬܕܡܝ; etc. Ptc. ܡܬܕܡܐ; etc. — *1.* assimilatus est Ps. 4821. *2.* comparatus est Mt. 724. 26. 1823. 251. 222. *3.* similis fuit (ܠ) Ps. 822. Mt. 68. Jac. 16. Rom. 122a. Hebr. 217; (ܒ) Act. 1411. *4.* μεταμορφοῦσθαι Rom. 122b. *5.* imitatus est Vit. Anton. S. F. 1025; sequ. ܠ ib. l. 1 (μιμεῖσθαι).

Aph. ܐܕܡܝ, ܐܕܡܝܬ; etc. Impf. ܢܕܡܐ; etc. Imp. ܐܕܡܝ, ܐܕܡܘ. Ptc. act. ܡܕܡܐ, ܡܕܡܝܐ; etc. Inf. ܡܕܡܝܘ (Gen. 36), ܐܕܡܝܘ 1 Reg. 111. — observavit, adspexit, abs. Js. 4218. 635. Mc. 532; sequ. ܠܒܣܬܪ Gen. 1926; acc. Luc. 610C; ܠ Js. 821. Jon. 25. Mt. 626. 1419. Luc. 420. Act. 111. Hom. Anecd. 19425. 2001; ܠܘܬ Jo. 120; ܠܘܬ Ps. 8916. Luc. 148; ܒ Gen. 36. Ex. 921. 1Reg. 111. 3Reg. 828. Ps. 212. 8516. Job. 215. Eccl. 114. Mc. 530. Luc. 610AB Anecd. 938. Hebr. 1024. Tit. 114. Hom. Ox. 95521; ܥܠ Gen. 1928 (ἐπὶ πρόσωπον). (Frequentissime interpres usu praepositionum textum graecum sequutus est). — Cf. ܕܡܐ.

ܕܡܟ *Pe.*, ܕܡܟ (Joh. 1111BC. 12C), ܕܡܟܬ; etc., sed ܕܡܟܬ Mt. 255 Ev. 164A. Impf. sg. 1. ܐܕܡܘܟ Ps. 124; ܬܕܡܟܘܢ; etc. Imp. pl. ܕܡܘܟܘ Mt. 2645C, ܕܡܘܟܘܢ ib. A [ܕܡܘܟܘܢ B]. Ptc. act. ܕܡܟ, ܕܡܟܝܢ; etc. — dormivit, obdormivit, ll. cc., Gen. 221. 194. Dt. 1119. Js. 4317. Jon. 15. Ps. 36. 4324. 7765. Job. 2113. 26. 2211. Mt. 824. 924. 2640. Luc. 852. al. 2Petr. 34. 1Cor. 1130. 156. 1Thess. 413sqq. Hom. Ox. 9647. Hom. Anecd. 20711 (cit. Gen. 499b). Vit. Abrah. Qīd. ZDMG 562555. 25617. S. F. 1084.

*ܕܡܟ. emph. ܕܡܟܐ, ܕܡܟܐ. *m.* — somnus Joh. 1113 (κοίμησις).

ܕܡܣ N. pr. Δημας Col. 414.

ܕܡܣܩܘܣ N. pr. Δαμασκος Js. 109. Hymn. Lect. 13816.

---

*ܕܡܥ. *ܕܡܥܐ *f.* pl. ܕܡܥܝܢ, ܕܡܥܝܢ, defect scr. ܕܡܥܢ (BC *pass.*). C. suff. ܕܡܥܝ (Ps. 559). — lacrima, l. c., Mc. 923. Luc. 738. 44. Hebr. 57.

Pa. Pf. ܕܡܥ. Impf. 3. *f.* ܬܕܡܥ — lacrimavit Job. 1620. Joh. 1135.

[ܕܡܪ *Ithpa.* ptc. miratus est Luc. 2412 Ev. 4A, in versu ex Peš. assumto].

ܕܢ, ܕܝܢ (ܕܢ A *pass.*) *pron. demonstr.* — hic (cf. ܗܕܢ, ܗܕܝܢ), *pass.* V. et N. T. Nonnulla exempla probat Schwally in Idiot. p. 22, quibus addo Hom. Ox. 955 17sq. 658. 706. Hom. Anecd. 1982. [Pro ܕܢ Am. 98. Ps. 4816 leg. ܕܝܢ, q. v.] *f.* ܕܐ perraro occurrit, ita enim, ut *a*) significet: quod, quod attinet: ܕܐ ܕܝ τὸ εἰ Mc. 922AC (B om.); *b*) appositionem reddat: ܡܠܬܐ ܕܝܢ ܕܡܘܡܬܐ ܕܐ ܕܥܡ ܚܠܦ ܗܝ ... ὁ λόγος δὲ τῆς ὁρκωμοσίας τῆς μετὰ . . . Hebr. 728. Cf. Lit. Dam. I, fol. 1r: ܐܠܝ [sic incipit fol.; vix dubito, quin pron. ܠܟ s. ܠܢ antecesserit] ܕܐ ܕܐܩܝܡܬ ܓܢܣܢ . . . ܠܟ; textum graec. μακαρίζομέν σε, τὸν ἀναστάσαντα τὸ γένος ἡμῶν (vel simile quid) habuisse suspicor. *c*) sit pro graec. genit. absol.: Mt. 2660 Ev. 180ABC (= ܕ ܟܕ, quod Anecd. l. l. habent). Cf. ܕ ܗܕܐ. — De plur. vid. ܗܕ(ܝ)ܢ. Denique cf. ܡܕܡ (s. v. ܡܕ) et ܡܕ(ܝ)ܢ.

*ܕܢܒ. *ܕܘܢܒ. emph. ܕܘܢܒܐ Js. 9 14 (si recte est traditum; corrupt. ܕܡܒܐ v. 15). — cauda, ll. cc.

ܕܢܚ *Pe.* ܕܢܚ (*pass.*), ܕܢܝܚ Mc. 16 2 A, *p. o.* ib. Ev. 19 C; etc. Impf. ܢܕܢܚܘܢ Hom. Anecd. 177 22. Ptc. act. pl. *f.* ܕܢܚܢ, ܕܢܚܐ (Js. 43 19 Lect. 36). — *1.* ortus, exortus est, ll. cc., Gen. 19 23. Js. 43 19. 60 1. Jon. 4 8. Mt. 4 16. Mc. 16 2. Jac. 1 11. *2.* luxit, splenduit Js. 9 2 (λάμπειν).

*ܕܢܚ. C. suff. ܕܢܚܗ. *m.* — ortus *stellae* Hom. Anecd. 199 3.

ܡܕܢܚ st. cst. (Lit. 707 21). emph. ܡܕܢܚܐ (= מַדְינְחָא, cf. Dalm. Gr. 151, n. 2.) A: Mt. 2 9, Luc. 13 29. C. suff. ܡܕܢܚܗ. *m.* — oriens, plaga orientalis ll. cc., Gen. 2 8. Js. 9 12. 11 11. 14. 43 5. Jer. 38 40. Am. 8 12. Ps. 49 1. Mt. 2 1. 8 11. 24 27. Lit. 704 6. ܡܕܢܚ ܫܡܫܐ luce (sole) oriente Lit. 707 21.

Aph. ܐܕܢܚ; etc. Ptc. act. ܡܕܢ(ܚ)ܚ — *1.* oriri fecit Mt. 5 45 (in Hom. Anecd. 203 16). Lit. Dam. I fol. 1r. IIv. *2.* illustravit 2 Cor. 4 6.

ܕܢܝܐܝܠ, ܕܢܝܠ (Mt. B), ܕܢܝܠ (Mt. C) N. pr. Δανιηλ Mt. 24 15. Hom. Anecd. 193 19. 206 2. 4. 20.

ܕܢܝܣܛܝܣ (Idiot. p.104. Krauss. 2 215), ܕܢܣܛܝܣ (BC). — δανειστής Luc. 7 41.

ܕܝܣܩܘܣ, 'ܩܣ (A) (Krauss 2 209). *m.* — „δίσκος" orbis, paropsis Mc. 6 25. 28 (pro πίναξ).

ܕܩܠ *f.* pl. ܕܩܠܝܢ (B ܐܕܩܠܝܢ) — phoenix dactylifera Joh. 12 13.

ܕܪܐ *Pe.* Impf. ܢܕܪܐ; etc. Inf. ܡܕܪܐ (Am. 9 9). — *1.* sparsit Ex. 9 8. 10. *2.* ventilavit Am. 9 9 (*bis*).

*ܡܕܪܝ. emph. ܡܕܪܝܐ. *m.* — ventilabrum Am. 9 9.

ܕܪܒܐ N. pr. Δερβη Act. 14 6 (cf. Löw. apud Krauss. 2 308).

*ܕܪܕܪ. Pl. ܕܪܕܪܝܢ. *m.* — Centaurea Calcitrapa Mt. 7 16 (τρίβολοι).

*ܕܪܟ. ܕܪܟܐ. *m.* (דַּרְכָּא) — tritura Am. 9 13. [De ܕܪܟܝܢ Stud. Sin. XI 133 3 vid. ܕܪܟ *Pe.*].

*ܕܪܘܡ. *ܕܪܘܡ (דָּרוֹם). emph. ܐ—. *m.* — *1.* meridies Ex. 10 13. 26 35. Num. 13 30. Eccl. 11 3. Luc. 13 29 BC (A ܬܝܡܢܐ). *2.* austroafricus Js. 43 6 (λίψ).

*ܕܪܥ. *ܐܕܪܥ. emph. ܕܪܥܐ(ܐ) Dt. 11 2. C. suff. ܐܕܪܥܗ(ܕ) Js. 9 20, al.; ܕܪܥܗ Js. 40 11 Anecd., 'ܕܪ Lect.; etc. Pl. ܐܕܪܥܝܢ Js. 15 2. *m.* — brachium, ll. cc., Js. 40 10. 53 1. 63 5. Sirac. 46 6 (LXX πανοπλία). Joh. 12 38.

*ܕܪܩܘܢ (δράκων). emph. ܕܪܩܘܢܐ(ܕ), 'ܕܪ (cf. GGA 1901 205). *m.* — draco Jer. 14 6. Vit. Abrah. Qīd. ZDMG 56 255.

ܕܬܢ N. pr. Δαθαν Dt. 11 6.

ܗ

ܗܐ (Ev. cod. A ܗܐ, ܗܐ *pass.*) *interiect.* — ecce, V. et N. T. *pass.*, Hom. Ox. 9 50 15. 65 7. 14. 69 15. 72 20. Hom. Anecd. 173 17. 180 14. Lit. Dam. IIIv. ܗܠܐ (= ܗܐ ܠܐ) Luc. 10 2.

ܗܕܝܘܛܝܣ (Cf. Krauss. 2 220) — ἰδιώτης, desipiens Vit. Abrah. Qīd. ZDMG 56 255 11.

ܗܪܝ hic Mt. 28 16 A2 (cf. ܕܝ).

ܗܪܐ, ܗܪܝܢ (A *pass.* ܗܪܐ, ܗܪܝܢ). *f.* ܗܪܐ; pl. ܗܠܝܢ *pron. demonstr.* — hic (cf. ܗܘ) *pass.* De ܕ ܗܪܐ Mt. 26 60 Ev. 195 ABC vid. ܕ sub. *c*); de usu syntactico compositi ܕ ܗܘ Nöld. p. 510.

ܗܝܕܪܘܦܝܩܘܣ (A), ܗܝܕܪܘܦܝܩܘܣ (C), ܗܝܕܪܘܦܝܩܘܣ (B) ὑδρωπικός (cf. Krauss. 231, Brockelm. Lex. syr. p. 81) Luc. 14 2.

ܗܘ (cod. A ܗܘ, ܗܘ *pass.*). *f.* ܗܝ (ܗܝ A *pass.*); ܕܗܝ (= ܕܗܝ) Mc. 15 16 B. Pl. ܗܢܘܢ, ܗܢܘܢ; ܗܢܝܢ (Joh. 20 30 A; 21 9 A), *p. o.* Js. 42 17; Anecd.: Ps. 46 10, Mt. 20 29, 27 66, Luc. 8 13. *f.* ܗܢܝܢ (A ܗܢܝܢ *pass.*). [Formae ܐܢܘܢ Mt. 16 14 C; Joh. 6 30 B; Luc. 6 4 Anecd. et ܐܢܝܢ Luc. 10 21 Ev. 234 A a dialecto alienae lexicoque eximendae sunt]. ܗܘܝܘ (i. q. syr. ܗܘܝܘ) Luc. 4 41. — *pron. pers., pass.*

ܗܐ (הא) (ܗܐ, ܗܐ A *pass.*), ܗܐ (Joh. 16 13 Ev. 55 B), ܗܐ (A: Mt. 8 8, 10 19, 12 32 et persaepe al.), *p. o.* Luc. 7 39 B. ܗܐ (אהו Dalm. Gr. p. 81) Js. 11 10 (Anecd.); Mt. 8 13 A (cf. adn.); Hom. Ox. 97 4 15; *p. o.* in variis codd.; Idiot. p. 24 addo hosce locos: Dt. 13 3. Js. 14 29. Mt. 8 13 BC. 10 4 Anecd. 10 13. 19 C. 12 32 C. 18 1 BC. 22 23 B. 24 46 B (ubi leg. ܗܐ ܐܚܪܐ). 48 BC (leg. ܗܐ ܗܐ) Anecd. 25 16 Ev. 94 C, Anecd.; 17 Ev. 94 C; 18 Anecd. Mc. 3 5 A *cod.* S. F. 98 10. Quibus alii addi possunt. *f.* ܗܝ (ܗܝ A *pass.*); ܗܝ (A: Mt. 18 32, Luc. 9 5, 15 22, Joh. 6 22), *p. o.* Luc. 9 5 BC; 15 22 B; al. ܐܝ Dt. 13 15 (Anecd. 165). Mt. 10 14 sq. 26 55 Anecd. Joh. 4 42 B. Pl. *comm.* ܗܠܝܢ (A: Mt. 25 8 Ev. 96, al.), ܗܠܝܢ (24 19, Mc. 1 9, al.), ܗܠܝܢ (Luc. 1 2), ܗܠܝܢ = ܗܠܝܢ (cf. Mt. 22 10) Luc. 1 39; *p. o.* 24 22 BC Anecd. Joh. 10 35 C. Hebr. 4 2 (*bis*); al. ܗܠܝܢ (A: Mt. 20 9, Mc. 16 13), ܗܠܝܢ (26 71 Ev. 181; al. ܗܠܝܢ 1 Cor. 9 25; C *quater* (Mt. 20 9, 26 71 Ev. 196, Luc. 1 2, 8 36). *pron. demonstr.* — ille, *pass.*

ܗܘܐ *Pe.* ܗܘܐ (A: Mt. 24 1, *pass.*), ܗܘܐ (Mt. 26 69 Ev. 181); 3. *f.* ܗܘܬ, ܗܘܬ (Act. 16 16 sq.). *2.* ܗܘܝܬ. ܗܘܝܬ (Mt. 25 23 Ev. 165 A *cod.* 26 A *cod.*; BC *pass.*); etc. Impf. ܝܗܘܐ, ܝܗܘܐ (A: Mt. 16 19. 27. 23 11 *et pass. al.*), ܝܗܘܝ; ܐܗܘܐ, ܐܗܘܝ; etc. 1. p. anteced. ܕ: ܕܗܘܝ Joh. 21 3 B (natum ex ܕܢܗܘܝ); sequ. ܐܠܐ: ܢܗܘܐ Jer. 39 38; Job. 7 21; Joh. 18 39 B; ܢܗܘܐ Luc. 24 9 C; Joh. l. c. C. Pl. ܝܗܘܘܢ; ܝܗܘܘܢ, ܝܗܘܝܢ; ܢܗܘܝܢ; ܐܗܘܘܢ; etc. [Formae ܝܗܘܘ Mt. 20 7, ܐܗܘܘ Mt. 17 20, al., ܝܗܘܘܢ Luc. 3 14, ܐܗܘܘܢ Mt. 6 1, al., in solo cod. A occurrentes correctori debentur, teste Lagardio]. Imp. ܗܘܝ; pl. ܗܘܘ, ܗܘܘ (A: Mt. 24 42. 44 A[1] *corr.*, *cod.* ܗܘܘ). Ptc. ܗܘܐ, ܗܘܝܐ; etc. — fuit, factus est, *pass.* — Cf. ܐܬܚܡܐ.

Ptc. act. ܗܘܐ (ܗܘܝ) *coniunctionis* munere fungitur = ὥστε 1 Cor. 11 27. 2 Cor. 5 17; = ἄρα Gal. 3 29. Alias cum ܐܝܟ coniunctum legitur: ܐܝܟ ܗܘܐ = ὥστε Job. 21 27. Mt. 19 16. 23 31. Mc. 2 28. 1 Cor. 10 12. 2 Cor. 5 16. Gal. 3 24. 4 7. Phil. 2 12. 4 1. 1 Thess. 4 18; = ἄρα οὖν Rom. 14 19. Eph. 2 19; = ἄραγε Mt. 17 26; = τοιγαροῦν 1 Thess. 4 8; = οὐκοῦν Joh. 18 37. — ܗܘܝ ܗܟܝܠ s. ܗܟܝܠ ܗܘܝ nunc ergo (sequ. ܟܠܗܘܢ ܚܠܡܐ ܚܠܡܐ(ܘ)) Lect. 22. Lit. 708 22. Cf. ZDMG 54 144.

ܗܘܠܐ (*i. e.* ܗܘܠܐ) هؤلاء Mt. 10 5 Ev. 245 A. (Cf. „Homon. Wurzeln" p. 6, n. 2).

ܗܘܡܘܣܝܘܣ ὁμοούσιος S. F. 72 10 (in Symbol. Nic.).

*ܗܘܢ. *ܗܘܢܐ. *m.* C. suff. ܗܘܢܗܘܢ. — mens, prudentia Hom. Anecd. 178 10.

ܡܗܘܢ, ܡܗܘܢܝܢ (A) [B corrupte ܡܗܘܢ] defective script. mihi videtur pro ܡܗܘܢܢ = מְהוֹנֵן, ܡܗܘܢܢܝܢ. — prudens (σωφρονῶν) Luc. 8 35.

ܗܘܫܥܢܐ, ܐܘܫܥܢܐ (ita constanter B), ܐܘܫܥܢܐ Joh. 12 13 C [Stud. Sin.]. — ωσαννα Mt.

21 9 (*bis*). 15. Joh. 12 13. Cf. Dalm., Worte Jesu (1898) p. 180 sqq.

ܗܝܓܡܘܢܘܣ (Apocr. Dam. fol. 1r), ܗܝܓܡܘܢ (Luc. 3 1). emph. ܗܓܡܘܢܐ (A: Mt. 27 2 [A1]. 11; al.) *p. o.* Hom. Anecd. 192 2, al. ܗܓܡܘܢܐ (A: Mt. 27 2 [A2], al.), *p. o.* BC *pass.* ܗܝܓܡܘܢܐ (Anecd. 169 26. 170 8). ܗܝܓܡܘܢܐ (ib. 169 6. Mt. 27 11 et 14 sq. Anecd.) Pl. ܗܓܡܘܢܝܢ (Mt. 10 18 A) *p. o.* Luc. 21 12 A; ܗܝܓܡܘܢܝܢ (Mt. C. Luc. B, Ev. 133 C) — ἡγεμών (cf. Krauss. 2 219. 605), ll. cc., Mt. 27 15. 21. 27. Act. Philem. Anecd. 169 10. Hom. Anecd. 192 2.

ܗܝܕܝܢ (A: Mt. 22 36, 24 42 A2, al.), *p. o.* Jon. 1 8, al. ܗܝܕܝܢ (Mt. 24 42 A1), *p. o.* Joh. 10 32 C, ܗܝܕܝܢ Joh. 18 32 A, *p. o.* BC: Mt. 22 36, al. *f.* ܗܝܕܐ (Mt. 24 43 A3. Luc. 20 2. 8), *p. o.* Jon. 1 8. al.; ܗܝܕܐ BC: Mt. 21 23 sq. 27, al. Pl. ܗܝܠܝܢ (1 Thess. 3 9. 4 2), ܗܝܠܝܢ (Mt. 19 18). *pron. interr.* — quis? qualis? (τίς; ποῖος;), ll. cc., Eccl. 11 6. Mt. 10 11. Mc. 11 28 sq. 12 28. Luc. 6 33. 8 47. 12 39. 20 2. 8. Joh. 12 33. 15 2. 21 19. Rom. 3 27. Hebr. 1 5. 13. Hom. Anecd. 205 1 (cit. Hebr. 1 13). ܒܗܝܕܝܢ ܝܘܡ ποίᾳ ἡμέρᾳ Mt. 24 42. ܒܗܝܕܐ ποίας quomodo? Luc. 5 19.

[ܗܝܕܝܢ Mt. 15 28 A in pericopa ex Peš. assumpta].

ܗܝܟ *part.* (ܗܝܟ, ܗܟ A *pass.*). — *1.* quomodo? (πῶς; ὡς;) Mt. 21 20. 26 54. Mc. 2 26. 11 18 (Anecd. 216). Luc. 8 47. Joh. 4 9. Hebr. 2 3. Hom. Ox. 963 5 (cit. Gal. 2 14). *2.* ut, tamquam (ὡς, ὥσπερ, κατά) Gen. 1 11 sq. *et pass. al.* (vid. concord.) Hom. Ox. 962 16. 642. Cf. etiam ܐܝܟ, ܐܝܟܢܐ.

ܗܝܟ ܕ *1.* ut, tamquam Gen. 7 9. 16. 8 21. Ex. 8 27. Dt. 11 10. Mt. 13 43, *et pass. al.* *2.* ut (in enuntiatis final. et consecutivis) Num. 5 8. Dt. 10 15. Mt. 5 28. Luc. 4 29. *pass.* *3.* Est pro graec. enuntiato participiali: Mt. 1 20. 4 18. 9 10. 27. 17 22. 20 29. 21 18. 23. 26 7. 21. 26 Anecd. (cett. ܗܟ). 27 17. 19. Mc. 2 14 *et pass. al. 4.* Pro gr. inf. c. articulo Luc. 9 29. 10 38. 11 27. 37. 24 15. 51.

ܗܝܟ ܡܐ ܕ (ܗܝܟܡܐ Mt. 24 37 A2. 26 24 A; *p. o.* Js. 9 18, al.; ܗܝܟܡܐ A: Luc. 22 31 al.; *p. o.* Dt. 13 17. Ex. 9 12, al.) — i. q. ܗܝܟ ܕ, ut, tamquam, ll. cc., Ex. 9 35. Num. 4 49. 54. Dt. 7 26. 4 Rg. 2 19. Js. 43 17 (Lect. 35). Mt. 23 37 B Anecd. 38. 25 14. 32. 26 19, et saepe alibi. Hom. Anecd. 171 16. 23. S. F. 89 1.

ܗܝܟ ܡܢ ܟܠ ܕ (s. ܗ' ܡܢ ܟܠܡܐ ܕ) i. q. praegr., Mt. 23 37 AC. Luc. 1 55 A. Joh. 10 26. Eph. 1 4. 1 Thess. 4 5 sq. (Ox.). 11 et 13 (Ox.). Lit. 698 1 sq. S. F. 78 3.

ܗܝܢܘܡܐ Luc. 22 44 A, *p. o.* C: ܐܠܚܡ ܗܝܟ ܕܒܗܝܢܘܡܐ Ita legimus pro γενόμενος ἐν ἀγωνίᾳ. Lectionem traditam esse suspectam, vocula ܗܝܟ satis demonstrat, quae quid sibi velit, iure quaeras. Insuper cod. B habet ܐ' ܗ' ܕܒܗܝܢܘܡܐ, itidem corrupte. Schwallyi sententiae (Idiot. p. 25) multa obmovenda sunt. والله اعلم.

ܗܝܡܢܝܘܣ N. pr. Ὑμεναῖος 2 Tim. 2 17.

ܗܟܐ Ps. 43 17: vid. ܗܟܝܐ.

ܗܝܪ N. pr., vid. ܚܝܪ.

ܗܟܐ (הָכָא), ܗܟܐ et ܗܟܐ A *pass.* *Adv.* — hic (*i. q.* ܗܠ, quocum variat) Gen. 19 12. Mt. 26 36 Anecd.1 38 B. Anecd.1 53 BC (Anecd. ܗܟ). Mc. 8 4. 39 B. 16 6 Anecd. Luc. 15 17 B. 24 41. Joh. 11 42 C. Act. 16 28. Hom. Anecd. 209 19. 211 11. ܠܗܟܐ huc Mt. 14 18 B (AC ܠܗܠ). Joh. 20 27.

ܗܟܕܝܢ (הָכְדֵין) (A: Mt. 6 9, al.), *p. o.* BC *pass.*, al. codd.; ܗܟܕܝܢ (Mt. 18 35 A); ܗܟܕܝܢ s. ܗܟܕܝܢ (Mt. 24 39 A1, Luc. 5 6 A, et saepe al.). ܗܝܟܕܝܢ (הֵיכְדֵין) Lit. 705 6. 706 8; ܗܝܟܕܝܢ Mc. 2 2 A. *adv.* — hoc modo, sic, ita, ll. cc., Gen. 6 15. 22. 19 7 Dam. 50 3. Ex. 8 24. 9 1. 13. 10 3. 10. 11 4. 40 16.

2 Rg. 2 21. Js. 8 11. 9 18. 10 7. 11. 15. 24. 25 1. 43 1. 14. Sirac. 46 3. Mt. 5 12. 6 9. Joh. 11 48 Dam. 2 Petr. 3 4. Rom. 1 15. Gal. 3 3; alibi. Hom. Ox. 95 98. 66 13. Hom. Anecd. 176 11. 178 16. 203 14. Act. Philem. Anecd. 169 24. [Js. 44 5 leg. ܗܘܝܢ v. ܗܘܝܢ. Jer. 18 10 pro ܗܟܢ ܕ ipse cod. recte habet ܗܘܝܢ ܕ]. — ܗܟܢ ܕ adeo ut Mt. 8 28 B. Mc. 2 2. 9 25. Luc. 5 7 ABC.

ܗܟܢܐ adv. — „hoc modo, ita" praeter Num. 5 4 nusquam hucusque occurrit. Usum edessen. olet.

---

*ܗܠ. ܠܗܠ (iud. לְהַל; sed ܠܗܠ, natum ex ܠܗܠ = syr. ܠܗܠ, A: Mt. 17 20 [A 2], 24 23, 26 36). adv. — 1. illuc Gen. 19 9. Mt. 17 20 (B om.). 26 36. 2. ibi Mt. 24 23.

---

*ܗܠ. Pa. Impf. pl. 1. ܢܗܠܠ Lit. 705 7. Imp. pl. ܗܠܠܘ Ps. 46 2. Ptc. act. ܡܗܠܠܝܢ Luc. 2 20 A (sed cf. adn.). — celebravit, laudibus extulit, ll. cc.

ܗܠܘܠ (הִלּוּל) m. — clamor laetus Ps. 46 6.

ܗܠܠ m. — strepitus Vit. Eulog. ZDMG 56 259 paen. (gr. ψόφος).

ܗܠܠܘܝܐ (ܐܠܠܘܝܐ ante Ex. 15 1 in praescripto) αλληλουια l. l., Lit. 701 24. Lect. 78 12. 108 19 (cod. ܗܠܠܘܝܐ).

ܗܠܐ Ps. 68 3. Vox male exarata videtur. LXX ἰλύς lutum.

ܗܠܝܢܝܣܛܝ Joh. 19 20 A); 'ܗܠܝ (Luc. 23 38 A), p. o. ib. C. ܗܠܝܢܣܛܝ (Joh. C), 'ܗܠ (Joh. B), ܗܠܢܣܛܝ (Luc. B). — Ἑλληνιστί, ll. cc.

---

*ܗܠܟ Pa. ܗܠܟ (A Mt. 14 29 ܗܠܝܟ, i. e. ܗܠܟ), ܗܠܟ (l. l. BC); etc. Impf. ܢܗܠܟ (Joh. 7 1 A), ܢܗܠܟ; etc. Imp. ܗܠ(ܟ)ܟ; etc. Ptc. ܡܗܠ(ܟ)ܟ; etc. — incessit, ivit, ll. cc., Gen. 3 10. Js. 9 2. Mt. 11 5. Mc. 11 27. Luc. 1 6. Act. 14 8. Rom. 14 15, et saepe al. Hom. Ox. 967 15 (cit Mt. 14 25) 18. 68 5. 8. Hom. Anecd. 211 5 (cit. Gen. 3 8). Act. Andr. et Matth. fol. 1r. ܕܗܠܟ ܫܡܝܐ διεληλυθότα τ. οὐρανούς Hebr. 4 14.

ܗܠܟܐ. emph. ܗܠܟܬܐ (הִלְכְתָא) Js. 8 11. C. suff. ܗܠܟܬܗ Joh. 4 6 A, p. voc. o. BC. f. — incessus, iter ll. cc.

ܡܗܠܟ (Luc. 24 4 A), ܡܗܠܟ (l. l. B [sic leg.], al.). m. — via, spatium Ex. 8 27. Jon. 3 3 sq. Luc. l. c.

ܗܘܠܘܣ (Mt. 5 34 C); ܗܘܠܘܣ (Luc. 13 11 A), p. o. ib. BC, ܗܠܘܣ Mt. B. adv. — ὅλως prorsus, omnino Mt. 5 34, Vit. Anton. Stud. Sin. 11 149 3 (Migne, P. Gr. 26 906 A); pro εἰς τὸ παντελές Luc. 13 11 (ubi ܟܠܠ ad ܬܪܝܨ pertinet. Male intellegit Schwally, Idiot. p. 109).

ܗܢ (הָאן, הָן; de ܗܢ A pass., ܗܢܝ Lit. 695 18 cf. ܐܢ „signum"). Cf. ܐܢ I. adv. — ubi? Gen. 3 9. 19 5. 22 7. Js. 10 3. Jo. 2 17. Job. 7 15. Mt. 26 17. Luc. 17 17. 22 9. Joh. 11 34. 2 Petr. 3 4; al. Hom. Ox. 970 10. Hom. Anecd. 202 1. Act. Adrian. fol. 3v.

ܠܗܢ 1. quo, quorsum? Jon. 1 8. Joh. 3 8. 8 15. Act. Adrian. fol. 3v. 2. praep. apud, iuxta Luc. 19 29 B.

ܡܢ ܗܢ unde? Jon. 1 8. Mt. 13 54. 56. 15 34 AC. 21 25. 25 26a Ev. 165 BC. Mc. 6 2. 8 4. Luc. 1 43 AB. 13 25. 27. 20 4. Joh. 1 48. 6 5. Hom. Ox. 959 22. Hom. Anecd. 177 5. 183 19.

ܠܗܢ ܠ praep. apud, iuxta Luc. 19 29 C.

ܗܢ ܕ 1. coni. ubi, quo Gen. 19 20. 27. Ex. 9 26. Js. 10 9. 43 19 sq. Mt. 24 (ܗܢ ܕ, cf. Peš.). 9. 6 19 sq., et saepe alibi. Hom. Anecd. 200 20. ZDMG 56 260 3/4. Interdum part. ܕ omittitur: Mt. 9 17 C. Mc. 15 47. 16 6 Ev. 217 A. Joh. 20 15. 2. praep. apud, iuxta, penes Luc. 7 28. 8 35. 10 39. 19 37 B. Joh. 11 32. 19 25. 20 11. 12 (bis).

ܟܠ ܗܢ ܕ ubi Mt. 26 13.

ܟܠ ܗܢ ܕ id. (ܕ omisso) Js. 42 22 (cf. Lect. introd. p. XXXI).

ܒܟܠ ܗܢ ܕ id. Ex. 10 23.

ܕ ܠܗܝܟ *1. coni.* quo, quorsum Mt. 8 19BC. 24 28 Anecd. 127. 26 57. Luc. 4 16. 9 57. Lit. 695 18. *2. praep.* apud, iuxta, ad Gen. 19 6. Luc. 15 25.

ܕ ܗܝܟ ܡܢ unde Dt. 11 10. Jer. 39 37. Mt. 25 24. 26BC. Phil. 3 20. Act. Adrian. fol. 3r. Part. ܕ omissa Joh. 3 8. 7 27 sq.

[ܗܢ A: Mt. 26 31, ܗܢܐ A: Luc. 5 5. 8 9. 11, *pron. demonstr.*, sec. Lag. correctori debentur].

---

*ܗܢܐ. *Pe.* 3. *f.* ܗܢܝܬ Hebr. 4 2. — profuit, adiuvit, c. ܠ p., Hebr. l. c. Ptc. act. (ܠܟܘܢ) ܠܟ ܗܢܐ ܡܐ quid placet tibi (vobis)? Mt. 17 25. 18 12 AC (cf. *Aph.*) 21 28. 22 17. 42. 26 66. Luc. 10 36.

ܗܢܝܐ (הֲנָאָה, הֲנָיְתָא). *f.* C. suff. ܗܢܝܬܟ, ܗܢܝܬܗ. — utilitas, commodum, salus Job. 21 15. 22 3. Hom. Anecd. 177 18. 194 7. ܡܗܢܝܬܠܟ ܗܢܝܐ ܠ παραλαλεῖ Ps. 43 17 (sic leg. pro ܒܗܢܝܐ). ܗܢܝܐ ܒܗ ܠܝܬ ܕܠܐ διὰ τὸ αὐτῆς ἀνωφελές Hebr. 7 18.

Ithpa. Pf. 3. *f.* ܐܬܗܢܝܬ, ܐܬܗܢܝܬ Mc. 5 26. Impf. ܬܬܗܢܘܢ Hom. Anecd. 210 2. Ptc. act. ܡܬܗܢܐ, ܡܬܗܢܝܢ Mc. 8 36. [1Cor. 13 3]. — utilitatem cepit, lucratus est, ll. cc.

Aph. Impf. [3. ܝܗܢܐ Mt. 18 12 B: leg. ܗܢܐ]; pl. ܝܗܢܘܢ Jer. 12 13. Ptc. act. ܡܗܢܐ [Mc. 8 36 B leg. ܡܬܗܢܐ], *f.* ܡܗܢܝܐ; etc. — profuit, abs., Mt. 27 24. Joh. 6 64. 12 19. Vit. Abrah. Qīd. ZDMG 56 256 16. [Hom. Anecd. 171 24. 203 3]; c. ܠ p. Jer. 12 13.

ܗܦܩܛܪܘܬܐ, vid. ܐ.

ܗܘܦܪܝܛܐ Mt. 5 25 A, ܗܦܪܝܛܐ ib. B; C corrupt. Pl. abs. ܗܦܪܛܝܢ Joh. 18 3 A, *p. o.* B, ܗܦܪܛܝܢ C. emph. ܗܦܪܝܛܝܐ Mt. 26 58 Ev. 180 A, ܗܦܪܛܝܐ Joh. 18 12 A: etc. (cf. Idiot. p. 113). ܗܦܪܛܝܐ BC *pass.* ܗܦܪܛܝܐ C: Mt. 26 58 Ev. 180 et Joh. 18 18. (Cf. Krauss. 2 108 sq.) — ὑπηρέτης, minister, exactor Mt. 5 25. 26 58. 27 1. Joh. 7 45. 18 3. 12. 18. 22. 19 6.

ܗܦܟ *Pe.* ܗܦܟ (Js. 8 17); etc. Impf. ܢܗܦܘܟ; etc. Imp. ܗܦܘܟ. Ptc. act. ܗܦܟ, ܗܦܟܐ. — *1.* avertit, retro vertit Js. 43 13: sequ. ܐܦܝ aversatus est Js. 8 17. 50 6. 53 3. Ps. 43 25. *2.* convertit, mutavit Am. 8 10. ܪܘܚܐ ܠܗ . . . ܗܦܟ Ex. 10 19, cf. Peš. (LXX μετέβαλε . . . ἄνεμον). *3.* subvertit Gen. 19 21. 29. *4.* obvertit Mt. 5 39. *5. intr.* se convertit, recessit Gen. 8 3. 13. Mt. 7 6.

*ܗܦܝܟܐ. emph. ܗܦܝܟܬܐ (הֲפֵיכְתָא). *f.* — conversio Gen. 19 29. Job. 21 17.

ܐܗܦܝܟܘܬܐ Hom. Anecd. 182 26 (cit. Job. 21 17). Vix recte traditum. Cf. voc. praegress.

Ithpe. ܐܬܗܦܟ. Ptc. act. *f.* ܡܬܗܦܟܐ, pl. *m.* ܝܢ—. *1.* se convertit Luc. 7 9 Anecd. (cett. ܐܬܦܢܝ). *2.* se mutavit, transformavit 2Cor. 3 18. *3.* subversa, diruta est *urbs* Jon. 3 4.

Pa. ܗܦܟ— subvertit *urbem* Gen. 19 25.

*ܗܘܦܟ (num *qiṭṭūl?*). C. suff. ܗܘܦܟܗܘܢ Prov. 1 18. Pl. ܗܘܦܟܝܢ ib. v. 3. *m.* — *1.* καταστροφή Prov. 1 18. *2.* ܕܡܠܝܢ ܗܘܦܟܝܢ στροφαὶ λόγων v. 3.

ܡܗܦܟ (*ptc. pass.* nisi fort. ad *Aph.* pertinet) (Mt. A²). ܡܗܦܟ (Mt. C), ܡܗܦܟܢ (Luc. C), *f.* ܡܗܦܟܐ. — *1.* versatus *gladius* Gen. 3 24. *2.* perversus Mt. 17 17. Luc. 9 41. Tit. 3 11.

Ithpa. Impf. 3. ܢܬܗܦܟ Hom. Anecd. 175 21. Ptc. ܡܬܗܦܟ 1Tim. 3 15: ܡܬܗܦܟܝܢ Hebr. 10 33. — *1.* versatus est Tim. et Hebr. ll. cc. *2.* usus est *alqo* (ܥܡ) Anecd. l. c.

Aph. Pf. 3. *f.* ܐܗܦܟܬ (sic) Hom. Ox. 958 19. Ptc. act. ܡܗܦܟܝܢ Tit. 1 14. — *1.* convertit, subvertit Ox. l. c. *2.* aversatus est *rem* Tit. l. c.

---

*ܗܪ (هَرّ). *Pe.* Impf. ܢܗܪ — stridit *linguâ canis* Ex. 11 7.

ܗܪܘܕܝܐ, ܗܪܘܕܝܐ (A), *p. o.* BC. N. pr. Ἡρωδιάς Mt. 14 3. Mc. 6 17. 22. Luc. 3 19.

ܗܪܘܕܝܣ (A: Mc. 6 14, al.): ܗܪܘܕܣ Luc. 8 3 B: ܗܪܘܕܝܣ (A: Mt. 2 1. 3. Mc. 6 16, etc.: cf. Mc. 6 22): ܗܪܘܕܣ BC *pass.* N. pr. Ἡρῴδης ll. cc., al. (v. concord.).

ܗܪܘܕܝܢܐ (Mt. 22 16 Ev. 87 A), *p. o.* ib. C: ܗܪܘܕܝܢܐ ib. B. ܗܪܘܕܝܢ ib. Ev. 156 C (hinc corrig. ܗܪܘܕܝܢ in B): ܗܪܘܕܝܢܝܢ repono ib. in cod. A pro ܗܪܘܕܝܣܝܢ. — οἱ Ἡρῳδιανοί, l. c.

ܗܪܡܘܓܢܝܣ N. pr. Ἑρμογένης 2 Tim. 1 15.

ܗܪܡܝܣ N. pr. Ἑρμῆς Act. 14 12.

*ܗܪܣܝܘܛܐ. Pl. ܗܪܣܝܘܛܝܢ Act. Sct. Anecd. 170 16. ܐܪܣܝܘܛܝܢ Hom. Anecd. 195 18. emph. ܐܪܣܝܘܛܝܐ ib. 16. ܐܪܣܝܘܛܝܐ 200 25. — αἱρεσιώτης, haereticus. ll. cc.

ܗܪܣܝܣ *f.* — αἵρεσις haeresis Act. Sct. Anecd. 170 11.

ܘ

ܘ *coni.* — *1.* et, *pass.* ܘ—ܘ et—et Phil. 1 7. *2.* etiam 2 Cor. 6 1, al.

ܘܝ (ܘܝ A *pass.*, ܘܝ Mt. 24 19 B). *interiect.* vae, insequ. ܠ, Js. 3 9. 11. 10 1. 5. Jo. 1 15. Mt. 23 13 sqq. 24 19. 26 24. Luc. 22 22. Hom. Anecd. 189 14. 17 (cit. Js. 3 9).

ܙ

ܙܒܕܝ A (Mt. 26 37. 27 56, al.) *p. o.* Mt. 10 3 AB, al.; ܙܒܕܝ Joh. 21 2 A, *p. o.* BC Anecd. *pass.*, Mc. 10 35 Dam. — N. pr. Ζεβεδαῖος (cf. Dalm., Worte Jesu, 1898, p. 40 eiusdemque Gramm. p. 142; Pes. ܙܒܕܝ) Mt. 4 21. 10 3. 26 37. 27 56. Mc. 10 35. Luc. 5 10. Joh. 21 2.

ܙܒܘܠܘܢ (A: Mt. 4 13. 15), ܙܒܠܘܢ (ib. C. Js. 9 1), per p invers. scr. Mt. B. — N. pr. Ζαβουλων (Pes. ܙܒܘܠܘܢ), ll. cc.

ܙܒܢ I. *Pe.*, ܙܒܢܬ; etc. Impf. 3. ܢܙܒܢ (Luc. 22 36 A, *p. o.* C, al.), ܢܙܒܢ (Luc. l. c. B); etc. Imp. ܙܒܘܢ; *f.* ܙܒܢܝ, ܙܒܢܝ (Mt. 25 9 BC). Ptc. ܙܒܢ; etc. — emit Mt. 13 44. 14 15. 21 12. 25 9 sq. 27 7. Mc. 15 46. 16 1. Luc. 14 18 sq. 22 36. Joh. 4 8. 6 5. Gal. 4 5. [Ps. 43 12 pro ܙܒܢܬ leg. ܙܒܢܬ].

ܙܒܢ (iud., samar. זְבִין) *m.* — emptio Joh. 2 16 C (vid. mox ܙܒܢ).

Pa. Pf. 2. ܙܒܢܬ. Impf. ܢܙܒܢ, ܬܙܒܢ. Imp. ܙܒܢ, ܙܒܢ; etc. Ptc. act. ܡܙܒܢ; etc. — vendidit Jo. 3 3. 6. Ps. 43 13. Mt. 13 44. 19 21. 21 12. 25 9. Luc. 12 33. 18 22. 19 45. 22 36. Joh. 2 4. 16.

ܙܒܢ (iud., samar. זַבּוּן) *m.* — venditio: ܙܒܢ ܘܙܒܢ ἐμπόριον mercatura Joh. 2 16 (ubi sic leg.). (Iudaicae originis formula. Unde syr. ܙܒܢܐ ܘܙܒܢܐ, arab. باع وشرا s. شرا وباع apud Beaussier, al.).

Ithpa. ܐܙܕܒܢ (Joh. 12 5 A). Impf. ܢܙܕܒܢ (A Mt. 18 25, al.), *p. o.* al.; ܢܙܒܢ (= יִזְבַּן, si recte se habet; cf. etiam Lidzb. Handb. p. 266). Mt. l. c. C. Ptc. ܡܙܕܒܢ, ܡܙܕܒܢ (Luc. 12 6 A *cod.*). — venditus est Mt. 18 25. 26 9. Luc. 12 6. Joh. 12 5.

*ܙܒܢ II. ܙܒܢ (A *pass.*), ܙܒܢ (BC *pass.*; al.). emph. ܙܒܢܐ (Mt. 4 17 Ev. 68 A), *p. o. pass.* C. suff. 3. ܙܒܢܗ (Dt. 11 14). Pl. ܙܒܢܝܢ (A: Mt. 17 15, Mc. 9 21, al.), *p. o. pass.*; defect. scr. ܙܒܢܝܢ ZDMG 56 252 11. *m.* — *1.* tempus Ex. 8 32. 9 13. Dt. 11 14. Mt. 4 17. Hom. Anecd. 199 8. ܒܙܒܢ aliquando Luc. 22 32. Eph. 2 2sq. 13. Col. 3 7. S. F. 98 paen. ܟܠܗ ܙܒܢ prorsus Mt. 18 10 Anecd. (cett. ܟܠ ܟܠܗ). ܙܒܢ—ܙܒܢ modo—modo Hom. Anecd. 185 7/9. [210]. 191 25 / 192 1. *2.* tempus (nostrates „Mal“): ܚܕ ܙܒܢ(ܐ) semel Gen. 18 32. Hom. Ox. 9 50 21/22. Lit. 697 16 (ubi leg. ܙܒܢ). ܚܕ ܙܒܢ ܘܬܪܬܝܢ καὶ ἅπαξ καὶ δίς Phil. 4 16. ܙܒܢ ܬܠܝܬܝܐ tertium Mt. 26 44. Joh. 21 14. ܙܒܢܝܢ ܣܓܝܐܝܢ saepe Js. 42 20. Mt. 17 15 (*bis*). Mc. 9 21. 2Tim. 1 16. Hom. Anecd. 206 16. 207 24. Vit. Anton. Stud. Sin. 11 146 4 sq. 9. (gr. utroque loco ποσάκις apud Migne P. Gr. 26, 900, c. 39). ܟܡܐ ܙܒܢܝܢ quoties? Mt. 23 37.

[ܙܕܩ: Ptc. ܙܕܩ Lit. 680; *Pa.* Ptc. act. ܡܙܕܩ Rom. 3 30 Dam., pass. ܡܙܕܩܝܢ Tit. 3 7. De ܙ cf. nabat. זדקתא εὐσεβής Vog. 29 1; tamen formae sunt edessenae; legitima est ܨܕܩ].

*ܙܗܘ. *ܙܗܘ. emph. ܙܗܘܐ (זִיהֲוָא). *m.* — splendor Lit. 706 13 (ubi interpunctionem mutandam legendumque ܙܗܘܐ ܕܢܘܗܪܐ existimo). ܙܗܝܘ, ܙܗܝܘܬܐ (Anecd.). *f.* — splendor, laetitia Luc. 1 14 (ἀγαλλίασις).

*ܙܗܪ (cf. ܙܗܪ). *Pe.* Ptc. act. ܙܗܝܪ Mt. 5 25 B, cett. ܙܗܝܪ. — animum attendit ad cavendum, sequ. ܠ p., Mt. l. c. (Aliter text. gr.). Hom. Ox. 9 66 12.

*ܙܗܝܪ. Pl. ܙܗܝܪܝܢ — sobrius. Ita supponendum puto Tit. 2 2 pro voce incerta a Gwilliamio ܙܗܝܪܝܢ, a Stenningio ܙܗܝܪܝܢ lecta; gr. νηφαλίους. Respicias *Ithpe.*

ܙܗܝܪܐܝܬ *adv.* caute Act. 16 23 (Lit.=Peš).

Ithpe. Impf. ܢܙܕܗܪܘܢ. Imp. ܐܙܕܗܪܘ. — *1.* cavit, c. ܡܢ, Luc. 20 46. *2.* sobrius factus est (ἀνανήφειν) 2 Tim. 2 26.

Pa. Impf. pl. 1. ܢܙܗܪ — admonuit, praemonuit Luc. 16 28 A.

*ܙܗܪ. emph. ܙܗܪܐ (cf. Idiot. p. 27. Dalman. Gramm. p. 38) Luc. 21 25 Ev. 133 A, ܙܗܪܐ ib. Ev. 128 A; *p. o. pass.* pl. ܙܗܪܝܢ, ܙܗܪܝܢ (Mt. 4 24 C. 17 15 C). *m.* — luna Js. 60 19 sq. Jo. 2 10. 3 15. Mt. 24 29. Luc. 21 25. Act. 2 20. ܒܪ ܙܗܪܝܢ ܕܡܫܬܢܩܝܢ, οἱ σεληνιαζόμενοι Mt. 4 24; ܙ' ܒ' ܡܢ ܡܫܬܢܩ 17 15. Tamen ad explicandam hanc locutionem (pro qua Syr ᴾ ᵉ ܕܒܪ ܐܓܪܐ usurpant, cf. Duval. Rev. d. Et. Juiv. 1887, p. 49 sqq., Sin. ܕܡܬܚܢܩ ܗܘܐ) vix sufficit, opinor, notio *lunae*, quae inest voci ܙܗܪܐ; et fortasse suspicari licet, hîc servatam esse memoriam quaedam numinis, quod venerati erant pagani, ita ut ܒ' ܙ', quae rectius dici debuerunt ܒ' ܙܗܪܐ, sed noto more appellantur duplici plurali, sint filiae Veneris (زُهَرَة), quae a Syris antiquis in tectis colebantur (Cf. Wellhausen. Reste[2] p. 40 sq.), sed a Christianis pro daemonibus habebantur. Prorsus aliter anonymus in „Lit. Centralbl.“ 1902, col. 1324 „Mondstrahlen“ interpretatur. Nescio an rectius; sane quidem simplicius. Cf. etiam ܙܗܪܐ ܕܣܗܪܐ ܕܡܣܬܝܡ in cantico syr. apud Gollanczium Actes du XI congrès intern. des orient., Paris 1898,) p. 90 6 a.f. 91 1. 3.

*ܙܘ. *ܙܘܝܐ. emph. ܙܘܝܬܐ. Pl. ܙܘܝܢ; ܙܘܝܬܐ. *f.* — angulus Mt. 6 5. ܟܐܦ ܪܫ ܙܘܝܬܐ lapis angularis Eph. 2 20, pro quo ܪܫ ܙ' Mt. 21 42. ܐܪܒܥ ܙܘܝܢ quadratus Gen. 6 14.

ܙܘܓ *m.* (ζεῦγος) — par Luc. 2 24 (BC *p. o.*). ܒܪ ܙܘܓܐ σύνζυγε Phil. 4 3.

Pa. ܙܘܓ, ܙܘܓ — coniunxit Mt. 19 6.

[*Ithpa.* ܐܙܕܘܓ uxorem duxit Lit. 680. Eximendum lexico. Vox est a dialecto aliena].

ܙܘܙ (Mt. 20 2, al.) emph. ܙܘܙܐ. Pl. ܙܘܙܝܢ, ܙܘܙܝܢ (Luc. 21 2 A); ܙܘܙܐ. *m.* — Est *1.* pro δηνάριον Mt. 18 28. 20 2. 9 sqq. 22 19. *2.* pro κοδράντης Mt. 5 26 AB. Mc. 12 15. *3.* pro λεπτόν Luc. 21 2. *4.* pro δίδραχμον Mt. 17 24 (Cf. Schürer, Gesch. d. jüd. V.[2] 2 35 sq.).

*ܙܘܚ: ܡܙܕܘܚܝܢ 1 Thess. 3 3: leg. ܡܙܕܘܥܝܢ.

*ܪܒܝ *Pe.* Pf. pl. 1. ܪܒܝܢ Mt. 25 37 Ev. 166 B, ܪܒܢ A. Impf. 2. ܬܪܒܝ Gen. 6 19. 7 3. Ptc. act. ܪܒܝ Mt. 6 26 BC (A om.) — aluit, educavit, ll. cc. Cf. etiam *Pa.*

ܡܙܘܢ (מָזוֹן) Hom. Anecd. 194 25. emph. ܡܙܘܢܐ. C. suff. ܡܙܘܢܗ; etc. Pl. ܡܙܘܢܝܢ. *m.* alimentum, victus l. c., Mt. 6 25 BC. 10 10. 14 15. 24 45. Joh. 4 8. Lit. 696 17 (cit. Ps. 64 10). 706 8. Cf. ܡܪܒܝܢ.

ܡܪܒܝ (?). Pl. ܡܪܒܝܢ. *m.* — *id.* esse videtur ac praegress. in Act. Adrian. fol. 1 v: ܗܠܝܢ ܕܗܘܘ ܡܪܒܝܢ ܣܓܝܐܢ οἱ πολυκτήμονες. Huc fort. pertinet etiam ܡܪܒܝܢ (ܡܪܒܝ?) Hom. Anecd. 187 4 = Job. 9 26, LXX βορά.

Pa. Pf. pl. 1. p. ܪܒܝܢ — aluit, educavit Mt. 25 37 Ev. 97 B, Ev. 129 B (cett. *Pe.*).

Ittaph. Impf. pl. ܢܬܪܒܘܢ — alitus, sustentatus est Gen. 6 20.

ܙܘܢܐ (ζώνη, cf. Idiot. p. 105. Krauss. 2 244). *f.* (sed cf. Mt. 3 4 B). Pl. ܙܘܢܝܢ Mt. 10 9. — cingulum Ex. 28 4. Mt. 3 4. 10 9. Mc. 1 6.

---

*ܙܘܥ. *Pe.* Pf. 3. *f.* ܙܥܬ; ܙܥܘ. Impf. ܢܙܘܥܘܢ. Ptc. act. *f.* ܙܝܥܐ. — se movit, quassatus est Gen. 7 14. 21. Jo. 2 10. 3 16. Ps. 45 7. Mt. 21 10. 27 51 ABC. 28 4.

[*ܙܘܥ. emph. ܙܘܥܐ. *m.* — *1. terrae* motus Act. 16 26 (Lit.). *2.* tempestas Mt. 8 24 A *corr.*; sed ipsius codicis scriptura ܙܘܥܝܢ revocanda est, quae est legitima forma. Lit. syrismis redundat].

ܙܝܥ (זִיעַ) *m.* — motus: ܙܝܥ ܠܐ ܕ inconcussus Dt. 11 18 (ἀσάλευτος). Et hinc corrig. ܙܝܥܝܢ ܠܐ ܕ ib. 6 8.

ܙܘܥܝܢ (Mt. 8 24 A *cod.*; al.); ܙܘܥܝܢ (Mt. 28 2 B). emph. ܙܘܥܐ (Mt. 27 54 Ev. 204 A), *p. o. al.*; ܙܘܥܝܐ Luc. 21 25 Ev. 133 A *cod.* [ܙܘܥܐ Mt. 27 54 BC, Luc. l. l. Ev. 128 B]. Pl. ܙܘܥܝܢ (Mt. 24 7 A. Luc. 21 11), ܙܘܥܝܢ Mt. l. c. Ev. 92 B. [ܙܘܥܝܢ ib. C, Ev. 160 BC. Luc. c. c. C; ܙܘܥܝܢ Luc. B]. [emph. Luc. 21 25 A, Ev. 133 B: leg. sing.]. *m.* — *1.* terrae motus Mt. 24 7. 27 54. 28 2. Luc. 21 11. *2.* tempestas Zach. 9 14. Mt. 8 24. Luc. 21 25.

Ithpe. Ptc. ܡܙܕܥܙܥ; etc. — motus est Gen. 7 21. 8 17. 19. 9 2. 1Thess. 3 3 (sic leg.).

Palp. ܙܥܙܥ, ܙܥܙܥ. Impf. ܢܙܥܙܥ, ܢ—; etc. Ptc. ܡܙܥܙܥ (Am. 9 5, sic leg.); pass. *id.* — movit, concussit, l. c., Js. 10 14. Ps. 45 6. Job. 16 4. Mt. 11 7. 23 4. Luc. 7 24. Joh. 11 33. Hom. Ox. 953 12. 641. Hymn. Lect. 137 4. Act. Andr. et Matth. fol. 2r.

ܙܘܥܙܥ Hymn. Anecd. 113 4. Act. Andr. et Matth. fol. 2r. emph. ܙܘܥܙܥܐ Job. 16 5. C. suff. ܙܘܥܙܥܗܘܢ Joh. 5 3 A, ܙܥܙܥܗܘܢ B, ܙܘܥܙܥܗܘܢ C. *m.* — motus, agitatio, ll. cc.

Ithpalp. Pf. 3. *f.* [ܬ]ܐܙܕܥܙܥ (*i. e.* 'אִזְדַּ) Lit. Dam. IIr; pl. ܐܙܕܥܙܥܘ; etc. Impf. 3. *f.* ܬܙܕܥܙܥ; etc. ܢܙܕܥܙܥܘܢ Luc. 21 26 C. Ptc. ܡܙܕܥܙܥ, pl. *f.* ܡܙܕܥܙܥܢ 1Reg. 1 13. — agitatus, concussus est, ll. cc., Js. 10 31. Am. 8 12. Ps. 81 5. Mt. 11 7. 24 29. Luc. 7 24. Act. 2 25 (cit. Ps. 15 8). 16 26. Hom. Anecd. 182 11. Act. Andr. et Matth. fol. 2r. ܡܙܕܥܙܥ ܠ(ܐ) . . . = ἀκίνητος Vit. Anton. Stud. Sin. 11 1472/3 (cf. Migne, P. Gr. 26 900, C).

ܙܘܥܪ N. pr. Σηγωρ, Σιγωρ, (sed cfr. Ζωγορα apud Field.; Peš. ܙܥܪ) Gen. 19 22 sq. 30.

---

*ܙܘܪ (Cf. „Homon. Wurzeln" p. 22). *Pe.* ܙܪ, ܙܪܘ — decessit, recessit, sequ. ܡܢ, Hom. Anecd. 173 13. 195 19 (sic leg. pro ܐܙܕ—).

ܙܘܪܒܒܠ, ܙܘܪܒܒܠ (B *bis*) N. pr. Ζοροβαβελ (Peš. ܙܘܪܒܒܠ) Mt. 1 12 sq. Luc. 3 27.

ܙܚܦ *Pe.* Impf. 1. ܐܙܚܦ. pl. 2. ܬܙܚܦܘܢ — depulit (ὠθεῖν) Jo. 2 20 (2 codd.). 3 6 (ἐξωθεῖν). Fort. corr., cf. ܕܚܦ.

ܙܚܘܦ (Mt. 27 28 Ev. 201 A), *p. o.* l. c.

BC, Mc. 15 17 BC. اسومه Mt. l. l. Ev. 210 A *cod.* emph. اسويرا Mc. l. c. A; اسو Ex. 28 5. 8. اسويرا Mt. l. c. Ev. 210 A *corr.* *f.* — coccum, ll. cc., Ex. 26 31. 36.

اسيدقيا N. pr. Σεδεκιας (Peš. صدقيا) Jer. 39 1.

اين (Ps. 56 5). emph. اينا. C. suff. اينه, اينهون. *m.* — arma, l. c., Jo. 28. Ps. 45 10. 90 4. Rom. 13 12. 2 Cor. 6 7. Hom. Ox. 96 610. Vit. Anton. Stud. Sin. 11 1472 (= Migne P. Gr. 26 900 B: μετὰ πανοπλίας) (cf. ملابش).

ازيت (Gen. 8 11). Pl. ازيتا (Mt. 24 3 Ev. 91 A *cod.*), ازيتا (26 30 A), *p. o. pass.* ازيتا (24 3 Ev. 160 AB. Joh. 8 1 A). *m.* — oliva, olea, ll. cc., Mt. 21 1. Mc. 11 1. 13 3. Luc. 19 29. 37. 22 39 A *corr.* (cod. om.). Hom. Anecd. 181 16. — ازيتا olivetum Act. 1 12.

*زكا. *Pa.* Impf. 2. ازكا. Ptc. act. مزكا — insontem iudicavit 3 Rg. 2 14. Jo. 3 21.

زكي (זַכִּי, cf. Lidzb., Ephemeris I 213). Mt. 27 4 Anecd. 24 C, Ev. 201 B; زكين 27 24 Ev. 210 A, *p. o.* ib. B. — insons, innocens, ll. cc. [Jo. 3 19, vid. زكي].

[زكو insons, ἀθῷος Jo. 3 19: leg. زكي vel زكي].

زكاي (A: *p. o.* C), زكي (B) N. pr. Ζακχαῖος (Pes. زكي) Luc. 19 2. 5. 8.

[ازكوه Joh. 12 16 Stud. Sin. Leg. ادكره].

زكريا (per ق scr. BC); زكريوس, زكرياس, زقرياس (Luc. 1 21 B), زقرياس (Luc. 1 5 C. 13 B. 18 BC, al.). N. pr. Ζαχαρίας, *a*) υἱὸς Βαραχίου (Jojadae) Mt. 23 35. Lect. 104 10. 110 13. *2.* Iohannis baptistae pater, *pass.* N. T.

زكريوطا, زقريوطا (A), *p. voc. o.* BCD. N. pr. Ἰσκαριώτης (Peš. سكريوطا) Mt. 10 4. 26 14, al. (Cf. Dalm. Worte Jesu, 1898, p. 42).

*زلل (Cf. „Homon. Wurzeln" p. 24, ZDMG 54 157). *Pa.* ptc. pass. مزلل Mc. 6 4 A, *p. o.* B, Mt. 13 57. مزلل Mc. l. l. C. *f.* مزللا Js. 53 3. Pl. c. suff. مزلليه 1 Cor. 12 23. — contemptus (ἄτιμος) ll. cc.

زلول (*זְלוּל ?) *m.* — ignominia, infamia (ἀτιμία) Js. 10 16. Prov. 9 7. 2 Cor. 6 8.

Ithpa. اتزلل Js. 53 3. — contemptus est, l. c. [Mt. 24 29 Anecd. et Dam. leg. مزدعزعين].

مزلل crapulae plenus Ps. 77 65.

زلح *Pe.* Pf. pl. زلحو. Imp. زلحو (Joh. 2 8 A), زلحو (BC). — hausit Joh. 2 8 sq.

[زلحه Zach. 9 14 = βολίς. Vox nihili. Correxerim زلحه vel potius زلحه, „sagitta eius"].

*زمر زمرا (Cf. Idiot. p. 28), زمرا Luc. 21 18 BC (sic leg. pro زمرا). Pl. زمرا. *f.* — crinis, pilus l. l., Mt. 5 36. Luc. 12 7.

*زمر. *زمر (זְמַר), emph. زمرا. Pl. زمرين, emph. زمريا(ه), زمريا. *m.* — *1.* cantus, psalmus Job. 21 12. Luc. 15 25. *2. pl.* comissatio (κῶμοι) Rom. 13 13.

*مزمور. Pl. c. suff. مزموريهون. *m.* — cantus Am. 8 10.

*زمر (זַמָּר). emph. زمرا. Pl. زمريا. *m.* *1.* tibicen αὐλητής Mt. 9 23. *2.* χοραύλης Act. Philem. Anecd. 169 5.

زمرغدا (Cf. Krauss. 2 28. 248) smaragdus Ex. 28 9.

*زون; emph. زونا reddit τὰ ζιζάνια Mt. 13, ante v. 37. v. 38. 40. Forma parum credibilis. Cf. Idiot. p. 105.

*زنا. *زني (זָנְיָא). emph. زنيتا. Pl. *id.* et زنياتا *f.* — meretrix Jo. 3 3. Mt. 21 31 sq. Luc. 15 30. Hom. Anecd. 176 8. [209 2].

زنو (זְנוּת) BC: Mt. 5 32, 19 9, Joh. 8 41; زنو Hom. Anecd. 200 11 (hinc corr. زنو Mt. 5 32 A). emph. زنوتا Col. 3 5. 1 Thess. 4 3, al., ܙܢܝܘܬܐ Hom. Anecd. 211 13. *f.* — scortatio, ll. cc., Vit. Sct. cod. ms. pass.

ܙܢܝܘ (*id.*) solus cod. A perhibet Mt. 19 9 et Joh. 8 41, quare vereor, ne sit correctori adscribendum.

Pa. Pf. pl. ܙܢܝܘ 1 Cor. 10 8. Impf. pl. 1. ܢܙܢܐ l. c. Ptc. act. pl. *m.* ܡܙܢܝܢ Act. Andr. et Matth. fol. 2v. — scortatus est, ll. cc.

---

*ܙܥܡ *Pe.* Ptc. act. *f.* ܙܥܡܐ — Mc. 6 19 B: ܗܘܬ ܙܥܡܐ ܠܗ pro ἐνεῖχεν αὐτῷ. Cum tamen AC ܕܥܡܐ perhibeant, fort. menda subest. Quid si archetypum ܐܚܝܕܐ habuerit? Quod verbo graeco accuratius respondet et cum ܙܥܡܐ facile commutari potuit; etenim literae ܙ et ܛ in libris manu scriptis haud multum inter sese distant.

ܙܥܦ *Pe.* ܙܥܦ, ܙܥܦ(ܘ) (Mc. 1 43 A). Impf. 2. ܬܙܥܘܦ. Imp. ܙܥܘܦ, ܙܥܦ (Luc. 19 39). Ptc. act. ܙܥܦ; etc. — *1.* depulit, repudiavit, c. acc. v. abs. (ὠθεῖν, ἀπ-, ἐξωθεῖν) Ps. 43 24. 55 8. 77 60. Cf. etiam ܙܘܦ. *2.* Insequ. ܒ, ἐπιτιμᾶν Mt. 8 26. 17 18. 20 31. Mc. 8 30. 9 25 C (AB ܙܥܩ). Luc. 4 35. 39. 41. 9 42. 55. 17 3 A. 18 39. 19 39. 23 40; ἐμβριμᾶσθαι Mt. 9 30. Mc. 1 43. *3.* Insequ. ܥܠ, ἀγανακτεῖν Mc. 10 41 C (cf. *Ithpe.*).

ܙܥܦܐ. C. suff. 3. *m.* ܙܥܦܬܗ. *f.* — minae, comminatio (ἀπειλή) Zach. 9 14.

Ithpe. ܐܙܕܥܦ. Ptc. act. ܡܙܕܥܦ; etc. — *1.* depulsus est (cf. *Pe. 1.*), pro φέρεσθαι Job. 17 1, ἀπάγεσθαι 21 30. (Pro παρασυμβάλλεσθαι Ps. 48 21. Versio prorsus absona). *2.* Insequ. ܥܠ p. indigne tulit, indignatus est (ἀγανακτεῖν) Mc. 10 41 AB. *3.* Insequ. ܒ ἐμβριμᾶσθαι (cf. *Pe. 2.*) Joh. 11 33. 38.

ܙܥܪ *Pe.* — parvus fuit. ܢܦܫܐ ܙܥܪܬ ὠλιγοψύχησεν animo defecit Jon. 4 8.

ܙܥܝܪ (Js. 10 19, al.), ܙܥܘܪ (ib. 11 6 et 8 Anecd.). emph. ܙܥܝܪܐ (*pass.*), ܙܥܘܪܐ (Mc. 9 34 Anecd. 21 6). *f.* abs. ܙܥܝܪܐ (Gen. 19 20, al.). emph. ܙܥܝܪܬܐ (Luc. 12 32 A), ܙܥܘܪܬܐ (ib. BC). C. suff. ܙܥܝܪܗܘܢ Jon. 3 5. Pl. [ܙܥܝܪܝܢ Luc. 14 24 A *a recent. manu*]. st. cst. ܙܥܝܪܝ Mt. 6 30 C, al., ܙܥܝܪܝ ib. B. emph. ܙܥܘܪܝܐ (A: Mt. 25 40 Ev. 129, al.), ܙܥܝܪܐ Prov. 1 4. *f.* abs. ܙܥܘܪܢ Vit. Anton. Stud. Sin. 11 144 16. emph. ܙܥܝܪܬܐ. — *1.* parvus, ll. cc., Gen. 1 16. 19 11. Js. 7 13. 9 14. 11 6. Mich. 5 2. Mt. 2 6. 10 42. 11 11. 25 45. Luc. 7 28. 9 48. 22 26. Joh. 3 30. Hom. Anecd. 179 25 (cit. 3 Rg. 17 13). 189 8. Hom. Ox. 950 14, al. ܗܝܡܢܘܬܐ ܙܥܝܪ (ὀλιγόπιστος) Hom. Anecd. 202 2; cf. Js. 35 4. Mt. 6 30. 8 26. 14 31 (= Hom. Ox. 968 18 sq.). *2.* natu minor, iunior Luc. 15 12 sq. [Pauci: Luc. 14 24 A, *interpol.*].

*ܙܥܝܪܘ *f.* st. cstr. ܙܥܝܪܘܬ, ܙܥܝܪܬ (C). — exiguitas: ܙܥܝܪܘܬ ܗܝܡܢܘܬܐ ὀλιγοπιστία Mt. 17 20.

---

*ܙܦܪ. ܙܦܪܐ *f.* C. suff. ܙܦܪܬܗ — foetor Job. 17 11. Jo. 2 20 (LXX utroque loco βρόμος. Cf. Syr. Hex.).

---

*ܙܩ. *ܙܩ *m.* Pl. ܙܩܝܢ, emph. ܙܩܐ. — uter Mt. 9 17. Luc. 5 37 sq.

*ܙܝܩܐ (זִיקִין). *m.* Pl. ܙܝܩܐ. — scintilla Job. 16 10. Hymn. Lect. 138 9 (?).

---

*ܙܩܦ. [*Pe.* ܙܩܦܬܘܢ crucifixistis Act. 2 23 procul dubio ex vers. Peš. assumtum].

*ܡܙܩܦ s. *ܡܙܩܘܦ. *m.* Pl. c. suff. ܡܙܩܘܦܘܗܝ. — articulus Job. 17 11.

ܡܙܩܘܦܐ. C. suff. ܗ̇ܬ—; etc. *f.* — trabs vel simile quid, quo quis erigitur, *metaph.* de Christo: ܡܙܩܘܦܬܢ ... ܗܘܝܬ ܠܢ sustentaculum nostrum factus es, o Domine! Lit. Dam. I fol. 1r. Obscuriora mihi sunt verba [?ܥܠ]ܕܝ ܕܨܠܝܒ ܡܙܩܘܦܬܗ ܥܠ ܠܐ ܐܣܝܐ ib.

Ithpa. Pf. 3 *f.* ܐܙܕܩܦܬ; etc. Ptc. act. ܡܙܕܩܦ; etc. — *1.* erexit se Luc. 13 13. *2.* exsurrexit, *contra qm*, restitit *alcui* (ܥܠ) Js. 50 5. Luc. 2 34. Rom. 13 2. Hymn. Anecd. 113 10. 22.

*ܙܩܪ *Pe.* Impf. ܢܙܩܪܘܢܝ, ܢܙܩܪܘܢܝ (BC). — praecipitavit Luc. 4 29.

*ܡܙܩܪܐ. emph. ܡܙܩܪܬܐ. *f.* — locus praeceps, praeruptus Mt. 8 32. Luc. 8 33.

ܙܪܚ N. pr. Ζαρα (Peš. ܙܪܚ) Mt. 1 3.

ܙܪܥ *Pe.* Pf. 2. ܙܪܥܬ, 1. ܙܪܥܬ; etc. Impf. ܢܙܪܘܥ, ܢܙܪܥ (BC Luc. 8 5). Imp. ܙܪܘܥ, pl. ܙܪܘܥܘ. Ptc. act. ܙܪܥ, ܙܪܥ; etc. — seminavit Dt. 11 10. Jer. 12 13. 39 37. Eccl. 11 4. 6. Mt. 6 26. 13 37. 25 24. 26. Luc. 8 5. Joh. 4 36 sq.

ܙܪܥ (*pass.*), ܙܪܥ (Mt. 22 24 C). emph. ܙܪܥܐ. C. suff. 3. *m.* ܙܪܥܗ, ܙܪܥܗ (Hebr. 2 16 Lect. 14); ܙܪܥܟܘܢ; etc. Pl. ܙܪ̈ܥܢܐ (Luc. 6 1 A). *p. o.* al. C. suff. ܙܪ̈ܥܢܬܟܘܢ (sic) Gal. 3 16. *m.* — *1.* semen Gen. 1 11 sq. 29. 3 15. 7 3. 8 22. Dt. 10 15. 11 9 sq. Js. 43 5. 61 9. Am. 9 13. Eccl. 11 6. Sirac. 45 25. Mt. 13 37. 22 24. Mc. 12 19. Gal. 3 16. Hebr. 2 16. Lit. 705 4. Alibi. *2. pl.* seges, segetes Mc. 2 23. Luc. 6 1.

*ܙܪܥܐ. emph. ܙܪܥܬܐ. *f.* — diaspora Jac. 1 1.

*ܙܪܘܥ. emph. ܙܪܘܥܐ. *m.* — seminator Luc. 8 5 AB (Anecd. om., C ܙܪܘܥܐ).

Ithpe. Pf. pl. ܐܙܕܪܥܘ. Ptc. ܡܙܕܪܥ. — disseminatus est Gen. 1 11 sq. 29. 9 19. Jo. 3 2.

Aph. Ptc. act. ܡܙܪܥ, *f.* ܡܙܪܥܐ. — seminavit, disseminavit Gen. 1 29. Ex. 9 31.

---

*ܙܪܬ. *ܙܪܬ. C. suff. ܙܪܬܗ. *m.* — dodrans, spithama Js. 40 12.

ܚ

*ܚܒ. *ܚܘܒ. emph. ܚܘܒܐ. *m.* — amor 1 Thess. 3 12. (Ib. 1 3 Stenning legit ܚܒܬܟܘܢ).

ܚܒܐ (חִבָּא) Rom. 14 15, al.; ܚܒܐ Hebr. 10 24. emph. ܚܒܬܐ, ܚܒܬܐ Joh. 15 13 (Stud. Sin.). C. suff. ܒܚܒܬܗ (Joh. 15 10 A, al.); etc. *f.* — amor, ll. cc., Mt. 24 12. Joh. 13 35. 15 9. Rom. 5 8. 12 9 sq. 1 Cor. 13 1 sqq. Col. 1 4. 8, et saepe alibi. Hom. Anecd. 202 26.

ܚܒܝܒ (Am. 8 10). emph. ܚܒܝܒܐ. C. suff. ܚܒܝܒܗ; etc. ܢܚܒܝܒ (Mt. 17 5 A, al.). Pl. ܚܒܝܒܝܢ (Rom. 1 7). C. suff. 1. ܚܒܝܒܝ. — amatus, ll. cc., Gen. 22 2. 12. 16. Js. 44 2. Mt. 3 17. Mc. 1 11. Luc. 9 35 BC. 20 13. 2 Petr. 3 8; al. Act. Andr. et Matth. fol. 2r. Hom. Ox. 961 14. 741.

ܬܚܒܘܒܐ (*taqṭūlat*) pl. ܬܚܒܘܒܬܐ. *f.* — delicium, cupiditas („Liebhaberei") Hom. Anecd. 200 14. 206 16.

Aph. ܐܚܒ, ܐܚܒ (Eph. 2 4); ܐܚܒܬ; etc. Impf. ܢܚܒ (Mt. 6 24 A), ܠܚܒ (Luc. 16 13 C), alias ܢܚܒ (A). C. suff. 3. *m.* ܢܚܒܝܗ (Luc. 7 42 A[2], *p. o.* cett.); ܐܚܒ; etc. Imp. ܐܚܒܘ. Ptc. act. ܡܚܒ, ܡܚܒ; etc. — amavit, ll. cc., Dt. 6 5. Js. 43 4. Ps. 44 8. Prov. 9 8. Mt. 5 43. Eph. 6 24, et saepe al. Act. Philem. Anecd. 169 20. 170 7. Act. Andr. et Matth. fol. 2r. Hom. Anecd. 211 12.

---

*ܚܒܠ (Cf. „Homon. Wurzeln" p. 25 sq.) I. ܚܒܠ, ܚܒܠ (Joh. 2 15 B). emph. ܚܒܠܐ. Pl. ܚܒܠܝܢ. C. suff. 3. *f.* ܚܒ̈ܠܝܗ. *m.* — *1.* funis Joh. 2 15. Act. Philem. Anecd. 169 24. Hom. Ox. 958 11 (cf. Js. 5 18). 618. Act. Adrian. fol. 2r/v (cf. ܪܗܛܐ). *2.* σχοίνισμα (cf. „Homon. Wurzeln" p. 26, n.) Zach. 11 14.

---

*ܚܒܠ II. ܚܒܠܝܢ (A Mt. 24 8). emph. ܚܒܠܐ. C. suff. ܚܒܠܘܗܝ. *m.* — partus dolores Job. 21 17. Mt. 24 8. Act. 2 24. Lit. 707 3.

*ܚܒܠ III. *Pa.* Impf. pl. 1. ܢܚܒܠ — perdidit Jer. 11 19.

---

*ܚܒܪ. ܚܒܪ (st. cst.). emph. ܚܒܪܐ. C. suff. ܚܒܪܗ. Pl. c. suff. ܚܒܪܝܗ; etc. *m.* — *1.* socius, amicus Mt. 20 13 C (AB ܚܒܪܟܘܢ). 26 50. *2.* collega Joh. 11 16. *3.* alter Ex. 11 2. Phil. 2 4. ܚܒܪ ܡܕܝܢܐ civis, πολιτικός Vit. Anton. S. F. 104 9.

ܚܒܪܘܢ N. pr. urbis Χεβρων Num. 13 23 (*bis*).

ܚܒܫ *Pe.* ܚܒܫ; etc. Ptc. pass. *f.* ܚܒܝܫܐ. — clausit, inclusit Ps. 77 62. Luc. 3 20. 5 6. Vit. Abrah. Qīd. ZDMG 56 255 17.

*ܚܒܘܫ (חֲבוּשׁ). [emph. ܚܒܘܫܐ Mt. 5 25 AB: leg. ܚܒܘܫܐ cum C]. C. suff. 3. *m.* ܚܒܘܫܗ Vit. Abrah. Qīdōn. ZDMG 56 255 paen. *m.* — carcer, l. c.

ܚܒܘܫܝܢ (*חֲבוּשִׁין) 2 Cor. 6 5. Hebr. 11 36. emph. ܚܒܘܫܝܐ Js. 42 7, Mt. 5 25 C, al; per ܫ scr. Luc. 21 12 Ev. 133 A; ܚܒܘܫܝܐ Mt. 25 36 Ev. 129 A, ܚܒܘܫܝܐ Luc. l. l. Ev. 240 A. *m.* — custodia, φυλακή, ll. cc. Nonnisi sensu a b s t r a c t o. Sicubi φυλακή vim concretam *carceris* habet, interpres aut ܒܝܬ ܐܣܝܪܐ, ܒܝܬ ܐܣܘܪܐ usurpat, aut vocem graec. ܦܘܠܩܐ servat. (Hinc corrig. Idiot. p. 29).

Ithpe. Pf. pl. ܐܬܚܒܫܘ — (ex-)clusus est Rom. 3 27 (sic leg.).

ܚܕܩ *Pe.* ܚܕܩ, ܚܕܩܘ; etc. Impf. ܢܚܕܩ (Ps. 90 4, v. ZDMG 53 706), ܢܚܕܩܘܢ. Ptc. act. ܚܕܩ, ܚܕܩܝܢ. — *1. tr.* cinxit, circumdedit, sequ. acc. (ܠ, ܠ) Gen. 21 1. 13. 19 4. Js. 42 25. Jon. 2 4. 6. Ps. 43 14. 87 18. 90 4. 117 10 (sic leg.). Job. 16 13. 17 7. Mt. 3 5. Luc. 3 3. 19 43[b]. Joh. 10 24. Lit. Dam. I fol. 1[v]. *2.* circumiit, c. ܒ l., Mt. 4 23. 17 22. Luc. 8 1. 9 6. Hebr. 11 37. Act. Philem. Anecd. 169 25. Lit. 704 21. Sequ. acc. l. Mt. 9 35. 23 15.

*ܚܕܝܩ (*qᵉṭīl*). Pl. ܚܕܝܩܝܢ, *f.* ܚܕܝܩܢ — circumiacens Gen. 19 28. Dt. 13 7. Jo. 3 11 sq. Ps. 49 3. Luc. 9 12.

ܚܕܩܢ *m.* — ܡܢ ܚ' ܚ' circumcirca (κύκλῳ) Jer. 38 39. ܡܢ ܚܕܩܢ ܚܕܩܢ κυκλόθεν Sirac. 46 5.

*ܚܕܩܬܐ *f.* [ܚܕܩܬܐ Hom. Anecd. 209 13, loci corruptissimi]. st. cst. ܚܕܩܬ Js. 9 18. C. suff. ܚܕܩܬܗܘܢ Js. 60 4. ܚܕܩܬܟܘܢ Dt. 6 14 (sic leg. pro ܚܕܩܬܗܘܢ). — regio circumiacens (τὸ, τὰ κύκλῳ) ll. cc.

Aph. (an *Pa.*?) Pf. ܐܚܕܩ(ܘ) Mt. 21 33 Anecd., Ev. 88 A, ܚܕܩ(ܘ) ib. Ev. 154 C. Impf. ܢܚܕܩܘܢ. — circumdedit, sequ. dupl. acc., l. c., Luc. 19 43.

---

*ܚܓܪ. *ܚܓܝܪ. emph. ܐ—. Pl. ܚܓܝܪܐ B: Mt. 11 5, Luc. 7 22. — claudus, ll. cc., Js. 35 6. Jer. 38 8.

ܡܚܓܪ (מְחַגַּר) Act. 14 8 (cf. ZDMG 53 706). Pl. ܡܚܓܪܝܢ, emph. ܡܚܓܪܐ. — claudus l. l., Mt. 11 5 AC. 21 14. Luc. 7 22 AC. Joh. 5 3.

ܚܕ (*rad.* אחד). emph. ܚܕܐ. *f.* ܚܕܐ Joh. 13 32 A, *p. o. pass.* — unus, *pass.* Nom. anteced. s. insequ.: aliquis, quidam, τὶς Mt. 9 18. 20. 22 11. Luc. 1 5 *et saepe al.* ܠܚܕ (= ܚܕ ܠܐ) nullus Ex. 9 6 sq. *f.* ܚܕܐ ܠܐ nihil Mt. 26 62. ܠܚܕܐ εἰς ἓν = unā Joh. 11 52. 17 23. — ܚܕ ܚܕ unusquisque 1 Thess. 4 4 S. F. (sic leg. pro ܚܕ ܚܕܐ) (Ox. ܟܠ ܐܢܫ). ܟܠ ܚܕ *id.* Joh. 6 7 C. 10 3. S. F. 90 7. Hom. Anecd. 181 25. 199 3. Lit. 704 20. ܟܠ ܚܕ ܚܕ *id.* Joh. 6 7 A. Hom. Anecd. 186 21. ܟܠ ܚܕ ܘܚܕ *id.* Mt. 26 22. Mc. 15 24. Joh. 6 7 B. 10 3 C. 16 32. 21 25. Act. 2 3. 6. Rom. 12 5 ܚܕ ܚܕ εἷς καθ' εἷς singuli Joh. 8 9 A (BC om.). ܚܕ — ܚܕ alius — alius, alter — alter Mt. 21 35. 22 5. ܚܕ ܠܚܕ πρὸς ἀλλήλους Luc. 24 32, itaque cum ܠܘܬ Mt. 11 9, ܥܡ Luc. 24 14. 17, ܚܕ ܒܬܪ ܚܕ (unus post alterum) Hymn. Anecd. 112 3. — Denotat varietatem, veluti ܚܕ ܚܕܐ etc. Lit.

706 22; et cf. ܚܡܫܐ; numerum fractum: ܚܕ ܡܢ ܚܡܫܐ τὸ ἐπίπεμπτον Num. 5 7.

ܠܚܕܐ *adv.* („unice") valde, sane (Est pro λίαν, σφόδρα, μεγάλως) Gen. 1 31. 7 18 sq. 18 20. 19 9. 50 9 sq. Ex. 9 3. 18. 24. 10 14. 19. Num. 13 29. Js. 43 17 (Lect. 35). 52 13. Jo. 2 11. S. F. 100 8, passim alibi. (Nonnulla exempla probat Schwally in Idiot. p. 29).

ܟܚܕܐ *adv.* una, simul, concorditer (ὁμοῦ, ὁμοθυμαδόν, ἅμα, ἐπὶ τὸ αὐτό Mt. 22 34.) Gen. 19 4. 22 6. 8. 19. Js. 9 21. 11 6 sq. 14. 42 22. 43 9. 60 12 sq. Jer. 38 8. Job. 16 10. 17 16. 21 26. Eccl. 11 6. Mt. 22 34. Joh. 4 36. 20 4. 26. 21 2. Act. 1 14. 2 1. Rom. 15 6. 1 Thess. 4 17. Lit. 696 18. Lit. Dam. I fol. 2v.

ܡܢ ܚܕܐ *adv.* ἀπὸ μιᾶς Luc. 14 18; ἐφάπαξ Rom. 6 10. 1 Cor. 15 6. Hebr. 9 12; εὐθύς Joh. 13 32; παραχρῆμα Act. 16 26.

ܚܕܝ I. *Pe.* (ܚܕܝ *pass.* ܚܕܝܬ(ܘܢ)) Joh. 8 56 C. ܚܕܝܬ (Act. Philem. Anecd. 170 7); etc. Pl. ܚܕܘ [ܚܕܝܘ Joh. 20 20 A dubiosum]. Impf. ܐܚܕܐ; etc. Imp. *f.* ܚܕܝ, ܚܕܝܝ (Lit. Dam. *pass.*); pl. *m.* ܚܕܘ, ܚܕܝܘ (Mt. 5 12 BC, Luc. 6 23 C), ܚܕܝܘ (Hom. Anecd. 172 21). Ptc. act. ܚܕܐ s. ܚܕܝ; etc. — gavisus est (abs. s. sequ. ܥܠ) l. l. cc., Js. 60 5. Jo. 2 21. 23. Zach. 9 9. Mt. 18 13. Luc. 1 14. 58. 10 20. Joh. 3 29. Jac. 1 2. Rom. 12 12. 1 Cor. 3 6. 1 Thess. 3 9, et saepe alibi. Hom. Anecd. 172 21 (cit. Phil. 2 18). 173 10 (cit. Phil. 2 17).

ܚܕܘܐ (A: Luc. 24 52, Joh. 16 20 Ev. 189), *p. o. pass.* (constanter BC); ܚܕܘܬܐ Mt. 28 8 A [ܚܕܘܬܐ Mt. 2 10 A], *p. o.* Luc. 2 10 A, al. emph. ܚܕܘܬܐ Luc. 24 41 A, al. C. suff. ܚܕܘܬܗ; etc. ܚܕܘܬܗܘܢ (sic!) Joh. 16 22 Ev. 56 BC. [Pl. ܚܕܘܬܐ Jo. 1 16 st. abs. sg. olim fuisse videtur: ܚܕܘ]. *f.* — gaudium, ll. cc., Js. 35 10. 60 15. 61 11. Jon. 4 6. Ps. 44 8. 16. Mt. 2 10. 13 44. 25 21. 28 8. Luc. 1 14. 44. 8 13. 10 17. Joh. 3 29. 15 11. 16 21. 24. 17 13. Jac. 1 2. Rom. 14 17. Eph. 6 24. Phil. 1 4. 25. 1 Thess. 3 9. Hebr. 1 9. 10 34. Hom. Anecd. 183 [8]. 9. Hymn. Anecd. 111 12. Lit. 697 6 (cit. Ps. 64 13b). 706 17. S. F. 89 6. 90 11 (cf. GGA 1901, p. 205). Lit. Dam. I, fol. 2r.

Ithpe. ܐܬܚܕܝ; etc. Impf. ܢܬܚܕܐ, ܐܬܚܕܐ; etc. Imp. *f.* ܐܬܚܕܝ Js. 61 10, ܐܬܚܕܘ; etc. Ptc. act. ܡܬܚܕܐ. — *i. q. Pe.*, Js. 12 6. 35 1 sq. 61 10. Jer. 38 12 sq. Ps. 97 8. Mt. 5 12. Luc. 1 47. 15 32. Joh. 5 35. 14 28. Phil. 4 4 (*bis*). Hom. Anecd. 183 7. [19]. Lit. 706 2. 708 7. Lit. Dam. I, fol. 2v. Vit. Anton. Stud. Sin. 11 149 11.

*ܚܕܝ II. *ܚܕܝ *m.* C. suff. ܚܕܝܗ, ܚܕܝܝ. Pl. c. suff. ܚܕܘܝܗܘܢ [ܚܕܝܗܘܢ Luc. 23 48 A *corr.*, vid. adn.] — pectus Gen. 3 14. Luc. 18 13. 23 48. Joh. 21 20.

ܚܐܕܝ N. pr. Αδδι Luc. 3 28 C (Cf. ܐܕܝ).

[ܚܕܝ S. F. 90 4: ipse cod. recte ܚܡܕܝ].

*ܚܕܬ. ܚܕܬ (חָדָת) Joh. 13 34, al., ܚܕܬܐ Mt. 9 17b C. 26 29 C. emph. ܚܕܬܐ Luc. 5 36 sqq., al. *f.* ܚܕܬܐ 2 Rg. 2 20, al., emph. ܚܕܬܬܐ (sic) Mt. 26 28, al. Pl. ܚܕܬܝܢ Mt. 9 17, al., *f.* ܚܕܬܢ Js. 42 9, al. — novus, ll. cc., Js. 42 9 sq. 43 19. Zach. 9 9. Ps. 97 1. Mt. 9 17. 13 52. 26 29. Mc. 16 17. Joh. 13 34. 19 41. 1 Cor. 11 25. 2 Cor. 5 17. Gal. 6 15. Eph. 2 15. Col. 3 10. Hom. Anecd. 207 8. Hom. Ox. 961 15. 621 2. Lit. Dam. I, fol. 1v (*infra*).

Pa. ܚܕܬ, ܐܚܕܬ(ܬ) Hebr. 10 20 Lect. 15. Impf. ܢܚܕܬܝܢ. Ptc. act. ܡܚܕܬ; etc. — renovavit Js. 61 4. 10 20. Hom. Anecd. 173 26. Lit. 706 7.

ܚܕܘܬ (חדות) (Rom. 6 4?). C. suff. ܚܕܘܬܗ. *m.* — renovatio Rom. 12 2 (ἀνακαίνωσις); 6 4 (ܚܕܘܬ = καινότης, quapropter ex ܚܕܘܬ [ܚܕܘܬܐ] natum esse cogitare possis; sed *st. abs.* est, non st. cst.). Pl. emph. ܚܘܕܬܐ τὰ ἐγκαίνια, encaenia (*templi, ecclesiae*) Joh. 10 22 (ubi AC falso ܚܕܘܬܐ). Lect. 20 15.

Ithpa. Impf. ܢܬܚܕܬ; etc. Ptc. ܡܬܚܕܬ. — renovatus est Col. 3 10. Hom. Anecd. 173 17. 26 sq. 209 6.

ܚܘܐ N. pr. Chavvah, Eva (Peš. ܚܘܐ) Gen. 3 20. Hom. Anecd. 193 23. 211 6.

---

*ܚܘܝ. emph. ܚܘܝܐ. N. pr. Εὐαῖος (Peš. om., al. ܚܘܝܐ) Num. 13 30.

---

*ܚܘܒ. *Pe.* Ptc. act. ܚܐܒ. — debuit Mt. 18 28 (*bis*). 30. 34. Luc. 7 41.

*ܚܘܒ. emph. ܚܘܒܐ (Luc. 7 41, ubi sic leg. cum A[2]). Pl. c. suff. ܚܘܒܝܢ Mt. 6 12. *m.* — debitum, ll. cc.

ܚܘܒܐ (Rom. 4 4). emph. ܚܘܒܬܐ (Mt. 18 27 A), ܚܘܒܬܐ (v. 32 A; *p. o. cett.*). pl. c. suff. ܚܘܒܬܗܘܢ Rom. 13 7. *f.* — debitum, ll. cc.

ܚܝܒ (חַיָּב), ܚܝܒ (Rom. 3 19; sic leg. pro ܚܝܒ). Pl. ܚܝܒܝܢ, ܚܝܒܝܢ; cst. ܚܝܒܝ; c. suff. ܚܝܒܝܢ (Mt. 6 12 AC). — *1.* obnoxius Mt. 23 16. 18. Luc. 17 10. Joh. 13 14. 19 7. Rom. 3 19. 15 1; insequ. ܒ Mt. 5 21 sq. 23 18 Anecd. 26 66 AB. 1 Cor. 11 27. *2.* debitor Mt. 6 12. 18 24 AC. 26 66 Ev. 195 C. Rom. 1 14. ܚܝܒ ܚܘܒܐ χρεωφειλέται Luc. 7 41.

Pa. ܚܝܒ. Impf. 3. *f.* ܬܚܝܒ; etc. Ptc. ܡܚܝܒ; etc. — damnavit, condemnavit Mc. 10 33. Luc. 11 31 sq. Joh. 8 10 sq. Rom. 8 3.

Ithpa. ܐܬܚܝܒ. Impf. ܢܬܚܝܒ; etc. Ptc. ܡܬܚܝܒ (Rom. 14 23; sic leg.). — damnatus, condemnatus est Mt. 12 37. 27 33. Mc. 16 16. Joh. 16 11. Rom. l. c. 1 Cor. 11 32.

---

*ܚܘܛ. *Pa.* Pf. pl. ܚܝܛܘ — consuit Gen. 3 7.

---

*ܚܘܝ. *Pa.* Imp. ܚܘܝ — ostendit, demonstravit Jer. 11 18 (Lect. 121 8 = 122 13). Edessenismum redolet.

---

*ܚܘܝ. ܚܘܝܐ (sic Mt. 7 10 Ev. 68 A), *p. o.* l. c. C, Ev. 64 C. emph. ܚܘܝܐ *pass.* ܚܘܝ Hom. Anecd. 210 24. Pl. *a)* ܚܘܝܢ Js. 14 29[b]; ܚܘܝܢ Mc. 16 18 C. emph. ܚܘܝܐ Js. 14 29[a]. *b)* ܚܘܘܢ Mc. 16 18 B, ܚܘܘܢ ib. A. emph. ܚܘܘܬܐ Mt. 10 16 A[2], cf. Luc. 10 19 Ev. 233 A; ܚܘܬܐ BC: Mt. 10, 16, 23, 33, Luc. l. c. *m.* — serpens, ll. cc., Gen. 3 1 sqq. 3 13 sq. Joh. 3 14. Hom. Anecd. 194 4.

---

*ܚܘܠ. *ܚܠ (חָל). emph. ܚܠܐ. C. suff. ܚܠܗ. *m.* — arena Gen. 22 17. Js. 10 22. Mt. 7 26 sq. Lit. 704 17.

---

*ܚܘܣ. *Pe.* ܚܣ. Impf. ܢܚܘܣ; etc. Imp. ܚܘܣ. Ptc. act. ܚܝܣ. — pepercit (abs. s. sequ. ܥܠ) Gen. 19 16. 22 12. 16. Dt. 13 8. Jo. 2 17. 3 16. Jon. 4 9. Job. 16 5. 13. Col. 2 23. Hom. Ox. 9 55 19.

---

*ܚܘܪ. ܚܘܪ (חִוֵּר); ܚܘܪ Mt. 28 3 C, Luc. 9 29 C (fort. mutandum in ܚܘܪ). *f.* ܚܘܪܐ. Pl. *m.* ܚܘܪܝܢ, ܚܘܪܝܢ (Mt. 17 2 A). *f.* ܚܘܪܢ — albus, ll. cc., Mt. 5 36. Mc. 16 5. Joh. 4 35. 20 12. Act. 1 10. Hom. Anecd. 211 12.

---

*ܚܙܐ. *Pe.* Impf. pl. 3. ܢܚܙܘܢ — somniavit (ἐνυπνιάζεσθαι) Act. 2 17. [vidit: Luc. 8 10. *Corrector antiquus*].

ܚܙܘܢ *m.* — insomnium (ἐνύπνιον) Act. 2 17.

*ܚܙܝ. emph. ܡܚܙܝܬܐ. *f.* — speculum 2 Cor. 3 18.

[*Ithpe.* Luc. 23 44: correctori debetur].

---

*ܚܙܪ: v. ܚܙܝܪ.

ܚܙܩܝܐܝܠ N. pr. Hesekiel Hom. Anecd. 174 12. 187 26; ܚܙܩܝܐܝܠ 187 13.

---

*ܚܙܢ (= חסן, syr. ܚܣܢ). ܚܙܢ (ܚܘܣܢܐ, חוּסְנָא). *m.* — munimentum Zach. 9 12.

Pa. (denom.) Ptc. pass. pl. *f.* ܡܚܙܢܢ — munitae, fortificatae *urbes* Js. 25 2.

ܚܙܩܝܐ N. pr. Ἐζεκίας (Peš. ܚܙܩܝܐ) Mt. 1 9 A. 10 A *corr.*; *p. o.* BC. ܚܙܩܝܐ v. 10 A *cod.*

*ܚܙܝܪ (hebr. חֲזִיר, sed cf. חֲוִיר apud Kahlium, Der masoret. Text 1902, p. 72; targ. חֲזִיר, syr. ܚܙܝܪܐ). Pl. ܚܘܙܝܪܝܢ Luc. 15 15 A, per ܘ scr. A: Mt. 8 30 et Luc. 8 32. emph. ܚܘܙܝܪܝܐ Luc. 15 16 A, ܘ Mt. 8 31 sq. A et Luc. 8 32 A; *p. voc. o.* Mt. 7 6 A. ܚܙܝܪܐ Luc. 8 33 A. Codd. B et C alia forma utuntur, quae cum mand. חיזורא et neosyr. ܚܘܙܘܪܐ convenit: ܚܘܙܘܪ, emph. ܚܘܙܘܪܐ (ܚܘܙܘܪܐ Mt. 8 30 C). *m.* — sus, ll. cc.

ܚܛܐ (aeg. orig.) Jer. 38 12. emph. ܚܛܬܐ, ܚܛܬܐ (Joh. 12 24 Ev. 168 A). Pl. ܚܛܝܢ Jer. 12 13; al. emph. ܚܛܝܐ. [ܚܛܐ Luc. 3 17 A]. C. suff. 1. pl. ܚܛܝܢ s. ܚܛܝܢ. *f.* — triticum, ll. cc., Ex. 9 32. Luc. 12 18. 22 31. Lit. 697 7 (cit. Ps. 64 14) = 706 18.

---

*ܚܛܐ. *Pe.* Imp. c. suff. 3. *f.* ܚܛܝܗ Mt. 5 29 B, *p. o.* A. — eruit, l. c.

*ܚܛܐ. emph. ܚܛܝܐ. *m.* — acus Mt. 19 24. Luc. 18 25 (B om. C corrupt.).

ܚܛܐ *Pe.* ܚܛܐ. Impf. ܢܚܛܐ; etc. — peccavit Num. 5 6 sq. Jer. 39 35.

*ܚܛܝܐ. emph. ܚܛܝܬܐ. Pl. ܚܛܘܬܐ. *f.* — peccatum Num. 5 7 sq. Prov. 1 19.

ܚܛܝܐ peccator [Lit. 680, loco syriaco]; ܒܪܬܐ ܚܛܝܬܐ θυγατέρα λοιμήν 1Reg. 1 16 (cf. Theod.: ὡς μίαν τῶν ἀπαιδεύτων).

ܚܛܝܢ, vid. ܚܛܐ.

---

*ܚܛܦ *Pe.* Impf. ܢܚܛܘܦ; etc. Ptc. act. ܚܛܦ; etc., pass. ܚܛܝܦ. — *1.* rapuit Js. 10 2. Mt. 11 12. Joh. 6 15. 10 12. 28. Hom. Ox. 955 16 sq. *2.* diripuit, discerpsit Js. 42 22. *3.* corripuit Luc. 8 29. [*4.* abstulit Luc. 8 12 A. Glossa. Anecd. habent ܢܣܒ].

ܚܛܘܦܝܢ (*q^eṭūl.* Pl. abstr.) Js. 10 2; ܚܛܘܦܝ 42 24. emph. ܚܛܘܦܝܐ Mt. 23 25 A, *p. o. pass.* (Hinc corr. Phil. 2 6 ܚܛܘܦܐ) ܚܛܘܦܝܐ Mt. l. c. Anecd., ܚܛܘܦܝܐ Js. 42 22 (sic leg. pro ܚܛܘܦܐ). C. suff. ܚܛܘܦܝܗܘܢ. *m.* — praedatio, rapina, ll. cc., Js. 3 14. 61 8. *2.* Pro ἀνομίαι Hom. Ox. 958 14 (cit. Js. 5 18); ἀδικίαι Jo. 3 19.

ܚܛܘܦ (חָטוּף) Gen. 49 27. Pl. ܚܛܘܦܝܢ; ܚܛܘܦܐ. *m.* rapax, l. c., Mt. 7 15. Luc. 18 11.

Ithpe. Impf. pl. 1. ܢܬ[ܚܛ]ܦ 1Thess. 4 17 Dam. Ptc. ܡܬܚܛܦܝܢ l. l. (Lect., sic leg.) — abreptus est, l. c.

---

*ܚܛܪ. ܚܘܛܪ (*quṭl*) Js. 10 15, al., ܚܘܛܪܐ Luc. 9 3 C, ܚܘܛܪܗ Hebr. 1 8, ܚܛܪ Ps. 44 7 (cf. ZDMG 53 705). emph. ܚܘܛܪܐ. C. suff. ܚܘܛܪܝ; etc. Pl. ܚܘܛܪܝܢ Mt. 26 55 A, *p. o.* ib. cett., al. *m.* — virga, baculus, ll. cc., Ex. 10 13. Js. 9 4. 10 5. 24. 11 1. Zach. 11 14. Mt. 26 47. 55. Hom. Anecd. 187 8 (cit. Job. 9 34). 206 19. 208 16. 20.

ܚܝܐ *Pe.* ܚܝܐ, ܚܝܬ (ܚܝܬ); etc. Impf. ܢܚܐ, ܢܚܝܘܢ; etc. Ptc. act. ܚܝܐ, ܚܝܐ (Mt. 10 22 A[1]), ܚܝܐ Joh. 6 59 C. *f.* ܚܝܐ Mt. 9 18, al. Pl. *m.* ܚܝܝܢ (Job. 21 7, al.), ܚܝܝܢ Joh. 14 19 C, Ev. 51 B, ܚܝܝܢ Joh. 5 25 B. [ܚܝܝܢ Mt. 15 27 A, loc. syr.]. — vixit sermone theol. σώζεσθαι) *pass.*

ܚܝ, ܚܝ (Joh. 4 50 sqq. A. Prov. 1 12. Al.). *f.* ܚܝܐ (Gen. 1 24. 30. Al.). Pl. *m.* ܚܝܝܢ (Js. 8 19. Mt. 22 32 AC. Joh. 7 38 A); ܚܝܝܢ (Joh. l. c. C.); ܚܝܝܢ (ib. B). emph. ܚܝܝܐ (Act. Andr. et Matth. fol. 2[v]). *f.* ܚܝܝܢ (Gen. 1 20). — vivus, ll. cc., Mt. 16 11. Act. 1 3, et persaepe al.

ܚܝܝܢ (Gen. 2 7 al.), ܚܝܝܢ *pass.* (praesert. cod. C); ܚܝܝܢ *pass.* cod. B; C: Joh. 14, 5 24; ܚܝܝܢ Joh. 12 50 A; ܚܝܝܢ Joh. 5 24 A. emph. ܚܝܝܐ. C. suff. ܚܝܝܗ Gen. 7 11. Js. 53 8. al. ܚܝܝܟ Ps. 48 19. Joh. 6 52 BC. Rom. 5 10. ܚܝܝܢ (*pass.*), ܚܝܝܢ Luc. 16 25 C; etc. ܚܝܝܗܘܢ Ps. 16 14. Hom. Anecd. 186 15. *m.* — vita (serm. theol. σωτηρία), *pass.*

*ܚܝܘܐ (חַיְוָא). emph. ܚܝܘܬܐ. Pl. ܚܝܘܢ Vit. Anton. Stud. Sin. 11 147 4; ܚܝܘܢ (Tit. 1 12). emph. ܚܝܘܬܐ. *f.* — animal, l. c., Gen. 1 21. 24. 28. 30. 2 19. Js. 35 9. 43 20; al.

Aph. ܐܚܝ; etc. Impf. ܢܚܐ. C. suff. 3. *m.* ܢܚܝܘܗܝ Hebr. 57. Imp. ܐܚܝ. Ptc. act. ܡܚܐ; ܡܚܝܐ Js. 43 11 (Lect. 76). Zach. 9 9. Eccl. 7 13. Joh. 5 21ᵇB. *f.* ܡܚܝܐ; ܡܚܝܝܐ Act. ZDMG 56 257 (cf. ib. p. 258, n. 3). — vivere fecit (et σώζειν), ll. cc., Gen. 19 17. Js. 35 4. 43 12. Jon. 1 6. Ps. 29 4. Mt. 8 25. 27 40. 42. 49. Mc. 3 4. 5 34. 9 22. 15 31. Luc. 6 9. 7 3. 8 4. Rom. 8 11. 2 Cor. 3 6.

ܡܚܝܢ (Tit. 2 11). emph. ܡܚܝܢܐ. C. suff. ܡܚܝܢܢ, ܡܚܝܢܗ; etc. *m.* — vivificus (σωτήρ) l. c., Js. 12 2 sq. 3. 40 5. 60 1. 3. 6. Ps. 64 6. 84 8. Luc. 14 7. 2 30. 36. Joh. 4 42. 2 Petr. 3 2. Phil. 3 20. Hymn. Lect. 136 5. Lit. 701 19. ZDMG 56 251 14. Lit. Dam. I, fol. 1ᵛ, et pass.

ܡܚܝܢܘ (*pass.*). emph. ܡܚܝܢܘܬܐ. C. suff. ܡܚܝܢܘܬܢ. *f.* — *1.* victus Lit. 705 5. *2.* salus (σωτηρία, σωτήριον) Ex. 15 2. Js. 61 10. Jon. 2 10. Ps. 3 3. 21 2. 87 2. Sirac. 46 1. 2 Cor. 6 2 (*bis*). Hom. Anecd. 194 10. 201 2. 210 19. Lit. Dam. I, fol. 1ʳ. IIʳ. IIIʳ.

[ܐܚܝܬ Hom. Anecd. 203 5 divisim leg. ܚܝܐ ܐܬ „vitam habes“].

---

*ܚܝܠ. ܚܝܠ (חַיִל) Js. 40 9 Anecd., al. emph. ܚܝܠܐ Mt. 26 64 A, *p. o. pass.* C. suff. ܚܝܠܗ; etc. Pl. *I)* ܚܝܠܝܢ Ps. 45 2. emph. ܚܝܠܝܐ Dt. 11 4, al. ܚܝܠܐ Mt. 24 29 C. Mc. 6 2 BC. 14. *II)* ܚܝܠܘܢ Mt. 13 58; ܘܢ— Gal. 3 5. emph. ܚܝܠܘܬܐ Ps. 45 8; ܬܐ— ib. v. 12. C. suff. ܚܝܠܘܬܗ, etc. Ex. 15 4, cf. Jer. 39 2. *m.* — *1.* vis, potentia Ex. 9 16. Js. 10 13. 33. 11 2. 40 9 sq. 60 11. 61 6. 63 1. Jo. 2 11. 25. Mich. 5 4. Ps. 45 2. Job. 16 5. Sap. 10 2. Mt. 24 30. Mc. 6 5. Luc. 9 1. Eph. 1 19. Phil. 3 10, et saepe alibi. *2. Pl.* (δύναμις, δυνάμεις) *I)*: *a)* vires, copiae Dt. 11 4. *b)* virtutes, miracula Mt. 13 54. 14 2. 24 29. Mc. 6 2. 14. *Pl. II.* *a)* miracula Mt. 13 58. Gal. 3 5. *b)* vires, copiae Ex. 15 4. Jer. 39 2.

ܚܝܘܠ (חָיוּל, an חַיִּל? Samar. חיול) Luc. 15 14 A, ܚܝܘܠ Mt. 14 30 A; *p. o.* Js. 9 6, al. emph. ܚܝܘܠܐ Luc. 1 3 A, *p. o.* BC, al. *f.* ܚܝܠܐ Hom. Anecd. 180 25. Pl. *m.* ܚܝܘܠܝܢ Dt. 11 23, al. C. suff. ܚܝܘܠܝܗ Gen. 50 4. — fortis, validus, ll. cc., Gen. 50 10. Dt. 10 17. Js. 8 15. 10 21. 43 16 sq. Jo. 2 2. 5. 11 (Lect). 3 10. Ps. 44 4. 6. 77 65. Job. 16 14. Mt. 3 11. Mc. 1 7. Luc. 14 9 BC. 24 19. 1 Cor. 1 25. Hom. Anecd. 208 9 sq.

*ܚܝܠ (חַיִּל). Pl. abstr. ܚܝܠܢ. *m.* — δυνάμεις, virtutes, miracula Act. 2 22.

*ܚܝܠܬܢ (*חַיְלְתָן). emph. ܚܝܠܬܢܐ — potens Jer. 11 20. Zach. 9 15. Sirac. 46 5. 6.

ܚܝܠܬܢ — potens Luc. 14 9 A: legitimam formam ܚܝܠܐ (ita BC) librarius in ܚܝܠܬܢ (st. abs. et ܕ) mutavit, sequutus vers. Peš. (ܕܚܝܠܬܢ), ex qua etiam insequ. versus, a BC omissos, vertit.

Pa. Pf. 1. p. ܚܝܠܬ. Impf. ܢܚܝܠ. Ptc. act. ܡܚܝܠ. — firmavit, corroboravit Js. 42 6. Jo. 3 16. Luc. 22 43.

Ithpa. ܐܬܚܝܠ. Impf. ܢܬܚܝܠ; etc. Imp. ܐܬܚܝܠ; etc. Ptc. act. pl. ܡܬܚܝܠܝܢ — *1.* valuit, contendit Dt. 31 7. Js. 8 9. 2 Tim. 2 1. Hom. Ox. 965 2. *2.* bono animo fuit: θαρσεῖν Jo. 2 22. Joh. 16 33. Vit. Anton. Stud. Sin. 11 149 9 (ubi leg. ܢܬܚܝܠ pro 'ܢܬ: θαῤῥῶμεν). Cf. ܚܝܠ. *3.* confirmatus, corroboratus est Js. 35 3 sq. Hebr. 11 34. *4.* insequ. ܥܠ praevaluit, vicit Js. 42 25. Ps. 12 5. Mt. 16 18. Cf. Joh. 6 18.

ܚܫܒܘܢ N. pr. Εσεβων (Peš. ܚܫܒܘܢ) Js. 15 4.

ܚܝܡܢ N. pr. Αχιμαν (Peš. ܐܚܝܡܢ) Num. 13 23.

---

*ܚܟܡ. ܚܟܡܐ (Luc. 21 15 Ev. 133 A), *p. o. pass.* ܚܟܡܬܐ Prov. 9 8, al. emph. ܚܟܡܬܐ (i. e. ܚܟܡܬܐ) Mc. 6 2 A; ܚܟܡܬܐ Js. 10 13. 11 2. C. suff. ܚܟܡܬܝ; etc. *f.* — sapientia, ll. cc., Prov. 1 2. 9 1. 7 sq. 10. Eccl. 7 11 sqq. Sirac. 45 26. Sap. 9 9. 17 sq.

Luc. 2 40. 21 15. Jac. 1 5. 1 Cor. 1 19. 21. Eph. 1 8. 17. Col. 1 9. 2 8. Lit. Dam. I, fol. 1v.

ܚܟܝܡ (Prov. 1 5 *bis*; al.). emph. ܚܟܝܡܐ; pl. ܝܢ—; etc. — sapiens, l. c., Ex. 28 3. 3 Rg. 2 14. Prov. 1 6. 9 8. Eccl. 7 20. Luc. 10 21. Rom. 1 22. 12 16. 1 Cor. 1 19sq. 10 15. Hom. Anecd. 176 1. Vit. Abrah. Qīd. ZDMG 56 255 6. Hymn. Lect. 136 15.

ܚܟܝܡܐܝܬ *adv.* — sapienter Dt. 13 14 (Lect.): interpres σοφῶς pro σαφῶς legisse videtur; contra Anecd. (223 5).

Aph. Impf. pl. 3. *f.* ܢܚܟܡܢ — ad sanam mentem revocavit Tit. 2 4.

[ܚܟܡܬܐ: vid. ܚܟܡܬܐ].

*ܚܠ I. ܚܠ, ܚܠ (A: Mt. 27 34. 48 Ev. 211 sq.; al.); ܚܠ Luc. 23 36 B. Joh. 19 28 sq. B. emph. ܚܠܐ, ܚܠܐ *pass.*, ܚܠܐ Mt. 27 48 Ev. 204 B. *m.* — acetum, posca, Ps. 68 22. Mt. 27 34. 48. Luc. 23 36. Joh. 19 28—30.

*ܚܠ II. ܚܠܐ (st. abs.) Hom. Anecd. 179 24. C. suff. ܚܠܬܝ. *f.* — placenta Hom. Anecd. l. l. (cit. 3 Rg. 17 13). 180 21.

*ܚܠܒ. ܚܠܒ. emph. ܚܠܒܐ. *m.* — lac Num. 13 28. Dt. 11 9. Js. 60 16. Jo. 3 18. Hom. Anecd. 209 26.

ܚܠܕ *Pe.* Pf. ܚܠܕܘ — irrepsit Gal. 2 4.

*ܚܠܘܕ (חָלוּד?); pl. ܚܠܘܕܐ. — qui irrepsit Gal. 2 4 (παρείσακτος).

*ܚܠܘܕܝ. emph. ܚܠܘܕܝܬܐ. *f.* — cancer (morbus) 2 Tim. 2 17.

*ܚܠܝ. *Pe.* Pf. pl. ܚܠܘ — dulcis fuit Job. 21 33.

ܚܠܐ, emph. ܚܠܝܐ — dulcis Eccl. 11 7. Act. Philem. Anecd. 169 18.

ܚܠܝܘ (חֲלִי). emph. ܚܠܝܘܬܐ. *m.* — dulcedo Am. 9 13; γλεῦκος Act. 2 13.

ܚܠܝܘ (Jo. 3 18). emph. ܚܠܝܘܬܐ (sic leg. Hymn. Anecd. 111 22). C. suff. ܚܠܝܘܬܗ. *f.* — dulcedo, ll. cc., Hom. Anecd. 176 23 (cf. Prov. 5 3).

*ܚܠܡ. *Pe.* [ܚܠܡܘ S. F. 82 14?]. Ptc. act. ܚܠܡ [Pro ܚܠܡܝܢ Sirac. 18 29 leg. ܚܠܡ(ܝ)ܢ]. — somniavit Dt. 13 1. 3. 5.

*ܚܠܡ. emph. ܚܠܡܐ (A). C. suff. ܚܠܡܗ. *m.* — somnium Dt. 13 1. 3. 5. Mt. 2 12sq. 22. 27 19.

ܚܠܝܡ, ܚܠܝܡ Joh. 5 6 et 14 A, ܚܠܡ (5 4 C). emph. ܚܠܝܡܐ. — sanus Mt. 8 13. Luc. 7 10. 15 27. Joh. 5 4. 6. 9 A. 11 A. 14. Vit. Anton. S. F. 104 9. Cf. ܚܝܐ, ܚܝܝ.

ܚܠܝܡܐܝܬ *adv.* — sane Lit. Dam. I, fol. 2r.

ܚܠܡܕܡ N. pr. Ελμαδαμ Luc. 3 28 C (B ܐܠܡܕܡ).

*ܚܠܦ. ܚܠܦ (חֲלָף, *ܚܠܦ) A: Mc. 8 37. Joh. 1 16; ܚܘܠܦ Mc. 10 45, al.; *p. o. pass.* ܚܠܦ Mc. 8 37 Dam.; B. pass. (*e. g.* Luc. 12 3, 19 44), ܚܠܦ Mt. 26 28 Anecd. *praep.* — pro (ἀντί, περί), ll. cc., Js. 53 9. 60 17. 61 3. 6. Jo. 2 25. Zach. 9 12. Ps. 89 15. Mt. 2 22. 5 38. Mc. 8 37. 10 45. Luc. 12 3. 19 44. Joh. 1 16. 11 50 sqq. 18 14. Gal. 4 3 (ὑπό!). Hom. Anecd. 181 24. C. suff. *plur.* iungitur, velut ܚܠܦܝܗ (= ܗ—) Gen. 9 6. 3. *f. id.* Gen. 22 1. Mt. 7 2 BC; ܚܠܦܝܟܘܢ ib. A; ܚܘܠܦܝܟܘܢ Mt. 17 27 A, ܗ Joh. 13 37 A; ܚܠܦܝܟܘܢ BC utroque loco. Js. 43 3. ܚܘܠܦܝ Mt. 17 27 A, ܗ Joh. 13 38 A, ܚܠܦܘܗܝ Mt. Anecd., Joh. BC; ܚܠܦܘܗܝ Mt. C, ܚܠܦܗ ib. B. ܚܠܦܝܟܘܢ Luc. 22 20 A, ܚܠܦܝܟܘܢ B, ܚܠܦ C.

ܚܠܦ ܕ *coni.* — propterea quod, quoniam (ἀνθ᾽ ὧν) Js. 53 12. Jo. 3 5. Luc. 1 20. 19 44; ܕ om. Luc. 12 3.

ܚܠܦܝ (חֲלָפֵי) *praep.* — *i. q.* ܚܠܦ, Gen. 23 13. 3 Reg. 8 20. Ps. 44 17.

ܚܠܦܝ ܕ *coni.* — *i. q.* ܚܠܦ ܕ, Gen. 22 18.

Pa. Pf. pl. ܚܠܦܘ, ܚܠܦܘ. Ptc. act. ܡܚܠܦ; pass. pl. *f.* ܡܚܠܦܢ. — permutavit

Rom. 1 23. 25. Phil. 3 21. Ptc. pass. pl. *f.* variae Jac. 1 2.

سلعه (חֲלוּף) Js. 9 5. Pl. c. suff. سلعهيعه. *m.* — permutatio, compensatio, l. c. (pro καταλλαγή). Ps. 43 13 (ἀλλάγματα).

Ithpa. اهلعه (Mt. 17 2 A; al.), اهلعه(ه) l. c. C. Impf. يهلعه[لعه] Hebr. 1 12 Dam. Ptc. مهلعه — transformatus est, ll. cc., Luc. 9 29. Hom. Anecd. 172 16. 188 9. 208 26.

سلعهه, سلعهه (A: Mt. 10 3, Mc. 2 14) N. pr. Ἀλφαῖος (Peš. سلعه) ll. cc., Act. 1 13.

---

*سلعو *Pa.* Ptc. act. مسلعو (cf. ZDMG 53 709) — spoliavit Col. 2 8.

---

*سلعه. *سلعه (חֲלוּק, חָלוּק, خَلَق, cf. Dalm. Gramm. p. 125, n. 3 Assyr. *hulāqu*). emph. سلعها Ex. 28 4 (sic leg.). C. suff. سعلعهم Mt. 5 40 C. Pl. سلعقب Luc. 9 3 A, سلعقب 3 11 A, *p. o.* Gen. 3 21. Mt. 10 10. emph. [سلعه]ها Ex. 40 14. [Formae سعلعهم Mt. 5 40 B, سعلعهب Luc. ll. cc. B, سعلعهب ib. C sine dubio ortae sunt confusione cum سعلعه „portio"]. *m.* — tunica, ll. cc.

سوعله (cf. Idiot. p. 31) Joh. 13 8 A, *p. o.* cett.; al. emph. سعلعها. C. suff. سوعلعه, سوعلعه Mt. 24 51 A¹ (leg. سوعلعه), *p. o.* al. سوعلعه Luc. 15 12 A, *p. o.* cett. Pl. سعلعهب (v. infra). *m.* — portio (μέρος, μερίς) ll. cc., Sirac. 18 33. Luc. 11 36. 24 42. Col. 1 12. 2 16. سعلعه مع ἐκ μέρους 1 Cor. 12 27. سعلعهه حه partes eius (ἡ μερίς) Job. 17 5. سعلعهب حعهب πολυμερῶς Hebr. 1 1.

سلعها N. pr. Ελκανα (Peš. حلعها) 1 Rg. 1 1. 19.

---

*سلعه I. (Cf. Dalm. Gramm. p. 38. Fraenkel, B. A. 3 82. Contra disputat Barth, Wurzelunters. p. 18 sq.).

Pe. سلعه. Imp. سلعه (Hom. Anecd. 211 13, ubi sic leg. pro سلعه). Ptc. act. سلعهب. — exuit Mt. 27 28. Luc. 10 30. Col. 3 9. Sequ. مع p. Hom. Anecd. l. c.

*سلعه (*qᵉṭāl?*). C. suff. 3. *m.* سلعهه. *m.* τὸ exuere (ἀπέκδυσις) Col. 2 11.

*سلعه (ptc. pass.), pl. سلعهب — nudus Job. 22 6 (γυμνός).

Pa. Impf. 3. سلعه — exuit, sequ. acc. r., Col. 2 15.

Aph. Pf. اسلعه. — exuit, sequ. gem. acc., Mt. 27 31. Mc. 15 20.

---

*سلعه II. (Cf. Idiot. p. 32). سلعه (חָלִישׁ) — debilis Hom. Anecd. 193 21.

سعدا, c. suff. 3. *m.* سعده — socrus Mt. 8 14 BC (A om.).

سعدا (חֲמָא; a rad. obsol. יחם) Ex. 11 8. Luc. 4 28. سعدا Eph. 4 31. emph. اسعدا (Sirac. 18 24, ubi sic corr.; al.). C. suff. سعده; etc. *f.* — ira, ll. cc., Dt. 13 17. Js. 9 12. 17 sqq. 10 5. 25 sq. 12 1. 42 25. 63 3. 5 sqq. Jon. 3 9. Ps. 37 2. Eccl. 11 10. Col. 3 8.

سعدا (Cf. Nöld. ZDMG 54 154. Idiot. p. 32) *Pe.* سعا (A: Mc. 12 34, Luc. 7 13; al.); سعدا; *2. m.* سعدا; etc. Impf. يسعدا; اسعدا et اسعه; etc. Imp. سعدا et سعه; etc. Ptc. act. سعدا, سعه; etc. Inf. مسعدا (Gen. 2 9). — vidit, *pass.* V. et N. T. Praeterquam Mt. 24 24 Anecd. 214 paen. et cod. Dam. (gr. om.). Hom. Ox. 9 57 13. 71 10. 75 5. Hom. Anecd. 182 10 (cit. Ps. 15 8). 184 22 sq. 202 8 (cit. Joh. 11 40). Insequ. ه r. Gen. 50 11.

سعه Mt. 14 26 C: leg. مسعه cum cett.

*سعه (*qāṭōl*). Pl. c. suff. 3. *f.* سعقه Luc. 1 2 A, *p. o.* cett. — qui suis oculis videt (αὐτόπτης) l. l.

مسعه Mt. 14 26 A, *p. o.* B, Luc. 1 22, al. emph. مسعها Mt. 17 9 A, 'ه Luc. 9 29 A; 23 48 A; *p. o.* pass. C. suff. مسعه Mt. 28 3 A, cf. Joh. 5 37 A; *p. o.* Mt. 1 20 C (de A vid. not. editoris), al. مسعههم Jo. 2 4. Pl. مسعهب Act. 2 17. *m.* —

visum, spectrum, spectaculum, sc. ὅρασις Jo. 2 4. Eccl. 11 9. Act. 2 17; ὅραμα Mt. 17 9; ὀπτασία Luc. 1 22. 24 23; ὄναρ Mt. 1 20; φάντασμα Mt. 14 26; εἶδος Luc. 9 29. Joh. 5 37; εἰδέα Mt. 28 3; θεωρία Luc. 23 48. ܒܝܬ ܚܙܘܢܝܢ theatrum Hom. Anecd. 200 19.

*ܚܙܘܢ s. *ܚܙܘܢܐ (num מַחֲמָא, emph. מַחֲמְיָא? Nescio an tantummodo scribendi varietate a forma praegressa differat). emph. ܚܙܘܢܐ. *m.* — *i. q.* praegr. Luc. 23 48 C (θεωρία). Hebr. 10 33 (ubi editor, ܚܙܘܢܝܢ legens, procul dubio hastam finalem literae ܐ pro *Nûn* habuit) ܚܙܘܢܐ ܡܬܚܙܝܢ ܗܘܝܬܘܢ θεατριζόμενοι.

Ithpe. ܐܬܚܙܝ, ܐܬܚܙܝ (Mt. 2 7 C); ܐܬܚܙܝܬ; etc., pl. ܐܬܚܙܘ, ܐܬܚܙܝܘ (Mt. 27 53 Ev. 204 A, *p. o.* Mt. 17 3 C, al.). Impf. ܢܬܚܙܐ, ܢܬܚܙܝ; etc. Ptc. act. ܡܬܚܙܐ, ܡܬܚܙܝ; etc. — conspectus, visus est, ll. cc., Gen. 12. 4. 9. 8 5. 9 14. 16. 18 1. 19 24. 22 14. Ex. 10 28 sq. Js. 60 2. Mt. 2 7. 6 1. 5. 24 27. Luc. 24 11. Act. 1 3. 2 3. 1 Cor. 12 22. 15 5 sqq. Col. 1 5 sq. Act. Adrian. fol. 3ʳ. Hom. Ox. 97 2 12 Hom. Anecd. 171 22. 188 17. 206 7. Hymn. Anecd. 111 5. Lit. 698 1. Lit. Dam. IIᵛ. [Pro ܐܬܚܙܝ Dt. 6 15 leg. ܐܬܚܡܬ].

[*Aph.* ܐܚܙܝ Joh. 13 6 A (BC ܐܚܪܝ); ptc. ܡܚܙܝܢ Tit. 1 16, utrumque pro ἐμβλέπειν. Confidenter muto in ܐܚܪܝ, ܡܚܪܝܢ, contra Gwilliam. p. XXXVIII, Idiot. p. 32].

*ܚܡܕ. *ܐܬܚܡܕܘܢ (pl. abstr.), cst. ܐܬܚܡܕܘܬ (targ. תַּחְמוּדֵי) Eph. 2 3; corrupt. Luc. 8 14 Anecd. (ubi A ܪܓܝܓܬܐ, ex vers. Peš. assumpsit). C. suff. ܐܬܚܡܕܘܢܝ Sirac. 18 30. *m.* — cupiditas (ἐπιθυμία), ll. cc.

ܐܬܚܡܕܘ (*Nom. unit.*; תַּחְמַדְתָּא, תַּחְמְדָא) Luc. 22 15 B. 1Thess. 4 5 (Ox.). ܐܬܚܡܕܐ Luc. l. c. AC. 1Thess. l. c. S. F. emph. ܐܬܚܡܕܬܐ Col. 3 5. Pl. ܐܬܚܡܕܘܢ Tit. 3 3. ܐܬܚܡܕܢ Rom. 1 26. emph. ܐܬܚܡܕܬܐ Rom. 1 24. ܐܬܚܡܕܘܬܐ ib. 13 14. C. suff. ܐܬܚܡܕܘܬܗ Joh. 8 44 AB, ܐܬܚܡܕܬܗ ib. C. Tit. 2 12. ܐܬܚܡܕܘܬܗܘܢ 2 Petr. 3 3. *f.* — cupido (ἐπιθυμία), ll. cc.

Ithpa. ܐܬܚܡܕ; etc. Impf. ܢܬܚܡܕ; etc. Ptc. ܡܬܚܡܕ (i. e. ܡܬܚܡܕ) Luc. 15 16 A, *p. voc. o.* al. — concupivit, appetiit Dt. 7 25. Ps. 44 12. Mt. 5 28. Luc. 15 16. 16 21. 22 15. Joh. 8 56. Rom. 13 9. Phil. 4 1.

*ܚܡܣܢ. *ܚܡܣܢܘ. C. suff. ܚܡܣܢܘܬܢ. *f.* — facultas (ἱκανότης) 2 Cor. 3 5.

*ܚܡܥ. *Pe.* ܚܡܥ Luc. 13 21 A, *p. o.* B. — fermentatus est l. l. (Cf. etiam ܚܡܪ II. *Pe.*).

*ܚܡܪ I. ܚܡܪ (Luc. 10 34 A), *p. o.* al.; ܚܡܪܐ (Joh. 12 14 A *corr.*). emph. ܚܡܪܐ. C. suff. ܚܡܪܗ. Pl. ܚܡܪܝܢ (Ex. 9 3). *m.* (*f.* Mt. 21 2 A). — asinus, ll. cc., Gen. 22 3. 5. Zach. 9 9. Mt. 21 2. 5. 7. Luc. 13 15. 14 5.

*ܚܡܪ II. ܚܡܪ (Mt. 9 17, al.). emph. ܚܡܪܐ. C. suff. ܚܡܪܟ (Dt. 11 14). *f.* ܚܡܪܬܐ (1Reg. 1 14). *m.* — vinum, ll. cc., Jer. 38 12. Jo. 1 5. 2 19. 24. Prov. 9 2. Mt. 27 34. Mc. 15 23. Luc. 1 15; al. Hom. Anecd. 178 8. Vit. Abrah. Qīd. ZDMG 56 256 8.

ܚܡܝܪ Luc. 13 21 A *cod.*, C., ܚܡܪ B. emph. ܚܡܝܪܐ l. c. A *corr.* *m.* — fermentum, l. c.

ܚܡܪ *Pe.* (denom. Si vere est traditum). — fermentatus est Luc. 13 21 C (Cf. ܚܡܥ).

*ܚܡܪ III. ܚܡܪ (חֵימָר) *m.* — bitumen Gen. 6 14.

Pe. (denom.) Imp. ܚܡܪܝܗ — *bitumine* illevit (insequ. ܒ et acc.) Gen. 6 14.

ܚܡܫ (*pass.,*) ܚܡܫܐ (A: Mt. 14 17, 25 2ᵃ Ev. 164; al.), ܚܡܫܐ (Mt. 25 2ᵃ Ev. 95 A); *p. o. pass. f.* ܚܡܫܐ Gen. 18 28. Mt. 25 16 Ev. 94 A, al. (Sic leg. Joh. 6 19 C), ܚܡܫܐ BC *pass.* — quinque, *pass.* Pl. st. cst. (cf. Nöld. p. 483 sq.; Praetor. ZDMG 48 366) ܚܡܫܬܐ (ܚܡܫܬܐ Joh. 6 13 BC) οἱ πέντε Mt. 14 19. Joh. 6 13. ܚܡܫܝܢ, ܚܡܫܝܢ

quinquaginta Gen. 6 15, al.; S. F. 79 1. Vit. Abrah. Qīd. ZDMG 56 256 13.

ܚܡܫܬܝܢ Gen. 1 23. emph. ܚܡܝܫܝܐ — quintus l. c., Lect. 6 6.

---

*ܚܡܬ (rad. deriv. a ܚܡܬܐ ira, v. p. 65). ܚܡܝܬ — iratus Luc. 13 14.

Ithpa. ܐܬܚܡܬ Mt. 2 16, ܐܬܚܡܝܬ ib. A; etc. Impf. 3. ܢܬܚܡܬ. Ptc. act. ܡܬܚܡܬܝܢ — ira incensus est, l. c., Dt. 11 17. Job. 21 4 (Lect.). Mt. 21 25. 26 8. Joh. 7 23.

---

*ܚܢܢ. ܚܢܝܢ (חַנּוּן) Jo. 2 13, al. emph. ܐ—. Pl. ܚܢܝܢܝܢ Luc. 6 36. — clemens, misericors, ll. cc., Jon. 4 2. Lit. Dam. I, fol. 1ᵛ.

ܐܬܚܢܢܝܢ (pl. abstr.) Phil. 2 1. emph. ܐܬܚܢܢܝܐ Lit. 705 8 (ubi ante hanc vocem suppl. ܕܚܣܝܢ). 706 5. C. suff. ܐܬܚܢܢܝܗ Rom. 12 1. ܐܬܚܢܢܝܟܘܢ (in fragmento quodam Damasc. foedissimo). *m.* — clementia, misericordia, ll. cc.

Ithpa. ܐܬܚܢܢ — miseratus est, sequ. ܥܠ p., Luc. 7 13 C Anecd.[1] (cett. ܐܬܪܚܡ).

ܚܢܐ N. pr. Αννα (Peš. ܚܢܐ) 1 Reg. 1 15. Luc. 2 36.

ܚܢܘܟ N. pr. Ενωχ (Peš. ܚܢܘܟ) Luc. 3 37.

---

*ܚܢܛ. (Gravi errore librarius constanter ܚܛܢ scripsit, quod retinere nolebam. Nam metathesim adesse, sine certo argumento non credo). *Pe.* Pf. ܚܢܛܘ Gen. 50 2. Impf. ܢܚܢܛܘܢ ib. — condiit *cadavera*, ll. cc.

*ܚܢܛ. emph. ܚܢܛܐ Gen. 50 3. *m.* — conditura *cadaverum*, l. c.

*ܚܢܘܛ (*qāṭōl*). Pl. ܚܢܘܛܝܐ Gen. 50 2 (*bis*). — *cadaverum* conditor, l. c.

---

*ܚܢܟ. *ܚܢܟ (an ܚܢܟ?). emph. ܚܢܟܐ. C. suff. ܚܢܟܝ, ܚܢܟܝܢ; ܚܢܟܗ. *m.* — palatum Hom. Anecd. 176 11. 26 (cit. Prov. 5 3). ܚܢܟ ܦܘܡܐ *id.* (v. ZDMG 53 706) Hymn. Anecd. 111 23, Hom. Anecd. 194 14 (syr. ܚܢܟ ܦܘܡܐ; cf. سَقْف حَلْقه *id.* Landberg, Bāsim 7 4).

ܚܢܢܘܣ, ܚܢܢܘܣ (Joh. 18 13. 24 C), ܚܢܢܘܣ (Luc. 3 2 B. Joh. 18 24 B) N. pr. Αννας (Peš. ܚܢܢ) ll. cc.

---

*ܚܢܩ *Pe.* ܚܢܩܗ. Ptc. act. ܚܢܩ. — suffocavit Mt. 18 28. 27 5. Luc. 8 7.

Ithpe. ܐܬܚܢܩ; etc. Ptc. pl. ܡܬܚܢܩܝܢ. — suffocatus est Mt. 27 5. Luc. 8 14. 33.

---

*ܚܣܕ I. *ܚܣܕ (sing. inusit. Luc. 1 25 Ev. 278 B pro ܚܣܕܐ leg. ܚܣܕܝ). Pl. abstr. ܚܣܕܝܢ (Jo. 2 17 et saep. al.). emph. ܚܣܕܝܐ. C. suff. ܚܣܕܝ Luc. 1 25 C (ex quo cod. A ܚܣܕܝ scribens sing. efficere voluit, sequutus Peš.), ܚܣܕܝ ib. Ev. 285 B. ܚܣܕܝܗܘܢ (= ܚܣܕܝܗ—) Rom. 15 3. *m.* — probrum, convicium (ὄνειδος, ὀνειδισμός, ὀνειδισμοί), ll. cc., Jer. 12 13. Jo. 2 20. Ps. 43 14. 56 4. Hebr. 10 33.

Pa. ܚܣܕ; etc. Impf. ܢܚܣܕܘܢ; etc. Ptc. act. ܡܚܣܕ, ܡܚܣܕܝܢ; etc. — exprobravit Ps. 43 17. Mt. 5 11. 27 44. Mc. 16 14. Luc. 6 22. Jac. 1 5. Rom. 15 3. Hom. Ox. 97 3 17 = 72 16 [In S. F. 104 15 pro ܚܣܕ leg. ܚܣܕܘ].

---

*ܚܣܕ II. ܒܚܣܕ Joh. 1 16ᵃA, *p. o.* v. ᵇA. Gen. 18 3, *pass.* ܚܣܕܐ Prov. 1 9 (Lect. 25). ܚܣܕ, ܚܣܕ constanter Ev. cod. B. emph. ܚܣܕܐ *pass.* ܚܣܕܐ 2 Tim. 2 1 (Ox.). ܚܣܕܐ constanter B, praeterquam Ps. 44 3. Luc. 2 52 C. 4 22 Ev. 229 C. Joh. 1 17 C. Rom. 1 5. 7. 5 2. 12 6. 2 Tim. 2 1 (Lect.). Hymn. Lect. 137 1. Lit. Dam. IIᵛ. C. suff. ܚܣܕܗ, ܚܣܕܗ, ܚܣܕܗ (Hymn. Anecd. 112 4); ܚܣܕܝ (Lit. 705 9). *m.* — gratia, ll. cc., Gen. 50 4. Ex. 11 3. 1 Reg. 1 18. Luc. 1 30. 2 40. Joh. 1 14. 16. Rom. 12 3. 1 Cor. 15 10. Gal. 6 18. Phil. 4 23. Col. 4 18. Hebr. 4 16. S. F. 104 8. Act. Sct. ZDMG 56 257 6. Hymn. Lect. 138 13. Hom. Anecd. 204 13. 210 12. 21. Lit. Dam. IIIᵛ.

ܚܣܝܕ Phil. 4 8 Dam. *f.* emph. ܚܣܝܕܬܐ Luc. 1 28 A, ܚܣܕܬܐ C, ܚܣܝܕܐ B. — *f.* pro κεχαριτωμένη Luc. l. c.; *m.* pro σεμνός, ut videtur, Phil. l. c.

ܚܣܝܕܐܝܬ *adv.* — εὐσχημόνως reddit 1 Thess. 4 12. Cf. etiam quae ad ܚܣܝܕܘܬܐ adnotavi.

ܚܣܡ *Pe.* — invidit Vit. Anton. S. F. 104 15 (sic leg. pro ܚܣܪ. Gr. φθονεῖν).

---

*ܚܣܦ. *ܚܣܦ. emph. ܚܣܦܐ. *m.* — fictile Hom. Anecd. 173 [19]. 22. 174 7. — Cf. ܚܨܒ.

ܚܣܪ *Pe.* [ܚܣܪܬܘܢ Luc. 22 35 B: vid. *Aph.*]. Impf. 3. *f.* ܬܚܣܪ Hom. Anecd. 180 8. 1. p. ܐܚܣܪ Phil. 4 12. Pl. 2. ܬܚܣܪܘܢ ib. v. 11. Ptc. act. ܚܣܪܝܢ Gen. 8 3. 5. — *1.* defecit Gen. ll. cc., Phil. 4 11. Hom. Anecd. l. l. (cit. 3 Rg. 17 14). *2.* eguit Phil. 4 12.

*ܚܣܪܘܢ (חִסָּרוֹן). emph. ܚܣܪܘܢܐ 1 Thess. 3 10. C. suff. 3. *f.* ܚܣܪܘܢܗ Mc. 12 44 A, Luc. 21 4, *p. o.* BC (Hinc corrig. ܚܣܪܘܢܗ in Anecd. Mc. l. c.). *m.* — defectio, egestas, ll. cc.

ܚܣܝܪ (Mt. 19 20 A), *p. o.* (ib. C. Anecd.), ܚܣܝܪ (Mt. B, Luc. 18 22 B). *f.* ܚܣܝܪܐ (Luc. 18 22 A, *p. o.* C). Pl. ܚܣܝܪܝܢ (Jac. 1 4), ܚܣܝܪܝܢ (Rom. 3 23). st. cst. vid. s. v. ܐܠܗܐ. — *1.* deficiens Luc. l. c. *2.* indigens Mt. et Jac. ll. cc., 1 Cor. 12 24. *3.* quod superest Hom. Anecd. 206 19.

*ܚܣܝܪܘ. *f.* st. cstr. ܚܣܝܪܘܬ (Mc. 16 14 A cf. Mt. 13 58), ܚܣܝܪܘܬ (Mc. 9 23 B), ܚܣܝܪܘܬ (Mc. 16 14 BC). — defectus: ܚ' ܗܝܡܢܘܬܐ Mt. 13 58. Mc. 9 23. 16 14.

Pa. Ptc. act. ܡܚܣܪ — deficere fecit Ps. 22 1.

Ithpa. Impf. ܬܬܚܣܪܘܢ — deminutus est *de re* (sequ. acc.): locus me effugit.

Aph. Pf. ܐܚܣܪܘ Jo. 2 3. ܐܚܣܪܬܘܢ Luc. 22 35 AC. Impf. ܢܚܣܪܘܢ Job. 21 19. Ptc. act. ܡܚܣܪ Luc. 15 14 (sic leg.). — eguit, s. abs. (Luc. 15 14), s. sequ. acc., ll. cc.

---

*ܚܦܐ. *ܚܦܝ. emph. ܚܦܝܬܐ (Quomodo intelligenda sit haec forma, mihi non liquet). *f.* — velamentum 2 Cor. 3 13 sqq. (Peš. perhibet ܬܟܣܝܬܐ).

*ܚܦܦ (?) — ܗܘܘ ܡܚܦܦܝܢ ܒܡܫܟܐ ܕܥܪܒܐ ܐܙܠܘ pro περιῆλθον ἐν μηλωταῖς Hebr. 11 37. Quae sit interpretationis ratio, subobscurum. Fortasse menda subest. Silent editores.

Ithpa. Pf. pl. 3. *f.* ܐܬܚܦܝܢ — opertus est *oculus* Job. 17 7, si vere est traditum (LXX πεπώρωνται).

ܚܦܣ *Pe.* ܝܚܦܣ, ܚܦܣܘ; etc. — fodit Gen. 50 5. Ps. 56 7. Mt. 21 33. 25 18.

---

*ܚܦܪ *Pe.* Pf. pl. ܚܦܪܘ — effodit Mc. 2 4.

ܚܦܪܘܢ (sic). N. pr. Εφρων Gen. 49 30. Leg. videtur ܥܦܪܘܢ (sec. Peš.).

---

*ܚܨܒ I. *Pe.* Ptc. pass. *f.* ܚܨܝܒܐ Mc. 15 46 (omnes codd.), ܚܨܝܒܐ ib. Ev. 207 C. — effodit (in petra) l. c.

Pa. ܚܨܒ (*i. e.* ܚܨܒ) Mt. 27 60 A, ܚܨܝܒ ib. B. [Prorsus falso C ܚܨܝܒܐ] — effodit (in petra), l. c. (Perfectum hoc loco adesse, non ptc. pass., textus gr. satis demonstrat).

---

*ܚܨܒ II. (Cf. ܚܣܦ. Schwallyum ZDMG 52 140 de hac rad. disserentem in errorem incidisse, multis exemplis demonstrare possum. Sed haec loci huius non sunt).

*ܚܨܒ. pl. ܚܨܒܝܐ. *m.* — testae Phil. 3 8 (σκύβαλα).

---

*ܚܨܕ *Pe.* Impf. pl. 2. ܬܚܨܕܘܢ, ܬܚܨܕܘܢ (Joh. 4 38 B). Ptc. act. ܚܨܕ, ܚܨܕ; pl. ܚܨܕܝܢ. — demessuit Jer. 12 13. Eccl. 11 4. Mt. 6 26. 25 24. 26. Joh. 4 36 sqq.

*ܚܨܕ (חָצַד). emph. ܚܨܕܐ (A: Mt. 9 38. Joh. 4 35), *p. o. pass.* C. suff. ܚܨܕܗ (Mt. l. c. A), *p. o. al.* *m.* — messis, Gen. 8 22. Js. 9 3. Mt. 9 37 sqq. 24 32 Anecd. 215 (ABC ܩܝܛܐ; θέρος). Luc. 10 2 (*bis*), 21 30 C (A ܩܝܛܐ).

*ܚܨܘܕ (חָצוֹד). Pl. ܚܨܘܕܝܢ (Luc. 10 2 A). — messor l. c., Mt. 9 37 Anecd. (cett. ܥܡܠܐ). 13 39.

[ܚܪܘܒܐ Js. 14 31: leg. ܚܪܘܒ, vid. ܪܘܒ].

*ܚܨܦ I. *ܚܨܝܦܘ. C. suff. 3. pl. ܚܨܝܦܘܬܗܘܢ (sic). *f.* — audacia Hom. Anecd. 194 8.

Aph. ܐܚܨܦ, ܐܚܨܦܘ (B). Ptc. act. ܡܚܨܦ, ܡܚܨܦܐ. — ausus est Mt. 22 46. Rom. 5 7.

*ܚܨܦ II: v. ܚܨܦ.

ܚܨܪܘܢ, ܚܨܪܘܡ N. pr. ܚܨܪܘܢ (Peš.), Εσρωμ Mt. 1 3. Luc. 3 33.

*ܚܩܩ. ܚܩܝܩܐܝܬ (*i. e.* ܚܩܝܩܐܝܬ) Luc. 1 3 A, *p. o.* BC. [Anecd. ܚܩܝܩܐܝܬ] — ἀκριβῶς, l. c.

ܚܩܠ. ܚܩܠ Luc. 14 18 A, *p. o.* B, ܚܩܠ C. emph. ܚܩܠܐ *pass.* [ܚܩܠܐ Mt. 26 36 A]. C. suff. ܚܩܠܗ Mt. 22 5. Pl. ܚܩܠܝܢ Mt. 19 29. Lit. 706 11. *f.* — ager, ἀγρός Mt. 19 29, 22 5; χωρίον Mt. 26 36. Joh. 4 5. ܚܩܠ ܕܡܐ (χωρίον αἵματος Act. 1 19) Mt. 27 8. [Joh. 18 1 Anecd. leg. ܓܢܬܐ].

*ܚܪ I. *ܚܪ pl. ܚܪܝܢ (syr. ܚܐܪܝܢ). *m.* — ܒܪ ܚ' liber Gal. 3 28. Col. 3 11. Lit. Dam. IIIv; ܚܪܝܢ ܒܢܝܐ (ܒܢܝܢ) Mt. 17 26. Joh. 8 36.

*ܚܐܪܘ (חֵירוּ). C. suff. ܚܐܪܘܬܢ. *f.* — libertas Gal. 2 4.

Pa. Pf. ܚܪܪ Rom. 8 2. [ܚܪܪ Hom. Anecd. 183 9, incert.]. Impf. ܝܚܪܪ Joh. 8 36 A, *p. o.* B, ܝܚܪܪ C. Ptc. act. ܡܚܪܪ ib. v. 32 A, ܡܚܪܪ BC — liberavit, ll. cc.

Ithpa. Ptc. pl. ܡܬܚܪܪܝܢ — liberatus est Joh. 8 33.

*ܚܪ II. ܚܘܪ (חוּר) st. cst. Js. 11 8 Anecd. Pl. ܚܘܪܝܢ Mt. 8 20 C, ܚܘܪܝܢ B (A om). C. suff. ܚܘܪܝܗܘܢ Js. l. c. (Lect.). *m.* — foramen, caverna, ll. cc. Cf. etiam ܚܪܒ (rad. ܚܪܒ).

*ܚܪܒ I. *ܚܪܒ *m.* (sed. *f.* Gen. 3 24. Luc. 2 35). emph. ܚܪܒܐ. C. suff. ܚܪܒܗ, ܚܪܒܟ, ܚܪܒܝ. [pl. ܚܪܒܐ Sirac. 46 1?]. — *1.* gladius, ll. cc., Ex. 15 9. 3 Rg. 2 11. Js. 10 34. Jer. 12 12. 39 36. Am. 9 10. Ps. 44 4. 77 62. Sirac. 46 2. [Ib. v. 1. *pl.* πολεμοί; leg. igitur ܩܪܒܐ].

*ܚܪܒ II. *Pe.* Impf. ܢܚܪܘܒ. pl. ܢܚܪܒܘܢ Js. 60 12. — *1. intr.* vastatus fuit Js. l. c. *2. tr.* vastavit Js. 9 21. 10 7. 11 14.

ܚܪܝܒ, ܚܪܒ (Mt. 23 38 A). pl. *f.* ܚܪܒܢ Js. 61 4 (*bis*). — vastatus, desertus Js. l. c., Jo. 3 19b. Mt. 23 38. *Subst.* pl. ܚܪܒܢ deserta Js. l. c.

ܚܪܒܢ (cf. Idiot. p. 35) Js. 60 12. Jo. 3 19a. emph. ܚܪܒܢܐ Mt. 24 15 A, *p. o.* cett. *m.* — devastatio, ll. cc.

*ܚܪܘܒ [חָרוּבָא]. pl. ܚܪܘܒܐ. *m.* — ceratonia Luc. 15 16.

*ܚܪܕ. *ܡܚܪܕ (*meqaṭṭal*), pl. *f.* ܡܚܪܕܬܐ — prudens (φρόνιμος) Mt. 25 8 sq. Anecd. 130 (Ceteri ܚܟܝܡܬܐ). Cf. B. Jacob ZATW 1902, 97. Praepropre mutaverat Schwally, Idiot. p. 35.

ܡܚܪܕܘ (*meharrâdu*) *f.* — prudentia (πανουργία) Prov. 1 4.

ܚܪܕܠ (targ. חַרְדָּל) Mt. 17 20 A2, *p. o.* al., ܚܪܕܠ l. c. C (B om.). [emph. ܚܪܕܠܐ Luc. 13 19 A *corr.*]. *m.* = sinapis Mt. 17 20. Luc. 13 19. 17 6.

*ܚܪܡ. ܚܪܡ Dt. 7 26 (*bis*). emph. ܚܪܡܐ (ib. 13 17). *m.* — anathema, ll. cc.

[ܚܪܡܘܢܐ Lect. 40 15, leg. ܚܪܘܢܐ].

Aph. Impf. ܐܚܪܡܝܢ. Ptc. act. ܡܚܪܡ, ܡܚܪܡ. Inf. ܡܚܪܡܗ Dt. 13 15. — anathematizavit l. c., Mt. 26 74.

Ittaph. Impf. يسحرمون — anathematizatus est Dt. 13 15 (Anecd. 165).

---

*سرف. سريف (חָרִיף, حَرِيف), *f.* ا—; pl. سريفين — acutus *gladius* Ps. 56 5. Hebr. 4 12. Hom. Anecd. 176 14 (cit. Prov. 5 4). Ps. 44 2 سريفين قلمه ملكه [سفر]ه = κάλαμος γραμματέως ὀξυγράφου; num fort. leg. سريفاىت (*adv.*), an سريفين (*pl. f.*)?

سريفاىت, سريفاىت Jo. 3 4. *adv.* — acriter Tit. 1 13 (ἀποτόμως); Jo. 3 4 (ὀξέως).

سريفو *f.* — حسريفو acriter Job. 16 10 (ὀξεῖ).

Aph. اسرف(ء) — stimulavit, irritavit Js. 60 14 (*bis*).

سروف (*qiṭṭūl*). *m.* — stimulatio Hebr. 10 24.

سرز (Cf. Idiot. p. 35 sq.) Am. 8 10. emph. سرزا. C. suff. سرزه; etc. Pl. c. suff. 3. *m.* سرزيهو (Luc. 12 37 A, Joh. 13 4 sq. A; *p. o.* al.), سرزو (Joh. v. 4 C, Ev. 176 B. 5 BC). سرزيكم, سرزكم (Luc. 17 8 C). سرزيهم. *m.* — lumbus, Js. 15 4. 50 6. Am. 8 10. Mc. 1 6. Luc. 12 35. 37. 17 8. Joh. 13 4 sq.

---

*سرق. *سرقوم (pl. abstr. Vulgo ad *Pa.* referunt, dubito num recte). C. suff. سرقومهون; سرقومكون Mt. 22 13 A, 8 12 A. 13 50 A; *p. o.* al. (Formae سرقومهون Mt. 13 50 Anecd., سرقومكون 25 30 Ev. 166 A *cod.*, سرقومين ib. Anecd. 131 aut defective scriptae aut mendosae sunt. Cave putes eas ad sing. سرقوم pertinere, qui, vix vere, in cod. Peš. sin. Mt. 8 12 legitur). *m.* — stridor *dentium* Mt. 8 12. 13 42. 50. 22 13. 24 51. 25 30. Luc. 13 28.

Pa. سرق Job. 16 9 (nisi fort. *Pe.*, ut חָרְקִין II Esth. 3 8). Ptc. act. مسرقين Mc. 9 17 A, *p. o.* BC. — fricuit *dentes*, ll. cc.

---

*سرش I. *سرشين (חַרְשִׁין; pl. abstr.). emph. سرشا. *m.* — incantamenta Hom. Anecd. 191 7 (cf. Act. 19 19).

*سرش (חָרָשׁ, حَرَش). pl. سرشين [سرشا Hom. Anecd. 200 4). *m.* — magus, l. c., Ex. 9 11 (*bis*).

*سرش II. („asper fuit“). سرش Mt. 9 32 A, *p. o.* Anecd; سرش l. l. BC. Mc. 7 32 BC. emph. سرشا Mt. 9 33 A, *p. o.* cett. *f.* emph. سرشتا Mc. 9 24 A, *p. o.* C. Pl. سرشين, emph. سرشا. *f.* abs. سرشن Js. 43 8. — surdus, mutus (κωφός) ll. cc., Js. 35 5. 42 18 sq. Mt. 11 5. 21 14. Mc. 7 37. Luc. 7 22.

*سرسو. emph. سرسا Js. 9 18. Pl. سرسا 10 18. *m.* — silva (pro δρυμός), ll. cc.

---

*سسم *Pe.* سسم, سسم (Hebr. 2 18 Lect. 14); 3. *f.* سسمت (Mc. 5 26 A); etc. pl. 2. سسمتون (Hebr. 10 34, ita corr. سسمتم). Impf. نسسم, نسسم (Mc. 8 31 A); etc. Imp. سسم (2 Tim. 2 3 Ox.). Ptc. act. سسم, سسم (Job. 16 6; al.); pl. سسمين (1 Cor. 12 26. Phil. 1 29). — passus est, ll. cc., Mt. 17 12. 15. 27 19. Luc. 22 15. 24 26. 46. Act. 1 3. 1 Cor. 12 26 (*bis*). Hebr. 4 15. 5 2. 8. Lit. 698 2. Lit. Dam. I, fol. 2r.

سسمن Lit. Dam. I, fol. 1r. *f.* emph. سسمنتا Js. 61 3. — patiens, ll. cc.

*سسوم. Pl. سسوما — *id.* Luc. 14 21.

مسسم (Js. 53 4, al.). emph. مسسما (Js. 35 10, al.). C. suff. مسسمكم (Lit. Dam. I, fol. 1r *bis*). مسسمه (Hymn. Lect. 137 12) [Job. 16 6 leg. مسسمي]. Pl. مسسما (Job. 21 6; al.). C. suff. مسسميه (Phil. 3 10). 1. pl. مسسمينن (Mt. 8 17 B), مسسمينن (ib. C). *m.* — passio, Hymn. Lect. 137 12. 14. Hymn. Anecd. 112 9. Lit. Dam. I, fol. 1r. 2r. Est pro πάθος Col. 3 5. 1 Thess. 4 5; πάθημα Phil. 3 10. Hebr. 2 14; ὀδύνη Js. 35 10. Job. 21 6; νόσος Mt. 8 17; πόνος Js. 53 4. 10. Ps. 89 10 (cf. ZDMG 53 706). Col. 4 13.

---

*سسب *Pe.* Ptc. act. سسب, سسبه. pass. سسيب (Phil. 2 6 Lect.). — *1.* putavit, aestimavit Phil. 2 3. 6. 3 8. *2.* imputavit Job. 22 4. Luc. 14 18 sq. Rom. 4 8. 12 10. Cf. etiam حسب *Pa.*

*سسب. pl. سسبين. *m.* — cogitatio Lit. 708 10. Vix recte se habet.

سسبا (Jer. 11 19. Phil. 2 2. Hebr. 10 22)

f. emph. ܚܘܫܒܬܐ. C. suff. ܚܘܫܒܬܗ, etc. Pl. abs. ܚܘܫܒܢ (Luc. 2 35 A. 24 38 A), ܚܫܒܢ (utroque loco BC.). emph. ܚܘܫܒܬܐ. C. suff. ܚܘܫܒܬܗܘܢ (Mt. 9 4 A), etc. ܚܘܫܒܬܟ (Eph. 2 3). — ratio, cogitatio, consilium, ll. cc., Gen. 8 21. Ex. 9 21. 28 3. Js. 35 4. 40 13. Sap. 9 14. Mt. 9 4. Luc. 5 22. 6 8. 10 27. 2 Petr. 3 1. Rom. 1 21. 8 6 sq. 12 2. 2 Cor. 3 14. 4 2. 4. Eph. 2 3. Hebr. 4 12. Hom. Anecd. 181 18. 205 21.

ܚܘܫܒܢ (A: Mt. 12 36 et 18 23; *p. o.* 18 23 Anecd.), ܚܘܫܒܢ (25 19 Ev. 94 A), *p. o.* al.; ܚܘܫܒܢ (B: Mt. 12 36 et 18 23. 25 19 BC Anecd.); ܚܘܫܒܢ (18 23 C). C. suff. ܚܘܫܒܢܗ Phil. 4 17. *m.* — ratio Phil. 4 15. 17. ܝܗܒ ܚܘܫܒܢ ܥܠ λόγον ἀποδιδόναι περί τινος Mt. 12 36. ܥܒܕ ܚܘܫܒܢ ܥܡ συναίρειν λόγον μετά τινος Mt. 18 23. 25 19; praeterquam Hom. Anecd. 172 21, ubi pro ܚܣܝܢ ܠܒܪ leg. ܚܘܫܒܢ ܚܣܝܢ (cf. Phil. 21 6).

Ithpe. ܐܬܚܫܒ, ܐܬܚܫܒ (Js. 53 12, al.); etc. Impf. ܢܬܚܫܒ (Luc. 22 37 A, *p. o.* al.); etc. Ptc. ܡܬܚܫܒ. — *1.* putatus, habitus est Js. 40 15. 17. 53 3. 12. Ps. 43 23. Mc. 15 28. Luc. 3 23. 22 37. *2.* imputatum est Rom. 4 3 sqq. 9 sq. Gal. 3 6.

Pa. Ptc. act. ܡܚܫܒ, ܡܚܫܒ (Rom. 4 6, al.), pl. ܡܚܫܒܝܢ. — *1.* habuit, putavit Rom. 6 11. S. F. 100 16. *2.* imputavit Rom. 4 6. 2 Cor. 15 19.

Ithpa. ܐܬܚܫܒ; etc. Impf. ܢܬܚܫܒ; etc. Ptc. ܡܬܚܫܒ; etc. — meditatus est, consilium cepit Gen. 8 21. Js. 10 7. 43 18. 53 4. Jer. 11 19. Ps. 82 4. 6. Mt. 1 19 sq. 27 1. Mc. 2 6. 9 33 Anecd. (cett. ܐܬܕܪܫܘ; διελέγχεσθαι). Luc. 1 29. 3 15. 23. 12 17. 20 5. 24 4 (ἀπορεῖσθαι). Joh. 11 53. 12 10. Rom. 3 28. 12 3. Phil. 2 2. 5. 3 19. 4 2. 8. 10 (sic leg.). Col. 3 2. Vit. Anton. Stud. Sin. 11 149 4. 12 sq.

---

*ܚܫܚ. ܚܫܚܘܬܐ *m.* — usus, abusus Col. 2 22 (ἀπόχρησις).

Ištaph. Imp. pl. ܐܫܬܚܫܚܘ (Gen. 19 8 Lect.). Ptc. act. ܡܫܬܚܫܚܝܢ (Hom. Anecd. 175 26). — usus est, insequ. ܒ Gen. l. c. (cod. Dam. ܐܬܚܫܚܘ), Rom. 1 26 (ubi ܐܫܬܚܫܚܘ corrig.); ܠܡ Hom. Anecd. l. l. (cit. Prov. 5 5).

ܚܫܟ *Pe.* Pf. ܚܫܟ (Rom. 1 21). Impf. ܢܚܫܘܟ (Mt. 24 29 A; *p. o.* al.), pl. ܢܚܫܟܘܢ (Jo. 2 10, al.) — obscuratus est, ll. cc., Jo. 3 15. Am. 8 9. Eccl. 12 2.

ܚܫܘܟ Js. 8 22. emph. ܚܫܘܟܐ (A: Mt. 4 16, al.). *m.* — tenebrae, obscuritas, ll. cc., Ps. 87 7. Job. 17 13. Joh. 20 1.

*ܚܫܝܟ. pl. ܚܫܝܟܐ — obscuratus Hom. Anecd. 181 22.

---

*ܚܫܠ. ܚܫܘܠ (Jon. 1 4. 11). emph. ܚܫܘܠܐ (ib. v. 12. Hom. Ox. 964 10.), ܚܫܘܠܐ (ib. p. 68 10). Pl. c. suff. ܚܫܘܠܝܗ (Hom. Ox. 965 13); ܚܫܘܠܝܗ (Jon. 1 15); ܚܫܘܠܝܟ (Hom. Ox. l. c. lin. 3). *m.* — tempestas (χλύδων) ll. cc.

*ܚܫܘܠ. C. suff. ܚܫܘܠܗ). Jac. 1 6 (ita repono pro ܚܫܘܠܗ). *m.* — *id.* (χλύδων) Jac. l. c.

[ܚܫܡܝܬܐ coena Luc. 14 16 A in marg. Glossa. BC ܚܫܡܝܬܐ].

ܚܫܫܐ Hom. Anecd. 194 19: leg. ܚܫܫܐ, q. v.

ܚܬܡ *Pe.* ܚܬܡ, ܚܬܡܗ. Ptc. act. ܚܬܡܝܢ, pass. ܚܬܝܡܝܢ. — obsignavit (s. clausit, pro σφραγίζειν) Js. 8 16. Mt. 27 66. Joh. 6 27. Lit. 707 15.

*ܚܬܡ. emph. ܚܬܡܐ (חָתְמָא). *m.* — *1.* sigillum Ex. 28 11 (ܚܬܡܐ, vix recte). Rom. 4 11. *2.* obsignatio (quae fit signo crucis, σφραγίς) Hom. Anecd. 181 21.

Pa. Pf. ܚܬܡ, ܚܬܡ (sic leg. puto Joh. 3 33 pro ܚܬܡ; A |||ܚܬ). Ptc. act. ܡܚܬܡ. — σφραγίζειν Joh. l. c.; peroravit Lit. 709 14.

Ithpa. Pf. ܐܬܚܬܡܬܘܢ — obsignatus est Eph. 1 13. 4 30.

---

*ܚܬܢ. emph. ܚܬܢܐ. Pl. ܚܬܢܝܢ (Gen.

19 12); c. suff. ܚܬܢܗ (l. c. v. 14 *bis*). *m.* — *1.* sponsus Js. 61 10. Jo. 2 16. Mt. 9 15. 25 1. 5 sqq. Luc. 5 34 sq. Joh. 2 9. 3 29. *2.* gener, Gen. ll. cc.

*ܚܬܪ *Pe.* Ptc. act. ܚܬܪܝܢ — perfodit Mt. 6 19 sq.

Ithpe. Impf. ܢܬܚܬܪ; etc. — perfossus est Mt. 24 43. Luc. 12 39.

ܛ

ܛܐܣ τάς (art.) Lit. 705 11.

---

*ܛܒ. ܛܒ, ܛܒܐ (*pass.* v. infr.). emph. ܛܒܐ (v. infra). C. suff. ܛܒܗ, *f.* ܛܒܗ. *m.* — fama Num. 13 33. Mt. 9 26. 31.

ܠܛܒܐ (cod. A *pass.*), ܠܛܒ *praep.* de (περί, ὑπέρ; πρός Luc. 19 42) Eccl. 7 15. Mt. 11 7. 26 8. 28. Mc. 1 44. 7 17. Luc. 1 1. 2 17. 24. 9 45. 10 40. 19 42. Act. 1 3. C. suff. ܠܛܒܗ Mt. 11 10. Mc. 8 30. Luc. 2 27. 38. 3 15. 7 27. ܠܛܒܝ Luc. 22 32. — ܠܛܒܗ ܕ Mt. 2 8. 22 42. Mc. 5 27. Luc. 2 17. Rom. 1 3.

ܛܒ ܥܠ, *id.* ܥܠ ܛܒ ܡܢ ܕ Hom. Anecd. 210 4. C. suff. ܥܠ ܛܒܗ; etc.: Hom. Anecd. 177 23. 206 3. 209 4.

ܥܠ ܛܒ (ܠܛܒ); ܥܠ ܛܒܐ (Joh. 16 8 sq. CD *pass.* 19 D. 17 9 D) — *id.* (περί, ὑπέρ, ἐπί) Eccl. 7 11. Mt. 19 17. 22 31. 24 36. Mc. 12 26. Luc. 2 18. 3 19. 23 4. 24 14. Joh. 1 22. 2 21. 3 25. 5 31. 6 52. 62. 8 13. 18. 8 46. 9 21. 10 11. 13. 15. 33. 11 13. 15 22. 16 8 sqq. Act. 1 1. 2 29. 31. Rom. 1 5. 5 6 sq. 2 Cor. 5 15. 20. Phil. 1 3 sqq. 7. 1 Thess. 1 2. 4 9. 13. Hebr. 5 1. 3. Hom. Anecd. 173 5 (cit. Phil. 2 17). 177 21. 24. 181 25. 191 21. 205 9. Lit. 706 14. 19. Alibi. C. suff. ܥܠ ܛܒܗ Joh. 1 15 C. 7 12 sq. 19 17 sq. B. ܥܠ ܛܒܟܘܢ 1 Thess. 3 9.

ܥܠ ܛܒܐ ܕ — *id.* 1 Thess. 3 2. ܥܠ ܛܒܗ ܕ Js. 43 4. Mt. 24 36 Dam. Luc. 24 19 BC. Joh. 1 7 AC. 8. 7 17 B. 39. 16 25. Hebr. 11 32. Lit. Dam. I fol. 2r. Alibi. [Rom. 4 6 Lect., vid. ܛܘܒ].

ܥܠ ܕܛܒ — *id.* Js. 8 19. 53 10. Jo. 3 2. Mt. 6 28. Phil. 1 29a. Hom. Anecd. 181 27. 206 21. C. suff. ܥܠ ܕܛܒܗ (ܛܒܟܘܢ ܥܠ Joh. 12 41 Ev. 49 D), ܥܠ ܕܛܒܝ; etc.: Gen. 19 21. [50 4]. Ex. 8 28. Js. 43 3 sq. 53 4. Mt. 4 6. 26 24. 28. Mc. 9 39. Luc. 9 50. 22 19. 37. 24 44. Joh. 5 32. 12 41. 17 9. 20. Rom. 10 1. 14 15. 2 Cor. 5 15. Phil. 1 29. Col. 1 3. 4 12. Hebr. 7 25. Alibi. Act. Philem. Anecd. 169 20. Hom. Ox. 9 51 24. Hom. Anecd. 172 9. 181 14. S. F. 80 6/7.

ܥܠ ܕܛܒܗ ܕ — *id.* Mt. 17 13 A (BC om.). Joh. 1 7 B. 7 17 AC. 12 41. 17 9. Rom. 8 3. Hom. Anecd. 206 19.

ܛܒܥ *Pe.* ܛܒܥ. Ptc. pass. ܛܒܝܥܝܢ. — mersus est: *somno* (ܒ) Luc. 9 32 A, Hom. Anecd. 191 14 (cf. Act. 20 9). Cf. ܛܡܥ.

Ithpe. Impf. ܢܬܛܒܥܘܢ Luc. 5 7 Anecd. Ptc. ܡܬܛܒܥܝܢ ib. A. — *i. q. Pe.* l. c.

ܛܒܪܝܐܣ (Joh. 6 23 A) *p. o.* al. ܛܒܪܝܣ (Joh. 6 1 BC. 23 C). N. pr. Τιβεριάς Joh. 6 1. 23. 21 1. Hom. Ox. 9 74 8. [ܛܒܪܝܣܘܣ 21 1 AC].

ܛܒܪܝܘܣ, ܛܒܪܝܣ (Luc. 3 1 B) N. pr. Τιβέριος Luc. 3 1. Apocr. Dam. fol. 1r.

---

*ܛܗܪ. ܛܗܪܐ *m.* — meridies Hom. Ox. 9 69 6.

ܛܘ τό Lit. 680. Cf. ܬܘ.

---

*ܛܘܒ (Cf. ܝܛܒ). *Pe.* Impf. ܢܛܘܒ — Impers. ܕܢܛܘܒ ܠܟ ut bene tibi sit Dt. 10 13. 12 28.

ܛܒ, ܛܐܒ (Gen. 29 sqq. Lit.; Mt. 7 17 B; al.). emph. ܛܒܐ, ܛܐܒܐ. *f.* abs. ܛܒܐ. emph. ܛܐܒܬܐ Mt. 12 35a B. Pl. ܛܒܝܢ, ܛܐܒܝܢ; emph. ܛܒܝܐ; *f.* ܛܒܬܐ; etc. C. suff. ܛܒܬܟܝ Jer. 38 12; ܛܒܬܟ Luc. 16 25; ܛܒܬܟ 12 18; ܛܒܬܢ Jer. 38 14; ܛܒܬܗܘܢ Sirac. 45 26. — bonus, *pass.* ܛܒܝܢ ܒܪ generosus (εὐγενής) Luc. 19 12. Subst. *f.* bonum Eccl. 7 21; *pl.* Jer. 38 12. 14. Sirac. 45 26. Luc. 12 18 sq. 16 25.

ܛܒܐܝܬ *adv.* — bene 2Tim. 1 18.

*ܛܘܒ. emph. ܛܘܒܐ (Luc. 14 8 A) *m.* — praedicatio (μακαρισμός) Luc. 14 8. Rom. 4 9. Lit. Dam. III r. Hymn. Anecd. 112 5 (cf. ܛܝܒ). [Luc. 6 33 sq. B leg. ܛܝܒܘ]. *Pl.* st. cst. ܛܘܒܝ sequ. nom.: beatus est, sit: Ps. 40 2 (Lect. 113). Mt. 11 6 BC. 24 46 BC. Luc. 7 23 BC. 11 27 C. Jac. 1 12. Rom. 4 6 Dam. 8 (Lect.). 14 22. Sequ. ܠ Luc. 12 38. C. suff. ܛܘܒܝܗ, ܛܘܒܝܗܝ (Luc. 7 23 Anecd.[1]) Mt. 11 6 A. 24 46 A. Luc. 7 23 A. *f.* ܛܘܒܝܗ, ܛܘܒܝܗ (Luc. 11 27 B) Luc. 14 5. 11 27. 2. *m.* ܛܘܒܝܟ, ܛܘܒܟ (BC) Mt. 16 17. Act. Adrian. fol. 1r. *f.* ܛܘܒܝܟܝ Lit. Dam. fol. 2v. pl. ܛܘܒܝܗܘܢ Mt. 5 3 sqq. Rom. 4 7. Hom. Anecd. 175 23/24, al. ܛܘܒܝܟܘܢ Mt. 5 11 A2. Luc. 6 20 AC; al.

ܛܝܒ Luc. 6 33 sq. A, 17 9 C: leg. ܛܝܒܘ (χάρις).

*ܛܘܒܢ. emph. ܛܘܒܢܐ. — beatus Hymn. Anecd. 111 11. Act. Sct. Anecd. 170 15. 17. S. F. 78 6. 80 5. 17. ZDMG 56 251 11. *f.* ܛܘܒܢܬܐ Lit. Dam. I, fol. 2v (Maria).

ܛܝܒܘ (Rom. 4 4, al). emph. ܛܝܒܘܬܐ. C. suff. ܛܝܒܘܬܗ. *f.* — gratia (χάρις) l. c., Luc. 6 33 sq. (sic leg.). Rom. 3 24. 2Cor. 6 1. Eph. 1 6. 2 5. 8. Tit. 2 11. 3 7. Hymn. Lect. 138 5.

ܛܘܒܬܢܘܬܐ: v. ܛܘܒܬܢܐ.

ܛܘܢ τὸν Lit. 709 12.

---

*ܛܘܦ. *Pe.* Pf. ܛܦ — inundavit, sequ. ܥܠ ܐܦܝ, Dt. 11 4.

Aph. Impf. ܢܛܝܦ — *id.*, sequ. acc., Jes. 43 2.

ܛܘܦܢ. emph. ܛܘܦܢܐ. *m.* — eluvies Gen. 6 17. 7 6 sqq. 9 11. 15. Mt. 24 38. Hom. Ox. 95 59. 23.

ܛܘܦܣ (τύπος. Cf. Krauss. 2 258) 1Cor. 10 6. Phil. 2 7 Dam. et Lect. 11 2. Hom. Anecd. 185 10. 202 25. ܛܘܦܘܣ Tit. 2 7. ܛܘܦܘܣ Mt. 13 47 Anecd., Phil. l. c. Lect. 11. emph. ܛܘܦܣܐ Prov. 9 11 (Lect.). Lit. 705 20. Lit. Dam. III v. C. suff. 3. *m.* ܛܘܦܣܗ Gen. 1 11 sq. 24 (*bis*). ܛܘܦܣܝܗܘܢ Gen. 1 25. Pl. ܛܘܦܣܝܢ Luc. 4 40. 1Cor. 12 28. Hom. Anecd. (p. lat.) 210. 193 8; ܛܘܦܣܝܢ Mt. 4 24 C. *m.* — typus, exemplum, Hom. Anecd. et Lit. ll. cc. In text. gr. respondet τύπος solum hisce duobus locis: 1Cor. 10 6. Tit. 2 7; alias σχῆμα Phil. 2 7; τρόπος Prov. 9 11 et cf. Hebr. 1 1 Dam. ܛܘܦܣܝܢ ܣܓܝܐܝܢ πολυτρόπως (Lect. ܣܓܝ ܐܦܝܢ), cf. Hom. Anecd. 193 8; γένος Gen. 1 11 sq., v. 24 sq. Mt. 13 47. 1 Cor. 12 28. ܛܘܦܣܝܢ ܛܘܦܣܝܢ, ποικίλος varius Mt. 4 24 BC (A falso ܛܘܦܣܝܢ), cf. Luc. 4 40 (Anecd. 147 4); ܛܘܦܣܝܢ ܣܓܝܢ, Vit. Sct. cod. ms. (vid. ܐܣܟܝܡܐ).

---

*ܛܘܪ. ܛܘܪ (Js. 40 4. 9. Mt. 3 4; al.). emph. ܛܘܪܐ. C. suff. ܛܘܪܝ; ܛܘܪܟ. Pl. ܛܘܪܝܢ (Dt. 11 11. Ps. 45 3). emph. ܛܘܪܝܐ. *m.* — *1.* mons Gen. 49 26. Dt. 11 11. Js. 11 9. 40 49. Jer. 14 5. Ps. 45 3. Mt. 3 4. 4 8, *et pass.* V. et N. T. Hom. Anecd. 206 23. Hom. Ox. 95 97. Lit. Dam. I, fol. 1v. Pl. ܛܘܪܝܐ = ἡ ὀρεινή Num. 13 30. *2.* rus (ἀγρός) Gen. 2 5. 19 sq. 3 18. 49 32. Dt. 11 15. Js. 43 20. Jo. 1 19. Mt. 6 28. 30. 13 36. 38. 44. 24 18. 40. 27 7 sq. Mc. 15 21. 16 12. Luc. 8 34. 9 12. 15 15. 25. 17 7. Hom. Anecd. 203 11. ܕܛܘܪ, ἄγριος Mt. 3 4. Mc. 1 6. ܒܛܘܪܐ ܡܒܝܬܝܢ ἀγραυλοῦντες Luc. 2 8. — Cf. Nöld. p. 518, Socin in „Lit.

Centralbl.“ 1894, col. 1338, ceterum ܛܘܪܐ in Syr. sin. cur.

*ܛܘܪܝ. *f.* emph. ܛܘܪܝܬܐ (*i. e.* ܛܘܪܝܬܐ). — regio montana, ἡ ὀρεινή, Luc. 1 39. 65.

ܛܘܪܦܪܝܢ (Lit. 695 9). emph. ܛܘܪܦܪܝܐ. *m.* (syntaxi sing. utitur). — τροπάριον, modulus, l. c., 696 1. 697 21. Cf. Margol. p. 711. Christ et Paranikas, Anthol. gr. LXVIII.

*ܛܘܫ. *Pa.* Pf. 1. ܛܘܫܬ — inquinavit Js. 63 3 (μολύνειν). Ita repono pro ܛܘܫܬ; cf. rad. *ܛܫ.

ܛܚܢ *Pe.* Ptc. act. pl. *f.* ܛܚܢܢ Mt. 24 41 A[1], Ev. 163 C; cett. ܛܚܢܢ — moluit, l. c.

ܛܛܪܪܟܘܣ Luc. 3 1 A; per ܐ scr. A, B (*bis*), ܛܛܪܐܪܟܘܣ B (*bis*). — pro τετραρχῶν l. c.

ܛܛܪܪܟܐ Mt. 14 1; per ܐ scr. Luc. 3 19 A, ܐ BC; ܛܛܪܪܟܐ Luc. 9 7. — τετράρχης ll. cc.

ܛܝܓܪܝܣ N. pr. Τίγρις fluvius Gen. 2 14. Cf. ܕܩܠܬ.

ܛܝܛܘܣ N. pr. Τίτος S. F. 68 1.

ܛܘܟܝܩܘܣ N. pr. Τύχικος Eph. 6 21. Tit. 3 12 (ubi sic leg. Nam litera ܐ ad part. ܐܘ „aut“ pertinet).

ܛܝܡܝ N. pr. Τίμαιος Mc. 10 46.

ܛܝܡܘܬܐܘܣ N. pr. Τιμόθεος 1Thess. 1 1. 3 2. ܛܝܡܬܐܘܣ Lect. 10 16. 20 15. 39 2. ܛܝܡܬܐܘܣ 1Thess. 3 6. ܛܝܡܬܐܘܣ Lect. 21 3, *p. o.* Col. 1 1.

ܛܝܢ (Joh. 9 6. 11. 15. Al.). emph. ܛܝܢܐ (9 6. 14). [Cod. A constanter ܛܝܢ, ܛܝܢܐ]. *m.* — lutum (πηλός) ll. cc., Hom. Anecd. [188 27]. 189 3. [5]. 197 27 (cit. Job. 38 14).

ܛܟܐ (sam. טכה, syr. ܛܟܐ, mand. עמאך) *adv.* — τάχα, fortasse Rom. 5 7. ܛܟ Hom. Anecd. 193 10?

[ܛܟܣܝܣ Act. Philem. Anecd. 169 5: revocanda codicis (v. tab. III) scriptura ܛܟܣܝܣ].

ܛܟܣܐ (Cf. Krauss.-Löw. 2 267[a]). *m.* — τάξις ordo [Lit. 680, loc. edessen]. ܛܟܣܐ ܠܠ καθεξῆς Luc. 1 3; ܕܛܟܣܐ λογικός Rom. 12 1. Alias est pro δεῖ „necesse est“: ܕ ܛܟܣܐ Luc. 13 14. Joh. 4 20. 9 4. S. F. 100 ult. ܕ ܛܟܣܐ ܗܘܐ ἔδει Luc. 13 16. 15 32. 22 7. . . . ܕ ܛܟܣܐ ܕ ܡܐ ἃ δεῖ (εἰπεῖν) Luc. 12 12. ܛܟܣܐ ܕ ܠܝ ܐܝܟ καθώς ἐστι δίκαιον ἐμοί Phil. 1 7.

[ܛܟܣܝܢ Mt. 4 24 A: leg. ܛܟܣܝܢ].

ܛܟܣܝܣ (cf. Krauss. l. c.) *f.* — *1.* ordo Luc. 1 8 Anecd. Hebr. 7 17. [5 6]. *2.* custodia militum (cf. Anecd. part. lat. p. 207) Act. Philem. Anecd. 169 3.

Pa. Pf. pl. ܛܟܣܘ — disposuit Vit. Sct. cod. ms.

ܛܠ I. *ܛܠܠ, *ܛܠ. emph. ܛܠܠܐ Gen. 19 8; ܛܠܐ Jon. 4 5 [LXX vac., cf. Field. Forma aut defect. scr. aut ex vers. Syr. assumta]. C. suff. ܛܠܠܗ Mt. 4 16 A, al. [ܛܠܗ Hos. 14 8]. *f.* ܛܠܠܗ Eccl. 7 13. ܛܘܠܠܗ (sic!) Ps. 56 2. *m.* — umbra (σκιά) Js. 9 2. Jon. 4 5. Ps. 43 20. 56 2. 87 7. Job. 16 16. Eccl. 7 13 (*bis*). Mt. 4 16; σκέπη Gen. 19 8. [Hos. 14 8]. Praeterquam Hom. Ox. 95 9 10.

*ܛܠܝܠ (ܛܠܝܠܬܐ) *f.* — umbra Col. 2 17. Hebr. 8 4.

ܡܛܠܐ (st. abs., מְטַלָּא, מְטַלְּתָא) Jon. 4 5 sq. pl. ܡܛܠܝܢ Mt. 17 4. Luc. 9 33. emph. ܡܛܠܬܐ Joh. 7 2 BC, ܡܛܠܬܐ A. *f.* — umbraculum, ll. cc.

Aph. ܐܛܠ, ܐܛܠܠ (Luc. 9 34 C. Hinc corr. ܐܛܠ Mt. 17 5 BC), ܐܛܠܠ Luc. B. 3. *f.* ܐܛܠܬ (B ܐܛܠܬ) Luc. 13 19; etc. Impf. ܢܛܠ Act. 2 26. Ptc. act. *f.* ܡܛܠܐ Jon. 4 6. — *1.* (*deriv. a* ܛܠܠܐ) obumbravit Jon. 4 6; (c. ܥܠ, ἐπι—) Mt. 17 5. Luc. 9 34. *2.* (*deriv. a* ܡܛܠܬܐ) deversus, commoratus est Ps. 77 60. Luc. 13 19. Act. 2 26.

*ܛܠܠ II. *ܛܠ. emph. ܛܠܐ. *m.* — ros Hos. 14 6. Hymn. Anecd. 111 3 (Aliter Praetorius ZDMG 48 362).

*ܛܠܝ. ܛܠܐ *pass.*, ܛܠܝ (Joh. 6 9 B. 21 18 C). emph. ܛܠܝܐ A: Luc. 1 44, ܛܠܝܐ v. 41. C. suff. ܛܠܝܗ (Luc. 1 54 A, cett. om.). ܛܠܝܢ (Gen. 18 3, al.). ܛܠܝܢ (Mt. 8 8 A), ܛܠܝܝ (Luc. 7 7 A) *p. o. pass.* ܛܠܝ Jer. 30 10 et constanter Ev. cod. B. Pl. ܛܠܝܢ (Gen. 22 3, al.), ܛܠܝܝܢ Luc. 10 21 Ev. 114 C. Gal. 4 3. emph. ܛܠܝܐ Mt. 18 3 A, *p. o. pass.* ܛܠܝܐ(ܝ) Luc. 10 21 Ev. 114 A. C. suff. ܛܠܝܗ *pass.*, ܛܠܝܗ Gen. 50 2. ܛܠܝܗܘܢ 19 2. *m.* — *1.* puer (παιδίον, παιδάριον, παῖς) Gen. 22 5. Js. 7 16. 8 18. 9 6. Jo. 3 3. Prov. 1 4. Mt. 2 8 et saepe alibi. Hom. Anecd. 194 9. Pro νεώτερος Joh. 21 18; νήπιος Ps. 8 3. Mt. 21 16. Luc. 10 21. Gal. 4 1. 3; βρέφος Luc. 1 41. 44; μειράκιον Vit. Eulog. ZDMG 56 259 1. *2.* παῖς = servus Gen. 18 3. 19 2. 19. 22 3. 5. 19. Ex. 9 20 sq. Jer. 30 10. Mt. 8 6. 8; et saepe alibi.

ܛܠܝܐ (Mt. 26 69 BC). emph. ܛܠܝܬܐ. pl. ܛܠܝܢ (Tit. 2 6). emph. ܛܠܝܬܐ s. ܛܠܝܬܐ. *f.* — *1.* puella (κοράσιον) Jo. 3 3. Mt. 9 24 sq. Mc. 6 22. 28. Alibi. Hom. Ox. 9 501 3; παιδίον Mc. 7 30; ἡ νέα, νεωτέρα Tit. 2 4. 6. *2.* serva (παιδίσκη) Mt. 26 69.

*ܛܠܘܝ. pl. ܛܠܘܝܐ. *m.* — puellus Jo. 2 16 Lect. (S. F. ܛܠܘܝܐ). Hom. Ox. 9 501 2.

*ܛܠܘ. emph. ܛܠܘܬܐ. C. suff. ܛܠܘܬܝ; etc. *f.* — adolescentia Gen. 8 21. Eccl. 11 9 sq. 12 1. Mt. 19 20. Mc. 9 20. Luc. 18 21. Act. Adrian. fol. 1[r].

[ܛܠܬܐ Js. 44 4: vid. ܐܬܠܐ].

ܛܠܡ *Pe.* Pf. 1. ܛܠܡܬ (Luc. 19 8 A); etc. Impf. ܢܛܠܘܡ; etc. Ptc. act. ܛܐܠܡ, ܛܠܡ; etc. — iniuste egit Ps. 34 1. Mt. 20 13. Luc. 19 8; sequ. ܒ p. Ps. 43 18; acc. p. Mt. 5 44 BC (A om.). Luc. 3 14. [In Zach. 11 12 Lect. 104 verba ... ܛܠܘܡ ex vers. Pes. assumta sunt. Rectius Lect. 110].

ܛܠܘܡ (טְלוֹם) Luc. 16 10 A, *p. o.* BC. pl. ܛܠܘܡܝܢ Mt. 5 45 AC. emph. ܛܠܘܡܝܐ — iniustus (ἄδικος) Job. 16 11. Mt. l. c. (ubi B ܚܛܝܐ habet) = Hom. Anecd. 203 20. Luc. l. c. et 18 11.

ܛܠܘܡ (טְלוּם) Job. 16 17. Joh. 7 18 B; ܛܠܘܡ Gen. 19 8 et saepius al., ܛܘܠܘܡ Joh. l. c. A, ܛܠܡ[ܘ] D. emph. ܛܠܘܡܐ *pass.*, ܛܠܘܡܐ Luc. 16 11 A. *m.* — iniuria (ἀδικία) ll. cc., Js. 60 18. Jon. 3 8. Ps. 81 2. Luc. 13 27 BC (vix recte). 1Cor. 13 6. Vit. Sct. cod. ms. (cit. Eph. 5 3, ubi gr. πλεονεξία habet). ܛܠܘܡ, ἄδικος Ps. 34 11. ܒܛܠܘܡ *adv.* ἀδίκως Prov. 1 11.

ܛܠܘܡܝܬ (— *טְלוּמִי, emph. טְלוּמְיָא). — ܒܛ iniuste Luc. 13 27 A.

ܛܠܢܛܘܢ Mt. 25 24 Anecd. [ܛܠܢܛܝܢ BC, Ev. 165 A *cod.*]; ܛܠܢܛܐ Ev. 95 A, Ev. 165 A *corr.* 28 A; *p. o.* v. 28 BC Anecd. C. suff. ܛܠܢܛܟ Mt. 25 25 A, *p. o. cett.* pl. ܛܠܢܛܝܢ *s. p. o. pass. m.* — τάλαντον talentum, ll. cc., Mt. 18 24. 25 15—29.

*ܛܠܦ. ܛܠܦ (*טְלַף, emph. טִלְפָּא) *m.* — ungula Ex. 10 26.

*ܛܠܘܦܝܬܐ. emph. ܛܠܘܦܝܬܐ. *f.* — Legitur in Hom. Anecd. 181 12. Landio (in part. latin., p. 225) non liquebat. Sed ex verborum contextu hîc de trapeto agi satis perspicitur. Unde quin eadem sit vox ac טְלוּפְתָא, de qua vid. Buxtorf. Lex. chald. et talm. p. 882[a] et Dalm. Lex. p. 445[b], dubitare non licet.

ܛܡܪ femur: vid. ܚܛܡܪ.

ܛܒܥ (Cf. ܛܡܥ) *Pe.* Jon. 2 6. [S. F. 74 11]. pl. ܛܒܥܘ Ex. 15 10. Impf. ܢܛܒܥ Mt. 14 30 BC. pl. ܢܛܒܥܘܢ Ex. 15 16. Jo. 2 10. Ptc. ܛܒܥ Eph. 4 26. ܛܒܥܝܢ Luc. 9 32 BC. — submersus est, ll. cc. — In

Jo. l. c. aut inepta est interpretatio verbi δώσουσιν, aut menda adest; cf. S. F.

Ithpe. Ptc. ܡܬܛܠܠ, pl. *f.* ܡܬܛܠܠܢ — *id.*, Luc. 5 7BC. Hom. Ox. 96 8 12.

ܛܡܪ *Pe.* ܛܡܪ (nisi fort. ad *Pa.* pertinet) Mt. 25 18 Ev. 94ABC. C. suff. 3. *f.* ܛܡܪܗ Mt. 13 44. 2. *m.* ܛܡܪܬ; etc. Ptc. pass. ܛܡܝܪ, ܛܡܪ (Luc. 12 2C, al.); etc. — occultavit, ll. cc., Mt. 25 25. Luc. 8 17. Joh. 19 38. Col. 3 3. Hom. Anecd. 195 18. Act. Adrian. fol. 3r.

ܛܡܪܢܝܢ (pl. abstr. Vulgo ad *Pa.* referunt, ut מַטְמוֹרָא, sed cf. ܚܣܝܢܝܢ etc. Non tam „occultationem" quam „occultum" significat). st. cst. ܛܡܪܢܝܬ Ps. 43 22, pro quo aut ܬ— aut ܝ— leg. — emph. ܛܡܪܢܝܐ. — *m.* — occultum Ps. l. c. (τὰ κρύφια). ܒܛܡܪܢܝܐ ἐν τῷ κρυπτῷ Mt. 6 16 et 18A, *p. o.* BC. Alias adverbialiter usurpatur: ܒܛܡܪܢܝܢ ἐν (τῷ) κρυπτῷ Joh. 18 20A, *p. o.* al., ܒܛܡܪܢܝܢ Mt. 6 4A, per ܝ scr. (λάθρα) Mt. 1 19A, *p. o.* Ex. 11 2. ܒܛܡܪܝܢ Joh. 7 4 et 10A; ܒܛܡܪܝܢ Mt. 6 4a C.

ܡܛܡܪܢܝܬܐ (מַטְמוֹרִיתָא) *f.* — κρυπτή Luc. 11 33A (Anecd. corrupt. Cett. om. — Ex omnibus verss. solus Syr. cur. recte intellegit, vertens ܒܝܬ ܟܣܐ, sensu concreto).

Ithpe. ܐܬܛܡܪ (A: Joh. 8 59. 12 36 Ev. 169), ܐܬܛܡܪ l. c. Ev. 49ABC. Impf. 3. *f.* ܬܬܛܡܪ Mt. 5 14, pl. ܢܬܛܡܪܘܢ Lit. Dam. IIIv, ܬܬܛܡܪܘܢ IIv. Ptc. ܡܬܛܡܪ ZDMG 56 257 3. — *1.* se abdidit, Joh. et ZDMG ll. cc. *2.* absconditus est Mt. 5 14. Luc. 19 42. Lit. Dam. ll. cc.

Pa. ܛܡܪ, ܛܡܪ (Mt. 25 18 Ev. 165BC). 1. p. ܛܡܪܬ (v. 25A). — *i. q. Pe.*, ll. cc.

Aph. Pf. 3. *m.* c. suff. 3. *f.* [ܗ]ܐܛܡܪ Mt. 13 44 Anecd.; etc. Impf. pl. 1. ܢܛܡܪ. Ptc. act. *f.* ܡܛܡܪܐ. — *i. q. Pe.* Js. 42 22. Prov. 1 11. Mt. 13 44. 25 25 Ev. 95A. Luc. 1 24.

---

*ܛܥܐ. *Aph.* ܐܛܥܝ: vid. ܛܥܝ.

ܛܢܝܣ N. pr. Τάνις urbs Num. 13 23.

ܛܥܐ *Pe.* ܛܥܐ (Js. 53 6, al.), ܛܥܬ; etc. Impf. 3. *f.* ܬܛܥܐ, ܢܛܥܘܢ; etc. Ptc. act. ܛܥܐ; etc. Pl. *m.* ܛܥܝܢ, ܛܥܝܢ (Js. 11 15?). — *1.* erravit, aberravit Dt. 11 28. Js. 35 8. 53 6. Mt. 8 12 sq. 22 29. Mc. 12 24. Luc. 21 8. Hebr. 5 2. 11 38. Tit. 3 3. Act. Adrian. fol. 3v. Lit. Dam. I, fol. 2v. Pro διαπορεύεσθαι Js. 11 15 (cf. Pes.). *2.* fefellit, λανθάνειν Luc. 8 47. 2 Petr. 4 5. *3.* oblitus est Luc. 12 6; sequ. ܡܢ Ps. 118 109.

ܛܥܘ (טְעוּ) Col. 2 8. [Hom. Anecd. 195 3]. emph. ܛܥܘܬܐ. *f.* — *1.* error [l. c.], Mt. 27 64. Hymn. Lect. 136 6. Hymn. Anecd. 113 25. Lit. Dam. I, fol. 2r. *2.* fraus (ἀπάτη) Col. l. c.

[ܛܥܝܘܬܐ Mt. 27 64A *corr.* Forma edessena].

Ithpe. Impf. ܢܬܛܥܐ — fefellit, λανθάνειν Mc. 7 24.

Aph. ܐܛܥܝ (Gen. 31 3). Impf. ܢܛܥܐ (Mt. 24 4 Ev. 160A); etc. Ptc. act. ܡܛܥܐ; etc. — errare fecit, fefellit, ll. cc., Dt. 13 5. Js. 31 2. 9 16. Prov. 1 10. Mt. 24 5. 11. 24. Joh. 7 12. 2 Cor. 6 8 (leg. ܡܛܥܝܢ pro ܡܛܥܝܢ). Hom. Anecd. 209 7. 15. Act. Adrian fol. 3r.

*ܡܛܥܝܢ (*מַטְעְיָן). emph. ܡܛܥܝܢܐ — deceptor (πλάνος) Mt. 27 63.

ܛܥܡ *Pe.* ܛܥܡ B: Mt. 27 34 Ev. 203 et Joh. 2 9; ܛܥܡ Ev. 203A, *p. o.* cett. Impf. *a)* ܢܛܥܡ Joh. 8 52C, pl. ܢܛܥܡܘܢ Mc. 9 1; BC: Mc. 8 39 et Luc. 14 24; *b)* ܢܛܥܘܡ Joh. 8 52A, *p. o.* B. 2. p. ܬܛܥܡ Col. 2 21, pl. ܬܛܥܡܘܢ A: Mc. et Luc. ll. cc., *p. o.* Jon. 3 7. Imp. ܛܥܡ Hom. Ox. 97 5 1. — gustavit, ll. cc.

---

*ܛܥܢ *Pe.* ܛܥܢ BC: Mt. 8 17 et Mc. 9 35, ܛܥܢ Mc. ib. A, Anecd. 216. ZDMG 56 260 11; 3. *f.* ܛܥܢܬ; etc. Impf. 2. *m.* ܬܛܥܢ; etc. Ptc. act. ܛܥܢ. Inf. ܛܥܢ Mt. 23 4A, ܡܛܥܢ C (B corrupt.). — tulit, portavit, ll. cc., Js. 40 11. Mt. 3 11. 20 12. Mc. 16 18. Luc. 11 27. Joh. 5 10. 10 31. 16 12. Hom.

Anecd. 1856. Hymn. Anecd. 11123. Lit. Dam. I, fol. 2ᵛ (s. f.); ܛܥܢ ܠܗ ܨܠܝܒܗ sibi imposuit Vit. Sct. cod. ms.

ܛܥܝܢ (ܛܥܝܢ); pl. ܛܥܝܢܝܢ, ܛܥܝܢܝܢ (BC *pass.*) — onustus, portans Js. 606. Mt. 1128. Luc. 714. 104. 2210. Joh. 126. 1917. Rom. 151. Gal. 617. Act. Adrian. fol. 1ᵛ (*bis*). Lit. 6957.

Ithpe. Ptc. act. ܡܬܛܥܢ, ܡܬܛܥܢܝܢ (BC) — latus, portatus est Job. 2130. Mc. 23.

[ܛܥܪܘܢ Hom. Anecd. 11216: vid. ZDMG 53706].

ܛܦܐ (cf. Idiot. p. 39) *Pe.* Job. 1615; etc. Impf. ܝܛܦܐ, pl. ܝܛܦܘܢ (sic) Js. 1018. Ptc. act. ܛܦܐ; etc. — exstinctus est, ll. cc., Js. 4317 (*bis*). Job. 2117. Mt. 258. Luc. 317.

Pa. Pf. pl. ܛܦܘ. Ptc. act. pl. *m.* ܡܛܦܝܢ — exstinxit Hebr. 1134. Hom. Anecd. 20613 (cit. Eph. 616).

*ܛܦܠ. *Pa.* Pf. ܛܦܠ Joh. 96 et 11 B, ܛܦܠ A, *p. o.* C. — illevit, ll. cc.

*ܛܢܦ (cf. Idiot. p. 39). ܛܢܦ (Luc. 433A), ܛܢܦ (BC). *f.* ܛܢܦܐ Mc. 725, al.; emph. ܛܢܦܬܐ A: Mc. 924, Luc. 829, al.; *p. o.* al. Pl. *f.* ܛܢܦܬܐ Luc. 436A; 618A². — impurus (ἀκάθαρτος) ll. cc., Luc. 942; αἰσχρός Tit. 111.

*ܛܪܕ *Pe.* Pf. ܛܪܕ, etc. — *1.* expulit Job. 228. *2.* clausit (propr. „exclusit" ut targ. טְרַד) (abs.): ܠܐ ܥܠ ܠܡܥܠܬܗ ܘܛܪܕ Vit. Sct. cod. ms.

ܛܪܘܐܣ N. pr. l. Τρῳάς Hom. Anecd. 19112 (cf. Act. 206sq.).

ܛܪܛ: ܝܗܘ ܕܝܢ ܛܪܛ ܕܡܡܢܐ ܕܡܬܩܪܐ ܕܡܡܢܐ ܕܝܢܐ Lit. Dam. I, fol. 2ᵛ. Quid?

ܛܪܟܘܢܐ (Krauss.-Löw. 2275) N. pr. Τραχών Luc. 31.

*ܛܪܘܣ (טרם Buxtorf. Lex. 916. Fort. cum طاروس [Dozy 218, Beauss.] „canis venaticus" [num propr. „vestigator"?] cohaerere suspicari licet). *Pe.* Ptc. act. *f.* ܛܪܣܐ Hom. Ox. 97014; pl. *m.* ܛܪܣܝܢ (sic). — vestigavit, quaesivit l. c.; ܡܠܐܟܐ ܛܪܣܝܢ ܠܗ angeli quaerunt eum Apocr. Dam. fol. 2ᵛ.

*ܛܪܦ (Non est cur rad. dissecemus pro notionis diversitate).

ܛܪܦ (טְרָף) Gen. 811. Pl. ܛܪܦܝܢ 37, al. emph. ܛܪܦܐ. *m.* — folium, ll. cc., Mt. 2119. 2432.

*ܛܪܦܘ. pl. abs. ܛܪܦܘܢ. *f.* — commotio, seditio 2 Cor. 65 (ἀκαταστασία).

Ithpa. Ptc. pl. ܡܬ[ܛܪ]ܦܝܢ 2 Cor. 48 (cf. GGA 1901, 206), ܡܬܛܪܦܝܢ Mt. 936. — percussus, miser, ll. cc.

*ܛܪܦܝܙܝܛܐ (Cf. Krauss. 2278); pl. emph. ܛܪܦܝܙܝܛܐ Mt. 2527 Ev. 95A; per ܣ scr. et *p. o.* ib. BC; ܛܪܦ' Ev. 165A (BC corr.), *p. o.* Anecd. ܛܪܦܝܣܝܛܐ Hom. Ox. 95321 — trapezita, ll. cc.

*ܛܪܫ. ܐܛܪܫ — certavit (ἀθλεῖν) 2 Tim. 25 (Ox.) *bis*. Lect. habet ܐܬܚܫ.

ܛܪܩܠܝܢܐ (cf. Krauss. 2274). — ܪܒ ܛ' ἀρχιτρίκλινος Joh. 28sq.

[ܛܫܝ occultavit Luc. 2344A. Glossa].

ܝ

*ܝܐ. *ܝܐܝ (יָאֶה). emph. ܝܐܝܐ Ps. 443 (cf. ZDMG 53705). *f. id.* Tit. 23. Pl. *m.* ܝܐܝܢ Anecd.: Mt. 2327 et Mc. 131; ܝܐܝܢ Mt. A. — *1.* pulcher Ps., Mt., Mc. ll. cc. *2.* conveniens, decorus Tit. l. c.

*ܝܒܠ. C. suff. ܝܒܠܗ Jo. 119sq., ܝܒܠܗ

Ps. 49 2; ܡܝܐܝܢ Ps. 44 4. *f.* — pulchritudo, ll. cc. Hom. Anecd. 199 1 (ܝܐܝܘܬܗ, loc. corrupt.).

ܝܐܝܬ (A *pass.*), ܝܐܝܐܝܬ (A: Mc. 12 28. 32), *p. voc. om. pass.*, ܝܐܝܬ (Joh. 4 17 C). *adv.* — decore, iuste, grate (καλῶς, εὖ) ll. cc., Ex. 10 29. Js. 53 11. Mt. 5 44. 25 21. 23 Anecd. (cett. ܐܘ = εὖ). Phil. 4 14. Hom. Anecd. 181 15. 192 8. Vit. Sct. cod. ms.

ܝܐܢܝ N. pr. Ιανναι (Peš. ܝܢܝ) Luc. 3 24 B. 29 C.

ܝܐܫܝ N. pr. Ιεσσαι Js. 11 10 Lect. Cf. ܐܝܫܝ.

---

*ܝܒܠ I. *ܝܒܠ *m.* emph. ܝܒܠܐ (יַבְלָא) — (cynodon dactylon) foenum Js. 9 18.

Aph. *a*) ܐܘܒܠ Vit. Eulog. 56 259 5. 260 12. *b*) pl. ܐܘܒܠܘ, ܐܘܒܠܬܘܢ; etc. (B hîc illic per ܩ scr.). Impf. ܢܘܒܠܘܢ. Ptc. act. *a*) pl. ܡܘܒܠܝܢ Luc. 23 32 AB. *b*) *f.* ܡܘܒܠܐ Mt. 7 13 sq. pl. ܡܘܒܠܢ Luc. l. l. C. — duxit, portavit ll. cc., Mt. 26 57. 27 2. 31. Mc. 15 16. Luc. 16 22. Joh. 18 28. 21 18.

*ܡܘܒܠ. C. suff. ܡܘܒܠܗ, ܡܘܒܠܝ, ܡܘܒܠܟ. Pl. ܡܘܒܠܝܢ (ܩ B). *m.* — onus Mt. 11 28. 30. 23 4. Act. Adrian. fol. 1ᵛ. Hom. Ox. 9 53 7 (cit. Mt. 23 4).

---

*ܝܒܠ II: vid. ܐܒܠ.

ܝܒܫ *Pe.* ܝܒܫ Mc. 5 29 A, ܝܒܫ Luc. 8 6 A, *p. o. pass.*; ܝܒܫܬ Luc. ib. B, 3. *f.* ܝܒܫܬ Mt. 21 20 A, ܝܒܫܬ Mc. 11 21 Anecd. 142. Impf. ܬܝܒܫ. Ptc. ܝܒܫ, ܝܒܫܐ. — exaruit, ll. cc., Gen. 8 14. Js. 40 7. Jo. 1 17. Jon. 4 7. Ps. 89 6. Mtt. 21 19 sq. Mc. 9 17. Joh. 15 6. Jac. 1 11.

*ܝܒܫ *m.* emph. ܝܒܫܐ (ex יַבְּשָׁא ortum. Targ. יוּבְשָׁא, syr. ܝܒܫܐ) A, *p. o.* cett. — siccum, terra firma (mari opposita) Jon. 1 9. Mt. 23 15. Luc. 5 3.

*ܝܒܫܐ *f.* emph. ܝܒܫܬܐ (יַבֶּשְׁתָּא). — *id.* Gen. 1 9 sq. 7 22. Jon. 1 11. Hom. Anecd. 197 19 (cit. Job. 9 8).

*ܝܒܝܫ (יַבִּישׁ). emph. ܝܒܝܫܐ. *f.* abs. ܝܒܝܫܐ (Mc. 3 1 A; al.). — siccus Js. 9 18. Mc. 3 1. 3. 11 20. Luc. 6 6. 8.

*ܡܝܒܫ (מְיַבַּשׁ). pl. ܡܝܒܫܝܢ Joh. 5 3 A (BC mendose ܡܝܒܫܝܢ) — arefactus l. c.

ܝܕ *f.* st. abs. ܐܝܕ Ex. 19 13. emph. ܐܝܕܐ Gen. 9 55, *pass.* ܐܝܕܐ Mt. 26 50 B. C. suff. ܐܝܕܗ, ܐܝܕܗ (Num. 4 49. Ps. 81 4 et creberrime Ev. codd. BC Anecd.); ܐܝܕܝ, ܐܝܕܝ; etc. Pl. ܐܝܕܝܢ (Js. 10 11. Col. 2 11), ܐܝܕܝܢ (Hom. Anecd. 206 22). st. cst. ܐܝܕܝ Mt. 17 22 A¹, ܐܝܕܝ Mc. 9 30 A, al. ܐܝܕܝ Jer. 39 43. Ps. 77 61, al. emph. ܐܝܕܝܐ (Js. 11 14, *pass.*), ܐܝܕܝܐ Mt. 26 50 A. C. suff. 3. *m.* ܐܝܕܘܗܝ, ܐܝܕܘܗܝ *pass.*, ܐܝܕܘܗܝ Js. 14 30. Jer. 39 36; ܐܝܕܝ Mt. 22 13 BC; ܐܝܕܝ Joh. 11 44 C; etc. — manus, ll. cc. et pass. V. et N. T. Praeterquam Hymn. Anecd. 111 26. Act. Andr. et Matth. fol. 1ᵛ. Lit. Dam. I, fol. 2ʳ. Vit. Eulog. ZDMG 56 251 6. Cf. etiam ܐܝܕܐ.

ܒܝܕ *praep.* — per Rom. 3 27. Hebr. 2 2. 2 Tim. 2 2 Ox. (ܒܐܝܕ; Lect. ܒܝܕܝ). C. suff. ܒܐܝܕܗ ܒܝܕܗ Luc. 22 22 C (AB ܒܐܝܕܗ) = ; ܒܐܝܕܗ Ex. 9 35. Js. 35 10. Mt. 7 9 Ev. 68 AB.

*ܠܝܕ *praep.* — ad (πρός). C. suff. 1. pl. ܠܝܕܢ Act. 14 11.

ܠܝܕܐ *praep.* — ad, prope Joh. 21 4 A.

ܠܐܝܕܐ ܠ *praep.* — per (διά) Act. Philem. Anecd. 169 4; ܠܐܝܕܘܗܝ ܠ Js. 14 30.

---

*ܝܕܐ. *Aph.* ܐܘܕܝ, pl. ܐܘܕܝܘ (Rom. 1 21). Impf. ܢܘܕܐ (A), ܢܘܕܐ *pass.*, ܢܘܕܝ Mt. 10 32 C; etc. Ptc. act. ܡܘܕܐ, pl. ܡܘܕܝܢ. — *1.* fassus, confessus est Joh. 1 20. 1 Tim. 3 16. Tit. 1 16; sequ. ܒ Mt. 10 32. Luc. 12 8. Joh. 9 22. 12 42. Rom. 10 9. *2.* gratias egit (εὐχαριστεῖν) c. ܠ p., Luc. 17 16. Rom. 1 21. Phil. 1 3.

*ܐܘܕܝܐ (infin.). emph. ܐܬܐ—. C. suff. ܐܘܕܝܘܬܢ Dt. 12 17. *f.* — confessio ὁμολογία, l. c. Hebr. 4 14. 10 23. [Js. 31 1 interpol.].

ܐܫܬܘܕܝ (Luc. 22 19 A, *p. o. pass.*). Impf.

ܡܘܕܐ; etc. Ptc. act. ܡܘܕܝܐ, ܝ—; etc. pl. *m.* ܡܘܕܝܢ. — *1.* confessus est, promisit, abs. Luc. 22 6. Rom. 10 10; sequ. acc. Mt. 3 6. Mc. 1 5; ܠ Ps. 44 18. 48 19. Luc. 10 21. Joh. 11 41. Lit. 707 14. 708 8; ܒ Phil. 2 11 (Lect. 113). *2.* gratias egit (εὐχαριστεῖν) Mt. 15 36. 26 27. Mc. 8 6. (Luc. 6 35). Luc. 18 11. 22 17. 19. Joh. 6 11. 23. 21 13. 1Cor. 11 24. Col. 1 3. 12. 1Thess. 1 2.

ܬܘܕܝ (inf.) Jon. 2 10, al. emph. ܬܐ—. *f.* — *1.* praedicatio (ἐξομολόγησις) Jon. 2 10. Sirac. 18 28. — Lit. 708 21. 709 15. *2.* gratiarum actio (εὐχαριστία) Phil. 4 6. 1Thess. 3 9 (S. F. 56 13, ubi plur. st. abs. ܬܘܕܝܢ leg. propono).

ܝܕܥ I. *Pe.* ܝܕܥ, ܝܕܥ (Mt. 26 10 Ev. 170 A); ܝܕܥ (A: Mc. 15 45, Luc. 5 22), ܝܕܥ (Mt. 26 10 Ev. 170 B, Ev. 175 A. Mc. 5 30 B, al.) ܝܕܥ(ܘ) Joh. 6 62 C; 3. *f.* ܝܕܥܬ; etc. Impf. ܢܕܥ (A Mt. 9 30 al.), *p. o. pass.* ܢܕܥ Joh. 14 31 Ev. 53 C, ܢܕܥ Mc. 9 29 C. Joh. 14 31 Ev. 185 B, ܝܕܥ B: Mt. 9 30, 22 18, Mc. 7 24. 3. *f.* ܬܕܥ, ܬܕܥ (Mt. 6 3 B), ܬܕܥ (ib. C), etc. Imp. pl. ܕܥܘ, ܕܥܘ. Ptc. act. ܝܕܥ, ܝܕܥ, ܝܕܥ; pl. ܝܕܥܝܢ; etc. [Inf. ܡܕܥ Sap. 9 17 ex coniectura Stenning.] — novit, cognovit, certior factus est ll. cc. *et pass.* Sequ. ܒ *r.* Luc. 8 46. 24 18. [Mc. 7 24 A *corr.* 9 30 A *corr.* Cf. Peš.].

ܝܕܝܥ, ܝܕܝܥ (BC *pass.*). emph. ܝܕܝܥܐ. *f.* abs. *id.* (Dt. 13 14 Anecd. 223). — notus, clarus, l. c., Mt. 26 73. 27 16. Mc. 6 14. 21. Act. 2 22.

ܡܕܥ (מַדָּע) Ps. 82 4. emph. ܡܕܥܐ. C. suff. ܡܕܥܗ, ܡܕܥܟܘܢ. *m.* — scientia, peritia, consilium, l. c., Job. 21 22. Tit. 1 15. Hom. Anecd. 182 26. Vit. Anton. S. F. 104 1.

Ithpe. ܐܬܝܕܥ. 2. m. ܐܬܝܕܥܬ (sic) Hymn. Anecd. 111 8. [Anecd. 111 22 leg. ܐܬܝܕܥܬ]. Impf. ܢܬܝܕܥ (Luc. 12 2 A, *p. voc. om.* Luc. 8 17 BC, al.); etc. Ptc. ܡܬܝܕܥ. — *1.* Sequ. ܠ p. innotuit *alcui* (ut hebr. נוֹדַע Ex. 6 3 etc.) Luc. 24 35. *2.* cognitus, intellectus est Js. 42 9. 60 2. 61 9. Mt. 24 32. Luc. 8 17. 12 2. Joh. 1 31. 9 3. Rom. 1 4, et saepe al.

Aph. ܐܘܕܥ, ܐܘܕܥ (BC *pass.*); etc. 1. p. ܐܘܕܥܬ (A Joh. 15 15, al.). Impf. ܢܘܕܥ, ܢܘܕܥ (Joh. 14 22 C); etc. Imp. ܐܘܕܥ, ܐܘܕܥ; pl. ܐܘܕܥܘ. Ptc. act. ܡܘܕܥ, ܡܘܕܥ; etc. Inf. ܡܘܕܥܘ Dt. 13 9 (Lect.). Cf. mox ܐܘܕܥܘ). — *1.* notum fecit, nuntiavit, docuit Ex. 9 16. Js. 11 11. Jer. 11 18. Jon. 1 8. Ps. 84 8. Mt. 3 7. 22 19. 24 1. Mc. 1 44. Luc. 2 15. Joh. 2 18. Eph. 6 19. Hom. Anecd. 171 7. 179 4. 207 20. Alibi. *2.* monstravit (δεικνύναι) Num. 13 27. 1Cor. 12 31. *3.* significavit, valuit Hom. Anecd. 194 5. 8.

ܐܘܕܥܘ (*inf.*, cf. supra) Dt. 13 9 Anecd. 222. Phil. 1 28. emph. ܬܐ — Rom. 3 25 (sic leg.). 26. C. suff. ܐܘܕܥܘܬܗ Luc. 1 80 (A falso per ܕ scr.). *f.* — ostensio, ll. cc.

[*Ittaph.* Impf. 3. ܢܬܘܕܥ notus, cognitus est Luc. 8 17 Anecd. et A *cod.*, ex quo corrector ܢܬܝܕܥ effecit. Interpres vix aliud voluit quam *Ithpe.*, cf. BC].

---

*ܝܕܥ II. *ܕܥܐ (דִּיעֲתָא ,דֵּיעֲא). st. cst. ܕܥܬ Gen. 3 19. C. suff. 3. *m.* ܕܥܬܗ Luc. 22 44 A, *p. voc. o.* BC. *f.* — sudor, ll. cc.

ܝܗܒ *Pe.* ܝܗܒ (A: Mt. 14 19. 21 33 Ev. 154 C, al.), ܝܗܒ (Joh. 7 19; 9 15), ܝܗܒ (Mt. 25 15 Ev. 94 C. Mc. 15 45 Ev. 19 B. Luc. 7 15 Anecd.; al.). 3. *f.* ܝܗܒܬ (Mc. 6 28 A). 2. *m.* ܝܗܒܬ (Joh. 17 8 Ev. 52 A. v. 14 A, al.); etc. pl. ܝܗܒܘ; ܝܗܒܘ Mt. 21 7 C; ܝܗܒܘ(ܢ) Joh. 19 28 (omnes codd.). C. suff. 3. *m.* ܝܗܒܗ Mc. 15 17 A (BC suff. om.). Impf. (cf. ܢܬܠ) ܢܬܠ (A *pass.*), ܢܬܠ *pass.* ܢܬܠ Js. 11 12. Codd. BC plerumque per ܬ scribunt, paullo rarius cod. A alii; 3. *f.* ܬܬܠ, ܬܬܠ; etc. Imp. ܗܒ (A Mt. 6 11, al.), ܗܒ (Ps. 84 8; B: Mt. 5 42; Luc. 14 9, al.). *f.* ܗܒܝ (A: Joh. 4 7. 10); pl. ܗܒܘ (Luc. 15 22 A), *p. o. pass.*; sed

ܢܝܗܒ Mt. 22 21 Ev. 156 BC. Mc. 12 38 B. *f.* ܝܗܒܝ (Mt. 25 8 Ev. 96 A), ܝܗܒܐ (ib. Ev. 164 A, *p. o.* cett.). Ptc. act. ܝܗܒ, ܝܗܒܐ (B *pass.*, al.); etc. Ptc. pass. ܝܗܝܒ, ܝܗܝܒ (Joh. 3 27 BC. 6 66 B. 19 11 Ev. 237 BC); cf. mox ܝܗܝܒ. — *1.* dedit, *pass.* Sirac. 45 26. Hom. Ox. 95 3 20. 63 10. Hom. Anecd. 173 4. Cf. etiam ܝܗܒܬܐ. ܛܘܒܐ ܝܗܒ, c. ܠ p., beatum praedicavit Luc. 1 48 (μακαρίζειν). Hymn. Anecd. 112 5. Lit. Dam. III^r. ܩܠܐ ܝܗܒ emisit vocem, sonum Jo. 3 14. 16. Ps. 82 3. 1 Cor. 13 1. *2.* posuit, reposuit (cf. ZATW 1902, p. 162 sq.) Luc. 10 34. Hom. Anecd. 173 21. Hom. Ox. 974 13. Est pro τιθέναι Mt. 21 7. 27 28 sq. 37. Mc. 6 29. 15 17. Luc. 11 33. Joh. 9 15; cf. Eccl. 7 22: ܠܟܠ ܡܠܝܢ ... ܠܐ ܬܬܠ ܠܒܟ = εἰς πάντας λόγους . . . μὴ θῇς καρδίαν σου. Pro διδόναι (quod et ipsum usui aram. tribuendum; cf. נתן בּ) Mt. 27 10. Luc. 15 22. *3.* Insequ. ܠܒܐ animadvertit; ܗܒܘ ܠܒܟܘܢ ܕܠܐ βλέπετε μή Col. 2 8; ܗܒܘ ܠܒ ܡܢ προσέχετε ἀπὸ cavete vobis Mt. 7 15. 10 17. Mc. 12 38. (Num Graecorum imitationi tribuenda sit praepositio ܡܢ — Schwally, Idiot. p. 40 — dubitare possis propter رُدّ بالك منها *animadverte eam* Stumme, Märch. u. Ged. 7 28, alia id genus; sed cf. ܣܝܒܪ ܡܢ ἀνέχεσθαί τινος).

ܝܗܝܒ, ܝܗܒ (Gen. 9 17). *f.* ܝܗܝܒܐ, ܝܗܒܐ (Ex. 11 5. Al.). Pl. ܝܗܝܒܝܢ, ܝܗܒܝܢ — datus datum, quod exstat („vorhanden, befindlich"), ll. cc., Gen. 3 3. Js. 8 14. 9 1. Luc. 7 25. Joh. 6 21. 7 39. Hom. Anecd. 191 11. [illegible] Vit. Sct. cod. ms.

ܝܗܘܒ (יָהוֹב) *m.* — donator Lit. Dam. I, fol. 1^v: ܝܗܘܒ ܚܝܝܐ.

*ܡܘܗܒܬܐ [ܡܘܗܒܬܐ 1 Reg. 11 1, δοτόν]. pl. emph. ܡܘܗܒܬܐ. *f.* — donum Lit. 705 15.

Ithpe. ܐܬܝܗܒ (A: Luc. 4 17; 8 10; cf. Joh. 12 5), *p. o. pass.*; etc. Impf. ܬܬܝܗܒ (Mt. 25 29 A, al.), ܢܬܝܗܒ (Luc. 8 18 Anecd.). Ptc. ܡܬܝܗܒ, ܡܬܝܗܒܐ, ܡܬܝܗܒܝܢ (Mt. 10 19 A[1]); etc. — *1.* datus est, ll. cc., Js. 35 2. Mt. 7 7. 21 43. 28 18. Phil. 1 29, al. Hom. Ox. 971 17. *2.* positus est Hom. Ox. 970 12.

[ܝܗܒ 2 Tim. 2 2: v. ܝܪܒ].

ܝܗܘܕܐ, ܝܗܕܐ (fluctuant codices inter utramque formam) N. pr. Ιουδας *1.* τοῦ Ιακωβ (tribus, urbs, domus) *pass.* *2.* τοῦ Ιωσηφ (e maioribus Jesu) Luc. 3 30. *3.* τοῦ Ιωαννα (e maioribus Jesu) Luc. 3 26 B (C om.). *4.* Ιακωβου Act. 1 13. — Ἡ Ἰουδαία (γῆ, χώρα) varie redditur: ܝܗܘܕܝܐ, ܝܗܕܝܐ. (In A *aliquoties* ܝܗܘܕܝܐ, ܝܗܕܝܐ. Puncta plur. dubia, quorum rationem qui coniecit Lagarde in Mitth. 4 340 paucis, puto, persuadebit), ܝܗܘܕܐ, ܝܗܘܕܝ. Vid. concord. ܐܪܥܐ ܕܝܗܘܕܝܐ Apocr. Dam. fol. 2^r.

ܝܗܘܕܝ (Joh. 3 25 BC. 4 9 BC), ܝܗܘܕܐܝ (Joh. 4 9. Gal. 2 14), ܝܗܘܕܝܐ (Gal. 3 28 Lect.), ܝܗܕܝ (Joh. 18 35. Col. 3 11), ܝܗܕܐܝ (Hom. Ox. 963 3). Pl. abs. ܝܗܘܕܝܝܢ [ܝܗܘܕܝܝܢ Mc. 2 16 vid. infra]. ܝܗܘܕܐܝܢ (Gal. 2 13. 15). ܝܗܘܕܝܢ (BC *pass.*), ܝܗܕܝܢ (Rom. 3 29 Lect. Al.), ܝܗܕܝܢ (BC *pass.*), ܝܗܕܐܝܢ (D: Joh. 11 31. 45 et 12 9). Nonnunquam scribae necnon editores errabant, formam ܝܗܘܕܝܢ etc. pro ܝܗܘܕܝܝܢ ducentes (*e. g.* Mc. 2 16 A); idem valet quod ad ܓܠܛܝܢ Γάλατες adnotavi. emph. ܝܗܘܕܝܐ (A *pass.*), *p. o. pass.*; ܝܗܘܕܝܝܢ (creberrime A), *p. voc. o.* Joh. 11 31 et 45 Dam. Joh. 8 57 C. ܝܗܘܕܝ (BC *pass.*), ܝܗܕܝܐ (Mt. 27 11 Anecd.; A *corr. pass.*; Joh. 4 22 B. 6 41 Anecd., al.). ܝܗܕܝ (A *pass.*; Joh. 2 13 C. 18 B. Hom. Anecd. 189 8); ܝܗܕܝ (C *pass.*, e. g. Mt. 28 15, Joh. 2 6, 19 42; praeterea Joh. 19 40 B). — Judaeus, *pass.*

ܝܗܘܕܝܛܐ (A: Mt. 26 14 Ev. 175, Joh. 13 2, al.), *p. o.* BC *pass.* ܝܗܕܝܛܐ (A: Mt. 26 25. 47; Luc. 22 3, al.), *p. o.* BC *pass.* ܐܣܟܪܝܘܛܐ (Joh. 12 4 D, A *corr.*). ܝܗܘܕܝܛܐ (B: Mt. 26 14 Ev. 170, Luc. 22 3). N. pr.

Ιουδας, *1.* frater Jesu, *pass.* *2.* Ισκαριωτης, *pass.*

ܝܗܝܪܘܣ (A), ܝܐܝܪܘܣ (B). [ܝܐܝܪܘܣ C]. N. pr. Ιαειρος Luc. 8 41.

---

*ܝܗܝܪ. ܝܗܝܪ (יָהִיר). emph. ܝܗܝܪܬܐ. *f.* — superbia, fastus Ps. 16 10. Job. 22 12.

ܗܝܪܐܦܘܠܝܣ N. pr. Ἱεράπολις Col. 4 13.

ܝܘܐܝܠ (Hom. Anecd. 204 20), ܝܘܐܝܠ (Jo. 1 1. Act. 2 16. Lect. 64 1), ܝܘܐܝܠ (Lect. 42 5. 45 4. 49 17) N. pr. Ιωηλ propheta, ll. cc.

ܝܘܐܩܝܡ, ܝܘܩܝܡ (Mt. 1 11ᵇ B) N. pr. Ιωαχειμ Mt. 1 11.

ܝܘܒܝܕ (Mt. 1 5ᵇ C, Luc. 3 32 B), ܝܘܒܝܕ (Mt. B *bis*) [ܐܘܒܝܕ Luc. C]. N. pr. Ιωβηδ ll cc.

ܝܘܚܢܐ (Luc. 24 10 A), *p. o. pass.* ܚܢܐ (C: Mt. 9 14, Mc. 10 35) — cf. Dalm. Gramm. p. 142, n. 3 — N. pr. *1.* Ιωαννα Luc. 24 10. *2.* Ιωαννης, fil. Zebedaei, Mc. 10 35. Luc. 24 10. *3.* Ιωαννης baptista Mc. 3 1 C (Ev. 260). 9 14 C. Mc. 6 18 A *cod.* Luc. 7 19 C. Lit. 708 16.

ܝܘܚܢܐ Johannes bapt. Mc. 6 18 A *corr.* (cf. ܝܘܚܢܢ).

ܝܘܚܢܢܝܣ (cf. Dalm. Gramm. l. c.) (A: Mt. 4 21, al.), per ܘ scr. Mc. 6 16, al., *p. o. pass.* ܝܘܚܢܝܣ (Mt. 10 3 B. 11 4 BC, *pass.* BC). [ܝܘܐܢܝܣ C: Mt. 10 3, al., *quinquies*). ܝܘܚܢܝܣ (Mt. 9 14 A), *p. o.* 4 21 B. 10 3 A *cod.* 11 4 A, Luc. 5 10 B; al. ܝܘܢܝܣ Mt. 4 21 C. — Ιωαννης *1.* fil. Zebedaei, *pass.* *2.* baptista, *pass.* Apocr. Dam. fol. 1ʳ sq. *3.* Chrysostomus Hom. Anecd. 177 18. Hom. Ox. 9 54 20 (ܝܘܚܢܢܝܣ).

ܝܘܚܢܢ Ιωαναν Luc. 3 26 B [C ܝܘܚܢܢ].

ܝܘܛܐ ἰῶτα Mt. 5 18 AB. [C ܝܘܕ].

ܝܘܩܢܐ (A, *p. o.* BC) [ܝܘܩܢܝܐ C priore loco.] N. pr. Ιεχονιας (Peš. ܝܘܟܢܝܐ) Mt. 1 11 sq.

ܝܘܡ (Gen. 1 5; *pass.*). emph. ܝܘܡܐ. Pl. ܝܘܡܝܢ, ܝܘܡܝܢ (B *pass.* *e. g.* Mt. 4 2, Mc. 2 1. Luc. 2 21 C. Joh. 2 12). cst. ܝܘܡܝ (Joh. 9 32 AB), ܝܘܡܝ (Gen. 3 14. 17, al. emph. ܝܘܡܝܐ, ܝܘܡܐ (Mt. 24 38 BC. Luc. 2 1 A. 5 17 B. 20 1 B). C. suff. ܝܘܡܘܗܝ, ܝܘܡܝܗܘܢ (Mt. 2 1 A; *p. o.* 9 33 Anecd. Am. 9 11; al.), ܝܘܡܝ (Mt. 2 1 BC. Luc. 19 30 C, al.). 3. *f.* ܝܘܡܝܗ, ܝܘܡܗ (Luc. 1 18 BC). 2. ܝܘܡܝܟܘܢ, ܝܘܡܟ (Luc. 15 29 BC); etc. [ܝܘܡܬܐ Jer. 39 39. Luc. 1 24 Ev. 278 A *corr.* Formae edessen.] *m.* — dies, *pass.* ܚܕ ܝܘܡ uno die Js. 9 14. ܡܢ ܝܘܡܐ ܕܥܠܡܐ ἐκ τοῦ αἰῶνος Joh. 9 32. ܡܢ ܝܘܡܘܗܝ ܠܐ, ܡܢ ܝܘܡܝܟ ܠܐ (etc.) ille, tu nunquam: Mt. 9 33. 21 16. 42. Mc. 2 12. 25. Luc. 15 29. 19 30. Joh. 1 18. 5 37. 7 46. 8 33. Act. 14 8. Hom. Anecd. 188 22. Vit. Sct. cod. ms. Itaque in enuntiatis interrog., sensu negativo: Hebr. 1 5. Hom. Anecd. 205 3 (cit. Hebr. 1 13). Act. Andr. et Matth. fol. 1ʳ: [. . .] ܐܝܢܐ ܡܢܟܘܢ ܚܙܐ ܐܠܗܐ ܡܢ ܝܘܡܘܗܝ (suppl. ܡܡܠܠ) τίς ἐξ ὑμῶν εἶδεν τ. θεὸν ὁμιλοῦντα γυναικὶ πώποτε;

ܝܘܡܢܐ (A ܝܘܡܢܐ Mt. 27 8 Ev. 209, al., ܝܘܡܢܐ Mt. 21 28) s. ܝܘܡܢ (ܝܘܡܢ Luc. 23 43 A) *adv.* — hodie (cf. ܝܘ, ܝܘܡ); *pass.* Idiotico (p. 22 sq.) addo hosce locos: Gen. 22 14. Ex. 9 18. 10 6. 19 10. Dt. 10 13. 15. 11 2. 4. 7 sq. 13. 22. 26 sq. 12 32. 13 18. 4 Rg. 2 22. Js. 9 7. 10 32. Mt. 6 30 BÇ. 27 19. 28 15. Act. 2 29. Hebr. 1 5. 4 7. 5 5. Hom. Anecd. 205 27. ܝܘܡܐ ܕܝܘܡܢܐ ἡ σήμερον (ἡμέρα) Dt. 11 4. Mt. 28 15.

[ܝܘܡ *id.* Mt. 27 19 Ev. 209 A. Ex lingua edess. assumtum].

[ܝܘܡܐ S. F. 82 3 = Sirac. 18 27: leg. ܝܘܡܐ].

ܝܘܡ (*pass.*), ܝܘܡ (C: Mt. 3 16, Luc. 2 24, 3 22). emph. ܝܘܢܐ. Pl. ܝܘܢܝܢ (Js. 60 8). emph. ܝܘܢܐ, ܝܘܢܐ (Mt. 10 16 A²; 21 12 A corr.). *f.* — columba, ll. cc., Gen. 8 8sqq. Js. 60 8 *bis*. Mc. 1 10. Joh. 1 32. 2 14. 16. Apocr. Dam. fol. 1r.

ܝܘܢܐ, ܝܘܢܐ N. pr. *1.* Ιωνας (pater Simonis Petri) Mt. 16 17. Joh. 1 42. 21 15sq. *2. f.* Ἰωάννα Luc. 8 3.

ܝܘܢܡ N. pr. Ιωναμ Luc. 3 30 B; C ܝܘܢܢ.

*ܝܘܢܝ. Pl. emph. ܝܘܢܝܐ, ܝܘܢܝܢ — Graeci (Ἕλληνες) Jo. 3 6. Zach. 9 13.

ܝܘܐܢܢܝܣ N. pr. (cf. Dalm. Gr. 142, n. 9) Ιωαννης Mt. 11 7 A *cod.* Mc. 6 24 B.

ܝܘܢܢܣ (A ܝܘܢܐܣ) N. pr. Ιωνας propheta, Jon. *pass.* Luc. 11 29—32. Lit. Dam. I, fol. 1v.

ܝܘܣܐ, ܝܘܣܝ (cf. Dalm. l. c. 139, n. 3; Lidzbarskii „Ephem.“ 1 315, n. 2.) (Mc. 15 47 A), ܝܘܣܐ (6 3 B) N. pr. Ιωσης Mc. 6 3. 15 47.

ܝܘܣܝܟ N. pr. Ιωσηχ Luc. 3 26 C; B ܝܘܣܟ.

ܝܘܣܝܦ (A), *p. o. pass.*, ܝܘܣܦ (constanter BC, except. Mt. 27 56, ubi B ܝܘܣܦܝ), ܝܘܣܦ (Mt. 1 20 A). N. pr. Ιωσηφ, nom. plurium virorum V. et N. T. Praeterea Jos. maritus Mariae Apocr. Dam. fol. 1v *bis*, Act. Andr. et Matth. fol. 1r; Jos. Arimath. Lit. Dam. IIIv.

ܝܘܦܐ N. pr. Ἰόππη Jon. 1 3.

ܝܘܦܢܐ N. pr. (ut in Peš.) Ιεφοννη (יְפֻנֶּה) Sirac. 46 7.

ܝܘܪܕܢܐ: vid. ܝܪܕܢܐ.

ܝܘܪܡ N. pr. Ιωραμ Mt. 1 8, Ιωρειμ Luc. 3 29.

ܝܘܫܝܐ (A, *p. o.* BC) N. pr. Ιωσειας (Peš. ܝܘܫܝܐ) Mt. 1 10sq.

ܝܘܫܘܥ (יֵשׁוּעַ) N. pr. Ιησους ex maioribus Jesu Luc. 3 29 B, ܝܫܘܥ C.

ܝܘܫܦܛ N. pr. Ιωσαφατ *1.* Jo. 3 2. 12. *2.* Mt. 1 8 [B ܝܘܣܦܛ].

ܝܘܬܡ N. pr. Ιωθαμ Mt. 1 9.

*ܝܙܦ. *Pe.* Impf. 3. ܢܝܙܦ Mt. 5 42 A (C ܢܝܙܦ, B ܢܝܙܦܘܢ) — mutuum sumpsit, l. c. *Aph.* ܐܘܙܦ; etc. Imp. pl. ܐܘܙܦܘ. Ptc. act. ܡܘܙܦܝܢ — mutuum dedit Js. 40 14. Luc. 6 34sq. Hymn. Anecd. 111 12.

*ܝܚܝܕ. ܝܚܝܕ, ܝܚܝܕܐ (Joh. 1 14 A, al.), ܝܚܝܕܝ (Luc. 7 12 A), ܝܚܝܕ (Joh. 1 14 BC). emph. ܝܚܝܕܐ. *f. id.* (Luc. 8 42 B; sic leg.). C. suff. 3. *m.* ܝܚܝܕܗ (Joh. 3 16). pl. emph. ܝܚܝܕܝܐ Vit. Sct. cod. ms. — *1.* unicus, ll. cc., Sap. 10 1 (sic leg.). Luc. 9 38. Joh. 1 18. 3 18. Hom. Anecd. 175 9. 179 5. 188 20 (sic leg.). 196 23. Hymn. Anecd. 111 25. *2.* anachoreta Vit. Sct. cod. ms. (*pass.*).

*ܝܚܝܕܘ. emph. ܝܚܝܕܘܬܐ. *f.* — vita anachoretica Vit. Sct. cod. ms.

*ܝܚܛ. ܝܚܛܐ *m.* — abortus 1Cor. 15 8. *Pe.* denom. (syr. ܐܬܚܛ. Non est *Pa.*) Pf. 3. *f.* ܝܚܛܬ — abortum fecit Job. 21 10.

*ܝܚܘܪ. *ܝܚܘܪܐ (talm. יחור) *m.* C. suff. ܝܚܘܪܝܗ(?) — ramus, surculus Mt. 24 32 (BC corrupt.).

*ܝܛܒ *Aph.* Ptc. act. ܡܘܛܒ — benefecit Ps. 48 19. Act. 14 17. ܡܘܛܒܢ (*מֵיטְבָן), ܡܘܛܒܢ (*Imāla*) Lit. Dam. IIv. Pl. ܡܘܛܒܢܝܢ Luc. 22 25 A, *p. o.* BC. — benefactor, ll. cc.

*ܝܚܡܐ (cf. Nöld. p. 467. Krauss. 2 415sq., 250. Idiot. p. 105) *f.* apud A et Mt. 3 7 C; *m.* apud ceteros. Pl. c. ܕ coniunctum ܕܝܚܡܐ, ܕܝܚܡܐ etc. (vid. Idiot.); ܕܝܚܡܐ B Mt. 3 7 et 23 33; ܕܝܚܡܐ C Mt. 12 34 et 23 33, Luc. 3 7 BC; ܕܝܚܡܬ 12 34 B. [Corrupte ܕܝܚܡܝܐ, 23 33 Anecd.] — pro ἐχιδναι, ll. cc.

*ܝܟܠ. *Pe.* Pf. ܝܟܠ (יְכִיל) (Mc. 6 5 A), *p. o.* al.; ܝܟܝܠ (Mc. 7 24 A), *p. o.* BC *pass.* 3. *f.* ܝܟܠܬ; etc. Pl. ܝܟܠܘ *pass.*, ܝܟܠܘ Mt. 24 24 B. Luc. 9 40 C; ܝܟܠܘ Mc. 2 4 A; ܝܟܠ Mt. 17 16 A²; ܝܟܠܘ B: Mc. 9 17 et Luc. 9 40; etc. Impf. 2. *m.* ܬܟܘܠ; pl. ܬܟܠܘܢ; ܢܟܘܠܘܢ Luc. 13 24 A, *p. o.* Js. 11 9 Anecd., ܬܟܠܘܢ Js. l. c. Lect., etc. Ptc. act. ܝܟܠ, ܝܟܝܠ, ܝܟܠܐ; etc. — potuit, valuit, *pass.* Usurpatur hoc verbum *a*) absol., velut Mc. 6 19. Luc. 9 40. *b*) *tr.* Act. Adrian. fol. 2ʳ: ܝܟܠ ܕܠܐ ܗܘܝܬ . . . [oblit; suppl. ܡܕܡ vel simile quid] πράγματι . . . ὅπερ οὐ προῃρήσω πληρῶσαι; *c*) insequ. impf., particulâ ܕ sive additâ, velut Ex. 10 5. Mt. 3 9. 17 16. Mc. 2 4. 2Tim. 1 12. Hom. Ox. 955 14. 18. 625, et saepe alibi, sive omissâ, sc. Dt. 12 17. Mt. 9 15 B. Mc. 2 7 A. Luc. 5 12. Hebr. 2 18 (Lect. 119); *d*) insequ. partic., velut Mc. 6 27 BC (A om.). 8 2 BC. Mc. 7 15. Luc. 8 43. 21 15. 36. Joh. 15 4 Ev. 54 BC. 1Cor. 10 13. Eph. 2 18. Hom. Anecd. 173 24. 174 3/4. 194 23. 206 13. — ܝܟܝܠ ܟܠܡܕܡ omnipotens Lect. 136 7 (cf. ܪܘܡ '). Impers. ܕ (ܝܟܝܠ) ܝܟܠ fieri potest, ut Ex. 8 26. Mt. 8 28. 19 26. Mc. 9 22. Luc. 18 25 A (BC om.). Act. 2 24; itidem *f.* ܕ (ܝܟܝܠܐ) ܝܟܠܐ Mt. 19 26. 24 24 Dam. et Anecd. 21 4. Rom. 12 18.

---

*ܝܠܠ. ܝܠܠܐ (יְלָלָא) *f.* — eiulatio Ex. 11 6.

Pa. Imp. pl. [ܘ]ܝܠܠ — eiulavit Js. 15 3 (si vere est traditum; cf. *Aph.* ib. v. 2).

Aph. Impf. pl. 2. ܬܝܠܠܘܢ Joh. 16 20 Ev. 189 B; ܬܝܠܠ Ev. 56 B (apud cett. corrupt.). Imp. pl. ܐܝܠܠܘ, ܐܝܠܠܘ [ܝܠܠܘ Js. 14 31 !] — *i. q. Pa.* Js. 10 10. [14 31]. 15 2. Jo. 1 5. Joh. 16 20.

ܝܠܕ *Pe.* ܝܠܕ (Hom. Anecd. 207 26); ܝܠܕܬ; 2. *f.* ܝܠܕܬܝ Lit. Dam. I, fol. 1ʳ. Impf. 3. *f.* ܬܝܠܕ (s. *p. o.*) *pass.*; ܬܠܕ Luc. 1 13 A; ܬܝܠܕ Luc. ib. BC. Joh. 16 21 C, ܬܝܠܘܕ Luc. 1 57 C. Joh. l. c. Ev. 189 B. 2. *f.* ܬܝܠܕܝܢ Gen. 3 16. Ptc. act. *f.* ܝܠܕܐ, ܝܠܕܐ; pass. ܝܠܝܕ, ܝܠܕ (Joh. 3 6 C; v. 8 BC); etc. — *1.* peperit Mich. 5 3. Mt. 1 21. 25. Luc. 1 13. 57, et saepe al. *2.* procreavit, genuit Hebr. 1 5. Hom. Anecd. 207 26.

*ܝܠܕܐ *f.* emph. ܝܠܕܬܐ (יָלְדְתָא) Mich. 5 3, al. C. suff. ܝܠܕܬܗ, ܝܠܕܬܟ (ZDMG 56 251 14. Lit. Dam. *pass.*); etc. — mater, ll. cc., Jer. 30 6. Lit. 708 14. Lit. Dam. I, fol. 1ʳᵛ. 2ʳ. IIʳ. IIIʳᵛ.

[*ܝܠܝܕ. Pl. c. suff. ܝܠܝܕܝܗܘܢ, ܝܠܝܕܝ—. *m.* — genitus Mt. 11 11 et Luc. 7 28 *corr.* in cod. A. Vocab. procul dubio ex Peš. assumtum. Legitimum ܝܠܘܕ apud BC exstat].

[*ܝܠܕ. Pl. c. suff. ܝܠܕܝܗܘܢ Mt. 23 33 A¹ proles: librarius aut corrector puncta ad יַלְדָא respicientia ex Peš. addidit. Cf. ܝܠܘܕ].

*ܝܠܘܕ (ילוד). C. suff. 2. *f.* ܝܠܘܕܝܟܝ. [Pl. ܝܠܘܕܐ, *i. e.* ܝܠܕܐ, Luc. 10 21 Ev. 234 librarius ex Peš. addidit; BC om.]. C. suff. ܝܠܘܕܝܗܘܢ, ܝܠܘܕܗܘܢ (B: Mt. 23 33 et Luc. 7 28); ܝܠܘܕܝܗܘܢ (Mt. 23 33 A²; de A¹ cf. adn.), ܝܠܘܕܝܗܘܢ (ex assimilatione ortum) Luc. 3 7 A; ܝܠܘܕܝܗܘܢ Mt. 3 7 A, *p. o.* C. *m.* — filius, puer Lit. Dam. I fol. 1ᵛ. IIIʳ. *Pl.* proles, γέννημα Mt. 3 7. 12 34. 23 33. Luc. 3 7; γεννητοί Mt. 11 11 BC. Luc. 7 28.

*ܐܘܠܕ. Pl. c. suff. ܐܘܠܕܝܗܘܢ, ܐܘܠܕܝ—. *m.* — proles Js. 11 8 Lect. (Anecd. om.). 14 29.

*ܬܘܠܕ Pl. tant. (abstr.) ܬܘܠܕܘܢ Luc. 2 23 C. emph. ܬܘܠܕܘܬܐ Tit. 3 9. ܬܘܠܕܘܬܐ Lect. 34 15. C. suff. ܬܘܠܕܘܬܗ Hom. Anecd. 184 17, ܬܘܠܕܘܬܗ Gen. 6 9. Mt. 1 1 A. *m.* — generatio, γένεσις Gen. 6 9. Mt. 1 1, cf. Hom. Anecd. l. c. Lect. 16 6. 33 12. 80 3; γενεαλογία Tit. 3 9. ܒܝܬ ܬܘܠܕܘܢ uterus Luc. 2 23 C (AB ܡܥܝܢܐ, q. v.).

*ܬܘܠܕܐ (nom. unit.; תּוֹלְדְתָא, תּוֹלְדָא) *f.* emph. ܬܘܠܕܬܐ Mt. 19 28 A, ܬܘܠܕܬܐ BC. Hom. Anecd. 207 23. C. suff. 3. *m.* ܬܘܠܕܬܗ Joh. 9 1 A, cf. Mt. 1 18 A (Lag.

27918), ܐܬܝܠܕܬ Mt. l. c. (Lag. 27919, cf. adn.), Luc. 114 Anecd., p. o. BC Mt. l. c., Joh. 91B. ܐܬܝܠܝܕܬ Joh. ib. C. Luc. l. c. BC. — generatio una, γένεσις Mt. 118. Luc. 114; γενετή Joh. 91. ܕܬܘܒ ܝܠܕ 'ܠ παλιγγενεσία Mt. 1928.

*ܡܘܠܕ (מוֹלָד). C. suff. 3. f. ܡܘܠܕܗ. m. — partio Lit. 7078.

Ithpe. ܐܬܝܠܕ; etc. Impf. ܢܬܝܠܕ; etc. Ptc. ܡܬܝܠܕ (Luc. 135A); etc. — natus est Js. 96. Mt. 116. 20. 21sq. 4. 192. 2624. Luc. 135. 211. Joh. 118. 34. 7. 934. 1837. Act. 28. Hom. Anecd. 17419. Hymn. Anecd. 1114. Lit. 6981. Lit. Dam. I. fol. 2[r].

Aph. ܐܘܠܕ (ܝ A) — genuit Gen. 610. Mt. 12sqq.

ܝܠܡ: v. ܐܠܡ.

---

*ܝܡ. emph. ܝܡܐ (A; ܝܡܐ etc. ib., cf. Joh. 217, Luc. 176), p. o. pass. Pl. ܝܡܝܢ (Js. 119. Ps. 453). emph. ܝܡܝܐ (Gen. 110. 22). m. — mare ll. cc., Gen. 126. 28. 92. Ex. 1019. 152. 4. Num. 1330. Dt. 114. Mt. 413, et saepe al. (cf. Idiot. p. 41). Praeterea Hom. Ox. 9641l. 6512. 6711. Lit. 70417. Lit Dam. I fol. 2[r].

---

*ܝܘܡ (cf. Brockelm. ZA 1899, 346). emph. ܐܝܡܡܐ ('ܝܡܡ Js. 6019. Joh. 119C, al.). m. — dies (= نَهار, opp. يَوْم ܝܘܡ) ll. cc., Gen. 15. 14. 822. Js. 6011. Job. 1712. Luc. 237. 442. Joh. l. c. (ubi AB ܝܘܡܐ habent).

ܝܡܢܢ ἡμῶν Lit. 70511.

---

*ܝܡܝ Pe. ܝܡܐ; 1. ܝܡܝܬ; etc. Impf. 3. ܢܝܡܐ (A Mt. 2316. 18), p. o. Mt. 2322 Anecd., al.; ܝܡܐ Mt. 2316 et 21 Anecd.; al. 2. ܬܝܡܐ; etc. Ptc. act. ܝܡܐ. — iuravit, ll. cc., Gen. 2216. Dt. 1020. 119. 21. 1317. 3Rg. 211. Mt. 534. 36BC. 2330. 2674. Act. 230. Hebr. 43. 721. Hom. Anecd. 18321. Sequ. ܡܘܡܬܐ ܠܐ peieravit Mt. 533BC (ἐπιορκεῖν. A om.). Mire ܐܝܡܝ ܕܐܢܐ ܕܡܝܘ ܠܐ pro μὴ προσέχετε ὅτι ἐγώ εἰμι ψηλαφητὸν εἴδωλον Act. Andr. et Matth. fol. 2[v].

ܡܘܡܐ (מוֹמֵי), ܡܘܡܐ (Mt. 2672 Ev. 181A) [ܡܘܡܐ ib. Ev. 196A], ܡܘܡܝ Hebr. 720. 21. emph. ܡܘܡܬܐ. m. — iusiurandum, ll. cc., Gen. 2219 (bis). Hebr. 728. Hom. Anecd. 18321.

*ܡܘܡܬܐ f. pl. emph. ܡܘܡܬܐ Mc. 626B. C. suff. ܡܘܡܬܟ Mt. 533B. — iusiurandum, ll. cc. (ὅρκοι).

ܡܘܡܬ Act. 230. pl. ܡܘܡܝܬܐ Mc. 626A; ܡܘܡܬܬܐ ib. C. C. suff. ܡܘܡܬܟ Mt. 533C. f. — id. (ὅρκος Act. l. c., ὅρκοι Mt. Mc. ll. cc.).

Aph. ܐܘܡܝ. Ptc. act. ܡܘܡܐ, ܡܘܡܐ — adiuravit alqm. per, sequ. acc. p. et ܒ, Mt. 2663; sequ. acc. p. Gen. 505sq.

---

*ܝܡܢ. *ܝܡܝܢ. emph. ܝܡܝܢܐ. C. suff. ܝܡܝܢܗ (Mt. 2533, al.); ܝܡܝܢܟ, ܝܡܝܢܝ (Mt. 63B); ܝܡܝܢܝ (Mt. 2244, al.), ܝܡܝܢܗܘܢ Jon. 411. m. — dexter. Fem. dextra Ps. 445. Act. 225 (= Hom. Anecd. 18210 = Ps. 158). Hebr. 13; v. 13 = Hom. Anecd. 2054; al. — Cf. ܝܡ.

[*ܐܝܡܢ. ܐܝܡܢܐ australis regio Luc. 1131A (BC om.). 1329A. Vocab. eximendum lexico. Legitimum est ܕܪܘܡܐ, q. v.].

---

*ܝܢܩ Pe. Impf. 2. f. ܬܝܢܩܝܢ (Js. 6016). Ptc. act. pl. m. ܝܢܩܝܢ, ܝܢܩܝܢ (Mt. 2116A cod., B) — suxit, ll. cc., Jo. 216. Hom. Anecd. 20925.

*ܝܢܘܩ (Num יָנוּק an יְנִק?); pl. ܝܢܘܩܝܢ (Ps. 83. Mt. 2116C). [emph. ܝܢܘܩܐ Mt. l. c. A corr. vetus) — lactens, ll. cc.

*ܬܝܢܘܩ (cf. Barth. Nom.—B. p. 278. 298). Pl. ܬܝܢܘܩܐ. m. — lactens Hom. Anecd. 20925.

Aph. Pf. pl. ܐܝܢܩܘ(ܢ) Luc. 1127, ܐܝܢܩܘ(ܢ) ib. A. Ptc. act. pl. f. ܡܝܢܩܢ Mt. 2419, ܡܝܢܩܢ ib. Anecd. (fragm.) — lactavit, ll. cc.

ܝܫܘܥ ܒܪ, ܝܫܘ (A; *p. o.* C) N. pr. Jesus Barabban Mt. 27 16 sq. AC (B ܝܫܘܥ).

ܝܫܘܥ (A ܝܫܘܥ, Mt. 4 7, 26 1; al.) N. pr. Jesus *1.* Chr., N. T. *pass.* Hom. Ox. 9 61 sqq. Hom. Anecd. 171 10. 12. 179 13. 17. 184 18. 196 21. 24. 197 21. 201 7. 24. 202 7. 25. 203 2. 207 3. Hymn. Lect. 139 8. *2.* Barabban Mt. 27 16 sq. B (AC ܝܫܘ).

*ܝܣܦ. *Aph.* ܐܘܣܦ, ܐܘܣܦܘ (Js. 50 4 S. F.); etc. Impf. ܢܘܣܦ; etc. Imp. ܐܘܣܦ. Ptc. act. ܡܘܣܦ. — addidit, insuper dedit, sequ. acc. r. et ܠ p. Js. 50 4 al. Vit. Eulog. ZDMG 56 259 1; acc. r. et ܥܠ alt. Num. 5 7. Dt. 12 32. Mt. 6 27. Sequ. ܕ et impf. Gen. 8 12. 21. 18 29. Ex. 8 29. 9 28. 35. 10 28. Dt. 13 11. Js. 7 10. 11 11. Jon. 2 5. Prov. 9 8. Alibi.

Ittaph. ܐܬܘܣܦ. Impf. ܢܬܘܣܦ (A Mt. 25 29, *p. o.* al.); etc. Ptc. act. ܡܬܘܣܦ; etc. — additus est Ex. 11 6. Js. 10 20. Jo. 2 2. Prov. 9 11. Mt. 25 29. *Met.* sequ. ܥܠ congregatus est cum patribus (προσετέθη πρὸς) Vit. Anton. S. F. 90 15, cf. Gen. 49 33; c. ܠܘܬ Gen. 49 29.

[ܝܣܗܕ Luc. 16 28 BC διαμαρτύρηται: leg. ܢܣܗܕ = ܢܣܗܕ].

*ܝܥܕ. ܡܘܥܕ (מוֹעֵד; מוֹעֲדָא) Mt. 27 15 Ev. 200 A, ܘ Ev. 209 A; *p. o.* C Anecd., Ev. 200 B. Col. 2 16; ܡܥܕ Mt. l. c. Ev. 209 B, al. emph. ܡܘܥܕܐ A: Mt. 26 5 et Joh. 12 12; ܡܥܕܐ Mt. 26 5 C (sic leg.). Lit. Dam. II^{v} = Anecd. 112 26. C. suff. ܡܥܕܗ Ex. 10 9, al. ܡܘܥܕܟܘܢ Joh. 7 2 A, *p. o. pass.* ܡܥܕܟܘܢ 5 1 C. 6 4 C, ܡܥܕܝܗܘܢ B utroque loco et 7 2. Pl. c. suff. ܡܥܕܝܟܘܢ Am. 8 10. *m.* — contio, festus dies (ἑορτή) ll. cc., Luc. 2 41 sq. 22 1. Joh. 7 8 sqq. 37. 12 20. 13 1. Pro πανήγυρις Act. Philem. Anecd. 169 21 sq.

*ܝܥܦ. *Pe.* Impf. ܢܝܥܦܘܢ Mt. 15 32 A (B ܢܥܦܘܢ, C ܢܬܥܦܘܢ), *p. o.* Mc. 8 3. — fatigatione defecit, ll. cc.

*ܝܥܛ. *ܝܥܛܐ (עֵצָה; עֵיצְתָא). *f.* emph. ܝܥܛܬܐ, ܥܛܬܐ (BC *pass.*). Pl. emph. ܥܛܬܐ Mt. 10 17 BC. — Cod. A vocab. ad rad. יעט referre videtur scrib. *sg.* ܝܥܛܬܐ Joh. 11 47, Mt. 10 17, ܝܥܛܬܐ (!) Mt. 26 59 Ev. 195 A (cf. adn.), *pl.* ܝܥܛܬܐ Mt. 10 17 A[1], ܝܥܛܬܐ A[2]. Librarium dormientem literam ܝ transposuisse suspicari possis, tamen similes formae in Targg. leguntur. — consilium, consessus (συνέδριον) Mt. 10 17. 26 59. Joh. 11 47. Cf. Nöld. p. 513.

ܝܥܩܘܒ (A ܝܥܩܘܒ *pass.*) N. pr. Jacobus, N. T. *pass.* Praeterquam Lect. 34 15 (apostolus); Act. Andr. et Matth. fol. 2^{v} (Isaaci filius).

ܝܥܩܘܒܝܣ (A: Mt. 4 21, Mc. 10 35, Luc. 8 51), ܝܥܩܘܒܝܣ (Mt. 17 1. Luc. 9 28), *p. o. pass.* ܝܥܩܘܒܝܣ paene constanter BC. ܝܥܩܘܒܝܣ (ad recentiorem form. *Ιαχώβιος pertinet) Mt. 13 55. Mc. 10 35 Dam. — Ιαχωβος, *pass.* Frater Jesu Act. Andr. et Matth. fol. 1^{r}.

*ܝܥܪ (cf. ZDMG 53 713). *Aph.* Ptc. act. *f.* ܡܘܥܪܐ Jon. 1 4. — in asperitate versatus est, l. c. (pro κινδυνεύειν).

*ܐܘܥܪܐ; pl. ܐܘܥܪܬܐ. *f.* — asperitates locorum, loca aspera Js. 40 4 (Lect. 88. Var. lect. ܡܥܪܢܬܐ.

ܡܘܥܪܐ Hymn. Anecd. 112 26: leg. ܡܘܥܕܐ].

ܝܦܬ N. pr. Ἰαφεθ Gen. 6 10. 7 13. 9 18.

ܝܦܬܚ N. pr. Ἰεφθαε (Peš. ܢܦܬܚ). Hebr. 11 32 (ubi sic leg. pro ܢܦܬܚ).

ܝܨܦ *Pe.* ܝܨܦ; etc. Impf. pl. 2. ܬܝܨܦܘܢ (A: Mt. 10 19. Luc. 2 11), *p. o.* Phil. 4 6 Dam., ܬܝܨܦܘܢ Mt. 10 19 B, ܬܝܨܦܘܢ C ib. et al., ܬܝܨܦܘܢ Luc. 12 11 B. Imp. ܝܨܘܦ Luc. 10 35 A (*cod.* ܝܨܘܦ), *p. o.* C; ܝܨܦ B; ܝܨܦ Tit. 3 12 (sed palimps. loc.!). pl. ܝܨܘܦܘ Rom. 13 14 (in obscuriore loco). Ptc. act. ܝܨܦ, ܝܨܦܐ; etc. — curavit, providit, abs.

Mt. 6 31. 34. 10 19 A. Luc. 10 41; insequ. ܥܠ Mt. 6 25. 27. 34. 10 19 B. Luc. 10 34 sq. Joh. 12 6. Act. 1 14. Rom. 12 17. Phil. 4 6. 1 Cor. 12 25. Hom. Anecd. 183 11; ܒ Rom. 12 12; ܥܠ ܕ (περί) Mt. 6 28; ܕ c. impf. Tit. 3 12. Hymn. Anecd. 112 2; ܐܝܟ (πῶς) Luc. 12 11.

ܨܦܐ (צָפְיָא, צְפִיתָא) Mt. 28 14 C (A ܨܦܐ, ܨܦܐ B), Act. Adrian. fol. 1r. emph. ܨܦܝܬܐ Luc. 8 14 A, *p. o.* Anecd. Pl. ܨܦܝܢ Luc. 21 34 Ev. 128 A, *p. o.* BC; ܨܦܝܬܐ Ev. 133 A. *f.* — cura, sollicitudo, ll. cc.; ܣܓܝ ܨܦܝܬܗ valde curans (πολυφροντίς) Sap. 9 15. Cf. etiam ܨܦܐ.

ܙܗܝܪܐܝܬ (Luc. 7 4 A), *p. o. pass.*, ܙܗܝܪܐܝܬ (Luc. C). *adv.* — studiose, diligenter, l. c., Gen. 8 21. Jo. 1 14. Jon. 3 8. 2 Tim. 1 17 (Ox.). Lit. 705 5. ܙܗܝܪ (cf. Nöld. Mand. Gr. p. 201) ἀσφαλῶς Act. 16 23 cod. manuscr. (si vere est traditum).

ܙܗܝܪܘ (Hom. Ox. 950 18, al.). emph. ܬܐ—. C. suff. ܬܗ—. *f.* — cura, studium, l. c., σπουδή Rom. 12 11; τὸ ἐπιεικές Phil. 4 5 Dam. (Lect. ܙܗܝܪܘܬܐ). ܒܙܗܝܪܘ *adv.* μετὰ σπουδῆς diligenter, studiose Mc. 6 25. Luc. 1 39; σπουδαίως 2 Tim. 1 17 (Lect.); ἐκτενέστερον Luc. 22 44. ܒܙܗܝܪܘ ܝܬܝܪ Hom. Anecd. 173 24.

---

*ܝܩܕ. *Pe.* Pf. pl. ܝܩܕܘ. Impf. ܝܩܕ, ܝܩܕܘܢ. Ptc. act. ܝܩܕ, ܝܩܕܐ; etc. — arsit Js. 9 5. 18 sq. Job. 16 16. Mt. 13 40. Luc. 16 24. 24 32. Joh. 15 6. 2 Petr. 3 10. Vit. Sct. cod. ms.

ܝܩܕܢ *m.* C. suff. ܝܩܕܢܗ. — ustio, incendium Js. 40 16. Jo. 2 6.

Aph. ܐܘܩܕ (Mt. 22 7 A); etc. Impf. ܢܘܩܕ (Luc. 3 17 A); etc. Ptc. act. ܡܘܩܕ (Ps. 45 10; sic leg.), ܡܘܩܕܝܢ. — combussit, ll. cc., Dt. 7 25. 12 31. 13 16. Js. 3 14. 9 18. 42 25. 43 2. Hom. Anecd. 191 8 (ex Act. 19 19). Vit. Sct. cod. ms.

---

*ܝܩܪ. *Pe.* Impf. pl. 3. ܢܝܩܪܘܢ Luc. 21 34 Ev. 133 A, ܢܝܩܪܘܢ Ev. 128 B, ܢܝܩܪܘܢ Ev. 128 A, ܢܝܩܪܘܢ Ev. 128 C, 133 B. — gravis fuit, l. c.

ܝܩܪ (יְקָר) 1 Cor. 12 23 (*bis*), ܐܝܩܪ Js. 11 10, al. emph. ܐܝܩܪܐ. C. suff. ܐܝܩܪܗ; etc. Pl. ܐܝܩܪܝܢ. *m.* — *1.* gravitas, honos ll. cc., Ex. 28 2. Js. 10 16. 35 2. Rom. 12 10. 1 Cor. 12 24. Hebr. 5 4. Hom. Anecd. 172 14. 179 6. Lit. 708 20. Anteced. praep. ܠܐܝܩܪ 2 Tim. 2 20; ܠܐܝܩܪ 1 Thess. 4 4 (S. F.), ܒܝܩܪ ib. Ox., Col. 2 23. *2. Pl.* dona Ps. 44 13.

*ܝܩܪܐ. emph. ܝܩܪܐ Mt. 20 12 C. C. suff. ܝܩܪܗ ib. AB. *m.* — onus, l. c.

*ܝܩܝܪ. pl. ܝܩܝܪܝܢ, ܝܩܝܪܢ; etc. *f.* emph. c. suff. ܝܩܝܪܬܗ (Mt. 23 23 Anecd.) — gravis l. c., Jo. 2 8. Mt. 23 4. 26 43. Luc. 22 45. 24 25.

Pa. Pf. pl. ܝܩܪܘ (ܝܩܪܘ, Mt. 27 9 Ev. 209 B) — magni aestimavit Mt. 27 9.

ܡܝܩܪ (ptc. pass.) A Mt. 26 7 Ev. 170, al., ܡܝܩܪ Luc. 14 8 A. emph. ܡܝܩܪܐ. *f.* abs. *id.* (Hom. Anecd. 173 23); emph. ܡܝܩܪܬܐ. Pl. *f.* ܡܝܩܪܢ (Js. 60 6). C. suff. ܡܝܩܪܬܗ (Mt. 23 23 A). — *1.* gravis Mt. 23 23. *2.* honoratus Js. 43 4. 60 6. Prov. 11 3. Mt. 27 9. Luc. 7 2. 14 8. Hom. Anecd. l. c. Lit. 695 7. Lit. Dam. I fol. 2v. ܡܝܩܪ ܛܒ πολύτιμος Mt. 26 7.

Ithpa. Ptc. ܡܬܝܩܪ — *1.* gravavit, oneravit, sequ. ܥܠ Sap. 9 15 (βαρύνειν). *2.* honoratus est (?) Lect. 137, lin. 8 (loco corrupto). [Luc. 22 25 C leg. ܡܬܩܪܝܢ].

Aph. ܐܘܩܪ (Mt. 19 19 A, *p. o.* cett.); etc. Ptc. ܡܘܩܪ, ܡܘܩܪ; etc. Pl. cst. ܡܘܩܪܝ (ante praep.) Joh. 5 23 C. — honoravit Mt. 19 19. Luc. 18 20. Joh. 5 23. 8 49. 12 26. Hom. Ox. 953 18. 70 7.

[ܝܪܒ *Aph.* Ptc. act. [*f.* ܡܘܪܒܐ], pl. ܡܘܪܒܝܢ — magnificavit Vit. Sct. cod. ms. [Luc. 14 6 A *corr.*, cf. Peš., cett. ܡܪܒܐ].

ܝܪܕ N. pr. Ιαρεδ Luc. 3 37 B; ܝܪܕ C.

ܝܪܕܢ Gen. 50 10 sq. Num. 13 30. Dt. 11 8.

Js. 35 2. Constanter Ev. cod. A; ܝܘܪܕܢܐ Mt. 3 5 Ev. 260 C. 13 C. 4 15 C. Mc. 1 5 C. Joh. 1 28 B. 3 26 C, sed alias BC ܝܘܪܕܢܐ habent; itaque Hymn. Anecd. 111 27. [Forma ܝܪܕܢܐ in solo cod. A occurrens correctori debetur]. N. pr. ὁ Ἰορδάνης Jordanus fluvius, ll. cc. (Cf. Barth. Nom.-B. 320).

ܝܪܘܫܠܡ (A ܝܪܘܫܠܝܡ, ܝܪܘܫܠܝܡ, A ܝܪܘܫܠܝܡ *pass.*), *p. o.* al. Rarius ܐܘܪܫܠܡ Mt. 3 5 Ev. 261 C; ܐܘܪܫܠܡ C: Mt. 23 37 et Luc. 24 49; ܝܪܘܫܠܡ Luc. 10 30 A *corr.*; ܝܪܘܫܠܡ Mc. 10 32 Dam., Luc. 24 49 B; ܝܪ— Joh. 7 25 D. — N. pr. Jerusalem, *pass.* N. T.; Act. Sct. ZDMG 56 257 paen.

*ܝܪܚ. ܝܪܚ (Luc. 1 36 C). emph. ܝܪܚܐ. Pl. ܝܪܚܝܢ. C. suff. ܝܪܚܘܗܝ Job. 21 21. *m.* — mensis ll. cc., Gen. 7 11. 8 4 sq. 13 sq. Luc. 1 24. 26. 36 AB. 56. 4 25. Col. 2 16.

ܝܪܝܚܘ (A ܝܪܝܚܘ *pass.*) N. pr. Ἱεριχώ Mt. 20 29. Mc. 10 46. Luc. 10 30. 18 35. 19 1.

ܝܪܡܝܐܝܠ N. pr. Ἱερεμεηλ 1 Rg. 1 1.

[ܝܪܝܢܐ Prov. 9 4 Anecd. 167: leg. ܕܝܢܐ].

*ܝܪܩ. *ܝܪܩ. emph. ܝܪܩܐ (יַרְקָא). *m.* — olera Gen. 9 3. Dt. 11 10. (Sed fort. ad voc. insequ. pertinet).

ܝܘܪܩ (Ex. 10 15). emph. ܝܘܪܩܐ (יוֹרְקָא) Gen. 1 30. 2 5 Lect. (ܝܘܪܩܐ Lit.). — lividus, ll. cc.

*ܝܪܘܪ *f.* Pl. ܝܪܘܪܢ — canis aureus Js. 43 20 (Lect. 77); cf. ܝܪܘܪܐ.

*ܝܪܬ. *Pe.* ܝܪܬ Hebr. 1 4 Dam., ܝܪܬ ib. Lect. Impf. 3. ܝܪܬ Mt. 19 29 A, *p. voc. o. pass.*; 2. *m.* ܬܝܪܬ Dt. 12 29 (*bis*). 1. ܐܪܬ, ܐܝܪܬ Luc. 10 25 C. Pl. ܝܪܬܘܢ Mt. 5 4 A, al., ܝܪܬܘܢ ib. BC, ܝܝܪܬܘܢ Js. 60 21; etc. Imp. pl. ܪܬܘ, ܪܬܘ Mt. 25 34 BC. Ptc. act. ܝܪܬ Js. 53 12; etc. — heres factus est, sequ. acc., ll. cc., Num. 13 31. Dt. 11 8 (*bis*). 10 sq. 23. Js. 61 7. Ps. 81 8. Mt. 19 16. Luc. 18 18. Gal. 3 29. Hebr. 1 14.

ܝܪܬ (יָרוּת) Gal. 4 7. Hebr. 1 2. emph. ܝܪܬܐ Mt. 21 38 A, *p. voc. o.* BC. Pl. ܝܪܬܝܢ (ita leg. videtur pro ܝܪܬܢ Gal. 3 29) — heres, ll. cc.

*ܝܪܘܬ. emph. ܝܪܘܬܐ Mt. 21 38 Ev. 154 A, *p. voc. o.* Hebr. 9 15. C. suff. ܝܪܘܬܗ (ܝܪܘܬܗ Ps. 77 62, nisi fort. ad voc. inseque. pertinet); etc. *f.* — hereditas Jo. 2 17. 3 2. Ps. 46 5. 77 62. Mt. l. c. Eph. 1 14. Hebr. l. c.

ܝܪܬܐ (יְרֻתָּא) Js. 61 7, al. emph. ܝܪܬܬܐ *pass.*, ܝܪܬܐ (sic) Mt. 21 38 Ev. 154 BC. C. suff. ܝܪܬܬܗ Mt. l. c. Ev. 88 A *cod.* 2. ܝܪܬܬܟܘܢ Ex. 15 17. — *i. q.* v. praegr., ll. cc., Eccl. 7 12. Sirac. 45 25 (*bis*). 46 1. Gal. 3 18.

ܝܫܐ N. pr. Ιασσα (Pes. aliter) Js. 15 4.

ܝܫܘܥ N. pr. Jesus *1.* Josua Dt. 31 3. 7. 14. Sirac. 46 1. *2.* Christus Joh. 2 2 A (BC ܝܫܘܥ).

*ܝܫܛ. *Aph.* ܐܘܫܛ Luc. 4 20 C, ܐܘܫܛ AB; etc. Ptc. act. ܡܘܫܛ, ܡܘܫܛ. — porrexit, praebuit, l. c., Mt. 7 9 sq. Luc. 24 34. 42.

ܝܫܝ N. pr. Ιεσσαι (Peš. ܐܝܫܝ) Js. 11 1. Cf. ܐܝܫܝ, ܐܝܫܝ.

ܡܫܠܡ ܝܫ: leg. ܡܫܠܡܢܘܬܐ, q. v.

*ܝܫܢ. *ܫܢ. emph. ܫܢܬܐ *pass.*, ܫܝܢܬܐ A: Luc. 9 32; al. C. suff. ܫܢܬܗ Mt. 1 24 BC, ܫܢܬܗ A, al. pl. 1. ܫܢܬܢ Rom. 13 11. *f.* — somnus, ll. cc., Gen. 2 21. Joh. 11 13. Act. Philem. S. F. 74 5 (sic corr. ܫܢܬܐ). Hom. Anecd. 191 14. Hom. Ox. 966 11.

*ܝܫܪ. *ܝܫܝܪ. emph. ܝܫܝܪܐ. C. suff. ܝܫܝܪܝ. Pl. ܝܫܝܪܝܢ. — iustus, pius (ὅσιος) Act. 2 27. Lit. 696 6. 708 17.

*ܝܫܝܪܘ. emph. ܬܐ—. *f.* — pietas (ὁσιότης) 3 Rg. 9 4.

ܡܝܫܪ (cf. Idiot. p. 42) Luc. 6 17 A, *p. o.* Jo. 2 3. emph. ܡܝܫܪܐ. Pl. ܡܝܫܪܝܢ (Dt. 11 11. Js. 40 4). C. suff. ܡܝܫܪܝܗܘܢ Jo. 22 2; ܡܝܫܪܟ (sic) Lit. 697 5, al. *m.* — planities, ll. cc., Ex. 9 3. 19 (*bis*). 21 sq. 25 (*ter*). 10 15. Jo. 1 20. Lit. l. c. = 706 15 = Ps. 64 12; 706 11. ܡܝܫܪ ܐܬܪ τόπος πεδινός Luc. 6 17.

---

*ܝܬ (ܝܬ A *pass.*) Constanter suffixo instructum. *1. praep.* Acc. denotat: *a*) ܝܬܗ, ܝܬܗ, ܝܬܟ, ܝܬܝ (A, ـ cett.), etc. Gen. 1 27. 3 11. 17. 19 8. 13. 50 11. Mt. 9 22. 23 4. 25 35. Hom. Ox. 961 13 et saepe alibi. *b*) Sequ. ܠ c. nom. Gen. 1 28. 2 5. 10. 3 24. 19 9 Dam. 3 Rg. 2 11. Js. 3 10. 14. 9 16. 21. 10 3. Prov. 9 6 Lect. (sic leg.). Mt. 2 13. 4 13. 5 4. 8. 26 4. Luc. 22 32. 24 21. 53. Joh. 1 40 B. 45 Ev. 7. 3 20. 4 47. 54. 12 28. 16 33. 17 1. Act. 16 19. S. F. 108 3. Hom. Ox. 953 19. 651 2. 707/8. Act. Andr. et Matth. fol. 2ᵛ. Perraro vocula intercedit, velut 'ܠܟ ܐܦ ܝܬܗ S.F. 108 1. *2. pron. demonstr.: a*) absol. ܝܬܗ ἐκεῖνος Luc. 19 4. Joh. 9 28 AC. 10 1. ܝܬܗܘܢ ܕܝܢ Mc. 7 15. *b*) ἐκεῖνος, *sive nom. insequ.:* Gen. 21 2. Num. 13 25. 28. Js. 11 10. Am. 9 11. Mt. 4 17 Ev. 268, Ev. 68 AB; cf. 8 13. 31. Luc. 5 35. 10 17. 31 sqq. 11 26. Joh. 19 27. Hom. Ox. 969 4; alibi. ܒܝܬܗ ܙܒܢܐ τῷ καιρῷ ἐκείνῳ: cf. Praetor. in ZDMG 54, p. 111 sq., semel tantum ܒܝܬܗ ܝܘܡܐ ante Mc. 10 32 Dam.; *sive praemisso:* Gen. 22 14. Ex. 10 13. Num. 5 6. 8. Dt. 13 5. 15 (Lect.); ܕ ܝܬܗ ܠܐܠܥܐ τὴν πλεύραν ἣν Gen. 2 22 (*bis*). Nonnunquam ita ὁ αὐτός (τὸν αὐτόν etc.) vertitur: Mt. 26 44 B: ܡܠܬܐ ܝܬܗ τὸν αὐτὸν λόγον, ܒܝܬܗ ܐܪܥܐ Luc. 2 8 B [AC ܐܪܥܐ]; cf. porro Rom. 12 4. 16. 15 5. 1 Cor. 10 3 sq. Hebr. 4 11. Alibi repetitur (cf. dor. αὔταυτος), velut ܡܠܬܐ ܝܬܗ ܝܬܗ Mt. 26 44 AC; Phil. 1 30: ܐܓܘܢܐ ܝܬܗ ܝܬܗ τὸν αὐτὸν ἀγῶνα. ܝܬܗ ܝܬܗ ܡܚܫܒܬܐ eadem cogitatio Vit. Sct. cod. ms. Itaque ܝܬܗ ܝܬܗ τὸ αὐτό Phil. 2 2. 4 2. [1 Cor. 12 25].

ܝܬܒ. *Pe.* ܝܬܒ Luc. 4 20 A, *p. o. pass.*, ܝܬܒ Jon. 4 5. Mt. 21 7 B. Mc. 16 19 B. ܝܬܒ(ܘ) Mc. 9 34 B. 3. *f.* ܝܬܒܬ Luc. 10 39 A (ubi leg. ܝܬܒܐ ܗܘܬ); pl. ܝܬܒܘ. Impf. 3. ܢܬܒ, ܢܬܒ (Mt. 25 31 Ev. 129 B); etc. Imp. ܬܒ, ܬܒ; semel ܝܬܒ (vix recte) Mt. 22 44 Ev. 93 A; pl. ܬܒܘ. Ptc. act. ܝܬܒ, ܝܬܒ (Gen. 19 30, al.); etc. — consedit, ll. cc., Gen. 8 4. 22 5. Jo. 3 12. Jon. 3 6. Zach. 9 12. Mt. 5 1. 13 48. 19 28. 21 7. 22 44. 23 2 (cit. in Hom. Ox. 953 19). 26 36. 27 61. Mc. 10 37. 40. 12 36. Luc. 19 30. 22 30. 24 49. Joh. 11 20. Act. 2 34. 14 8. Hom. Anecd. 205 3 (cit. Hebr. 1 13). Act. Sct. ZDMG 56 257 8.

ܝܬܒ (*i. e.* ܝܐܬܒ), etc. pl. ܝܬܒܝܢ, etc. — sedens, habitans Js. 9 4. 42 7. Mt. 4 16. 20 30; alibi. Plerumque tamen per ܝ, *i. e.* ܐ̄, et defective scriptum invenitur, quasi esset ptc. act., *e. g.* ܝܬܒܐ Joh. 11 20, ܝܬܒ Mt. 9 9 BC, etc.

ܡܘܬܒܐ *f.* st. abs. — sedes Lit. 965 13. Si vere est traditum, targ. מֹתוּבָה (Merx, Chrestom. 115, v. 13) compares. Sed fort. ܡܘܬܒܐ (= ܡܘܬܒܐ) leg., aut ܡܘܬܒܢܐ). Vid. voc. insequ.

ܡܘܬܒܢܐ Luc. 20 46 C (cf. ܝܬܒ). (Samar. *מיתובי, cst. ית—, יתא—, Num. 32 9. Gen. 24 2. 9. Al.). emph. ܡܘܬܒܢܬܐ A: Mt. 19 28, cf. Mc. 12 39, Luc. 20 46, per ܘ scr. Mt. 25 31 Ev. 166, Ev. 129; *p. o.* al. 'ܡܘܬܒܐ Mt. 25 31 Ev. 166 A (*voc. recentior*). C. suff. 3. *m.* ܡܘܬܒܢܬܗ Mt. 5 34 A, 'ܡܘ 23 22 A, 'ܡܘܬܒܗ Luc. 1 32 A; etc. Pl. ܡܘܬܒܢܝܬܐ Luc. 22 30 A. Col. 1 16; ܡܘܬܒܢܝܢ Luc. C. C. suff. ܡܘܬܒܢܬܗܘܢ Mt. 21 12. *f.* — sedes, ll. cc., 3 Reg. 8 20. Js. 9 7. Jon. 3 6. Ps. 44 7. 46 9. Mt. 21 12. 23 2. 6. 22. 25 31. Luc. 22 30 A (cett. ܟܘܪܣܘܬܐ). Act. 2 30. Hebr. 1 8. 4 16 (cod. ܡܘܬܒܢܗ!). 8 1. [Hom. Ox. 953 18]. Vit. Sct. cod ms. Cf. ܝܬܒ.

ܬܘܬܒ (תּוֹתָב). pl. ܬܘܬܒܝܢ. *m.* — inquilinus, advena (πάροικος) Gen. 19 9 Dam. (Lect. ܬܘܬܒܝܢ). Luc. 24 18. Eph. 2 19.

Aph. ܐܘܬܒ Eph. 1 20. pl. ܐܘܬܒܘ Luc. 19 35B; C ܐܘܬܒܘ (A om.). Impf. 1. ܐܘܬܒ Jer. 39 37 (pro ܐܘܬܒ s. ܐܘܬܒ, si vera est lect.) — sedere, habitare fecit, ll. cc.

---

*ܝܬܡ. *ܝܬܡ (יָתֹם, יְתוֹם). emph. ܝܬܡܐ Dt. 10 18, ܝܬܡܐ Js. 10 2. Pl. ܝܬܡܝܢ Joh. 14 18, ܝܬܡܝ ib. Ev. 51 B. emph. ܝܬܡܝܐ C. suff. ܝܬܡܝܗܘܢ Js. 9 17. *m.* — orbus, ll. cc., Ps. 81 3 (ubi *sing.* leg.). Job. 22 9. Mc. 12 40.

ܝܬܪ. *Pe.* ܝܬܪ Ex. 8 31, al. Impf. ܝܬܪ Ps. 48 17. Ptc. act. ܝܬܪ, ܝܬܝܪ Mc. 12 44A. — *1.* superfuit, remansit Ex. l. c., Js. 10 20 sqq. 11 11. Mc. l. c. *2.* abundavit, dives factus est Ps. l. c.

ܝܬܝܪ, ܝܬܪ (Ps. 44 3. 8. Mt. 18 13BC, et saepe al.) — plus, praestans Luc. 12 4, al. *Adv.* ܝܬܝܪ ܡܢ plus, amplius quam Gen. 19 9. Dt. 11 23. Jon. 4 11. Ps. 44 3. 8. Eccl. 7 20. Mt. 18 13. 26 53. 1Cor. 15 10. Hebr. 1 9. Hom. Anecd. 194 15 (cit. Ps. 118 103). Hymn. Anecd. 111 23.

ܕܝܬܝܪ ܒܠ (ܕܝܬܪ ܒܠ) *adv.* — magis. Est pro μᾶλλον Mt. 27 24. Hebr. 10 25; πολλῷ μᾶλλον Luc. 18 39; περισσότερον Mc. 7 36; ὑπερ— Phil. 2 9 (Lect.) ܒܠ ܕܝܬܪ ܡܘܬܪ ܡܢ ὑπερεκπερισσοῦ (ὧν) Eph. 3 20.

ܝܬܝܪܐܝܬ, ܝܬܝܪܐܝܬ (Jon. 1 11, sic leg.; Rom. 5 9 S. F., al.), ܝܬܝܪܐܝܬ (Mc. 5 26B), ܝܬܝܪܐܝܬ (ib. C. Mt. 27 23 Ev. 210C). *adv.* — magis, potius, ll. cc.

ܝܬܪܘܢ (Eccl. 7 12). emph. ܝܬܪܘܢܐ. C. suff. 3. *f.* ܗ— Eccl. 7 13. *m.* — superfluum, abundantia: ὑπερβάλλον Eph. 1 19. 2 7; περισσόν Ex. 10 5; περίσσεια Eccl. 7 12 sq.; περισσεῦον Luc. 21 4.

ܡܝܬܪ (מֵיתַר) Gal. 4 1, al. emph. ܡܝܬܪܐ *f. id.* Mt. 6 25, al. Pl. *m.* ܡܝܬܪܝܢ Mt. 6 26, al. — praestans Rom. 13 1. 1Cor. 12 23 sq. Phil. 2 3. Hebr. 7 19, et saepius alibi. ܡܝܬܪܐ ܕܡܠܬܐ, ܡܠܬܐ Act. 14 12 (sic restit. pro ܡܠܬܐ) ὁ ἡγούμενος τοῦ λόγου. Sequ. ܡܢ praestantior quam Mt. 6 26. 11 9. 23 14. Mc. 12 33; al. Hymn. Anecd. 111 4. Lit. Dam. I fol. 2v. Act. Andr. et Matth. fol. 2v. Cf. etiam ܛܒ.

*ܡܝܬܪܘ. emph. ܬܐ—. *f.* — praestantia Lit. 696 3.

Ithpa. Pf. 3. *f.* ܐܬܝܬܪܬ Eph. 1 8. Impf. 3. ܢܬܝܬܪ Mt. 5 20; ܬܬܝܬܪ Lit. 705 4 (cum ܠܐ nihil commune habet, contra Margol. 722, n. 3); 3. *f.* ܬܬܝܬܪ; etc. Ptc. ܡܬܝܬܪ Luc. 2 52AC (in B pro ܘܡܬܝܬܪ repono ܘ ܡܬ[ܝ]ܬܪ; ܘ dittographema est); etc. — auctus est, redundavit, ll. cc., 2Petr. 3 11. Phil. 1 26. 4 12. 1Thess. 4 1. 10.

Aph. ܐܘܬܪ; etc. Impf. 3. ܢܘܬܪ(ܘ) 1Thess. 3 12. Ptc. act. ܡܘܬܪ, ܝܢ—. *1.* reliquit Jo. 14. 2 14. Joh. 6 13. *2.* reliqui fecit, reservavit Luc. 15 17. Phil. 4 12. *3.* fecit ut abundaret 1Thess. 3 12.

ܡܘܬܪ (מוֹתָר) Luc. 10 35A, ܡܘܬܪ Luc. 3 13A, *p. voc. o.* al. Pl. ܡܘܬܪܢܐ Mt. 14 20A, ܝ Joh. 6 12A. C. suff. 3. ܡܘܬܪܢܘܗܝ Mt. 12 34, BC ܡܘܬܪܗ. *m.* — abundantia, ll. cc., Mt. 15 37. Mc. 8 8. *Adverbialiter* plus, nimius Mt. 5 47BC. 20 10. Luc. 3 13. 10 35. Joh. 10 10. 15 3. Hebr. 2 1. Sequ. ܡܢ plus quam, amplius quam, praeter Mt. 5 37A (cf. not. ad v. v. 34 sqq.) C. Rom. 12 3. 1Cor. 10 13. Eph. 3 20a. Vit. Sct. cod. ms. (*bis*). Cf. ܕܝܬܝܪ, ܒܠ.

ܒܠ ܕܡܘܬܪ amplius, potius: μᾶλλον Vit. Anton. Stud. Sin. 11 149 10; πολλῷ μᾶλλον Mt. 6 30BC (A om.); μεῖζον 20 31BC; ὑπερπερισσῶς Mc. 7 37; πλεῖον 2Tim. 2 16.

---

*ܝܬܫ. *ܝܬܘܫ (יַתּוּשׁ). emph. ܝܬܘܫܐ. *m.* — culex Mt. 23 24A (sic leg. Cett. om.).

ܟ

ܟܐ (A ܟܐ Luc. 15 17, al., ܟܐ Joh. 6 9, ܟܐ Joh. 18 36, al.) *adv.* — eodem loco (ὧδε, αὐτοῦ) Gen. 22 5. Mt. 14 17. 17 4. 20 6. 24 2. 23. 26 36. 28 6. Mc. 6 3. 8 39. 9 1. 16 6. Luc. 4 23. 9 33. 11 31 sq. Joh. 4 15. Alibi. Cf. ܗܪܟܐ.

ܠܟܐ huc Jer. 38 8. Mt. 8 29. 14 18 AC. 17 17. 22 12. Mc. 11 3. Luc. 9 41. 14 10. 24 29. Joh. 4 16 AB. 6 25. Cf. etiam ܚܪܘܢܐ.

ܡܢ ܟܐ *1.* hinc Ex. 11 1. Mt. 4 6. 17 20 AC. 26 46 C. Luc. 15 26. Joh. 2 16. 7 3 AB. 14 31. 19 18. *2.* deinde, ab eo tempore Mt. 26 16 Ev. 175 C (cett. ܡܢ ܗܝ ܫܥܬܐ). Mc. 5 26 A (BC ܡܢ ܗܝ ܫܥܬܐ).

---

*ܟܐܘ. ܡܟܘܐ *f.* — δυσφημία 2 Cor. 6 8.

---

*ܟܐܣ. ܟܣܐ, ܟܐܣܐ (Mt. 10 42 C). emph. ܟܣܐ (A). C. suff. ܟܣܗ. *m.* — poculum, l. c., Mt. 23 25 sq. 26 27. 39. 42. Mc. 9 40. 10 38 sq. Luc. 22 17. 20. Joh. 18 11. 1 Cor. 11 25 sqq. Hom. Anecd. 183 21.

ܟܐܦܠܐܣ κεφαλάς Lit. 705 11.

---

*ܟܒܒ. pl. ܟܒܝܢ. emph. ܟܒܝܐ. *m.* — spina Gen. 3 18. Jer. 12 13. Mt. 7 16. 27 29. Mc. 15 17. Luc. 8 7 (*bis*). 14. Joh. 19 2. 5.

---

*ܟܒܠ (cf. „Homon. Wurzeln" p. 63). pl. ܟܒܠܝܢ *m.* — compes Luc. 8 29.

ܟܒܪ (כְּבָר, ܟܒܪ), ܟܒܪ A: Mt. 14 24; Joh. 4 23, ܟܒܪ Luc. 21 30 B (*bis*) *adv.* — iam (ἤδη, νῦν), ll. cc., Mt. 3 10. 5 28. 14 15. 15 32. 17 12 A. 24 32. Mc. 6 25, et saepe alibi. Praeterquam Hom. Ox. 9 74 17. Hom. Anecd. 201 14. 202 4. 210 5.

---

*ܟܒܫ. ܟܒܫ Mt. 22 44 B, Ev. 158 C. Act. 2 35, ܟܒܫ Mt. l. c. A, *p. o.* Hom. Anecd. 205 5. 14; ܟܒܫ Mt. l. c. Ev. 93 C. emph. ܟܒܫܐ [Mc. 12 36 A *corr.* in form. edess. ܟܘܒܫܐ mutavit]. (Cf. Idiot. p. 43). *m.* — scabellum, ll. cc., Mc. 12 36. Hom. Anecd. l. c. (cit. Hebr. 1 13, cf. 10 13). Cf. etiam *ܟܒܫܐ.

Pa. (denom.) Ptc. act. ܡܟܒܫ — subegit 1 Cor. 9 27.

ܟܕ *coni.* — cum, quando Gen. 8 9, *et pass. al.* Hom. Ox. 9 64 3. Hymn. Anecd. 111 26. Lit. 695 14. Al. Cf. ܟܕܘ. In verbis ܟܕ ܕ ܐܠܗܐ ZDMG 56 257 4 dubitatur, utrum adsit dittographema, ut ita dicam (cf. quae ad ܕ adnotavi), an compositum illud כד ד, quod hic illic in dial. iud. aram. et mand. reperitur (Dalm. Gr. p. 185, Nöld. Mand. Gr. p. 463).

ܟܕܘ (cf. ZA 11, p. 214. ZDMG 32, p. 762. Dalm. Gr. 168 כדו, כדון; samar. כדו); A ܟܕܘ *pass.*; ܟܕܘ Mt. 23 39 A[2]; 27 43 Ev. 212. Luc. 14 8; al.; ܟܕܘ Mt. 3 15. Joh. 4 42. 7 6. 8. 20 9. 17. *adv.* nunc Gen. 22 3. 32 2. 18 27. 19 9. 22 12. 50 5. Ex. 9 13. 15. Dt. 12 29. Jer. 39 36. Ps. 16 11. Mt. Luc. Joh. ll. cc. et saepe al. Phil. 1 30. 3 18. Col. 3 8. Hom. Ox. 9 75 16. Hom. Anecd. 189 10. 193 13. 195 5. 10. 16. 20. 196 10. 207 13. 209 10. 211 11. Hymn. Anecd. 111 22. Act. Philem. Anecd. 169 7. 20. 170 4. Act. Adrian. fol. 1[r]. Apocr. Dam. fol. 2[r]. Lit. 707 2. Al. ܫܡܝܐ ܕܟܕܘ οἱ νῦν οὐρανοί 2 Petr. 3 7; cf. Rom. 3 26. ܥܕ ܟܕܘ etiamnunc (ἔτι νῦν) Ex. 10 17. Cf. ܗܘܐ (ptc.), ܗܝ, ܚܪܘܢܐ, ܥܕ ܟܕܘ ܠܐ.

ܥܕ ܟܕܘ *1.* adhuc Gen. 19 8 Dam. (Lect. om., ut LXX). Joh. 5 17. 6 17. 8 57. 16 24. 1 Cor. 15 6. *2.* praeterea, insuper (ἔτι) Ex. 9 2. Luc. 14 22. Joh. 11 30. — ܥܕ ܟܕܘ ܠܐ nondum Ex. 9 30. Mt. 24 6 Ev. 160 (sed

Ev. 91 ܐ ܒܬܪ ܟܕܘ). Joh. 2 4. 3 24. 7 39. 8 20. 11 30. 20 9. 17. Vit. Sct. cod. ms.

ܟܕܘ ܡܢ deinde, in posterum Ex. 9 28. 10 28 sq. Job. 17 15. Mt. 3 39. 26 29. 64. Mc. 9 24. Luc. 1 48. 5 10. 8 49. Joh. 1 51. 5 14. 8 11. 14 7. 19. 2Cor. 5 16. Gal. 6 17. Phil. 4 8. 1Thess. 4 1. Hom. Anecd. 205 12 (cit. Hebr. 10 13). — ܠܐ ܟܕܘ ܡܢ non amplius, iam non Mt. 21 19, cf. 19 6. — ܟܕܘ ܡܢ ܬܘܒ sequ. negat. *id.*: οὐκέτι Joh. 4 42; νῦν οὐκέτι 2Cor. 5 16[b].

ܟܕܘܢ (convenit cum forma genuina vocis ܟܕܘ. Palmyr. כדי) *coni.* — *i. q.* ܟܕܘ: Joh. 12 17 Ev. 152 C.

ܟܕܢ; A: ܟܕܢ *pass.*, ܟܕܢ Mt. 21 21. 24 44 A[1]; Luc. 7 7. 22 26; ܟܕܘܢ *pass.* (constanter BC); ܟܕܘܢ A: Mt. 21 43. 23 34. 24 46 A[1]. Mc. 2 7; al. *adv.* (cf. ܗܟܢ) — sic, ita, ll. cc., Gen. 19 7 Lect. (Dam. ܗܟܢ). Ex. 8 26. 10 11. 14. Num. 5 4. Dt. 12 31. Js. 15 4. Mt. 2 5. 3 15. 19. 9 33. Mc. 2 12. 6 14. Luc. 1 25. 14 20. Act. 16 17. 1Cor. 9 24. 15 11. Phil. 3 17. Hebr. 7 26. Hom. Ox. 9 5 26. Hom. Anecd. 180 5. 192 21. 204 28. Lit. 696 17. Alibi. Cf. ܐܟܢ. — ܟܕܢ ܟܡܐ τοσοῦτος: vid. ܣܓܝ; ܟܡܐ ܟܕܘܢ ܠܚܡܝܢ ἄρτοι τοσοῦτοι Mt. 15 33. ܟܕܢ ܟܡܐ τοσούτῳ Hebr. 1 4; cf. Hom. Anecd. 201 14. ܘܟܕܢ *id.*: ܘܟܕܘܢ ܐܘܟܠܘܣ ὄχλος τοσοῦτος Mt. 15 33 AC (B ܘܟܕܘܢ); ܗܠܝܢ ܟܕܘܢ ܐܬܝܢ τοσαῦτα σημεῖα Joh. 12 37 Ev. 169. ܠܟܕܢ οὕτως Jer. 38 7. — ܟܕܢ ܒܓܠܠ propterea Gen. 19 22. 50 11. Ex. 9 16. Js. 7 14. 8 15. 9 17. 15 4. 25 3. 50 7. Mich. 5 3. Ps. 45 3. Job. 17 4. Mc. 11 24. Luc. 4 18. 7 47. Joh. 12 27. Rom. 1 26. 1Cor. 10 14. Eph. 4 25. Phil. 2 9 Dam. Col. 1 9. Hebr. 2 1. 5 3. Hom. Anecd. 176 23. [179 4]. 182 5; al. ܟܕܢ ܒܓܠܠ ܕܗܘܐ propter quod Js. 61 1. Cf. etiam ܒܓܠܠ, ܒܠ.

---

*ܟܘܡܪ. ܟܘܡܪ, ܟܘܡܪܝܢ (Hebr. 10 21 Lect. 15). emph. ܟܘܡܪܐ. C. suff. ܟܘܡܪܗ; etc. Pl. ܟܘܡܪܝܢ. emph. ܟܘܡܪܝܐ, ܟܘܡܪܝܐ (Anecd.: Mt. 26 51 et 62 sq.). [ܟܘܡܪܐ Mt. 8 4 A, Lit. 695 6]. C. suff. ܟܘܡܪܝܗ. *m.* — sacerdos, ll. cc., Js. 40 2. 61 6. Jo. 2 17. Luc. 1 5. 10 31. Hebr. 2 17. 7 17. 10 21. Hom. Anecd. 181 13. 207 5 (cit. Hebr. 7 21). Hom. Ox. 9 50 16. 51 10. 52 11. 21. 53 19. 54 22. Hymn. Anecd. 112 7. Lit. 696 2.

*ܟܘܡܪܘ. emph. ܬܐ—. C. suff. 3. *m.* ܟܘܡܪܘܬܗ. *f.* — sacerdotium Ex. 40 15. [Luc. 1 9 Anecd.]. Hebr. 7 24. Cf. ܟܗܢ.

Pa. Impf. 3. ܢܟܘܡܪ (sic) Ex. 28 3; etc. Ptc. act. ܡܟܘܡܪ, ܡܟܘܡܪܝܢ. — sacerdotio functus est, l. c., Ex. 28 1. 4. 40 15. Luc. 1 8.

---

*ܟܘܢ. *ܟܘܐ. emph. ܟܘܬܐ (כַּוְּתָא) Gen. 8 6. pl. ܟܘܝܢ Jo. 2 9. *f.* — fenestra, ll. cc.

---

*ܟܘܐ. *Ithpa.* Impf. 2. ܬܬܟܘܐ — ustus est Js. 43 2.

ܟܘܙܐ N. pr. Χουζας (Pes. ܟܘܙܐ) Luc. 8 3.

[ܡܬܟܘܢܝܢ Luc. 18 2. 4 A, *p. voc. o.* BC: ἐντρεπόμενος. Radix parum credibilis. Reponendum ܡܬܟܢܥܝܢ, q. v., nisi forte ܡܬܟܢܥ (licet nusquam hodie legatur).

---

*ܟܘܟܒ. emph. ܟܘܟܒܐ (A, *p. o.* cett.). C. suff. ܟܘܟܒܗ (Mt. 2 2 A). pl. ܟܘܟܒܝܢ (Hom. Anecd. 177 24). emph. ܟܘܟܒܝܐ [ܟܘܟܒܬܐ Luc. 23 44 A in marg., *corr.*]. *m.* — stella, ll. cc., Gen. 1 16. 22 17. Dt. 10 22. Jo. 2 10. 3 15. Eccl. 12 2. Mt. 2 7. 10. Luc. 21 25. Hom. Anecd. 198 26. 208 4. Hymn. Anecd. 111 9. Lit. 704 15.

---

*ܟܘܟܒܐ. emph. ܟܘܟܒܝܬܐ (talm. כוכיא; cf. etiam Perles. in Orient. Lit.-Zeitg. 3 418) — aranea Ps. 89 9 (LXX ἀράχνη).

---

*ܟܘܢ. *Pa.* Impf. 2. ܬܟܘܢ, ܬܟܘܢ Ps. 37 2. Imp. ܟܘܢ Prov. 9 8 Lect. (ita repono pro ܟܘܢ); c. suff. 3. *m.* ܟܘܢܗ Mt. 18 15 AC Anecd. [ܟܘܢܢܗ B: ܢ dittographema]. Ptc. act. ܡܟܘܢ (A Joh. 8 46), ܡܟܘܢܝܢ, ܡܟܘܢܝܢ (ita repono Joh. 16 8 Ev. 55 C pro ܡܟܘܢ) — redarguit, confutavit, vituperavit, ll. cc.,

Js. 113sq. Ps. 498. Prov. 97. Job. 224. Tit. 113. 215.

ܟܣܘܝ (ܟܣܘܝ) Job. 1621. C. suff. ܟܣܘܝܗ ib. 214. *m.* — confutatio, exprobratio, ll. cc.

Ithpa. Impf. pl. ܢܬܟܣܘܢ Joh. 320B, ܢܬܟܣܘܢ C [A corrupt.]. Ptc. ܡܬܟܣܐ Luc. 319A, *p. o.* cett. — redargutus, vituperatus est, ll. cc., Hom. Ox. 96316. Hom. Anecd. 19416.

*ܟܘܪ. emph. ܟܘܪܐ *m.* — furnus (χωνευτήριον) Zach. 1113.

ܟܘܪܝܐ Hom. Anecd. 1808. 9. (cit. 3Rg. 1712. 14). Verbum caliginosum palimpsesti locorum. Non idem esse quod ܟܘܪܐ (Idiot. p. 44, cf. 120) neque numerum pluralem, satis demonstrat καψάκης (LXX); sed quomodo intelligendum sit, mihi non liquet. Noli huc referas ܟܪܝܐ illud Hom. Anecd. 1838: hoc enim numerum plur. vocis *ܟܪܝܐ „acervus frumenti" (= *כְּרְיָא, כְּרְיְתָא) absque illo toto coelo diversum esse, e verborum serie patet.

ܟܘܫ N. pr. Aethiopia Gen. 213 (Lit.). Js. 1111. 433.

*ܟܘܫܝ. Pl. ܟܘܫܝܝܢ Am. 87; ܟܘܫܝܢ Gen. 213 (Lect.), ܟܘܫܝܐܝ Lit. 7053 (pro quibus formis perperam ܟܘܫܝܢ, ܐܝ— ediderunt. Cf. quae ad ܐܝܣܪܝܠܝܢ adnotavi). — Aethiops, ll. cc.

ܟܘܬ (Cf. Idiot. p. 44sq. 120. WZKM 730. Dalm. Gr. p. 178); A: ܟܘܬ Luc. 1811; ܟܘܬ Mt. 2635, al. [ܟܘܬܐ Joh. 519B]. *praep.* — talis, qualis, instar: sequ. nom. Luc. 79 Anecd. (cett. ܐܝܟ). 1811. C. suff. ܟܘܬܟ Mt. 2421 A *cod.*, *p. voc. o.* Gen. 218. 918. 24. 1014. [ܐܟܘܬܟ Mt. l. c. A *corr.*], ܟܘܬܗ Gen. 218 (Lit.). 3. *f. id.* Ex. 116. 2. ܟܘܬܗܘܢ 3Reg. 823. 1. ܟܘܬܝ Ex. 914. Js. 447. S. F. 10018. 1029. pl. 2. ܟܘܬܟܘܢ Job. 164.

Adverbialiter ܟܘܬܐ (ܟܘܬܐ) ܡܢ (A ܟܘܬܐ, ܟܘܬܐ, *pass.*) itidem, similiter; pro ὡσαύτως Js. 438. Mt. 205. 2130. 36. 2517. Luc. 2220. 1Cor. 1125. Tit. 23. 6; ὁμοίως Mt. 2226. 2635. 2741. Mc. 1531. Luc. 311. 510. 33. 631B (AC ܡܢ). 1032. 1625. 2236. Joh. 519. 611. 2113. Rom. 127; ἐπὶ τὸ αὐτό Ps. 407. Act. 21; τὰ ἴσα Luc. 634.

ܟܬ N. pr. Χετ (Peš. ܚܬ) Gen. 4932.

*ܟܬܝ. emph. ܟܬܝܐ. — Χετταῖος (Peš. ܚܬܝܐ) Gen. 4930.

ܟܘܒܘܬ (Cf. Idiot. p. 107. Krauss. 2499) Gen. 614, al. emph. ܟܘܒܘܬܐ Mt. 2438A[2], per ܘ scr. A[1] (sed a recentiore manu); *p. o. pass. f.* — κιβωτός ll. cc., Gen. 615sqq. 71. 7sqq. 81. 4sqq. 910. 18. Ex. 2634. 3Reg. 821. Hom. Ox. 9568. 20. 576. 24. 5824.

*ܟܝܠ. *ܟܝܠ. ܟܝܠܐ *m.* — metrum Ex. 1633. 36.

ܟܝܠܐ st. abs., *f.* — metrum Rom. 123 (ita repono pro ܟܝܠܐ); pl. ܟܝܠܢ Ex. 1636.

*ܡܟܝܠܐ (מְכִילָא). emph. ܡܟܝܠܬܐ Mt. 72C [B ܡܟܝܠܬܐ!], ܡܟܝܠܬܐ A. C. suff. 3. pl. ܡܟܝܠܬܗܘܢ Mt. 2332BC, ܡܟܝܠܬܗܘܢ A, *p. o.* Anecd. Pl. ܡܟܝܠܢ (sic.) Joh. 26B, ܡܟܝܠܢ (ubi ܘ labiali debetur) A, ܡܟܝܠܢ C. *f.* — mensura, metrum, ll. cc.

Aph. ܐܟܝܠ. Ptc. act. pl. ܡܟܝܠܝܢ — mensus est Js. 4012. Mt. 72.

Ittaph. Ptc. ܡܬܟܝܠ — mensum est ei Mt. 72.

ܟܝܣ. Pl. ܟܝܣܝܢ, ܟܝܣܝܢ (scr. def., Luc. 1233AC). *m.* — crumena, l. c., Prov. 114. Luc. 104. 2235sq.

ܟܐܦ (A ܟܐܦ *pass.*, ܟܐܦ Mt. 242A[2] *bis*). emph. ܟܐܦܐ, ܟܐܦܐ Mt. 2142 Ev. 89A. Pl. ܟܐܦܝܢ (Js. 910; al.). emph. ܟܐܦܝܐ A Mt. 39, al., per ܘ scr. Joh. 1913 Ev. 199A; *p. o.* al., ܟܐܦܐ Mt. 39C. [ܟܐܦܝܐ Mt. 43A]. *f.* (e. g. Js. 606. Mt. 1618 Ox. 2142.

Mc. 164) et *m*. (Luc. 1940. Hom. Anecd. 20622). — lapis (λίθος, perraro πέτρα, Mt. 1618 Ox.), ll. cc., Gen. 212. Ex. 1913. 289sqq. Dt. 1310. Sirac. 465. Mt. 46. Mc. 1546. Luc. 38. Joh. 201. Rom. 932. 33 (cit. in Hom. Ox. 96220). 2Cor. 33, et saepius alibi. Vit. Eulog. ZDMG 562609. Act. Andr. et Matth. fol. 2ᵛ.

ܟܠܝܠܐ Hom. Anecd. 2095 Schwally (in Idiot. p. 47) confidenter interpretatur „Kronen", sed palimpsesti loci est foedissimi.

---

*ܟܠܠ. ܟܘܠ (Per ܘ scr. Mc. 15 A, punct. recens, *Lag.*; per ܘ Luc. 137 *corr.*; cf. ܡܘܟܠܐ Luc. 137 A *corr.* Constanter „plene" scriptum est, exc. Luc. 81 et Mt. 2122 A). — universitas, totum; c. suff. ܟܘܠܗ, ܟܘܠܢ, etc. 1. pl. ܟܘܠܗܘܢ Js. 536, ܟܘܠܗܝܢ Prov. 114. 2Cor. 318, ܟܘܠܟܘܢ Act. 232. Eph. 23 et saepe al. ܟܠܐ (ܟܘܠܐ Mt. 833A, al. ܟܠܐ Luc. 1513 A) πάντες, πάντα. De usu syntact. agere huius loci non est. ܒܟܠܐ semper, pro ἀεί Tit. 112; τὰ σύμπαντα Eccl. 115, cf. 716; κατὰ πάντα Hebr. 415; ἐν πᾶσιν Eph. 616 cit. Hom. Anecd. 20611. — Cf. ܟܠ.

ܟܠܡܕܡ (cf. Nöld. p. 472. ZDMG 42401. Dalm. Gr. p. 90), etc. Fluctuant codd. inter *a*) ܟܘܠܡܕܡ Luc. 2341 Ev. 205A, *p. o.* Dt. 1317 (Anecd. 223). Jon. 37. Mt. 513A. 2417 Anecd., al.; ܟܘܠܡܕܡ A: Joh. 664. 726; ܟܘܠܡܕܡ A: Mt. 2316, Mc. 168, al.; ܟܠܡܕܡ Gen. 198. 22. 2212. Ex. 1015. Mt. 523. Gal. 615, al.; ܟܝܠܡܕܡ A: Mt. 213. 19. Mc. 144. Luc. 2235sq., *p. o.* Job. 1617. Jac. 14. 6sq., al.; et *b*) ܟܘܠܡܕܡ A: Mt. 1720A². 2712. 24. Mc. 526, al.; *p. o.* BC, al. *pass.* ܟܘܠܡܕܡ Joh. 1219 Ev. 167A, *p. o.* Luc. 435B. Joh. 726D. 854BC, et pass. BC. *pron. indef.* — aliquid (*tantummodo in enuntiatis negat. et interrog.*). ܠܐ ܬܥܒܕܘܢ ܟܠܡܕܡ ܕܥܘܠ μὴ ποιήσητε ἄδικον Gen. 198; ܠܐ ܐܟܠ ܟܠܡܕܡ ܠܘܬ οὐ φαγὼν οὐδέν Job. 2125, cf. 1710. — ܠܐ ܒܟܠܡܕܡ ἐν μηδενί 2Cor. 63, μηδέν Jac. 16. Alii loci in Idiot. p. 43sq., quibus hosce addo: Js. 4016. Jon. 37. Ps. 221. Job. 2134. Eccl. 715. Mt. 2318. 2712. Luc. 313. Rom. 1414. 1Cor. 133. 2Cor. 610. Gal. 41. Phil. 128. 23. 46. 1Thess. 412. Hebr. 719. 83. 1140. Tit. 115. Hom. Ox. 97416. Hom. Anecd. 19318. Vit. Eulog. ZDMG 56259 ult.

*ܟܠܐ. emph. ܟܠܬܐ. — sponsa Js. 6110. Jo. 216. Joh. 329.

ܟܠܝܠ (Mt. 2729. Joh. 192). emph. ܟܠܝܠܐ. C. suff. 1. ܟܠܝܠܗ (Phil. 41). Pl. ܟܠܝܠܝܐ (sic leg. S. F. 7415 pro ܟܠܝܠܝܐ). *m.* — corona, ll. cc., Prov. 19. Mc. 1517. Joh. 195. Jac. 112. 1Cor. 924sq. Hom. Anecd. 2016. 20520. Lit. 6974 (cit. Ps. 6412) = 70615.

Pa. ܟܠܝܠ — coronavit Lit. 70414.

Ithpa. Ptc. ܡܬܟܠܠ — coronatus est 2Tim. 25.

---

*ܟܠܐ I. *Pe.* Pf. pl. 1. ܟܠܝܢ, ܟܠܝܢܢ (Mc. 937A), ܟܠܝܢܢ (ib. C). Impf. 2. ܬܟܠܐ; etc. Ptc. act. ܟܠܐ (Mt. 314AC). — retinuit, prohibuit, impedivit, ll. cc., Js. 436. Sirac. 467. Mt. 542. Mc. 938. Luc. 949sq.

Ithpe. ܐܬܟܠܝ Sirac. 464. [Pro ܡܬܟܠܐ Mt. 314B leg. ܟܠܐ]. — impeditus est, l. c.

---

*ܟܠܐ II. *ܟܘܠܝܬܐ (כּוּלְיָא, כּוּלְיְתָא). Pl. ܟܘܠܝܬܐ Jer. 1120. C. suff. 1. ܟܘܠܝܬܗ. *f.* — renes l. c., Job. 1613. Hom. Anecd. 18212 (ubi leg. ܟܘܠܝܬܝ, cf. Ps. 157).

ܟܠܒ (Ex. 117). emph. ܟܠܒܐ. Pl. ܟܠܒܐ Luc. 1621A, *p. o.* al. [ܟܠܒܐ Mt. 1526sq. A, ex Peš. assumtum; 76A *corr.*]. *m.* — canis, ll. cc., Mt. 76. Mc. 727sq. Cf. etiam ܙܒܘܒ.

---

*ܟܘܠܒ s. ܟܠܒ. emph. ܟܘܠܒܐ, ܟܠܒܐ (כּוּלְבָא) Js. 1015. Luc. 39C. (sic leg.). — ascia, Js. 1015. Mt. 310. Luc. 39.

ܟܠܒ N. pr. Χαλεβ כלב Num. 13 31. Sirac. 46 7.

*ܟܠܕܝ. Pl. emph. ܟܠܕܝܐ Js. 43 14 (Lect. 49), ܟܠܕܝܐ ib. Lect. 76. Jer. 39 43. — Chaldaeus, ll. cc.

ܟܠܡܝܣ (Cf. Krauss. 2 291) Mt. 27 28 BC, Ev. 201 A. Mc. 15 17 AC, ܟܠܡܝܣ Mt. l. l. 210 A, Mc. l. l. A *corr.*; *p. o.* ib. B. emph. ܟܠܡܝܣܐ Mt. 27 31 A *cod.*, C. Mc. 15 17 C; ܟܠܡܝܣܐ Mt. l. l. A *corr.*, B. Mc. 15 20 AB. *m.* — χλαμύς, ll. cc.

ܟܠܢܐ N. pr. Χαλανη (Peš. ܟܠܢܐ, codd. mss. ܟܠܢܐ) Js. 10 9.

ܟܡ, ܟܐܡ (Gen. 9 18 B) N. pr. Χαμ (Peš. ܚܡ) Gen. 6 10. 7 13. 9 18.

ܟܡܐ (ܟܡܐ Luc. 15 17 A) — quantum. *1.* sequ. nom. ܟܡܐ ܠܚܡܝܢ πόσους ἄρτους Mt. 15 34. Mc. 8 5; ܟܡܐ ܙܒܢ πόσος χρόνος Mc. 9 20; ܟܡܐ ܐܓܝܪܝܢ πόσοι μίσθιοι Luc. 15 17; cf. porro Mt. 23 37. 27 13. Luc. 15 29. Hom. Ox. 9 50 18. *2. adv.* quantum, quam Ex. 11 7 (ὅσα). Hom. Ox. 9 59 21. ܟܡܐ ܕ πολλῷ μᾶλλον 1Cor. 12 22, πόσον Mt. 6 23, μάλιστα Phil. 4 22. ܟܡܐ ܕ πόσῳ μᾶλλον Mt. 7 11 Ev. 168 (Ev. 135 ܟܡ); ܟܡܐ ܕ id. ib. Ev. 64 BC. ܟܡܐ ܝܬܝܪ id. Hebr. 9 14. ܟܡܐ ܕ πολλῷ μᾶλλον Rom. 5 9 S. F., ܟܡܐ ܝܬܝܪܐܝܬ ib. Lect. (codd. utroque loco ܟܡ). ܟܡܐ ܕ quoties: Vit. Sct. cod. ms. Cf. etiam ܟܡܢ.

*ܟܡܗ. ܟܡܗܘ *f.* st. abs. — caecitas Gen. 19 11. Vix vere traditum. Num fort. ܟܡܗܘ (cf. ܟܡܗܘܬܐ)?

Ithpa. Pf. pl. 3. *f.* ܐܬܟܡܗܝ — occaecatus est 2Cor. 3 14 (pro ἐπωρώθη).

ܟܡܢ quantum (*i. q.* ܟܡܐ) Mt. 27 13 Anecd. Hom. Ox. 9 57 15. Si vere est traditum, ܟ ut מן ܡܢ intelligendum est; cf. מאן „quid?", מאן ד „quod" in Targg. Hieros. (raro).

*ܟܡܘܢ. emph. ܟܡܘܢܐ (כַּמּוֹנָא, syr. ܟܡܘܢܐ v. Diettrich. Massorah ad Js. 28 27. Quare nescio an mutandum sit ܟܡܘܢܐ Mt. 23 23 A in ܟܡܘܢܐ) *m.* — κύμινον Mt. 23 23.

*ܟܡܪ. emph. ܟܘܡܪܐ *m.* — sacerdos Act. 14 13 (ἱερεύς). Vit. Sct. cod. ms. (saepius).

*ܟܡܫ. *Pe.* Ptc. act. ܟܡܫ — corrugatus est, exaruit Jac. 1 11.

ܟܢ, ܟܢ (A: ܟܢ Mt. 20 5, ܟܢ 9 17; Luc. 6 10; al.; ܟܢ Mt. 25 17 Ev. 165, Luc. 22 36, al.). *adv.* (cf. Idiot. p. 45) — hoc modo, ita, sic: pro οὕτω(ς) Gen. 1 6. 11. 15. 20. 30. Mt. 19 8. 24 46; al.; τὸ αὐτό Mt. 27 44; ὁμοίως Luc. 10 37; παραπλησίως Hebr. 2 14. Praeterquam Gen. 1 9. Mt. 21 21. Rom. 3 21. 1Cor. 15 2. Hom. Ox. 9 52 23. Hom. Anecd. 173 16. Cf. etiam ܗܟܢ, ܒܟܢ, ܟܢܐ.

ܠܟܢ, ܠܟܢ *coni.* — quapropter. Est pro διό Mt. 27 8. Rom. 1 24; εἰς τοῦτο Joh. 18 37; ἐκ τούτου Joh. 19 12. Praeterquam Hom. Anecd. 173 15. Hymn. Anecd. 111 5. Hymn. Lect. 136 10. 138 9.

ܠܟܢ ܡܢ (ܟܢ) *id.* Hom. Ox. 9 56 14. Lit. 705 16.

ܗܝܕܟܢ, ܗܝܕܟܢ (ܗܝܕܟܢ Mt. 7 5 A, ܗܝܕܟܢ 9 29 A, ܗܝܕܟܢ Mt. 9 6, al.) *adv.* tum, tunc, Gen. 19 10 Dam. (Lect. om.). Ex. 10 28. Js. 43 10. Jon. 1 15. Ps. 55 10. Ante Mt. 4 17. 16 13. 17 17 (B om.). 18 31 (C om.). Act. 16 22. Vit. Eulog. ZDMG 56 260 6. 7. Act. Philem. Anecd. 169 4. 14. 16. 18. 170 7. 12. Hom. Anecd. 194 14. 208 8. Lect. 108 16. Est pro τότε Js. 8 16. 35 5 sq. 60 5. Mt. 2 7. 16 sq. 3 5. 13. 15. 4 1. 5. 10 sq. 7 5. 8 26. 9 14 sq. 29. 37. 17 19 (B om.). Col. 3 4; al. Pro εἶτα Job. 16 4. 21 3.

ܡܢ ܟܢ (ܟܢ) ex eo tempore, deinceps, ἑξῆς Ex. 10 1; ἀπὸ τότε Mt. 26 16 AB, Ev. 170 C; cf. ܠܐ ܟܢ (s. v. ܠܐ).

ܥܕ ܟܢ (ܟܢ) adhuc Gen. 18 22. *C. negat.* nondum Mt. 24 6 Ev. 91 (Ev. 160 ܥܕ ܟܢ). Joh. 19 41.

*ܟܘܢܬܬܐ. pl. emph. ܟܘܢܬܐ *m.* — triticum spelta Ex. 9 32.

---

*ܟܢܬܐ *ܟܢܬ (כְּנָת). C. suff. ܟܢܬܗ Mt. 18 29 [BC ܟܢܬܗ socorditer ex v. 28 repetunt]. ܟܢܬܟ Mt. 18 33 A, ܟܢܬܟ (num fort. ܟܢܬܟ?) Anecd. [ܟܢܬܟ BC]. ܟܢܬܢ Col. 1 7. Pl. c. suff. ܟܢܬܘܗܝ Mt. 18 28. 31 A; *voc. o.* BC. Mt. 24 49 BC; ܟܢܬܘܗܝ 24 49 A[1], *p. o.* Anecd. *m.* — collega (σύνδουλος) ll. cc.

---

*ܟܢܥ. *Ithpe.* ptc. requiro Luc. 8 2. 4 pro ܡܬܟܢܥ (ἐντρεπόμενος) — veritus est. Cf. voc. insequ.

*ܐܟܢܥܘ (infin. *Aph.*). C. suff. ܐܟܢܥܘܬܝ, ܐܟܢܥܘܬܗܘܢ. *f.* — pudor Js. 61 6 (LXX om.; Theod. ἐντροπή, cf. Field.). Ps. 43 16 (ἐντροπή).

ܟܢܥܢ N. pr. Kanaan Gen. 9 18. 50 5. 11. Ex. 15 15.

*ܟܢܥܢܝ. emph. ܟܢܥܢܝܐ. *f.* emph. ܟܢܥܢܝܬܐ Mt. 15 22 A (BC om.). Pl. emph. ܟܢܥܢܝܐ Zach. 11 11 (Lect. 110), ܟܢܥܢܝܐ (ib. 104). — Kanaanaeus ll. cc., Gen. 49 30. Num. 13 30.

---

*ܟܢܦ. *ܟܢܦ. C. suff. ܟܢܦܗ Mt. 4 5 A, *p. o.* BC. Pl. c. suff. ܟܢܦܝܗ Ps. 90 4; 3. *f.* ܟܢܦܝܗ Mt. 23 37 A, *p. o.* al., ܟܢܦܝܗ l. c. BC. 2. *m.* ܟܢܦܝܟ (= ܟ—) Ps. 56 2. *m.* — *1.* ala Gen. 1 21. Ps. 56 2. 90 4. Mt. 23 37. *Met.* extremitas, ora Js. 11 12 (πτέρυξ). *2.* pinnaculum (πτερύγιον) Mt. 4 5.

---

*ܟܢܪ. ܟܢܪܐ *m.* — cithara (ψαλτήριον) Job. 21 12.

ܟܢܫ *Pe.* (cf. quae ad *Pa.* adnotavi). Ptc. act. ܟܢܫ Luc. 3 17. Hom. Anecd. 183 7. 11. Pl. ܟܢܫܝܢ ib. 183 13. Act. Adrian. fol. 1v, ܟܢܫܝܢ Mt. 6 26 BC (A om.). Pass. *f.* ܟܢܝܫܐ Gen. 6 16. pl. *m.* ܟܢܝܫܝܢ Mt. 18 20. — congregavit, ll. cc.

ܟܢܫܐ (Gen. 1 9. Ps. 81 1. Act. 16 22. Phil 4 15). *f.* emph. ܟܢܫܬܐ (A Luc. 7 5, al.), *p. voc. o. pass.* ܟܢܫܬܐ BC *pass.* C. suff. ܟܢܫܬܗ; ܟܢܫܬܝ (Mt. 16 18 A); etc. Pl. emph. ܟܢܫܬܐ, ܟܢܫܬܐ (Mt. 6 2 C. 5 BC et saepe al. BC), ܟܢܫܬܐ Lect. 20 15. C. suff. ܟܢܫܬܗܘܢ, ܟܢܫܬܗܘܢ (Mt. 9 35 Anecd.); etc. — *1.* collectio, congregatio Hom. Ox. 9 59 9. 67 1; pro συναγωγή Gen. 1 9. Ps. 81 1; σύστημα Gen. 1 10; ὄχλος Act. 16 22. *2.* synagoga συναγωγή Zach. 9 12. Mt. 6 2. 5. 9 35. 10 17. 13 54. 23 6. 34. Mc. 1 39. 31. 6 2. Luc. 4 20. 28. 33. 21 12. Alibi. Hom. Anecd. 207 19 (cit. Ps. 15 4). Act. Andr. et Matth. fol. 2v *bis*. *3.* ἐκκλησία 3 Reg. 8 22. Jer. 38 8. Jo. 2 16. Mt. 16 18 (= Hom. Ox. 9 60 8. 14). 18 17. 1 Cor. 15 9. Eph. 3 21. Phil. 4 15. Col. 1 18. 4 16. 1 Thess. 1 1. Hebr. 2 12. 1 Tim. 3 15. Hom. Anecd. 183 3. Hom. Ox 9 52 12. Lect. 20 15 (de aedificio). Hymn. Lect. 137 3. Lit. Dam. I fol. 2r (supra). Vit. Sct. cod. ms.

Pa. ܟܢܫ (Luc. 15 13 BC; A ܟܢܫ, *i. e.* ܟܢܫ), pl. ܟܢܫܘ; etc. 1. ܟܢܫܬ Mt. 25 38 Ev. 129 A, ܟܢܫܬܘܢ Ev. 166 A, *p. o.* B., ܟܢܫܬܘܢ Ev. 129 B (C?), Ev. 166 C, ܟܢܫܢ Ev. 97 B. Impf. ܢܟܢܫ, ܬܟܢܫ, etc. (Ex quibus quot coniugationi *Pe.* adscribendae sint, non constat). Imp. ܟܢܫ; etc. Ptc. act. ܡܟܢܫ, ܡܟܢܫܐ; etc. Pass. *f.* ܡܟܢܫܐ; pl. *m.* ܡܟܢܫܝܢ, ܡܟܢܫܝܢ (Luc. 11 29 A). — congregavit, ll. cc., Gen. 6 21. Ex. 9 19. Dt. 11 14. 13 16. Js. 9 5. 11 12. 35 10. 40 11. 43 5. 60 22. Jo. 1 14. 2 16. Mt. 22 41. 23 37. 25 24 sqq. Luc. 3 17 sq. 12 17 sq. 24 32. Joh. 4 36. Hom. Ox. 9 71 13. Hom. Anecd. 194 25. 207 19 (cit. Ps. 15 4). Alibi.

*ܟܢܘܫ (?). emph. ܟܢܘܫܐ (Ambigo sitne *qiṭṭūl* an *qᵉṭūliā*, ut ܡܥܠܢܐ „introitus" iuxta ܡܥܠܢܐ, alia id genus). emph. ܟܢܘܫܐ Lit. 707 20. Lect. 105 5. C. suff. ܟܢܘܫܗ Sirac. 18 32; pl. 1. ܟܢܘܫܢ Hebr. 10 25 Lect. 122, ܟܢܘܫܢ ib. Lect. 16. Pl. emph. ܟܢܘܫܐ Luc. 12 11 A, *p. o.* C (B ܟܢܘܫܐ). *m.* — *1.* congregatio Hebr. l. c. (ἐπισυναγωγή). Sirac. l. c. (συμβολή). Lit. l. c. *2.* synagoga (ἐκκλησία) Luc. l. c.; concio Christianorum Lect. 105 5.

Ithpa. (nisi fort. *Ithpe.*; sed nusquam ܐܬܟܢܫ scriptum apparet) ܐܬܟܢܫ Joh. 18 2 A (*p. o.* BC); etc. Impf. pl. ܢܬܟܢܫܘܢ; etc. Imp. ܐܬܟܢܫܘ. Ptc. ܡܬܟܢܫܝܢ — se congregavit, congregatus, collectus est, l. c., Gen. 1 9 (*bis*). Js. 43 9. 60 4. 7. Jo. 3 11. Ps. 46 10. Mt. 24 28. 25 32. 26 3. 57. 27 62. 28 12. Mc. 2 2. Joh. 18 2. Alibi.

---

*ܟܣܐ *Pe.* Ptc. pass. ܟܣܐ Luc. 12 2 A, *p. o.* al. — occultus Luc. 12 2. 2 Cor. 4 3 (*bis*).

*ܟܣܝ. pl. emph. ܟܣܝܬܐ. *f.* — operimentum, vestimentum, Hymn. Anecd. 112 12.

Pa. ܟܣܝ Ex. 10 15. 15 10, ܟܣܐ Js. 61 10; 3. *f.* ܟܣܝܬ Job. 21 26; etc. 2. *m.* c. suff. pl. 1. ܟܣܝܬܢ (locus me effugit); pl. ܟܣܝܘ; etc. Impf. ܢܟܣܐ; etc. Ptc. act. ܡܟܣܐ s. ܡܟܣܝ; etc. pass. ܡܟܣܐ (Mt. 11 8 AC. Luc. 8 35), pl. ܡܟܣܝܢ (Mt. 11 8). — *1.* texit, operuit, sequ. acc. p. v. r. Gen. 7 19 sq. Ex. 10 15. Dt. 13 8 (Lect.). Js. 11 9. 60 6. Ps. 43 16. Job. 21 26. 22 11. Luc. 8 16. Joh. 19 5; sequ. acc. et ܥܠ Ex. 15 5; sequ. ܥܠ p. s. r. Dt. 13 8 (Anecd. 222). Job. 16 18. *2.* velavit, vestivit, c. acc. p. Luc. 8 35. Hom. Anecd. 183 16; c. dupl. acc. Js. 61 10. Mt. 11 8. Luc. 7 25 A. Joh. 19 2; c. ܒ r. Luc. 7 25 B. Joh. 20 12.

*ܐܟܣܝ (?). *f.* emph. ܐܟܣܝܬܐ Tit. 2 3. C. suff. ܐܟܣܝܬܗܘܢ Job. 22 6. — tegumentum, vestimentum Job. l. c.; Tit. l. c. pro κατάστημα, cf. Peš.

Ithpa. ܐܬܟܣܝ (Luc. 8 27 A), pl. ܐܬܟܣܝܘ (Gen. 8 2). Impf. ܢܬܟܣܐ; etc. Ptc. *f.* ܡܬܟܣܝܐ. — *1.* tectus, opertus est Gen. 8 2. Job. 17 12. Mt. 8 24. Hom. Ox. 964 16. Impersonaliter, sequ. ܥܠ Rom. 4 7. *2.* induit, sequ. ܒ r. Luc. 8 27.

[ܡܟܣܠܝܢ Luc. 18 9 BC: v. ܟܣܠ].

---

*ܟܣܦ. ܟܣܦ (Luc. 9 3 A), ܟܣܦܐ (A: Mt. 26 15 Ev. 175; 28 12), *p. o. pass.* ܟܣܦܐ (Mt. 26 15 Ev. 170 A), *p. o.* BC *pass.* (e. g. Mt. 10 9. 26 15. Luc. 9 3); ܟܣܦܝܢ Js. 60 17. emph. ܟܣܦܐ (A: Mt. 27 3. 5 sq. 9. al.), ܟܣܦܐ (Zach. 11 14 Lect. 110. Hom. Anecd. 174 2). C. suff. ܟܣܦܗ; etc. Pl. emph. ܟܣܦܝܐ Luc. 16 14 B (de A cf. adn. editoris). *m.* — argentum, pecunia, ll. cc., Ex. 11 2. Dt. 7 25. Js. 60 9. Zach. 11 12 sq. Eccl. 7 13. Mt. 25 18. 27. 28 15. Hom. Ox. 953 20. 23 (cit. Mt. 25 27).

[ܟܦܝܢ Mc. 8 36 A: vid. ܟܦܢ].

---

*ܟܦܦ. *Pe.* Pf. pl. ܟܦܘ — incurvavit Ps. 56 7.

Ithpa. (?) ܐܬܟܦܦܘ[?] *fort.* incurvatus est Hom. Anecd. 185 19. Loci foedissimi.

---

*ܟܦܪ. *Pa.* Pf. ܟܦܪ — evertit Mt. 21 12. Joh. 2 15.

ܟܦܠ. *ܟܦܠ. emph. ܟܦܠܐ, ܟܦܠܐ (כִּפְלָא). Pl. ܟܦܠܝܢ (per ܦ s. ܦ scr. in A), ܟܦܠܝܢ (Luc. 19 8 Anecd.), ܟܦܠܝܢ (C *bis*). *m.* — duplicatio. Usurpatur tantummodo in hisce compos.: ܬܪܝܢ ܟܦܠܝܢ dupliciter Js. 40 2 Lect. 37 (ܟܦܠܝܢ ib. 88). Zach. 9 12. ܐܪܒܥܐ ܟܦܠܝܢ quadruplex Luc. 19 8; ܡܐܐ ܟܦܠܝܢ centuplex 8 8. ܟܦܠܝܢ ܣܓܝ multo plus Mt. 19 29. ܟܦܠܝܢ ܡܢܟܘܢ διπλότερον ὑμῶν duplo magis quam vos Mt. 23 15. — De ܟܦܠ μέλει vid. ܐܦܠ.

*ܟܦܝܠ (כְּפִיל) — duplex: ܡܥܪܬܐ ܟܦܝܠܬܐ τὸ σπήλαιον τὸ διπλοῦν Gen. 49 30.

ܟܦܢ *Pe.* ܟܦܢ (constanter BC); ܟܦܢ (Luc. 6 3 A), *p. o.* saepius; 1. p. ܟܦܢܬ, ܟܦܢܬ (Mt. 25 42 Ev. 166 A). Impf. ܢܟܦܢ Joh. 6 35 Anecd., ܢܟܦܢܘܢ Js. 9 20. *1.* ܢܟܦܢ Phil. 4 12; ܢܟܦܢ[ܘ]ܢ Jer. 38 12. ܬܟܦܢܘܢ Js. 8 21. Ptc. act. ܟܦܢ Joh. 6 35 A, ܟܦܢ BC. — esurivit, ll. cc., Mt. 4 2. 21 18. 25 35.

ܟܦܢ (כַּפְנָא, כְּפַן, v. Merxii gloss.) Luc. 15 14 A, ܟܦܢ (voc. *i* syllabae clausae debetur) BC. emph. ܟܦܢܐ. Pl. ܟܦܢܝܢ Mt.

247. Luc. 2111. *m.* — fames, ll. cc., Js. 821. Jer. 3936. Am. 811 (*ter*). Luc. 425. 1517. Hom. Anecd. 18011.

ܟܦܝܢ (= כְּפַן, כַּפְנָא) Mt. 2537 A. 44 Ev. 130 A. Rom. 1220, ܟܦܢ Mt. ll. cc. BC, Ev. 167 A. Pl. ܟܦܢܝܢ Mt. 56. Luc. 621. emph. ܟܦܢܐ Job. 227. Luc. 153 (et in marg.) — esuriens, famelicus, ll. cc.

ܟܦܪ *Pe.* ܟܦܪ (per ܥ scr. A: Mt. 2670 et 72 Ev. 181); ܟܦܪܬ; etc. Impf. ܢܟܦܘܪ, ܢܟܦܪ Mt. 1033 A; etc. 1. p. ܐܟܦܘܪ Luc. 129; ܐܟܦܘܪ Mt. 1033 C. [ܐܟܦܪ ib. B, ܟܦܪ A]. Ptc. act. ܟܦܪ, pl. ܟܦܪܝܢ. — abnegavit, *s.* abs. *s.* insequ. ܒ, ll. cc., Mt. 2634 sq. 75. Mc. 834. Luc. 2234. Joh. 1338. 1825. 27. Tit. 116. 212. Hom. Ox. 96116 739. Hom. Anecd. 1957. Act. Sct. Anecd. 17016.

*ܟܦܘܪ. emph. ܐ—. *m.* — pernegans, infidelis Hebr. 22 ܐܟܦܘܪܐ ܠܐ, cf. Peš.

ܟܦܘܪܘܬܐ fort. abnegatio Hom. Anecd. 1956 (si recte se habet).

*ܟܦܘܪ vel potius *ܟܦܘܪܝܢ (pl. tant.). emph. ܟܦܘܪܝܐ — παραβάσεις Hebr. 915.

Pa. Pf. 3. *f.* ܟܦܪܬ Luc. 744 A[2] *corr.* Ptc. act. *f.* ܡܟܦܪܐ v. 38 A[2], *p. o.* A[1]C. Pl. ܡܟܦܪܢ Luc. 1011. — detersit ll. cc. Cf. ܟܦܪ.

ܟܦܪ ܢܚܘܡ (A: Mt. 85. Luc. 431. Joh. 660), per ܥ scr. Mc. 21 A; *p. o.* al.; in unum vocab. coniunctum BC: Mt. 413, Luc. 423. N. pr. — Kapernaum, ll. cc., Luc. 71.

ܟܦܬ (cf. Idiot. 46; adde samar. כפת, edess. ܟܦܬܐ Opusc. nestor. 779). *Pe.* ܟܦܬ Mc. 617 A, *voc. o.* al.; etc. Impf. pl. ܢܟܦܬܘܢ; etc. Imp. ܟܦܘܬܘ Mt. 2213 A, ܟܦܬܘ BC. Ptc. pass. ܟܦܝܬ Joh. 1824 AB, ܟܦܬ C; pl. ܟܦܝܬܝܢ — ligavit, ll. cc., Gen. 229. Js. 310. 427. Joh. 1812. Act. Philem. Anecd. 16924. Hom. Anecd. 18915 (ubi sic suppl., cf. Js. 310). 21.

*ܟܦܬܐ (כְּפָת). Pl. ܟܦܬܝܢ, emph. ܟܦܬܝܐ. *m.* — vinculum Hebr. 1136. 2Tim. 29 (cod. ܟܦܬܝܢ). Act. Adrian. fol. 1[r] (τὰ δεσμά).

Ithpe. ܐܬܟܦܬ — ligatus est Job. 173.

---

*ܟܪ (*i. e.* خرّ; syr. ܢܚܪ, ܢܚܪܚܪ) *Pe.* ptc. act. ܟܪ — stertuit Jon. 15 sq.

---

*ܟܪܐ. *ܟܪܝܐ. pl. ܟܪܝܢ (*כַּרְיָא, ut syr. ܟܪܝܐ apud Field. Hexapl. 1163. Alias ܟܪܘܬܐ, כַּרְוָתָא). *m.* — acervus frumenti Hom. Anecd. 1838. (Cf. quae ad ܟܪܝܐ commemoravi).

---

*ܟܪܘܒ. pl. ܟܪܘܒܝܢ — Cherub Gen. 324. Ex. 2631. Act. Andr. et Matth. fol. 1[v].

---

*ܟܪܙ. *ܟܪܘܙ (כָּרוֹז). pl. ܟܪܘܙܝܐ. — nuntius 2Tim. 111. Hymn. Anecd. 1128. Hymn. Lect. 13615. 1384.

Aph. ܐܟܪܙ; etc. Impf. ܢܟܪܙ (Mt. 111 A), ܢܟܪܙܘܢ (ib. C); etc. Imp. ܐܟܪܙ; etc. Ptc. act. ܡܟܪܙ, ܡܟܪܙܝܢ — pronuntiavit, renuntiavit l. l. Jo. 12. 14. 21. 32. Jon. 34. Zach. 99. Mt. 31. 417. 23. 935. 111. Mc. 14, et saepe alibi N. T. Praeterquam Hom. Ox. 9556. 5621. 6917. Hymn. Anecd. 1116. Hymn. Lect. 1363. 12. Lit. Dam. II[v].

*ܐܟܪܙܘ (inf. *Aph.*) emph. ܬܐ—. C. suff. ܐܟܪܙܘܬܗ; ܐܟܪܙܘܬܟܘܢ (sic) Anecd. 1051. *f.* — praedicatio, concionatio, l. c., Jon. 32. Luc. 1132. 1Cor. 121.

Ithpe. ܐܬܟܪܙ. Impf. ܢܬܟܪܙ, ܬܬܟܪܙܝܢ (BC *pass.*). — praedicatus, renuntiatus est Jon. 37. Mt. 2414. 2613. Luc. 128. 2447. 1Tim. 316.

ܟܪܣܛܝܢܐ. pl. ܟܪܣܛܝܢܝܢ — Christianus Act. Philem. Anecd. 1693. 6. Vit. Anton. S. F. 1028. 10.

---

*ܟܪܟ. *Pe.* Ptc. pass. *f.* ܟܪܝܟܐ — cinxit, circumdedit: ܐܚܙܪܬܗ ܟܪܝܟܐ ܒܩܘܫܛܐ ἀληθείᾳ εἰλημμένος τὰς πλευράς Js. 115; . . . ܟܪܝܟܢ ܕܟܪܝܟܢ ܩܘܪܝܐ πόλεις τετειχισμέναι Num. 1329.

Ithpe. Pf. pl. ܐܬܟܪܟܘ. Ptc. ܡܬܟܪܟ — *1.* se involvit, se immiscuit *rei* 2 Tim. 2 4. *2.* circumdedit, c. ܥܠ, Jer. 39 2.

Pa. ܟܪܟ Mt. 27 59 BC. Luc. 4 20 BC; ܟܪܟ utroque loco A. C. suff. 3. *m.* ܟܪܟܗ Mc. 15 46. 3. *f.* ܟܪܟܬܗ; etc. Ptc. pass. ܡܟܪܟ, ܡܟܪܟܢ (Luc. 2 12 BC); etc. — involvit, ll. cc., Luc. 2 7. Joh. 11 44 BCD (A ܘܟܪܟܢ). 19 40.

Ithpa. Impf. 3. *f.* ܬܬܟܪܟ — circumdatus est Jer. 38 39.

ܟܪܟܪܢ (A ܟܪܟܪܢ, C corrupte ܟܪܢ) (Cf. Idiot. p. 46 sq.). *f.* — massa *melis* rotunda Luc. 24 42.

*ܟܪܡ. ܟܪܡ (כֶּרֶם) Mt. 21 33 Anecd., Ev. 154 BC, Ev. 88 AB, ܟܪܡ Ev. 154 A; ܟܪܝܡ Ev. 188 C. emph. ܟܪܡܐ A *pass.*, *p. o.* al. C. suff. ܟܪܡܗ; etc. Pl. ܟܪܡܝܢ Jer. 38 5. *m.* — vinea, Mt. ll. cc., Js. 3 14. Mt. 20 1 sqq. 21 28. 30. 39 sqq. *Pl.* vites Jer. l. c.

*ܟܪܡ (ܟܪܡܐ). pl. ܟܪܡܝܢ — vitium cultor Js. 61 5.

ܟܪܡܠܐ N. pr. ὁ Καρμηλος (Peš. ܟܪܡܠܐ) Js. 35 2.

*ܟܪܣ. ܟܪܣ (*pass.*), ܟܪܝܣ (Js. 7 14. Mt. 1 18 BC. 23 C; al.); ܟܪܣ Luc. 1 31 A. emph. ܟܪܣܐ. C. suff. 3. *m.* ܟܪܣܗ; etc. 1. pl. ܟܪܣܢ Ps. 43 26. Pl. ܟܪܣܝܢ Tit. 1 12. *f.*; sed *m.* Lit. Dam. I fol. 1v. — venter (γαστήρ, κοιλία), ll. cc., Gen. 3 14. Js. 8 19. Jon. 2 1. Job. 16 16. Mt. 19 12. Luc. 1 15. 31. 41 sq. 44. 2 21. 11 27. Joh. 3 4. 7 38. Act. 2 30 (gr. ὀσφύς, cf. Peš.). 14 8. Phil. 3 19. Hom. Anecd. 200 6. Hymn. Anecd. 111 11. 22. Lit. Dam. *pass.* Cf. ܟܪܣ.

*ܟܘܪܣܝ. C. suff. ܟܘܪܣܝܗ Ex. 11 5. Pl. ܟܘܪܣܘܬ Mt. 19 28 C. Luc. 22 30 B (AC ܟܘܪܣܘܬܐ); ܟܘܪܣܘܬܟܘܢ Mt. l. c. A. *m.* — sedes, thronus, ll. cc.

*ܟܪܦ. *ܟܪܦ „momentum"? vid. ܚܪܦ II.

*ܟܪܬ. ܟܪܬܐ Gen. 2 12 Lit., ܟܪܬܐ (ex כַּרְתָּא natum) ib. Lect. *m.* — allium porrum: ܘ, ܟܐܦܐ ὁ λίθος ὁ πράσινος, l. c.

*ܟܫܐ. *Pe.* Ptc. act. ܟܫܐ — acervavit Rom. 12 20. [Pro ܐܬܟܫܐ Hom. Anecd. 187 7 leg. ܐܬܢܫܐ, ἐπιλήσομαι; pro ܠܡܬܟܫܐ Luc. 6 1 Anecd. ܠܡܬܟܫܐ, τίλλειν].

*ܟܫܠ *Pe.* (cf. Idiot. p. 47). Impf. pl. 1. ܢܟܫܠ (Mt. 17 27 A, *p. o.* cett.). Ptc. act. *f.* ܟܫܠܐ — obstaculo fuit (σκανδαλίζειν), sequ. acc., Mt. 5 29 sq. 17 27. Joh. 6 63.

ܡܟܫܘܠ. Pl. ܡܟܫܘܠܝܢ. *m.* — scandalum Mt. 13 41. Rom. 9 33 (= Hom. Ox. 962 21). 1 Cor. 1 23.

[ܢܟܫܠܘܢ Jac. 1 6: leg. ܢܟܫܠܘܢ].

Ithpe. Impf. 3. ܢܬܟܫܠ; etc. Ptc. act. ܡܬܟܫܠ; etc., ܡܬܟܫܠܝܢ Mt. 13 57. — offensus est, s. abs. s. sequ. ܒ, Mt. 11 6. 13 57. 24 10. 26 31. 33. Mc. 6 3. Luc. 7 23. 8 13 A (*corr. antiquus*). Joh. 16 1. Vit. Sct. cod. ms. (*bis*).

*ܟܫܪ *Pe.* Ptc. act. *f.* ܟܫܪܐ — valet *ad alqm rem* (ܠ) Mt. 5 13 (cf. Dalman. Worte Jesu, 1898, p. 98).

ܟܬܒ *Pe.* ܟܬܒ (ܟܬܝܒ B: Luc. 1 63 et Joh. 21 24 Ev. 281, ubi ptc. act. esse nequit). Impf. ܢܟܬܘܒ; etc. Imp. ܟܬܘܒ (Jer. 30 2). Ptc. act. ܟܬܒ, ܟܬܝܒ (Ps. 44 2, al.) Pass. ܟܬܝܒ, ܟܬܒ (Mt. 4 10 B; saepius C); etc. — scripsit, ll. cc., Dt. 6 9. 11 20. Js. 10 1. 19. 44 5. Ps. 44 2. Mt. 2 5. 4 4. 6. 10. Mc. 1 2. Luc. 1 3. 2 23. Rom. 9 33. 10 5. 12 19. 15 3. Alibi. Hom. Ox. 953 16. 55 13. Hom. Anecd. 177 22. Lit. 690. Lect. 2 3.

*ܟܬܒ. emph. ܟܬܒܐ. Pl. ܟܬܒܝܢ (Luc. 23 38, al.); ܟܬܒܝܢ Rom. 1 2. emph. ܟܬܒܝܐ [ܟܬܒܐ Mt. 22 29 A *corr.*, B]. C. suff. 3. *m.* ܟܬܒܗ (sic) Joh. 5 47 A, ܟܬܒܗ BC. ܟܬܒܝܗܘܢ, ܟܬܒܗܘܢ (Mt. 26 56 C). *m.* — scriptio, scriptura, ll. cc., Mt. 21 42. 22 29.

26 54 Anecd. 217. Mc. 15 26. 28. Luc. 23 38 (γράμματα!) Joh. 7 15. Rom. 4 3. 10 8. 1 Cor. 15 4. Col. 2 14. Hom. Anecd. 171 17. 183 20. 194 9. 17. 207 10. Hom. Ox. 9 61 17. Lit. Dam. III[r].

Ithpe. ܐܬܟܬܒ, ܐܬܟܬܒܘ (Rom. 15 4). Impf. 3. ܢܬܟܬܒ; etc. Ptc. pl. ܡܬܟܬܒܝܢ. — *1.* scriptus est [3 Rg. 14 29]. Joh. 21 25. Rom. 15 4. 2 Cor. 3 7. Gal. 3 1. *2.* perscriptus est Luc. 2 1. 3. 5.

Aph. Pf. 3. c. suff. 3. *m.* ܐܟܬܒܗ 2 Tim. 2 4 (Ox.). pl. ܐܟܬܒܘܗ Hom. Anecd. 182 9. — conscripsit, ll. cc.

*ܐܟܬܒܗ (inf.). emph. ܐܟܬܒܬܐ. *f.* — *1.* inscriptio ἐπιγραφή Mt. 22 20. *2.* perscriptio, census ἀπογραφή Luc. 2 1.

---

*ܟܬܠ. *ܟܘܬܠ. emph. ܟܘܬܠܐ (cf. כְּתָלָיא, sg. כְּתַל). *m.* — paries, murus Eph. 2 14.

ܟܬܡ. *ܟܬܡܐ. pl. abs. ܟܬܡܝܢ. *f.* — macula Hom. Ox. 9 52 13.

Pa. Ptc. act. (?) ܡܟܬܡ — maculavit Hom. Anecd. 174 10 (loco foedissimo).

Ithpa. Ptc. ܡܬܟܬܡ — *fort.* signatus est Hom. Anecd. 201 3 (loco corruptissimo).

---

*ܟܬܢ. emph. ܟܬܢܐ (כִּתָּנָא) Ex. 9 31 (*bis*). pl. ܟܬܢܝܢ Joh. 19 40 A, *p. o.* BC. emph. ܟܬܢܝܐ; ܟܬܢܝܐ Luc. 24 12 Ev. 219 A. Hom. Ox. 9 70 19. [ܟܬܢܐ Luc. 24 19 Ev. 4 A, in marg.]. *f.* — linum, ll. cc., Joh. 20 5 sqq.

---

*ܟܬܦ. *ܟܬܦ. C. suff. ܟܬܦܗ, ܟܬܦܝ. Pl. ܟܬܦܝܢ (Ex. 28 7). emph. ܟܬܦܬܐ. c. suff. ܟܬܦܬܗܘܢ (Mt. 23 4 A[2]). *f.* — humerus Ex. 28 7 sq. (gr. ἐπωμίς). 36 28. Is. 9 6. 10 27. 60 4. Mt. 23 4. Mc. 9 35. Lit. Dam. I fol. 2[v].

---

*ܟܬܪ. *Pa.* ܟܬܪ, ܟܬܪܘ (Joh. 2 12 C. 7 9 BC. 11 6 AB); ܟܬܪܬ; etc. Impf. 3. ܢܟܬܪ s. ܢܟܬܪܘܢ (Is. 10 32); etc. Imp. ܟܬܪ, ܟܬܪܘ (Luc. 24 29 C); etc. Ptc. act. ܡܟܬܪ s. ܡܟܬܪܝܢ; etc. — mansit, ll. cc., Gen. 8 10. 12. Ex. 9 28. Num. 13 21. Mt. 15 32. 26 38. Mc. 8 2. Luc. 1 22. 56. 24 3. 9 4. 10 7. 22 28. 24 29 sq. Joh. 1 32 sq. 39. 4 40. 6 27. 57. 8 31. 35. 12 24. 2 Petr. 3 4. Gal. 2 5. Alibi. Hom. Anecd. 209 11. Lit. 696 8. Sequ. ܠ expectavit Act. 1 4. Lit. 695 16 (Margoliouthio p. 712, n. 4 est „crowned“, sed antecedit synon. ܡܣܒܪ!).

ܟܬܪܐ *m.* — cidaris Ex. 28 4 (pro κίδαρις s. κίταρις), cf. adnot. editoris.

ܟܬܪܐ: num fort. corrupt. ex καθαρά? Lit. 708 15.

---

*ܟܬܫ. *Pa.* Ptc. act. ܡܟܬܫ — certavit 1 Cor. 9 25 sq.

ܟܬܫܐ. emph. ܟܬܫܐ. *m.* — certamen Is. 7 13. Phil. 1 30. Hebr. 10 32.

Ithpa. ܐܬܟܬܫ; etc. Impf. ܢܬܟܬܫ. Imp. pl. ܐܬܟܬܫܘ. Pl. ܡܬܟܬܫܝܢ; etc. — certavit Luc. 13 24. Joh. 18 36. Col. 4 12. Hebr. 11 33. 2 Tim. 2 5 (Lect.). Hymn. Anecd. 113 10. Cf. ܐܬܓܘܫ.

ܠ

ܠ (nonnunquam ܠܐ, velut ܠܐܠܗܐ, ܠܐܠܗܘܬܐ, alia id genus). *praep.* C. suff. ܠܗ, ܠܝܗ (Ps. 44 13. Mc. 8 33 Dam. 1037 ib. Luc. 22 34 A). *f.* ܠܗ, ܠܗ (A). 2. ܠܟ; *f.* ܠܟܝ (Mt. 21 5 A, al.), *p. o. pass.*, ܠܟܝ Luc. 12 19 A. 1. ܠܝ. pl. ܠܢ (Mt. 26 27 A), *p. o. pass. f.* ܠܗܝܢ (A), ܠܗܝܢ Luc. 24 11 C. 2. ܠܟܘܢ, *f.* ܠܟܝܢ, ܠܟܝܢ. 1. ܠܢ, ܠܢ (Lit. Dam. II[v]). — Denotat in primis *a) obiectum;* pass. *b) locum:* in, ad, versus, pass. c) *tempus quo aliquid fit;* ܠܝܘܡܐ τῇ ἡμέρᾳ Mt. 17 23. Hom. Ox. 96 18, al. ܠܬܠܬܐ ܝܘܡܝܢ διὰ τριῶν ἡμερῶν Mt. 26 61, al. ܠܝܘܡܢ hodie Lect. 108 19; al. d) *finem et intentionem;* pass. e) *relationem,* pro κατά (c. acc.) Gen. 1 21. 24 sq. — De usu syntact. fusius agere huius loci non est. Iungitur cum ܐܝܟ, ܠܘܬ, ܥܠ, ܥܡ, ܟܠ, ܡܢ, ܠܐ, ܒܬܪ, ܩܕܡ, ܠܥܠ, ܐܝܟ.

ܠܐ *part.* non (ܠܐܘܬܐ = ܠܐ ܐܢܬ Joh. 18 11 B; alia id genus). ܠܐ ܗܘܐ *id.* Mt. 18 33. Negatio geminata sensu affirmativo Job. 22 7. Mt. 6 15. 18 16 sq. 21 27 AC. 25 45. 26 62. Luc. 7 7. 9. 16 26. Joh. 7 5. 8 11. 52 BC. 2 Cor. 5 16. 6 10. Gal. 2 5. Phil. 4 15. Cf. etiam ܐܠܐ.

ܕܠܐ, sine Ps. 43 13. Job. 22 5. Mt. 22 24. Luc. 22 6. 35. Hom. Anecd. 206 22. 207 23. Alibi. ܕܠܐ ܡܫܟܚ χωρός Luc. 1 22; ܕܠܐ ܡܢܝܢ innumerabilis Lit. 706 10; ܕܠܐ ܡܬܚܫܚ ἀοίκητος Dt. 13 16; ܕܠܐ ܩܠ ἄφωνος Js. 53 7; ܕܠܐ ܡܣܒ ܒܐܦܐ ἀνυπόκριτος Rom. 12 9.

ܠܐܝ (cf. ܠܗܝ) *Pe.* ܠܐܝ Joh. 4 6 BC, ܠܐܝ ib. A. 2. *m.* ܠܐܝܬ Jon. 4 10. 1. ܠܐܝܬ 1 Cor. 15 10 (ita restit. pro ܐܠܦܬ). pl. ܠܐܘ Joh. 4 38 A, ܠܗܘ C [B corrupt.]. *f.* ܠܐܝ Phil. 4 3. 2. ܠܐܝܬܝܢ Joh. l. c. A, *p. o.* BC. S. F. 100 14. 1. ܠܐܝ Luc. 5 5 A (cett. om.). Ptc. act. ܠܐܐ Job. 16 7. 17 2. 2 Tim. 2 6 (Ox.). pl. *m.* ܠܐܝܢ Mt. 11 28 A, *p. o.* BC. 1 Thess. 4 11. *f.* ܠܐܝܢ Mt. 6 28 B (sic leg.). — labore defessus, defatigatus est, ll. cc.; sequ. ܒ Jon. 4 10; ܥܡ p. Phil. 4 3 (pro συναθλεῖν τινι).

ܠܐܘ (cf. Idiot. p. 47 sq.) A: Mt. 26 10. Luc. 18 5; *p. o.* ll. cc. BC. Ps. 89 10. emph. ܠܐܘܬܐ 1 Thess. 1 3, ܠܗܘܬܐ S. F. 107 4. C. suff. ܠܗܘܬܗ Vit. Sct. cod. ms.; ܠܗܘܬܝ ib. ܠܐܘܬܟܘܢ S. F. 87 13, ܠܗܘܬܟܘܢ Js. 61 8. Joh. 4 38 B; per ܗ scr. ib. A (C ܠܗܘܬܗܘܢ). 1. ܠܗܘܢ 1 Thess. 3 5. *f.* — lassitudo, labor, molestia, ll. cc.

*ܠܒܝ. ܡܠܒܝ Luc. 22 43 AB, al. ܡܠܒܝ Joh. 5 4 A, *p. o.* saepius C (Joh. l. c., Luc. 22 43; Joh. 12 29 Ev. 168); ܡܠܒܝ Joh. 5 4 B. emph. ܡܠܐܟܐ Mt. 28 5 A, ܡܠܐܟܐ Luc. 1 30 et 34 sq. A; al. ܡܠܐܟܐ Luc. 1 13 A, al., *p. o. pass.* C. suff. ܡܠܐܟܗ; etc. Pl. abs. ܡܠܐܟܝܢ *pass.*; ܡܠܐܟܐ Mt. 4 11 B, ܡܠܐܟܘܗܝ ib. C (cf. quae sub voce ܩܛܠ *qeṭāl* ad pl. st. abs. ܩܛܠܝܢ adnotavi). emph. ܡܠܐܟܐ *pass.*, ܡܠܐܟܐ Mt. 13 49 Anecd. C. suff. ܡܠܐܟܘܗܝ, ܡܠܐܟܘܗܝ (Mt. 25 31 Anecd. Hinc corrig. 13 41), ܡܠܐܟܘܗܝ BC *pass.* (e. g. Mt. 25 31 Ev. 129, Ev. 166. Joh. 1 51.), ܡܠܐܟܘܗܝ Mt. 4 6 B. 25 31 Ev. 96 B; ܡܠܐܟܘܗ Mt. 25 41 Ev. 129 C; etc. — angelus, *ll. cc.*, *pass.* Praeterquam Hom. Anecd. 205 2 (cit. Hebr. 1 13). Hymn. Anecd. 111 5. 112 1. 6. 12. Lit. 695 13. Lit. Dam. I fol. 1ᵛ. Cf. etiam ܡܠܟ.

---

*ܠܒܒ. ܠܒ 2 Cor. 3 3. Hebr. 10 22 (Lect. 122), ܠܒ Js. 9 9. Hebr. l. c. (Lect. 15). emph. ܠܒܐ. C. suff. ܠܒܗ, ܠܒܗ (Js. 15 5); etc. Pl. ܠܒܒܝܢ (Luc. 2 35). st. cst. ܠܒܝ (Ps. 45 3), ܠܒܒܐ Luc. 1 17 A, *p. o.* C. [emph. ܠܒܒܬܐ Luc. 8 15 A, *corr. antiquus*: ex Peš. assumtum]. C. suff. ܠܒܒܝܗܘܢ Luc. 3 15 A, ܠܒܒܝܗܘܢ ib. BC. Mc. 2 6; etc. *m.* — cor, animus, ll. cc., Ex. 8 32. 9 14. 10 1. Dt. 10 15. Js. 10 12. 60 5. Jer. 11 20. Ps. 44 2. Mt. 6 21, et saepe al. V. et N. T. Praeterquam Act. Philem. Anecd. 169 13. Cf. etiam ܢܦܫ, ܪܥܝܢ.

Ithpa. Ptc. ܡܬܠܒܒ — animum induxit Joh. 21 12.

---

*ܠܒܟ *Pe.* 2. *m.* ܠܒܟܬ — comprehendit Job. 16 8.

*ܠܒܟܘ. emph. ܠܒܟܘܬܐ *f.* — potestas Eph. 1 19 (κράτος).

---

*ܠܒܢܐ. pl. ܠܒܢܐ. *f.* — later Js. 9 10.

ܠܒܘܢܐ Mt. 2 11 A, *p. o.* C; ܠܒܘܢ Js. 60 6; ܠܒܘܢܐ Mt. l. c. B. *f.* — libanotis, ll. cc.

ܠܒܘܐ N. pr. ἡ Λιβόη Act. 2 10.

ܠܒܢܢ N. pr. ὁ Λίβανος Dt. 11 24. Js. 10 34. 35 2. 40 16. 60 13. Hos. 14 6. 8.

*ܠܒܝܣ (לְבִים λέβης). pl. ܠܒܝܣܝܢ. m. — ahenum Ex. 16 3.

*ܠܒܫ Pe. ܠܒܫ Mt. 6 29 BC, ܠܒܫ Hom. Ox. 97 5 16; etc. Impf. pl. ܐܠܒܫܘܢ Luc. 24 49 A; ܐܠܒܫܘܢ ib. BC. Mt. 6 25. Imp. ܠܒܫ; etc. Ptc. act. pl. ܠܒܫܝܢ. Pass. ܠܒܝܫ. — induit, sequ. acc., ll. cc. (exc. Hom. Ox.), Jon. 3 5. Mt. 6 31. Gal. 3 27. Col. 3 10. 12. Lit. 697 6 (cit. Ps. 64 14). Hom. Anecd. 211 12 sq., sequ. ܒ r. Luc. 16 19 (ubi A perperam ܠܒܝܫ)., Hom. Ox. 97 5 16.

ܠܒܝܫ (ptc. perf.) — qui induit, vestitus, sequ. acc. r., Mt. 22 11. Mc. 1 6. Rom. 13 4. Hebr. 5 2. S. F. 79 5. Hom. Ox. 96 0 12. 66 10. Lit. Dam. III[v].

ܠܒܘܫ Mt. 22 11 (A), p. o. BC; al. ܠܒܘܫ Vit. Sct. cod. ms. emph. ܠܒܘܫܐ. C. suff. ܠܒܘܫܗ; etc. Pl. ܠܒܘܫܝܢ; st. cst. ܐ- (Ex. 28 4). emph. ܐ-. m. — vestimentum, indumentum, ll. cc., Ex. 11 2. 28 4 (bis). Dt. 10 18. Js. 61 3. 10. Ps. 21 19 (= Mt. 27 35). Mt. 3 4. 6 25. 28. 7 15. 22 12. 28 3. Mc. 15 24 C. Luc. 9 29. Act. 1 10. Vit. Anton. S. F. 90 8.

ܐܠܒܘܫܐ Ex. 28 6. emph. ܐܠܒܘܫܬܐ ib. v. 4. f. — id. ll. cc. (ἐπωμίς).

Aph. ܐܠܒܫ; etc. Imp. pl. ܐܠܒܫܘ. Ptc. act. ܡܠܒܫ, ܡܠܒܫ — induit, vestivit Gen. 3 21. Mt. 6 30 (= Hom. Anecd. 203 15). 25 36. 38. 43. Luc. 15 22; sequ. gem. acc. Mt. 27 31 AC. Mc. 15 17. 20.

ܠܓܝܘܢ Luc. 8 30 A, p. o. C. [ܠܓܝܘܢ B]. Pl. ܠܓܝܘܢܝܢ Mt. 26 53 AB, ܠܓܝܘܢܝܢ Anecd. — λεγεών (λεγιών), ll. cc.

ܠܕܝܩܝܐ N. pr. Λαοδίκεια Col. 4 13. 15 sq.

*ܠܗܝ (cf. ܠܐܝ) Pe. Ptc. act. ܠܗܐ 2 Tim. 2 6 Lect. (ita suppl. ܠܗ) — defatigatus est, l. c.

ܠܗܘܐ 2 Cor. 6 5, ܠܗܘܬܐ Gal. 6 17. f. — i. q. ܠܐܘ (rad. ܠܐܝ) ll. cc.

ܠܘܚ Joh. 19 19. emph. ܠܘܚܐ. m. — tabula, Joh. 19 19 sq. 2 Cor. 3 3.

*ܠܘܛ. Pe. Pf. 2. m. ܠܛܬ. Impf. ܝܠܘܛ. Ptc. act. ܠܐܛ Stud. Sin. 11 147 8. pl. ܠܝܛܝܢ, ܠܐܛܝܢ (Mt. 5 44 A, al.). Pass. ܠܝܛ; etc. — diris devovit, maledixit Gen. 3 14. 17. 8 21. Eccl. 7 23. Mt. 5 44. 25 41. Joh. 7 49. Rom. 12 14. Vit. Anton. Stud. Sin. l. c. (= Migne P. Gr. 26 900 B); 148 5.

*ܠܘܛ. emph. ܠܘܛܐ. m. — dirae Dt. 11 26. 28.

ܠܘܛ N. pr. Λωτ Gen. 19 1 sqq. [Ps. 82 10].

*ܠܘܝ. *ܠܘܝܐ f. C. suff. ܠܘܝܬܟܘܢ (de לְוִיתְהוֹן cogitare possis; potius tamen punctum ad literam ܬ pertinet, ita ut forma sit ܠܘܝܬܐ, cf. ܠܘܝܬܗܘܢ C) Luc. 2 44 A, p. voc. o. B. — comitatus: ܒܝܢ ܠ' comitatus eorum (συνοδία) l. c.

ܠܘܝ N. pr. Λευί, Λευίς Levi Jer. 38 14. Luc. 3 24 B. 29 BC. 5 27 et 29 BC. ܠܝܘܝ Luc. 5 27 et 29 A, p. o. v. 29 Anecd. ܠܐܘܝ Mc. 2 14 B, ܠܐܘܝ ib. A (cod.).

ܠܘܝ Luc. 10 32 BC. emph. ܠܘܝܐ ib. A; p. o. Dt. 12 19. Pl. ܠܘܝܢ Joh. 1 19 A (puncta literis ܢ addita delenda sunt), ܠܘܝܢ B, ܠܘܝܢ C. emph. ܠܘܝܐ Num. 4 46. — Λευίτης, Levita, ll. cc.

ܠܘܐ — utinam Ex. 16 3.

ܠܘܣܛܐ (cf. Krauss. 2 311) Mt. 27 49 Ev. 204. emph. ܠܘܣܛܝܬܐ l. c. A corr. (?) Joh. 19 34 Ev. 207 C, Ev. 238 BC; ܠܘܣܛܝܬܐ Ev. 207 B, Ev. 213 C; ܠܘܣܛܝܬܐ Ev. 238 A (Ev. 207 A, cf. adn.); ܠܘܣܛܬܐ Ev. 213 B. [In ܠܘܣܛܝܬܐ mutavit corrector Ev. 207 A]

Pl. ܠܘܓܚܝܬܐ Job. 16 13. *f.* — λόγχη, hasta, ll. cc.

ܠܘܣܢܝܐܣ N. pr. Λυσανίας Luc. 3 1 AB; ܠܘܣܢܝܣ C.

*ܠܘܥ (rad. incogn. Syr. ܠܥܐ, hebr. לֹעַ, ar. לועא). Pl. c. suff. ܠܘܥܝ; ܠܘܥܝ *m.* — maxilla, Job. 16 10 (interpres vertit verba εἰς τὰς σιαγόνας μου, ut Aqu., Symm., Syr.-Hex. habent, cf. Field. Aliter LXX). 21 5.

ܠܘܩܣ N. pr. Λουκᾶς Col. 4 14. Anecd. 144 8. 153 22. 154 19.

[ܠܘܦ? cf. ܠܦܦ].

ܠܘܬ (ܠܘܬ A Luc. 1 26, al.), ܠܘܬ (Ps. 3 5). C. suff. ܠܘܬܗ Mt. 27 19 Ev. 200 A. *f.* ܠܘܬܗ Eccl. 7 13. ܠܘܬܝ, ܠܘܬܝ (Ps. 142 8). ܠܘܬܟ, defect. ܠܬ Mt. 25 36 Ev. 129 A *cod.* ܠܘܬܟܘܢ (Mt. 26 55 A). *praep.* — versus, ad Gen. 2 19 et pass. V. et N. T. Praeterquam Hom. Anecd. 194 18. Lit. 695 11. 705 9. Lit. Dam. I fol. 2ᵛ. Hom. Ox. 967 16. 684.

ܠܘܬ ܡܢ ab, ex Gen. 19 24. Js. 7 11. 8 18. Jer. 30 1. Jon. 3 7. Mt. 6 1 B (AC ܠܘܬ). 11 27. 18 19. Luc. 1 26. 38 A. 45 AB. 2 1. Joh. 1 6 AC (B ܡܢ). 14. 10 32. 15 26. 16 27 sq. Rom. 5 1. Eph. 6 23. Phil. 3 9. Hom. Anecd. 171 20. Act. Sct. Anecd. 170 11. Act. Adrian. fol. 2ʳ. Lect. 34 15. C. suff. Gen. 8 8. Ex. 8 29. Job. 21 2 (Lect.). Phil. 4 18. Hom. Anecd. 183 15. Lit. 705 15. 706 2, al. ܕܠܘܬܝ ܗܠܝܢ τὰ κατ' ἐμέ Eph. 6 21.

[ܠܘܬ Mt. 26 35 BC Anecd. = ܠܐ ܐܠ. Cf. ܐܠ s. fin.].

*ܠܚ. *ܠܚܚ (hebr. לֵחַ [cf. Sirac. 31 13]; ליחא). emph. ܠܚܚܐ, ܠܚܐ (B). *m.* — humor (ἰκμάς) Luc. 8 6.

ܠܚܘܕܘܗܝ (per ܘ scr. A: Luc. 24 12 Ev. 219 et Joh. 17 20 Ev. 191; per ܘ Mt. 21 19) [ܠܚܘܕܝܟ Mt. 18 15 A] *adv.* — solum (primum aut secundum locum tenet) Gen. 3 11. 17. 19 8. Ex. 9 26. Dt. 10 15. Js. 8 13. Ps. 90 8. Sirac. 45 25. Mt. 14 23 B. 17 8 AC. 18 15. 21 19. 21. Mc. 2 26 BC. 5 28. Luc. 5 21. 6 4. 8 50. 24 12. Joh. 5 18. 11 52. 12 9. 13 9. 17 20. Rom. 3 29. 4 12. Gal. 3 2. Phil. 1 27. 29. 3 8. 4 14. Hom. Anecd. 171 5. 187 23. 207 26. Hymn. Anecd. 111 6. Act. Andr. et Matth. fol. 2ʳ. C. suff. 3. *m.* ܠܚܘܕܘܗܝ solus, unus Mt. 14 23 A, *p. o.* Gen. 2 18. 7 23. Joh. 5 44 AC. 6 15 AC et saepius A; ܘܗܝ— Joh. 8 9 A (BC om.), ܠܚܘܕܗ Mt. 14 23 C. 24 36 Ev. 93 BC, Ev. 162 C. Mc. 2 7 C; ܠܚܘܕܘܗܝ Mt. 24 36 Ev. 162 B. Joh. 6 15 B; ܗܝ— B: Mt. 17 8, Mc. 2 7, Luc. 9 36. 2. *m.* ܠܚܘܕܘܝܟ Luc. 24 18 A, *p. o.* Js. 10 8. Joh. 17 3 A, ܟ— Luc. l. c. BC., Joh. l. c. BCD. 1. ܠܚܘܕܝ Js. 63 3. Luc. 10 40 BC, ܐܝ— ib. A. pl. ܗܘܢ— Joh. 6 22. ܢܢ— Phil. 4 15. 1. ܝܢ— 1 Thess. 3 1.

*ܠܚܟ. *Pa.* Ptc. act. pl. ܡܠܚܟܝܢ Luc. 16 21 A, *p. o.* BC. — lambit, l. c.

*ܠܚܡ ܠܚܝܡ Mt. 21 6 A (cf. 1 6; 2 1; al.), ܠܚܝܡ Mt. 15 33 A, *p. o. pass.* ܠܚܡ Am. 8 11. Mich. 5 2. Mt. 2 5 sq. C. 8 BC, *et pass.* BC. emph. ܠܚܡܐ. C. suff. ܠܚܡܗ Jer. 11 19; etc. ܠܚܡܗܘܢ Mc. 7 27 AB. *m.* — panis, V. et N. T. *pass.* Hom. Ox. 975 8. 9. 12 sq. Lit. 707 13. ܠܚܡ ܐܦܝܐ οἱ ἄρτοι τῆς προθέσεως Mc. 2 26; ܠ ܐܦܝܐ *id.* Luc. 6 4 (cf. *ܦܝܣ).

Ithpe. Ptc. ܡܬܠܚܡ — concinnatus est Eph. 2 21.

ܠܚܨ (rad. hebr., samar.; ܠܚܨ mand., neosyr.) *Pe.* Impf. ܢܠܚܘܨ Js. 11 13. pl. ܢܠܚܨܘܢ (nisi fort. *Pa.*) Luc. 19 43 BC (A om.). C. suff. 2. *f.* ܢܠܚܨܘܢܟܝ ib. Dam. Ptc. act. *f.* ܠܚܨܐ 2 Cor. 15 14. pl. ܠܚܨܝܢ Gen. 19 9 (Lect.) Ps. 22 5. 142 11. — ursit, pressit, ll. cc. Cf. etiam ܚܨܐ.

*ܠܚܝܨ (ptc. pass.). emph. ܠܚܝܨܐ — angustus Mt. 7 13 C. Luc. 13 24 C. Hinc corrig. AB ll. cc. (ܠܚܨܐ, ܠܚܨܐ), contra Schwally, Idiot. p. 48.

ܠܚܨܝܢ Luc. 21 25 Ev. 133 A, per ܨ scr. Mt. 24 21 A, *p. o.* al. emph. ܠܚܨܝܢܐ Joh. 16 21 Ev. 189 A, *p. o.* al. (Hinc corrig. ܠܚܨܘܢܐ Mt. 24 29 Dam. et Anecd. 170 3). C. suff. 3. *f.* ܠܚܨܘܢܗ (cod. manuscr.); ܠܚܨܘܢܗܘܢ Mt. 24 29 A, ܗܘܢ— BC. pl. ܠܚܨܘܢܝܢ (si recte se habet) Mt. 24 9 Ev. 92 C. *m.* — angustiae, vexatio, ll. cc.

ܠܚܨܘܪ (pl. abstr., ut ܪܚܡܝܢ, al.) Mt. 24 9 Ev. 92 A. 21 Ev. 155 A; *p. o.* al. ܠܚܨܘܢ v. 21 Anecd. emph. ܠܚܨܘܢܐ *pass.* C. suff. ܠܚܨܘܢܗܘܢ Js. 10 3. 1. ܠܚܨܘܢܝ Jon. 2 3, ܠܚܨܘܢܢ Phil. 4 14. pl. 1. ܠܚܨܘܢܝܢ Ps. 43 25 (cf. ZDMG 53 705). *m.* — oppressio, afflictio (θλῖψις, rarius θλίψεις), ll. cc., Js. 8 22. Ps. 45 2. 142 11. Luc. 21 25 B, Ev. 128 C. Rom. 5 3. 12 12. 2 Cor. 6 4. 1 Thess. 3 3. Hebr. 10 33. Lit. Dam. I fol. 2v.

Pa. Pf. pl. ܠܚܨܘ. Ptc. act. pl. ܡܠܚܨܝܢ [Col. 2 8 leg. ܡܠܚܨܝܢ] — pressit, arctavit Sirac. 46 5. Luc. 8 45. Cf. etiam quae ad *Pe.* Impf. adnotavi, praeterquam *ܐܠܚܨ.

Ithpa. (an *Ithpe.*?) Pf. ܐܬܠܚܨܬܘܢ. Ptc. *f.* ܡܬܠܚܨܐ, etc. — pressus, ursus, vexatus est Mt. 4 24. 2 Cor. 4 8. Phil. 4 10. Hebr. 11 37. ܡܬܠܚܨܐ ܗܘܬ Vit. Sct. cod. ms.

***ܠܚܫ**. *ܠܚܫ (ܠܚܘܫ). pl. emph. ܐ—. *m.* — incantator Hom. Anecd. 200 4.

***ܠܛܫ** *Pe.* Imp. pl. ܠܛܘܫܘ — (contundendo) acuit Jo. 3 10. Hoc verbum requiro pro ܟܬܫܘ. LXX συγκόψατε. B. Jacob ZDMG 55 139 coniecit ܟܬܘܫ, sed *Pe.* ܟܬܫ nusquam hucusque repertum est.

ܠܝܐ N. pr. Λεια Gen. 49 31 (ut Peš.).

ܠܒܒܐܘܣ N. pr. Λεββαῖος Mt. 10 3 A, *p. o.* B (ܠܒܐܘܣ C).

ܠܐܘܢܝܕܝܣ N. pr. Λεωνείδης, martyr quidam, Act. Philem. Anecd. 169 7 sq.

ܠܝܛܪܐ (cf. Krauss. 231 3 sq.) Joh. 12 3 Stud. Sin., A (corr. Lag.), ܠܝܛܪܐ BC. [ܠܝܛܪܐ A *cod.*, ubi *corr.* mutavit in ܠܝܛܪܐ, et D]. pl. ܠܝܛܪܝܢ Joh. 19 39 AB, ܠܝܛܪܝܢ C. *m.* — λίτρα, libra, ll. cc.

***ܠܠܝܐ**. emph. *a*) ܠܠܝܐ (A: Mt. 2 14, al.), *p. o. pass.*, ܠܠܝܐ Lect. 137 7. *b*) ܠܠܐ (hebr. לַיְלָה, Zenǧirl. לילא, Targ. hieros. *id.* Quam formam Barhebr. quoque Palaestinensibus tribuit in Gramm. 1 31) Mt. 26 31 C. Luc. 2 37 B (ubi non ut st. abs. intelligendum esse, ex sequ. st. emph. ܐܡܡܐ patet). 12 20 BC. Joh. 9 4 B. C. suff. 3. *f.* *a*) ܠܠܝܗ (forma contaminatione orta ex ܠܠܗ et st. emph.) Jon. 4 10a. *b*) ܠܠܗ ib. v. b. Pl. ܠܠܘܬܐ Mt. 4 2 A, *p. o.* Gen. 7 4. 12. 17; al.; ܠܠܘܢ Mt. 4 2 C. [B ܠܠܝܢ]. S. F. 74 3. *m.* — nox, ll. cc., *pass.* Hom. Ox. 957 13. 671 4 (cit. Mt. 14 25). Vit. Eulog. ZDMG 56 260 10. Lit. Dam. I fol. 1r. ܠܠܝܐ ܡܢ (v. supra) (ἢ . . .) ὑπὸ νύκτα Jon. l. c.

ܠܣܛܝܣ (cf. Krauss. 281 5) A (*ter*), ܠܣܛܝܣ B (*ter*), ܠܣܛܝܣ C (*bis*); ܠܣܛܝܣ Joh. 10 1 C. emph. ܠܣܛܝܐ; ܠܣܛܝܐ Lit. Dam. I fol. 1v. IIr. Pl. ܠܣܛܝܢ *pass.*, ܠܣܛܝܢ BC *pass.*, ܠܣܛܝܢ Kt. 21 13 A, *p. o.* ib. C., ܠܣܛܝܢ B (*bis*) Joh. 10 8 C. emph. ܠܣܛܝܐ, ܠܣܛܝܐ (BC); ܠܣܛܝܐ Luc. 10 36 C. — λῃστής, ll. cc., Mt. 21 13. 26 55. 27 38. 44. Mc. 15 27. Luc. 10 30. 36. 19 46. Joh. 10 1. 8. 18 40. Hom. Anecd. 203 8. [210 13]. 211 6. Lit. Dam. ll. cc.

ܠܘܣܛܪܐ N. pr. Λύστρα Act. 14 6. 8.

ܠܘܩܐܘܢܝܐ N. pr. Λυκαονία Act. 14 11.

ܠܝܬ, ܠܝܬ (= לֵית, — sed cf. exempla infra allata —, ex לָא אִית) Mc. 10 38 A; al. Defect. scr. ܠܬ Mt. 14 20 B. 25 29 Ev. 95 C. Luc. 20 8 B. Cum suff. pronom. semel tantum coniunctum apparet: ܠܝܬܗ Luc. 9 50, ubi verbi finiti munere fungitur.

Alias est copula et pron. pers. post se habet (sicut simplex ܐܝܬ, q. v.), velut ܐܢܐ ܠܝܬ Gen. 18 24 sq. s. ܠܝܬܢܐ Joh. 19 10 A (p. o. C. Eccl. 11 2; al.), ܠܝܬܐ Joh. 19 12 Ev. 198 A. ܐܢܬ ܠܝܬ Js. 7 12, ܠܝܬܬ A: Mt. 26 35 *et pass.*, sed ܠܝܬܬ Joh. 17 14; *p. o. pass.* ܐܢܘܢ ܠܝܬ Mt. 24 42 A[1] BC. 25 13, ܠܝܬܗܘܢ ib. A[2], *p. o.* 23 13 Anecd. ܠܝܬ ܐܢܝ *pass.*, ܠܝܬܗܝ Joh. 20 2 A, ܠܝܬܗ Joh. 14 5 Ev. 183 B, al. ܠܝܬܗܘܢ Gal. 3 25 (Bibl. Fr.), ܠܝܬܗܝܢ Joh. 9 29 A, ܠܝܬܢ ib. C. — cf. Dalm. Gr. 77. 341. — non est, *pass.* Mire ܬܝܡܐ ܠܝܬ non iurabis Mt. 5 36 BC (A om.).

[*ܠܟܝ. Talis radicis esse verbum ܠܟܝܬܐ ἐμόλυνα Js. 63 3 Nestle (Lect. p. XVI sq.) putabat, comparans aram. לכלך, formamque per ܝ scriptam pro varia scribendi ratione ducens. Quod omnem respuit analogiam grammaticam. Equidem nullus dubito, quin librarii sit σφάλμα atque archetypum verbum ܛܠܫܬ habuerit (sicut vers. Syr.-Hex. habet), licet praeter hunc locum nusquam hodie repertum sit.]

---

*ܠܟܫ. ܠܟܫܐ (talm. לוּגְשָׁא ,לָכָשׁ, Levy, Nh. W. b. 2 477. Löw., Aram. Pfl. n. 70) — picea (πεύκη) Js. 60 13.

---

*ܠܡܕ. ܐܠܡܝܕ Mt. 10 42 AB. Joh. 18 15. emph. ܐܠܡܝܕܐ; ܐܠܡܝܕܐ Joh. 19 27 Ev. 206 A. [Perperam ܐܠܡܝܕܐ scriptum est Joh. 18 15. 16 C. 19 26 sq. et saepius al.]. C. suff. 3. *m.* ܐܠܡܝܕܗ, ܗ— Joh. 19 38 B. Pl. ܐܠܡܝܕܝܢ (Joh. 15 8). emph. ܐܠܡܝܕܝܐ; ܐܠܡܝܕܝ C: Mt. 17 19 et 26 36; ܐܠܡܝܕܝܐ 26 26 BC. C. suff. ܐܠܡܝܕܘܗܝ; ܘܗܝ— Mt. 9 10; 23 1 Lag. 302; al., ܘ— *pass.* BC (e. g. 5 1. 14. 9 14); etc., ܐܠܡܝܕܘ ante Mt. 10 32 B. 19 10 A; ܐܠܡܝܕܘ Joh. 5 16 A *corr.*, ܐܠܡܝܕܘ B: Mt. 8 21, 9 10 et saepius alibi; ܐܠܡܝܕܘܗ B: Mt. 24 3 Ev. 160, Luc. 7 11. 2. *m.* ܐܠܡܝܕܝܟ, ܐܠܡܝܕܝܟ (BC *pass.*); etc. *m.* — discipulus, *pass.* N. T.: praeterquam Hom. Anecd. 179 11. 201 23. Hom. Ox. 96 4. 19. 67 10. 16. 74 5.

*ܐܠܡܝܕܬܐ *f.* Pl. c. suff. 3. *m.* sg. ܐܠܡܝܕܬܗ — discipula (Domini) Lit. Dam. II[v] = Anecd. 113 2.

*ܐܠܡܕ (verb. denom.). Imp. pl. ܐܠܡܕܘ — docuit Mt. 28 19.

Ithpa. ܐܬܠܡܕ; etc. Ptc. ܡܬܠܡܕ (A). — discipulus factus, doctus est Mt. 13 52. 27 57 B (de A vid. adn. editoris; C om.). Luc. 1 4 AC [Anecd.].

ܠܡܟ N. pr. Λαμεχ (Peš. ܠܡܟ) Luc. 3 36.

ܠܡܝܢܬܐ Lit. 706 11 vox dubia. Margoliouth interpretatur „portus", quod neque ad sensum neque ad literas satis convenit.

---

*ܠܡܦܕ (cf. Krauss. 2 317). C. suff. 2. *f.* ܠܡܦܕܝܟܝ S. F. 108 3. Pl. ܠܡܦܕܝܢ Joh. 18 3 A, sed ܠܡܦܕܝܢ B, per ܩ scr. C. C. suff. ܠܡܦܕܝܗܝܢ, ܠܡܦܕܝܗܝܢ Mt. 25 7 Anecd. 129; ܗܘܢ—; etc., *m.* (?). — lampas, ll. cc., Mt. 25 1. 3 sq. 7 sq.

---

*ܠܣܛ. ܠܣܛܐܝܬ, ܠܣܛܝܬ (C). *adv.* — ἀσώτως Luc. 15 13. Cf. Idiot. p. 49.

ܠܥܙܪ Joh. 11 43 A (sed cf. adnot.), ܠܥܙܪܘ (vocat.) B, ܐܠܥܙܪܘ D, ܐܠܥܙܪ (cf. ܐܠܥܙܪ) Joh. 11 14 B. 43 C. 12 1 C. — N. pr. Λάζαρος (Peš. ܠܥܙܪ).

ܠܥܙܪܘܣ *id.* (graeca flexione obtrusa) A: Joh. 11 2. 5. 11. 14. 12 1 sq. 9 sq., cf. Luc. 16 25. Joh. 11 1; *p. o.* Joh. 12 1 et 9 sq. Stud. Sin., Hom. Anecd. 201 10. 26 et pass. BCD. ܠܥܙܪܘܣ Luc. 16 23 C. Cf. etiam ܐܠܥܙܪܘܣ.

ܠܥܐ, ܠܥܐ etc.: vid. rad. *ܐܠܥ.

ܠܥܣ: vid. rad. ܐܠܥ.

---

*ܠܩܛ *Pe.* Ptc. act. pl. ܠܩܛܝܢ — collegit Mt. 7 16 AC (B corrupte).

Pa. Pf. pl. ܠܩܛܘ (nisi fort. *Pe.* est)

Mt. 13 48. Impf. pl. ܢܠܩܛܘܢ Ex. 16 4. Ptc. act. *f.* ܡܠܩܛܐ, pl. ܡܠܩܛܝܢ — collegit, ll. cc., Mt. 13 40 sq. Hom. Anecd. 180 10 (cit 3 Rg. 17 12).

---

*ܠܩܝ (cf. ZDMG 54 156) *Pe.* Pf. ܠܩܐ Ex. 9 31 sq.; ܠܩܐ Js. 9 13. 3. *f.* ܠܩܬ Hom. Ox. 951 15. ptc. pl. *m.* ܠܩܝܢ Ex. 16 3. — percussus, profligatus est, ll. cc.; c. ܒ r. Hom. Ox. l. c. ܠܩܐ ܒܡܫܟܢܐ (cod. manuscr.).

Ithpe. ܐܬܠܩܝ — verberatus est Js. 53 5.

---

*ܠܩܫ. *ܠܩܝܫ (לָקִישׁ). emph. ܐ—. *m.* — serotinus Ex. 9 32. Dt. 11 14. Jo. 2 23.

---

*ܠܫܢ. ܠܫܢ Js. 50 4. Phil. 2 11. C. suff. ܠܫܢܝ, ܠܫܢܗ; etc. pl. ܠܫܢܝܢ, ܠܫܢܝ. C. suff. ܠܫܢܝܗܘܢ. *m.* — lingua, ll. cc., Ex. 11 7. Js. 35 6. Ps. 44 2. 56 5. Mc. 7 33. 35. 16 17. Luc. 1 64. 16 24. Act. 2 3. 26. 1Cor. 12 28. 30. 13 1. Hom. Anecd. 182 14.

ܡ

ܡܐ *part. interrog.* quid? *pass.* ܡܐ ܒܝܫ τί κακόν Mt. 27 23; cf. Eccl. 11 2. Mt. 5 46. In exclamatione: quam! ܡܐ ܪܒܐ ܗܘ quam magna est! Hom. Anecd. 202 16; cf. Mc. 13 1. Lit. Dam. II[v]; ܡܐ ܣܓܝܐܝܢ quam multi fuerunt! Ps. 3 2. Itaque sequ. nom. subst., ܡܐ ܒܝܫܘܬܐ qualis nequitia! Hom. Anecd. 193 16 sq. Porro munere pronom. indef. fungitur, praemisso subst., velut ܕܪܫܐ ܡܐ disputatio aliqua Joh. 3 25 B (apud reliquos ܡܐ abest).

ܡܐ ܕ *1.* id quod: ܡܐ ܕܗܘ τοῦτ' ἔστιν Mt. 27 46 Ev. 212. Mc. 15 22; al. Itaque ܡܐ ܕܝܢ Rom. 10 8. Phil. 1 28. Col. 3 5; ܡܐ ܕܐܝܬܝܗ Col. 2 23. Hom. Ox. 950 7/8. ܡܫܟܢܐ ܡܐ ܕ σκηνῆς . . . ἣν Sap. 9 8; alia id genus. *2. i. q.* ܟܡܐ ܕ (v. mox) Luc. 9 51. *3. part. condit.* si (εἰ) 1Cor. 12 26. Phil. 2 1 (*quater*).

ܟܠ ܡܐ ܕ *1.* omnia quae Dt. 11 5 sq. Mt. 18 32. 21 22. 23 20. Al. *2.* quantum, quamdiu Mc. 7 36. Luc. 5 34. Hom. Ox. 966 5/6.

ܟܡܐ ܕ *coniunct.* quum, dum. Est *a)* pro gr. ἐν τῷ c. inf.: ܟܡܐ ܕܚܝܣ ἐν τῷ φείσασθαι Gen. 19 16. Cf. Ex. 16 8. Jon. 2 8. Sirac. 46 2. 5. Mt. 27 12. Luc. 1 21. 2 27. 43. 8 42. 9 33. 36. 10 35. 14 1. 17 11. 19 15. 24 4. *b)* pro gr. genit. abs. Mt. 2 13. 26 60 Anecd. (reliqui ܕ, ܐܕ, ܕܐܝܢ). Joh. 6 18. 8 30. 13 2. Act. 1 8. 16 35. Hebr. 7 18. 9 15. Act. Adrian. fol. 3[r]. *c)* pro gr. ptc. Mt. 25 3. 26 12. 28 12. Luc. 12 37. 22 44. Joh. 12 14. 13 1. 18 1. 19 28 Dam. 20 31 (male intellegit Schwally in Idiot. p. 49, sub d). Act. 16 24 (cod. manuscr.; Lit. ܟܕ). Rom. 8 3. Eph. 2 5. Tit. 3 7. Act. Philem. Anecd. 169 5 (gr. πληθείς). Pro ὡς c. impf. Joh. 8 7; καθότι Ex. 10 10; διά c. inf. Js. 53 7. Praeterquam Hom. Anecd. 179 10 sq. 183 27. 187 22. 193 13. 194 8. 22. 206 20. 209 23. 210 17. Lit. 707 20. Vit. Sct. cod. ms. (*pass.*).

ܕܠܡܐ (semel ܕܠܡܐ Anecd. 169 3. Neohebr. שמא B. Jacob ZDMG 55, p. 141 comparavit, nescius tamen, hanc formam Aramaeorum imitationi tribuendam esse). *1.* an forte Luc. 24 4. Act. Philem. Anecd. 169 3 (gr. τάχα). Hom. Anecd. 186 27 (cit Job. 9 26). 197 26 (cit. Job. 38 14). *2.* ne forte (μή, μήτι, μήποτε) Gen. 18 30. 32. Jon. 1 6. Mt. 7 9. 16 et saepe alibi. ܕܠܡܐ ܕ Gen. 19 9. Js. 10 15. Luc. 5 34. Rom. 3 29. ܕܠܡܐ ܠܐ ne forte non Am. 9 7. Job. 21 22. 22 5. 12. Hom. Ox. 971 20. Act. Andr. et Matth. fol. 1[r] (μὴ οὐ).

ܡܢܐ : vid. supra s. l.

ܠܡܢܐ (ܠܡܢܐ Ps. 21 2. 43 25. Mt. 27 46 Ev. 212 B. 47 B. Joh. 12 5 ABD. Lit. Dam. I fol. 1ᵛ. — Joh. 21 5 A leg. ܕܡܢܐ) ad quid? quare? ll. cc., Js. 3 14 sq. 63 2. Ps. 43 24. Job. 21 4. 7. Mt. 9 4 et saepe al. Praeterquam Hom. Ox. 96 520. 68 20. 69 20. Act. Philem. Anecd. 170 3.

ܡܢܐ ܠܚܒܪܬ id. Rom. 9 32. ܠܚܒܪܬ ܡܢܐ ܕ (διά) quia Hebr. 4 6.

ܡܐܐ (A ܡܐܐ, ܡܐܐ, ܡܐܐ Joh. 21 11); ܡܐܐ Mt. 18 12 B, p. o. Luc. 7 41 BC. 8 8 B. 24 13 B. Joh. 21 11 BC; ܡܐ Mt. 18 12 C. 28 BC. Luc. 8 8 C. 24 13 AC, al. [ܡܐܬܝܢ Joh. 12 5 BD]. — centum, pass. Dual. ܡܐܬܝܢ Joh. 21 8 A; ܡܐܬܝܢ Joh. 6 7 AC; ܡܐܬܝܢ ib. B, 21 8 BC. Pl. ܡܐܘܬ Lit. 695 3, ܡܐܘܢ Gal. 3 17.

ܡܐܬ N. pr. Luc. 3 26 B: v. ܡܐܬ.

ܡܐܢ (vulgo ad rad. אנה referunt), ܡܐܢ A: Mt. 9 16, Joh. 19 29, p. o. Js. 9 5, pass. ܡܢ Luc. 9 36. Joh. 19 2 AC. emph. ܡܐܢܐ A: Mt. 9 16, Joh. 19 5, ܡܐܢܐ Joh. ib. B. Hebr. 1 11; al. C. suff. ܡܐܢܗ (Mt. 9 21 A), p. o. pass., ܡܐܢܗ Mt. 24 18 A, p. o. 9 20 sq. B. Luc. 8 44. ܡܐܢܝ, ܡܐܢܝ; etc. Pl. ܡܐܢܝܢ Luc. 24 12 Ev. 219 A, p. o. al., ܡܐܢܝܢ Luc. l. c. B. st. cst. ܡܐܢܝ Luc. 24 12 B (C?). emph. ܡܐܢܝܐ, ܡܐܢܝܐ Jon. 1 5; al. C. suff. ܡܐܢܘܗܝ, ܡܐܢܘܗܝ Mt. 27 31 Ev. 201 A, ܡܐܢܘܗܝ A: Luc. 23 34, Mt. 27 35 Ev. 203, ܡܐܢܝܗ BC pass. (e. g. Mt. 17 2), ܡܐܢܗ, ܡܐܢܗ Mt. 26 65 Ev. 181 C. ܡܐܢܝܗܘܢ; etc. (In cod. A non aliter quam vocali e, i instructa apparet haec vox. Qua ex re concluseris إمالة subesse. Tamen non casui videtur deberi, quod nusquam aut in A aut in reliquis codd. per literam ܐ scripta invenitur. Nescio an punctorum autoris animo vocab. ܡܐܢ (מין), licet prorsus aliud quid significet, obversatum fuerit). m. — 1. vestis Js. 9 5. 61 10. 63 1 sqq. Jo. 2 13. Ps. 21 19. 44 9 sq. Mt. 9 16. 20 sq. Mc. 10 50. Luc. 8 27. Joh. 19 2. 5. Act. 16 22. Hebr. 1 11. 12 Dam. Alibi. Hom. Anecd. 176 10 (cit. Prov. 25 20). 2. vas Ex. 11 2. Js. 10 29. [Job. 21 24 leg. ܡܥܘܗܝ „viscera eius"]. Jon. 1 5. Mt. 13 48. 25 4. Luc. 8 16. Joh. 19 29. 1 Thess. 4 4. Hom. Ox. 97 412. Hom. Anecd. 173 19 (cit. 2 Cor. 4 7). 22. 174 1. 7.

ܡܐܢܐ N. pr. Μεννα (Peš. ܡܝܢܐ) Luc. 3 31 B (C ܡܢܢ).

ܡܐܢܐܒܝܢ Joh. 18 3 A, p. o. BC, pro ὅπλα. Forma corrupta nominis a √ ܙܝܢ derivati; cf. ܙܝܢܐ.

ܡܐܬ N. pr. Μααθ Luc. 3 26: ita repono (sec. Peš.) pro ܡܐܬ (B), ܡܐܬ (C).

ܡܓܕܘܢ N. pr. Μαγγεδων (Theod.) Js. 10 28 (LXX Peš. Μαγγεδω, ܡܓܕܘ).

ܡܓܕܢ N. pr. Μαγαδαν (cf. Buhl. Geogr. p. 225) Mt. 15 39 A, p. o. BC. Cf. nom. insequ.

ܡܓܕܠܢܘܬ N. pr. Mc. 8 10, gr. Δαλμανουθα, Pes. sin. cur. ܡܓܕܢ. Cf. voc. praegressam. *ܡܓܕܠܝܐ. f. emph. ܡܓܕܠܝܬܐ Mt. 28 1 A, per ܐ scr. A Joh. 19 25 Ev. 238 et 281; p. o. al. — ἡ Μαγδαληνή, mulier Magdalā oriunda, ll. cc., Mt. 27 56. 61. Mc. 15 47. 16 1. 9. Luc. 8 2. 24 10. Hom. Ox. 970 3. 9.

ܡܓܢ (A Mt. 10 8 Ev. 246 [bis]; p. o. pass.), ܡܓܢܐ (Rom. 3 24, al.), ܡܓܢ (per إمالة) C: Mt. 10 8 Ev. 246 et 288. adv. — 1. gratis δωρεάν Mt. 10 8. Rom. 3 24. 2. vane, irrite, frustra διακενῆς Job. 22 6; εἰκῇ Rom. 13 4. Hom. Anecd. 172 26 (cit. Phil. 2 16: εἰς κενόν). ܠܡܓܢ, ܠܡܓܢ (C: Mt. 5 22 et Joh. 15 25 Ev. 187). 1. gratis δωρεάν Joh. 15 25. 2. temere ἀδίκως Prov. 1 17; εἰκῇ Mt. 5 22, 1 Cor. 15 2. Vit. Anton. Stud. Sin. 11 148 4 (μάτην: Migne, P. Gr. 26 904 B). — Praeterquam Vit. Sct. cod. ms.

*ܡܓܘܫ. Pl. ܡܓܘܫܝܢ Mt. 2 1 BC. [In v. 7. 13 C et 16ᵇ B leg. ܡܓܘܣܝܢ]. emph. ܡܓܘܫܝܐ, ܡܓܘܫܝ (Mt. 2 16 A *bis*), ܡܓܘܣܝܢ 2 7 B. 16ᵃ BC. 16ᵇ C. [ܡܓܘܫܐ v. 13 A *corr.*] — magus, ll. cc.

ܡܕܝܡ N. pr. Μαδιαμ Js. 10 26. 60 6.

[ܡܕܡ aliquid Luc. 24 12 Ev. 4 A, loc. interpol.; Joh. 19 30 Ev. 206 AB. Vox edessena eximendaque lexico].

ܡܕܝܢܝܬ (sic) N. pr. Midianitae Vit. Sct. cod. ms. (ubi agitur de Num. cap. 25).

[ܡܕܪܐ humus Sap. 9 15 ex coniectura editoris (p. 28). Cf. tamen ZDMG 53 708].

ܡܗܠܠܐܝܠ N. pr. Μαλελεηλ Luc. 3 27 B, ܡܗܠܐܝܠ C.

ܡܘܒ: vid. ܡܘܐܒ.

ܡܘܓܝܣ μόγις aegre Hom. Ox. 96913.

ܡܘܕܝܐ Luc. 11 33 A, *p. o.* Mt. 5 15 AB; ܡܘܕܝ ib. C. — μόδιος modius, ll. cc.

ܡܘܐܒ N. pr. Μωαβ Js. 11 14. 15 4 sq. ܡܘܒ Ps. 82 7.

*ܡܘܐܒܝ. pl. *m.* emph. ܡܘܐܒܝܐ (sic leg.) — Moabita Ex. 15 15.

ܡܘܐܒܝܬܐ N. pr. ἡ Μωαβῖτις Js. 15 1 sq.

*ܡܘܡ. ܡܘܡ *m.* — macula, vitium Luc. 1 6 Anecd. 2 Cor. 6 3. Eph. 1 4. Hebr. 9 14. ܡܘܡ ܠܐ ܕ ἄμωμος Eccl. 11 9; synon. ܠܐ ܦܓܡ, *q. v.*

ܡܘܡܢܐ Ps. 90 6: leg. ܦܘܪܢܐ (πρᾶγμα). Cf. rad. ܡܘܢ.

*ܡܘܩ. *Aph.* Ptc. act. ܡܡܝܩ Prov. 9 7. pl. *m.* ܡܡܝܩܝܢ Luc. 16 14. 23 35 AC, ܡܡܝܩܝܢ ib. B. — derisit, c. ܒ p., ll. cc.

ܐܡܩܐ (inf.) *f.* — derisio Ps. 43 14.

ܡܘܪ, ܡܘܪ (A) *m.* — myrrha (σμύρνα) Ps. 44 9. Mt. 2 11. Joh. 19 39.

ܡܘܫܐ (A ܡܘܫܐ, ܡܘܫܐ) s. ܡܘܫܐ (Ex. 8 30. Dt. 31 7. Mc. 12 26; al.) N. pr. Moses 1) *pass.* V. et N. T. Praeterea Hom. Anecd. 171 23. 208 20. Hom. Ox. 95115. 527. Lit. Dam. IIʳ. 2) monachus quidam in Scetico deserto: Vit. Sct. cod. ms.

*ܡܘܬ. *Pe.* Pf. ܡܝܬ, ܡܬ (B: Mc. 9 25 Luc. 16 22); 3. *f.* ܡܝܬܬ; etc. pl. 3. ܡܝܬܘ Ex. 9 6. Mt. 8 32 C. 2. ܡܝܬܬܘܢ Col. 3 3. Impf. ܝܡܘܬ, Joh. 6 50 A; 2. ܬܡܘܬ, ܬܡܘܬ Gen. 2 17 Lit. 1. ܐܡܘܬ, ܐܡܘܬ Jon. 4 8; etc. Ptc. act. ܡܐܬ, ܡܐܝܬ (Ps. 48 18, al.), ܡܝܬ (Joh. 11 26 C); *f.* ܡܐܝܬܐ, ܡܐܬܐ (Joh. 12 24ᵃ Ev. 47 A), ܡܝܬܐ (l. c. vᵃ Ev. 168 C. Luc. 8 42 C); etc. — mortuus est, ll. cc. et pass. Act. Philem. Anecd. 170 4. Hom. Anecd. 210 16.

ܡܝܬ (4 Rg. 2 21, al.). emph. ܡܝܬܐ (Dt. 14 1). Pl. ܡܝܬܝܢ (Mt. 22 23 etc.). emph. ܡܝܬܝܐ, ܡܝܬܐ (Mt. 11 5 B). C. suff. ܡܝܬܝܗܘܢ, ܡܝܬܝܗܘܢ Luc. 9 60 C. — mortuus, ll. cc., Js. 8 19. Ps. 87 6. Rom. 6 11. Eph. 2 1; et saepe alibi. Praeterquam Act. Andr. et Matth. fol. 2ᵛ. Hom. Ox. 958 19. 61 6. 65 15. Lit. Dam. I fol. 1ᵛ. IIIᵛ. Cf. etiam praep. ܡܢ, sub *d*).

ܡܐܝܬ Luc. 10 30 B non tam pro ܡܚܐܝܬ accipiendum videtur, quam pro ptc. act. Rectius autem A ܡܝܬ.

ܡܘܬܐ (Js. 9 8. Mc. 16 18 AC; al.). emph. ܡܘܬܐ *pass.*, ܡܘܬܐ Mt. 26 38 A. C. suff. ܡܘܬܗ (Js. 53 9, al.), etc. *m.* — mors, ll. cc. et pass. V. et N. T.; Hom. Ox. 96 17. Lit. Dam. I fol. 1ᵛ, al.

*ܡܘܬܢ. pl. ܡܘܬܢܝܢ. emph. ܡܘܬܢܝܐ — mortalis Rom. 8 11. Hebr. 9 14 (Lect. 15; sed graec. νεκροί, cf. Lect. 120).

ܡܘܬܢ Ex. 9 3. pl. ܡܘܬܢܝܢ, ܡܘܬܢܝܢ (Mt. 24 7 A *cod.*), ܡܘܬܢܝܢ (per ألالا) B: Luc. 21 11 et Mt. l. c. Ev. 160. *m.* — pestis Ex. 9 3. Mt. 24 7. Luc. 21 11.

Aph. ܐܡܝܬ Lit. Dam. I fol. 2ᵛ; etc. Impf. 1. ܐܡܝܬ; ܝܡܝܬܘܢ (Mt. 10 21 A, al.). Imp. pl. ܐܡܝܬܘ. — morti tradidit, interfecit, ll. cc., 3 Rg. 2 11. Mt. 26 59. 27 1. Col. 3 5.

---

*ܡܙܓ Pa. (Hic illic Pe. statuere possis) ܡܙܓ; etc. Impf. pl. ܢܡܙܓܘܢ Am. 9 13. Ptc. act. pl. ܡܡܙܓܝܢ Hebr. 4 2. — miscuit, l. c., Prov. 9 2. 5 (Lect.). 1 Cor. 12 24.

ܡܙܠܐ Js. 11 16: leg. ܡܫܠܐ (vid. rad. *ܫܒܠ).

---

*ܡܙܘܠ: v. rad. ܐܙܠ.

---

*ܡܚ. *ܡܘܚ. emph. ܡܘܚܐ. m. — medulla Hebr. 4 12.

ܡܚܐ I. Pe. ܡܚܐ (Mt. 26 68 Ev. 195 A); etc. pl. ܡܚܘ (A: Mt. 21 35 Ev. 88 A; 26 67ᵃ Ev. 181), p. o. al. Impf. 1. ܐܡܚܐ Ex. 9 15. Imp. ܡܚܐ Ps. 34 1. Ptc. act. ܡܚܐ, ܡܚܐ (1 Cor. 9 26), pl. m. ܡܚܝܢ, ܡܚܝܢ (Mt. 27 30 Ev. 210 C. Luc. 23 28 B). — cecīdit, percussit, ll. cc., Ex. 9 25. Js. 10 24. 14 29. Job. 16 10. Mt. 5 39. 24 49. 26 51 Anecd. 27 30. Mc. 15 19. Luc. 10 30. 18 13. Joh. 18 10. 23. Sequ. ܩܪܒܐ s. ܥܡ bellum gessit Jo. 2 7, c. ܥܡ p. Ps. 34 1 (bis). Act. Adrian. fol. 2ᵛ. Vit. Sct. cod. ms.

ܡܚܐ (מַחָא targ., samar.) Ex. 11 1. Js. 10 24. 53 4. emph. ܡܚܬܐ (מַחֲתָא) Js. 53 4. C. suff. ܡܚܬܟ Job. 16 6ᵇ (hinc corrig. ܡܚܘܬܟ in v. ᵃ). Pl. ܡܚܘܢ 2 Cor. 6 5. emph. ܡܚܘܬܐ Act. 16 33 (cod. ms.). C. suff. ܡܚܘܬܗ, ܡܚܘܬܗܘܢ Luc. 16 21 B. f. — 1. ictus, plaga Ex., Js., Act., Cor. ll. cc. 2. vulnus, τραῦμα Job. l. c., Luc. 10 34; ἕλκος Luc. 16 21.

Ithpe. Pf. ܐܬܡܚܝ — vulneratus est Act. Adrian. fol. 2ᵛ; ܐܬܡܚܝ ܩܪܒܐ ܥܡ impugnatus est Vit. Sct. cod. ms. (bis.); ܗܘܐ ܡܬܡܚܐ ܩܪܒܐ ܥܡ ib.

---

*ܡܚܐ II (targ. מחא). *ܡܚܐ (Ptc. pass.). emph. ܡܚܝܐ. m. — textus, textura Ex. 28 8. ܥܒܕ ܡܚܝܐ ἔργον ὑφαντόν ib. 26 31. 28 6. 36 30.

ܡܬܬܬ N. pr. Μαθθαθ Luc. 3 24 C, ܡܛܬܬ B. Utraque forma corrupta. Peš. ܡܛܬ.

ܡܚܣܐ N. pr. Luc. 3 31 C: vid. ܡܢܐ.

---

*ܡܚܩ. Pe. Pf. ܡܚܩ Col. 2 14. 2. m. ܡܚܩܬ Lit. Dam. IIIʳ. Imp. ܡܚܘܩ Lit. 706 23. — obliteravit, ll. cc.

ܡܚܪ (מְחָר, aram. מְחַר. Nescio an ex יום אחר contractum sit. Alii aliter). *adv.* — cras Ex. 8 23. 29. 9 18. 10 4. 19 10. Mt. 6 30. 34. Hom. Anecd. 203 13. 211 11. ܝܘܡܐ ܕܡܚܪ dies crastina Ex. 9 6. Mt. 27 62. Joh. 1 35. 43. 12 12. ܠܡܚܪ Ex. 9 5. Jon. 4 7. Mt. 6 34.

ܡܛܐ Pe. ܡܛܐ; etc. Impf. 3. f. ܬܡܛܐ; etc. Ptc. act. ܡܛܐ; etc. [Falso pl. m. ܡܛܝܢ 1 Thess. 4 15 Lect.]. — *1.* advenit, accidit Jo. 2 1. 3 13. Eccl. 12 1. Luc. 24 14; evenit (ἀποβαίνειν) c. ܠ p. Luc. 21 13. Sequ. acc.: contigit Mc. 10 32. 1 Cor. 10 13. Hom. Ox. 95 26 (?). 17. ܡܛܐ ܠܗ ܕ (c. enuntiato subiuncto) Luc. 1 9. 10 31. [Act. Philem. Anecd. 169 9 (συμβαίνειν)]. *2.* pervenit, sequ. ܠ Joh. 6 19. Rom. 9 30 sq. Hymn. Lect. 136 2; ܠܘܬ Job. 16 20 (πρός), ܠܩܕܡܝܗ Gen. 6 13 (ἐναντίον). Assecutus est *alqm*, c. ܒ, 1 Thess. 4 15; *met.* comprehendit Eph. 3 18 (καταλαμβάνεσθαι, apud nostrates „erfassen“), sequ. enuntiato subiuncto.

ܥܕ ܡܛܐ (*עַד מְטָא. ܥܕܡܛܐ Mt. 28 20 A[1], ܥܕܡܛܐ 24 21. 27. 31; ܥܕ ܡܛܐ 26 38, cf. 27 51 Ev. 204) *pass.* ܥܕ ܡܛܐ (Jon. 4 4. Phil. 2 8. 2 Tim. 2 9. Hom. Anecd. 182 11; in unum vocab. coniunctum ib. 200 8. Mt. 26 38 Anecd.[2]). *praep.* (suffix. caret) — usque ad, ll. cc., Sirac. 18 26. Mt. 11 13. 2 Cor. 3 14. Hebr. 4 12. Hom. Anecd. l. c. = Ps. 15 7. In verbis ܥܕ ܡܛܐ ܕܡܘܬܐ Mt. 26 38 partic. ܕ pleonastice adhibita est, sicut in ܥܕ ܡܛܐ

ܗܘܐ ܕ, Phil. 28 Lect. 11. (Hinc corrige quae in Idiot. p. 49sq. leguntur).

ܥܕ ܡܛܐ ܠܗ — *id.* (synon. ܥܕܡܐ ܠܗ) Mt. 22 26. 27C (ubi leg. ܥܕ ܡܛܝ ܠܗ pro ܥܕܡܛܝ ܠܗ). 26 58 Ev. 195. 27 8C, Ev. 199 AB, Ev. 209 A. 45 B. 51 BC. 28 15. 20 BC.

ܥܕ ܡܛܐ ܠܗܕܐ usque nunc, hucusque Mt. 24 21 ABC. ܥܕ ܡܛܐ ܠܗܠ ܡܢ ܟܡܐ ܗܘ (sic leg. pro ܡܢ) τοσοῦτον Vit. Anton. S. F. 100 17.

ܥܕ ܡܛܐ ܠܥܠܐ ἕως ἄνω Joh. 2 7 BC (A ܥܕܡܐ ܠܥܠܐ).

ܥܕ ܡܛܝ ܕ *coni.* donec Gal. 2 13 (ὥστε).

Aph. Pf. pl. ܐܡܛܝܘ. Impf. ܢܡܛܝ; etc. Imp. ܐܡܛܝ. Ptc. act. ܡܡܛܝܢ, ܡܡܛܝܢ (Joh. 18 29 BC) — perduxit Js. 11 6 (Lect.). 43 9. Luc. 18 40. Joh. 18 29. Hom. Anecd. 191 7 (cf. Act. 19 19). Vit. Sct. cod. ms.

ܡܛܠܐ N. pr. vid. ܡܫܠܛܐ.

ܡܛܢܘܝܐ — μετάνοια Vit. Sct. cod. ms.: ܥܒܕ ܠܗ ܡ' (*bis*).

ܡܛܬܝܘܤ N. pr. Luc. 3 26 C (B ܡܛܬܝܐ).

ܡܛܠ (cf. Idiot. p. 50. Dalman. Gramm. p. 184) propter: ܡܛܠܬܝ „propter me" Anecd. 191 23: palimpsesti loco corrupto. ܡܛܠ ܕ quia Mt. 6 13 A *corr.* (BC ܕ), ܡܛܠܬ ܕ Lit. 709 10 (qui liber syrismis abundat). Quae omnia non satis testantur, vocab. in dialecto revera extitisse.

ܡܛܛܠ N. pr. (corrupt.) Luc. 3 29 C (B om.).

---

*ܡܛܪ. ܡܛܪ Eccl. 11 3. emph. ܡܛܪܐ (A: Mt. 7 25. 27), *p. o. pass.* pl. ܡܛܪܝܢ Act. 14 17. emph. ܡܛܪܝܐ Mt. 7 27 B (vix proband.). *m.* — imber, pluvia ll. cc., Gen. 2 5 (Lit.). 7 4. 12. 8 2. Mt. 7 25. 27. Alibi.

Aph. ܐܡܛܪ, ܐܡܛܪ (Gen. 2 5 Lit.). Ptc. act. ܡܡܛܪ — pluere fecit Gen. 2 5. 19 24. Ex. 9 18. 16 4. Jo. 2 23. Mt. 5 45. Hom. Anecd. 171 18. 203 18 (cit. Mt. l. l.).

ܡܛܪܦܘܠܝܛܐ metropolita Lit. 680 (loc. syr.); ܡܛܪܦܘܠܝܛܐ 696 6.

ܡܛܬܐ N. pr. Luc. 3 26 B. 29 B. 31 BC (Ματταθα).

ܡܛܬܝ N. pr. Ματταθίας Luc. 3 25 B. 29 C.

ܡܛܬܝܐܤ N. pr. Ματταθίας Luc. 3 29 C.

ܡܝܢ (pl. tantum. Utitur syntaxi tam sg. quam pl., compara e. g. Js. 43 19 sq. Lect. 77 cum Lect. 36) st. abs. Gen. 6 17. 9 11. 15. 18 4; al.; ܡܝ Mt. 27 49 Ev. 204 B. Luc. 7 44 B. Joh. 3 23 C et saepius BC; ܡܝܢ Ex. 17 1, *p. o.* Mt. 10 42 B. [ܡܝܠ Mt. 27 49 Ev. 204 C; ܡܝ Joh. 19 34 Ev. 238 A in rasura]. emph. ܡܝܐ. C. suff. ܡܝܗ Am. 9 6; ܡܝܗܝ Ex. 15 19. ܡܝܟܘܢ Ps. 45 4. *m.* — aqua, *pass.* V. et N. T. Praeterquam Hom. Ox. 9 55 6. 23 sq. 57 11. 67 15. 18. 68 5. 9. Lit. 695 9. 696 17 (cit. Ps. 64 10). 704 15. 705 17. 706 6.

ܡܝܢܝ Act. 14 8: leg. ܡܝܢܝ.

---

*ܡܕܝ, pl. abs. ܡܕܝܝܢ — Μῆδοι Act. 2 9.

ܡܝܕܒܐ N. pr. pro Μαδεβηνα Js. 10 31 (Peš. ܡܕܡܢܐ, antiquitus ex ܡܕܡܢܐ corrupt.).

ܡܝܛܪܐ (μήτρα. Cf. Krauss. 2 334) Luc. 2 23 A; ܡܛܪܐ ib. B, al. *f.* — uterus, ll. cc., Hymn. Anecd. 111 11 (perperam ܼ instruct.). Lit. Dam. I fol. 1ʳ. Cf. etiam ܦܬܚ ܡܛܪܐ.

ܡܝܟܐ N. pr. Micha proph. Lect. 24 1.

ܡܝܠ (cf. Krauss. 2 334 sq.). *m.* — μίλιον miliarius Mt. 5 41.

ܡܝܠܝܛܘܤ N. pr. Μίλητος urbs Hom. Anecd. 191 22.

ܡܝܢ (מִין. Etymologiam nuper tentavit E. Littmann ZA 14, p. 99, n.) *pass.*, ܡܢ Js. 8 19. Mt. 24 7 Ev. 92 B (*bis*), Ev. 160 B (priore loco). emph. ܡܟܣܐ. C. suff. ܡܟܣܝ, ܡܟܣܟ Joh. 18 35 C. ܡܟܣܗ Js. 43 20 (Lect. 77). pl. 1. ܡܟܣܝܢ, ܡܟܣܢ Joh. 11 48 B, ܡܟܣܝܢ Luc. 7 5 BC. Pl. abs. ܡܟܣܝܢ, ܡܟܣܝܢ (Mt. 10 5 Ev. 246 B). emph. ܡܟܣܐ. C. suff. 3. *f.* ܡܟܣܝܗ Gen. 18 18. 22 18. *m.* — gens, natio. Paene ubique est pro ἔθνος, sive de gentilibus, sive de Christianis e gentilibus, sc. Gen. 22 18. Ex. 9 24. Num. 13 29. Dt. 6 14. 10 15. 11 23. 12 29 sq. 13 7. 14 2. Js. 8 9. 19. 9 1. 10 7. 11 10. 42 6. 52 15. 60 2 sq. 5. Jo. 3 2. 8. Ps. 82 5. Sirac. 46 6 (*bis*). Mt. 4 15. 6 32. 10 5. 18. 24 7. 9. 25 32. 28 19. Mc. 10 33. 42. Luc. 2 32. 21 10. 25. 22 25. Act. 14 16. Rom. 3 29. 9 30. 1 Cor. 1 23. Gal. 2 15. 1 Thess. 4 5. Cf. Hom. Anecd. 200 20. 22. Hom. Ox. 9 599. 636. Hymn. Lect. 136 12. Act. Adrian. fol. 2[v]. Lit. Dam. I fol. 1[v]. De *Iudaeis* Gen. 18 18. Is. 10 6. 60 22. Luc. 7 5. Joh. 11 48. 50 sqq. ܡܟܣܐ ܕܒܪ ܐܢܫ οἱ ἐθνικοί Mt. 5 47. 6 7. Semel tantum est pro γένος Is. 43 20. — Verbum λαός per ܥܡܐ reddere solent.

ܡܟܢܝܩ (cf. Krauss. 2 327). *m.* — collare Prov. 1 9.

---

*ܡܟܟ *Pe.* Pf. pl. ܡܟܘ(ܘ) Mt. 21 1 C. A ܡܟܘ (num fort. = ܡܟܘ?), B ܐܡܟܘ, quod utrum ut scriptio phonetica, an ut *Aph.* intelligendum sit, ambigitur. 1. ܐܡܟܟ Mc. 1 7 A, *p. o.* B [C corrupt.]. — se humiliavit, ll. cc.

ܡܟܝܟ (Mt. 11 29 A, *p. o.* al.). emph. ܐ—. Pl. ܡܟܝܟܐ. C. suff. ܡܟܝܟܝܗܘܢ Is. 14 32. — humilis, ll. cc., Is. 11 4. Ps. 81 3. Mt. 21 5 B. Jac. 1 9. Rom. 12 16.

ܡܟܝܟܘ (Col. 2 23). emph. ܬܐ— Phil. 2 3. C. suff. ܡܟܝܟܘܬܗ, etc. *f.* — humiliatio, ll. cc., 1 Reg. 1 11. Is. 40 2 (Lect. 37 cf. ܡܟܟܘܟ). 53 8. Luc. 1 48. Jac. 1 10. Phil. 3 21. ܡܟܝܟܘܬܝ (cf. Sachs. Beitr. I 108. II 83) „ego humilis" Vit. Sct. cod. ms.

Aph. أمكّ (A: Joh. 8 6. 8). Ptc. act. ܡܡܟܟ — *vultum* demisit Joh. l. c. (pericopa abest in BC). Hom. Anecd. 187 9 (cit. Job. 9 27). — Cf. *Pe.*

ܡܟܟܟ s. ܡܟܟܟ (Phil. 2 8 Lect. 11); 2. *m.* ܡܟܟܬ Ps. 43 20 (sic leg.); etc. Impf. 3. ܢܡܟܟ; anteced. part. ܕ: ܕܡܟܟ Luc. 18 14 C (cf. B); etc. Ptc. act. ܡܡܟܟ — humiliavit, ll. cc., Is. 9 16 (ubi interpres ταπινῶσιν legisse videtur pro καταπίνωσιν). 60 14. Ps. 89 15. Job. 22 12. Mt. 18 4. 23 12. Luc. 14 11. Hom. Anecd. 184 1.

*ܡܟܟܘܟ. emph. ܐ—. C. suff. 3. *f.* ܡܟܟܘܟܗ — humiliatio Js. 40 2 (Lect. 88. Cf. ܡܟܝܟܘ.). Ps. 89 3.

Ithpa. Pf. 3. *f.* ܐܬܡܟܟܬ. Impf. ܢܬܡܟܟ (A Mt. 23 12, al.); etc. Ptc. ܡܬܡܟܟ — humiliatus est Js. 40 4. Jer. 38 37. Ps. 43 26. Mt. 23 12. Luc. 3 5. 14 11. 18 14. Phil. 4 12. Hom. Anecd. 178 19. Vit. Sct. cod. ms.

ܡܟܡܟܣ N. pr. Μαχμας Js. 10 29 (Peš. ܡܟܡܣ).

---

*ܡܟܣ (Ex assyr.). emph. ܡܟܣܐ (מִכְסָא an ܡܟܣܐ?). *m.* — *1.* vectigal, portorium Mt. 17 25. *2.* telonium Mt. 9 9. Mc. 2 14. Rom. 13 7. ܡܟܣܐ ܒܝܬ *id.* Luc. 5 27 (in cod. A perperam punctis plur. instruct.).

ܡܟܣܐ (Luc. 5 27 AC), ܡܟܣܐܝ (Luc. 18 10 B). emph. ܡܟܣܐ, ܡܟܣܝܐ (Luc. 18 11 B). Pl. ܡܟܣܝܢ, ܡܟܣܐܝܢ (Mt. 9 10 sq. B). emph. ܡܟܣܝܐ (Mt. 9 11 A), *p. o.* al. *m.* — publicanus, ll. cc., Mt. 5 46. 10 3. 18 17. 21 31 sq. Mc. 2 15 sq. Luc. 3 12. 5 27 sqq. 19 2 (cf. ܙܟܝ).

---

*ܡܠܐ. ܡܠܐ (מִלָּא) Mt. 12 36 A, *p. o. pass.* emph. ܡܠܬܐ, ܡܝܠܬܐ (Mc. 7 29 A; *p. o.* Act. 14 12, al.). C. suff. ܡܠܬܗ, etc. ܡܠܬܗܘܢ Joh. 4 42 B. Pl. ܡܝܠܝܢ Mt. 6 7 A, *p. o. pass.* emph. ܡܝܠܝܐ. C. suff. ܡܠܝܗ, ܡܠܝܗ, ܡܠܝܗ (Ps. 54 22), ܡܠܝܗܘܢ (Dt. 31 12, al.), ܡܠܝܟ (Luc. 24 8 B); 2. ܡܠܝܟ, ܡܠܝܟܝ; 1. ܡܠܝ, ܡܠܝ (Jon. 4 2, al.), ܡܠܝܗ Job. 21 2 (Anecd.); etc. *f.* — verbum *pass.* (In V. T. saepe pro ῥῆμα et λόγος = דָּבָר; cf. etiam Mt. 19 9 ܕܝܠܗ ܡܠܐ ܡܢ ܠܒܪ παρεκτὸς λόγου πορνείας BD Syr.[cur.]).

ܡܡܠܠ (Job. 17 6, al.) s. ܡܡܠܠܐ (Luc. 1 22 C). emph. ܡܡܠܐ. C. suff. ܡܡܠܠܗ (semel ܡܡܠܗ Luc. 5 4 A cod. Cf. syr. ܡܡܠܠܐ, samar. ממלין Gesen. carm. 7 8, mand. מאמלא = מאמלאלא.); ܡܗܓܝܢܐ (m^e hagg^e iānā) Mt. 26 73 Ev. 181 A; etc. Pl. ܡܡܠܠܝܢ Vit. Abrah. Qīdōn. ZDMG. 56 256ᵃ. *m.* — sermo. Est pro λαλιά Js. 11 3. Eccl. 7 15. Mt. 26 73. Joh. 4 42 AC, cf. Gen. 18 33. Luc. 5 4 A (λαλῶν); ܡܡܠܠ ܠܐ, κωφός Luc. 1 22. Pro λόγος Sirac. 18 29 (loc. mutil.); θρύλλημα Job. 17 6. Homilia: Hom. Ox. 95 4 19. Hom. Anecd. 177 17.

Pa. ܡܠܠ, ܡܠܝܠ (Ps. 49 1; BC *pass.*); etc. Impf. ܢܡܠܠ, ܢܡܠܝܠ; etc. Imp. ܡܠܠ, ܡܠܝܠ; pl. ܡܠܠܘ. Ptc. act. ܡܡܠܠ, ܡܡܠܝܠ; etc. — locutus est, *pass.* Sequ. ܠ p. Gen. 50 4. Js. 7 10, et pass.; ܠܘܬ πρός Gen. 18 19. 27. 29 31. 50 4; ܥܡ μετά Act. Andr. et Matth. fol. 2ʳ, πρός Gen. 19 14. Num. 5 1. ܡܠܠ ܠܠܒܗ λαλεῖν εἰς τ. καρδίαν Js. 40 2 Lect. 37, sed ܥܠ ܠܒܗ ib. Lect. 88. Anecd. 22 3. ܡܠܠ ܫܠܡܐ ܠ salutavit *alqm* Lit. Dam. I fol. 2ʳ (cf. ܫܐܠ).

Ithpa. ܐܬܡܠܠ (Luc. 1 45 A); etc. Impf. ܢܬܡܠܠ; etc. Ptc. ܡܬܡܠܠ; etc. — dictus est Mt. 26 13. Luc. 1 45. 65. 2 17. Hebr. 2 2 sq. Hymn. Lect. 136 13.

ܡܠܐ *Pe.* ܡܠܐ, ܡܠܬ; etc. Impf. 3. *f.* ܬܡܠܐ; etc. Imp. pl. ܡܠܘ. Ptc. act. ܡܠܐ s. ܡܠܝ (Act. 2 28). — *1.* hausit Js. 12 3. Joh. 4 7. 15. *2.* implevit Gen. 1 22. 28. 9 1. 7. Js. 11 3. Luc. 5 7. Joh. 2 7. 16 6. Hom. Anecd. 183 8. Sequ. dupl. accus. Ex. 28 3. Mt. 27 48. Act. 2 28. Vit. Anton. Stud. Sin. 11 147 3.

ܡܠܐ (ptc. pass.), ܡܠܝ (Joh. 1 14 A), ܡܠܝܢ (Luc. 5 12. Joh. 19 29 Ev. 206 BC, al.) etc.; pl. ܡܠܝܢ (Mt. 14 20 A), ܡܠܝܢ; *f.* ܡܠܝܐ, ܡܠܝܢ (Mt. 15 37 A). — *1.* plenus, abs. Mt. 14 20. 15 37. Phil. 4 18; sequ. ܡܢ Job. 21 24. Mt. 23 25; sequ. acc. Mt. 23 27 sq. Luc. 5 12. Joh. 1 14. 19 29; Vit. Eulog. ZDMG. 56 260 6. *2. f.* gravida Js. 40 11 Anecd. (ἐν γαστρὶ ἔχουσα, Lect. ܒܛܢܐ). *3.* Sequ. ܠ par, satis, ἱκανὸς εἰς Js. 40 16, cf. ܠܡܠܐ et ܡܠܘܝ.

ܡܠܘ (מְלֹא) st. cst. *m.* — plenitudo: Ex. 9 8 ܡܠܘ ܐܝܕܝܟܘܢ quantum manus vestrae capiunt. (Huc quadrat text. Symm., Theod., vid. Field; LXX πλήρεις τ. χεῖρας); cf. 16 33.

ܠܡܠܘܗ (A: Mt. 23 35 A¹), ܠܡܠܝܗ (Joh. 9 21. 23), ܠܡܠܝܗ (Mt. 24 24. 27 14 Ev. 209. Luc. 16 26); ܠܡܠܝܗܘܢ (Mt. 23 35 A². 27 14 Ev. 200). [ܠܡܠܝܢ Mc. 2 12 C]. — *1.* st. cst., sequ. nom., Joh. 9 21. 23: ܠܡܠܗ ܕܢܦܫܗ ܗܘ ܠܡܡܠܠܐ ܥܠ ܢܦܫܗ compos est de sese loquendi, facultatem habet d. s. l., pro ἡλικίαν ἔχει. [ܕܢܦܫܗ v. 21 B scribae dormienti debetur]. *2.* ܕ ܠܡܠܗ *conj.* ut, *a*) ὥστε Js. 8 22. 10 2. Mt. 13 54 (sic leg.). 24 24. Mc. 2 12. Luc. 5 7 Anecd. (cett. ܕܢܗܘܐ ܕ). Itaque Hom. Ox. 96 4 13. Vit. Sct. cod. Ms. *b*) ὅπως (ἄν) Gen. 18 19. Ex. 10 2. 11 7. 16 4. Js. 9 16. Am. 9 12 (suppl. ܕ). Jo. 3 6. Sirac. 46 1. Eccl. 7 22. Mt. 23 35. Luc. 2 35. 16 26. Itaque Hom. Anecd. 201 16. [Lit. 709 14 *cum, quia* significare videtur; vix recte traditum].

ܕ ܠܡܠܗ ܡܢ ܕ id. quod simplex ܕ ܠܡܠܗ *2. a*) Mt. 27 14.

Ithpe. ܐܬܡܠܝ; anteced. part. ܕ: ܕܐܬܡܠܝ Anecd. 169 5. 3. *f.* ܐܬܡܠܝܬ, ܐܬܡܠܝܬ (Mt. 13 48 Anecd., cf. Js. 11 9 Anecd.); pl. ܐܬܡܠܝܘ Luc. 5 26 A, *p. o.* C, al., ܐܬܡܠܝܘ— Luc. 4 28 BC. 5 26 B. Impf. ܬܬܡܠܐ s. ܬܬܡܠܝ; etc. Ptc. ܡܬܡܠܝܢ Col. 2 18. — impletus est, abs. Ex. 10 6. Js. 11 9. Jo. 3 13. Mt. 13 48. Luc. 3 5. 14 23. Col. 2 18; sequ. acc. r. Gen. 6 11. 13. Eccl. 11 3. Luc. 4 28. 5 26. Lit. 697 5 (cit. Ps. 64 12) = 706 15; sequ. ܡܢ r. Jo. 2 24. Ps. 89 14.

Luc. 1 15 ABC. 41. 67. 240. Joh. 12 3. Act. Philem. Anecd. 169 5; sequ. ܒ r. Luc. 1 15 Anecd., Col. 1 9.

Pa. ܡܠܝ etc. Impf. 3. ܢܡܠܐ (Luc. 9 31 A, *p. o.* al.), ܢܡܠܝ (Phil. 4 19); etc. Imp. pl. ܡܠܘ, ܡܠܘܢ (Mt. 23 32 A[1], A[2]), *p. o. pass.* Ptc. act. ܡܡܠܝ. Pass. *f.* ܡܡܠܝܐ; etc. — *1.* explevit Mt. 23 32. Joh. 16 24. Act. 2 2. Phil. 2 2. 4 19. Lit. 698 4; c. acc. r., qua expletur, Gen. 22 1. *2.* complevit, perfecit Zach. 9 13 (del. ܠ). Mt. 3 15. 5 17. Luc. 9 31. Joh. 3 29. Col. 4 17. — Ptc. pass. πεπληροφορημένος Col. 4 12.

ܡܘܠܝ Hebr. 10 22 Lect. 122 (cod. ܡܘܠܝܐ). emph. ܡܘܠܝܐ. C. suff. ܡܘܠܝܗ Joh. 1 16 A, al., ܡܘܠܝܗ Col. 2 9. *m.* — complementum, plenitudo: πλήρωμα Mt. 9 16. Joh. 1 16. Eph. 1 10. 23. 3 19. Col. 1 19. 2 9; cf. Lit. Dam. IIv; πληροφορία Hebr. 10 22.

ܕܡܘܠܝ Luc. 3 16 B; hinc corrig. Mt. 8 8 B. Luc. 7 6 B; ܕܡܘܠܝ Mt. 8 8 C. Mc. 1 7 B. Luc. 7 6 C; ܕܡܘܠܝ Mt. 8 8 A, *p. o.* Jo. 2 11 Lect., Luc. 3 16 A, ܕܡܘܠܝ Luc. 7 6 A, *p. o.* Job. 21 15; ܕܡܘܠܝ Mc. 1 7 C. Pl. ܕܡܘܠܝܢ Col. 1 12, ܕܡܘܠܝܢ 2Tim. 2 2 Lect., ܕܡܘܠܝܢ ib. Ox. *f.* ܕܡܘܠܝܐ Js. 40 16. — sufficiens, par (ἱκανός), ll. cc. Sequ. ܒ Col. 1 12: ܕܥܒܕܢ ܠܟܘܢ ܕܡܘܠܝܢ ܒܡܢܬܐ τῷ ἱκανώσαντι ὑμᾶς εἰς τ. μερίδα.

Ithpa. ܐܬܡܠܝ (Mt. 27 9 A, *p. o.* al.). Pl. ܐܬܡܠܝܘ Luc. 9 51, ܐܬܡܠܝܘ— 2 6. 22 B; etc. Impf. ܢܬܡܠܐ et ܢܬܡܠܝ; etc. Ptc. ܡܬܡܠܝ; etc. — *1.* expletus est Js. 40 4. *2.* perfectus, absolutus est Js. 60 20. Mt. 1 22. 2 17. 4 14. 26 54. 27 9. 35. Mc. 15 28. Luc. 1 1. 2 6. 22. 9 51. Joh. 12 38. 15 11. 17 12. 19 28. Rom. 8 4. Eph. 1 23. Col. 2 10. Lit. 706 2.

ܡܠܚܘܢ, ܡܠܚܘܢ *adv.* — μᾶλλον Mt. 6 26. Mc. 7 36. Joh. 3 19. 5 18. [2 Cor. 3 8. 11]. Eph. 4 28. 1 Thess. 4 1. 10. Hom. Anecd. 196 5. 198 5. Vit. Sct. cod. ms. Cf. ܝܬܝܪ.

*ܡܠܚ. ܡܠܚ Gen. 19 26, ܡܠܚ 4 Rg. 2 20. emph. ܡܠܚܐ. *f.* — sal, ll. cc., 4 Rg. 2 21. Mt. 5 13.

ܡܠܝܐ N. pr. Μελεα Luc. 3 31 (ut Peš.).

ܡܠܝܛܝܢܐ N. pr. Μελιτήνη Hom. Anecd. 192 15 (cf. Act. 28 1 ubi Peš. ܡܠܝܛܐ).

ܡܠܝܣܛܐ *adv.* — μάλιστα Hom. Anecd. 177 15.

ܡܠܟ (Radicis dissecandae nulla est. ratio) *Pe.* ܡܠܟ Mt. 2 22 A, *p. o.* Prov. 1 1 Lect. 87, Joh. 18 14 AC; ܡܠܟ Prov. l. c. Lect. 24. Mt. l. c. BC. Joh. l. c. B. Impf. 3. ܢܡܠܟ. [Pro ܐܡܠܟܘܢ Js. 8 10 leg. ܐܡܠܟܘ]. — *1.* consuluit, suasit Joh. 18 14. *2.* regnavit, rex fuit Prov. 1 1. Mt. 2 22. Luc. 1 33. 19 14.

ܡܠܟ Js. 25 1 *et saepe al.*; ܡܠܝܟ Mt. 27 7 Ev. 199 A, ܡܠܝܟ Ev. 208 A, *p. o.* Js. 8 10, al.; ܡܠܟ Mt. 22 15 Ev. 156 A. 27 1 A[1]; *p. o.* Js. 3 9, al. emph. ܡܠܟܐ Js. 9 6, ܡܠܟܐ 11 2. Eph. 1 11. C. suff. ܡܠܟܗ (v. mox), ܡܠܟܗ; etc. *m.* — consilium, ll. cc., Js. 10 25. Sap. 9 17. Mt. 22 15. 27 1. 7. ܒܪ ܡܠܟܗ αὐτοῦ σύμβουλος Js. 40 13 (sic leg. pro ܒܪ ܡܠܟܗ).

ܡܠܟܗ Lit. Dam. IIv, ܡܠܟܗ Hom. Anecd. 189 19 (ita repono pro ܡܠܟܗ, cf. Js. 3 9.). emph. ܡܠܟܘܬܐ Lit. Dam. IIIv. C. suff. ܡܠܟܘܬܗܘܢ Prov. 9 10 Anecd., ܡܠܟ ib. Lect. *m.* — consilium, ll. cc.

ܡܠܟ Joh. 19 15 Ev. 237 A, ܡܠܟ Mt. 18 23 A, *p. o. pass.*, ܡܠܟ Js. 43 15. Ps. 46 3. 9; BC *pass.* (e. g. Mt. 18 23). emph. ܡܠܟܐ. C. suff. 2. *f.* ܡܠܟܟܝ Zach. 9 9, al.; ܡܠܟܟܘܢ Joh. 12 15 A, *p. o.* BC, Mt. 21 5 B; ܡܠܟܟ ib. C. 1. ܡܠܟܝ, etc. pl. ܡܠܟܝܢ. emph. ܡܠܟܐ. C. suff. ܡܠܟܝܗܘܢ s. ܡܠܟܝܗܘܢ (Luc. 22 25 C). — rex, *pass.* V. et N. T. Hom. Anecd. 206 25 (cf. Dan. 2 44). Hymn. Anecd. 113 11. Lit. Dam. I fol. 2r. IIr.

*ܡܠܟܐ. emph. ܡܠܟܬܐ — regina Ps. 44 10. Luc. 11 31.

ܡܠܟܘ Mt. 24 7 A, al. emph. ܡܠܟܘܬܐ. C. suff. ܗ—; etc. pl. ܡܠܟܘܬܐ Ps. 45 7. emph. ܡܠܟܘܬܐ Hebr. 11 33. C. suff. ܗ—; ܡܠܟܘܬܗ Luc. 18 24 B. *f.* — regnum, ll. cc., Js. 9 7. Am. 9 8. Ps. 44 7. 45 7. Mt. 4 8. Mc. 6 23, et saepe alibi. Hom. Anecd. 207 7.

Aph. Impf. 2. *m.* ܬܡܠܟ — regnavit Ps. 44 5.

Ithpa. ܐܬܡܠܟ; etc. Impf. pl. 2. ܬܬܡܠܟܘܢ Js. 8 10. — *1.* deliberavit Js. 40 14. *2.* consilium iniit, c. cepit Js. 3 9. 8 10. Mt. 26 4.

ܡܠܟܘܣ N. pr. Μάλχος Joh. 18 10.

ܡܠܟܝ N. pr. Μελχει (Peš. ܡܠܟܝ) *a*) Luc. 3 24. *b*) ib. v. 28 B. 29 C.

ܡܠܟܝܙܕܩ N. pr. Μελισεδεκ (Peš. ܡܠܟܝܙܕܩ) Hebr. 5 6. 7 17.

ܡܡܒܪܐ N. pr. l.: vid. ܡܡܪܐ.

---

*ܡܡܘܢ. emph. ܡܡܘܢܐ, ܡܡܘܢܐ B: Luc. 16 11 et 13. (Praeterquam hic illic corrupte legitur ܡܡܘܢܐ). *m.* — pro μαμωνᾶς, divitiae, ll. cc., Mt. 6 24. Hom. Anecd. 200 16. 211 12.

ܡܡܪܐ N. pr. loc. Mamre Gen. 49 30; ܡܡܒܪܐ 18 1 (Μαμβρη).

ܡܢ I. *pron. interr.*, ܡܢ Mt. 27 17 Anecd., Joh. 5 21 C, Luc. 13 18 A (a librario in ܡܢ, *i. e.* ܡܢ, mutatum) — quis? *pass.* ܡܢ ܕ is qui, V. et N. T. *pass.*, Hom. Ox. 95 21. 55 14. 59 19; ܕ om. Mt. 5 21 BC. Mc. 15 21. ܟܠ ܡܢ ܕ quicumque Mt. 25 29, (in unum vocab. contractum) 1 Cor. 9 25. (ܕܡܢܘ, ܕܡܢ) ܡܢ ܕܗܘ id est Hom. Ox. 96 16, *pass.* Hom. Anecd. 181 12 sq. 17. 19; al. 207 3. ܡܢܘ (ex ܡܢ ܗܘ) quis (est)? Js. 50 8[b]. Luc. 20 2 Dam. Joh. 21 20 AB (C ܡܢ ܗܘ). Cf. ܡܢܝ.

ܡܢ II *part.* μέν vero, certe Mt. 3 11 BC. 21 35. 22 5 AC. 8. 25 15 Ev. 94 B, Ev. 164 A, Anecd. 26 41. Mc. 10 39. Luc. 3 16 BC. Act. 1 1. 5. 16 25 (cod. manuscr.). Rom. 10 1. 14 20. 1 Cor. 1 23. 9 24. Col. 2 23. Hom. Anecd. 185 7. Act. Philem. Anecd. 170 6 (sed gr. μέ). Vit. Sct. cod. ms.

ܡܢ, ܡܢ (Ex. 28 8. Jer. 38 36. Mt. 18 25 Anecd., al.). C. suff. ܡܢܗ, ܡܢܗ; etc. 1. pl. ܡܢܢ, ܡܢܢ (Joh. 11 48 C), ܡܢܢ (Hebr. 11 40). *praep.* — ab, ex (de loco et de tempore), *pass.* De usu syntact. potiora quaedam indicabuntur: *1.* a) ܡܢ ܝܡܝܢܗ ἐκ δεξιῶν, ἐν δεξιᾷ αὐτοῦ Mt. 25 33, Eph. 1 20, alibi; ܡܢ ܨܠܥܗ a latere eius ἐκ πλαγίων Gen. 6 16. b) ܡܢ ܩܕܡܐ mane, mature, v. ܩܕܡ. ܡܢ ܟܕܘ, v. ܟܕܘ; ܡܢ ܫܥܐ ܫܒܥܝܬܐ septimā horā Lect. 105 5. ܡܢ ܪܫ ἐν ἀρχῇ Gen. 1 1. Cf. etiam ܡܢ. *2.* in comparatione Gen. 3 1. 19 9. Mt. 18 13; al. Hom. Anecd. 186 24 (cit. Job. 9 25). *3.* de causa Mt. 28 4 (ἀπό). Rom. 14 20 (ἕνεκεν). Gal. 2 16 (ἐξ). *4.* de materia, ex qua aliquid factum est Hom. Ox. 95 68. *5.* de auctore actionis, a) post verbum pass. Js. 61 9. Mt. 5 32. Luc. 8 43. Act. 2 24. 1 Cor. 11 32. Hom. Ox. 96 316. b) post verbum intr. ܦܓܪܐ ܕܠܒܫ . . . ܡܢ ܡܪܝܡ corpus quo indutus est (Dominus) *a* Maria Hom. Ox. 97 517. ܡܢ ܬܡܢ Js. 9 19. *6.* de norma (pro ἀνά c. acc.) a) pretii Mt. 20 2. 9 sqq. b) mensurae Joh. 2 6 AB (C om.). *7.* ܡܢ ܩܘܫܛܐ (sicut מן קשט Dan. 2 47) ἀληθῶς, v. ܩܘܫܛܐ; ܡܢ ܢܡܘܣܐ νομίμως 2 Tim. 2 5 Lect. (Ox. ܢܡܘܣܐ). — Coniungitur cum ܠܘܬ (v. ܠܘܬ), ܒܝܬ, ܒܬܪ, ܒܝܢܝ, ܩܕܡ, ܠܥܠ, ܬܚܘܬ, ܥܡ, ܟܠ, ܗܪܟܐ, ܠܒܪ, ܟܕܘ, ܒܪܡ, ܒܠܥܕ, ܡܛܠ, ܠܐ.

ܡܢ ܕ (ܡܢ Joh. 11 39 D) *coni.* — ex quo Luc. 13 25 BC (ἀφ' οὗ). Alias gr. ptc. circumloquitur, a) sequ. pf. Job. 16 12. 22 11. Mt. 18 25 BC. 22 25. Mc. 2 4. Luc. 5 19. 7 24. 42. 45. 8 6 A (sic leg.) C Anecd.

24 23. Joh. 11 39 D (cett. om.). Rom. 5 10. Hom. Ox. 9 59 5/6. 63 8. 12. 72 12; b) sequ. impf. Hom. Ox. 9 56 6/7. c) sequ. ptc. Mt. 26 22 (leg. ܕ ܠܐ). Mc. 9 30. Luc. 9 39.

*ܡܢܐ ܡܢܐ — manna Ex. 16 33 sqq.
ܡܢܬܐ Joh. 6 31 et 49 A, *p. o.* 49 BC Anecd., ܡܢܬܐ 31 BC. 49. *f.* — *id.*, ll. cc.
[ܡܢܐ cod. A Mt. 21 16 et Luc. 24 9 habet. Legitimum ܡܢܐ exstat in BC.]

*ܡܢܐ *Pe.* Ptc. act. pl. *m.* ܡܢܝܢ Hom. Anecd. 199 7. Pass. pl. *f.* ܡܢܝܢ Luc. 12 7 A, *p. o.* B, ܡܢܝܢ C (sic leg. pro ܡܢܝܢ). — numeravit, ll. cc.
*ܡܢܐ. emph. ܡܢܬܐ Luc. 10 42 A, *voc. om.* C, ܡܢܬܐ B. *f.* — pars, portio, l. c.
ܡܢܝܢ Lit. 706 10, ܡܢܝܢ Js. 10 19, al. emph. ܡܢܝܢܐ Luc. 22 3 A, *p. o.* B [C ܡܢܝܢܐ], al. C. suff. ܡܢܝܢܗܘܢ Joh. 6 10 AC, ܗܘܢ— ib. B. Pl. c. suff. ܡܢܝܢܝܗܘܢ Job. 21 21. ܡܢܝܢܝܗܘܢ (sic leg.) Hom. Anecd. 182 21. *m.* — numerus ll. cc., Job. 16 22. 21 33. 22 5. Hom. Anecd. 181 24 (cit. Job. 1 5). 182 21 (cit. Job. 21 21). Apocr. Dam. fol. 1r. [Jer. 12 13 leg. ܡܢܝܢܗܘܢ = ܗܘܢ— — pro ܡܢܝܢܗܘܢ].
Ithpe. Pf. pl. ܐܬܡܢܝܘ Num. 44 9. Ptc. pl. *m.* ܡܬܡܢܝܢ Gen. 50 3. — numeratus est ll. cc.

ܡܢܫܐ N. pr. Manasse (ܡܢܫܐ) Mt. 1 10 A, *p. o.* BC; ܡܢܫܐ Js. 9 21 (*bis*).

*ܡܣܬ. *ܡܣܬ (מִסַּת) *f. st. cst.* C. suff. ܡܣܬܗ Mt. 6 34 C, ܡܣܬܗ B. ܡܣܬܟ Joh. 14 8 B, ܡܣܬܟ Ev. 183 A, *voc. o.* Ev. 50 A, ܡܣܬܟܘܢ Ev. 50 C. — sufficientia (est) *alcuius* = sufficit *alcui*, ll. cc.

*ܡܣܣ *Pe.* Ptc. pass. ܡܣܝܣ — putridus Job. 16 7.
*ܡܣܘܣ *f.* emph. ܡܣܘܣܬܐ — putredo Hom. Anecd. 201 13.

ܡܣܝܐ N. pr. ὁ Μεσσίας Joh. 1 41. 4 25.

ܡܣܟܢܝܢ Luc. 16 20 A, *p. o.* al. emph. ܡܣܟܢܐ Luc. 16 22 A, *p. o.* al. *f. id.* Mc. 12 42 A, ܡܣܟܢܬܐ ib. C. emph. ܡܣܟܢܬܐ Mc. 12 43 A, al. ܡܣܟܢܬܐ ib. BC. Luc. 21 3 BC. Pl. ܡܣܟܢܝܢ 2 Cor. 6 10, ܡܣܟܢܝܢ Js. 14 30 *bis.* emph. ܡܣܟܢܝܐ Js. 3 15, al. ܐ— Mt. 26 9 A. Luc. 6 20 A1. C. suff. ܡܣܟܢܝܗ Js. 10 2. — pauper, ll. cc., Ps. 81 3. 4. 85 1. Mt. 5 3. 11 5, et pass. V. et N. T. Hom. Anecd. 183 15.
ܡܣܟܢܐܝܬ *adv.* — pauperis modo Hebr. 5 2: ܡ' ܗܘ ܡܫܟܚ ܠܡܣܝܒܪܘ μετριοπαθεῖν δυνάμενος (Similiter, at non iisdem verbis, Peš.).
*ܡܣܟܢܘ. emph. ܡܣܟܢܘܬܐ S. F. 97 10. C. suff. ܡܣܟܢܘܬܢ Ps. 43 25. *f.* — paupertas, ll. cc.

ܡܣܪ *Pe.* ܡܣܪܬ (*Pa.* admittere vix queas) Mt. 27 26 Ev. 201 A. 2. *m.* ܡܣܪܬܢܝ Mt. 25 20 Ev. 94 A; etc. pl. 3. ܡܣܪܘ, ܡܣܪܘ Mt. 27 2 C; etc. Impf. ܢܡܣܘܪ *pass.*, ܢܡܣܪܘܢ Mt. 26 16 Ev. 170 B. pl. ܢܡܣܪܘܢܟ A: Mt. 10 17. 19; 24 9, al., ܢܡܣܪܘܢ ll. cc. BC. Imp. ܡܣܘܪ 2 Tim. 2 2 Ox., ܡܣܪ Lect. Ptc. act. ܡܣܪ; etc. pass. ܡܣܝܪܝܢ Hom. Anecd. 186 16. — tradidit ll. cc. et *pass.* N. T., cf. locos a Schwallyo (Idiot. p. 51) allatos. Quibus hosce addo: Ps. 30 6. Mt. 24 10. 26 10. 21. 23. Act. 2 23. 1 Cor. 13 3. Sequ. acc. et ܠܐܝܕܐ ܠܚܒ Job. 16 11; ܠܐܝܕܐ Hom. Anecd. l. c. (cit. Job. 9 23), cf. Rom. 1 24 (ἐν); ܠ (εἰς) ib. v. 26.
*ܡܣܘܪ (*qāṭōl*). C. suff. 3. *m.* ܡܣܘܪܗ Joh. 13 11 Ev. 174 A, ܗ— B. *m.* — traditor, l. c.
*ܡܣܘܪ. emph. ܡܣܘܪܬܐ. *f.* — traditio Col. 2 8.
Ithpe. ܐܬܡܣܪ Mt. 11 27 A, cf. 4 12 A; etc. Impf. 3. ܢܬܡܣܪ, ܢܬܡܣܪ Mt. 17 22 A2, *voc. o.* A1; etc. Ptc. ܡܬܡܣܪ, ܡܬܡܣܪ (Mt. 26 64 Anecd.); etc. — traditus est, ll. cc., Js. 43 14 Lect. 76 (interpres legit δοθήσονται pro δεθήσονται; cf. Lect. 49). 52 12.

5312. Jer. 3936 (leg. ܠܡܥܡܠܐ). 43. Mt. 262. 24. 45. Mc. 930. 1033. Luc. 2116. 2222. 247. Joh. 1836. 1 Cor. 1123. Lit. 708 12.

---

*ܡܥܐ. pl. [ܡܥܝܢ Hom. Anecd. 1874 leg. ܡܥܘܗܝ]. c. suff. ܡܥܘܗܝ Job. 2124 (sic leg. pro ܡܥܘܗܝ) *m.* — viscera l. c. (τὰ ἔγκατα).

---

*ܡܨܥܘܬ. ܡܨܥ, ܡܨܥܬ Eph. 214. emph. ܡܨܥܬܐ. *m.* — medium; st. emph. Mc. 33 AC. Joh. 1918B. ܒܡܨܥ Gen. 16. 38. Dt. 113. 6. Jo. 227. Ps. 125. Luc. 246. Hebr. 212. Eph. 214. ܒܡܨܥܬܗܘܢ Joh. 126 A; ܒܡܨܥܬܗ Gen. 33. Mt. 1424 AC. 256 B. ܡܢ ܡܨܥ Ps. 565; ܡܢ ܡܨܥܬܗ Joh. 1931 Ev. 206 B (cett. om.).

*ܡܨܥܬܐ *f.* cst. ܡܨܥܬ Gen. 1929. Luc. 435 AB. 1711 A; alibi. emph. ܡܨܥܬܐ Luc. 68 A, *p. o.* Mc. 33 B. Joh. 1918 AC. — *id.*, ll. cc., al. C. suff. ܡܨܥܬܗ Gen. 29. Js. 126. Ps. 456; *f. id.* Ex. 114, al. ܒܡܨܥܬܗܘܢ Mt. 182 AB. 20; etc. ܡܢ ܡܨܥܬܗܘܢ Joh. 859 AC, ܡܢ ܐܡܨܥܬܗܘܢ ib. B. ܠܡܨܥܬܗܘܢ Mt. 182 C. ܡܢ ܡܨܥܬܗ Luc. 2345.

*ܡܨܥܝ. emph. ܡܨܥܝܐ — medius Ex. 2628.

ܡܨܪܝܢ N. pr. Aegyptus, *pass.* V. et N. T. Praeterquam Lit. 6976 = 70616. 7054. 13. 7078. Vit. Sct. cod. ms.

*ܡܨܪܝ. pl. emph. ܡܨܪܝܐ — Aegyptii Gen. 5011. Ex. 826. 94. 6. 102. 113. 7.

ܡܩܕܘܢܝܐ N. pr. Macedonia Phil. 415. 1 Thess. 410.

[ܡܩܡܩܡ Joh. 328 A *corr.*, vid. ܩܘܡ].

---

*ܡܪܪ. ܡܪܐ Mt. 2734 C. Mc. 1523 C. Joh. 1929 BC; ܡܪܝܐ ll. cc. A, *p. o.* B. Joh. 1929 Dam. Ps. 6822. emph. ܡܪܬܐ Joh. 1930 B Dam., ܡܪܝܬܐ Hom. Anecd. 17614. *f.* — *1.* χολή fel, bilis ll. cc., Hom. Anecd. l. c. = Prov. 54. Mc. 1523 ܡܪܝܐ ܡܕܝܢ ܚܡܪܐ: utrum ܡܪܝܐ ut μύῤῥα (ܡܘܪܐ) intellectum voluerit librarius s. interpres, an ut χολή, ignoro, si quidem textus gr. hoc loco ἐσμυρνισμένος οἶνος habet, sed Mt. 2734 οἶνος μετὰ χολῆς μεμιγμένος, quae est genuina lectio, ut ex Ps. 6822 patet. *2.* πικρία Eph. 431.

*ܡܪܝܪ. *f.* ܡܪܝܪܐ. pl. ܡܪܝܪܝܢ — amarus Act. Philem. Anecd. 1702. Hom. Anecd. 17613.

ܡܪܝܪ *adv.* — amare Mt. 2675 Ev. 181 C.

ܡܪܝܪܐܝܬ *adv.* — *id.* Mt. l. c. cett.

ܡܪܝܪܘ. C. suff. 3. *f.* ܡܪܝܪܘܬܗ. *f.* — amaritudo Job. 2125. Hom. Anecd. 18516.

*ܡܪܝܪܐ. emph. ܡܪܝܪܬܐ (מְרִירָתָא) Joh. 1930 A, ܡܪܝܪܬܐ C. C. suff. 1. ܡܪܝܪܬܝ Job. 1613 (nisi fort. est מְרָרְתָא). *f.* — fel, bilis, (*i. q.* ܡܪܐ), ll. cc.

Aph. Impf. pl. 2. ܬܡܪܪܘܢ — exacerbavit Mt. 1810 A; at Gr. καταφρονεῖν, Anecd. ܬܒܣܘܢ; BC ܬܡܪܘܢ. Quae num omnia recte se habeant, multum dubito, quia tanta lectionis varietas nusquam aliter in Ev., quod sciam, reperitur.

ܡܪܐ *Pe.* (Nescio an a subst. ܡܪܐ derivatum sit) Pf. ܡܪܐ Hom. Ox. 9616; 3. *f.* ܡܪܬ. Impf. ܢܡܪܐ; 3. *f.* ܬܡܪܐ Ex. 159; etc. Imp. pl. ܡܪܘ. Ptc. act. ܡܪܐ Hom. Ox. 9726 (fort. leg. ܡܪܐ, v. not. editoris), pl. ܡܪܝܢ, ܡܪܐܝܢ — dominatus est (κυριεύειν), sequ. ܥܠ, ll. cc., Gen. 128. 316. 91. 7. Js. 312. 4219. Jer. 303. Jo. 217. Mc. 1042. Luc. 2225. Rom. 69. Hom. Ox. 9617 (cit. Mt. 1618, ubi Ev. ܐܬܚܝܠ, gr κατισχύειν). Lit. Dam. I fol. 2v.

ܡܪܐ *m.* st. abs. ܡܪܐ Act. 236. st. cst. ܡܪ Mt. 2133 Ev. 88 C, Ev. 154 C, ܡܪܐ ib. Ev. 88 A. 1352, ܡܪܐ Mt. 2133 Ev. 154 A, ܡܪܝ ib. Anecd., Ev. 88 B. 201. Luc. 65 AC. [ܡܪܝܐ, forma contaminata ex ܡܪܐ et ܡܪܝ, Mt. 2133 Ev. 154 B]. emph. ܡܪܐ et ܡܪܝܐ (v. infra). C. suff. ܡܪܗ, ܡܪܐܗ (Mt. 2140 Ev. 88 C); ܡܪܢ; etc. ܡܪܝܗܘܢ, ܡܪܗܘܢ (BC Anecd. *pass.*); etc. ܡܪܝ, ܡܪܐܝ (4 Rg.

219. Ps. 82. Mc. 140C. Luc. 719AC; al.), ܡܪܝ BC *pass.* (e. g. Mt. 2511 Ev. 96. 44 Ev. 167), Act. 1631. Pl. ܡܪܝܢ Mt. 624. Luc. 1613. 2225B. [Lit. 680, loc. edess.]. emph. ܡܪܝܐ. ܡܪܘܬܐ Zach. 914 (v. infra). C. suff. ܡܪܝܗ, ܡܪܝ (Luc. 1933C). 3. *f.* ܡܪܝܗ Act. 1616. 19. *1.* ܡܪܝ Act. 1630, ܡܪܐܝ Gen. 192 Dam. ܡܪܝܗܘܢ Act. Adrian. fol. 1ᵛ. [*f.* ܡܪܝܗܘܢ Mt. 1527A, ex Peš. assumtum]. 1. p. ܡܪܝܢ Lit. 70816. — *1.* dominus, possessor Mt. 938. [1527]. 208. 2140. Luc. 1933. Act. 1616. 19. 30; al. ܡܪܐ ܒܝܬ οἰκοδεσπότης Mt. 1352. 201. 11AB. 2133; al. ܡܪܗ ܕܟܪܡܐ Mt. 2011C; ܡܪܗ ܕܫܒܬܐ Luc. 65. *2.* Κύριος, de Deo et de Christo. Solus Ev. cod. A, manifeste ex Peš. pendens, ܡܪܝܐ de Deo usurpare solet, ܡܪܐ de Christo. Creberrime A ܡܪܝܐ perhibet, ubi BC ܡܪܐ habent, velut Mt. 120. 22. 215. 19. 33. 2710. Luc. 29, et saepe alibi. Rarissime in A occurrit ܡܪܐ: ante Mt. 2442 (Lag. 30515), in C ܡܪܝܐ: Mt. 47. Luc. 1027. Alii codd., ut S.F., de Jahveh ܡܪܐ usurpant; cf. etiam ܡܪܐ ὁ θεός Eccl. 719. Act. 1634 cod. ms. (Lit. ܐܠܗܐ). ܡܪܐ ܡܪܘܬܐ παντοκράτωρ Zach. 914 (cf. Peš.). Ubi de Jesu agitur, persaepe formam suffixo 1. p. instructam ponunt, in textu gr. s. (ὁ) κύριος respondente, s. nihil, velut ܡܪܝ Joh. 202, ܡܪܢ Mt. 2030A. 32sq. 2511. 37. 44. 2763. 2Petr. 32. Rom. 17; al.; cf. Hom. Ox. 9612. 628. 644. 8. 21. Vocativus κύριε est ܡܪܝ Gen. 183. 30. 32. 192. 18. Jon. 43. Mt. 82. 6. 8. 21. 918B. 1821. 26; al.; ܡܪܢ Act. Sct. ZDMG 5625913; rare ܡܪܐ Mt. 2511 Anecd. 130 (cett. ܡܪܢ); itidemque rare ܡܪܐ pro ὁ κ. ἡμῶν Rom. 14. *3.* Formam suff. 1. p. instructam nominibus virorum beatorum doctorumque honoris causa anteponunt: ܡܪܝ ܐܦܪܝܡ Lit. 6955, al., cf. Anecd. 1443. Lect. 24. Lit. 70816, et vid. ܫܠܝܚܐ. Itaque ܡܪܝܢ de apostolis Lit. 70816.

*ܡܪܘܪ (*qāṭōl*). emph. ܡܪܘܪܐ — dominus Hymn. Lect. 13611. 13814. 1398. Lit. 70412. 7067. Lit. Dam. IIIᵛ. Lect. ZDMG 562529 (cf. adn.).

*ܡܪܬܐ. C. suff. ܡܪܬܝ — domina: ܡܪܬܢ ܡܪܝܡ Lit. 70815.

ܡܪܬܐ N. pr. Martha Luc. 1038sqq. Joh. 111. 5. 19sqq. 122.

ܡܪܘ Js. 4010, ܡܪܬܗ Eph. 121. emph. ܡܪܘܬܐ. C. suff. ܡܪܘܬܗ; etc. pl. ܡܪܘܢ Col. 116. *f.* — dominatio, dominatus, ll. cc., Hom. Anecd. 1838. 9. 10. 12. Hom. Ox. 97218.

---

*ܡܪܐ (מרה, ܡܪܐ; مرى III, مُرْيَة). ܡܪܝܬܐ (A, *p. o.* C; ܡܪܝܬܐ B) *m.* — aemulatio Luc. 2224 (φιλονεικία). Lectio tuenda est, ut opinor, vixque audiendus Praetorius ZDMG 48, p. 365 ܡܨܘܬܐ coniciens (cf. Peš.) quod voci gr. haud ita accurate convenit.

ܡܪܓܠܝܬ (מרגלית, Krauss. 2350sq.) Mt. 1346A *cod.*, ܡܪܓܠܝܐ ib. *corr.*, Anecd. pl. abs. ܡܪܓܠܝܢ leg. puto v. 45A pro ܡܪܓܠܝܐ [Anecd. corrupt.]. emph. ܡܪܓܠܝܬܐ Mt. 76. — margarita, ll. cc.

---

*ܡܪܕ. ܡܪܕܐ Hymn. Anecd. 1121. Quid significet, subobscurum.

Aph. Pf. pl. ܐܡܪܕܘ — ad rebellionem incitavit Dt. 1313.

---

*ܡܪܛܘܪ (μάρτυρος). pl. ܡܪܛܘܪܝܢ, emph. ܡܪܛܘܪܝܐ. *m.* — martyr Hymn. Anecd. 1138. 1178.

*ܡܪܛܝܪ. pl. emph. ܡܪܛܝܪܐ (si vera est lectio) — *id.* Act. Philem. S. F. 74 ult.

ܡܪܝܐ N. pr. Maria *1.* mater Jesu Luc. 146C. Act. Andr. et Matth. fol. 1ʳ. *2.* soror Lazari Joh. 1120A. 28A. Hom. Anecd. 2048 (cit. Joh. 1132). Cf. ܡܪܝܡ, ܡܪܝܡ.

ܡܪܝܐܡ Μαριάμ A: Mt. 2761. Luc. 130; al.; *p. o.* Mt. 2756B. Mc. 1547BC Anecd. Joh. 1925sq. Dam.; al. ܡܪܝܡ A: Mc. 161, al., p. o. paene constanter BC, frequenter Anecd., praeterquam Act. 1 14, al. — *1.* soror Mosis: ante Ex. 15 1. Hom. Ox. 95 1 12. 16. *2.* mater Jesu, N. T. *pass.* Hom. Ox. 97 5 18. Lit. 708 15. Lit. Dam. *pass.* Apocr. Dam. fol. 1ᵛ. 2ᵛ. *3.* mater Jacobi et *4.* soror Lazari, N. T. *pass.* *5.* Magdalena N. T. *pass.*, Hom. Ox. 970 2. 8. — Cf. ܡܪܝܐ.

ܡܪܚܠ *Pa.* (nisi fort. *Aph.*). — ܡܡܪܚܠܐ ܠܝ ὑπωπιάζῃ με, var. lect. ὑποπιάζῃ, ὑποπιέζῃ, Luc. 18 5.

*ܡܡܪܚܠ (ptc. pass.). pl. ܡܡܪܚܠܝܢ — aegrotus 1Cor. 11 30.

ܡܪܙܦ (Krauss. 2 353) *m.* — marsupium Prov. 1 14.

ܡܪܩܘܣ N. pr. Marcus evangelista Lit. 695 5.

ܡܫܐ *Pe.* ܡܫܐ Luc. 7 14 Anecd.[1], ܡܫܐ Anecd.[2] C. suff. ܡܫܗ Luc. 5 13 (cf. Bibl. Syr., corrigenda) — tetigit, ll. cc. Cf. ܡܫܫ.

---

*ܡܫܚ I. ܡܫܚ Mt. 25 3 sq. Ev. 95 B, Luc. 7 46 B, ܡܫܚ Mt. l. c. Ev. 95 A, *p. o.* Js. 61 3 et saepius; ܡܫܚ Mt. l. c. Ev. 164 A, *p. o.* ib. BC, al. emph. ܡܫܚܐ. C. suff. ܡܫܚܝ Dt. 11 14; etc. *m.* — oleum, unguentum, ll. cc., Jo. 2 19. 24. Ps. 44 8. 54 22. Mt. 25 8. Hebr. 1 9. Hom. Anecd. 180 7 (cit. 3 Rg. 17 12). 10 (cit. 3 Rg. 17 14). 181 19.

ܡܫܚ *Pe.* Luc. 4 18 A, *p. o.* al. C. suff. 2. *m.* ܡܫܚܟ Hebr. 1 9 Lect., ܡܫܚܟ ib. Dam., ܡܫܚܟ Ps. 44 8. 3. *f.* ܡܫܚܬܗ; etc. Impf. pl. 3. *f.* ܢܡܫܚܢ Mc. 16 1 Anecd. (Hinc corrig. BC). [ܢܡܫܚܢ (sic) ib. A]. Imp. ܡܫܘܚ Mt. 6 17 (BC *p. o.*). Ptc. act. *f.* ܡܫܚܐ Luc. 7 38. — unxit, ll. cc., Js. 61 1. Luc. 7 46. Joh. 11 2. 12 3.

ܡܫܝܚܐ. C. suff. ܡܫܝܚܗ Luc. 2 11, al. pl. ܡܫܝܚܝܢ Mt. 24 24. — Christus, *pass.* Hom. Ox. 95 9 16. 20. 62 10. 14. Hymn. Anecd. 111 4. Alibi.

*ܡܫܝܚܘ. emph. ܡܫܝܚܘܬܐ. *f.* — χρῖσμα Ex. 40 15.

ܡܫܚ II. *Pe.* Pf. 3. — mensus est Js. 40 12.

*ܡܫܚܐ. C. suff. ܡܫܚܬܗ. *m.* — mensura Lit. 705 9.

[ܡܫܚܬܐ ἡ κάμπη: Hanc vocem Jo. 1 4 sub ܡܫ . . . latere suspicor; cf. Peš.].

---

*ܡܫܟ. ܡܫܟ (*pass.*), ܡܫܟ Mt. 3 4 B. Mc. 1 6 C. C. suff. ܡܫܟܗ Job. 16 15. Pl. abs. ܡܫܟܝܢ (sic!) Hebr. 11 37. *m.* — cutis, ll. cc., Gen. 3 21. Vit. Anton. S. F. 90 8.

---

*ܡܫܟܢ. Ptc. act. ܡܡܫܟܢ — pignoratus est Job. 22 6.

ܡܬܠܝ N. pr., v. ܡܬܝ.

ܡܬܬܘܣ N. pr. Μαθθαῖος (vel potius ex hac forma decurtatum) Anecd. 130 10. 132 ult. Lit. 704 2. Cf. ܡܬܝ.

ܡܬܘܫܠܚ N. pr. Μαθουσαλα (Peš. ܡܬܘܫܠܚ) Luc. 3 37.

ܡܬܚ *Pe.* ܡܬܚ. 1. ܡܬܚܬ — *1.* tetendit, expandit *coelum* Hom. Anecd. 197 16 (cit. Job. 9 8), *mare* Lit. 704 17. *2.* intendit *arcum* Zach. 9 13.

Ithpe. Ptc. ܡܬܡܬܚ — tensum est *rete* Prov. 1 17.

ܡܬܝ, vid. ܐܡܬܝ.

ܡܬܝ (cf. Lidzbarsk. „Ephem.“ 1 213) N. pr. Ματθαῖος Mt. 9 9 C. 10 3 C Anecd. Anecd. 114 17. ܡܬܝ Mt. 9 9 A, *p. o.* B. 10 3 AB. Cf. ܡܬܬܘܣ.

---

*ܡܬܠ. ܡܬܠ Joh. 16 29 Ev. 189 A, ܡܬܠ *pass.* ܡܬܠ Luc. 5 36 Anecd. emph. ܡܬܠܐ A ante Mt. 13 44. 18 23, alibi. Pl. ܡܬܠܝܢ. emph. ܡܬܠܐ Mt. 13 53 A, *p. o.*

pass. [ܡܬܠܐ Luc. 8 10 A: *manus corr. antiqui*, Lag.]. C. suff. ܡܬܠܗ, ܡܬܠܗܘܢ Prov. 1 1 Lect. 87. *m.* — *1.* παραβολή, parabola Ps. 43 15. Prov. 1 6. Mt. 21 33. 22 1. Luc. 8 10 Anecd.; alibi. Creberrime in praescriptis parabolarum. Praeterquam Hom. Anecd. 177 21. *2.* παροιμία, proverbium Prov. 1 1. Sirac. 18 29. Lect. 24 12. 87 12. 96 1. 103 12. *3.* μῦθος Tit. 1 14, cf. Js. 8 19.

ܡܬܬܢ N. pr. Μαθθαν (Peš. ܡܬܢ) Mt. 1 15 A; *p. o.* BC.

ܢ

ܢܓܝ N. pr. Ναγγαι (cf. „Ephem." ed. Lidzbarski 1 213; Peš. ܢܓܝ) Luc. 3 25 B (C om.).

ܢܐܝܢ N. pr. l. Ναϊν (Peš. ܢܐܝܢ) Luc. 7 11 A, *p. o.* BC; ܢܐܝܢ Anecd.[2]

*ܢܒܝ. ܢܒܝ Dt. 13 1 *et pass. al.*, ܢܒܝ Mt. 10 41 B. 13 57. 21 26; al. [ܢܒܝ, forma contaminata, Joh. 7 52 D]. emph. ܢܒܝܐ Mt. 2 15 A, ܢܒܝܐ A *pass.*, *p. o.* al. C. suff. ܢܒܝܗ. pl. *a)* ܢܒܝܝܢ Mt. 23 34 A Anecd. 24 11 Ev. 92 A. 24 A Dam. Luc. 10 24; ܢܒܝܢ ll. cc. BC. emph. ܢܒܝܐ (A), ܢܒܝܐ *pass.* (e. g. Mt. 7 12 C. 15 C. 23 29 sq. Anecd. 2 Petr. 3 2), ܢܒܝܐ paene constanter BC (Mt. 5 12. 17 sq. 11 13; al.). Rom. 1 2. 3 21. Eph. 2 20. Hebr. 1 1. 11 32. Lect. 19 14. *b)* ܢܒܝܐܝܢ Mt. 24 11 Ev. 160 A, ܢܒܝܐܢ ib. BC, Ev. 92 B; v. 24 B. emph. ܢܒܝܐܝܐ Hom. Anecd. 174 27. 189 9. 191 21, ܢܒܝܐܝܬܐ Lit. 698 6. *m.* — propheta, ll. cc. et pass. V. et N. T.; praeterquam Anecd. 106 16. Hom. Ox. 962 15. 693. Hom. Anecd. 171 *pass.* 175 2. 180 18. 204 19. 205 24. Hymn. Anecd. 111 6. 22. 112 3. 6. Lit. Dam. I fol. 1v.

ܢܒܝܬܐ *f.* — prophetissa Luc. 2 36 C [AB ܢܒܝܬܐ, num fort. ܢܒܝܬܐ?].

ܢܒܝܘ *f.* — prophetia Rom. 12 6. 1 Cor. 13 2. [Incertum ܒܢܒܝܘܬܐ Sirac. 46 1: ἐν προφητείαις].

Ithpa. ܐܬܢܒܝ. pl. ܐܬܢܒܝܘ Mt. 11 13 AC, B. Impf. pl. ܢܬܢܒܘܢ Act. 2 17 sq. [Hom. Anecd. 204 17]. Imp. ܐܬܢܒܝ. Ptc. act. ܡܬܢܒܐ — vaticinatus, prophetatus est, ll. cc., Mt. 26 68. Luc. 1 67. Joh. 11 51. Hom. Anecd. 191 19. 204 17 (cit. Jo. 2 28). Hom. Ox. 962 17. [De ܡܬܢܒܝܢ 2 Tim. 2 9 vid. *ܢܒܥ].

ܢܒܘ N. pr. Ναβαυ (Peš. ܢܒܘ) Js. 15 2.

ܢܒܝܘܬ N. pr. Ναβαιωθ Js. 60 7. Requiro ܢܒܝܘܬ (sec. Peš.).

ܢܒܘܟܕܢܨܪ N. pr. Nebukadnezar (ut Peš.) Hom. Anecd. 206 20. [Jer. 39 1].

*ܢܒܙ (talm., samar. נִבְזָא „sors". Sitne derivatum a rad. נבז = نبذ itaque ergo hebr. originis, an depravatum ex נפץ — cf. syr. ܦܨܐ, ܦܣܐ — ignoro. Praeterquam fort. comparandum נבז „apocha" [?], quod in papyro aram. in Proceed. Soc. Bibl. Arch. 1903, p. 205, lin. 6 legitur). ܢܒܙ Mt. 27 35 A, *p. o.* al. emph. ܢܒܙܐ. C. suff. ܢܒܙܗ. Pl. ܢܒܙܝܢ Luc. 23 34 A, *p. o. pass.* C. suff. ܢܒܙܝܗܘܢ Jer. 12 13 (cf. GGA 1901, p. 205 sq.). *m.* — sors (κλῆρος) ll. cc., Jon. 1 7. Ps. 21 19. Prov. 1 14. ܪܡܘ ܢܒܙ (ܢܒܙܝܢ) ܥܠ sortem iecerunt super Jo. 3 3. Mt. 27 35. Mc. 15 24. ܐܬܡܢܝܢ ܒܢܒܙܐ ἐκληρώθημεν Eph. 1 11.

ܢܒܙܝܗܘܢ Col. 1 12 ὁ κλῆρος αὐτῶν. Vix vere traditum.

ܢܒܥ *Pe.* ܢܒܥ. Impf. ܢܒܥ Lit. 704 18. — prorupit, *a*) scaturivit l. c. *b*) germinavit Lit. 706 3.

ܡܒܘܥ Joh. 4 14 A, *p. o.* C, al. emph. ܡܒܘܥܐ Mc. 5 29 A, per ܦ scr. Joh. 4 6; ܡܦܘܥܐ Mc. l. c. B. C. suff. ܡܒܘܥܗ Joh. 4 6 (A). pl. ܡܒܘܥܝܐ Gen. 7 11, al. *m.* — fons, ll. cc., Gen. 2 6. 8 2. Js. 12 3. 35 7. Jo. 3 18. Joh. 4 12. Lit. 705 14. 706 10. Lit. Dam. I fol. 2ᵛ.

ܢܓܕ *Pe.* ܢܓܕ; etc. Impf. ܢܢܓܕ, ܝܢܓܕ; etc. Ptc. act. ܢܓܕ; etc. — *1. tr.* traxit Gen. 19 10. [Jer. 14 6]. Luc. 14 5. Joh. 6 44. 12 32. 21 6. 11. Act. 16 19. Vit. Sct. cod. ms. (*bis*). Sequ. ܒ instr. (*serrā*) Js. 10 15 (gr. ἕλκοντος αὐτόν). *2. intr.* fluxit Dt. 11 9. Js. 44 4. Jo. 3 18 (*bis*). Joh. 7 38. Lit. 705 1. ܢܓܕܐ ܚܒܠܐ εἱλκωμένος Luc. 16 20; ܢܓܕܐ ܕܡܐ αἱμοῤῥοοῦσα Mt. 9 20; *terra* ܢܓܕܐ ܚܠܒ ܘܕܒܫ ῥέουσα γάλα καὶ μέλι Num. 13 28.

*ܢܓܘܕ (ܢܓܘܕ). pl. cst. ܢܓܘܕܝ Mt. 23 16 A. c. suff. ܢܓܘܕܝܟܘܢ 23 24, ܢܓܘܕܝܗܘܢ v. 16 Anecd. *m.* — dux, ll. cc.

*ܢܓܕ. C. suff. ܢܓܕܗ (A, *p. o.* cett.). *m.* — profluvium, profusio (ῥύσις) *sanguinis* Mc. 5 25. Luc. 8 43. 44.

*ܢܓܘܕ. pl. abstr. ܢܓܘܕܝܢ. C. suff. 3. *m.* (?) ܢܓܘܕܝܗ Gal. 6 17. *m.* — plagae, verberatio (μάστιξ, μάστιγες) Js. 50 6 (cf. ZDMG 53 712 ult.). Ps. 37 18. 90 10. Hebr. 11 36; στίγματα Gal. 6 17.

ܢܓܘܕܐ *f.* (nom. unit.) Job. 21 9. C. suff. 3. *f.* ܢܓܘܕܬܗ Mc. 5 29 C, ܢܓܕܬܗ A, ܢܓܕܬܗ B. Pl. ܢܓܘܕܬܐ Luc. 7 21 AC, ܢܓܕܬܐ B. C. suff. ܢܓܘܕܬܗܘܢ Act. 16 33 (Lit.). — plaga, ll. cc. (Luc. l. c. Anecd. ܪܘܚܝܢ).

Ithpe. Ptc. act. ܡܬܢܓܕ — tractus est Jer. 11 19.

Pa. ܢܓܕ (Mt. 27 26 Ev. 201 A, *p. o.* al.). C. suff. ܢܓܕܗ Joh. 19 1. Impf. pl. ܢܢܓܕܘܢ; etc. Ptc. act. pl. ܡܢܓܕܝܢ Mc. 10 34. — verberavit, ll. cc., Mt. 10 17. 23 34. Act. 16 22. 23.

---

*ܢܓܗ *Pe.* Ptc. act. ܢܓܗ Mt. 28 1 A, *p. o.* B. [C ܢܓܗܐ!] — illucescit l. c.

---

*ܢܓܠ. *ܢܓܠ. pl. ܢܓܠܐ. C. suff. ܢܓܠܝܗܘܢ. *f.* (?) — falx Jo. 3 10. 13.

ܢܓܣ (cf. *ܓܣ. Nöldeke ZDMG 54 162) *Pe.* ܢܓܣ; etc. Impf. 3. ܢܢܓܘܣ Luc. 17 8 C. Imp. ܢܓܘܣܘ Joh. 21 12 A, ܢܓܣܘ BC. — coenavit, ll. cc., Joh. 21 15. 1 Cor. 11 25.

Aph. Impf. 3. ܢܢܓܣ Luc. 11 37. 1. ܐܢܓܣ Luc. 17 8 A, *p. o.* C. pl. 1. ܢܢܓܣ Joh. 21 5 A, *p. o.* BC. — *i. q. Pe.*, ll. cc.

---

*ܢܓܪ. *ܢܓܪ (נַגְּרָא). emph. ܢܓܪܐ. *m.* pl. ܢܓܪܝܢ, ܢܓܪܝܐ; c. suff. 3. *f.* ܢܓܪܝܗ — obex Ex. 26 27 sqq. Jon. 2 7. Hom. Ox. 96 1 10.

*ܢܓܪ. emph. ܢܓܪܐ (נַגָּרָא) — faber lignarius Mt. 13 55. Act. Andr. et Matth. fol. 1ʳ.

---

*ܢܕ (cf. *ܢܘܕ) *Pa.* Ptc. act. pl. ܡܢܕܕܝܢ — commovit *caput* Mc. 15 29 C.

ܢܕܒ N. pr. Nadab Ex. 28 1.

---

*ܢܘܡ (= *ܢܘܡ) *Pe.* pl. 3. *f.* ܢܡܝ — dormivit Mt. 25 5 Ev. 96 C (si vere est traditum; cett. habent ܢܡܘ).

---

*ܢܘܪ I. *Pe.* Pf. pl. ܢܗܪܘ Mt. 17 2 A (cf. *Aph.*). Impf. 3. ܢܢܗܪ. Imp. *f.* ܢܗܪܝ. Ptc. act. pl. ܢܗܪܝܢ — luxit, l. c., Js. 60 1 (*bis*). 2 Cor. 4 6.

ܢܘܗܪ Mt. 4 16 A *bis*, ܢܘܗܪ Joh. 11 10 A; *p. o. pass.*, ܢܗܪ Luc. 2 32 B. emph. ܢܘܗܪܐ (Mt. 17 2 A) s. ܢܗܪܐ (Luc. 12 3 A, al.). C. suff. ܢܘܗܪܗ, ܢܘܗܪܗ Hom. Anecd. 198 26. [ܢܘܗܪܗ Luc. 23 44 A *corr.*]; etc. ܢܘܗܪܟܘܢ Luc. 14 B. ܢܘܗܪܟܘܢ Mt. 5 16 C. Pl. ܢܘܗܪܝܢ Gen. 1 14. emph. ܢܘܗܪܝܐ ib. 16. *m.* — lux, lumen, ll. cc., Gen. 1 3 sqq. 15 sq. Ex. 10 23. Js. 9 2. 10 17. 42 6. 53 11. 60 1. 3. 19. Jer.

3835. Am. 89. Jo. 210. 315. Ps. 898. Eccl. [117.] 122. Mt. 416. 514. 2429. Luc. 232. 816. 1133. Joh. 14sqq. 319sqq. 812. 119. Col. 112. Hymn. Anecd. 1119. Hom. Anecd. 18425. S. F. 722sq. Lit. 70119. 70721. Lit. Dam. I fol. 1r. Alibi.

ܢܗܝܪ Mt. 622A, ܢܗܪ B. *f.* ܢܗܝܪܬܐ. pl. *m.* ܢܗܝܪܝܢ Vit. Anton. S. F. 9013 (sic ipse cod.), ܢܗܪܝܢ Hom. Anecd. 18122. — lucens, lucidus, ll. cc., Jo. 211. 31. Mt. 175AB. Luc. 1136. Hom. Anecd. 20521. Lit. Dam. IIv = Anecd. 112 paen. (ubi leg. ܗܘܐ ܢܗܝܪ ܘܡܢܗܪ). Cf. ܢܗܘܪ.

ܢܗܝܪܐܝܬ Luc. 1619AB, ܢܗܝܪܝܬ C. *adv.* — splendide, l. c.

*ܢܗܝܪܘ (samar., syr.) *f.* c. suff. ܢܗܪܘܬܗ 2Cor. 4[4]. 6. — illuminatio.

ܢܗܘܪ — lucens, lucidus Mt. 622C. 175C. Cf. ܢܗܝܪ.

Ithpa. ܐܬܢܗܪ; etc. Impf. pl. ܢܬܢܗܪܘܢ — illuminatus est Eph. 118. Hebr. 64. 1032. Hom. Anecd. 1847. Hymn. Lect. 13812.

Aph. ܐܢܗܝܪ (Act. 1629); etc. Impf. 3. ܢܢܗܪ. pl. 1. ܢܢܗܪ Stud. Sin. 111472. Imp. ܐܢܗܪ; etc. Ptc. ܡܢܗܪ, ܡܢܗܝܪ; etc. — *1.* illuminavit Gen. 114sq. 17. Ps. 124. Lit. Dam. IIIr. *2.* incendit Act. 1629. S. F. 1082. *3. intr.* luxit Mt. 515sq. 1443. 172C. Luc. 29. 1136. Joh. 15. 9. 535. 2Cor. 44. Lect. 1365. Vit. Anton. Stud. Sin. l. c. (c. ܠ p., = φᾶναι [φαείνειν] Migne, P. Gr. 26900C).

ܡܢܗܪܐܝܬ (i. e. מְנַהֲרָאִית) *adv.* — splendide Hymn. Lect. 13817.

---

*ܢܗܪ II. ܢܗܪ Gen. 210. emph. ܢܗܪܐ; c. suff. ܢܗܪܗ. Pl. ܢܗܪܝܢ. emph. ܢܗܪܝܐ. *m.* — flumen, fluvius, Gen. 210. 13sq. Dt. 1124. Js. 1115. 432. 19sq. Am. 95. Jon. 24. Mt. 36. 725. 27. Mc. 15. 9. Joh. 738. Lit. 69616 (cit. Ps. 6410) et saepius. Act. Sct. ZDMG 5626014.

ܢܩܒ *Pe.* ܢܩܒ (A ܢܩܒ Joh. 1934 Ev. 238, ܢܩܒ Ev. 207A, al.), pl. ܢܩܒܘ, ܢܩܒܘ (Joh. 1937 Ev. 207B), ܐܢܩܒܘ(ܕ) ib. Ev. 207C. — fodit, transfodit Mt. 2749. Joh. 1934. 37.

---

*ܢܘܕ. *Aph.* Ptc. act. pl. ܡܢܝܕܝܢ. Inf. ܐܢܕܐ (sic) Ps. 4315. — commovit *caput* l. c., Mt. 2739. Mc. 1529AB. Cf. *ܢܕ.

---

*ܢܘܚ. *Pe.* Pf. pl. ܢܚܘ. Impf. ܢܢܘܚ — quievit, remisit Gen. 811. Js. 1025. Sirac. 467.

ܢܝܚ, *f.* ܢܝܚܐ — lenis, tolerandus Mt. 95. 1015. 1924 (Anecd. om.). Mc. 29. Luc. 528. 1012. 1825C.

ܢܝܚ Mt. 1129A, ܢܝܚ B, al. emph. ܢܝܚܐ, ܢܝܚܐ. C. suff. ܢܝܚܗ; etc. *m.* — requies, remissio Gen. 89. Job. 2113. Mt. 1129 (C om.). Hebr. 43a. Hom. Anecd. 19911. Act. Philem. Anecd. 1699; ܠܡܥܠ ܢܝܚܝ εἰς τ. κατάπαυσίν μου Hebr. 43b. ܒܢܝܚ leniter Vit. Sct. cod. ms. (*bis*).

*ܢܝܚܐ. emph. ܢܝܚܬܐ (A). C. suff. 3. *m.* ܢܝܚܬܗ. *f.* — mansio Js. 1110 (Lect.). Joh. 1423AB.

*ܡܢܚܐ *f.* (assyr. *manāḫtu*) Pl. ܡܢܚܝܢ, ܡܢܚܝܢ (المنال) Ev. 182C. — mansio Joh. 142.

Aph. Ptc. act. ܡܢܝܚ Mt. 1128; pl. ܡܢܝܚܝܢ Hom. Anecd. 1772. — requiescere fecit, refocillavit, ll. cc.

Ittaph. ܐܬܬܢܝܚ (Gen. 22sq., al.). Impf. ܢܬܬܢܝܚ Luc. 106A, ܬܬܢܝܚ Hymn. Anecd. 11120; etc. Imp. f. ܐܬܬܢܝܚܝ Luc. 1219A, *p. o.* B, ܐܬܬܢܝܚ C; etc. Ptc. act. *f.* ܡܬܬܢܝܚܐ (Eccl. 710). — requievit Gen. 22sq. Js. 116 (Anecd.). Mt. 2645. Luc. 1219. 1625C (ܡܬܬܢܝܚ παρακαλεῖται, ut Peš. AB ܡܬܒܝܐܝܢ); c. ܥܠ l. Ex. 1014. Js. 112. Luc. 106. Hom. Ox. 9595. 17; ܒ l. Eccl. 710. Luc. 1329. Hymn. Anecd. 11120. Sequ. ܡܢ p.: otium habuit ab aliquo Job. 2134.

ܢܘܚ (A ܢܘܚ Mt. 2437sq.) N. pr. Noah Gen. 69; *pass.* Mt. l. c. Luc. 336. Hom. Ox. 956–59 *pass.*

*ܢܘܛܐ. (cf. Krauss. 2 355). pl. ܢܘܛܝܢ. *m.* — ναύτης, nauta Act. Adrian. fol. 3v.

---

*ܢܘܡ. (cf. ܢܘܡ) *Pe.* pl. 3. *f.* ܢܡܝܢ Mt. 25 5 A, *p. o.* al. — dormivit, l. c.

ܢܘܡܦܐܣ N. pr. Νυμφας Col. 4 15. Sed lectio est incerta, cf. Stenning. i. l.

ܢܘܢ Mt. 7 9 A. 10 Ev. 135 C, al. emph. ܢܘܢܐ [ܢܘܢܐ Mt. 17 27 BC]. pl. ܢܘܢܝܢ Mt. 4 18 A, *p. o.* al., ܢܘܢܝܢ Mt. l. c. C. emph. ܢܘܢܐ. C. suff. 3. *m.* ܢܘܢܘܗܝ Gen. 1 26, al. *m.* — piscis, ll. cc., Gen. 1 28. 9 2. Mt. 14 17. 19; al. Hom. Ox. 9 72—75 *pass.* Hymn. Lect. 139 15.

ܢܘܢ N. pr. Nun, Josuae pater, Sirac. 46 1.

---

*ܢܘܣ (cf. Krauss. 2 355) [Joh. 8 20 C leg. ܢܘܣܐ]. emph. ܢܘܣܐ Mt. 23 35 A1. 24 1 A1, al.; *p. o. pass.* ܢܘܣܐ Jon. 2 5. 8. Mt. 21 12a A. 14 sq. et 23 A. Mc. 13 1, al. [Perperam ܢܘܣܐ Joh. 2 21 AC]. C. suff. ܢܘܣܗ; ܢܘܣܗ Mt. 26 61 Ev. 180 A, *p. o.* ib. Anecd. — Pl. c. suff. ܢܘܣܝܗܘܢ Jo. 3 5. *m.* — ναός templum, Hom. Anecd. 195 4. Est non modo pro ναός: Jon. 2 5. 8. Ps. 44 16. Mt. 23 16 sq. Mc. 15 29. Luc. 1 9. Joh. 2 21. Eph. 2 21, alibi, sed etiam pro ἱερόν: Mt. 4 5. 21 12. 14 sq. 23. 24 1. 26 55. Mc. 12 35. 13 1. 3. Luc. 2 27. 37. 46. 18 10. 19 45. 47. Joh. 8 20, alibi; Hom. Anecd. 190 26 (cf. Luc. 2 27). Act. Andr. et Matth. fol. 1r. 1v. ܢܘܣܐ ܕܒܝܬ τὸ ἱερόν Joh. 2 14.

---

*ܢܘܪ. ܢܘܪ (Joh. 21 9 A, *p. o.* Act. 2 3). emph. ܢܘܪܐ; ܢܘܪܐ Luc. 3 9 A *cod.*, ܢܘܪܐ Js. 9 5. *f.* et *m.* (Lit. Dam. I fol. 1v, et cf. varias lect. Luc. 3 17). — ignis, ll. cc., Gen. 19 24. 22 6 sq. Ex. 9 23 sq. Mt. 3 10, *et pass.* V. et N. T. Hom. Anecd. 171 19. Hymn. Anecd. 113 12. Hom. Ox. 95 8 16.

*ܡܢܪܐ *f.* emph. ܡܢܪܬܐ — candelabrum Ex. 26 35. Mt. 5 15. Luc. 8 16. 11 33 A.

*ܢܙܠ. ܡܙܠܐ (*maqṭāl*, pl.; cf. mand. מאנזאלאתא, hebr. מַזָּלוֹת, etc. Schrader K. A. T.3 628; ܡܙܠܬܐ, ܡܙܠܐ) 2 Petr. 3 10. C. suff. 3. *m.* ܡܙܠܘܗܝ Col. 2 20, ܡܙܠܘܗܝ Gal. 4 3, ܡܙܠܘܗܝ Col. 2 8. *m.* — elementa *mundi* (στοιχεῖα), ll. cc.

[ܢܙܐ, ܢܙܠܗ S. F. 107 2. 6 vox male exarata. Quomodo corrigenda sit, mihi non liquet].

ܢܨܪܬ N. pr. Nazareth (cf. Dalm. Gramm. p. 119, n. 1) *pass.* ܢܨܪܬ A: Mt. 2 23, 21 11, Luc. 2 4, 4 16; ܢܨܪܬ C: Luc. 2 4 et Joh. 1 46 Ev. 137; ܢܨܪܬ Mc. 1 9 A, *p. o.* A: Luc. 1 26. Joh. 1 45 Ev. 137. [ܢܨܪܬ v. 46 Ev. 137 A]. ܢܨܪܬ (ܬ = ة) Luc. 4 16 BC.

ܢܨܪܝ (*Nisba*) Mt. 2 23. emph. ܢܨܪܝܐ A: Mc. 16 6 Ev. 217, Luc. 4 34, Joh. 18 5. 7; *p. o.* Mt. 26 71 Ev. 196 C. Mc. 16 6 Ev. 19 A, Ev. 217 C, Anecd. Luc. 18 37 A. 24 19 A; ܢܨܪܝܐ Mt. 26 71 Ev. 181 A, *p. o.* 26 69 Ev. 196 C. 71 B, Ev. 181 C. Mc. 16 6 B, Ev. 19 C. Luc. 4 33 BC. 18 37 BC. 24 19 BC. Joh. 18 5 et 7 BC. 19 19. Act. 2 22. — Ναζωραῖος Nazarenus, ll. cc.

ܢܚܘܡ N. pr. Ναουμ (Peš. ܢܰܚܘܡ) Luc. 3 29 (25) C, ܢܚܘܡ v. 25 B.

ܢܚܘܪ N. pr. Ναχωρ (Peš. ܢܳܚܘܪ) Luc. 3 34 B, ܢܚܘܪ C.

---

*ܢܚܠ I. ܢܚܠ, emph. ܢܚܠܐ *m.* — cineres *et* fuligo (Comparetur duplex significatio vocabulorum ܚܘܡܛܐ et ܚܡܝܪܐ, ܚܡܝܪܐ, itidemque voc. ضِبْح — cf. v. Kremer, Beitr. z. arab. Lex. i. v. — Videas etiam verss. Peš. et aethiop. Ex 9 8); est = σποδός Gen. 18 27. Js. 61 3. Jon. 3 6. Hebr. 9 13; αἰθάλη Ex. 9 8. 10.

---

*ܢܚܠ II. ܢܚܠ *pass.*, ܢܚܠ Luc. 3 5 B. emph. ܢܚܠܐ Joh. 18 1 A, *p. o. pass.* pl. ܢܚܠܝܢ Js. 11 15. emph. ܢܚܠܝܐ. *m.* — vallis, *wādī*, ll. cc., Num. 13 24. Js. 8 14. 10 29. 35 6. 40 4. Jer. 38 40. Jo. 3 2. 12. 14.

18. Job. 21 33. Joh. 18 1 (Anecd. ܢܚܡܐ). Lit. 697 7 (cit. Ps. 64 14). 706 11. 18.

***ܢܚܡ** (De significatu Dalman, Worte Jesu 1898, p. 71 sq. disputat contra Schwall. Idiot. p. 54 sq. Verbo edess. ܒܝܐ „consolatus est" a Schwallyo laudato adde ܒܘܝܐܐ (sic) „consolatio" apud Antonium Rhetor., in cod. manu scr. Gotting. fol. 15ᵇ). *Pa.* Impf. 1. ܐܢܚܡ; etc. Imp. pl. ܢܚܡܘ, ܢܚܡܘܢ Js. 35 4. Ptc. act. ܡܢܚܡ; etc. — παρακαλεῖν, *a*) excitavit, incitavit Hebr. 10 25. *b*) consolatus est Js. 10 32. 35 4. 40 1 sq. 11. 61 3. Job. 21 34. Rom. 12 8. 1 Thess. 4 1. 18. Tit. 2 15. Παραμυθεῖσθαι Joh. 11 19. 31, cf. Hom. Anecd. 203 26.

ܡܢܚܡܢ Joh. 14 16 A, *p. o.* 16 7 Ev. 55 B; ܡܢܚܡܢܐ 14 16 Ev. 184 C. emph. ܡܢܚܡܢܐ. pl. ܡܢܚܡܢܝܢ Job. 16 2. — consolator, ll. cc., Joh. 14 26. 15 26. Lit. 695 12. Lect. 138 13.

ܬܢܚܘܡܝܢ (pl. abstr.) Jer. 38 9 (cf. GGA 1901, p. 206). Job. 21 2. emph. ܬܢܚܘܡܐ [ܬܢܚܘܡܐ Luc. 2 25 A]. *m.* — consolatio, ll. cc., Luc. 2 25. Rom. 12 8. 15 4. Phil. 2 1. Col. 3 12. Lit. 704 13.

Ithpa. Impf. 3. *f.* ܬܬܢܚܡ; etc. Ptc. ܡܬܢܚܡ — consolationem accepit Mt. 2 18. 5 5. Luc. 16 25 AB (C ܡܬܢܚܡܝܢ). Eph. 6 22.

[ܐܬܢܚܡܘܬܐ Js. 43 20 Lect. 36: vid. *ܢܚܡ.]

***ܢܚܫ** I. ܢܚܫ (נְחֹשֶׁת). emph. ܢܚܫܐ, ܢܚܫܐ Hom. Anecd. 174 2. *m.* — aes, l. c., Js. 60 17 (*bis*). Mt. 10 9. Mc. 12 41. 1 Cor. 13 1.

***ܢܚܫ** II. *Pa.* Ptc. act. pl. ܡܢܚܫܝܢ — artes magicas coluit Hom. Anecd. 199 ult.

ܢܚܫܘܢ N. pr. Ναασσων (Peš. ܢܚܫܘܢ) Mt. 1 4 A, *p. o.* BC, Luc. 3 32 BC.

ܢܚܬ *Pe.* ܢܚܬ (A: Mt. 28 2, al.). 1. ܢܚܬܬ (Joh. 6 41 A); pl. ܢܚܬܢܢ, ܢܚܬ Luc. 9 37 C. Impf. ܝܚܘܬ (A: Mc. 15 32, Joh. 4 47, al.); etc. pl. ܝܚܘܬܘܢ Ex. 11 8. Imp. ܚܘܬ (Mc. 15 30 A, al.). Ptc. act. ܢܚܬ, ܢܚܬ (sic leg. Luc. 10 31 C); *f.* ܢܚܬܐ Joh. 1 32 Ev. 4 B; etc. — descendit, ll. cc., Gen. 18 21. Dt. 10 22. Js. 42 10. Jon. 1 3. 2 7. Ps. 29 4. 48 18. Job. 17 16. Mt. 7 25. 27. Luc. 4 31. Rom. 10 7. Alibi. Hom. Ox. 9 58 15. 61 5. 65 6. 72 4. Lit. Dam. I fol. 1ᵛ.

(*ܡܚܬܐ s.) ܡܚܬܢ. emph. ܡܚܬܢܬܐ. *f.* — locus ubi descenditur Sirac. 46 6. Luc. 19 37 (A om.).

Aph. ܐܚܬ, ܐܚܬ Mc. 15 46 B, Ev. 207 C. C. suff. 3. *m.* ܐܚܬܗ l. c. Anecd. 14 3. 2. *m.* ܐܚܬܬ Js. 9 3. 1. ܐܚܬܬ; etc. Impf. 2. ܬܚܬ, ܬܚܬ; etc. Ptc. act. pl. f. ܡܚܬܢ. — deduxit, dempsit, ll. cc., 3 Rg. 2 14. Js. 63 3. 6. Jo. 3 2. Ps. 55 8. Luc. 5 11. 19. Hom. Anecd. 175 25 (cit. Prov. 5 5).

***ܢܛܠ**. *Aph.* ܐܛܠ Mt. 17 7 A, *p. o.* C. Luc. 7 14 C. [ܐܛܠ utroque loco B]. 3. *f.* ܐܛܠܬ Mt. 9 20 A, *p. o.* al. [ܐܛܠܬ Luc. 8 44 B]. — tetigit, sequ. ܠ Mt. 9 20. Luc. 7 14. 8 44; ܒ Mt. 17 7.

***ܢܛܦ** *Pe.* — destillavit Ex. 9 33.

***ܢܛܦ**. emph. ܢܛܦܐ. pl. ܢܛܦܐ. *m.* — gutta, Js. 40 15. Lit. 697 1 (cit. Ps. 64 11).

Pa. Impf. pl. ܢܢܛܦܘܢ. Ptc. pass. ܡܢܛܦ destillare fecit Jo. 3 18. Am. 9 13. Hom. Anecd. 176 6 (cit. Prov. 5 3). 19. 177 7.

ܢܛܪ *Pe.* (Quot formae coniugationi *Pa.* adscribendae sint, non satis constat). Pf. 1. ܢܛܪܬ Mt. 19 20, al. pl. ܢܛܪܢܢ Js. 42 20. Impf. 3. ܢܛܪ Act. 16 23 cod. manuscr. (sed Lit. ܢܢܛܪ *Pa.*). 2. ܬܛܪ Joh. 12 7 A, *p. o.* BCD. pl. 2. ܬܛܪܘܢ Joh. 15 10 Ev. 136 A, *p. o.* BC. Imp. ܛܪ Mt. 19 17 C Anecd., ܛܪ ib. B. Dt. 12 28; al. Ptc. act. ܢܛܪ Joh. 8 55, al. *f.* Luc. 2 19. 51. pl. *m.* ܢܛܪܝܢ Jon. 2 9, al. Pass. ܢܛܝܪ Lit. Dam. I fol. 1ᵛ. Inf. ܡܛܪ(ܠ) Ex. 16 34. — observavit, custodivit, ll. cc., Gen. 3 15. 18 19. Eccl. 11 4. 2 Tim. 1 14; alibi. Hom. Anecd. 207 16 (cit. Ps. 15 1).

ܢܛܘܪ (ܢܛܘܪ), emph. ܐ—. *m.* — custos Act. 16 23. 27.

ܡܛܪܬܐ (מַטְּרְתָּא, מַטְּרָא) Mt. 24 43 Anecd., Ev. 163 C, ܡܛܪܐ ib. A². emph. ܡܛܪܬܐ Mt. 14 25 AC, al.; per ܛ scr. Luc. 12 38 C. ܡܛܘܪܬܐ Mt. 24 43 Ev. 163 B (vix recte), *p. o.* 14 25 B. Luc. l. c. B. C. suff. 3. *m.* ܡܛܪܬܗ Luc. 2 8 AC. Pl. c. suff. ܡܛܪܬܗ Dt. 11 1. *f.* — *1.* observatio (φύλαγμα) Dt. 11 1. *2.* vigilia, ll. cc. Hom. Ox. 96 7 13 (cit. Mt. 14 25).

Ithpe. Pf. 2. ܐܬܛܪܬ. Ptc. ܡܬܛܪ; etc. — *1.* cavit *ab aliqua re* (ܡܢ) Sirac. 18 27. *2.* custoditus, servatus est Ex. 9 16. Jer. 39 2. Zach. 11 11. Mt. 9 17. 2 Petr. 3 7. Col. 1 5.

Pa. (Cf. quae ad *Pe.* notavi). Impf. 3. ܢܛܪ Joh. 8 51 A; al.; ܢܛܪ Joh. l. c. Ev. 37 B. *2.* ܬܛܪ, ܬܛܪ (Joh. 17 15 C, sic leg.); etc. pl. ܢܛܪܘܢ Gen. 3 24. Imp. ܛܪ, ܢܛܪ (cf. Joh. 17 11 var. lect.); etc. Ptc. act. ܡܢܛܪ, ܡܢܛܪ Gen. 2 15 Lit.; *pass.* BC. Pass. ܡܢܛܪ, ܡܢܛܪ Luc. 8 29 BC. — custodivit, conservavit, ll. cc., Dt. 10 13. 11 8. 13 4. Js. 60 21. Mc. 3 2. 6 20. Luc. 6 7. 14 1. Joh. 12 47. 14 23 sq., al. 2 Tim. 1 12. Hom. Anecd. 173 25.

ܢܝܠܘܣ N. pr. Nilus flumen, Lit. 68 1. 695 sqq.; ܢܝܠ 705 1. 17. 23. 706 6 sq. Vocativ. ܢܝܠ 696 11. 697 15. 16.

ܢܘܡܘܣ (νόμος, fort. ex analogia vocis ܦܩܘܕ פְּקוֹד in נְמוֹס mutatum. Cf. etiam Fraenkel. ZDMG 52 299, n. 1, Krauss. 2 359 sq.) A: Joh. 19 7, al.; *p. o.* Rom. 3 27, al. ܢܡܘܣ 2 Tim. 2 5 Ox. (si vera est lectio). emph. ܢܘܡܘܣܐ A: Mt. 23 23, Mc. 15 28; *p. o. pass.* ܢܡܘܣܐ (si vera est lectio) Ps. 56 2. Gal. 2 16ᵇ. C. suff. ܢܡܘܣܗ Luc. 2 22 sqq. 3. *f. id.* Rom. 8 2. ܝ— Ps. 118 109, al. ܢܘܡܘܣܝܗܘܢ Joh. 15 25 A, *p. o.* al., ܢܡܘܣܝܗܘܢ ib. C, Ev. 187 B. ܢܡܘܣܟܘܢ A: Joh. 10 34, 18 31; *p. o.* 10 34 B, ܢܡܘ— ib. C; 18 31 BC. Pl. c. suff. 1. ܢܡܘܣܝܢ Tit. 2 14; ܢܝܢ— Ps. 89 8. Lit. 706 23. *m.* — νόμος, lex, ll. cc. et passim V. et N. T. (nonnulla exempla apud Schwally, Idiot. p. 109); praeterquam Hom. Ox. 96 64. Act. Andr. et Matth. fol. 2ᵛ (*bis*). ܟܢܡܘܣ νομίμως 2 Tim. 2 5 Ox., pro quo Lect. habet ܟܢܡܘܣ ܟܕ. — Cf. etiam ܚܕܪ.

ܢܝܢܘܐ N. pr. Ninive Luc. 11 32 A, ܢܝܢܘܐ Jon. 1 2. 3 2 sqq. 4 11. ܢܝܢܘܐ Jon. 3 4 sqq. *ܢܝܢܘܝ. pl. emph. ܢܝܢܘܝܐ Luc. 11 30 A, sed cod. ܢܝܢܘܝ [Anecd. mutil.]. — Ninivita, l. c.

---

*ܢܣܘܢ (? cf. Krauss.-Löw. 2 362 et 73). [ܢܣܘܣܘܢ fort. Hom. Anecd. 192 14, cf. p. 224 part. latin.]. pl. ܢܣܘܢ Jer. 38 10 (ita repono pro ܢܣܘܢܝ). emph. ܢܣܘܢܐ Js. 42 10. 60 9; ܢܣܘܢܬܐ Lit. 705 2 (cf. ZDMG 53 709). *f.* — νῆσος insula, ll. cc.

ܠܢܣܘܢܝܢ Js. 9 12. Lectio vix ferri potest quaerendumque est, utrum ex τοὺς Ἕλληνας (ut LXX perhibent) corrupta sit, an, quod mihi placet, ex ܠܢܣܘܢܝܢ „insulanos“ (τοὺς Φιλιστιειμ, v. Field.).

ܢܝܩܘܕܝܡܘܣ N. pr. Νικόδημος: sic ubique A: Joh. 3 1. 4. 9. 7 50. 19 39; BCD constanter ܢܩܕܝܡܘܣ.

ܢܝܩܘܡܝܕܝܐ N. pr. Νικομεδεία Act. Adrian. fol. 3ᵛ.

ܢܝܪ Js. 9 4. C. suff. 3. *m.* ܢܝܪܗ, 1. ܢܝܪܝ; ܢܝܪ Mt. 11 29 A. *m.* — iugum, ll. cc., Js. 10 27. 14 29. Mt. 11 30. Vit. Sct. cod. ms. (cf. ܥܠܗܘܢ).

[ܢܝܪܐ ignis: leg. ܢܘܪܐ].

ܢܝܪܝ N. pr. Νηρει (Peš. ܢܝܪܝ) Luc. 3 27 B; ܢܝܪܝ C.

*ܢܟܐ. *Aph.* ܐܟܝ, ܐܟܐ. Impf. 3. ܢܟܐ, ܢܟܝ; etc. — laesit, nocuit Mc. 16 18. Luc. 4 35. 10 19.

Ithpa. Imp. ܐܬܢܟܐ 2 Tim. 2 3 (Lect.). Ptc. ܡܬܢܟܐ ib. v. 9. — mala passus est. Ita enim repono priore loco pro ܐܬܢܟܠ — συνκακοπάθησον (quod in Ox. per ܣܝܒܪ ܥܠ ܒܝܫܬܐ redditur) — contra Nestle p. LXXIV —, altero loco (praeeunte Nestle p. XXVIII) pro ܡܬܢܟܠ = κακοπαθεῖν.

ܢܟܘܪ N. pr.: vid. ܢܣܘܪ.

---

*ܢܟܠ. (ܢܟܝܠ s. ܢܟܠ, ܢܟܝܠ (Joh. 1 47 B, Ev. 137 C), ܢܟܠ (Ev. 137 A. Mt. 26 4). emph. ܢܟܠܐ. *m.* — dolus Js. 9 5. 53 9. Ps. 16 1. Mt. et Joh. ll. cc., Hom. Anecd. 194 4.

Pa. Ptc. act. pl. ܡܢܟܠܝܢ — decepit 2 Cor. 4 2.

ܢܟܣ *Pe.* ܢܟܣ, 3. *f.* ܢܟܣܬ; etc. Impf. 3. et 1. ܢܟܘܣ. Imp. pl. ܢܟܘܣܘ Luc. 15 23 A, *voc. o.* B. Ex. 8 25. 28; ܢܟܘܣ Luc. l. c. C. Ptc. act. ܢܟܣ Anecd. 169 6 (sic ipse cod.); pl. ܢܟܣܝܢ. Pass. pl. *m.* ܢܟܝܣܝܢ Mt. 22 4 AC, ܢܟܣܝܢ B. — mactavit, ll. cc., Gen. 22 10. Ex. 8 26. 29. Jon. 1 16. 2 10. Prov. 9 2. Luc. 15 27 (B om.). 30. Joh. 10 10. Act. Philem. Anecd. 169 4 (cf. ZDMG 53 713). 6.

ܢܟܣܐ (נִכְסָה, נִכְסָא) Rom. 12 1; ܢܟܝܣܐ Mt. 9 13 BC (de A vid. not.), al.; ܢܟܝܣܐ Phil. 4 18. emph. ܢܟܣܬܐ *pass.*, ܢܟܝܣܬܐ Hom. Anecd. 173 6. C. suff. ܢܟܣܬܗ ib. 181 26. Pl. ܢܟܣܝܢ Ex. 10 25, al., ܢܟܝܣܝܢ (ܢܟܣܝܢ?) Jon. 1 16. Ps. 49 5. emph. ܢܟܝܣܬܐ Mc. 12 33. C. suff. 3. *f.* ܢܟܣܬܗ Prov. 9 2. 2. ܢܟܣܬܟ Ps. 49 8. *f.* — victima, hostia, ll. cc., Js. 53 7. Jer. 11 19. Ps. 43 23. Mt. 9 13. Mc. 12 33. Luc. 2 24. Rom. 12 1. Phil. 4 18. Hebr. 5 1. Hom. Anecd. 173 6 (cit. Phil. 2 17). 181 23 (cit. Job. 1 5). 26. 205 8 (cit. Hebr. 10 12). Act. Adrian. fol. 2v.

*ܢܟܣ. pl. ܢܟܣܝܢ. *m.* — opes, divitiae Luc. 18 24 A (BC ܢܟܣܝܢ).

[ܢܟܝܣܬܐ Mt. 9 13 A: vid. adnot.].

Ithpe. ܐܬܢܟܣ Hom. Anecd. 172 8. Impf. 3. ܢܬܢܟܣ Luc. 22 7 A, ܢܬܢܟܣ BC. — mactatus est, ll. cc.

---

*ܢܟܪ. ܢܘܟܪܝ Ps. 43 21. Js. 43 12 Lect. 76; ܢܘܟܪܐܝ ib. Lect. 49. emph. ܢܘܟܪܝܐ. Pl. *m.* ܢܘܟܪܝܢ (v. infra), ܢܘܟܪܐܝܢ Jer. 30 8. emph. ܢܘܟܪܝܐ Jo. 3 17, al., ܝܐ— Js. 11 14; ܝ— Job. 17 3. Joh. 10 5 AC, al.; ܢܘܟܪܝܬܐ Js. 14 29. 31; ܢܘܟܪܝܬ Ps. 82 8. Joh. 10 5 B. [ܢܘܟܪܝ Mt. 17 25 B]. — alienus, ἀλλότριος Js. 43 12. Jer. 30 8. Ps. 43 21. Job. 17 3. Mt. 17 25 sq. Luc. 16 12. Joh. 10 5; ἀλλόφυλος Js. 14 29; ἀλλογενής Jo. 3 17. ܒܢܝ ܢܘܟܪܝܐ ἀλλογενεῖς Js. 61 5; ܢܘܟܪܝܝܢ ܒܢܝ 60 10. Cf. etiam ܢܟܪ. 2 Cor. 6 9 ܢܘܟܪܝܢ ܐ pro ἀγνοούμενοι et ܢܘܟܪܝܢ pro ἐπιγινωσκόμενοι aut interpretis errori debentur, aut recentiores corruptelae sunt. — *f.* ܢܘܟܪܝܬܐ scortum (hebr. נָכְרִיָּה) Hom. Anecd. 176 21 [177 2] (cit. Prov. 5 3: πόρνη LXX, sed ἀλλοτρία A, Σ, Θ).

Aph. ܐܟܪ *pass.*, ܐܟܪ Joh. 1 9 BC. 17 25 C, Ev. 58 B; al. 2. ܐܟܪܬ; etc. Impf. ܢܟܪ, ܢܟܪܝ; etc. Imp. pl. ܐܟܪܘ Ps. 45 11. Ptc. act. ܡܟܪ, ܡܟܪܝ; etc. — cognovit, novit, (ἐπι—) γιγνώσκειν, εἰδέναι, ll. cc., Gen. 2 17. 3 7. 22. 19 8. Ex. 1 17. Dt. 11 2. 13 13. 1 Reg. 1 19. Js. 7 15 sq. 9 9. 11 9. 42 25. 43 19. 60 16. 61 9. Jo. 2 27. Jon. 4 11. Ps. 34 11. 81 5. Prov. 1 2. Job. 16 19. Luc. 1 34. 13 25. 27. 19 42. 44. 24 16. Rom. 10 3. 1 Cor. 10 1. 13 2. 2 Cor. 5 16. Eph. 6 22. Col. 1 6. Lit. Dam. I fol. 1r. Hymn. Anecd. 111 11. De aliis locis vid. Idiot. p. 55.

ܐܟܪܘ (inf.). emph. ܬܐ— *pass.* c. suff. ܐܟܪܘܬܗ. *f.* — cognitio (γνῶσις, ἐπίγνωσις) Gen. 2 9. Js. 11 2. Eccl. 7 13. Act. 2 23. Rom. 3 20. 23. 1 Cor. 13 2. Eph. 1 17. 3 19. Phil. 3 8. 10. Col. 1 9. [2 Tim. 2 25]. Hom.

Anecd. 2103. ܒܡܕܥܐ ἐν ἐπιγνώσει Phil. 19, ἐν γνώσει Prov. 96 Lect., εἰς ἐπίγνωσιν Col. 310; ܟܡܕܥܐ κατ' ἐπίγνωσιν Rom. 102.

Ithpa. Impf. 3. *f.* ܬܬܝܕܥ Phil. 45. pl. ܢܬܝܕܥܘܢ Joh. 321; *f.* ܢܬܝܕܥܢ Phil. 46 Dam., [ܢܬܝܕܥܘܢ ib. Lect.] — notus est, ll. cc.

---

*ܢܡܪ. *Pa.* ptc. pass. (talm. מְנַמַּר, samar. מְנַמֵּר Lev. 1919; cf. etiam talm., samar. נמור; mišn. בֵּית נָמֵר Vogelstein, Dissert. p. 59. Edessen. ܢܡܝܪܐ 2Chr. 311 sec. interpret. G. Hoffmann. in ZA 11244. Arab. نُمْرَة, etc.) *f.* ܡܢܡܪܐ — πεποικιλμένη Ps. 4410. 14.

ܢܢܥܢܥ ἡδύοσμος mentha Mt. 23 23 A (Anecd. ܢܢ..). Leg. ܢܢܥܐ (= נַעְנַע).

---

*ܢܣܝܘܢܐ. ܢܣܝܘܢ Mt. 2641 Anecd.[1]. 1 Cor. 1013. emph. ܢܣܝܘܢܐ Mt. l. c. Anecd.[2] [1 Cor. l. c.], ܢܣܝܘܢܐ Luc. 813 Anecd. pl. ܢܣܝܘܢܝܢ Mt. 613C (et sic leg. in A; nam signum ܠܠ saepius occurrens ܢ est), al. ܢܣܝܘܢܝܢ Mt. 613B. emph. ܢܣܝܘܢܝܐ Luc. 2228C, al. [ܢܣܝܘܢܝܐ 813 A: locus syriacus] C. suff. 1. p. ܢܣܝܘܢܝ (sic) Luc. 2228A. *m.* — tentamen, tentatio, ll. cc., Jac. 1 2. 12.

Pa. Pf. 1. ܢܣܝܬ Eccl. 724. Impf. 2. ܬܢܣܐ Mt. 47AC, ܬܢܣܐ Dt. 616. pl. 1. ܢܢܣܐ 1Cor. 109. Ptc. act. ܡܢܣܐ, ܡܢܣܝܢ *pass.* Pass. ܡܢܣܐ Hebr. 415. — tentavit, ll. cc., Gen. 221. Dt. 133. Js. 712. Mt. 193. 2218. 35. Mc. 811. 1215. Luc. 1025. Joh. 66. 86.

*ܢܣܝܘܢ (*qiṭṭūl*) *m.* — tentamen, tentatio Hebr. 1136.

*ܡܢܣܝܢ (ܡܢܣܝܢܐ). emph. ܐ— Mt. 43A (mendose B). pl. c. suff. 3. ܡܢܣܝܢܘܗܝ Job. 1619. — tentator, ll. cc.

Ithpa. ܐܬܢܣܝ, pl. ܐܬܢܣܝܘ. Impf. ܢܬܢܣܐ; etc. Ptc. ܡܬܢܣܐ; etc. — tentatus est Mt. 41. 24. 1715. 1Cor. 1013. Hebr. 218. 1137. Vit. Sct. cod. ms.

ܢܣܒ *Pe.* ܢܣܒ *pass.*, ܢܣܒ A: Mt. 2516 Ev. 165; 2627; al.; sed ܢܣܒ Luc. 525B. C. suff. 3. *m.* ܢܣܒܗ Mc. 733. 3. *f.* ܢܣܒܬܗ Gen. 36. 1. ܢܣܒܬܗ Luc. 1420A, *p. o.* al. pl. ܢܣܒܘ, *f.* ܢܣܒܝ Mt. 253[b] Ev. 95A; 1. ܢܣܒܢܢ Rom. 15; ܢܗ— Joh. 116AC, ܢܗ— B. [ܢܣܒܢ Luc. 55A *corr.*]. Impf. 3. ܢܣܒ A: Mt. 2732 Ev. 201, Mc. 834, Joh. 327; *p. o. pass. al.* ܝܣܒ A: Mt. 2224, 2417, 2732 Ev. 210; ܝܣܒ Mt. 2418A, *p. o.* Gen. 322, et pass. cod. B (e. g. Mt. 2224, Mc. 1524, Luc. 2236); ܢܣܒ A: Mt. 1929, Mc. 1524, Joh. 67. 2. ܬܣܒ, ܬܣܒ (Ex. 289); etc. pl. 1. ܢܣܒ, ܢܣܒ (Prov. 113). Imp. ܣܒ A: Mc. 29. 11, ܣܒܘ v. 9C; ܣܒ A: Mt. 96, Luc. 524; ܣܒ Joh. 58. 11; ܣܒ B: Mc. 29, Luc. 524. pl. ܣܒܘ Mt. 2528 Ev. 95B, Joh. 196 Ev. 237BC; ܣܒܘ *pass.* ܣܒܘܗܝ Joh. 196A (in utraque pericopa). Ptc. act. ܢܣܒ, *f.* ܢܣܒܐ, ܢܣܒܐ Js. 714, Mt. 118 et 23A; etc. Inf. c. suff. ܡܣܒܗ Hom. Anecd. 20017. — *1.* sumpsit, cepit, ll. cc., Gen. 215. 21sq. 89. 20. 1914sq. Ex. 1013. 19. 26. Num. 449. 1321. 24. Dt. 1017. Jo. 29. Jon. 112. 43. Zach. 1113. Ps. 4816. Prov. 97. Mt. 46. 78. 2439 (ἦρεν!). Mc. 211. Luc. 2217. Gal. 314. 1Cor. 924, et passim V. et N. T. Act. Andr. et Matth. fol. 2[v]. — ܢܣܒܬ ܒܟܪܣ concepit utero Vit. Sct. cod. ms.; ptc. ܢܣܒܐ ܒܟܪܣ (ܢܣܒܐ) Js. 714. Mt. 118. 23. Luc. 131 ABC; ܒܟܪܣܗ— Luc. l. c. Dam. *2.* uxorem duxit Mt. 2224. Luc. 1420. *3.* Sequ. اقب alicuius parti favit Js. 914. Ps. 812. Hom. Anecd. 20419. *4.* ܢܣܒ ܘܐܡܪ ad verbum ὑπολαβὼν εἶπεν Luc. 1030; itaque ܐܢ ܕܝܠܗ ܢܣܒ Hom. Anecd. 1875 (cf. Job. 927, ubi LXX ἐὰν εἴπω). Temere ܕܠܐ ܢܣܒ Hebr. 216 pro ἐπιλαμβάνεται.

ܡܣܒ *m.* — captio: Phil. 415 ܡܣܒ ܘܡܬܢ pro δόσις καὶ λῆμψις (*i. e.* מַסַּב וּמַתַּן) commercium (syr. ܡܣܒܐ ܘܡܬܠܐ iud. orig., sicut turc., neosyr. الشى ويرش, Maclean Dict. 13b).

*ܡܣܒܐ f. — ܐܦܝ ܒܡܣܒܐ κατ' ὄψιν (cf. ܢܣܒ 3.) Joh. 7 24 A (p. o. cett.).

Ithpe. ܐܬܢܣܒ; etc. Impf. ܢܬܢܣܒ; etc. Ptc. ܡܬܢܣܒ; etc. [Jer. 39 36 leg. ܡܬܢܣܒܝܢ]. — 1. sumptus est Gen. 2 23. 3 19. 23. 18 4. 19 17. Num. 4 47. Js. 60 4. Luc. 8 18. 10 42. Act. 1 9. Hebr. 5 1. 2. (utero) conceptus est Luc. 2 21. Hymn. Anecd. 111 22.

*ܢܣܟ. *ܢܣܟ (syr. ܢܣܟܐ). pl. ܝܢ—. m. — fusile, simulacrum fusum Js. 42 17. [De ܢܣܟܣܟ Luc. 18 24 vid. rad. *ܢܣܣ].

*ܢܣܪ. ܢܣܪ (מְסָר) Hom. Anecd. 189 2 (sic leg.). emph. ܐ— Js. 10 15. m. — serra, ll. cc.

Ithpe. ܐܬܢܣܪ — serra dissectus est Hom. Anecd. 189 1, ubi leg. videtur ܐܬܢܣܪ ܒܡܣܪ ܐܬܢܣܪ.

*ܐܬܡܣܪ (verb. derivatum a ܡܣܪܐ „serra“. Targ. מְסַר et *Pa.* „dissecuit serrā“. Lectio igitur tuenda est. Ineptit B. Jacob ZDMG 55 594). pl. ܐܬܡܣܪܘ — serra dissectus est Hebr. 11 37.

*ܢܥܡ. ܢܥܡܝܬܐ (נַעֲמִיתָא) pl. emph. f. — ܕܝ ܢܥܡܝܢ struthiocameli Js. 43 20 Lect. 77. [In Lect. 36 corruptum est in ܢܥܡܝܬܐ, quam formam B. Jacob ZDMG 55 143 probat, nescius et librarios et editores multos fuisse in confundendis literis ܥ et ܝ].

ܢܥܡܢ N. pr. Ναιμαν (syr. ܢܥܡܢ) Luc. 4 27.

ܢܥܢܥ. ܢܥܢܥܐ m. — mentha Mt. 23 23; cf. ܢܢܥܐ.

ܢܦܚ *Pe.* ܢܦܚ Joh. 20 22 A, p. o. al. ܢܦܚ (an *Pa.??*) Joh. B. — flavit l. c., Gen. 2 7. Js. 40 7 Lect. 88 (var. lect. ܢܦܚ).

*ܢܦܚܐ. emph. ܬܐ—. f. — respiratio (?) (cod. manuscr.).

Ithpa. Impf. pl. ܢܬܢܦܚܘܢ (sic leg.) Hom. Anecd. 178 18. Ptc. ܡܬܢܦܚܝܢ; etc. — superbiā tumuit, l. c., 1 Cor. 13 4. Col. 2 18.

*ܢܦܠ *Pe.* ܢܦܠ A: Luc. 8 5 sqq., 17 16; al.; 3. f. ܢܦܠܬ; etc. Impf. ܢܦܠ Js. 10 34. Eccl. 11 3. 1 Cor. 10 12; ܢܦܘܠ Am. 9 9. 3. f. ܬܦܠ Ex. 9 19. 2. m. ܬܦܠ Dt. 7 25, ܬܦܘܠ Mt. 4 9 BC, ܬܦܘܠ A. pl. ܢܦܠܘܢ Js. 25 2, al., ܢܦܘܠܘܢ Js. 8 15. 10 4; al., ܢܦܘܠܘܢ Mt. 24 29 BC; etc. [De ܢܦܠ 2 Tim. 2 3 Lect. vid. *ܢܦܠ *Ithpa.*]. Ptc. act. ܢܦܠ; f. ܢܦܠܐ, ܢܦܠܐ Joh. 12 24 Ev. 168 B; pl. m. ܢܦܠܝܢ, ܢܦܠܝܢ Ps. 81 7. — cecidit, ll. cc., Gen. 50 1. Js. 9 10. 10 4. 40 7 Lect. 88 (var. lect. ܢܦܠ). Jo. 2 8. Am. 9 11. Jon. 1 7. Ps. 44 6. 90 7. Mt. 15 27 A. 17 6. 15. 24 29. 26 39. Mc. 5 33. Luc. 1 12. 14 5. Rom. 15 3. 1 Cor. 10 8. Jac. 1 2. Hebr. 4 11. Hom. Anecd. 201 25. Lit. Dam. I fol. 1r. Act. Adrian. fol. 1r.

Ptc. act. ܢܦܠ *impers.*, sequ. ܠ p. et ܕ c. impf.: δεῖ (cf. ZATW 1902 163): Js. 50 4 S. F. Mt. 23 23 A (Anecd. ܡܬܒܥܐ). 25 27. Luc. 2 49. Joh. 3 30. 4 24. Act. 16 30. 2 Petr. 3 11. Rom. 12 3. Eph. 6 20. 1 Thess. 4 1. Hebr. 2 1. 1 Tim. 3 15. 2 Tim. 2 6; ὀφείλει Hebr. 2 17. 5 3.

ܡܦܘܠܐ Luc. 2 34 A, per ܦܘ scr. B, per ܘ C; p. o. Job. 16 14. [ܡܦܘܠܐ Js. 8 14]. C. suff. 3. m. ܡܦܘܠܬܗ Mt. 7 27 A (cf. Peš.). Pl. c. suff. ܡܦܘܠܬܗ Am. 9 11. f. — 1. casus Js. Job. Mt. Luc. ll. cc. 2. ruina Am. l. c.

*ܡܦܘܠܬܐ. emph. ܡܦܘܠܬܐ Lit. Dam. I fol. 2v. C. suff. 3. m. ܡܦܘܠܬܗ Ps. 90 6. Mt. 7 27 B, ܦܘ ib. C. f. — casus, ll. cc.

ܢܦܨ *Pe.* ܢܦܨ A: Mt. 26 75 Ev. 181; Mc. 7 30 sq.; 8 27; semel ܢܦܩ Mt. l. c. Ev. 196. P. o. pass. 3. f. ܢܦܨܬ; etc. pl. 3. m. ܢܦܨܘ Mt. 26 30 AC. 27 32 B. Impf. ܢܦܘܨ Mc. 9 28 A, p. o. Js. 11 1, al., per ܘ scr. Mc. l. c. C. ܢܦܘܨ Mc. ib. B. 3. f. ܬܦܘܨ, ܬܦܘܨ, ܬܦܘܨ Luc. 8 29 C; etc. pl.

ܢܦܩܘܢ Joh. 12 42 Ev. 49 BC, Ev. 169 A, ܢܦܘܩ Mt. 8 12 A; etc. Imp. ܦܘܩ A: Luc. 4 35, al. *f.* ܦܘܩܝ Mc. 9 24; pl. ܦܘܩܘ Mt. 25 6 Ev. 96 A; etc. Ptc. act. ܢܦܩ, ܢܦܩܐ (Joh. 9 22 A); etc. — *1.* egressus est, exiit, ll. cc. et pass. V. et N. T.; praeterquam Hom. Ox. 9 59 17. Hom. Anecd. 211 11. Act. Adrian. fol. 3ᵛ. *2.* elatus est *defunctus* Luc. 7 12. *3.* expulsus, excommunicatus est Joh. 9 22 (ܠܒܪ ܡܢ). 12 42 (ܡܢ). — ܢܦܩ ܕܘܡܐ *fort.* se excusavit, se defendit Hom. Anecd. 185 11, sed locus est mutilatus.

ܡܦܩܢܐ Jo. 1 20. C. suff. ܡܦܩܢܗ Mich. 5 2. ܡܦܩܢܝܗܘܢ 4 Rg. 2 21. *m.* — exitus, ἔξοδος Rg. l. c., ἔξοδοι Mich. et Jo. (Symm.; LXX ἀφέσεις) ll. cc.

*ܡܦܩܢܘ. C. suff. 3. *m.* ܡܦܩܢܘܬܗ Luc. 9 31 A, *p. o.* 1 Cor. 10 13; ܩ B, ܩ C. *f.* — *id.*, ll. cc.

*ܡܦܩܢ. emph. ܐ—. *m.* — exodus, liber Exodi Lect. 65 10.

Aph. ܐܦܩ, persaepe ܐܦܩ s. ܐܦܩ et ܐܦܩ; etc. Impf. ܢܦܩ (A: Mt. 9 38; Mc. 7 26; al.), ܢܦܩ, ܬܦܩ (cf. Mt. Mc. BC); etc. Imp. ܐܦܩ; etc. Ptc. act. ܡܦܩ (ܩ, ܩ), ܡܦܩܝܢ; etc. Inf. ܐܦܩܐ Ex. 11 1. — *1.* eduxit, produxit ll. cc., et *pass.* V. et N. T.; Hom. Anecd. 184 5. Vit. Abrah. Qīdōn. ZDMG 56 255 apu. *2.* extrusit, expulit Gen. 3 24. Mc. 1 43. 9 37, et saepius. *3.* impendit Mc. 5 26.

---

*ܢܦܨ *Aph.* Ptc. act. ܡܦܨ *fort.* „laedit“, „nocet“, si (quod dubito) vere est traditum.

---

*ܢܦܫ. [De ܢܦܫ Joh. 6 18 C, ܢܦܫܐ 3 8 A *cod.* BC vid. *ܢܦܫ].

ܢܦܫ Luc. 6 9 A, *p. o. pass.* ܢܦܫ Gen. 1 24. 30. Mc. 3 4. Luc. 6 9 BC, et saepius. emph. ܢܦܫܐ Mc. 12 33, *p. o. pass.* C. suff. ܢܦܫܗ, ܢܦܫܗ (A: Mc. 8 35 sqq.; al.); etc. 1. ܢܦܫܝ, ܢܦܫܝ Joh. 10 24 B. Pl. ܢܦܫܢ Gen. 1 20. Dt. 10 22. emph. ܢܦܫܬܐ, ܢܦܫܬܐ Luc. 21 26 Ev. 133 A. C. suff. ܢܦܫܬܗܘܢ; etc. 1. ܢܦܫܬܢ Lit. Dam. I fol. 2ᵛ et al., Hymn. Anecd. 112 13. *f.* — anima, animus, ll. cc. et pass. — Suffixo instructa haec vox in casibus obliqu. pronominis reflex. munere fungitur hisce duobus locis: Act. 16 27. 28 (Lit.): sed respicias, totam eam pericopam ex Peš. factam videri, quare Syrismum subesse licet suspicari. Legitimum est ܓܪܡܗ.

ܢܦܬܠܝ (Mt. 4 13 A), ܢܦܬܠܝ (v. 15 A; *p. o.* al.). N. pr. Naphthali Js. 9 1. Mt. ll. cc.

---

*ܢܨ. ܢܨ (targ. נִיץ) Js. 11 1. C. suff. ܢܨܗ (נִצָּה) Js. 40 6 sq. Jac. 1 10. Pl. abs. ܢܨܢܝܢ (si vere est traditum, ex נִצָּנִין ortum) Lit. 704 16. emph. ܢܨܐ Hom. Anecd. 194 6. Lit. 706 14. C. suff. 3. *f.* ܢܨܝܗ Js. 61 11. *m.* — flos, ll. cc.

[ܢܨܐ 1 Thess. 4 6 (S. F.). 8: leg. ܢܨܐ].

ܢܨܒ *Pe.* ܢܨܒ. Impf. ܢܨܒ; etc. Imp. ܨܒ; etc. Ptc. act. ܢܨܒ; pass. pl. ܢܨܝܒܝܢ — plantavit, consevit, Gen. 2 8. Ex. 15 17. Jer. 38 5. Am. 9 13. Mt. 21 33. Hom. Ox. 9 55 23. 56 6. 17. 58 22. Hymn. Anecd. 111 16. Lit. 704 16.

*ܢܨܒܐ. emph. ܢܨܒܬܐ Js. 60 21. C. suff. ܢܨܒܬܗ, ܢܨܒܬܗ (sicut mand. ניציבתא, ex נִצְבְּתָא) Js. 61 3. pl. ܢܨܒܢ (sic) Jer. 38 5. *f.* — planta, ll. cc. ܢܨܒܬܗ ܥܡܗ (sic) σύμφυτοι αὐτοῦ Rom. 6 5.

*ܡܨܒ. emph. ܡܨܒܐ. *m.* — columna Gen. 19 26.

Ithpe. Imp. ܐܬܢܨܒ Luc. 17 6 A, *voc. o.* BC. — insitus est, l. c.

---

*ܢܨܚ *Pe.* Ptc. act. ܢܨܚ — vicit: ܕܠܡܢܘܬܐ ܓܝܪ ܕܠܐ ܠܐ ܢܨܚ ܚܝܠ (?) ܡܢܚܐ Vit. Sct. cod. ms.

Ithpe. Pf. [ܐܬ]ܢܨܚ Vit. Anton. Stud. Sin. 11 144 12. Impf. pl. ܢܬܢܨܚܘܢ Js. 8 9. Imp. pl. ܐܬܢܨܚܘ ib. Ptc. ܡܬܢܨܚ Rom. 12 21. — victus est, succubuit, ll. cc.

Pa. Pf. 1. ܙܟܝܬ Joh. 16 33 Ev. 190 A, *p. o.* cett.; pl. ܙܟܝܢ Hymn. Lect. 138 2 (?). Imp. ܙܟܝ Rom. 12 21. — vicit, ll. cc.

[ܙܟܐ: vid. ܡܙܕܟܝܢܘܬܐ].

---

*ܢܩܐ. ܢܩܝ (נְקֵא) Mt. 23 26 A, *p. o.* al. — purus Mt. l. c., 27 59.

Pa. Imp. pl. ܢܩܘ Mt. 23 26 A *cod.*, Anecd.; ܢܩܝܘ A *corr.* Ptc. act. ܡܢܩܐ; etc. — purgavit Mt. 23 25 sq. Joh. 15 2. Cf. rad. *ܕܟܐ.

*ܢܩܘܣ (syr. ܢܩܘܣܐ; assyr. orig.). emph. ܐ—. *m.* — libatio Jo. 2 14 S. F. (Lect. ܢܩܘܙܐ).

---

*ܢܩܒ. ܢܩܒܐ Mt. 19 4 A, *p. o.* al. pl. emph. ܢܩܒܬܐ Rom. 1 27. c. suff. ܢܩܒܬܗܘܢ v. 26. *f.* — femina, ll. cc., Gen. 1 27. 6 19 sq. 7 2 sq. 9. 16. Gal. 3 28.

ܢܩܒܐ (targ. נִקְבָא iuxta נְקָבָא, neosyr. ܢܩܒܐ iuxta ܢܩܒܐ; syr. ܢܩܒܐ) Vit. Eulog. ZDMG 56 260 2. emph. ܢܩܒܐ Luc. 18 25 A *corr.*, ܢܩܒܐ Mt. 19 24 BC. C. suff. 3. *m.* ܢܩܒܗ Mt. l. c. A, ܢܩܒܗ Luc. l. c. A, ܢܩܒܗ ib. C (B om.). *m.* — foramen, ll. cc.

---

*ܢܩܡ *Pe.* Impf. *a*) 2. p. ܬܢܩܘܡ Dt. 13 14 (Lect., Anecd. 223; cf. ZDMG 53 712). *b*) 3. p. ܢܢܩܘܡ Sirac. 46 1; 1. ܐܢܩܘܡ Luc. 18 5 A; *p. o.* cett., Jo. 3 21. Ptc. act. ܢܩܡ Rom. 13 4. pl. ܢܩܡܝܢ 12 19. — vindicavit, ultus est, ἐκζητεῖν Dt. Jo. ll. cc., ἐκδικεῖν Sirac. Rom. ll. cc.

ܢܩܘܡ (*נָקוֹם) — vindex, ultor: ita repono 1 Thess. 4 6 Ox. pro ܢܩܘܡ (cf. Stenningii adnot.) et ib. S. F. pro ܢ(ܩ)ܘܡ: ܡܛܠ ... ܕܢܩܘܡ ܗܘ ܡܪܝܐ ܥܠ ... διότι ἔκδικος Κύριος περὶ κτέ (cf. Peš.: ܡܛܠ ܕܬܒܥ ܗܘ ܡܪܝܐ ܥܠ ...). Aliter Ryssel, Dtsch. Ltz. 1900, col. 2210.

ܢܩܡ (st. cst.) Hebr. 2 2. emph. ܢܩܡܬܐ. c. suff. ܢܩܡܬܗ; etc. ܢܩܡܬܗܘܢ = ܢܩܡܬܗܘܢ Luc. 18 7 sq. BC. *m.* — vindicta Rom. 12 19. Hebr. l. c. Hom. Anecd. 207 12. ܥܒܕ ܢܩܡܬܗ pro ἐκδικεῖν τινα s. ἐκδίκησίν τινος ποιεῖν Luc. 18 3. 5. 7 sq.

---

*ܢܩܨ (= *ܢܩܨ, نقص „diminuit"; samar. נקס „detrimentum cepit" Dt. 33 6 Ed. — Contra Schwally, Idiot. p. 57 sq. Fraenkel, Fw. p. 194, Krauss-Löw 2 366).

ܢܩܨܐ (= syr. ܢܩܨܐ [corrupt. ܢܩܫܬܐ Spicil. 26 24;] ܢܩܨܐ apud Barhebr. Nomoc. 467 6; נקצא) Gen. 9 4. Ex. 16 8; ܢܩܨܐ Rom. 14 21. emph. ܢܩܨܐ Ex. 16 3. Dt. 12 23. *m.* — segmentum, frustum (carnis), κρέας ll. cc., Dt. 12 20 (*bis*).

ܢܩܨܘܢ Joh. 6 7 A, *p. o.* BC. *m.* — *id.* (βραχύ τι) frustum *panis* l. c.

---

*ܢܩܫ *Aph.* ܐܩܫ; etc. pl. ܐܩܫܘ (Mt. 7 27 A). ptc. act. pl. ܡܩܫܝܢ (Luc. 13 25 AB). — *1.* pulsavit fores (abs.) Luc. 13 25. Vit. Eulog. ZDMG 56 260 4. Vit. Sct. cod. ms. (saepius); sequ. ܒ *saxum* l. c. 259 23/24. *2.* concussit, irruit in rem, c. ܠ Mt. 7 27, ܒ ib. v. 25. *3.* *intr.* pulsatum est *tympanum* 1 Cor. 13 1.

ܢܪܕܝܢ [A ܢܪܕܝܢ] — oleum nardinum (νάρδινον, sc. ἔλαιον, cf. Krauss. 2 367) Joh. 12 3.

---

*ܢܫܐ *Ithpe.* Pf. pl. ܐܬܢܫܝܘ Mc. 8 14; etc. 1. ܐܬܢܫܝܢܢ Ps. 43 21 = ܐܬܢܫܝܢܢ v. 18. Impf. 3. ܬܬܢܫܐ; etc. Imp. sg. *f.* ܐܬܢܫܝ Ps. 44 11. Ptc. ܡܬܢܫܐ (sic leg. Hom. Anecd. 187 7) s. ܡܬܢܫܝܬ Ps. 43 25. — oblitus est, abs. s. sequ. acc., ll. cc. (exc. Hom. Anecd.), Dt. 6 12. 2 Petr. 3 8. Hom. Ox. 9 66 3. 20. 69 19. Sequ. ܡܢ Hom. Anecd. l. c.: ܡܬܢܫܐ ܐܢܐ ܡܢ ܡܡܠܠ, cit. Job. 9 27: ἐπιλήσομαι λαλῶν.

ܢܫܒ *Pe.* ܢܫܒ; etc. — flavit Mt. 7 25. 27. Joh. 6 18 B; c. ܒ afflavit Js. 40 8 Lect. 38. Cf. ܢܦܚ.

Aph. Ptc. act. ܡܫܒ — flare fecit *ventos* Hom. Anecd. 183 22.

*ܢܫܡ. ܢܫܡܐ st. abs. *f.* — spiritus Gen. 27 (Lect.). Act. 22.

ܢܫܡܘܢ (formatum ut ܐܠܝܡܘܢ, si vere est traditum) *m.* — *id.* Gen. 27 (Lit.). 722. Js. 425.

Ithpe. ܐܬܢܫܡ — convaluit Joh. 452. Hymn. Lect. 1378 (loc. corrupt.).

ܢܫܒ *Pe.* ܢܫܒ Joh. 618A [C ܢܫܒ, fort. leg. ܢܫܒ]. Ptc. act. *f.* ܢܫܒܐ Joh. 38A *corr.* (cett. ܢܫܒܐ) — flavit, ll. cc. Cf. ܢܫܦ.

Ithpa. Ptc. ܡܬܢܫܒ — vento commotus est Jac. 16.

ܢܫܩ *Pe.* ܢܫܩ [nisi fort. *Pa.*; ܢܫܩ Luc. 1520A et ܢܫܩ et ܢܫܩ (*Pa.*) esse potest]. C. suff. 3. *m.* ܢܫܩܗ Mt. 2649 Anecd.². Ptc. act. ܢܫܩ, ܢܫܩ Mt. 2648 Anecd. — osculatus est Mt. 2648sq. Luc. 1520.

Pa. Ptc. act. *f.* ܡܢܫܩܐ — *id.* Luc. 738. Act. Adrian. fol. 1r.

*ܢܫܪ. *ܢܫܪ. emph. ܐ—. pl. ܢܫܪܝܢ (A). *m.* — aquila Mt. 2428. Hom. Anecd. 1873 (cit. Job. 926).

[ܢܬܠܟܝ S. F. 9013: ipse cod. perhibet ܢܫܡܥܝ, cf. GGA 1901, p. 205.]

*ܢܬܠ [v. ܢܛܠ s. v. ܝܗܒ). Impf. 3. ܢܬܠ 2 Tim. 116 et 18 (Ox.). 2. ܬܬܠ Hom. Anecd. 18315 — dedit, ll. cc.

ܡܬܠ *m.* — vid. ܡܘܗܒ (rad. ܝܗܒ).

ܡܬܢܐ Mc. 1545A, *p. o.* BC [Anecd. ܡܬܢܐ!]. C. suff. ܡܬܢܬܗ, ܡܬܢܬܟܘܢ Joh. 410A; etc. pl. ܡܬܢܢ Mt. 711 Ev. 68A, cf. Ev. 135A, *p. o.* al., ܡܬܢܝܢ (*Imâla*) Mt. l. c. Ev. 64C, Ev. 135BC. Rom. 126. emph. ܡܬܢܬܐ 1 Cor. 1231. *f.* — donum, ll. cc., 1 Cor. 1228. 30. Eph. 28. Phil. 417. ܡܬܢܐ ܝܗܒ sequ. *acc. r.* et *dat. p.* donavit Mc. 1545.

ܢܬܢ N. pr. Nathan Luc. 331C; ܢܬܢ B.

ܢܬܢܐܝܠ N. pr. Nathanael Joh. 145sqq. AC *pass.* 46sqq. Ev. 137B. 212B. ܢܬܢܐܝܠ 145sqq. Ev. 7B. ܠܢܬܢܐܝܠ v. 45 Ev. 137B. ܢܬܢܐܝܠ v. 46 Ev. 137A. ܠܢܬܢܐܝܠ v. 46 Ev. 7C. ܢܬܢܐܝܠ 212A, *p. voc. o.* 145 Ev. 137C. 47 Ev. 7C. 212C.

*ܢܬܥ (cf. Idiot. p. 58). *Pe.* Imp. pl. ܢܬܥܘ (A, *p. o.* cett.) — excussit *pulverem* Mt. 1014. Luc. 95.

ܢܬܪ *Pe.* ܢܬܪ. Ptc. act. ܢܬܪ. — excidit Js. 407 (Lect. 38 *bis.* Anecd. 223). Jac. 111.

[ܢܬܘܢܐ: vid. ܬܘܢܐ].

ܣ

*ܣܐܐ. pl. abs. ܣܐܝܢ (targ. סְאִין), A ܣܐܘܢ [B ܣܐܝܢ, C ܣܐܬܝܢ]. *f.* — σάτον Luc. 1321.

*ܣܐܒ I (cf. Nöld. ZDMG 54160. Vid. etiam ܣܘܒ).

*ܣܐܒܘ *m.* pl. ܣܐܒܘܢ — foeditas Dt. 1231 (βδελύγματα).

ܣܐܒܘ Dt. 725sq. emph. ܣܐܒܘܬܐ Mt. 2415A; *p. o.* Anecd., Dt. 726. ܣܘܐܒܘܬܐ (forma contaminata ex 'ܣܐܒ et 'ܣܘܒ) Mt. l. c. C. [ܣܐܒܘܬܐ Jer. 3935]. C. suff. 3. *m.* ܣܐܒܘܬܗ Mt. l. c. B. *f.* — *id.*, ll. cc. [Hebr. 726 ܠܐ ܣܐܒܘ . . . pro ἀμίαντος, suppl. ܠܐ].

Pa. Impf. 2. ܬܣܐܒ, ܬܣܐܒ (Dt. 726), pl. ܬܣܐܒܘܢ. ptc. act. ܡܣܐܒ, etc. — *1.* vitiavit, contaminavit Num. 53. Eccl. 719. Mc. 715 (*bis*). *2.* abominatus, exsecratus est Dt. 726.

ܡܣܐܒ (ptc. pass.); st. emph. et *f.* st. abs. ܡܣܐܒܐ, *f.* emph. ܡܣܐܒܬܐ. Pl. ܡܣܐܒܝܢ, *f.* ܡܣܐܒܬܐ; ܡܣܐܒܬܐ (vix recte) Mt. 10 1 Ev. 245 C. — foedus, impurus Hom. Anecd. 183 2. Hom. Ox. 95 119; μεμιαμμένος Tit. 1 15, Act. Adrian. fol. 2ᵛ; βδέλυγμα Dt. 14 3; βδελυκτός Tit. 1 16; ἀκάθαρτος Dt. 12 22. Js. 35 8. Mt. 10 1. Luc. 4 33 (Anecd.). 36. Vit. Anton. S. F. 98 17.

*ܣܐܒܘ. emph. ܬܐ— Dt. 13 14 Lect., al. C. suff. ܣܐܒܘܬܗܘܢ. *f.* — foeditas, βδέλυγμα Ex. 8 26 (cave pl. adesse existimes, cf. Syr.-Hex.). Dt. l. c. Hom. Anecd. 211 13.

Ithpa. ܐܣܬܐܒ Impf. pl. ܢܣܬܐܒܘܢ (Joh. 18 28 A, *p. o.* C). Ptc. ܡܣܬܐܒ. — contaminatus est (μιαίνεσθαι) l. c., Vit. Sct. cod. ms. (*bis*).

ܣܐܒ II (cf. Nöld. ZDMG 54 160). *Pe.* ܣܐܒ. Impf. ܢܣܒ, ܢܣܐܒ — consenuit Joh. 21 18. Vit. Anton. S. F. 104 6.

ܣܒ (Gen. 19 4, al.), ܣܐܒ (B: Luc. 1 18, Joh. 3 4). emph. ܣܒܐ. pl. ܣܒܝܐ Joh. 8 9 A, *p. o. pass.* C. suff. 3. *m.* ܣܒܘܗܝ; etc. *m.* — senex (πρεσβύτης, πρεσβύτερος) ll. cc., Gen. 50 7 (*bis*). Ex. 10 9. 17 5. Dt. 11 38 (sic leg.). Js. 3 14. 9 14. Jer. 38 13. Jo. 1 2. 14. 2 16 (S. F.). Act. 2 17.

*ܣܝܒܘ. C. suff. 3. *m.* ܣܝܒܘܬܗ, *f.* ܣܝܒܘܬܗ (Luc. 1 36 A); etc. *f.* — *1.* senectus Luc. 1 36. Act. Adrian. fol. 1ʳ. Vit. Anton. (?) S. F. 79 12. Hom. Anecd. 177 3. 8. Cf. etiam ܣܝܒܘܬܐ. *2.* canities 3 Rg. 2 14.

*ܣܐܢ. *ܣܐܢ (סְאָן). pl. c. suff. ܣܐܢܝܗܘܢ Mc. 1 7 C, ܣܢܝܗܘܢ A, ܣܐܢܘܗܝ B. *m.* — calceus, l. c.

ܣܒܐ I. N. pr. Saba regio Js. 60 6.

ܣܒܐ II. N. pr. Sabas, sanctus quidam, de quo paucula in Anecd. 170 12.

*ܣܒܠ *Pe.* Imp. pl. ܣܒܘܠܘ. Ptc. act. ܣܒܠ — sustulit, toleravit Ex. 10 17. Job. 21 3. Eccl. 7 19.

ܣܒܠܘܬܐ vox male exarata Vit. Anton. S. F. 89 11. Requiro ܣܒܠܬܐ.

ܣܒܢ (cf. Idiot. p. 59. Krauss. 2 373. Syr. ܣܒܢܐ apud Thom. Marg. 1 213. Dozy, Suppl. I 630ᵇ, Mouliéras, Le Maroc inconnu II 509; *sibnia* in dialecto Mogador. apud Socin. Mogad. p. 16, n. 1) Joh. 13 4 A, *p. o.* C, Ev. 176 B. [ܣܒܢܐ Ev. 173 A]. emph. ܣܒܢܝܬܐ v. 5 Ev. 176 A, *p. voc. o.* ib. BC., v. 4 A *corr.*; ܣܒܢܝܬܐ ib. Ev. 173 A. *f.* — (σάβανον), linteum ll. cc. (pro λέντιον).

*ܣܒܥ I *Pe.* Pf. pl. ܣܒܥܘ Mt. 15 37 A, *p. o.* al., ܣܒܥܘܢ Mt. 14 20 A *cod.*; etc. Impf. ܢܣܒܥ A: Luc. 15 16, 16 21; *p. o.* BC. Js. 9 20; ܢܣܒܥ Mc. 8 4; pl. ܢܣܒܥܘܢ, ܬܣܒܥܘܢ; etc. — saturatus est, ll. cc., Dt. 6 11. 11 16. Jer. 38 14. Jo. 2 19. Mt. 5 6. Mc. 7 27. 8 8. Luc. 6 21. Joh. 6 12. 26 Ev. 18. Phil. 4 12. Lit. 707 14. 708 8; sequ. acc.: ܣܒܥܬ ܠܚܡ ܘܠܐ ܡܢܝ Vit. Sct. cod. ms.

*ܣܒܥ (סָבְעָא, סִבְעָא) st. abs. Ex. 16 8. C. suff. ܣܒܥܗܘܢ Col. 2 23. *m.* — satietas (πλησμονή) ll. cc.

ܣܒܥܐ *f.* — *id.* Ex. 16 3.

Aph. Pf. ܐܣܒܥ. Impf. pl. 1. ܢܣܒܥ. — satiavit Mt. 15 33. Luc. 1 53 A (BC om.).

ܣܒܥ II: vid. ܫܒܥ.

*ܣܒܪ *Pe.* Impf. pl. 2. ܬܣܒܪܘܢ Mt. 5 17 A (hinc corrig. C), ܬܣܒܪܘܢ B. Ptc. act. ܣܒܪ s. ܣܒܝܪ; etc. — opinatus est, l. c., Mt. 6 7. 20 10. 26 53. Mc. 10 42. Luc. 7 43. 8 18 Anecd. 19 11. 22 24. 24 21. 37. Joh. 5 39. 45. 11 13. 16 2. 20 15. 21 25. Act. 2 15. 16 27. Rom. 1 22. 1 Cor. 10 12. Hom. Anecd. 209 9.

ܣܒܪ (Act. 2 26, al.). emph. ܣܒܪܐ. c. suff. ܣܒܪܗ. *m.* — spes, l. c., Ps. 64 6.

90 9. Job. 17 15. Luc. 6 35. Act. 16 19. Rom. 5 4 sq. 12 12. 2 Cor. 3 12. Eph. 1 18. Col. 1 5. 1 Thess. 4 13. Tit. 2 13. Hebr. 7 19. Lit. Dam. IIr (*bis*).

Ithpe. Ptc. act. ܡܣܬܒܪ — putatus est Luc. 3 23 C (B ܐܬܚܫܒ).

Pa. ܣܒܪ (Mt. 27 43 Ev. 203 A); etc. Ptc. act. ܡܣܒܪ, ܡܣܒܪ (sic leg. 1 Tim. 3 14); etc. — confisus est, speravit, abs. s. sequ. ܕ c. impf. Ps. 56 2. 1 Tim. 3 14; sequ. ܒ Eph. 1 12 (ἐν); ܠ Mc. 15 43 Anecd. (cett. ܡܣܟܐ); creberrime sequ. ܠܘܬ p.: Js. 11 10 (Anecd). Ps. 30 2. 55 12. 90 2. Mt. 27 43. Joh. 5 45. Act. Philem. Anecd. 170 3. 207 17 (cit. Ps. 15 1).

*ܣܘܒܪ, ܣܘܒܪ Lit. Dam. I, fol. 1v; pl. ܣܘܒܪܘ; etc. Impf. 3. ܢܣܒܪ (sic!) Mt. 6 24 A, *p. o.* al., ܢܣܘܒܪ Jac. 1 7; etc. Imp. pl. ܣܘܒܪܘ Lit. 695 10. Ptc. act. ܡܣܘܒܪ Mt. 24 13 Ev. 92 A [ܡܣܘܒܪ 10 22 A]; ܡܣܘܒܪܝܢ Jac. 1 12; pl. ܡܣܘܒܪܝܢ — sustinuit *a*) abs. Mt. 10 22. 24 13. Rom. 12 12. 1 Cor. 10 13. Sequ. ptc.: tenaciter fecit aliquid Joh. 8 7 A (cett. om.). *b*) sequ. acc. p. *v*. r. Js. 53 3 sq. Jo. 2 11 (S. F.). Job. 17 13. Mt. 6 24. Jac. 1 12. Hebr. 10 32. 2 Tim. 1 12. Hymn. Anecd. 112 17. Lit. 695 10. Lit. Dam. I fol. 1v (c. ܠ). *c*) sequ. ܥܠ p. pro ἀνέχεσθαί τινος Mt. 17 17. Mc. 9 19. Luc. 9 41. *d*) sequ. ܕ c. impf. Act. Sct. ZDMG 56 258 4/5. — Praeterquam hic illic perperam scriptum est pro ܣܒܪ, velut Js. 11 10 Lect. (sed recte Anecd.), Joh. 5 45 B (recte cett.), Jac. 1 7 (post ܢܣܘܒܪ „exspectat" lacuna adest), Lit. Dam. IIIv.

ܡܣܘܒܪܢܘ (Jac. 1 3, al.). emph. ܬܐ—. C. suff. ܗ—; ܡܣܘܒܪܢܘܬܗܘܢ Luc. 21 19 A, defect. scr. ܡܣܘܒܪܢܬܗܘܢ BC. *f*. — patientia, ll. cc., Jac. 1 4. Rom. 3 26. 5 3 sq. 15 4. 2 Cor. 6 4. Hebr. 10 36. Tit. 2 2. Hom. Anecd. 183 15.

*ܡܣܘܒܪ (Ptc.)? — sustinet Hom. Anecd. 177 7 (palimpsesti loco foedissimo). } Eximendum lexico.

ܡܣܒܪܢܘܬܗܘܢ — patientia eorum Luc. 8 15 A in marg. Vox syriaca. ܣܒܪܬܝ — evangelium meum Mc. 16 15 A, interpolatum. Vox syriaca. } Eximenda lexico.

---

*ܣܓܝ. *Pe*. ܣܓܝ *pass.*, ܣܓܐ Mt. 24 12 Ev. 92 A; 3. *f*. ܣܓܝܬ Gen. 18 20, ܣܓܬ Jo. 3 13. pl. ܣܓܘ. Impf. ܢܣܓܝ; ܐܣܓܝ s. ܐܣܓܐ. Imp. pl. ܣܓܘ. Ptc. act. ܣܓܝ (Phil. 4 17), pl. *m*. ܣܓܝܢ (sic) Gen. 7 18. — crevit, auctus est, multus fuit, ll. cc., Gen. 1 22. 28. 7 18. 8 17. 9 1. 7. Ps. 48 17. Phil. 1 9. Lit. 705 4. ZDMG 56 252 8.

ܣܓܝ A *pass.*, *p. o.* Ex. 8 24. Ps. 43 13. Prov. 9 11. Luc. 6 17 C; ܣܓܝ ib. A²B; ܣܓܝܐ (lectio contaminata ex ܣܓܝ et ܣܓܐ) Luc. 2 13 A, *p. o.* B. [ܣܓܝܐ Gen. 3 16, vix recte]. emph. ܣܓܝܐ Dt. 10 22, al. C. suff. ܣܓܝܗ Mc. 12 37; Luc. 1 10. [ܣܓܝܗ Js. 9 3]. ܣܓܝܗ Luc. 1 10 Anecd. (et cf. adn. ad A). *m*. — multitudo, copia, ll. cc., 1 Reg. 1 16. Mt. 6 7. 21 8. 27 53. Luc. 1 10 B (C om.). 2 13. 8 37. 19 37 (A om.). Joh. 4 41. Eph. 2 4. Lit. 707 18. ܣܓܝܗ ܕܟܢܫܐ ὁ πολὺς ὄχλος Mc. 12 37. ܣܓܝܗܘܢ maior pars ex iis Ps. 89 10. 1 Cor. 10 5. 15 6; cf. Js. 9 3. ܣܓܝ πολλοί Mt. 27 53 B; ܣܓܝܐ οἱ πολλοί Rom. 12 5. — ܣܓܝ *adverbialiter* multum, magno opere, valde Gen. 3 16. 22 17; ܠܣܓܝ *id*. Dt. 11 8. ܣܓܝ ܣܓܝ πολλῷ πλείους Joh. 4 41 AC (B ܣܓܝ ܣܓܝ).

ܣܓܝ (A Mt. 9 37, al.; *p. o. pass.*). *f*. st. cst. ܣܓܝܐܬ Mt. 13 46 A. pl. *m*. [ܣܓܝܐܝܢ Luc. 14 24 A in marg. Interpol.]. emph. ܣܓܝܐܐ Mt. 27 53 AC. [ܣܓܝܐܬܐ Luc. 5 6 A et ܣܓܝܐܐ 23 44 A: utrumque ex Peš. assumtum]. — multus, numerosus, magnus, ll. cc.; alibi. *Adverbialiter* usurpatur Js. 53 15. Eccl. 11 8. Act. 1 3. Rom. 12 4. 2 Cor. 6 4, *et pass. al.*; nonnulla exempla apud Nöld. p. 508; itaque est pro πολλοί e. g. Num. 13 19. Js. 53 11 sq. Jo. 2 11. Jon. 4 11. Ps. 3 2 sq. Mt. 3 7. 24 5 sqq.

2 Cor. 6 10. Gal. 3 16; pro πολλά e. g. Mt. 25 21. 23. 26 28 A. 27 19. Mc. 5 26. 6 20. 8 31. 12 41. Excipiuntur loci quidam syrizantes, velut ܣܓܝܐܬܐ ܙܒܢܬܐ Luc. 8 14 Anecd., cf. ib. v. 15 A; Act. 16 16. Lit. 696 8. ܣܓܝ ܡܢ plus quam, magis quam Ps. 54 22. Luc. 18 14. Joh. 12 43. Rom. 1 25. Hom. Anecd. 194 21 (cit. Prov. 6 6).

Ithpe. Impf. pl. 3. ܢܬܣܓܘܢ Dt. 11 21. *f.* ܢܬܣܓܝܢ Gen. 1 22. 2. *m.* ܬܬܣܓܘܢ Dt. 11 8. — copiosior factus, auctus est, ll. cc.

Aph. Pf. 2. *m.* ܐܣܓܝܬ. Impf. ܢܣܓܐ s. ܢܣܓܝ; etc. Imp. ܐܣܓܝ. — auxit, multiplicavit Gen. 3 16. 22 17. Ex. 11 9. Dt. 13 17. 1 Thess. 3 12. Lit. 697 7 (= 706 18). 704 1 = 697 1 (cit. Ps. 64 11). 705 13. 18. 706 9. 11.

ܣܓܕ *Pe.* ܣܓܕ; etc. Impf. ܢܣܓܘܕ, ܐܣܓܘܕ; etc. Ptc. act. pl. ܣܓܕܝܢ s. ܣܓܕܝܢ (Joh. 4 22 A); st. cst. ܣܓܕܝ 1 Cor. 10 7. — **flexis genibus veneratus est** (προσκυνεῖν), abs. *s.* c. ܠ p., ll. cc., Gen. 18 2. 19 1. 22 5. Ex. 11 8. Js. 60 14. Ps. 44 13. Mt. 2 2. 8. 4 9 sq. 28 9. 17. Mc. 15 19. Luc. 24 52. Joh. 4 20 sqq. 9 38. 12 20. Hebr. 1 6. Lit. Dam. II^r^. III^r^. Act. Sct. ZDMG 56 257 *bis*.

*ܣܓܘܕ (סָגוֹד). pl. ܣܓܘܕܝܐ. — cultor Joh. 4 23 *bis*.

*ܣܓܕܬܐ (סְגִדְתָּא, סִגְדָּא). st. cst. ܣܓܕܬ. *f.* — cultus, adoratio: vid. ܣܓܕ.

*ܣܓܕܘ. emph. ܣܓܕܘܬܐ. *f.* — *id.* Lit. 708 20 (si recte se habet).

---

*ܣܓܘܠ. ܣܓܘܠ (סְגוֹל) *m.* emph. ܣܓܘܠܐ — uva Num. 13 24 (*bis*). 25 (*bis*).

ܣܓܪ *Pe.* ܣܓܪ. Impf. pl. 1. ܢܣܓܪ. Ptc. act. *f.* ܣܓܪܐ — clausit Hom. Anecd. 205 27. Lic. 704 17. ܢܣܓܪ ܚܠܦܝܢ ܐܢܚܢܐ concludamus nosmet ipsos Hom. Anecd. 180 14.

ܣܓܪܬܐ *f.* — pro λίνον Js. 43 17 (Peš. ܟܬܢܐ). Vox obscura. (Alter locus Mt. 12 20 nondum repertus est).

---

*ܣܕܐ. ܣܕܐ *m.* — compes (ξύλον) Act. 16 24.

ܣܕܘܡ N. pr. Sodom urbs Hom. Ox. 9 587; *p. o.* Gen. 18 20 sqq. 19 1. 24. 28. Mt. 10 15. ܣܕܘܡ Luc. 10 12 A, *p. o.* Hom. Anecd. 171 16. 18.

*ܣܕܘܡܝ. pl. emph. ܣܕܘܡܝܐ (leg. ܣܕܘܡܝܐ) Gen. 19 4 Dam. [in Lect. perperam ܣܕܘܡܝܢ; vid. quae ad ܟܠܗܘܢ adnotavi] — incolae Sodom urbis l. l.

ܣܕܝܢ (cf. Idiot. p. 60. 121 sq. Num fort. *σινδίον?) Mc. 15 46 A, ܣܕܝܢ Mt. 27 59 A; *p. o.* al. [B ܣܘܕܝܢ Mt.]. emph. ܣܕܝܢܐ Mc. l. c. A, *p. o.* Anecd. (et sic leg. in Ev. 19 C pro ܣܕܝܢܐ), ܣܕܢܐ B. — pro σινδών, ll. cc. Cf. ܣܘܕܢ

---

*ܣܕܪ *Pe.* Ptc. act. pl. *f.* [ܣ]ܕܪܢ — in ordinem digessit: ܣ' ܒܒܬܝܗܝܢ οἰκουργοί Tit. 2 5.

---

*ܣܗܘܢ (cf. ܣܚܐ I. ZDMG 53 711).

ܣܗܘܢܬܐ: v. ܣܚܘܢ; pl. ܣܗܘܢܝܢ (sic) ἀσέλγειαι Rom. 13 13.

Pa. Ptc. pass. ܡܣܗܘܢ Rom. 14 14 *ter*. Pl. ܡܣܗܘܢܝܢ Hebr. 9 13. *f.* ܡܣܗܘܢܬܐ Mt. 10 1 Ev. 287 B, ܡܣܗܘܢܬܐ Ev. 245 B. — *i. q.* ܡܣܚܢ, ll. cc.

Ithpa. Impf. pl. ܢܬܣܗܘܢܘܢ — *i. q.* ܢܬܣܚܢܘܢ Joh. 18 28 B.

---

*ܣܗܕ (cf. *ܣܗܕ) *Pe.* Ptc. pl. ܣܗܕܝܢ — testatus est, c. acc. r., Joh. 3 11 B.

ܣܗܕ s. ܣܗܝܕ (Hymn. Anecd. 112 7). c. suff. 1. ܣܗܕܝ; pl. ܣܗܕܝܢ, ܣܗܕܝ (Mt. 26 65 Ev. 181 A), ܣܗܕܝܢ (v. 60 Anecd.). C. suff. ܣܗܕܝܗܘܢ Luc. 24 48 A. *m.* — **testis**, ll. cc., Js. 43 10. 12. Ps. 34 11. Job. 16 19. Mt. 18 16. Act. 1 8. Phil. 1 8. (Formae ܣܗܕܘܬܗܘܢ Js. 43 9 et ܣܗܕܘܬܗܘܢ Luc. 24 48 B ex confusione cum insequ. voce ܣܗܕܘܬܐ ortae putandae sunt).

ܣܗܕܘ (Job. 16 8, al.). emph. ܬܐ—. C. suff. ܬܗ—; etc. ܣܗܕܘܬܟܘܢ Mt. 8 4 B. Pl. c. suff. 3. *f.* ܣܗܕܘܬܗ Ps. 77 56; etc. *f.* — testimonium, ll. cc., Dt. 31 14. Mt. 8 4. 10 18. 24 14. 26 59. Mc. 1 44. Luc. 21 13. Joh. 1 7. 19. 3 11. 5 31 sqq. 8 13 sq. 17. Tit. 1 13. Hom. Anecd. 204 15.

[Aph. Ptc. act. ܡܣܗܕ — testatus est Joh. 12 17 A *corr.* Vid. *ܣܗܕ *Aph.*].

*ܣܗܪ. ܣܗܪܐ (cf. ܣܗܪܐ) *m.* — luna Eccl. 12 2. Luc. 23 44 A *corr.* (BC om.). Hom. Anecd. 184 26. 198 23.

ܣܘܟܡܐܝܬ *adv.* εὐσχημόνως Rom. 13 13. Leg. puto ܐܣܟܡܐܝܬ, *q. v.*

*ܣܘܓ. ܣܝܓܐ (Mt. 21 33 A, *p. o.* Anecd., Ev. 154 B), ܣܝܓ (cett.). emph. ܣܝܓܐ Eph. 2 14. pl. ܣܝܓܐ Luc. 14 23 C, ܣܝܓܝܢ A [ܣܝܓܐ B]. *m.* — saeptum, ll. cc.

ܣܘܟܐ Js. 10 17 (LXX ὕλη), c. suff. 3. *m.* ܣܘܟܘܗܝ 9 18 (LXX τὰ δασέα): vox incerta radicis itidem incertae. Quae B. Jacob ZATW 1902, p. 105 disserit, vix probanda sunt.

ܐܣܗܕ *Aph.* (pro ܐܣܗܕ, *q. v.* Cf. „Homon. Wurzeln“ p. 22, n. 8); ܐܣܗܕ Joh. 1 32 Ev. 4 C; 3. *f.* ܐܣܗܕܬ, ܐܣܗܕܬ (Joh. 4 39 C); etc. Impf. 3. ܢܣܗܕ Joh. 1 7 sq. A, ܢܣܗܕ BC; etc. Imp. ܐܣܗܕ Joh. 18 23, ܐܣܗܕ ib. B. Ptc. act. ܡܣܗܕ Luc. 11 5 A, *p. o. pass.*, ܡܣܗܕ BC *pass.*; etc. — testatus est, ll. cc., Ps. 49 7. Mt. 19 18. 26 62. 27 13. Luc. 16 28 (sic leg.). Joh. 3 26. 28. 5 31 sq. 8 13 sq. 18. 37; al. Hom. Anecd. 191 26 (cit. Act. 20 23); sequ. ܥܠ (pro) Luc. 4 22. Rom. 10 2. Col. 4 13; (contra) Mt. 23 31. [Js. 43 12 Lect. 49. 76 leg. ܡܣܗܕܬ s. ܡܣܗܕܬ: ὠνείδισα]; ܥܠ(ܕ)ܐܢܫ Joh. 1 7 sq.

Ittaph. Pf. ܐܬܬܣܗܕ. Ptc. ܡܬܣܗܕ — testimonio comprobatum est *alicui* (ܥܠ) Hebr. 7 17. 11 39.

ܣܘܕܪܐ (A), ܣܘܕܪܐ (Joh. 11 44 BD). *m.* — σουδάριον sudarium (cf. Krauss. 2 373 sq.) Joh. 11 44. 20 7.

[ܣܘܦ *Pa.* Impf. 3. ܢܣܝܦ Mt. 19 12 *bis.* Ptc. act. pl. ܡܣܝܦܝܢ Joh. 2 6: utrumque in solo cod. A. Veram lectionem codd. BC servaverunt; vid. insequ. verb.].

ܣܝܦ (*Po.* rad. ܣܝܦ, samar. סחן, = חסן) Pf. 3. *f.* ܣܝܦܬ. Impf. 3. ܢܣܝܦ (Mt. 19 12 BC *bis*). Ptc. act. ܡܣܝܦ, ܡܣܝܦܝܢ (Joh. 21 25 Ev. 227 B. Hinc corrig. Mc. 2 2 C); etc. — χωρεῖν: *1.* cepit, continuit Mc. 2 2. Joh. 2 6. 21 25. Lit. Dam. I fol. 1ᵛ. 2ʳ. 2ᵛ. *2.* cepit = comprehendit, intellexit Mt. 19 11 sq. *3.* successit Joh. 8 37 B (cf. *Ithpo.*).

Ithpo. Ptc. act. ܡܬܣܝܦ, *f.* ܡܬܣܝܦܐ — *1.* contentus est Lit. Dam. I fol. 1ᵛ. 2ʳ. *2.* spatium datum est *alicui rei*, successit Joh. 8 37 AC (cf. *Po.*).

ܣܘܢܐ N. pr. Σοηνη Js. 43 3.

ܣܘܟܪ N. pr. Συχαρ, Σιχαρ Joh. 4 5 (*p. o.* BC).

ܣܘܣܝܐ Ex. 15 1, al. C. suff. 3. *m.* ܣܘܣܝܗ Ex. 15 19. *f.* emph. ܣܘܣܝܬܐ Hos. 14 4. pl. ܣܘܣܘܬܗܘܢ Js. 43 17 (Lect. 76), Vit. Anton. Stud. Sin. 11 147 ‡. 8. ܣܘܣܘܬܐ Js. l. l. Lect. 35. emph. ܣܘܣܘܬܐ Ex. 9 3, al. C. suff. ܣܘܣܘܬܗܘܢ Dt. 11 4. — equus, equa, ll. cc., Jer. 38 40. Jo. 2 4. Zach. 9 10. Hom. Anecd. 194 7.

ܣܘܣܩܝܡ N. pr. *m.* Σουσακιμ 3 Rg. 14 25.

*ܣܘܦ *Pe.* Pf. 3. *f.* ܣܦܬ, pl. ܣܦܘ; etc. Impf. 3. ܢܣܘܦ; etc. Ptc. act. ܣܐܦ, *f.* ܣܝܦܐ Luc. 12 33 C, ܣܝܦܐ A; pl. ܣܝܦܝܢ — defecit, l. c., Gen. 8 17. Js. 60 20. Jer. 14 6. Jon. 2 8. Ps. 89 9 (bis). Luc. 22 32. Hebr. 1 12. Lit. Dam. I fol. 2ᵛ.

*ܣܝܦ (cf. Idiot. p. 61). c. suff. 3. *f.* ܣܝܦܗ Js. 42 10 (ita repono pro ܣܝܦܗ), al. Pl. c. suff. 3. *f.* ܣܝܦܝܗ Zach. 9 10,

ܣܘܦܢܐ Luc. 11 31 A [ܣܘܦܢܐ *corr.*]. *m.* — extremum, terminus (ἄκρον, πέρατα, ἔσχατον) ll. cc., Js. 43 6. Ps. 45 10. 64 6. Act. 1 8.

*ܣܘܩ (*i. q.* *ܥܘܩ). *Aph.* ܐܣܝܩ Mc. 6 26 B, ܐܣܩ C. pl. ܐܣܩܘ Mt. 18 31 B (C om.). Ptc. act. ܡܣܝܩ, ܡܣܩ (Mt. 26 37 C), pl. ܡܣܝܩܝܢ (Mt. 26 22 C. Eph. 4 30). — *1.* dolore affecit Eph. 4 30. *2.* maeruit, contristatus est (λυπεῖσθαι), ll. cc., Mt. 19 22 BC. Luc. 18 23 B. Rom. 14 15.

ܣܘܪܝܐ (A. *p. o.* cett.) N. pr. Syria Js. 9 12. Mt. 4 24. Mc. 7 26. Luc. 2 2 (B om.).
*ܣܘܪܝ. emph. ܣܘܪܝܐ. pl. emph. ܣܘܪܝܐ̈ Gen. 2 14 (Lit.). Am. 9 7; ܣܘܪܝܐ Gen. l. c. (Lect.), al. — Syrus (Σύρος) Am. l. c., Luc. 4 27; (Ἀσσύριος) Gen. 2 14. Js. 10 5. 12. 14 (LXX om.). 24. 11 11.

*ܣܚܐ *Pe.* Ptc. act. pl. ܣܚܝܢ Hebr. 10 22 Lect. 122, ܣܚܝܢ ib. Lect. 15. Pass. ܣܚܝ Joh. 13 10 A, *p. o.* BC. — se lavit ll. cc.
Pa. Pf. ܣܚܝ — lavit Act. 16 33 (Lit.).
Aph. ܐܣܚܝ — *id.* Act. 16 33 (cod. ms.).

*ܣܚܪ (cf. Idiot. p. 61 sq. „Homon. Wurzeln" p. 41 sq.). *Ithpe.* Pf. 3. *f.* ܐܣܬܚܪܬ (B ܐܣܬܚܪܬ) — se convertit, sequ. ܠܒܣܬܪܗ ἐστράφη εἰς τὰ ὀπίσω Joh. 20 14.
Pa. Ptc. act. ܡܣܚܪ Luc. 18 35 A, cf. Joh. 9 8 A; *p. o.* BC. — mendicavit (pro προς—, ἐπαιτεῖν) ll. cc. [Luc. 15 14 leg. ܡܣܬܚܪ: ὑστερεῖσθαι].

ܣܛܢܐ ('ܣ A *pass.*) — Satan, diabolus, N. T. *pass.* Praeterquam Hom. Ox. 95 9 13. 65 2. 66 18. 72 1. Hom. Anecd. 200 10. ܣܛܢܐ Mt. 4 5 C. 25 41 Ev. 129 BC. Luc. 10 18 B. Hebr. 2 14 (Lect. 14); ܐܣܛܢܐ Mt. 25 41 Ev. 97 B (Cf. mand. צאטאנא, Nöld. § 48).

*ܣܛܦ (cf. Idiot. p. 62; add. syr. *Ethpa.* apud Bedjan. 7 91 5; neosyr. ܫܛܦ).
Pa. Ptc. pass. *m.* ܡܣܛܦ — dissecuit Js. 15 2 (κατατέμνειν).

*ܣܛܪ I. emph. ܣܛܪܐ Ex. 26 27. 35. C. suff. 3. *m.* ܣܛܪܗ, *f. id.* pl. ܣܛܪܝܢ Lit. 705 2 (obscurioris loci). emph. ܣܛܪܝܐ. *m.* — latus Ex. 28 7 (?); ܒܣܛܪܗ Dt. 31 26. Act. Andr. et Matth. fol. 1v; cf. ܡܢ *1* a). ܣܛܪ ܠܒ ἐπὶ μέρους Ex. 26 35a, cf. v. b. Pl. = ῥῦμαι (LXX; πλατεῖαι A. Σ. Θ) Js. 15 3.

*ܣܛܪ II. (cf. Idiot. p. 62. 122; syr. ܣܛܪ, neosyr. ܫܛܪ et ܫܛܪ; ساطر *frapper* Beaussier p. 296, Sonneck Journ. as. IX, tom. 14, 1899, p. 141, n. 6). ܡܣܛܪܘܬ Joh. 18 22 A, *p. o.* BC. pl. ܡܣܛܪܘܢ Mt. 26 67 A, *p. o.* BC. Js. 50 6. Joh. 19 3 BC; ܡܣܛܪܘܢ Joh. ib. A. emph. ܡܣܛܪܘܬܐ (cod. manuscr.). *m.* — verbera (ῥάπισμα, ῥαπίσματα), ll. cc.

ܣܝܓܘܪ N. pr. Σηγωρ Js. 15 5.

ܣܝܘܢ N. pr.: vid. ܨܝܘܢ.

ܣܝܚܘ[ܢ] N. pr. Sichon (ut Peš.; LXX Σηων, Σιων) Dt. 31 4.

[ܣܝܠܘܢ Js. 42 10: leg. ܣܝܠܘܢ].

ܣܝܠܘܢܘܣ N. pr. Σιλουανος (Peš. ܣܝܠܘܢܘܣ) 1 Thess. 1 1.

*ܣܝܡ [Ptc. ܣܝܡܝܢ positi, iacentes Luc. 24 12 Ev. 4 in marg.: versus ex Peš. interpol.].
[*ܣܝܡ: ܐܝܕܐ 'ܣ impositio manus, consecratio Lit. 680 *bis:* locus edessenus].
ܣܝܡܐ Mt. 13 44 A, *p. o. pass.* ܣܝܡܐ Mt. 19 21 C. emph. ܣܝܡܬܐ; ܣܝܡܬܐ Mt. 12 35 BC [A perperam — instruxit]. C. suff. ܣܝܡܬܗܘܢ. Pl. ܣܝܡܢ Mt. 6 20 B, ܣܝܡܢܝܢ v. 19 sq. A, *p. voc. o.* v. 19 C. [Hinc corrig. v. 19 B. 20 C]. emph. ܣܝܡܘܬܐ 3 Rg. 14 26 (*bis*). C. suff. ܣܝܡܘܬܗ Mt. 2 11 A, *p. voc. o.* BC. ܣܝܡܬܗܘܢ 6 21 B. Luc. 12 34 BC. *f.* — θησαυρός thesaurus,

ll. cc., Luc. 12 33. 18 22. 2 Cor. 4 7. Hom. Anecd. 173 19.

Aph. ܐܣܝܡ (Mc. 6 5 A, al.), ܐܣܡ Ps. 45 9. Mt. 27 48 C. Mc. 6 5 B; et alias BC. C. suff. 3. *m.* ܐܣܡܝܗ Mt. 27 60 AC. Rom. 3 25. 3. *f.* ܐܣܝܡܬ. 2. *m.* ܐܣܝܡܬ, ܐܣܡܬ (Ps. 43 14 sq. 89 8; al.); etc. Impf. ܢܣܝܡ (Mt. 24 51 A [1]), ܢܣܡ (Joh. 15 13 A), *p. o. pass.* pl. ܢܣܝܡܘܢ (Luc. 5 18 A, al.), ܢܣܡܘܢ (Mc. 16 18 C), ܢܣܡܘܢ (Luc. l. c. C). Imp. ܐܣܝܡ, ܐܣܡ (Mt. 9 18 BC); etc. Ptc. act. ܡܣܝܡ, ܡܣܡ (BC *pass.*); etc. Pass. ܡܣܝܡ (A: Luc. 3 9, Joh. 20 7; *p. o. pass.*); ܡܣܡ A: Luc. 2 12, Joh. 19 29. 41; ܡܣܝܡ Mt. 28 6. *f.* ܡܣܝܡܐ, ܡܣܝܡܐ (Mt. 5 14 BC. Joh. 11 38 CD); etc. — posuit, ll. cc., Gen. 3 15. 9 13. Ex. 36 25. Js. 9 4; et saepe alibi V. et. N. T. Praeterquam Hom. Anecd. 202 2. Hymn. Anecd. 111 26. Hom. Ox. 96 25. 7. Lit. Dam. I fol. 1ᵛ.

ܐܣܡܘ (Inf.) Hebr. 6 2. emph. ܐܣܡܘܬܐ Luc. 6 4 A, *p. voc. o.* C; ܐܣܡܘܬܐ B. *f.* — ܐ̈ ܠܚܡ οἱ ἄρτοι τῆς προθέσεως l. c.

Ithpe. Pf. ܐܬܣܝܡ s. ܐܬܣܡ (Mc. 15 47 Ev. 207 C); etc. Impf. ܢܬܣܝܡܘܢ. Ptc. ܡܬܣܝܡ (Mc. 15 47 A), ܡܬܣܡ (ib. Ev. 19 C). [ܡܬܬܣܝܡ Lit. 695 9, ad similitud. formae edess. formatum]. — positus est, ll. cc., Mc. 8 7. Luc. 10 8. 2 Tim. 1 11. Hom. Anecd. 205 13 (cit. Hebr. 10 13).

ܣܝܡ (ܣܡ Luc. 3 36 B) N. pr. Σημ Gen. 6 10. 7 13. 9 18. Luc. 3 36.

ܣܝܡܘܢ (A ܣܡܥܘܢ), ܣܡܥܢ Mt. 10 4 C. [ܣܡܥܘܢ 26 6 Ev. 175 B]. N. pr. Σιμων (cf. Deissmann. Bibelstudien (1895) p. 184; Blass. Gramm.[2] p. 31), N. T. *pass.* Praeterea (Petrus) Hom. Ox. 960 3 (cit. Mt. 16 18); (frater Jesu) Act. Andr. et Matth. fol. 1ʳ.

---

*ܣܝܡܝܘܢ (cf. Krauss. 2 397). pl. ܣܝܡܝܘܢܝܢ — σημεῖον (terminatione graec. servata) Hom. Anecd. 199 5.

ܣܝܢ (sic) N. pr. Σιν (desertum) Ex. 17 1.

ܣܝܢܐ N. pr. Σινα mons Ex. 19 11. 16. Act. Sct. ZDMG 56 257 paen. Lit. Dam. I fol. 1ᵛ.

ܣܘܢܝܬܝܐ (συνήθεια; cf. Krauss. 2 377, Brockelm. Lex. syr. p. 232). *f.* — consuetudo Vit. Eulog. ZDMG 56 259 21 (Text. graec. om.).

ܣܝܣܪܐ N. pr. Σεισαρα, Peš. ܣܝܣܪܐ, Ps. 82 10.

---

*ܣܝܥܐ. *ܣܝܥܬܐ (סִיעֲתָא, ܣܝܥܬܐ). pl. c. suff. ܣܝܥܬܗܘܢ. *f.* (?) — agmen *stellarum* Hom. Anecd. 198 26.

Pa. Pf. 1. ܣܝܥܬ. Impf. ܢܣܝܥ; etc., pl. ܢܣܝܥܘܢ (Luc. 5 7 A). Imp. ܣܝܥ. Ptc. act. ܡܣܝܥ. — adiuvit (sequ. acc., ܠ s. ܥܠ) l. c., Gen. 49 25. Js. 50 7. 60 15. 63 5. Ps. 43 27. 45 6. Eccl. 7 20. Mc. 9 21. 23. Luc. 10 40. 2 Cor. 6 2. Phil. 4 3. Hebr. 2 18. Hom. Ox. 96 8 15. Vit. Sct. cod. ms.

ܡܣܝܥܢ (*מְסַיְעָן) s. ܡܣܝܥܢܐ (Gen. 2 18 Lit.). *m.* — adiutor Gen. 2 18. 20. Ex. 15 2. Ps. 45 2.

Ithpa. Impf. pl. 2. ܬܬܣܝܥܘܢ — adiutus est Js. 10 4.

ܣܝܦ Ps. 56 5. Luc. 22 36. emph. ܣܝܦܐ Mt. 26 51 A, cf. 53 A; *p. o. pass.* C. suff. ܣܝܦܟ Joh. 18 10 A, *p. o.* BC; al. Pl. ܣܝܦܝܢ Jo. 3 10, al. emph. ܣܝܦܝܐ Dt. 13 15 (Lect.). *m.* — gladius ll. cc., Zach. 9 13. Mt. 26 47. 52. 55. Luc. 22 38. Joh. 18 11. Act. 16 27. Rom. 13 4. Hebr. 4 12. 11 34. 37. Hom. Anecd. 176 15 (cit. Prov. 5 4). Hymn. Anecd. 113 12.

ܣܝܪܝܢܘܣ (cf. Krauss. 2 393) pl. Σειρῆνες Js. 43 20 (Lect. 36).

ܣܝܬ N. pr. Σηθ Luc. 3 38.

---

*ܣܟܐ I. *ܣܟܬܐ (סִכְּתָא). pl. cst. ܣܟܝ. *f.* — vomer Jo. 3 10.

*ܣܟܢ II. *ܣܟܢ (hebr. *סָךְ, סוכו etc.). emph. ܣܟܢܐ. *m.* — tabernaculum Sap. 915 (σκῆνος).

ܣܟܐ (cf. Idiot. p. 62) *Pe.* ܣܟܐ. Ptc. act. ܣܟܐ. — adspexit, spectavit Mt. 2216 Ev. 87 (sed Ev. 156 ܣܟܐ). Mc. 35. 734. Luc. 211.

Pa. Ptc. act. ܡܣܟܐ (Mc. 1543A), pl. *m.* ܡܣܟܝܢ (Mt. 2444A[1]), *f.* ܡܣܟܝܢ (Js. 609; al.) — exspectavit, abs. s. sequ. ܠ, ll. cc., Mt. 113. 2450. Luc. 121. 225. 38. 315. 634. 719sq. 1236. 40. Joh. 53. Phil. 320. Tit. 213. Hom. Anecd. 1756. 19613. 20512 (cit. Hebr. 1013). 21110. Lit. 69515.

*ܣܟܘܝ (סְכוּי). emph. ܣܟܘܝܐ. *m.* — exspectatio Luc. 2126A.

*ܣܟܘܝܢ (ܣܘܟܝܐ). emph. ܣܟܘܝܢܐ. *m.* — *id.* Luc. 2126BC (in utraque pericopa). Fort. ܣܟܘܝܐ leg. cum A.

---

*ܣܟܠ I. (סכל). ܣܟܠܐ Joh. 846A, *p. o.* BC. Rom. 48; ܣܟܠܐ Rom. 1423. 2 Cor. 521. emph. ܣܟܠܬܐ Joh. 834A (*bis*), *p. o.* Num. 56sq.; al.; ܣܟܠܬܐ Rom. 320. 2 Cor. 521; *p. o.* Joh. 834 (*bis*) BC. C. suff. ܣܟܠܬܗ, ܣܟܠܬܗ; etc. Pl. abs. ܣܟܠܢ Joh. 934A, ܣܟܠܢ Mt. 96A, *p. o. pass.*; ܣܟܠܢ Mc. 27A, *p. o.* BC ib. *et pass. al.* emph. ܣܟܠܬܐ Rom. 325. C. suff. 3. *f.* ܣܟܠܬܗ Luc. 747A[2], *p. o.* A[1]; ܣܟܠ BC; etc. Semel ܣܟܠܬܟܘܢ Mt. 1835A. *f.* — peccatum, ll. cc. et pass. V. et N. T. (vid. concordantias i. v. ἁμαρτία, ἁμάρτημα; nonnulla exempla apud Schwallyum in Idiot. p. 63). Praeterquam Hom. Ox. 95214. 5512. 5810. Hom. Anecd. 1727. Lit. Dam. I fol. 1v. Pro παράπτωμα Sap. 101.

ܣܟܠ (*סְכַל) Luc. 58A, al.; *p. o.* 197A Anecd.; ܣܟܘܠ BC ll. cc. et saepius. ܣܟܘܠ Joh. 916C. emph. ܣܟܠܐ Ps. 814; al. ܣܟܠܐ Mc. 838A, *p. o.* cod. Dam. *f.* abs. ܣܟܠܐ Luc. 737. 39. Pl. *m.* ܣܟܠܝܢ Mt. 910, al., ܣܟܠܝܢ Rom. 58, ܣܟܠܝܢ Mc. 217A. emph. ܣܟܠܝܐ Mt. 911A, *p. o.* al.; ܣܟܠܝܐ Mt. 2645A, al. ܣܟܠܐ Luc. 2237A. C. suff. ܣܟܠܝܗ Am. 910. — peccator (ἁμαρτωλός) ll. cc., Am. 98. Ps. 813. Mt. 911. Mc. 215sq. Luc. 530. 32. Joh. 931A. Gal. 215. Hebr. 726.

Aph. ܐܣܟܠ Joh. 92sq. A, *p. o. pass.* ܐܣܟܠ v. 2BC. 3B; etc. Impf. 3. ܢܣܟܠ Luc. 173A; *p. o.* et ܢܣܟܠ *pass.*; ܬܣܟܠ Luc. 174C (sic leg. pro ܐܣܟܠ). Ptc. act. ܡܣܟܠ, ܡܣܟܠ; etc. — peccavit (ἁμαρτάνειν), ll. cc., Ex. 927. 34. 1016. Js. 4224. Ps. 405. Eccl. 721. Mt. 1815. 274. Luc. 1518. 21. Joh. 514. 83sq. et 11 A (BC om.). Rom. 323. Hom. Anecd. 18910.

---

*ܣܟܠ II. (שׂכל). *Ithpa.* ܐܣܬܟܠ Luc. 195A, *p. o. pass.*: etc. Impf. 2. ܬܣܬܟܠ; etc. Imp. ܐܣܬܟܠ; etc. Ptc. ܡܣܬܟܠ Luc. 962A, *p. o.* al. — consideravit, spectavit, pro βλέπειν Luc. 962; ἀναβλέπειν Gen. 2213. Luc. 195; ἐπιβλέπειν Js. 635; περιβλέπειν Gen. 1917. 224; προσέχειν Ps. 762. Hebr. 21. Hom. Anecd. 1764 (cit. Prov. 53); itaque ܐܣܬܟܠ ܠܢܦܫܟ πρόσεχε σεαυτῷ (μὴ . . .) Ex. 1028, cf. 1912. Dt. 1116. 1219. 30. Mt. 61. Luc. 173. 2134 (cf. *Aph.*); σκοπεῖν Phil. 24. [ܡܣܬܟܠܝܢ „intelligunt" Luc. 810A *corr.*].

Aph. (Cf. targ. אסכל) Imp. pl. ܐܣܟܠܘ — προσέχειν Luc. 2134 Ev. 133A *cod.* (*corr.* in *Ithpa.* mutavit).

---

*ܣܟܡ (סְכַם in Targg. hieros., deriv. a סכום, talm., targ., samar.) *Pe.* Impf. 3. ܢܣܟܡ — consummavit (ἀνακεφαλαιοῦν) Eph. 110.

---

*ܣܟܝܢ. emph. ܣܟܝܢܐ. *m.* — culter Gen. 226. 10.

---

*ܣܟܪ. *Ithpe.* Impf. 3. ܢܣܬܟܪ — fartus, clausus est Rom. 319.

Pa. Pf. pl. ܣܟܪܘ — farsit, clausit Hebr. 1133.

*ܣܠܠ. *ܣܠܐ (cf. „Homon. Wurzeln" p. 83). pl. ܣܠܝܢ. *f.* — corbis Mt. 14 20. Joh. 6 13.

ܣܦܘܕܠ vox incerta. Exstat Jo. 2 14 Lect. pro gr. σπονδή. S. F. habet ܢܣܟܐ.

ܣܠܘܩܝܢ: vid. ܠܣܘܩܝܐ.

ܣܠܐ N. pr.: vid. ܫܝܠܐ.

---

*ܣܠܡ: vid. ܫܠܡ.

ܣܠܡܘܢ N. pr. Σαλμων (Peš. ܫܠܡܘܢ) Mt. 1 4 sq. A, *p. o.* BC.

---

*ܣܠܩ *Pe.* ܣܠܩ Mt. 8 23 A, ܣܠܩ Mc. 1 10 A, al.; etc. Impf. ܝܣܩ, ܢܣܩܘܢ Mich. 5 5; 3. *f.* ܬܣܩ Jo. 2 20. pl. ܣܠܩܘܢ Mt. 14 22 A, *p. o.* Jo. 2 7. 3 12; ܣܠܩܘ Jo. 3 9. Mt. 14 22 BC; *f.* ܣܠܩܝܢ Js. 35 9; etc. Imp. ܣܩ (Luc. 14 10 A), ܣܩܘ (Joh. 7 8 A). Ptc. act. ܣܠܩ s. ܣܠܝܩ; etc. — ascendit, abs. s. c. ܠ loci, ll. cc., Gen. 2 6. 19 28. 30. 50 6 sq. 9. Ex. 10 12. Num. 13 22 sq. 3Rg. 14 25. Js. 15 2. 35 9. 40 9. Jo. 3 9. Am. 9 5. Jon. 1 2. 4 6. Mt. 3 16. 17 27. Mc. 10 33. Luc. 2 4. Joh. 1 51. 20 17. Act. 1 13. 2 34. Eph. 1 11. Lect. ZDMG 56 251 9. Hom. Ox. 9 58 18. 61 12; *in navem:* ܠ Mt. 8 23. 15 39. Mc. 8 10. 13. Luc. 8 22. 37, ܠܐܠܦܐ Jon. 1 3. Cf. etiam ܢܣܩ.

*ܡܣܩܢܐ s. *ܡܣܩܢ. C. suff. 3. *m.* ܡܣܩܢܘܗܝ. *m.* — ascensus, a) = scalae Am. 9 6 (ἀνάβασις), cf. Lit. 707 9. b) *fluvii:* inundatio Lit. 705 6 (Nili).

*ܣܘܠܩ (ܣܘܠܩܐ). emph. ܣܘܠܩܐ *m.* — ascensio in coelum Lect. 134 7 (sic leg. pro ܣܘܠܩܐ).

Ithpa. ܐܣܬܠܩ, ܐܣܬܠܩ (cave existimes esse *Ithpe.*) Mc. 16 19 A; etc. Impf. ܢܣܬܠܩ. Imp. ܐܣܬܠܩ. Ptc. ܡܣܬܠܩܐ Luc. 24 51 A, *p. o.* al. — *1.* ascendit, auxit Lit. 696 10 et 705 9 (de Nilo). *2.* assumtus est in coelum Mc. 16 19. Luc. 24 51. Act. 1 2. 11. 1Tim. 3 16. Lit. 695 14. 698 4.

Aph. ܐܣܩ, ܐܣܩ (Ex. 10 14. Act. 16 34 Lit.); etc. pl. semel ܐܣܠܩܘ Luc. 2 22 A. Imp. ܐܣܩ, ܐܣܩ (Lit. Dam. I fol. 1ᵛ). Ptc. act. ܡܣܩ, ܡܣܩܐ. — *1.* sursum duxit Gen. 9 14. Ex. 10 14. Am. 9 7. Mt. 13 48. 17 1. Luc. 2 22. 14 5. Act. 16 34. Hom. Ox. 9 54 9. Lit. Dam. l. c. *2.* sursum tulit, suscepit Js. 53 11. 12. *3.* obtulit (ἀναφέρειν) Gen. 8 20. 22 2. 13. Hom. Anecd. 205 9 (cit. Hebr. 10 12).

ܣܠܬܝܐܝܠ N. pr. Σαλαθιηλ Luc. 3 27 B, ܫܠܬܐܝܠ Mt. 1 12 A (*bis*), *p. voc. o.* BC; ܫܠܬܐܝܠ Luc. 3 29 C, *p. voc. o.* Mt. 1 12 C (*bis*).

---

*ܣܡܠ. emph. ܣܡܠܐ Mc. 15 27 B; ܣܡܠܐ, ܣܡܠܐ *pass.* C. suff. 3. *m.* ܣܡܠܗ, ܣܡܠܗ; etc. ܡܣܡܠܗ Mc. 10 37 A; etc. — *f.* sinistra, ll. cc., Js. 9 20. Jon. 4 11. Mt. 6 3. 25 33. 41. 27 38. Mc. 10 40. 15 27. Luc. 23 33. 2Cor. 6 7. Act. Andr. et Matth. fol. 1ᵛ.

---

*ܣܡܝ. ܣܡܝ Joh. 9 25 A, cf. v. 19. emph. ܣܡܝܐ. pl. *m.* ܣܡܝܢ, ܣܡܝܢ Luc. 7 21 B. emph. ܣܡܝܐ A: Mt. 23 17. 19; *p. o.* al. — caecus, ll. cc., Js. 42 7. 61 1. Mt. 9 27 sq. 11 5. 21 14. 23 16 Anecd. 24. 26. Mc. 10 46. 49. Luc. 7 22. 14 21. 18 35. Joh. 11 37 BC Dam. — Cf. ܥܘܪ.

Pa. Pf. ܣܡܝ — occaecavit Joh. 12 40.

ܣܡܥܢ (*i. e.* سمعان) N. pr. Simon (Petrus) Mt. 17 24 A Anecd. (BC ܫܡܥܘܢ).

---

*ܣܡܩ. *ܣܡܘܩ (סָמוּק, an *סָמוּק = neosyr. ܣܡܘܩܐ?). pl. ܣܡܘܩܝܢ — ruber Js. 63 1 sq. ܝܡܐ ܣܡܘܩܐ ἡ ἐρυθρὰ θάλασσα Ex. 10 19. 15 4. Dt. 11 4.

---

*ܣܡܪ (cf. Idiot. p. 63. 122). *ܡܣܡܪ. pl. ܡܣܡܪܝܢ (A). *m.* — clavis Joh. 20 25.

Pa. ܣܡܪ. Ptc. pass. ܡܣܡܪ. — clavis fixit, c. acc. et ܒ l., Col. 2 14. ܠܨܠܝܒܐ ܡܣܡܪ ligno (i. e. cruci) affixus Lit. Dam. I fol. 1ᵛ.

Ithpa. ܐܙܕܩܦ; etc. — ligno (cruci) affixus est, c. ܥܠ, Lit. Dam. II^r. III^r.

*ܣܢܝ (cf. Idiot. p. 64). *ܣܢܝܢ. *f.* ܣܢܝܢܬܐ Lit. Dam. III^r. pl. *m.* ܣܢܝܢܝܢ — purus Phil. 4 8 (Lect.) (σεμνός). Lit. Dam. l. c. (de Maria virgine).

ܣܢܝܢܘ *f.* — puritas, sanctitas Hymn. Anecd. 111 6.

Pa. Ptc. act. pl. ܡܣܢܝܢܝܢ — excolavit Mt. 23 24.

ܣܢܐ *Pe.* Pf. ܣܢܐ Joh. 17 14 A, *p. o.* al. 2. *m.* ܣܢܝܬ. pl. ܣܢܘ; etc. Impf. ܝܣܢܐ; etc. Ptc. act. ܣܢܐ, ܣܢܝ Joh. 12 25 Ev. 168 A; pl. ܣܢܝܢ, ܣܢܐܝܢ Mt. 5 44 A, al. — odit, odio habuit, ll. cc., Dt. 12 31. Ps. 44 8. 82 3. Prov. 9 8. Mt. 5 43. 6 24. Luc. 6 22. 16 13. 19 14. Joh. 3 20. 7 7. 15 24. Rom. 12 9. Hebr. 1 9. Tit. 3 3.

*ܣܢܐ. emph. ܣܢܐ (סָנְאָ = סָנְאָא) Mt. 13 39. C. suff. ܣܢܝ 5 43. pl. ܣܢܐܝܢ Gen. 22 17. Ex. 15 7. C. suff. ܣܢܘܗܝ Js. 9 11, al. *m.* — osor, inimicus ll. cc., Js. 11 13. Phil. 3 18. — *f.* ܣܢܝܐ: vid. mox ܣܢܐ „odium".

*ܣܢܐ (ptc. pass.) pl. ܣܢܝܢ etc. — odiosus Tit. 3 3 (στυγητός). ܡܠܐ ܣܢܝܬܐ pro αἰσχρολογία Col. 3 8.

[ܣܢܝܐ (pro סַנְאָה) Act. Philem. Anecd. 169 22]. emph. ܣܢܝܬܐ. *f.* — odium Gen. 3 15; in Anecd. l. c. leg. ܣܢܝܐ (ἔχθρα).

Ithpe. Ptc. *f.* ܡܣܬܢܝܐ Js. 60 14. pl. *m.* ܡܣܬܢܝܢ Mt. 10 22 A¹ al., *p. o. pass.* — odio fuit ll. cc., Mt. 24 9. Luc. 21 17.

*ܣܢܐ (סְנָה; סַנְיָא etc.). emph. ܣܢܝܐ. *m.* — rubus fruticosus Mc. 12 26.

ܣܝܢܕܘܢ *m.* — σινδών Hom. Ox. 954 6. Cf. ܣܕܝܢ.

ܣ[ܘܢ]ܛܘܟܝ N. pr. Συντυχή Phil. 4 2.

*ܣܣ. emph. ܣܣܐ (ܣܣܐ Mt. 6 20 A). [pl. ܣܣܐ(ܝ) Luc. 12 33 A]. (Genus non cognoscitur). — tinea Mt. 6 19. Luc. 12 33. Hom. Anecd. 176 10 (cit. Prov. 12 4).

*ܣܥܕ (cf. Idiot. p. 64). ܣܥܕܢ (Js. 8 20, al.). C. suff. ܣܥܕܗ, ܣܥܕܢܘܢ. *m.* — auxilium Js. 8 20. Ps. 48 15. 87 5. 90 1. Hebr. 4 16. Lit. 709 18. Lect. 2 3.

[ܣܥܪ visitavit Luc. 7 16 A: vox syriaca. Legitimum ܣܥܪ codd. BC servaverunt].

*ܣܥܪ. ܣܥܪ (st. cst.) Mt. 3 4 AB. Mc. 1 6; ܣܥܪ Mt. l. c. C. emph. ܣܥܪܐ. C. suff. ܣܥܪܗ; etc. [Joh. 12 3 C ܣܥܪܗ!]. *m.* — crinis, ll. cc., Luc. 7 38. 44. Joh. 11 2. 12 3. S. F. 79 4.

*ܣܥܪܐ. pl. ܣܥܪܝܢ (סְעָרִין), emph. ܣܥܪܝܐ. *f.* — hordeum Ex. 9 31. Joh. 6 9. 13.

*ܣܦ. pl. c. suff. ܣܦܘܗܝ *m.* — limen Jo. 2 17 S. F. (Lect. ܣܦܘܗܝ).

*ܣܦܐ. Pl. c. suff. 3. *m.* ܣܦܘܬܗ, ܣܦܘܬܗܘܢ; etc. *f.* — labium 1 Reg. 1 13. Js. 11 4. Ps. 44 3. Job. 16 5. Hom. Anecd. 176 7 (cit. Prov. 5 3). 20. 177 8. 207 21 (cit. Ps. 154^b). Lit. 704 8 (cit. Ps. 50 17). Lect. ZDMG 56 252 5 (cit. Ps. l. c.).

*ܣܦܕ (cf. Idiot. p. 64). ܣܦܕ Gen. 50 10. emph. ܣܦܕܐ Jo. 2 12 (סִפְדָּא). *m.* — planctus, ll. cc.

Aph. pf. pl. ܐܣܦܕܘ Gen. 50 10. Impf. pl. ܝܣܦܕܘܢ Mt. 24 30 A, *p. o.* C (B corrupt.). Cod. manuscr. Imp. pl. ܐܣܦܕܘ Js. 15 3 (ita suppl.). Ptc. act. pl. ܡܣܦܕܝܢ Luc. 8 52. — planxit, ll. cc.; sequ. ܥܠ p.: ploravit *defunctum* Gen. l. c.

ܣܦܝܠ (cf. Idiot. p. 64. 122) Joh. 19 29 Dam. emph. ܣܦܠܐ, ܣܦܠܐ (Joh. 13 5 BC). *m.* — *1.* νιπτήρ Joh. 15 5; pro σκεῦος 19 29 Dam. (cett. ܡܐܢ). *2.* piscina Lit. 695 8. 704 5 (synon. ܟܘܠܝܡܒܐ 704 6).

ܣܦܣܘܠܝܐ: vid. ܐܣܦܣܠ.

*ܣܦܣ *Pe.* Pf. pl. ܣܦܣܘ. Impf. ܝܣܦܣܘܢ.

Ptc. act. ܣܦܩ, ܣܦܩܝܢ; etc. — satis fuit, suffecit 3Reg. 8 27. Mt. 25 9. Luc. 3 14. 22 38. Joh. 6 7. 2Cor. 3 5. Phil. 4 11. Hebr. 11 32. Vit. Anton. S.F. 79 6. Hom. Anecd. 209 9. Act. Andr. et Matth. fol. 2^{r}.

Ithpa. Ptc. ܡܣܬܦܩ — satis datum est *alicui* Col. 2 19.

Aph. Impf. 3. ܢܣܦܩ; etc. Ptc. act. ܡܣܦܩ; etc. — praebuit, praestitit Gal. 6 17. Sequ. ܐܓܘܢ ἀγῶνα παρέχειν Js. 7 13 (*bis*). Itaque pro ܪܘܚܐ . . . ܕܡܣܦܩ Stud. Sin. 1 101 (cit. Gal. 3 5) repono ܠܟܘܢ ܕܡܣܦܩ ܪܘܚܐ: ὁ ἐπιχορηγῶν ὑμῖν πνεῦμα.

ܣܦܩܠܛܘܪ: vid. ܐܣܦ.

---

*ܣܦܪ I. (cf. Nöld. ZDMG 54 160). *ܣܦܪ (סְפָר). C. suff. 3. *m.* ܣܦܪܗ, ܣܦܪܝܗ Gen. 22 17. Luc. 6 17 A[2]. *m.* — margo, ora: ܕܝܡܐ ܣܦܪܗ ἡ παραλία Luc. 6 17 AB; τὸ χεῖλος τ. θαλάσσης Gen. 22 17 (pro quo exspectaveris ܣܦܘܬܗ); *Iordani* fluv. Luc. l. c. C; ܠܣܦܪܗ ܕܢܗܪܐ = παρὰ ποταμόν Vit. Eulog. ZDMG 56 260 13 (gr. 33 24).

---

*ܣܦܪ II. ܣܦܪ (ex assyr. *šipru*) Jer. 30 2. emph. ܣܦܪܐ Joh. 20 30 A, *p. o.* BC, al.; ܣܦܪܐ Luc. 4 17. 20, et al. C. suff. ܣܦܪܗ s. ܣܦܪܝܗ; etc. Pl. emph. ܣܦܪܝܐ Joh. 21 25 BC, ܣܦܪܐ ib. A Ev. 227. [Luc. 3 4 C; 4 17 BC, al. pro ܣܦܪܐ leg. ܣܦܪܐ]. C. suff. ܣܦܪܝܗܘܢ. *m.* — liber, ll. cc., Gen. 2 4. 3 Rg. 14 29. Mt. 1 1. Mc. 12 26. Luc. 3 4. 4 17. 20. Phil. 4 3. Hom. Anecd. 184 16. 191 8 (cf. Act. 19 19). Lect. 80 2.

ܣܦܪ (assyr. *šâpiru*) Mt. 8 19 BC, al. [ܣܦܪܢ Mt. 22 35 Ev. 92 C]. emph. ܣܦܪܐ Mc. 12 32 A, *p. o.* 1Cor. 1 20. Pl. ܣܦܪܝܢ Mt. 23 34. emph. ܣܦܪܐ *pass.* (In A interdum ܣܦܪܐ legitur, *i. e.* ܣܦܪܐ). C. suff. ܣܦܪܝܗܘܢ, ܣܦܪܝܗܘܢ Mc. 2 16 C; etc. *m.* — scriba, legisperitus, ll. cc., Dt. 31 28. Mt. 2 4. 5 20. 7 29. 9 3. 13 52 A. 17 10. 21 15. 23 2. 13 sqq. 26 57. 27 41. Luc. 5 21. 30. 6 7. Hom. Ox. 9 53 20. (suppl. ex Mt. 23 2).

*ܣܩ. emph. ܣܩܐ. pl. ܣܩܝܐ. *m.* — saccus Am. 8 10. Jon. 3 5 sq. 8. Job. 16 15.

ܣܩܘܬܝܣ — Σκύθης Col. 3 11.

ܣܩܛܝܣ (sic; genit.) N. pr. Sceticum desertum Vit. Sct. cod. ms. (*pass.*).

ܣܪܘܓ N. pr. Serug (Peš. ܣܪܘܓ) Luc. 3 35 BC (A om.).

ܣܪܚ (cf. „Homon. Wurzeln" p. 78, n. 1) *Pe.* ܣܪܚ. Impf. ܢܣܪܘܚ. Ptc. act. ܣܪܚ, pl. ܣܪܚܝܢ, ܣܪܚܝܢ Mt. 6 16 C. Pass. *f.* ܣܪܝܚܐ (Gen. 6 12). — perdidit, delevit, corrupit Gen. 6 12 sq. 17. 9 11. Jo. 2 20. Mt. 6 16. 19 sq. Luc. 12 33.

ܣܪܝܚܘܢ *m.* — excidium, vastatio Jo. 2 3.

Ithpe. Pf. 3. *f.* ܐܣܬܪܚܬ; etc. Ptc. ܡܣܬܪܚ. — perditus, deletus est Gen. 6 11. Ex. 10 15. Jo. 1 17 sq. Hom. Anecd. 173 [13]. 26. 174 4. Ptc. pro φθαρτός *corpus* Sap. 9 15.

---

*ܣܪܩܐ. ܣܪܩܝܬܐ (סִרְקָא, ܣܪܩܬܐ) *f.* — apex Mt. 5 18.

---

*ܣܪܚ *Pe.* Ptc. ܣܪܚ — foetuit Joh. 11 39 Dam. (cf. ܡܣܪܚ).

ܣܪܝܚ Mt. 23 27 A. *p. o.* al. emph. ܣܪܝܚܘܬܐ. C. suff. 3. *m. f.* ܗ—. *f.* — foetor Hom. Anecd. 183 2. 4. Act. Sct. Anecd. 170 12. Est pro σαπρία Jo. 2 20. Job. 17 14. 21 26; ἀκαθαρσία Mt. 23 27. Rom. 1 24, eandemque vocem etiam Mt. 23 25 A interpretem legisse suspicor loco ἀκρασία.

ܡܣܪܚ (ptc. pass. *Aph.*) — foetidus Joh. 11 39 = Hom. Anecd. 202 4. Cf. *Pe.*

---

*ܣܪܝܣ (assyr.) pl. ܣܪܝܣܝܢ — eunuchus Mt. 19 12.

Pa. Pf. pl. ܣܪܣܘ — castravit Mt. 19 12.

Ithpa. Pf. pl. ܐܣܬܪܣܘ — castratus est Mt. 19 12.

ܣܪܦܝܡ (? ante lacunam) ὁ (var. lect. οἱ) Σεραφιμ Act. Andr. et Matth. fol. 1^{v}.

*ܣܪܘ *Ithpa.* Impf. pl. 3. *f.* ܢܣܬܪܘܢ — defecit (ἀφανίζεσθαι) Sirac. 45 26.

---

*ܣܬܘܐ. ܣܬܘܐ (cf. Idiot. p. 64) *pass.*; ܣܬܘܝܐ Joh. 10 22 A *corr.*, C, *p. o.* Mt. 24 20 Dam. [ܣܬܝܘܐ ib. A *cod.*]. *m.* — hiems Gen. 8 22. Mt. 24 20. Joh. 10 22. Hom. Anecd. 199 6.

*ܣܬܡ *Pe.* Imp. ܣܬܘܡ Luc. 4 35 A, *p. o.* BC. — obmutuit, l. c.

Ithpa. (sic) ܐܣܬܬܡ Mt. 22 12 A, *p. voc. o.* BC. — *id.*, l. c.

---

*ܣܬܪ *Pe.* Pf. 2. ܣܬܪܬ. Ptc. act. ܣܬܪ — destruxit Js. 25 2. Luc. 12 18.

Ithpe. Impf. 3. *f.* ܬܣܬܪ — destructus est Ms. 24 2.

ܥ

*ܥܒ. *ܥܘܒ. C. suff. ܥܘܒܗ (ܥ̈ Joh. 1 18 B); etc. *m.* — sinus Dt. 13 6. Js. 40 11. Eccl. 7 10. Luc. 16 22 sq. Vit. Eulog. ZDMG 56 259 6. 12. Hymn. Lect. 136 2. Lit. 695 16. Lit. Dam. I fol. 2r.

ܥܒܕ *Pe.* ܥܒܕ Mt. 19 4 A, sed ܥܒܕ Mt. 7 24 A, ܥܒܕ Hebr. 1 2. C. suff. pl. 1. ܥܒܕܢ 2 Cor. 3 6. 3. *f.* ܥܒܕܬ Mt. 26 10 et 12 sq. Ev. 170 A; etc. Impf. ܢܥܒܕ A: Luc. 18 7 sq. et saepe al., ܢܥܒܕ Mt. 18 24 Anecd. Joh. 9 33 B. 11 37 D. [ܢܥܒܕ Mt. 18 23 sq. A]; etc. Imp. ܥܒܕ Luc. 18 3 A, al., ܥܒܕ l. c. B. *f.* ܥܒܕܝ Hom. Anecd. 180 3. pl. ܥܒܕܘ Joh. 6 10 A, al. ܥܒܕܘ Luc. 3 4 A. Ptc. act. ܥܒܕ; etc. Pass. ܥܒܝܕ, ܥܒܕ Gal. 4 4 *bis*; etc. — fecit, fabricavit, ll. cc. et pass. al. Ptc. pass. *a*) (arte) factus, paratus Joh. 3 21. Hebr. 9 11. *b*) γενόμενος, γεγενημένος Joh. 2 9. Gal. 4 4 *bis*. Itaque ܥܒܝܕ ܒܝܫܐܝܬ κακῶς ἔχων Mt. 4 24 (sequ. ܒ = male affectus *aliqua re*). 8 16 (A om.). 9 12. Mc. 2 17. Luc. 5 31. 7 2. Cf. ܒܝܫ.

ܥܒܕ (*qᵉṭāl*) Joh. 7 21 B. Jac. 1 4. Alias ܥܘܒܕ, ܥܘܒܕ (Mt. 26 10 et Joh. 7 21 A). emph. ܥܒܕܐ 1 Thess. 4 6; alias ܥܘܒܕܐ. C. suff. 3. *m.* ܥܒܕܗ, ܥܒܕܗ Joh. 6 29 C. Pl. ܥܒܕܝܢ Tit. 3 8; alias ܥܘܒܕܝܢ Joh. 10 32 A, *p. o. pass.*; ܥܒܕܝܢ Rom. 4 2 Dam. (cf. ܐܙܪ „cedri", et fort. ܡܠܐܟܝܢ, ܡܠܐܟܝܐ „angeli" Mt. 4 11 B, C. Si sincerae sunt formae conveniunt cum zenǵ. אבני etc. Lidzb. 397, iud. אסירי „captivi", etc. Dalm. Gr. p. 151 sq., cf. etiam Nöld. Mand. Gr. § 131). emph. ܥܒܕܝܐ Num. 4 47, al. C. suff. ܥܒܕܝܗ, ܥܒܕܝܗ (BC *pass.*, e. g. Joh. 6 28; Lit. Dam. I fol. 2r *bis*), ܥܒܕܝܗܘܢ Rom. 3 28 Dam.; 2. ܥܒܕܝܟܘܢ, ܥܒܕܝܟܘܢ (Sap. 9 9. Joh. 7 3 BC); etc. *m.* — opus, confectio, ll. cc., Gen. 2 2. 4. 3 17. 8 21. Ex. 28 6. 8. 11. Num. 4 49. Dt. 11 3. 7. Js. 3 10. 40 10. 43 13. 21. 60 21. Jer. 11 18. Jo. 2 11. Jon. 3 10. Ps. 44 2. Sap. 9 11. Mt. 5 16. 11 2. Luc. 24 19. Joh. 3 19. 21. 4 34. 5 20. 36. 6 28. 8 41. 9 3. 10 25. 32 sq. 37. 14 10 sqq. 15 24. 2 Petr. 3 10. Rom. 3 27. 4 2. 6. Gal. 2 16. 3 2. 5. Col. 3 9. 1 Thess. 4 6. Hebr. 6 1. Tit. 1 16. 2 14. Hymn. Anecd. 111 14 (?). Hom. Anecd. 183 2. 195 3. Pro γένεσις est Gen. 2 4.

ܥܒܕ Luc. 17 7. Gal. 3 28. Col. 3 11; al. emph. ܥܒܕܐ, ܥܒܕܐ (Luc. 14 21 B). C. suff. 3. ܥܒܕܗ, ܥܒܕܗ (Luc. 14 17 B. 21 BC); etc. ܥܒܕܗܘܢ Mc. 10 44 B. Pl. ܥܒܕܝܢ, ܥܒܕܝܢ BC: Mt. 21 36 et 22 4. emph. ܥܒܕܝܐ, ܥܒܕܝܐ (BC *pass.*, e. g. Mt. 22 10). C. suff. ܥܒܕܘܗܝ, ܥܒܕܘܗܝ, ܥܒܕܘܗܝ (BC *pass.*,

e. g. Mt. 25 14 Ev. 94. Joh. 18 26), ܥܒܕܘܗܝ Joh. 18 26 A; ܥܒܕܝܗ C: Mt. 18 23; 21 34, al. (quinquies); ܥܒܕܘܗܝ Mt. 18 23 Anecd. (cf. Ex. 9 8); etc. *m.* — servus, famulus, ll. cc. et pass. V. et N. T. Praeterea Act. Adrian. fol. 1ᵛ. Lit. 708 19. Lit. Dam. I fol. 1ᵛ. 2ᵛ.

*ܥܒܕܘܬܐ (syr. ܥܒܕܘܬܐ). C. suff. 3. *m.* ܥܒܕܘܬܗ Mt. 24 45 C, ܥܒܕܘܬܗ (perperam ∸ instruct.) A. *f.* — famulorum turba (ἡ θεραπεία, var. lect. οἰκετεία) l. c. Cf. ܥܒܕܘܬܐ.

*ܥܒܝܕܐ. C. suff. ܥܒܝܕܬܝ Jon. 1 8. Pl. ܥܒܝܕܢ Js. 25 1. C. suff. 3. ܥܒܝܕܬܗ; ܥܒܝܕܬܗܘܢ, ܥܒܝܕܬܗܘܢ (BC *bis*). *f.* — opus ll. cc., Js. 3 11. Ps. 45 9. Mt. 23 3. 5. 2 Tim. 2 4 Ox.; officium, professio Vit. Eulog. ZDMG 56 259 20 (ἐργόχειρον).

*ܥܒܕܘ. emph. ܥܒܕܘܬܐ. *f.* — servitus, servitium (δουλεία) Dt. 13 5. 10. Hebr. 2 15. Pro θεραπεία aut οἰκετεία Mt. 24 45 B (de cett. vid. supra ܥܒܕܬܐ).

Ithpe. ܐܬܥܒܕ, ܐܬܥܒܕ (B: Mt. 1 22 *et pass.*; Phil. 2 8 Lect. 11), ܐܬܥܒܕ (Mt. 18 31ᵃ Anecd. 27 54 Ev. 204 C. Luc. 6 1 B; al.); anteced. ܕ: ܕܐܬܥܒܕ Anecd. 169 10, ܕܐܬܥܒܕ C: Mt. 27 54 Ev. 213, 28 11; alia id genus (cf. Luc. 1 8 B). Etc. Impf. ܢܬܥܒܕ, ܢܬܥܒܕ; etc. Ptc. ܡܬܥܒܕ, ܡܬܥܒܕ, ܡܬܥܒܕ Mt. 26 2 Ev. 175 A; etc. — *1.* (arte) factus est, fabricatus est Hom. Ox. 957 23. *2.* pro γίγνεσθαι, ll. cc., Eccl. 7 11. Sirac. 46 4, et passim. (Multa exempla Schwally in Idiot. p. 65 affert, tamen in eo errans, quod hunc verbi usum Graecorum imitationi tribuit. Nam idem significat אתעבר cum apud Iudaeos tum apud Samaritanos).

Šaph. ܫܥܒܕ; etc. Impf. ܢܫܥܒܕܘܢ. Ptc. act. ܡܫܥܒܕ; pass. pl. *f.* ܡܫܥܒܕܢ — subegit, subiecit Hos. 14 9. Ps. 46 4. Gal. 2 4. Eph. 1 22. Phil. 3 21. Tit. 2 3. 5. Hebr. 2 15.

ܫܥܒܘܕ Tit. 2 15. C. suff. ܫܥܒܘܕܗܘܢ Gal. 2 5. *m.* — subactio, obsequium, ὑποταγή Gal. l. c., eandemque vocem Tit. 2 15 interpres legisse videtur loco ἐπιταγή.

Išt aph. Pf. pl. ܐܫܬܥܒܕܘ. Impf. pl. 2. ܬܫܬܥܒܕܘܢ; etc. Ptc. ܡܫܬܥܒܕ; etc. — *1.* subiecit se Mt. 8 27. Luc. 10 17. 20. Joh. 8 33. Rom. 8 7. 10 3. 13 1. 5. Gal. 4 3. Hom. Anecd. 200 11. Vit. Sct. cod. ms. Pro δουλεύειν Job. 21 15.

ܥܒܪ *Pe.* ܥܒܪ. C. suff. 3. *m.* ܥܒܪܗ Luc. 10 31 sq. AB; 3. *f.* ܥܒܪܬܗ; etc. Impf. ܢܥܒܪ Mt. 8 28 A al., *p. o. pass.* ܢܥܒܪ Js. 10 29ᵃ. Mt. 8 28 C. 24 34 Dam., Ev. 162 AB. 26 39 BC Anecd. 3. *f.* ܬܥܒܪ et ܬܥܒܪ (Mt. 5 18 A); etc. Imp. ܥܒܪ Luc. 17 7 B, ܥܒܘܪ A, ܥܒܪ C; etc. Ptc. act. ܥܒܪ; etc. — *1.* transgressus est, sequ. acc., Dt. 11 8; ܦܘܩܕܢܟ ܥܒܪܬ Luc. 1 18 Dam. (cf. ܥܒܪ). *Met.* violavit *legem* Luc. 15 29 B (AC *Aph.*); abs. Num. 5 6. Dt. 11 16. *2.* transiit *per alq. rem*, sequ. ܒ Num. 13 33. Js. 43 2 (*bis*). Jo. 3 17. Mt. 8 28 B. Luc. 2 35. 1 Cor. 10 1; sequ. ܕ ܥܠ Mt. 8 28 C. Mc. 9 29. Luc. 19 4; ܠ ad: Luc. 16 26; ܥܠ p.: supervenit *alicui* Jon. 2 4. *3.* praeteriit, sequ. acc. Gen. 18 3. Js. 10 29ᵇ. Mc. 2 23 AC. Luc. 10 31 sq. AB. Lit. Dam. I fol. 2ᵛ; ܒ Mc. 2 23 B; abs. Gen. 50 4. Js. 35 8. Mt. 27 39 Ev. 203. 26 42. Luc. 10 31 sq. C; abiit, evanuit Mt. 5 18 (*bis*). 24 34 sq. 26 39. Mc. 16 1. Luc. 21 32 sq. 2 Cor. 5 17. Hom. Anecd. 201 10. *4.* progressus est Dt. 31 3. Mt. 4 21; c. ܠ loci Gen. 18 5. Js. 10 29ᵃ; provectus est *in altum* Luc. 5 4 Anecd. [ܡܗܠܟ ܗܘܐ ܥܒܪ πορείαν ποιούμενος Luc. 13 22: leg. ܥܒܪ]. Cf. ܐܝܬ ܠ. *5.* advenit, accessit Luc. 12 37 A (B ܐܝܬ ܠ; C om.). 17 7. — Ptc. act. interdum eandem vim habet ac ܥܬܝܕ sensu verbi gr. μέλλειν, velut Luc. 7 2 (ubi ita reponendum pro ܥܒܝܕ). 19 11. Joh. 4 47. 6 15. Cf. ZDMG 55 136. 352.

*ܥܒܪ (עֵבֶר) *m.* ܥܒܪ ܝܪܕܢܐ Js. 53 9. Ps. 44 8 (sic leg.), al. emph. ܥܒܪ ܝܪܕܢܐ. C. suff. ܥܒܪ ܝܪܕܢܐ; etc. Creberrime in unum vocab. coniunctum legitur. *m.* —

legum violatio Hom. Anecd. 172 25. Lit. 706 23. 707 17. Lit. Dam. III[v]; pro ἀνομία, ἀνομίαι Gen. 19 15. Js. 9 18. 53 5. 8sq. 12. Ps. 40 7. 44 8. 56 2. 89 8. Mt. 13 41. 23 28. 24 12. Rom. 4 7. Hebr. 2 17. Tit. 2 14; pro τὰ ἄνομα Js. 9 15; ἀδικία Hebr. 1 9. ܥܒܪ ܡܫܡܥܘ παρακοή Hebr. 2 2.

ܥܒܪ (ptc. act.). ܥܒܪܢܡܘܣܐ Job. 17 8, al. Pl. ܥܒܪܝ ܢܡܘܣܐ Dt. 13 13 Anecd. 165, ܥܒܪܝ ܢܡܘܣܐ Prov. 1 18. — παράνομος Dt. 13 13. Js. 9 17. Job. 17 8. Prov. 1 18; ἄνομος Js. 3 11. 9 17. 53 12. Mc. 15 28 BC. Act. 2 23.

*ܥܒܘܪ (עֲבוּר). Pl. c. suff. 3. *f.* ܥܒܘܪܝܗ — viator Job. 21 29.

*ܥܒܪ. emph. ܥܒܪܐ (עִבְרָא) Luc. 8 26 A, al. *m.* — ulterior ripa: ܠܥܒܪܐ εἰς τὸ πέραν Mt. 4 15. 25. Joh. 1 28 AC; ܠܥܒܪܗ ܕ Joh. 6 1. 17. 10 39 BC. 18 1 AB. ܠܥܒܪ ܕ (sic) Joh. 10 39 A. 18 1 C[1]. ܡܢ ܥܒܪܗ ܕ Gen. 50 10sq. Joh. 3 26. 6 22. 25. ܠܩܒܠ ܥܒܪܐ ܕܓܠܝܠܐ ἀντίπερα τῆς Γαλιλαίας Luc. 8 26.

*ܥܒܘܪ. emph. ܥܒܘܪܐ. C. suff. ܥܒܘܪܝ. *m.* — frumentum Dt. 11 14. 12 17. Jo. 1 17. 2 19. 24.

ܥܘܒܪܐ (עוּבְרָא, עוּבְרְתָא, sed cf. עֻבְּרָתֵיהּ apud Dalm. *i. v.*) Joh. 15 2 A, *p. o.* Num. 13 24. emph. ܥܘܒܪܬܐ Joh. 15 4 et 6 A. ܥܘܒܪܬܐ (vix recte) v. 4 CD. 6 CD. pl. emph. ܥܘܒܪܬܐ v. 5 A, Ev. 54 C; Hom. Anecd. 178 25 (cit. Joh. l. c.); ܥܘܒܪܬܐ (?) v. 5 D, Ev. 135 C, Ev. 185 C. *f.* — surculus, palmes, ll. cc.

ܥܘܒܪܐ Joh. 15 2 Ev. 135 C, ܥܘܒܪܐ ib. B, Ev. 53 C. 6 Ev. 54 B; ܥܒܪܐ v. 2 Ev. 135 B. emph. ܥܘܒܪܬܐ v. 4 B. 6 Ev. 135 et 185 B. Pl. emph. ܥܘܒܪܬܐ v. 5 B. *f.* — *id.*, ll. cc.

*ܡܥܒܪ. C. suff. 3. *f.* ܡܥܒܪܗ. *m.* — vadum Lit. 695 6.

Ithpe. ܐܬܥܒܪ — abscessit Act. Philem. S. F. 74 8 (διανιστάμενος).

Aph. ܐܥܒܪ; etc. Impf. ܢܥܒܪ. Imp. ܐܥܒܪ. Ptc. act. ܡܥܒܪ. — *1.* transire fecit, avertit, removit Ex. 10 17. Eccl. 11 10. *2. met.* a) neglexit, silentio praeteriit Ps. 54 2. 77 62. b) omisit, sequ. ܡܢ, Hom. Anecd. 191 10. 18. *3.* egressus est, violavit *legem* Luc. 15 29 AC (B *Pe.*); *abs.* peccavit 1 Thess. 4 6.

*ܐܥܒܪܘ (inf.) *f.* emph. ܐܥܒܪܘܬܐ — praetermissio *peccatorum* (πάρεσις) Rom. 3 25.

ܥܒܪ N. pr. Εβερ Luc. 3 35 (Peš. ܥܳܒܰܪ).

*ܥܒܪܝ. pl. emph. ܥܒܪܝܐ Lect. 51. 14 1. 15 15. 19 1, ܥܒܪܐܝ 14 18. 22 4. 118 6. 120 6. 121 16, ܥܒܪܐܝܐ 19 14 (quae omnia repono pro ܥܒܪܝܐ etc.; vid., quae ad *ܥܠܝܡ adnotavi); ܥܒܪܝܐ Ex. 9 13. 10 3. Hebr. 1 1 (in praescripto). — Hebraeus, ll. cc.

ܥܒܪܐܝܣܛܝ (A *pass.*, *p. o.* al.), ܥܒܪܐܝܣܛܝ B: Luc. 23 38, Joh. 5 2, 19 13 Ev. 199. 20; ܥܒܪܝܣܛܝ Joh. 19 13 Ev. 199 C, Ev. 237 B. 17 B. ܥܒܪܐܝܣܛܝ Joh. 20 16 B. ܥܒܪܐܝܙܛܝ Joh. 5 2 C, ܥܒܪܐܝܙܛܝ 20 16 C. — ἑβραϊστί Luc. 23 38. Joh. 5 2. 19 13. 17. 20. 20 16.

---

*ܥܓܠ. ܥܓܠ ܕ *fort.* simul ut Hom. Anecd. 182 1, sed locus est corruptus.

ܥܓܠ Js. 11 6 Anecd. emph. ܥܓܠܐ, ܥܓܠܐ. Pl. ܥܓܠܝܢ, ܥܓܠܝܢ. *m.* — vitulus Num. 23 1 (sic leg.). Js. 11 6. 15 5. Hebr. 9 12. Hom. Anecd. 181 24 (cit. Job. 1 5). 25.

*ܥܓܠܐ. emph. ܥܓܠܬܐ. Pl. ܥܓܠܬܐ. *f.* — iuvenca Jo. 1 17. Hebr. 9 13.

*ܥܓܠܐ. emph. ܥܓܠܬܐ. *f.* — currus Hom. Ox. 958 13 (cit. Js. 5 18).

Ithpe. Ptc. ܡܬܥܓܠ Mc. 9 19 A, *p. voc. o.* BC — se volutavit, l. c.

Pa. ܥܓܠ, ܥܓܠ (BC). Ptc. act. ܡܥܓܠ, ܡܥܓܠ. — volvit Mt. 27 60. 28 2. Mc. 15 46. 16 3sq. Luc. 24 2. (Cf. ܥܓܠ).

---

*ܥܓܠܠ. Ptc. act. ܡܥܓܠܠ — amolitus est Mc. 16 3 Ev. 217 A. Anecd.

[ܥܓܠܝܢ S. F. 110 12: leg. ܥܓܠܝܢ (Num. 23 1, μόσχοι)].

ܥܕ — *1. praep.* usque ad: ܥܕ ܡܘܥܕܐ ἕως καιροῦ Js. 8 22. ܥܕ ܠ *id.* Ex. 15 18. Joh. 19 31 Ev. 206 B (cett. om.). *2. coni.* Ante enuntiata nominal. valet *a*) dum, quamdiu Jon. 4 2. Mt. 5 25. 17 5. 26 47. 27 63. Luc. 1 15. 7 6 AC (B ܥܕܝ). 8 49. 9 42. 15 20. 24 6. 44. Joh. 4 51. 5 7. 9 4 C (AB ܥܕܝ). 5 AC (B ܥܕܝ). 12 35. 20 1. *b*) donec Luc. 19 13. — Cf. etiam ܐܡܬܝ, ܥܕܡܐ, ܥܕܢܐ, ܥܡ, ܥܕܗܫܐ.

ܥܕ ܠܐ (vel in unum vocal. coniunctum) priusquam Gen. 2 5 (Lect.). 50 5. Js. 7 15 sq. Mt. 6 8. 26 34. 75. Luc. 2 21. 8 6 B. Joh. 1 48 Ev. 7 B. 4 49. 8 58. 14 29 (Stud. Sin.) Act. Adrian. fol. 2ᵛ *bis*. ܥܕ ܠܐ ܕ *id.* Gen. 19 4 Dam. (Lect. ܕ ܥܕܡܐ). Js. 44 7. Eccl. 12 1. 2. Mt. 1 18 BC. 25 B.

ܥܕ ܡܢ ܠܐ *id.* Gen. 2 5 (Lit.).

ܡܢ ܥܕ ܠܐ *1.* sequ. nom.: πρό (c. gen.) Eph. 1 4. Hinc mutandum ܡܢ ܕ ܐܬܐ Sirac. 18 20 in ܡܢ ܥܕ ܠܐ ܕܝܢܐ (πρὸ κρίσεως). *2.* Sequ. impf. c. ܕ: priusquam Hom. Anecd. 209 7; ܕ omisso Ps. 89 2 (sic leg. pro ܡܢ ܥܡ ܠܐ). Sirac. 18 23. Joh. 1 48 AC, Ev. 138 B. 14 29 (Ev.). 17 5. [Hom. Anecd. 180 25]. Hymn. Anecd. 111 22.

ܡܢ ܠܐ ܥܕ: ܥܕ ܠܐ ܡܢ ܕܗܘܘ ܒܢܝܢܫܐ ante-quam homines exstiterunt Hom. Anecd. 206 23. Sed vix vere est traditum.

ܥܕܡܐ (A ܥܕܡܐ *pass.* Aliquoties divisim scriptum legitur ܥܕ ܡܐ). *praep.* — usque ad Mt. 26 38 Anecd.[1] Hom. Anecd. 211 4 ܡܢ —ܥܕܡܐ Gen. 19 4 Ex. 9 18. 10 6. Num. 44 7. Dt. 11 12. Js. 10 18; al. ܡܢ —ܘܥܕܡܐ Gen. 19 11. Ex. 9 25. 11 5. Js. 9 7. Lect. ZDMG 56 252 2/3.

ܥܕܡܐ ܠ usque ad Gen. 8 5. 22 5. Num. 13 22 sq. 24. Dt. 11 4. 4 Rg. 2 22. Jer. 12 12. Mt. 22 26 A. 23 35; et saepe alibi. ܡܢ —ܥܕܡܐ ܠ Mt. 1 17. 20 8.

[ܥܕܡܐ ܠܐ Mt. 26 34 C: leg. ܥܕ ܠܐ, cum cett.].

ܥܕܡܐ ܟܥܢ adhuc Gen. 22 5.

ܥܕܡܐ ܗܫܐ usque nunc 1 Reg. 1 16. ܥܕܡܐ ܕܗܫܐ *id.* Mt. 24 21 Anecd. Joh. 2 10.

ܥܕܡܐ ܠܥܠ ἕως ἄνω Joh. 2 7 A (BC ܥܕ ܡܠܝܐ ܠܥܠ).

ܥܕܡܐ ܕ *coni.* — donec Gen. 3 19. Ex. 10 26. Js. 9 13. Mt. 1 25; et saepe alibi. Hom. Anecd. 205 4 (cit. Hebr. 10 13). Hom. Ox. 9 51 21; ܕ omisso: Hom. Anecd. 205 4.

ܥܕܐ *Pe.* — decessit *de loco suo* (ܡܢ ܐܬܪܗ) Act. Andr. et Matth. fol. 2ʳ.

ܥܕܡ N. pr. Εδεμ (Peš. ܥܕܢ) Gen. 2 8. 10.

ܥܕܝܢ *id.* Gen. 3 23 sq. ܥܕܝܢ Lit.: Gen. 2 8. 10. 15. 704 16.

ܥܕܢ (עִדָּן. Rad. incerta) *m.* — momentum, tempus Joh. 11 42 A *corr. vetus* (cod. ܥܕ, q. v.). 12 8 A *corr.* ܥܕܢ ܕܪܡܫܐ vespertino Gen. 3 8; ܥܕܢ ܪܡܫܐ *id.* Hom. Anecd. 211 5; ܥܕܢ ܕܪܡܫܐ (sic) ib. 211 6. ܥܕܢ ܕܨܦܪܐ (sic) tempore matutino Lit. 707 21. ܥܕܢܝܬ tu tempore Hom. Anecd. 211 11.

---

*ܥܕܪ *Pa.* Ptc. act. ܡܥܕܪ (sic!) — adiuvit Mc. 16 20 A (cf. Peš. Cett. ܡܥܕܪܢ). ܥܘܕܪܢ (Per إمالة ex عُوزْن natum) *m.* — auxilium Lit. 680 (Loci syrizantis).

ܥܘܒܝܕ N. pr. Mt. 1 5 *bis* (Peš. ܥܘܒܝܕ; gr. Ιωβηδ).

---

*ܥܗܕ (cf. ܥܗܕ. „Homon. Wurzeln" p. 22, n. 8). *Pe.* Ptc. act. pl. ܥܗܕܝܢ Joh. 15 20 Ev. 186 A [*corr.* ܥܗܕܝܢ]; *p. o.* Ev. 24 AB [Cett. ܥܗܕܝܢ!]. 164 A [BCD ܥܗܕܝܢ!] — recordatus est, sequ. acc. r., ll. cc.

Aph. Ptc. act. pl. ܡܥܗܕܝܢ Hymn. Anecd. 136 14, vix recte. [ܐܥܗܕ Lect. 122 13 est تُعِيدُ].

ܥܗܕ (Fluctuat A inter ܗ, *e. g.* Mt.

2246 Ev. 158, et ܕ, *e. g.* Mt. l. c. Ev. 93.) *part.* (cf. Idiot. p. 66; Praetorium ZDMG 48365) — ἔτι, etiam nunc, adhuc Gen. 29. 19. 74. 810. 12. 1830. Ex. 828. 111. Dt. 1016. Js. 912. 17. 21. 104. 20. Luc. 1521. 2216. 1Cor. 1231, et saepe alibi (vid. concord. et Idiot. l. c.). Nonnunquam primum enuntiati locum tenet, velut Js. 1025. Jon. 34. Act. 226. Hebr. 1037. ܥܘܕ ܠܐ οὐκέτι non iam, non amplius Gen. 821. 915. Ex. 829. Ps. 825; al., itidemque ܠܐ ܥܘܕ Ex. 116. Mt. 513. Mc. 22. 1234. Rom. 66; al. ܥܘܕ ܠܐ ܐܘܦ *id.* Ex. 933. ܐܘܦ ܥܘܕ ܠܐ *id.* Jer. 1119. — Cf. porro ܥܕ, ܥܕܡܐ.

ܥܘܙܝܐ N. pr. Ὀζίας (Peš. ܥܘܙܝܐ) Mt. 18sq. (BC *p. o.*).

[ܥܘܡܩܐ: vid. ܥܡܩ].

*ܥܘܦ. emph. ܥܘܦܐ. *m.* — avis Gen. 714.

*ܥܘܩ (cf. ܥܩܐ et GGA 1902, p. 672). *ܥܩܐ. emph. ܥܩܬܐ Am. 810. Pl. abs. ܥܩܢ (ex עָקָן exortum) Gen. 316sq. C. suff. ܥܩܬܟܝ v. 16. *f.* — maeror, dolor, ll. cc.

Ithpe. Ptc. ܡܬܥܩܐ — doluit Js. 534. Luc. 1625.

Aph. Impf. pl. 2. ܬܥܝܩܘܢ. Ptc. act. ܡܥܝܩ; etc. — se anxit, doluit Js. 821. Mt. 2637. Luc. 248.

*ܥܘܪ. *ܥܘܝܪ (עִוֵּר). emph. ܥܘܝܪܐ — caecus Jer. 388.

*ܥܘܝܪܘ. emph. ܬܐ— Act. Andr. et Matth. fol. 2ʳ. C. suff. 3. *m.* ܥܘܝܪܘܬܗ Mc. 35A *cod.*; ܥܘܪܘܬܗ *corr.*, *p. o.* BC. *f.* — caecitas, ll. cc.

Pa. ܥܘܪ Joh. 1240. Impf. pl. ܢܥܘܪܘܢ Act. Andr. et Matth. fol. 2ʳ. — occaecavit, ll. cc.

ܡܥܘܪ (ptc. pass.) Joh. 91sq.A, ܡܥܘܪܝܢ v. 2B. 24B. 32C. emph. ܡܥܘܪܐ. Pl. ܡܥܘܪܝܢ, *f.* ܡܥܘܪܢ; emph. ܡܥܘܪܝܐ. — caecus, ll. cc., Js. 355. 4218sq. 437. Mt. 2316A. 2930. Luc. 419. 721 Anecd.[1] Joh. 53. 91sqq. 1021. 1137A Anecd. [Hom. Anecd. 1903]. Cf. ܣܡܝܐ.

Ithpa. Pf. pl. ܐܬܥܘܪܘ — occaecatus est Js. 4219.

*ܥܙ. *ܥܙܝܙ. pl. ܥܙܝܙܝܢ — potens Hymn. Anecd. 11311. 23.

ܥܙܘܪ N. pr. Ἀζώρ (Peš. ܥܙܘܪ) Mt. 113sq.A, *p. o.* B(C). [C v. 14 ܥܙܘܪ!].

*ܥܙܠ *Pe.* Ptc. act. pl. ܥܙܠܝܢ Mt. 628B (C ܥ‍, A om.). Ptc. pass. ܥܙܝܠ Ex. 2631. *f.* ܥܙܝܠܬܐ 288. — nevit, ll. cc.

*ܥܙܩ. *ܥܙܩܐ (*עִזְקָא). emph. ܥܙܩܬܐ Luc. 1522A, *p. o.* BC. Pl. ܥܙܩܢ Ex. 3624. 28. emph. ܥܙܩܬܐ 2629. 3624 *bis.* *f.* — annulus, ll. cc.

*ܥܛܡ. *ܥܛܡ (טמיא pl. Vaj. R. 25, samar. טמידון Num. 248 Ed. Cf. porro Idiot. p. 38). C. suff. ܥܛܡܗ. *m.* — femur Ps. 444.

ܥܛܦ *Pe.* ܥܛܦ; etc. Imp. pl. ܥܛܘܦܘ Jon. 38. — induit, c. acc., l. c., 36. Lit. 7075.

ܥܛܝܦ Mc. 165 Ev. 217A; ܥܛܦ C, 1451. — vestitus, ll. cc.

ܥܛܦܐ Js. 95. emph. ܥܛܦܬܐ. C. suff. ܗ—; etc. *f.* — vestimentum, l. c., Js. 631sq. Hebr. 112. Hom. Anecd. 21114.

Pa. Pf. pl. ܥܛܦܘ Job. 1615. Ptc. pass. *f.* ܡܥܛܦܐ — vestivit (c. acc. et ܠ) Ps. 4410. 14.

Ithpa. Impf. pl. ܢܬܥܛܦܘܢ — vestitus est Lit. 70710. [1Thess. 47 Lect. leg. ܡܬܥܛܦܝܢ].

*ܥܛܪ. ܥܛܪ (syr. ܥܛܪܐ). C. suff. 3. *m.* ܥܛܪܗ. *m.* — fumus Gen. 1928. Act. 219.

*ܥܝܐ. C. suff. 3. *f.* (?) ܥܝܗ. *m.* —

festum (אִידָא, ex hebr. עֵדָה assumptum) Anecd. 105 1.

ܥܝܠܐ s. ܥܠ (Mt. 21 5 B. Praeterquam varie corruptum legitur: ܥܠܠܐ, ܥܠܠܐ etc.). emph. ܥܝܠܐ. *m.* — pullus *asini* Zach. 9 9. Mt. 21 2. 5. 7. Mc. 11 2 sq. Luc. 19 30 sqq. Joh. 12 15.

*ܥܝܢ. ܥܝܢ Mt. 5 38. 18 9. emph. ܥܝܢܐ. C. suff. ܥܝܢܗ; etc. Pl. ܥܝܢܝܢ, emph. ܥܝܢܝܐ. C. suff. ܥܝܢܝܗ, ܥܝܢܗ Joh. 21 20 (sic leg.); ܥܝܢܗ— Am. 9 8. Joh. 9 21 A; ܥܝܢܝܗ Luc. 16 23 C; ܥܝܢܗ Luc. 6 20 C, al.; ܥܝܢܝܟܘܢ, ܥܝܢܝܢ Joh. 9 10 C. 17 C. Ps. 90 8; etc. ܥܝܢܝܗܘܢ Gal. 3 1; etc. *f.* — *1.* oculus, *pass.* V. et N. T. Praeterquam Hom. Anecd. 205 20. Hymn. Anecd. 111 25. ܥܝܢ ܚܕܐ uno oculo praeditus Mt. 18 9 (sed fort. leg. ܚܕ ܥܝܢܐ). *2.* fons Lit. 704 18.

ܠܥܝܢ *praep.* — in conspectu, coram Mt. 27 24 A, Ev. 210 BC. Luc. 8 47. Lit. Dam. II^r. C. suff. ܠܥܝܢܝܗܘܢ Luc. 5 25 A, *p. o.* BC.

Pa. (denom.) Pf. 3. *f.* ܥܝܢܬ Sap. 10 1. 1. ܥܝܢܬ Joh. 17 12 A [cett. ܥܝܢܬ]. Ptc. act. *f.* ܡܥܝܢܐ Sap. 9 11. — custodivit ll. cc.

ܥܝܢܘܢ N. pr. Αινων (Peš. ܥܝܢ ܝܘܢ) Joh. 3 23.

*ܥܝܪ. ܥܝܪ, ܥܝܪ (Mt. 24 43 Ev. 94 B). Pl. ܥܝܪܝܢ — *1.* vigilans Mt. 24 42 sqq. 25 13. 26 38. 40 sq. Luc. 12 37. 39. *2.* prudens (φρόνιμος) Mt. 10 16 BC (A ܚܟܝܡ, *q. v.*).

Ithpe. ܐܬܥܝܪ; etc. pl. ܐܬܥܝܪܘ, ܐܬܥܝܪܘ Luc. 9 32 C. Impf. pl. ܢܬܥܝܪܘܢ. Imp. ܐܬܥܝܪ; etc. — expergefactus est Jo. 1 5. 3 12. Ps. 43 24. 77 65. Luc. 9 32. Act. 16 27. Vit. Eulog. ZDMG 56 259 13. Hom. Ox. 965 9.

Aph. Impf. 1. ܐܥܝܪ Joh. 11 11 A, *p. o.* Zach. 9 13; ܢܥܝܪ Joh. BC. Imp. pl. ܐܥܝܪܘ Jo. 3 9. Ptc. act. ܡܥܝܪ Jo. 3 7. pl. ܡܥܝܪܝܢ Hom. Ox. 964 20. — expergefecit, ll. cc.

ܥܝܪ N. pr. Ηρ Luc. 3 28 B; ܥܝܪ v. 29 C. (Peš. ܥܝܪ).

*ܥܟܪ (cf. Idiot. p. 66 sq. Samar. עכיר turbidus Gen. 49 12). *Pe.* Ptc. act. ܥܟܪ Joh. 5 4 A, ܥܟܪ BC. — concussit, perturbavit, l. c.

*ܥܟܪ. C. suff. ܥܟܪܗ Joh. 5 4 BC, ܥܟܪܗ A. *m.* — commotio, perturbatio, l. c.

Ithpe. Pf. ܐܬܥܟܪ, etc. Impf. pl. ܢܬܥܟܪܘܢ — commotus, perturbatus est Ps. 45 4. Joh. 5 7. Vit. Sct. cod. ms.

*ܥܠ. *Pe.* Pf. ܥܠ, ܥܐܠ (Mc. 2 26 AB. 7 24 Dam., al.), ܥܠ B: Mt. 17 25 et Mc. 15 43. 3. *f.* ܥܠܬ (A: Mc. 6 25, Luc. 1 40, al.); etc. pl. 3. *f.* ܥܠܝ, ܥܐܠܝ; sed ܥܠܘ Mt. 25 10 Anecd. 130. Impf. ܢܥܘܠ; etc., pl. ܢܥܘܠܘܢ; etc. Imp. ܥܘܠ, pl. ܥܘܠܘ. Ptc. act. ܥܐܠ, ܥܐܐܠ (Luc. 22 10 A), ܥܠܠ (Dt. 12 28. Luc. 17 7 C; al.). *f.* ܥܠܐ. Pl. ܥܠܠܝܢ Act. Andr. et Matth. fol. 2^v; ܥܠܝܢ Dt. 11 10 sq. Mt. 7 13 A, al.; ܥܠܠܝܢ Mt. ib. BC. Luc. 19 30 C, ܥܠܝܢ Luc. 8 16 B. — intravit, ingressus est Gen. 7 16. Mt. 23 13, et saepe al. Hom. Anecd. 172 1. 211 11. 13. Sequ. ܠ l. Gen. 6 18. 7 1. 7. 9. 13. 15 sq. Ex. 9 1. 19. Dt. 11 10 sq. Jon. 3 4. Ps. 48 20. Job. 22 4. Mt. 7 13 et *pass.* V. et N. T.; Vit. Abrah. Qīdōn. ZDMG 56 256 11. Lit. Dam. I fol. 1^v; ܥܠ ܠܥܠܡ Hom. Anecd. 193 13 sq., ܥܠ *p. v.* r. Gen. 6 20. Ex. 10 3. Num. 4 47. Mc. 7 24. 15 43. Luc. 19 7. Hebr. 4 3; ܠܓܘ Mc. 7 15. 17. 24. 9 32 Anecd. 216. 16 5 Ev. 19 B, Luc. 1 28. 8 30. Joh. 20 6. Act. Andr. et Matth. fol. 2^v; ܒ Ex. 11 4. Joh. 4 38 AC. Hebr. 4 11; ܕ ܥܠ per: Jo. 2 9. ܡܐ ܕܥܐܠ ܠܟ ܡܢ ܥܡܠܟ id quod tibi redit ex labore tuo Vit. Sct. cod. ms.

ܥܠܐ (Mt. 19 3 A, al.), ܥܠܐ (B: Luc. 1 6, Joh. 19 6 Ev. 237). emph. ܥܠܬܐ. C. suff. 3. *m.* ܥܠܬܗ. *f.* — *1.* causa Prov. 9 9 (ἀφορμή); αἰτία Mt. 19 3. 10. 27 37. Mc.

15 26. Luc. 8 47. 2 Tim. 1 12. Hom. Anecd. 193 26. *2.* αἰτία = culpa, crimen Joh. 18 38. 19 4. 6. Cf. ܥܠܐ. *3.* πρόφασις praetextus Joh. 15 22; ܒܥܠܐ προφάσει Mt. 23 14. Mc. 12 40. Luc. 20 47.

[ܥܠܠܬܐ proventus Luc. 12 16 A: locus ex Peš. interpolatus].

*ܥܠܘܠ (*qᵉṭûl* aut *qaṭṭûl*. Samarit. עלול Gen. 7 16. Pesach-Hagg.: Abh. K. d. M. 5, p. 40, v. 357. Cf. syr. ܥܠܘܠܐ Bedjan 5 626 apu.). *f.* ܥܠܘܠܐ Luc. 1 18 AC, ܥܠܘܠܬܐ B. cst. ܥܠܘܠܬ Luc. 2 36 AC [ܥܠܠܬ B]. Pl. ܥܠܘܠܝܢ Luc. 1 7 AB, ܥܠܘܠܢ C. — „qui intravit" *i. e.* provectus (aetate), sequ. ܒ Luc. 1 7. 18; st. cst. c. genit. 2 36.

ܡܥܠܠ (samar. מעול) Hebr. 7 19. emph. ܡܥܠܐ Rom. 5 2. *m.* — aditus, introitus, ll. cc.

ܡܥܠܐ Joh. 5 2 A; ܡܥܠܬܐ ib. BC lectio contaminata ex ܡܥܠܐ et ܡܥܠܠܬܐ. emph. ܡܥܠܠܬܐ Hebr. 10 19. C. suff. ܡܥܠܠܬܗܘܢ Hom. Anecd. 209 24. *f.* — aditus, introitus, ll. cc.

Aph. ܐܥܠ; anteced. ܘ: ܘܥܠ Gen. 8 9; ܐܥܠ Act. 16 24 (Lit.); etc. Impf. 2. ܬܥܠ, ܬܥܠܠ; pl. ܬܥܠܘܢ, ܢܥܠܘܢ (BC: Luc. 5 18 sq.). Imp. ܐܥܠ; pl. ܐܥܠ Luc. 14 21 AC (B ܐܥܠܘ). Ptc. act. ܡܥܠ; etc. — introduxit, induxit, ll. cc., Gen. 6 19. 7 2. 8 9. Dt. 7 26. 31 20. Mt. 6 13. Luc. 2 27. [12 16 A: loc. interpol.]. Joh. 18 16. Hom. Anecd. 203 7. Hom. Ox. 9 57 14; al. [Joh. 5 15 leg. ܐܥܠ s. ܐܥܠ].

*ܡܥܠܢ (מַעֲלָן, syr. ܡܥܠܢܐ). emph. ܡܥܠܢܐ. *m.* — introitus Num. 13 22.

ܥܠܘܬܐ (cf. Löw. apud Krauss. 2 51) — aloë Joh. 19 39 (BC *om. p.*).

---

*ܥܠܝ. ܥܠ (A: Mt. 19 3, 28 2; al.), ܥܠ (Gen. 1 2. Js. 8 21; 10 9. Ps. 49 4. Luc. 13 11 BC et pass. BC. Hymn. Anecd. 111 24. Lit. 696 10). C. suff. ܥܠܝ Luc. 10 33ᵇ A, *p. o. pass.* ܥܠܝ Luc. 2 40 Ev. 259 A, Joh. 10 20 A; ܥܠܘܗܝ Js. 11 10 Anecd. Luc. 10 30 A. ܥܠܗ Luc. 15 20 A, ܥܠܘܗܝ et ܥܠܘܗ BC *pass.* (e. g. Mt. 18 27. 34; Luc. 19 30); ܥܠܘܗܝ Ps. 12 5. 3. *f.* ܥܠܝܗ. 2. *m.* ܥܠܝܟ; etc. 1. ܥܠܢ, ܥܠܝܢ Mt. 16 15 A al., *p. o.* Js. 61 1; al. pl. ܥܠܝܗܘܢ *pass.* ܥܠܝܗܘܢ Mt. 17 5 B. Luc. 2 9 B. 22 25 A, al. ܥܠܝܗܝܢ Mt. 25 20 Anecd. (hinc corr. ib. v. 22 ܥܠܝܗܝܢ); etc. 1. ܥܠܝ, ܥܠܝܢ, ܥܠܝܢ, ܥܠܘܢ *pass. praep.* — *a*) super, supra, *pass.* *b*) ad, versus, in Gen. 2 8. 6 16. 22 3. 9 19. Luc. 1 17. Act. 2 25. *c*) iuxta: ܥܠ ܬܪܥܐ ἐπὶ τῆς θύρας Gen. 18 1. 19 11. *d*) *de norma:* pro Ex. 28 11. Luc. 1 59. Col. 3 10. Lit. Dam. *pass.* Hom. Anecd. 181 23 (cit. Job. 1 5). *e*) *de loco:* per Luc. 8 33 AC. Joh. 10 1 sq. B; sed vix dubito quin ܕ ܥܠ reponendum sit. *f*) causā, propter Dt. 14 1. Mc. 16 14. ܥܠ ܗܕܐ ܡܢ διὰ τοῦτο Mc. 12 24. — Iungitur cum ܐܝܟ, ܡܢ.

ܥܠ ܕ *coni.* — cum, quia Gen. 18 31 et 19 19 (ἐπειδή). Luc. 1 34 AC [B om. ܕ!] (ἐπεί).

ܥܠ ܕ (ܥܠܝ) *praep.* — *1. de loco* per Jo. 2 9. Mt. 8 28 A. 32 A. Mc. 7 31. 9 29. Luc. 5 19. 8 33 B. 19 4. Joh. 10 1 sq. AC. Lit. 705 2. Cf. ܥܒܪ *Pe.* Vid. etiam, quae ad praep. ܥܠ sub *e*) adnotavi. *2. de tempore* inter: ܥܠ ܕܐܒܝܬܪ ܪܒ ܟܗܢܐ ἐπὶ Αβιαθαρ ἀρχιερέως Mc. 2 26 AC; cf. Luc. 3 2 A (ubi BC solum ܥܠ habent); ܥܠ ܕ[ܩܝܦܐ]ܦܐ ܕܪܒ ܟܗܢܐ Hom. Anecd. 192 1 (ita supplendum). *3.* ܥܠ ܕܝܠܝ δι' ἐμοῦ Joh. 10 9. 14 6. — Iungitur cum ܡܢ, ܠܘܬ, ܠܘܬܐ.

ܥܠܠ (ܥܠܠ) sursum, supra Gen. 7 20. Num. 4 47. 3 Reg. 8 23. Js. 8 21. Ps. 49 4. Luc. 13 11. 14 10. Lit. 696 10. Cf. ܥܠܝܐ, ܥܠܝܐ. Sequ. ܡܢ *id.* Gen. 1 2. 7. 29. 7 18. 18 2. 22 9. Js. 10 9. Jon. 4 6. Ps. 8 2. Mt. 2 9. 21 7. 23 20. 22. 27 37. 28 2. Luc. 4 39. 10 19. Joh. 3 31. 1 Cor. 15 6. Eph. 1 21. Phil. 2 9. Lit. 695 15. — ܡܢ ܥܠܠ desuper Gen. 49 25. Mt. 27 51. Joh. 3 3. 7. 30. 6 66.

19 11. 31 Ev. 206 B (cett. om.). Hymn. Anecd. 111 24.

ܥܠܐ Gen. 22 2. emph. ܥܠܬܐ. C. suff. ܥܠܬܗ. Pl. ܥܠܘܢ Ex. 10 25. emph. ܥܠܘܬܐ Mc. 12 33. C. suff. ܥܠܘܬܝ Ps. 49 8. *f.* — Ita Palaestinenses nostri Iudaeorum more voc. hebr. עֹלָה „holocaustum, sacrificium“ reddunt ll. cc., Gen. 22 3. 6 sqq. 13. (Quacum voce עֲלָתָא ܥܠܬܐ tamen, quoad formam, minime convenit, in eo quod eadem est forma ac syr. ܥܠܬܐ „altare“, de quo cf. GGA 1902, p. 669)·

ܥܠܐ Luc. 22 12 BC; ܥܠܝܐ A (lectio contaminata ex ܥܠܐ et ܥܠܝ i. e. *'illē*). emph. ܥܠܝܬܐ (עִלִּיתָא) Act. 1 13. C. suff. 3. *f.* ܥܠܝܬܗ Hom. Anecd. 181 8 (cit. 3 Rg., c. 17). *f.* — coenaculum, ll. cc.

ܥܠܡܝ N. pr. Elam Js. 11 11 (LXX οἱ Ἐλαμῖται). Lectio tuenda est, siquidem forma syr. ܥܝܠܡ (cf. Diettrich, Die Massorah ad l.) recte se habet.

ܥܠܡ (עָלַם. Incertae orig.). emph. ܥܠܡܐ *pass.*, ܥܠܡܐ Js. 44 7. Ps. 44 7. 18. Rom. 3 19 et saepissime al., praesertim cod. BC. C. suff. 3. *m.* ܥܠܡܗ Ps. 44 18. Pl. ܥܠܡܝܢ Hebr. 9 15, al. emph. ܥܠܡܝܐ *pass.* ܥܠܡܝܐ Hebr. 1 8. [ܥܠܡܝܐ? Eph. 2 7]. *m.* — aevum, saeculum, mundus (αἰών, κόσμος), ll. cc., Js. 9 6. Sap. 9 9. Mt. 4 8, et *pass.* V. et N. T. Praeterquam Hom. Ox. 955 10. 72 2. 4. Hom. Anecd. 194 27. 196 24. 25. Hymn. Lect. 136 6. 138 6. Hymn. Anecd. 111 21. 113 18. Lit. 695 12, al. Lit. Dam. I fol. 1ᵛ. 2ʳ. Est pro ἡ οἰκουμένη Mt. 24 14 AC, pro ὁ βίος 2 Tim. 2 4 (cf. Peš.). ܠܥܠܡ s. ܥܠܡ (A *pass.*), ܠܥܠܠܡ (Hymn. Lect. 136 2), ܥܠܠܡ (cf. praep. ܥܠ) BC *pass.*, Hymn. Anecd. 111 17, al.: in aeternum Gen. 3 22. 9 12 sq. 16. 49 26. Ex. 40 15. Dt. 12 28. Mt. 19 16, et *pass.* V. et N. T. Hom. Anecd. 200 19. 202 12 (cit. Joh. 5 24). 207 5 (cit. Hebr. 7 21). ܥܠܡ ܥܠܡܝܢ in omnia aeva Hom. Ox. 9 54 16. Lit. 697 11 sq., al. ܡܢ ܥܠܡ ἀπὸ τ. αἰῶνος Jo. 2 2. Ps. 89 2. Lit. 697 11; al.

---

*ܥܠܝܡ ܥܠܝܡ ,ܥܠܝܡ (עֶלֶם. Cf. Fraenkel. ZDMG 54 339 sq.) Mc. 16 5 A; al. ܥܠܝܡ Mc. l. c. BC. emph. a) ܥܠܝܡܐ Luc. 7 14 A, al., ܥܠܝܡܐ Luc. l. c. B. ܥܠܝܡܐ B: Mt. 19 20; 22. ܥܠܝܡܐ (ܘ prius incertum) Eccl. 11 9. b) ܥܠܝܡܐ Mt. 19 20 et 22 C. ܥܠܝܡܐ v. 22 A, *p. o.* Anecd. (cf. ܥܠܝܡܬܐ). Pl. ܥܠܝܡܝܐ Jo. 2 16 S. F. Vit. Sct. cod. ms. (saepius), ܥܠܝܡܐ (?) Jer. 38 13. C. suff. ܥܠܝܡܝܗܘܢ Js. 9 17, ܥܠܝܡܝܗܘܢ Ps. 77 63. 2. p. ܥܠܝܡܝܟܘܢ Act. 2 17. 1. p. ܥܠܝܡܝܢ Ex. 10 9. *m.* — adolescens, iuvenis, ll. cc., Gen. 19 4. Mc. 14 51. Vit. Anton. S. F. 78 9.

ܥܠܝܡܬܐ — puella, ancilla (παιδίσκη) Act. 16 16.

ܥܠܡܕܡ N. pr. Ελμαδαμ Luc. 3 28 B [C corrupte 'ܢܡ].

---

*ܥܠܥ (עֲלַע ,עִלְעָא Dan. 7 5). emph. ܐܠܥܐ Gen. 2 22. C. suff. ܥܠܥܗ Mt. 27 49 Ev. 204 BC. Joh. 19 34. 20 20 B; ܐܠܥܗ Mt. Ev. 204 A; Joh. A; *p. o.* ib. C; v. 25 AB. 2. ܐܠܥܟ Lit. Dam. I fol. 2ᵛ. 1. ܥܠܥܝ Joh. 20 27 C; ܐܠܥܝ A, *p. o.* B. Pl. c. suff. a) ܐܠܥܘܗܝ Gen. 2 21; 2. ܐܠܥܝܟ 3 Reg. 8 19. b) ܐܠܥܬܗ Js. 11 5. *f.* — costa (πλευρά) ll. cc.

---

*ܥܠܥܠܐ (cf. „Homon. Wurzeln“ p. 45). emph. ܐ—. *m.* — procella Ps. 49 3. Job. 21 18.

---

*ܥܡ (cf. Idiot. p. 68 sq.), ܥܡ (A *pass.*), ܥܡܝ (Mc. 8 38 Dam. Joh. 19 30 Dam. Hom. Anecd. 188 8, et *pass.* Anecd. C. suff. ܥܡܗ, ܥܡܗ (Hom. Anecd. 181 5. 7., al.); etc. *praep.* — cum, *pass.*

---

*ܥܡ. emph. ܥܡܐ. [pl. ܥܡܡܐ Joh. 3 26 B: leg. ܥܡܐ; Jer. 38 10: leg. ܥܡܡܐ, cf. „Add.“]. *m.* — *1.* populus, homines

Mt. 20 34 A (interpol.). ܟܠܗܘܢ ܥܡܐ πάντες Joh. 3 26. 2 Petr. 3 9. *2.* ecclesia (nostrates „Gemeinde") Lit. 697 12 (synon. ܟܢܘܫܬܐ).

ܥܡܡܝܐ ὁ ἐθνικός Mt. 18 17 A, *p. o.* BC Anecd. Quomodo formam intellectam voluerit Schwally, ex Idiot. p. 69 non satis apparet, si quidem Schw. *adj.* edess. ܥܡܡܝܐ attulit, sed ipsis verbis perrexit: „Es ist der specifisch jüd. Sprachgebrauch: *ein* עם הארץ, *ein* גוי, *ein* ישראל für Individuen", ita ut suspicer alterum eum coniecisse. Equidem sane vix dubito, quin alia sit scribendi ratio pro ܥܡܡܝܐ s. ܥܡܡܝܐ (עַמְמָאָא). Quo etiam auctor punctorum vocal. respexisse videtur.

ܥܡܡܐܘܣ N. pr. l. Εμμαους Luc. 24 13 A (Peš. ܥܡܡܐܘܣ); BC ܥܡܡܐܘܣ (num forte عمواس?).

---

*ܥܡܕ I (cf. „Homon, Wurzeln" p. 45). *Ithpe.* Ptc. ܡܬܥܡܕ — baptizatus est Mc. 16 16.

Aph. Impf. 3. ܢܥܡܕ — baptizavit Mc. 1 8 A (BC ܢܥܡܕ).

*ܡܥܡܕܢ. emph. ܡܥܡܕܢܐ Mc. 6 14 A, *p. o.* al. — baptista Mt. 11 12. 16 14 AC. Mc. 6 14. 8 28 C. Cf. ܨܒܘܥܐ.

ܥܡܕ II. ܥܡܘܕ Ex. 26 26. emph. ܥܡܘܕܐ (עַמּוּדָא). pl. ܥܡܘܕܝܢ; ܥܡܘܕܝܐ. *m.* — columna l. c., Ex. 19 9. 26 33 sqq. Prov. 9 1. 1 Tim. 3 15.

ܥܡܘܢ N. pr. Αμμων Js. 11 14 (Peš. ܥܡܘܢ).

ܥܡܘܨ N. pr. Αμως *1.* propheta (Peš. ܥܡܘܣ) Lect. 114 17. Lit. 700 10. *2.* Luc. 3 25 C (Peš. ܥܡܘܨ).

---

*ܥܡܠ *Pe.* ܥܡܠ Mt. 25 16 Ev. 165 A, Ev. 94 A; *p. o.* Ev. 94 B, 165 C, Anecd., ܥܡܝܠ Ev. 94 C, 165 B. pl. ܥܡܠܘ. Impf. 3. ܢܥܡܠ Joh. 9 4 A, ܢܥܡܠ BC; pl. ܢܥܡܠܘܢ Jer. 30 8 sqq. Imp. ܥܡܘܠ Mt. 21 28 A, *p. o.* BC; pl. ܥܡܘܠܘ Joh. 6 27 A, ܥܡܠܘ BC. Ptc. act. ܥܡܠ s. ܥܡܝܠ; etc. — laboravit, operatus est, ll. cc., Luc. 13 14. Joh. 5 17. 9 4. Rom. 4 4. 5; sequ. acc. Joh. 6 27 sq. Hebr. 11 33.

*ܥܡܠ. emph. ܐ—. *m.* — labor: Vit. Sct. cod. ms. (cf. *ܥܡܠ *Pe.*).

Aph. ܐܥܡܠ s. ܐܥܡܝܠ (Eph. 1 20). Ptc. act. ܡܥܡܠ s. ܡܥܡܝܠ; etc. Pass. ܡܥܡܠ (Phil. 4 12). — *1.* labore exercuit: *ptc. pass.* exercitatus Phil. l. c. *2.* confecit, effecit Rom. 5 3. Gal. 3 5. Eph. 1 11. 20. Hom. Anecd. 178 22. *3.* efficax fuit Mt. 14 2. Mc. 6 14 AC. 2 Cor. 6 1. Eph. 2 2. 3 20. Hebr. 4 12. Hom. Anecd. 171 13. 14. 209 21, *fort.* Mc. 16 20 BC (c. ܠ p.; A ܥܡ).

*ܐܥܡܠܘ (inf.). emph. ܬܐ—. C. suff. 3. *m.* ܗ—. *f.* — operatio, efficacia Eph. 1 19. Phil. 3 21. Col. 2 12. Hom. Anecd. 193 9. 194 24. [Anecd., pars lat. p. 210: locus mutilus]. Vit. Sct. cod. ms.

ܥܡܠܩ N. pr. Αμαληκ (Peš. ܥܡܠܩ) Lit. Dam. II[r]; ܥܡܠܩ Num. 13 30.

ܥܡܢܘܐܝܠ N. pr. Εμμανουηλ (Peš. ܥܡܢܘܐܝܠ) Mt. 1 23 A, *p. o.* C. Hom. Anecd. 174 19. 175 3. ܥܡܢܘܐܝܠ Js. 7 14. Mt. l. c. B.

---

*ܥܡܩ. ܥܘܡܩ Ps. 56 7. emph. ܥܘܡܩܐ. C. suff. ܥܘܡܩܗ. Pl. ܥܘܡܩܝܐ Jon. 2 4. *m.* — profunditas, profundum, ll. cc., Js. 7 11. Jer. 38 40. Am. 9 7. Jon. 1 5. Luc. 5 4. Eph. 3 18. Hymn. Lect. 136 1.

*ܥܡܝܩ. *f.* st. abs. ܥܡܝܩܐ — profundus Joh. 4 11.

ܥܡܪ I *Pe.* ܥܡܪ Luc. 8 27 A, *p. o. pass.*; etc. Impf. 3. ܢܥܡܘܪ; etc. Ptc. act. ܥܡܪ, ܥܡܪܝܢ; etc. — habitavit (abs. s. sequ. ܒ loci) Gen. 19 9. 25. 29 sq. 22 19. Num. 13 20. 30. 33. Dt. 12 29. 13 12 sq. 15. Js. 8 18. 9 2. 10 24. 31. Jo. 3 21. Am. 4 11. Job. 22 12. Mt. 4 13. 23 20. Luc. 8 27. 11 26. Eph. 3 17; al. Lit. Dam. I fol. 1[v]. Apocr. Dam.

fol. 1ᵛ (*bis*). Sequ. acc. l. Am. 9 5. Jo. 2 1. Ps. 82 8. Pro βιοῦν (mansit) Prov. 9 6.

*ܥܡܘܪ (*qāṭōl*). Pl. c. suff. 3. *f.* ܥܡܘܪܝܗ̇, ܥܡܘܪܝܗ (Luc. 24 18 B); ܥܡܘܪܝܗܘܢ. *m.* — habitator, incola Gen. 50 11. 3 Reg. 8 27. Jo. 1 14. Luc. 24 18. Lit. 707 16. Hom. Ox. 9 58 9.

*ܥܡܪܐ. emph. ܥܡܘܪܬܐ 4 Rg. 2 19, al. ܥܡܪܬܐ Job. 21 28. ܥܡܪܬܐ Mt. 24 14 Anecd., al. ܥܡܪܬܐ Luc. 21 26 Ev. 128 A, ܥܡܪܬܐ Luc. 2 1 A. C. suff. 1. ܥܡܪܬܝ, ܥܡܪܬܗܘܢ, ܥܡܪܬܗܝܢ. *f.* — *1.* habitatio, domicilium 4 Rg. 2 19. Job. 21 28 (σκέπη); ܡܐ ܕܥܡܪܬܗܘܢ LXX ἡ περίχωρος, al. ἡ περίοικος (vid. Field.) Gen. 19 25. *2.* vita, βίος Job. 21 13. Hom. Anecd. 186 23 (cit. Job. 9 25). *3.* orbis terrarum (ἡ οἰκουμένη) Js. 10 14. 23. Ps. 89 2. Mt. 24 14 B (AC ܥܠܡܐ). Luc. 2 1. 21 26. Hebr. 1 6. Apocr. Dam. fol. 1ʳ. Hom. Anecd. 183 13. 206 24. Hymn. Lect. 136 5. Lit. 704 20.

*ܡܥܡܪ. C. suff. ܡܥܡܪܝ. *m.* — domicilium Ex. 15 17.

ܡܥܡܪܐ *f.* — domicilium: ܕܠܐ ܡܥܡܪܐ ἀνοίκητος Dt. 13 16 Lect. (Hinc corrig. Anecd.).

*ܡܥܡܘܪ. C. suff. 3. *m.* ܡܥܡܘܪܗ. *f.* — *id.* Eph. 2 22.

Aph. ܐܥܡܪ — habitare fecit (c. acc. p.) Gen. 3 24.

*ܡܥܡܪ (ptc. pass.) pl. *f.* ܡܥܡܪܢ — cultus, habitatus Js. 10 14.

---

*ܥܡܪ II (cf. Idiot. p. 69). *ܥܡܝܪ. emph. ܥܡܝܪܐ *m.* — gramen Gen. 1 11 sq.

Pe. (denom.). Ptc. act. ܥܡܝܪ — collegit Hom. Anecd. 183 7.

---

*ܥܢܢ. ܥܢܢ Mt. 17 5 A. emph. ܥܢܢܐ. Pl. ܥܢܢܐ, ܥܢܢܐ Mt. 26 64 Ev. 195 A. C. suff. ܥܢܢܝܗܘܢ Mt. 26 64 Ev. 181 A, *p. o.* al. *m.* — nubes Gen. 9 13 sq. 16. Jo. 2 2. Eccl. 11 [3]. 4. Mt. 17 5 AC (B ܥܢܢܐ). 24 30 Anecd. Dam. 26 64. Luc. 9 34 sq. 21 27. Act. 1 9. 1 Cor. 10 1 sq. 1 Thess. 4 17.

Hom. Anecd. (pars lat.) 210 *bis*. Lit. 695 13.

ܥܢܐ I (عنى). *Pe.* ܥܢܐ, pl. ܥܢܘ — suscepit, respondit, sequ. ܘܐܡܪ (ὑπολαβὼν λέγει) Job. 16 1. 21 1. Vit. Eulog. ZDMG 56 259 10|12.

*ܥܢܐ (syr. ܥܢܐ). Pl. ܥܢܝܢ — occupatus, operam dans, c. ܒ r. 1 Thess. 4 11.

*ܥܢܝܢ. Pl. c. suff. ܥܢܝܢܝܗܘܢ. *m.* — consuetudo, negotium privatum 1 Thess. 4 11 (τὰ ἴδια).

*ܥܢܝܐ. C. suff. 3. *m.* ܥܢܝܬܗ. *f.* — responsio, cantus responsorius Lit. 701 20. Lect. 51 10. 65 9. 70 15. 77 7. 78 10. 97 21. 105 1. 108 18, al.

---

*ܥܢܘ II (عنو). ܥܢܘܢ (עָנָו) Mt. 11 29 A, *p. o.* BC. 21 5 C. Zach. 9 9; sed ܥܢܘܐ 21 5 A, *p. o.* B. Pl. ܥܢܘܢܐ Mt. 5 4. — humilis, lenis, ll. cc.

*ܥܢܘܘ. emph. ܥܢܘܘܬܐ. *f.* — humilitas Ps. 44 5. Hinc corrig. videtur ܥܢܘܬܐ Ps. 89 10.

---

*ܥܢܒ. *ܥܢܒܐ. Pl. ܥܢܒܝܢ Num. 13 24. ܥܢܒܝܢ Mt. 7 16 A, ܥܢܒܝܢ B, ܥܢܒܝܢ C. emph. ܥܢܒܐ Num. 3 21. Am. 9 13. ܥܢܒܐ Lit. 706 13. *f.* — uva, ll. cc.

---

*ܥܢܐ. *ܥܙ. Pl. ܥܙܝܢ (עִזִּין). *m.* — capra Hebr. 11 37.

---

*ܥܢܦ. *ܥܢܦ (עָנָף, עַנְפָּא). Pl. ܥܢܦܝܢ Mt. 21 8 A, ܥܢܦܝܢ B, ܥܢܦܝܢ C. *m.* — ramus, l. c.

*ܥܢܦܐ. Pl. emph. ܥܢܦܬܐ Luc. 13 19 C. C. suff. 3. *f.* ܥܢܦܬܗ̇ Luc. ib. A, ܥܢܦܬܗ B. *f.* — *id.*, l. c.

ܥܢܩ N. pr. Evax, עֲנָק (Peš. ܥܢܩ ܕܓܢܒܪܐ) Num. 13 23. 29.

ܥܢܬܘܬ N. pr. Αναθωθ Js. 10 30 (Peš. ܥܢܬܘܬ).

---

*ܥܣܒ. ܥܣܒ Joh. 6 10 A, *p. o. pass.* emph. ܥܣܒܐ. C. suff. ܥܣܒܗ, 3. *f.* *id.*

m. — herba, gramen l. c., Gen. 1 11 sq. 29 sq. 25. 3 18. 9 3. Ex. 9 22. 25. 10 12. 15. Dt. 11 15. Js. 10 17. 40 6 sq. 44 4. Jer. 14 5. Mt. 6 30. 14 19. Jac. 1 10 sq. Hom. Anecd. 194 25. 203 11. Lit. 707 12. 708 6.

---

*ܥܣܩ. ܥܣܩܐ ἀπαίδευτος 2 Tim. 2 23 (loc. mutilus); ܐܢܬܐ ܚܕܐ ܥܣܩܬܐ mulier quaedam dissoluta Vit. Sct. cod. ms.

ܥܣܪ Mt. 25 1 Ev. 95 A, ܥܣܪ Ev. 164 A; *p. o.* pass. *f.* ܥܣܪܐ Mt. 25 28 Ev. 95 A, ܥܣܪܐ Luc. 17 17 A, *p. o. pass.* (ܥܣܪܐ Luc. 17 12 C). — decem. ܚܕ ܥܣܪ undecim Mt. 20 6 C. 9 C; in unam voc. coniunct. Luc. 24 32 A. Lect. 119 8. ܚܕ ܥܣܪܐ Mt. l. c. AB, ܚܕܥܣܪܐ Luc. l. c. C. ܬܪܥܣܪ 12 vid. ܬܪܝܢ; ܬܠܬܥܣܪ 13 vid. ܬܠܬ; ܐܪܒܥܬܥܣܪ 14 vid. ܐܪܒܥ. ܚܡܫ ܥܣܪ quindecim Lect. 14 18; ܚܡܫܥܣܪ Hom. Anecd. 207 14. *f.* ܚܡܫܥܣܪܐ Luc. 3 1 A, per ܫ scr. Gen. 7 20; divisim scr. Luc. 3 1 B; ܚܡܫ ܥܣܪܐ ib. C. ܬܡܢܬܥܣܪ Joh. 10 18 A [ܬܡܢܬܥܣܪ BC]. ܬܫܥܬܥܣܪ 18 vid. ܬܫܥ. — ܥܣܪܬܐ (*i. e.* עֶשְׂרָתֵי; cf. Nöld. p. 484. Dalm. Gramm. p. 97 sq.) ii decem Mc. 10 41; ܡܕܝܢܬܐ ܥܣܪܬܐ ἡ Δεκάπολις Mt. 4 25 AB, Mc. 7 31; ܩܘܪܝܐ ܥܣܪܬܐ Mt. l. l. C. [ܥܣܪܬܝܐ Hom. Anecd. 183 27, obscurioris loci]. ܚܕ ܥܣܪܬܐ ii undecim Luc. 24 9 A, *p. o.* Mt. 28 16 BC; ܚܕܥܣܪܬܐ Luc. BC, v. 32 B, Mt. 28 16 A[1]. Mc. 16 14; ܚܕ ܥܣܪܬܐ Mt. A[2]; ܚܕܥܣܪܬܐ Act. 2 14.

ܥܣܪܝ (sic) decimus Lect. 118 6. emph. ܥܣܪܝܐ Gen. 8 5 *bis.* *f.* ܥܣܪܝܬܐ Jer. 39 1.

ܥܣܪܝܢ viginti Gen. 7 11. 8 4. 14. 18 31. Num. 4 47. Joh. 6 19. 1 Cor. 10 8. Anecd. 143 13. 221 10.

*ܡܥܣܪ. emph. ܐ—. *m.* — decima Dt. 12 17.

Pa. Ptc. act. ܡܥܣܪ, pl. ܝܢ—. — decimavit Mt. 23 23. Luc. 18 12.

---

*ܥܛܦ. ܥܛܝܦ — convolutus Joh. 20 7 AB.

Pa. Ptc. pass. ܡܥܛܦ — convolutus Joh. 20 7 C.

---

*ܥܦܪ. ܥܦܪ. emph. ܥܦܪܐ. *m.* — pulvis Gen. 3 14. 18 27. Job. 17 16. Js. 25 2.

ܥܦܪܘܢ N. pr. Εφρων Gen. 49 30. Ita sec. Peš. reponendum pro ܚܦܪܘܢ.

---

*ܥܨܐ *Pe.* Pf. 2. ܥܨܝܬ, pl. ܥܨܘ. Impf. 3. ܢܥܨܐ. Ptc. act. ܥܨܐ *pass.* (Sic leg. S. F. 1 Thess. 4 6. 8), ܥܨܝ (Gal. 3 15); pl. ܥܨܝܢ. — *1.* abs. restitit, foedus violavit Ps. 77 57 (ἀσυνθετεῖν). *2.* Sequ. acc. a) ἀθετεῖν, retinuit, abrogavit, abiecit Mc. 6 26. Luc. 10 16. Joh. 12 48. 1 Cor. 1 19. Gal. 3 15. 1 Thess. 4 8. b) iniuria affecit: ἀδικεῖν Js. 3 15; παραβιάζεσθαι Gen. 19 9 Dam. (Lect. ܥܨܝ). Jon. 1 13; cf. Vit. Sct. cod. ms. ܠܟ ܥܨܐ ܡܘܣܐ; πλεονεκτεῖν 1 Thess. 4 6. c) prohibuit (στερεῖν) Job. 22 7.

*ܥܨܐ (*עָצִי, nisi fort. ptc. act. עָצָא). Pl. emph. ܥܨܝ (omnes codd.) — violentus (βιαστής) Mt. 11 12.

ܥܨܝܢ. emph. ܐ—. *m.* — violentia: ἀδικία 61 8; ἄδικα 91 7; βία 11 15. 63 1; ἀθέτησις Hebr. 7 18; πλεονεξία Col. 3 5.

Ithpe. Ptc. *f.* ܡܬܥܨܝܐ — coactus s. violenter tractatus est (βιάζεσθαι) Mt. 11 12.

---

*ܥܨܒ *Pa.* Pf. ܥܨܒ Luc. 10 34 B, ܥܨܒ C, ܓܙܒ (*i. e.* ܥܨܒ) A. — obligavit *vulnus,* l. c.

---

*ܥܨܡ. ܥܨܡܬܐ *f.* — necessitas (ἀνάγκη) Rom. 13 5. (Si vere est traditum, cf. hebr. עָצְמָה).

*ܥܨܢ. *f.* ܥܨܢܬܐ — violentus (βίαιος) Act. 2 2 (si recte se habet).

Pa. pl. ܥܨܢܘ. Ptc. act. ܡܥܨܢ — subegit (daemon hominem) Vit. Sct. cod. ms.; coegit aliquem ib.: ܐܠܐ ܢ ܠܐ ܥܨܢܗ.

---

*ܥܨܪ *Pe.* Pf. 3. *f.* ܥܨܪܬ Mc. 9 19 A; *p. voc. o.* al., etc. [Impf. 2. ܬܥܨܪ Luc. 8 28 C: leg. ܬܥܣܪ]. Ptc. act. ܥܨܪ, ܥܨܪ (Luc. 9 42 C), *f.* ܥܨܪܐ. — pressit, a) torculavit Js. 63 2; conculcavit *torcular* (acc.) ib. v. 3. *b*) (συν-)σπαράσσειν Mc. 9 19. 25. Luc. 9 42.

*ܥܨܘܪ (עָצוֹר). Pl. emph. ܥܨܘܪܐ. *m.* — torcularius Hom. Anecd. 181 13.

ܡܥܨܪܐ Js. 63 3. Mt. 21 33. emph. ܡܥܨܪܬܐ (sic) Jo. 3 18 (priore loco); ܠ Js. 63 2. Pl. emph. ܡܥܨܪܬܐ Jo. 1 17. 2 24. 3 13 (altero loco). *f.* — torcular, ll. cc. Praeterquam Hom. Anecd. 181 15 (palimpsesti loco foedissimo). Cf. ܢܥܨܐ (rad. *ܢܥܨ).

Ithpe. Pf. 3. *f.* ܐܬܥܨܪܬ — conculcatum est *torcular* Js. 63 3.

---

*ܥܩܒ. *ܥܩܒ *m.* (cf. Dt. 11 24). emph. ܥܩܒܐ (עִקְבָא). C. suff. 3. *m.* ܥܩܒܗ. — calx l. c., Gen. 3 15.

ܥܩܒܐ Hom. Anecd. 187 1. Pl. ܥܩܒܬܐ. C. suff. 3. *f.* ܥܩܒܬܗ; etc. *f.* — vestigium Js. 60 14. Rom. 4 12. Hom. Anecd. 175 28 (cit. Prov. 5 5). 187 1 (cit. Job. 9 26).

ܥܩܒ Hom. Anecd. 196 25 (vid. infra). emph. ܥܩܒܐ (num *ܥܩܒܐ — cf. ܥܩܒܐ Mt. 20 8 C; si recte se habet — an *עִקְּבָא, ex *עָקְבָא?) Mc. 9 34 A, *p. o.* al. *f.* emph. ܥܩܒܬܐ Mt. 27 64 BC. Stud. Sin. 1 100 6. Pl. *m.* ܥܩܒܝܢ Mt. 19 30 A *bis*, *p. o.* BC. 20 16 BC *bis*. — ἔσχατος, extremus, ultimus, ll. cc., Jon. 2 6 (= Lit. Dam. I fol. 1v). BC: Joh. 6 39. 40. 54. B: v. 44 (de quibus IV locis videas quae Lagarde in A adnotavit); praeterquam BC: Mt. 20 14. 21 31 (ὕστερος); Mc. 9 34. Joh. 7 37; A *cod.* in Joh. 11 24 (sed cf. adn.). ܒܥܩܒ [ܝܘ]ܡܝܐ ἐπ᾽ ἐσχάτου τῶν ἡμερῶν Hom. Anecd. 196 25 (cit. Hebr. 1 1; cf. Lect. 22). ܡܢ ܩܕܡܝܐ ܠܥܩܒܐ a primo ad extremum Lit. 697 14.

*ܥܩܒܝ (samar. עקבאי). emph. ܥܩܒܝܐ A: Mt. 21 31; Joh. 6 39; 11 24 *corr.*; *p. o.* A: Mt. 20 14, Joh. 6 40 *corr.* 44 *corr.* *f.* emph. ܥܩܒܝܬܐ Mt. 27 64 A, *p. o.* Anecd. Pl. *m.* ܥܩܒܝܝܢ Mt. 20 16 A *bis*, sed cf. adn. emph. ܥܩܒܝܐ A: Mt. 20 8 et 12; *p. o.* v. 8 B. 12 BC. — *i. q.* ܥܩܒ (ἔσχατος), ll. cc.

Pa. Pf. ܥܩܒ (= ܥܩܒ) Mt. 2 7 A, cf. v. 16 A; *p. o.* al. 1. ܥܩܒܬ Luc. 1 3 A, *p. o.* BC (Anecd. om.) — investigavit, ll. cc., Sap. 9 16 (ita reponendum pro ܥܩܪ).

Ithpa. Ptc. ܡܬܥܩܒ — investigatus est Hom. Anecd. 207 26.

ܥܩܪ *Pe.* — ܥܩܪ ܥܠ ܒܘܪܟܘܗܝ: ita vertitur γονυπετεῖν Mc. 1 40 A (*a prima manu*) BC. Quam lectionem Lagarde repudians ܡܥܪ illud recipit, quod Mt. 17 14 idem verbum gr. reddit. Quia tamen קער (syr. ܩܥܪ) a Iudaeorum dialectis alienum, sed ipsum verbum עקר et apud eos et apud Samaritanos (ענר, vid. Kahle, Dissert. p. 32. 35 s. f.) usitatum est, nescio an melius utroque loco ܥܩܪ legendum sit. (Alia est quaestio, utrum, quod mihi placet, metathesi ex ܩܥܪ (قعد) natum sit, an genuinum = عَقَدَ).

---

*ܥܩܡ. ܥܩܝܡܐ *f.* — distortus (στρεβλός) *arcus* Ps. 77 57.

Pa. Ptc. pass. pl. *f.* ܡܥܩܡܬܐ — loca distorta, perversa Js. 40 4 (Lect. 37. Anecd. 223; cf. ܐܥܩܡܬܐ). Luc. 3 5.

---

*ܥܩܪ. ܥܩܪܐ (עִקָּרָא). emph. ܥܩܪܬܐ — sterilis *mulier* Luc. 1 7. 36. Hymn. Anecd. 111 11. Lit. 707 4.

Ithpe. Imp. ܐܬܥܩܪܝ Luc. 17 6 A, *p. voc. o.* BC. — evulsus est, l. c.

ܥܩܪܒܐ (genus non cognoscitur) Hom. Anecd. 193 12. Pl. ܥܩܪܒܝܢ Luc. 10 19. — scorpio, ll. cc.

ܥܪ (ܥܪ ܥܡܘܬ): vid. rad. ܐܬܥ II.

ܥܪ I. (عرّ). ܡܥܪܐ. emph. ܡܥܪܬܐ. [Pl. ܡܥܪܝܢ Luc. 19 46 C: leg. ܡܥܪܐ]. *f.* — caverna Gen. 19 30. 49 30. 32. Mt. 21 13. Luc. l. c. B. Joh. 11 38. Vit. Eulog. ZDMG 56 260 5.

*ܥܪܐ II. (ضرّ) *Pe.* Impf. 2. ܬܥܪܘܢ — indignatus est, adversatus est (προσοχθίζειν) Dt. 7 26.

ܥܪܐ (עָרֵד) *in.* — indignatio, adversatio (προσόχθισμα) Dt. 7 26.

*ܥܪܝܐ. *ܥܪܐ. emph. ܥܪܝܐ (ܩܪܝܪܐ). *m.* — frigus Gen. 8 22. Joh. 18 18.

*ܥܪܒ I. (cf. Nöld. ZDMG 54 155). *ܥܪܒ. emph. ܥܪܒܐ (ܥܘܪܒܐ, עוֹרְבָא; assyr. *āribu*). *m.* — corvus Gen. 8 6.

*ܥܪܒ II. (cf. „Homon. Wurzeln“ p. 47). *Pe.* Impf. 3. ܢܥܪܘܒ — occidit *sol* (*stella*) Js. 60 20. Jo. 2 10 (S. F.). 3 15. Am. 8 9. Hom. Ox. 969 5 (cit. Am. l. l.).

ܥܪܘܒ (syr. ܥܪܒ). *m.* — occasus: ܥܪܘܒ ܫܡܫܐ sole occidente Luc. 4 40.

*ܥܪܘܒܬܐ s. *ܥܪܘܒܬܐ (*quṭlat*). emph. ܥܪܘܒܬܐ *pass.*, ܥܪܘܒܬܐ Mt. 27 62 A, *p. o. pass.* C. suff. 3. *m.* ܥܪܘܒܬܗ, ܥܪܘܒܬܗܘܢ, ܥܪܘܒܬܗܘܢ (Joh. 19 42 B). *f.* — ἡ παρασκευή (cf. Idiot. p. 72) Mt. 27 62. Joh. 19 14. 31. 42. Lect. 45 4. 47 5. 110 9. Anecd. 132 ult.

*ܡܥܪܒ. emph. ܡܥܪܒܐ (Luc. 13 29 A). C. suff. ܡܥܪܒܗ; etc. *m.* — occidens Dt. 11 24. Js. 9 12. 43 5. Ps. 49 1. Mt. 8 11. 24 27. Luc. 13 29.

*ܥܪܒ III. (cf. op. cit. p. 46) *Pe.* Pf. 2. ܥܪܒܬ — spopondit pro (ܒ p.) Vit. Eulog. ZDMG 56 259 8/9.

*ܥܪܒܘ (עֲרָבוֹ). C. suff. ܥܪܒܘܬܝ. *f.* — sponsio, fideiussio Vit. Eulog. ZDMG 56 259 16.

*ܥܪܒܘܢ. emph. ܥܪܒܘܢܐ. *m.* — pignus Eph. 1 14 (ἀῤῥαβών).

*ܥܪܒ IV. ܥܪܒ (צָרָב, cf. l. c. p. 48). Pl. ܥܪܒܐ. *m.* — ovis Mt. 15 24 A (BC om.).

*ܥܪܒ V. (cf. op. cit. p. 46). *Pa.* ptc. pass. ܡܥܪܒ (A: Mt. 27 34 Ev. 203, cf. Ev. 211; *p. o.* al.), ܡܥܪܒܒ (Mc. 15 23 C). — commiscuit (c. ܒ) Mt. 27 34. Mc. 15 23. Cf. etiam ܥܪܒܒ.

ܥܪܒܝܐ N. pr. Arabia Js. 10 9. 11 11.

*ܥܪܒܝ, pl. ܥܪܒܝܐ — Ἄραβες Act. 2 11.

ܥܪܒܒ (cf. ܥܪܒ V) Pf. ܥܪܒܒ. Ptc. act. ܡܥܪܒܒ; pass. *id.*, pl. ܡܥܪܒܒܝܢ (Joh. 19 39 A; BC ܡܥܪܒܒܝܢ). — *1.* commiscuit (c. ܒ) Joh. l. c. (Cf. עַרְבֵּב Targ. hieros. Gen. 30 40. Nisi forte ܡܥܪܒܒܝܢ restituendum). *2.* perturbavit: ταράσσειν Js. 3 12. 14 31. Ps. 56 5. Job. 22 10 (Symm.; LXX σπουδάζειν). Joh. 12 27 Ev. 48 (cf. *Ithpe.*); συνταράσσειν Js. 10 33; ἐκταράσσειν Act. 16 20. Ptc. pass. ἀκατάστατος Jac. 1 8.

*ܥܪܒܘܒ. Pl. ܥܪܒܘܒܝܢ Luc. 21 9 BC. *m.* — tumultus, ἀκαταστασίαι, l. c. (In Act. Philem. Anecd. 170 1 legitur .... ܥܪܒܘܒܐ ܕܝ pro τὰς ἀρχὰς τῶν βασάνων — ܕܥܪܝܐ. — Incertum).

ܥܪܒܘܒܐ Ps. 90 3. Mt. 26 5 C. *f.* — tumultus, θόρυβος, Mt. l. c.; ܥܪܒܘܒܝ, turbulentus *sermo* (ταραχώδης) Ps. l. c.

*ܥܘܪܒܒ. pl. ܥܘܪܒܒܝܢ Luc. 21 9 Ev. 128 A (cf. Ev. 183 A et adn.). *m.* — *id.*, l. c.

ܥܘܪܒܝܐ Mt. 26 5 A. emph. ܥܘܪܒܒܬܐ 27 24 Ev. 201 A, cf. Ev. 210 A, *p. o.* Ev. 201 B. [Corrupte legitur ܥܪܒܘܒܬܐ Mt. 26 5 B, ܥܘܪܒܬܐ 27 24 Ev. 201 C, Ev. 210 BC]. *f.* — *id.*

Ithpa. ܐܬܥܪܒܒ; etc. Impf. ܢܬܥܪܒܒ s. ܢܬܥܪܒܒܘܢ (Joh. 14 27 Ev. 184 A); etc. Ptc. ܡܬܥܪܒܒ; etc. — perturbatus est, tumultuatus est: ταράσσεσθαι Gen. 19 16. Js. 8 12. Ps. 45 3. 4. 7. Mt. 2 3. 14 26. Luc. 1 12. 24 38. Joh. 12 27. 14 1. 27; διαταράσσεσθαι Luc. 1 29; θορυβεῖσθαι Job. 21 6 (Symm.; LXX σπουδάζειν). Mt. 9 23.

*ܥܪܒܠ (cf. op. cit. p. 47). Impf. 3. ܢܥܪܒܠ (A, *p. o.* B; C om.). — cribravit Luc. 22 31.

ܥܪܝܐ: vid. ܥܪܐ.

*ܥܪܙ (غرز? Nöldeke ad Muʿall. Labîd

v. 33). *ܥܪܕ emph. ܥܪܕܐ (עֲרָדָא) *m.* — asinus agrestis Jer. 14 6.

*ܥܪܛܠ. ܥܪܛܠܝ (עַרְטִלָּא) Lit. Dam. I, fol. 2r. Alias ܥܪܛܠܝܢ (A *pass.*, Mt. 25 36 Ev. 129 C), ܥܪܛܠܝܢ (Gen. 3 10 sq., BC *pass.*), ܥܪܛܠܝܢ (Mt. 25 43 Ev. 167 C. Unde corrig. ܥܪܛܠܝܢ v. 38 Ev. 166 B). Pl. ܥܪܛܠܝܢ (Gen. 2 25, al.). emph. ܥܪܛܠܝܐ (sic) Hom. Anecd. 183 16. — nudus, ll. cc., Gen. 3 7. Mt. 25 36. 38. 43 sq.

*ܥܪܠ. ܥܘܪܠܐ Col. 3 11. emph. ܥܘܪܠܘܬܐ. *f.* — ἀκροβυστία l. c., Rom. 3 30. 4 9 sqq. Gal. 6 15.

*ܥܘܪܠܘ (nisi fort. ad voc. praegress. pertinet). C. suff. 3. *m.* ܥܘܪܠܘܬܗ. *f.* — *id.* Col. 2 13.

*ܥܪܡ. ܥܪܝܡ Gen. 3 1. Pl. ܥܪܝܡܝܢ — prudens (φρόνιμος) Mt. 10 16 A (BC ܥܪܝܡܝܢ).

*ܥܪܝܡܘ. C. suff. ܥܪܝܡܘܬܟܘܢ (sic) — τὸ ἐπιεικές Phil. 4 5 Lect. (Dam. ܥܪܝܡܘܬܟܘܢ).

*ܥܪܣ. *ܥܪܣ. emph. ܥܪܣܐ Luc. 8 16 A *corr.*, *p. o.* al. C. suff. ܥܪܣܗ; etc. *f.* — lectus Gen. 49 33. Mt. 9 2. 6. Mc. 2 4. 9. 11 sq. 7 30. Luc. 5 18 sq. 24. 8 16. Joh. 5 8 sqq. Vit. Abrah. Qīdōn. ZDMG 56 255 sq. (*pass.*).

*ܥܪܥܠ (cf. *ܥܠܠ II). — Haecce verba Duensing in Vit. Sct. cod. ms. legit: [illegible]

*ܥܪܦܠ. emph. ܥܪܦܠܐ (targ. עֲרָפִילָא; ܥܪܦܠܐ), per ܘ scr. Js. 60 2; ܥܪܦܠܐ (cod. manuscr.). *m.* — tenebrae ll. cc., Ex. 10 22. Jo. 2 2.

*ܥܪܩ. *Pe.* Pf. 3. *f.* ܥܪܩܬ; etc. pl. 3. *f.* ܥܪܩܝ, ܥܪܩܝܢ (Mc. 16 8 Ev. 217 C). Impf. 3. ܢܥܪܘܩ; 3. *f.* ܬܥܪܘܩ s. ܬܥܪܘܩ (Js. 10 29); etc. pl. ܢܥܪܩܘܢ Mt. 24 16 ABC, ܢܥܪܩܘܢ Anecd.; etc. Imp. ܥܪܘܩ Mt. 2 13 BC, ܥܪܘܩ A; pl. ܥܪܘܩܘ 1Cor. 10 14. Ptc. act. ܥܪܩ; etc. — fugit, ll. cc., Gen. 19 20. Js. 10 3. 18. Jon. 1 3. 10. 4 2. Ps. 142 9. Mt. 3 7. 8 33. 23 34. 26 56. Mc. 14 50. 16 8. Luc. 3 7. 8 34. 21 36. Joh. 10 5. 12. Act. 16 27. Hebr. 2 3. 11 34. Hom. Anecd. 186 25 (cit. Job. 9 25). Lit. 709 14. Act. Adrian. (fol. 1v, pass.).

*ܥܪܘܩ (עָרוֹק). Pl. ܥܪܘܩܝܢ — fugiens, fugitivus Js. 43 14.

ܥܪܘܩܝܢ (pl. abstr.). C. suff. ܥܪܘܩܝܟ, ܥܪܘܩܘܗܝ, ܥܪܘܩܝܟܘܢ s. ܥܪܘܩܝܟܘܢ (Mt. 24 20 A Anecd.). *m.* — fuga Mt. 24 20. ܒܝܬ ܥܪܘܩܝܢ perfugium Ps. 45 2. 89 2; c. suff. Ps. 90 2. 9.

ܥܪܩܐ. emph. ܥܪܩܬܐ (targ. עַרְקְתָא). *f.* — lorum Mc. 1 7. Luc. 3 16. Joh. 1 27. Hom. Ox. 958 12 (cit. Js. 5 18).

[ܥܪܩܐ Mt. 5 35 B: leg. ܐܪܥܐ].

*ܥܫܫ (عسّ, عسعس; עשש obscuratus est Ps. 6 8 etc.).

*ܥܫܐ. emph. ܐ—. *m.* — tenebrae, γνόφος Ex. 10 22, ὁμίχλη Jo. 2 2; ܥܢܢܐ ܕܥܫܐ νεφέλη γνοφώδης Ex. 19 16.

*ܥܫܩ. *Pe.* Impf. pl. 2. ܬܥܫܩܘܢ Luc. 3 14 BC, ܬܓܫܩܘܢ A. — oppressit, l. c.

ܥܬܐ: vid. ܥܫܬܐ.

*ܥܬܕ. ܥܬܝܕ (targ. עָתִיד), ܥܬܕ (Ps. 56 8a. Mt. 3 7 BC. 11 14 AB; *pass.*); *f.* ܥܬܝܕܐ, ܥܬܕܐ (Mt. 25 34 Ev. 129 C). Pl. ܥܬܝܕܝܢ. *f.* ܥܬܝܕܢ (Mt. 25 10 A), ـܝܢ (ib. cett.). — *1.* paratus Ps. 56 8. Mt. 22 4. 24 44. 25 10. 34. 41. Luc. 12 40. 14 17. 22 33. Joh. 11 51. *2.* futurus, μέλλων, s. absol. s. sequ. enuntiato subiuncto (impf. c. ܕ) Js. 9 6. 42 23. 44 7. Mt. 2 13. 3 7. 11 14. Eph. 1 21, et saepissime. Hom. Anecd. 191 18. 194 27. 207 2.

Pa. ܥܬܕ (Eph. 2 10); etc. 2. *m.* ܥܬܕܬ, sed ܥܬܕ Luc. 23 1 B. 12 20 C, ܥܬܕ 23 1 C. Impf. ܢܥܬܕ; etc. Imp. ܥܬܕ s. ܥܬܕ; etc. Ptc. pass. ܡܥܬܕ Ps. 37 18. [Pro ܡܥܬܕ

Joh. 12 33 Ev. 48 B leg. ܥܬܝܕ cum cett.]; *f.* ܥܬܝܕܬܐ Mt. 25 34 Ev. 96. 41 Ev. 97. Mc. 10 40. — paravit, ll. cc., Js. 40 3. Ps. 22 5. 37 18. 56 7. Prov. 9 2. Sap. 9 8. Mt. 3 3. 26 17. 19. Mc. 1 3. Luc. 1 17. 76. 3 4. 9 52. 17 8. 22 8sq. 12sq. 24 1. Joh. 14 2sq. Hymn. Anecd. 111 18 (cit. Js. l. c.). Lit. 696 17 (cit. Ps. 64 10).

*ܥܬܘܕ (*qiṭṭūl*). emph. ܐ—. C. suff. ܥܬܘܕܟ. *m.* — paratio Lit. 696 17 (cf. Ps. 64 10). 706 8 (cf. Ps. l. c.).

Ithpa. Ptc. ܡܬܥܬܕ, *f.* ܐ—. — *1.* se paravit Jo. 2 5. *2.* paratus fuit Lit. 695 12.

---

*ܥܬܩ ܥܬܩ *Pe.* Ptc. act. pl. ܥܬܩܝܢ — senuit Job. 21 7.

*ܥܬܝܩ. emph. ܐ—. *f.* ܥܬܝܩܬܐ. Pl. *f.* ܥܬܝܩܢ. — vetus Luc. 5 39. Rom. 6 6. 2Cor. 3 14. Col. 3 9. Hom. Ox. 96 11 16. Pl. *f.* vetera Mt. 13 52.

---

*ܥܬܪ. ܥܘܬܪ Js. 60 5, Hymn. Anecd. 112 4, al.; ܥܘܬܪܗ Js. 60 16. Job. 21 7. Eph. 2 7. emph. ܥܘܬܪܐ *pass.*, per ܘ scr. Luc. 7 14 A. C. suff. ܥܘܬܪܗ; etc. 1. p. ܥܘܬܪܝ Mt. 6 11 B. Pl. c. suff. 3. *f.* ܥܘܬܪܝܗ (sed leg. puto ܥܘܬܪܗ) Eph. 3 16. *m.* — divitiae, ll. cc., Js. 61 6. Sirac. 18 25. Eph. 1 7. Phil. 4 19. Act. Adrian. fol. 1r. v. Vit. Eulog. ZDMG 56 259 8 χρήματα [πολλά]. ܒܥܘܬܪ *adverbialiter* πλουσίως Tit. 3 6.

ܥܬܝܪ (Mt. 19 23 A, al.), *p. o. pass.*, ܥܬܝܪ (Mc. 15 43 A, al.), *p. o.* BC *pass.* (*e. g.* Mc. l. c.). emph. ܥܬܝܪܐ. Pl. ܥܬܝܪܝܢ, ܥܬܝܪܝܢ (Luc. 21 1 B). emph. ܥܬܝܪܝܐ. C. suff. ܥܬܝܪܝܗܘܢ Ps. 44 13. — *1.* dives, ll. cc. (exc. Mc.), Js. 53 9. Mt. 19 24. 27 57. Mc. 12 41. Luc. 16 19. Jac. 1 10. Eph. 2 4. *2.* abundans (περιούσιος) Dt. 14 2. *3.* Pro εὐσχήμων Mc. 15 43, sed cf. *adv.*

ܥܬܝܪܐܝܬ *adv.* — εὐσχημόνως 1 Thess. 4 12. Fort. ex ܫܦܝܪܐܝܬ corruptum.

Aph. Ptc. act. pl. ܡܥܬܪܝܢ — divitem fecit 2 Cor. 6 10.

ܦ

*ܦܟ (targ. פַּכָּא; syr. ܦܟܐ. ܦܰܟܳܐ). C. suff. ܦܟܗ Mt. 5 39. Pl. c. suff. 1. p. ܦܟܝ Js. 50 6. *m.* — maxilla, ll. cc.

ܦܓܐ, ܦܓܝ: vid. ܦܘܓ.

---

*ܦܓܥ. *ܦܓܥܐ. Pl. c. suff. 1. p. ܦܓܥܝ. *f.* — res adversae Ex. 9 14.

---

*ܦܓܪ I. ܦܓܪ Luc. 3 22 A, *p. o.* al.; ܦܓܪ Rom. 12 4sq. Eph. 2 16. emph. ܦܓܪܐ Mt. 6 22 A, al.; per ܓ s. ܓ (= ג) scr. Luc. 12 4 A, al. C. suff. ܦܓܪܗ (Mt. 27 58 A, al.); etc. Pl. ܦܓܪܝܢ Mt. 27 52 A, *p. o.* cett. emph. ܦܓܪܝܐ, ܦܓܪܐ Joh. 19 31 BC. [ܦܓܪܐ Luc. 23 44 A *corr.*, interpol.]. C. suff. ܦܓܪܝܗܘܢ *pass.*, ܦܓܪܝܗܘܢ Hom. Anecd. 208 22; ܦܓܪܝܟܘܢ Rom. 8 11; ܦܓܪܝܟܘܢ Mt. 6 25 B. 1. ܦܓܪܝܢ Hebr. 10 23. *m.* — corpus, ll. cc., Sap. 9 15. Mt. 5 29sq. 24 28, et saepe al. (vid. Idiot. p. 73). Rom. 6 6. 8 10. Col. 2 11. Hom. Anecd. 188 17. 193 17. Hom. Ox. 96 0 11. 75 16. Lit. Dam. IIv. — Jer. 38 40 ܕܦܓܪܐ (sic leg. pro 'ܕܦ) reddit τῶν πτωμάτων (*h. e.* cadaverum), ut Aqu. Symm. habent (et similiter Syr.-Hex., v. Field. II, 662, n. 101). Ineptit B. Jacob ZDMG 55 143.

ܦܓܪܐܝܬ *adv.* — corporaliter Col. 2 9.

---

*ܦܓܪ II. (hebr. פגר, aram. *id.* et פכר. Syr. ܦܟܪ). *Pa.* ptc. pass. pl. *f.* c. suff.

3. *f.* ܦܟܪܬܗ — subruit, evertit Am. 9 10.

Ithpa. Pf. pl. 3. *f.* ܐܬܦܟܪܝ — subrutus, eversus est Jo. 1 17 (cf. ZDMG 53 711).

ܦܝܕܓܘܓ παιδαγωγός: vid. s. lit. ܒ.

*ܦܕܢ (פַּדָּן). emph. ܦܕܢܐ Luc. 9 62. Pl. ܦܕܢܝܢ 14 19. [Cod. A *corr.* utroque loco ܦܕܢܐ, ܝܢ— effecit; vix recte]. C. suff. ܦܕܢܝܗܘܢ Jo. 3 10. *f.* — *1.* iugum Luc. 14 19. *2.* aratrum 9 62. Jo. 3 10.

*ܦܕܪ: ܦܕܪܘܢ ܐܠܗܐ Hom. Anecd. 185 3. 9 (cf. ib. „Add." p. 224). Loc. obscur.

*ܦܘܓ. ܦܘܓܝܓ. *m.* — levamentum, delectatio Phil. 2 1 (παραμύθιον). Hom. Anecd. 195 22.

*ܦܘܓܓܐ. emph. ܦܘܓܓܬܐ. *f.* — *id.* Vit. Abrah. Qīdōn. ZDMG 56 255 2.

ܦܘܠܘܣ N. pr. Paulus, N. T. *pass.* Hom. Ox. 9 52 15. 63 17. Hom. Anecd. 173 15. 191 15. 17. 192 3 sq. 12 sq. 195 5. Lect. 2 4. 7. ܦܘܠܘܣ Act. 14 12. ܦܘܠܘܣ Rom. 1 1. Hymn. Lect. 110 8. 136—139 *pass.*

ܦܘܦܝܢ: ܦܘܦܝܢ ܠܗܘܢ pro θριαμβεύσας αὐτούς Col. 2 15 Lect. Vocabulum subobscurum, in cod. Dam. ludibrioso quodam casu plane obliteratum. Nestle (p. XXV) de πομπή cogitabat, id quod mihi quoque venerat in mentem. Sed unde terminatio ܝܢ? Quid, si corruptum ex ܦܪܣܝܐ (cf. Peš. ܐܦܪܣܝ)? والله اعلم.

*ܦܘܪ. ܐܬܦܘܪ (sic) — iratus est Act. 16 18.

ܦܪܬ N. pr. Euphrates: vid. ܦܪܬ.

ܦܣܠܐ: vid. ܦܣܠܐ.

*ܦܚ. ܦܚ (Luc. 21 35 Ev. 128 A, *p. o.* al.). emph. ܦܚܐ. C. suff. ܦܚܗ; etc. Pl. abs. ܦܚܝܢ Lect. ZDMG 56 251 9. emph. ܦܚܐ. *m.* — laqueus, l. c., Js. 42 22. Ps. 56 7. 90 3. Job. 22 10. Luc. 21 35. 2 Tim. 2 26. [Luc. 16 26 C leg. ܦܚܬܐ, *q. v.*].

ܦܚܪ (ex assyr.) 2 Tim. 2 20; ܦܚܪ Hom. Anecd. 173 20. *m.* — argilla, ll. cc.

*ܦܚܪ. emph. ܦܚܪܐ Mt. 27 7 Ev. 209 A. 10 Ev. 199 A; ܦܚܪܐ v. 10 Ev. 209 A; *p. o.* cett. [. . . ܦܚܪ Hom. Anecd. 173 21]. *m.* — figulus, ll. cc.

Adnot. Utramque vocem separatim posui, quamquam antiquitus confunduntur, ut praeter arab. فَخّار (cf. Nöld., Mand. Gramm. p. 120, n. 2 et tunis. فَخّار, فُخّار, قَدْرَة apud Landberg., Bâsim, text. Qair. 5 17) syr. ܦܚܪܐ (Brockelm., Add.; cf. Maclean, Dict. p. 249) demonstrat.

*ܦܚܬ. ܦܚܬܐ *m.* — hiatus Luc. 15 26 AB. [C corrupte ܦܚܐ].

*ܦܛܡ. ܦܛܝܡ (פְּטָמִים). emph. ܐ—. Pl. c. suff. 1. ܦܛܝܡܝ, ܦܛܝܡܝܐ Mt. 22 4 A. — saginatus Luc. 15 23. 27. 30. *Pl.* pecus saginatum Mt. l. c.

[ܦܛܡܘܬܐ S. F. 68 12 = Tit. 3 9: vox nihili, vid. GGA 1901, p. 205].

*ܦܛܪ. ܦܛܝܪ (פְּטִיר). Pl. ܝܢ— Gen. 19 3. emph. ܦܛܝܪܐ Mt. 26 17 A. Luc. 22 1 et 7 A; *p. o.* ll. cc. BC. (De singul. cogitari vix potest). *m.* — azyma, ll. cc.

Pa. Impf. 3. ܢܦܛܪ, ܢܦܛܪ (BC *bis*); etc. — dimisit *uxorem* Mt. 5 31 sq. 19 3. 7 sqq.

ܦܛܘܪܝܢ (פִּטּוּרִין; cf. Idiot. p. 73 sq.), ܦܛܘܪܝܢ utroque loco B. *m.* — dimissio *uxoris*, repudium Mt. 5 31. 19 7.

ܦܛܪܐ (πέτρα, cf. Krauss. 2 442) — saxum Vit. Eulog. ZDMG 56 259.

ܦܛܪܘܣ *pass.* A; itidemque ܦܛܪܘܣ; ܦܛܪܘܣ Joh. 21 15 Ev. 58 5 a. f. B, per ܛ scr. *pass.* cod. C. [ܦܛܪܘܣ Luc. 5 3 A: versus interpol.]. ܦܛܪܐ Mt. 16 18 C, alias vocativ.: Luc. 22 34 C, itaque ܦܛܪܐ ib. A,

p. voc. o. B. [Hom. Ox. 97 56]. N. pr. — Πέτρος, *pass.* Evv.; Act. 1 13. Hom. Ox. 95 20. 60—75 (*pass.*). Hom. Anecd. 178 24. Hymn. Lect. 136 sqq. (*pass.*).

[ܦܛ — ﭬ: ܦܛ ܬܦܩܝܢ Luc. 3 8C, ubi AB ܡܦܩܝܢ].

ܦܘܓܝܠܘܣ N. pr. Φυγελ(λ)ος (cf. Blass. Gramm.2 p. 12) 2Tim. 1 15 (vid. Gwilliam. p. XXXV).

ܦܝܢܡ (פינום, פינמא Krauss. 2 439. Hinc corrig. etiam, ut opinor, samar. פניאתה in „Pessach-Haggadah“ lin. 72 apud Kohn. Zur Sprache etc. p. 14). Pl. ܦܝܢܡܐ — πῆγμα. Est pro αἱ φλιαί („postes ianuae“) Dt. 6 9, quae vox ib. 11 20 voc. ܐܣܩܦܬܐ redditur.

ܦܝܠܛܘܣ (ܦܝܠܛܘܣ Luc. 3 1B, per ܦ scr. Mt. 27 13 Ev. 200C, *p. o.* paene constanter C) N. pr. Pilatus, *pass.* N. T.

ܦܝܠܝܛܘܣ N. pr. Φίλητος 2 Tim. 2 17.

ܦܝܠܝܟܣ N. pr. Φῆλιξ Hom. Anecd. 191 26. Ita suppl. . . . ܦܝܠܝ.

ܦܝܠܝܡܘܢ, ܦܝܠܝܡܘܢ, ܦܠܝܡܘܢ (S. F. 93 13 paen.) N. pr. — Φιλήμων martyr, Act. Anecd. 169 sq. S. F. l. c.

ܦܝܠܝܦܘܣ (ܦܝܠܝܦܘܣ *pass.* BC, ܦܝܠܝܦܘܣ, ܦܝܠܦܘܣ ܦܠܝܦܘܣ *pass.* C; ܦܝܠܝܦܘܣ; etc. ܦܝܠܝܦܝ Joh. 14 5 Ev. 137C, ܦܝܠܝܦܘܣ v. 44 ib. B); vocat. ܦܝܠܝܦܐ, ܦܝܠܝܦܐ (ܦܝܠܝܦܐ, etc. C). N. pr. Philippus, *pass.* N. T.

ܦܝܠܝܦܘܣ N. pr. Philippi urbs Phil. 1 1 (Peš. id.).

*ܦܝܠܝܦܝܐ. Pl. emph. ܦܝܠܝܦܝܐ Phil. 1 1 (in praescripto). 4 15; ܦܝܠܝܦܝܐ (sic leg.) Lect. 112 2. [ܦܝܠܝܦܝܐ Phil. 4 23 in subscripto. Incertum). — Philippensis, ll. cc.

ܦܝܢܩܣ Luc. 16 3A, ܦܝܢܩܝܣ B[ܦܝܢܩܝܣ C] (πίναξ, cf. Krauss. 2 466 sq. Idiot. p. 111). — tabula, l. c.

ܐܦܝܣ Js. 40 14. pl. ܐܦܝܣܘ Mt. 27 20 Ev. 200A (per ܦ scr. ib. C), ܐܦܝܣܘ Ev. 200B, 209C. Impf. 1. ܐܦܝܣ Hom. Ox. 96 11 3. Imp. ܐܦܝܣ; etc. [*f.* ܐܦܝܣܝ Lit. Dam. I fol. 1v; alias ?]. Ptc. act. ܡܦܝܣ; etc. Pass. ܡܦܣ, ܡܦܝܣ ܡܦܣ (Luc. 20 6 A), ܡܦܝܣ (ib. C. Rom. 14 14). — *1.* persuasit c. acc. p., Js. 40 14. Mt. 27 20. 28 14. Hom. Ox. 96 0 19. 61 13. Hom. Anecd. 182 2. Lit. Dam. I fol. 1r. IIIr. *Ptc. pass.* cui persuasum est Luc. 20 6. Rom. l. c., 2 Tim. 1 12; ܡܦܝܣܝܢ (sic) ܠܟ confidunt tibi Lit. 705 22. *2.* satisfecit (abs.) Act. Philem. Anecd. 170 6 (pro πληροφορεῖν); sequ. acc. p. ib. 169 20 (pro θεραπεύειν).

*ܐܦܝܣܐ (*inf.*). C. suff. 3. *f.* ܐܦܝܣܬܗ(ܒ) Lit. 708 14. Lit. Dam. IIIv; (ܒ)ܐܦܝܣܬܟܘܢ Hymn. Lect. 136 3. *f.* — deprecatio, supplicatio („Fürbitte“), ll. cc.

Ittaph. Pf. pl. ܐܬܦܝܣܘ, etc. Impf. pl. 2. ܬܬܦܝܣܘܢ. Ptc. ܡܬܦܝܣ; etc. — ei persuasum est, oboedivit Js. 7 16. 8 11. 50 5. Luc. 1 17. Eph. 2 2. Tit. 1 16. Act. Andr. et Matth. fol. 1r. Hom. Anecd. 179 1. Vit. Sct. cod. ms. [illegible] δι' ἀπείθειαν Hebr. 4 6.

ܦܝܣܘܢ N. pr. Φισων Gen. 2 11. Lit. 704 21.

ܦܝܣܝܣ (ܦܘܣܝܣ Eph. 2 3) — φύσις, natura, l. c., Rom. 1 26 sq. Lit. Dam. IIIv (*bis*). Hom. Anecd. 172 12. 193 15. 208 26[a] b. Vit. Sct. cod. ms.

ܦܝܪܐ (ܦܝܪܐ Luc. 9 3 C) — πήρα, pera (cf. Krauss. 2 433) Mt. 10 10. Luc. 9 3. 10 4 (A). 22 35.

*ܦܝܣܢ. ܦܝܣܢ (= syr. ܦܣܢܐ, nisi fort. *qāṭil*) Mt. 7 26 C, ܦܝܣܢ A, *p. o. pass.* emph. ܦܝܣܢܐ Luc. 12 20 A, *p. o.* BC. pl. *m.* ܦܝܣܢܐ Eccl. 7 10; *f.* ܦܝܣܢ Mt. 25 2 Anecd. emph.

[ܬܐ]ܦܘܫܐ ib. v. 3. — imprudens (ἄφρων, μωρός) ll. cc., Prov. 94. Hom. Anecd. 176 16. Vit. Abrah. Qīdōn. ZDMG 56 256 9.

*ܦܘܫܘ. emph. ܬܐ—. C. suff. 3. *f.* ܗ—. *f.* — imprudentia (ἀφροσύνη) Prov. 5 6. Hom. Anecd. 175 24 (cit. Prov. 5 5).

ܦܘܩܣܝܢܐ (cf. Krauss. 2 473) — πύξινον: Js. 60 13. (Pro κέδρος versionis LXX esse videtur. Cf. tamen Symm.: βόρατον καὶ πύξος κτε' apud Field. i. l.).

ܦܠܓ N. pr. Φαλεκ, Peš. ܦܳܠܶܓ, Luc. 3 35.

ܦܠܓ *Pe.* ܦܠܓ. Impf. 3. ܢܦܠܓ. — divisit Mt. 24 51. Rom. 12 3.

ܦܠܓ s. ܦܠܓ. C. suff. ܦܠܓܗ; etc. *m.* — dimidium Joh. 7 14. ܦܠܓܗ ܕܝܘܡܐ meridies Gen. 18 1. Am. 8 9; ܦ' ܕܠܠܝܐ media nox Ex. 11 4. Act. 16 25 (Lit.). Act. Adrian. fol. 3ʳ. — Praeterquam pron. reciproc. ἀλλήλων etc. reddit (cf. Dalm. Gramm. p. 83, l. 10 a. f.): ܦܠܓ ܠܦܠܓ alter alterum Tit. 3 3; ܦܠܓܝܢ ܠܦܠܓ unus quisque nostrum alterum Rom. 12 5, cf. 14 19; ܦܠܓܗܘܢ ܠܦܠܓ Mt. 24 10. Mc. 15 31B. Luc. 2 15. Joh. 4 33. 12 19. 16 17. Act. 27. Lit. Dam. IIᵛ. ܦܠܓܝܗܘܢ ܠܦܠܓ Joh. 13 14BC. 34 sq. 15 12. 17. 16 19. Rom. 12 10. 1Cor. 12 25. Phil. 2 3. 1Thess. 4 9. 18. ܦܠܓܝܗܘܢ ܕܦܠܓ Col. 3 9; ܕܦܠܓ ܦܠܓܝܢ (1. p.) Rom. 15 5. Hebr. 10 24. ܦܠܓܝܗܘܢ ܕܦܠܓ Joh. 13 14A. ܦ' ܥܡ ܦܠܓܝܗܘܢ Mc. 9 33. 15 31. Luc. 4 36. Joh. 6 53; ܦ' ܥܡ ܦܠܓܝܗܘܢ Joh. 6 43. 16 19. Rom. 12 10; ܦ' ܠܘܬ ܦܠܓܝܗܘܢ Mc. 9 32. 1Thess. 3 12; ܦ' ܥܠ ܦܠܓܝܗܘܢ Joh. 5 44.

*ܦܠܓܘ. st. cst. ܦܠܓܘܬ (A, *p. o.* al.; C ܦܠܓܘܬܐ) *f.* — dimidium Mc. 6 23. Luc. 19 8.

*ܦܠܝܓ (ptc. pass.) — divisus: *st. cst.* ܦܠܝܓ ܢܦܫܐ δίψυχος Jac. 1 8.

ܦܠܓܘܬܐ *f.* — discordia: ܦ' ܠܝܬ ܒܗ ܕܠܐ ἀδιάφορος Vit. Abrah. Qīdōn. ZDMG 56 255.

Ithpe. Pf. 3. *f.* ܐܬܦܠܓܬ, etc. Ptc. *f.* ܡܬܦܠܓܐ etc. — divisus, fissus est Job. 21 21. Mt. 27 51. Act. 2 3. Lit. Dam. I fol. 2ʳ.

Pa. ܦܠܓ, ܦܠܓ; etc. Impf. 3. ܢܦܠܓ. Imp. ܦܠܓ; c. suff. 3. *m.* ܦܠܓܗ Luc. 18 22B; etc. Ptc. act. ܡܦܠܓ; etc. — divisit (inter plures), distribuit, Gen. 49 27. Js. 9 3. 53 12. Jo. 3 2. Ps. 21 19. Sirac. 46 1. Mt. 27 35. Mc. 15 24. Luc. 15 12. 18 22. 22 17. 23 34.

*ܦܘܠܓ (פְּלוּג). Pl. (tant.?) ܦܘܠܓܢܐ. *m.* — divisio, separatio Hebr. 4 12 (μερισμοῦ).

Ithpa. Pf. 2. ܐܬܦܠܓܬ; etc. Impf. 3. ܬܬܦܠܓ Mc. 11 23 AC, ܢܬܦܠܓ B (cave pro *Ithpe.* habeas); etc. Ptc. ܡܬܦܠܓ, ܡܬܦܠܓܐ Jac. 1 6 *bis.* — a se ipso dissedit, dubitavit, ll. cc., Mt. 14 31. 21 21. 28 17. Mc. 11 23. Rom. 14 23. Hom. Ox. 9 68 20 (cit. Mt. 14 31).

ܦܠܛܝܐ (cf. Krauss. 2 446) Mt. 26 71 Ev. 181 A, ܦܠܛܝܐ Ev. 196 A; 'ܦ B, ܘ C. — πυλών, atrium, l. c.

---

*ܦܠܚ *Pe.* Impf. 3. ܢܦܠܘܚ; etc. Imp. pl. ܦܠܘܚܘ. Ptc. act. ܦܠܚ, ܦܠܚܝܢ; etc. — *1.* coluit *terram* Gen. 2 5. 15. 3 23. *2.* coluit *deum* Ex. 9 1. 13. 10 3. 7 sq. 11. 24. 26. Dt. 10 12. 20. 11 13. 16; al. *3.* *res* gessit, administravit Phil. 1 27 (πολιτεύεσθαι). *4.* militavit 2Tim. 2 4.

*ܦܠܚܐ (פָּלְחָא?). C. suff. ܦܠܚܗܘܢ. *m.* — functio: ܦ' ܗܘܐ ܠܗ ܕܡܚܫܒܬܐ similiter se habet cogitationum functio Vit. Sct. cod. ms.

*ܦܠܚܐ (פַּלָּח). C. suff. 3. *m.* ܦܠܚܗ 2Tim. 2 3 Lect. Pl. c. suff. 3. ܦܠܚܘܗܝ Mt. 22 7B; ܦܠܚܘܗܝ A, *p. o.* C. *m.* — miles, ll. cc. [Hom. Anecd. 188 24: loci foedissimi].

*ܦܠܘܚܐ (פְּלוּחָה,?); c. suff. 3. *m.* ܦܠܘܚܗ — miles 2Tim. 2 3 Ox. (Var. lect. ܦܠܚܗ).

ܦܘܠܚܢ Luc. 2 13BC, ܘ A. emph. ܬܐ—. C. suff. ܝܬ—, ܦܘܠܚܢܗܘܢ (Rom. 12 1). *f.* —

1. labor: ܥܡ ܦܠܚܢܝ οἱ σύνεργοί μου Phil. 4 3. *2.* cultus *dei* Rom. 12 1. *3.* milites Luc. 2 13 (στρατιά). Lit. Dam. III[v].

*ܦܠܚܢ (פָּלְחָן). Pl. ܦܠܚܢܐ. *m.* — opus, servitium Num. 4 47.

Ithpe. ܐܬܦܠܚ; etc. Ptc. ܡܬܦܠܚ; etc. — usus est, *a*) sequ. ܒ p. vel r. Job. 16 9 (χρῆσθαι). Hom. Anecd. 194 1 (leg. ܡܬܦܠܚܝܢ). 200 23 (vid. *ܦܠܚ). *b*) ܥܡ p. Joh. 4 9 (συγχρῆσθαι).

---

*ܦܠܛ [*Pe.* Imp. ܦܠܘܛ Ps. 142 9: leg. *Pa.* ܦܠܛ s. ܦܠܛ].

Pa. Imp. ܦܠܛ (vid. *Pe.*), pl. ܦܠܛܘ. — eliberavit Ps. 81 4. 142 9.

ܦܪܛܘܪܝܢ (cf. Krauss. 2 455 sq.) Mt. 27 27 Ev. 201 B. Joh. 19 9 B; ܦܪܛܘܪܝܢ, Joh. 18 33 A, cf. 19 9; Mc. 15 16 AB; ܦܪܛܘܪܝܢ Mt. l. c. Ev. 210 C. Joh. 18 33 C; ܦܪܛܘܪܝܢ Joh. ib. B; ܦܪܛܘܪܝܢ Mt. l. c. Ev. 210 B. Mc. l. l. C; ܦܪܛܘܪܝܢ Mt. 201 C, per ܒ scr. Joh. 19 9 C. ܠܦܪܛܘܪܝܢ (ܠ) Mt. 27 27 Ev. 201 A, cf. 210; ܠ itidem antecedit hisce formis: ܠܦܪܛܘܪܝܢ Joh. 18 28 Ev. 194 BC (*bis*), Ev. 196 B (priore loco); ܠܦܪܛܘܪܝܢ A; ܦ Ev. 196 B (altero loco); ܠܦܪܛܘܪܝܢ ib. C. — πραιτώριον, praetorium, ll. cc.

ܦܘܠܝܛܝܐ (πολιτεία) — pro πολίτευμα Phil. 3 20.

ܦܘܠܝܛܝܣ fort. πολιτεία(ς) S. F. 107 1 (in palimpsesti loco mutilato); πολιτεία (πολιτεῖαι) „strictior vitae ratio“ (cf. Du Cange 1194): ܐܣܝܡܘ ܠܟ ܦܘܠܝܛܝܣ mores asceticos tibi imposuerunt Vit. Sct. cod. ms.; ܐܬܦܩܕܘ ܒܗܝܢ ܘܥܠ . ܠ . ܦ ib.; ܐܣܝܡܘ ܠܗ ܦܘܠܝܛܝܣ ܐܚܪܢܝ ib.

---

*ܦܠܡ (cf. בלם, syr. ܒܠܡ). *ܦܠܡ (*qᵉṭāl*). emph. ܦܠܡܐ s. ܦܠܡܐ *pass.*, ܦܠܡܐ (Ev. 217 C). *m.* — stupor, ἔκστασις Mc. 16 8.

Pe. Ptc. pl. ܦܠܡܝܢ — stupuit (ἐξιστάναι) Act. 2 12.

Ithpe. Pf. pl. ܐܬܦܠܡܘ. Impf. ܬܬܦܠܡܘܢ. Ptc. pl. ܡܬܦܠܡܝܢ s. ܡܬܦܠܡܝܢ; per ܩ scr. Luc. 4 22 Ev. 283 C (ita scr. non etymologice, sed noto more). — perculsus est, stupuit ἐκπλήττεσθαι: Mt. 7 28. 13 54. 19 25. 22 33. Mc. 2 12. 6 2. 7 37; ἐξιστάναι: Luc. 2 47. 8 56. Act. 2 7; θαυμάζειν: Luc. 4 22. Vit. Anton. S. F. 104 15. Praeterquam Abrah. Qīdon. ZDMG 56 255 1. Hom. Anecd. 198 24. Lit. 695 14.

ܦܠܢ Mt. 26 18 AC, ܦܠܢ ib. B, Anecd., Lit. 696 4. 6. — quidam, ll. cc.

ܦܠܩܐ (cf. Krauss. 2 448 sq.), ita constanter BC; ܐ— Mt. 25 43 Ev. 167 A, ܦܘܠܩܐ Luc. 22 33 A. ܦܠܩܐ Mt. 25 39 Ev. 166 A *corr.* ܦܘܠܩܐ Mc. 6 17 A, al. [Interdum corrupte ܦܠܩܐ legitur]. — φυλακή, custodia = carcer (nonnisi sensu concreto; aliter ܡܛܪܬܐ) Mt. 18 30. 25 39. 43 sq. Mc. 6 17. 28. Luc. 3 20. 22 33. Joh. 3 24.

---

*ܦܠܫܬܝ. Pl. emph. ܦܠܫܬܝܐ. — N. pr. Philistaeus Am. 9 7. Jo. 3 4 (vid. Field. in loc.).

ܦܡ *pass.*, ܦܘܡ Luc. 21 15 Ev. 133 A; ܦܘܡ Js. 9 17. Luc. 21 15 Ev. 240 B. Rom. 3 19. emph. ܦܡܐ Mt. 12 34 A *cod.* BC. Rom. 10 10. Act. Adrian. fol. 2[r]. C. suff. ܦܘܡܗ, ܦܘܡܗ ZDMG 56 255 13; *f.* ܦܘܡܗ Gen. 8 11, al. 2. ܦܘܡܟ s. ܦܘܡܟ *pass.* 1. ܦܘܡܗ Job. 16 5. ZDMG 56 252 5, al. ܦܘܡܗ Hom. Anecd. 185 22. ܦܘܡܗܘܢ Ps. 16 10, ܦܘܡܗܘܢ Mt. 21 16 A *cod.* (? vid. not.). ܦܘܡܗܘܢ Col. 3 8. Pl. c. suff. 3. *m.* ܦܘܡܝܗܘܢ (vid. mox); ܦܘܡܝܗܘܢ Ps. 8 3; ܦܘܡܝܗܘܢ Eph. 4 29. *Monitum:* non casui videtur deberi, quod perraro in bonis libris, vel re vera fort. numquam per ܘ scripta invenitur haec vox (quam formam apud Iudaeos frequenter usitatam dialecti rationi repugnare tamen nemo sapiens contenderit), scil. ܦܘܡ Mt. 18 16 C, praeterquam tantummodo in libris palimpsestis, scil. ܦܘܡܗ Mt. 17 27 Anecd. et ܦܘܡܗܘܢ Jo. 1 5, quibus in locis legentis error adesse potest, denique ܦܘܡܗ in Lit. 704 8sq., libro Syrismis maxime abundante. Sed in cod. A omnes huius modi formae, sc. ܦܘܡܗ Mt. 12 34, ܦܘܡܗ Luc. 4 22, Joh. 20 1, ܦܘܡܗܘܢ Mt. 21 16, correctori debentur, iudice Lagardio. — m. — 1. os, ll. cc. et pass. V. et N. T. Hom. Ox. 954 16 a. f. Hom. Anecd. 180 19. 182 14. 206 1. Lit. 704 8 (cit. Ps. 50 17). 9 (cit. Ps. 70 8). 2. os *sepulcri* Joh. 20 1. 3. acies: ܣܝܦܐ ܕܬܪܝܢ ܦܘܡ(ܝ)ܢ μάχαιρα δίστομος Hebr. 4 12. Hom. Anecd. 176 15/16 (cit. Prov. 5 4).

ܦܡܦܘܠܝܐ (sic) N. pr. Παμφυλία Act. 2 10.

ܦܛܪ *Pe. a) tr.* ܦܛܪ Mt. 27 26 Ev. 210 A, *p. o. pass. b) intr.* ܦܛܪ Mt. 11 1 BC (A ܦܛ). 13 53 A (BC om.). Hom. Anecd. 202 14; ܦܛܪ Mt. 17 20, al. Impf. ܢܦܛܪ s. ܢܦܛܪ *pass.* 1. *id.*, ܢܦܛܪ Mt. 27 17 Anecd. Joh. 19 10 Ev. 198 A. 12 AC. Imp. ܦܛܪ Mt. 14 15, al. Ptc. act. ܦܛܪ Luc. 2 29 AB, al.; ܦܛܪ l. c. C, *et pass. al. f.* ܦܛܝܪܐ Luc. 13 12. — *1. tr.* absolvit, dimisit (ἀπολύειν) Mt. 1 19. 14 15. 22. 15 32. 39. 18 27 (cf. *Pa.*). 27 15. 17. 21. 26. Mc. 8 3. 9. Luc. 2 29. 8 38. 9 12. 14 4. Joh. 18 39. 19 10. 12. Act. 16 35; ἀπαλλάσσειν Hebr. 2 15. *2. intr.* a) solutus, liberatus est *alq. re* (ܡܢ) Luc. 13 12 (ἀπολύεσθαι ἀπό). b) discessit, μεταβαίνειν Mt. 8 34. 11 1. 17 20. Joh. 5 24 (= Hom. Anecd. 202 14). 7 3. 13 1 AC (cf. *Ithpe.*); μεταίρειν Mt. 13 53.

Ithpe. Impf. 3. ܢܬܦܛܪ, pl. ܢܬܦܛܪܘܢ. Imp. ܐܬܦܛܪ. Ptc. ܡܬܦܛܪ. — *1.* se convertit Ex. 16 10. Js. 60 5. Ps. 45 11. Vit. Sct. cod. ms. *2.* discessit Joh. 13 1 B (cf. *Pe.*). *3.* sublatus et translatus est Ps. 45 3.

Pa. 1. tr. obvium extat, ut opinor, Mt. 18 27 Anecd.: ܦܛܪ dimisit (si vere est traditum). Praeterquam quod nonnullae formae sub *Pe.* commemoratae huc referri possunt. Sed ܦܛܪ ܦܛܪܗ Mt. 15 23 A ex vers. Peš. assumptum est. *2. intr.* ptc. pl. *m.* ܡܦܛܪܝܢ. discessit (μεταβαίνειν) Luc. 10 7 (Peš. ܬܫܢܘܢ).

Aph. Ptc. act. pl. *m.* ܡܦܛܪܝܢ — transtulit, indidit Vit. Eulog. ZDMG 56 259 5. 10. (= gr. ἐκένουν).

ܦܘܢܕܩܝܐ (cf. Krauss. 2 428) Luc. 10 34 A, ܦܘܢܕܩܝܐ ZDMG 56 256 10. [ܦܘܢܕܩܝܐ Luc. B, ܦܘܢܕܩܝܐ C]. — πανδοχεῖον deversorium Luc. 10 34. Vit. Abrah. Qidon. ZDMG l. c.

*ܦܘܢܕܩܐ. emph. ܦܘܢܕܩܝܐ A, ܦܘܢܕܩܐ B [ܦܘܢܕܩܐ C] — cauponarius Luc. 10 35.

ܦܢܘܐܝܠ N. pr. Φανουηλ Luc. 2 36 [B ܦܢܘܠ].

ܦܢܛܘܣ A: Mt. 24 6 Ev. 160, Joh. 10 16, 20 9; *p. o.* al.; ܦܢܛܘܣ Joh. 3 14 Ev. 230 A, *p. o.* Luc. 24 44 BC. Joh. 20 9 B; 'ܒ C *pass.*, ܦܢܛܘܣ Luc. 24 26 B. — *1.* = πάντως, omnino, prorsus Luc. 4 23. *2.* Sequ. ܠ p. et ܕ c. impf.: δεῖ Mt. 17 10. 24 6. 26 54. Mc. 8 31. Luc. 19 5. 21 9. 24 26. 44. Joh. 3 7. 14. 10 16. 12 34. 20 9. Hom. Anecd. 184 1. [198 2]. 208 4.

ܦܢܛܘܣ N. pr. Πόντος Act. 2 9.

ܦܢܛܝܘܣ (A ܦܢܛܝܘܣ s. ܦܢ) N. pr. Πόντιος Pilatus Mt. 27 2. Luc. 3 1.

ܦܢܛܩܘܣܛܝ Πεντεκωστή Lect. 135 5. Act. 2 1 (et in praescripto).

ܦܢܝܩܐ (A; BC *p. o.*) N. pr. Phoenicia Mc. 7 26.

*ܦܢܘܣ (φανός; cf. Krauss. 2 465 sq.). Pl. ܦܢܣܝܢ A, ܦܢܣܝܢ BC. — lucerna, Joh. 18 3.

*ܦܢܩ. *ܡܦܢܩ (*Pa.* ptc. pass.). Pl. ܡܦܢܩܝܢ, ܡܦܢܩܝܢ (Luc. 7 25 C). emph. ܐ—, ܡܦܢܩܐ (Mt. 11 8 BC). — mollis *vestis* Mt. 11 8. Luc. 7 25.

ܦܢܘܩ (פִּנּוּק) *m.* — τρυφή Sirac. 18 32.

*ܦܣ. ܦܣܬܐ *f.* — tributum Rom. 13 7 (*bis*).

*ܦܣܪ *Pe.* Impf. 3. ܢܦܣܪ — damno affecit Mc. 8 36 B (ζημιοῦν).

*ܦܣܝܪ (ptc. pass.). emph. ܦܣܝܪܐ Mt. 25 30 Ev. 166 A *cod.*, B. [C ܦܣܠܐ; Ev. 95 AB ܦܣܝܪܐ, C ܦܣܝܠܐ; Anecd. ܦܣܝܪܐ] — inutilis (ἀχρεῖος) l. c.

Aph. Pf. 1. ܐܦܣܪܬ Phil. 3 8. Impf. 3. ܢܦܣܪ Mc. 8 36 Dam., ܢܦܣܪ ib. C (sic leg. pro ܢܦܣܪ) et A (sic leg. pro ܢܦܣܪ). — *1.* damno affecit (cf. *Pe.*) Mc. l. c. *2.* iacturam fecit *rei* (acc.) Phil. l. c. (ζημιοῦσθαι).

ܦܣܚܐ (ܦ̈ A *pass.*, e. g. Joh. 18 28 Ev. 196); ܦܨܚܐ A *pass.*, *p. o.* B: Luc. 22 11. 13. 15; ܦܨܚܐ constanter cod. C. — Πάσχα Mt. 26 2. 17 sqq., al. (vid. concord.). Lect. 80 1. 105 4. 124 1. 131 10. 132 10. 133 7.

ܦ̈ܣܛܝܩܝܣ (B), ܦ̈ܝܣܛܝܩܝܣ (A), ܦܣܛܝܩܝܣ (C) — pro πιστικῆς, pretiosa, Joh. 12 3.

ܦܣܬܠܝܢ[ܦ̈] — ψιάθιον Vit. Abrah. Qidon. ZDMG 56 256; cf. ib. n. 6. ܦܣܪ (leg. ܦܣܬܠܐ) ܦܣܬܠܐ ܚܕ ܘܦܫ ܐܦܣܪ ܩܕܡ ܐܢܫ ܠܐ ܢܣܒ Vit. Sct. cod. ms.

ܦܣܠ (cf. Idiot. p. 75. Aliter Barth, Wurzel-Unters. p. 38) *Pe.* ܦܣܠ; etc. Impf. pl. 2. ܬܦܣܠܘܢ. Ptc. act. pl. ܦܣܠܝܢ, ܦܣܠܝܢ (Luc. 18 9 C), ܦܣܠܝܢ (ib. B): ita reponendum pro 'ܦܣ). — reprobavit Ps. 77 59. Prov. 1 7. Job. 21 29. Mt. 21 42. Luc. 18 9.

ܦܣܝܠ (ptc. pass.) *pass.* emph. ܦܣܝܠܐ: ܦܣܠܐ Mt. 25 30 Ev. 166 C. Pl. ܦܣܝܠܝܢ — reprobatus, reprobandus, inutilis: ἀχρεῖος Mt. 25 30 C (cf. ܦܣܝܪ); ἀδόκιμος 1 Cor. 9 27. Tit. 1 16; pro βδέλυγμα Luc. 16 15 (cf. Peš.).

ܦܣܝܠܘ *f.* — nequitia, imbecillitas Hom. Anecd. 193 17.

Ithpe. ܐܬܦܣܠ. Impf. ܢܬܦܣܠ — reprobatus est Mc. 8 31. Hom. Anecd. 193 24.

*ܦܣܥ. ܦܣܥܬܐ (targ. פְּסִיעֲתָא, פ). Pl. c. suff. 1. [ܝ]ܦܣ̈ܥܬ. *f.* — passus Ps. 17 5 (*bis*).

*ܦܣܩ [ܦܣܩܬ Mc. 6 14 A: interpol.]. *Aph.* Impf. 1. ܐܦܣܩ, pl. 1. ܢܦܣܩ — dirupit Jer. 30 8. Hom. Anecd. 190 2 (cf. Ps. 2 3).

*ܦܣܩܝܐ (cf. Krauss. 2 472). Pl. ܦܣܩ̈ܝܢ Joh. 11 44 A, ܦܣܩܝܢ BCD. — φασκία, fascia, l. c.

ܦܣܩܝܢܐ (cf. Krauss. 2 450) — piscina Lit. 704 6, κολυμβήθρα Joh. 5 2. 4. 7. 9 7.

ܦܣܩܠ (cf. Nöld. p. 520), 2. ܦܣܩܠܬ (BC *p. o.*) — convenit, constituit c. alqo (ܥܡ, συμφωνεῖν) de re (ܥܠ) Mt. 20 2. 13. (Syn. ܫܘܐ *Aph.*).

ܡܦܣܩܠ (ptc. pass.). — constitutus Hom. Ox. 9 72 17 (sequ. ܥܡ p.).

[ܦܣܝܪܐ, ܦܣܝܪܐ: leg. ܦܣܝܪܐ etc.].

*ܦܥܠ. *ܦܥܘܠ (*qāṭīl*). emph. ܐ—. Pl. ܦܥܠܝܢ, ܐ—. — operarius Mt. 9 37 (Anecd. ܦܪܘܩܐ) 38. 10 10. 20 2. 8. Luc. 10 2. 7. 13 27.

ܦܦܐ Παππᾶς, patriarcha Alexandriae Act. Sct. ZDMG 56 257 sq. (*bis*); ܦܦ̈ܐ Lit. 696 4.

*ܦܨܚ. ܦܨܝܚܘ *f.* — hilaritas Rom. 12 8.

*ܦܨܐ. Ptc. pass. gr. ἀ— privativo reddendo inservit: ܦܨܐ ܡܢ ܡܘܡ ἄμωμος Hebr. 9 14 Lect. 120 (ܦܨܐ ib. 15); pl. 'ܦܨ sic ܦܨܐ Luc. 1 6 Anecd. 1 4. ܦܨܐ ܡܢ ܚܘܒܐ ἄμεμπτοι Luc. 1 6 ABC. 1 Thess. 3 13 (sic leg.). ܦܨܐ ܡܢ ܝܨܦܐ ἀμέριμνος Act. Adrian. fol. 1r, pl. ܦܨܝܢ ܡܢ ܝܨܦܐ (B ܦܨܐ) Mt. 28 14.

Pa. ܦܨܐ; etc. Imp. ܦܨܐ Mt. 6 13 A; ܦܨܝ BC; *f.* ܦܨܝ (Lit. Dam. I fol. 2v); pl. ܦܨܘ. Ptc. act. ܡܦܨܐ, pass. *id.* (Js. 10 14). — eripuit, eliberavit, ll. cc., Js. 42 22. 43 13. 60 16. Jer. 38 11. Ps. 55 14. 56 5. 81 4. ZDMG 56 251 10.

Ithpa. Pf. 3. *f.* ܐܬܦܨܝܬ. Impf. 3. ܢܬܦܨܐ. 1. ܐܬܦܨܐ. Imp. ܐܬܦܨܝ, ܐܬܦܨܐ. Ptc. ܡܬܦܨܐ — liberatus, servatus est, evasit Gen. 19 17. 19 sq. 22. Job. 21 10. 20. Jo. 2 32.

---

*ܦܩܐ. *ܦܩܝ; pl. ܦܩܝܢ — balbutiens Js. 35 6 (μογίλαλος).

ܦܩܕ *Pe.* ܦܩܕ [ܦܩܝܕ Luc. 7 16 B, vix recte]; etc. Impf. 2. ܬܦܩܘܕ. Imp. ܦܩܘܕ Mt. 27 64 A *corr.*, Anecd., ܦܩܕ Lit. 706 8. Ptc. act. ܦܩܕ Dt. 11 12. Inf. ܡܦܩܕ Gen. 49 33. — *1.* inspexit, lustravit, ἐπισκοπεῖν Dt. l. c., ἐπισκέπτεσθαι Mt. 25 36. 43. Luc. 7 16 (A ܣܥܪ). Lit. l. c.; visitavit *aegrotum* Hom. Anecd. 183 16, *captivum* ib. *2.* praescripsit (c. ܠ p.) Gen. 49 33. Mt. 27 64 (sec. A *corr.*, Anecd.). Ceterum significatus „iussit" *Pa.* tribuendus videtur.

*ܦܩܕܘܢ (פִּקָּדוֹן, cf. syr. ܦܘܩܕܢܐ, per ܪ scr.). C. suff. ܦܩܪܘܢܟܘܢ, ܦܩܕܘܢܟ. *m.* — *1.* visitatio, ἐπισκοπή Js. 10 3. Luc. 19 44 C (A om.; B perperam ܦܩܕܘܢܟܘܢ). *2.* depositum, παραθήκη 2 Tim. 1 12. 14.

[ܦܩܕܘܢܬܐ Prov. 9 6 Anecd.: leg. ܦܩܝܕܘܬܐ].

Ithpe. ܐܬܦܩܕ — iussum est, sequ. ܠ p., Jon. 2 11. Luc. 17 9. Hom. Ox. 953 17.

Pa. ܦܩܕ s. ܦܩܝܕ (Mc. 7 36 A; *p. o.* B *pass.*, e. g. Mt. 1 24); etc. Impf. 3. ܝܦܩܕ Luc. 8 31 A, *p. o.* C, ܝܦܩܝܕ B. Imp. ܦܩܕ Num. 5 1. Mt. 27 64 ABC (cf. *Pe.*). Ptc. act. ܡܦܩܕ (A: Luc. 4 36; Joh. 15 14; al.) s. ܡܦܩܝܕ (Dt. 12 28, al.); *f.* ܡܦܩܕܐ Hom. Anecd. 183 3, al. — iussit, ll. cc., Gen. 2 16. 3 11. 50 2. Num. 4 49. Dt. 10 13. Js. 10 6. Am. 9 9. Mt. 10 5. Mc. 1 44. Luc. 8 56; et saepissime V. et N. T. Praeterquam Lit. 695 16.

ܦܩܘܕ (A: Mc. 12 28. 31; cf. Mt. 22 36; Mc. 12 30), per ܪ scr. Joh. 12 49 A, *p. o.* *pass.* [ܦܩܝܕ Joh. 13 34 B]. (talm., targ., sam. פִּקּוּד). emph. ܦܩܘܕܐ A (Mt. 22 38, Mc. 12 29 sq.), *p. o.* *pass.* C. suff. ܦܩܘܕܗ; ܦܩܘܪܝ (Luc. 15 29 A); ܦܩܘܕܟ. Pl. ܦܩܘܕܝܢ 1 Thess. 4 2. Tit. 1 14. emph. ܦܩܘܕܝܐ Mt. 19 17 A, *p. o. al.* C. suff. 3. *m.* ܦܩܘܕܘܗܝ, ܦܩܘܕܝ Joh. 15 10 Ev. 186 A, ܦܩܘܕܝ ib. BC, Ev. 136 A, Luc. 1 6 BC. 1. ܦܩܘܕܝ (A: ܪ Joh. 14 15 Ev. 183, al.), ܦܩܘܕܝ *pass.* ܦܩܘܕܝܟܘܢ Hymn. Anecd. 113 22. *m.* — mandatum, praeceptum, iussus, ll. cc., Dt. 10 13. 11 1. 8. 13. 22. 27. 13 4. 18. Mt. 5 19. 22 40. Luc. 2 1 B. 18 20. Joh. 10 18. 12 49 sq. 13 34. 14 15. 21. 15 10. 12. Act. 16 24. Rom. 13 9. Eph. 2 15. 1 Thess. 4 16. Hebr. 7 18. Hymn. Anecd. 112 2 (sic leg.). Hom. Anecd. 208 4. 8. Lit. 696 10. Lit. Dam. I fol. 1r. 2r (ult.).

[ܦܩܝܕܐ Hymn. Anecd. 112 2: leg. ܦܩܘܕܐ (praecepta)].

Ithpa. Pf. ܐܬܦܩܕܬܘܢ — iussus est Luc. 17 10.

---

*ܦܩܝܚ (cf. Idiot. p. 76). ܦܩܝܚ, emph. ܐ—. Pl. *f.* ܦܩܝܚܢ (ܝ— Mt. 25 2 B, Ev. 95 C), ܦܩܝܚܬܐ. — prudens, φρόνιμος Mt. 7 24. 24 45. 25 2. 4. 9. Vit. Anton. S. F. 98 13. 100 8. 17; ἔμπειρος Act. Adrian. fol. 3v.

ܦܩܝܚܘ Prov. 1 2. emph. ܬܐ— 9 6 Lect. (Hinc corrig. Anecd.). *f.* — prudentia, φρόνησις, ll. cc.

[ܦܩܥ *Pe.* ܦܩܥܘ scissi sunt Luc. 23 44 A: interpol.].

---

*ܦܪܘܓ (cf. „Homon. Wurzeln" p. 54). Pl. ܦܪܘܓܝܢ Js. 10 14. C. suff. 3. *f.* ܦܪܘܓܝܗ Mt. 23 37 A, ܦܪܘܓܝܗ BC. *m.* — pullus *avis*, ll. cc.

ܦܪܓܠ (cf. Krauss. 2 477 sq.) Joh. 2 15 C, ܦܪܓܠ B; ܦܪܓܠ A. emph. ܦܪܓܠܐ 19 1 B. [ܦܪܓܠܐ C], ܦܪܓܠܐ A (*puncta recentia*). *m.* — φραγέλλιον, flagellum, ll. cc.

---

*ܦܪܕ. *Pe.* Ptc. act. *f.* ܦܪܕܐ — fugit Hom. Ox. 966 11.

ܦܪܕܠܐ (cf. Idiot. p. 111) — πάρδος pardus Js. 11 6 Anecd. (Lect. aliter).

ܦܪܕܝܣܐ Gen. 2 10. Jo. 2 3; ܦܪܕܝܣܐ Luc. 23 43 A, *p. o. pass.* ܦܪܕܝܣ Gen. 3 8. Semel ܦܪܕܝܣ Gen. 2 8. — ἡ παράδεισος, paradisus, ll. cc., Gen. 2 9. 10 (Lit.). 15 sq. 31 sqq. Hom. Anecd. 193 22. 203 6. 210 23. 211 5. 6. Apocr. Dam. fol. 1ᵛ. Lit. 704 16. Lit. Dam I fol. 2ᵛ.

ܦܪܙܠ (cf. Idiot. p. 76) 1 Reg. 1 11. Js. 60 17ᵇ. emph. ܦܪܙܠܐ *pass.*, ܦܪܙܠܐ Hom. Anecd. 174 3. *m.* — ferrum, ll. cc., Js. 60 17ᵃ. Hom. Anecd. 206 19. Hom. Ox. 9 61 10.

ܦܪܙܘܡܐ (cf. Krauss. 2 487) Ex. 28 4. Pl. ܦܪܙܘܡܝܢ Gen. 3 7. *m.* — περίζωμα, cingulum, praecinctorium Gen. l. c.; pro περιστήθιον (Theod. λόγιον) Ex. l. c.

---

*ܦܪܚ *Pe.* Impf. 3. pl. *m.* ܢܦܪܚܘܢ (sic!) Js. 11 14. Ptc. act. ܦܪܚ; etc. — volavit, l. c., Gen. 1 20. 6 19. 7 14. Js. 14 29. 60 8. Hom. Anecd. 187 8 (cit. Job. 9 26).

ܦܪܚܐ *f.* — avis Gen. 1 21. Pl. abs. ܦܪܚܝܢ 1 20. 6 20; emph. 7 3. 8. Alias st. emph. sg. ܦܪܚܬܐ (ܦܪܚܬܐ Luc. 13 19 A; syr. ܦܪܚܬܐ) sensu collect. usurpatur: Gen. 1 26. 28. 30. 2 20. 7 23. 8 1. 17. 9 2. Js. 35 7. Iungitur cum sg. *f.*: Gen. 2 19 (cf. Lit.: ܟܠܗ); Luc. 8 5 AC. 13 19; cum pl. *m.* Mt. 6 26. Luc. 8 5 B.

---

*ܦܪܛ. ܦܪܛܐ (ܦܪܛܐ) Mt. 17 20. Luc. 13 19. 17 6. emph. ܦܪܛܬܐ (targ. פִּרְטְתָא) Joh. 12 24 Ev. 168 A, *p. o.* al., ܦܪܛܐ Ev. 47 B; ܦܪܛܬܐ (vix recte) Ev. 168 C. *f.* — granum (κόκκος), ll. cc.

*ܦܪܛܐ (targ. פְּרִיטָא *m.*, sed samar. *nom. unit.* פְּרִיטָה, mišn. *id.* et פרוטה). Pl. ܦܪܛܐ. C. suff. ܦܪܛܝܗܘܢ. *m.* — numulus Joh. 2 14 sq.

ܦܪܛ *Pe.* (denom. videtur, sed cf. كسّر *changer une pièce de monnaie* Beaussier 589ᵇ, Rössler in Mitth. Sem. or. Spr. 1898, II, 73 15; 75 2.). Ptc. act. ܦܪܛܝܢ — pecuniam permutavit: ܗܠܝܢ ܕܦܪܛܝܢ ܦܪܛܐ οἱ χρεματισταί numularii Joh. 2 14 B (in C corrupte legitur).

*ܦܪܘܛ (*qāṭōl*). Pl. ܦܪܘܛܝܐ Mt. 21 12 A; *p. o.* C, Joh. 2 15 AC [B utroque loco corrupt.] — numularius (κολλυβιστής), ll. cc.

ܦܪܚ I (Temere graec. originis ducebat, praeeuntibus, ut videtur, librariis ignaris, B. Jacob ZDMG 55 140. 145. Syris hodiernis est ܦܪܚ, „to get light, to dawn“, unde ܦܪܚܐ et ܦܪܚܐ „light“, teste Macleanio, Dict. De levi notionis diversitate comparetur נור: نيار, אור *Hiph.* luxit *et* accendit; al.) *Pe.* Impf. 3. ܬܦܪܚ Js. 9 18ᵃ, ܬܦܪܚ v. ᵇ. Ptc. act. *f.* ܦܪܚܐ Js. 10 16. — arsit, incensus est, ll. cc.

*ܡܦܪܚ (ptc. pass. *Aph.*, an *Pa.?*). *f.* ܡܦܪܚܐ — incensus: ܫܠܗܒܝܬܐ ܡܦܪܚܐ ἀναπτομένη φλόξ Jo. 2 3.

---

*ܦܪܚ II. *ܦܪܝ (sg. *inusit.*; compares Num. 13 28, Phil. 4 17 c. textu graeco. Videatur etiam Dalman. Gramm. p. 111.). Pl. ܦܝܪܝܢ Mt. 3 8 A, al., ܦܝܪܝܢ Luc. 8 8 A, *p. o. pass.* ܦܪܝܢ Mt. 3 10 A. emph. ܦܪܝܐ *pass.*, ܦܪܝܐ Mt. 21 34 Ev. 154 B, ܦܪܝܢ Ev. 88 B. [ܦܝܪܐ Luc. 8 14 sq. A *corr.*]. C. suff. 3. *m.* ܦܪܝܗ Gen. 3 2, al.; ܦܪܝܗ— Jer. 38 12. Jo. 2 22. ܦܐܪܝܗ Hos. 14 6 (num re vera ita ܐ habet cod., multum dubito), ܦܪܝܗ Mt. 21 34 B. 3. *f.* ܦܝܪܝܗ Mt. 21 43 A, *p. o.* B, al., ܦܪܝܗ Dt. 11 17. Mt. l. c. C. Lit. 697 1. 704 1. 705 4. 1. ܦܪܝܢ Luc. 12 17 BC, ܦܐܪܝ A, ܦܪܝܢ Hom. Ox. 9 63 10. pl. ܦܪܝܗܘܢ Mt. 7 16, ܦܪܝܗܘܢ 21 41 Ev. 154 B. ܦܪܝܗܘܢ Joh. 15 16 AC (al.), ܦܪܝܗܘܢ ib. B. *m.* — fructus, ll. cc., Gen. 1 11 sq. 29. Ex. 10 12. 15. Num. 13 21. 27 sq. Js. 3 10. Mt. 3 8, et saepe al. Act. 2 30. 2 Tim. 2 6. Hom. Anecd. 183 7. Lit. 705 13. 706 12. 21. 707 12.

*ܦܪܝ (*Pe.* denom.). Ptc. act. ܦܪܝ — fructus produxit Col. 1 6.

ܦܪܘܓܝܐ N. pr. Φρυγία Act. 2 10.

ܦܪܗܣܝܐ (ܦܪܣܝܐ) — παῤῥησία Hebr. 10 19. 35; 'ܒܦ ܠܝ ܒܗ ܕܐܡܠܠ ἵνα ἐν αὐτῷ παῤῥησιάζωμαι Eph. 6 20. *Adverbialiter* 'ܒܦ παῤῥησίᾳ (ἐν, μετὰ π.) Joh. 7 4. 13. 26. 10 24. 11 14. 54. 16 25. 29. 18 20. Act. 2 29. Eph. 6 19. Col. 2 15. Hebr. 4 16. Act. Sct. ZDMG 56 257.

*ܦܪܘ *Pa.* Ptc. act. pl. ܡܦܪܘܢ — contrivit Luc. 6 1.

*ܦܪܘܪ. Pl. ܦܪܘܪܝܢ (A, *p. o.* BC). *m.* — mica Mc. 7 28.

ܦܪܟܣܝܣ — Πράξεις Lect. 131—134 *pass.* 'ܦ ܕܫܠܝܚܐ Hom. Anecd. 178 22. 'ܦ ܕ' Act. 2 1 (in praescripto). ['ܦ ܕܫܠܝܚܐ Lit. 701 21: syr.].

ܦܪܢܣ: vid. ܦܪܣ II.

ܦܪܣ I (פרש فرش). *ܦܪܣܐ (פְּרָס). emph. ܦܪܣܐ *pass.*, ܦܪܣܐ Ex. 28 4. C. suff. 3. *m.* ܦܪܣܗ Mt. 27 51 Ev. 212 A, cf. 204 A; 'ܦ Joh. 19 31 Ev. 206 B. *m.* — velum Ex. 26 31 sqq. 28 4. 36 24 (*bis*). Mt. 27 51. Luc. 23 45. Joh. 19 31. Hebr. 10 20.

*ܦܪܣ II (deriv. a ܦܘܪܣܐ πόρος). *ܦܘܪܣ s. *ܦܘܪܣ. Pl. ܦܘܪܣܝܢ *m.* — ratio Tit. 3 3.

ܦܪܢܣ (cf. Bernstein. apud P. Smith; G. Hoffmann Z. A. 11 239). Ptc. act. ܡܦܪܢܣ — administravit Hebr. 1 3 Lect. (Dam. ܡܛܥܢ, φέρων).

*ܦܪܢܣ. Pl. ܦܪܢܣܝܢ — curator (οἰκονόμος) Gal. 4 2.

*ܦܪܢܣܘ. emph. ܬܐ— *f.* — administratio (οἰκονομία) Eph. 1 10. Lit. Dam. I fol. 1ʳ. Vit. Sct. cod. ms. ܠܐܠܗܐ ܕܝ ܒܦܪܢܣܘܬܗ.

ܦܪܨ, ܦܪܨ Mt. 1 3 C, ܦܪܨ A *bis*. N. pr. — Φαρες Mt. 1 3. Luc. 3 33 BC. (Peš. ܦܪܨ).

*ܦܪܥ I (فرع. Cf. „Homon. Wurzeln“ p. 56 sq.). *Aph.* Ptc. act. ܡܦܪܥ — germinavit Luc. 21 30.

*ܦܪܥ II (فرع). *ܦܪܥ: ܦܪܥܐ ܕܡܣܐܬܐ ῥοπὴ ζυγοῦ Js. 40 15. Non displicet B. Jacobi coniectura ܦܪܥܐ ZDMG 55 139; cf. הכריע.

ܒܦܪܥ (targ. בִּפְרִיעַ, samar. *id.*, בפרי) A *pass.*, *p. o.* Dt. 11 17. Mt. 5 25 AC. 28 7 AC. 8 A. Mc. 9 38. Luc. 15 22. 18 8 AC. Joh. 11 29 AD. 31 AD; ܒܦܪܥ Mt. 28 7 B; ܠܦܪܥ Joh. 11 29 B. 20 4 B. [Hinc corrig. ܒܦܪܥ Joh. 11 29 C]; ܒܦܘܪܥ Joh. 20 4 A, *p. o.* Js. 9 1. 10 3. Jo. 3 4. Joh. 11 31 Dam. 1 Tim. 3 14; ܒܦܘܪܥ Mt. 5 25 B. Joh. 20 4 C; ܠܦܘܪܥ Luc. 14 21 B; ܠܦܘܪܥܢ Mt. 28 8 BC. Luc. 18 8 B. Joh. 11 31 B. — confestim, ll. cc.

*ܦܪܥ III (فرض). *ܦܘܪܥܢ. emph. ܦܘܪܥܢܘܬܐ. *f.* — remuneratio Hom. Anecd. 183 4.

Ithpe. Ptc. ܡܬܦܪܥ — retributionem accepit Hom. Anecd. 183 5 (locus tamen obscurior).

ܦܪܥܘܢ N. pr. Pharao Gen. 50 4. 7. Ex. *pass.* Dt. 11 3.

ܦܪܩ *Pe.* ܦܪܩ; etc. Impf. ܢܦܪܩ Mt. 27 43 Ev. 212 A, *p. o.* al. (Sic leg. Ps. 48 16 pro ܢܦܪܘܩ). Imp. ܦܪܘܩ. Ptc. act. ܦܪܩ s. ܦܪܩ; pass. pl. ܦܪܝܩܝܢ (Js. 35 9). — servavit, liberavit, ll. cc., Dt. 13 5. Js. 43 2. 14. 63 5. Jer. 38 11. Ps. 40 2. 13 27. Sap. 10 1. Luc. 24 21. Col. 1 13. Act. Philem. Anecd. 170 3. Lit. Dam. I fol. 1ᵛ. IIIʳ.

*ܦܪܩ (targ. פִּרְקָא). Pl. ܦܪܩܝܢ. *m.* — commissura (ἁρμός) Hebr. 4 12.

*ܦܪܘܩ. emph. ܦܪܘܩܐ. C. suff. 1. pl. ܦܪܘܩܢ. — salvator Hom. Anecd. 201 20. Lit. Dam. IIIʳ.

ܦܘܪܩܢ Mc. 10 45 BC, ܦܪܩܢ ib. A, Anecd. Hebr. 9 12. emph. ܦܘܪܩܢܐ s. ܦܪܩܢܐ. C. suff. ܦܘܪܩܢܟܘܢ Luc. 21 28 A (sed cf. adn.),

ܢܢ— C, ܦܘܪܩܢܢ B. *m.* — servatio, salus ll. cc., Js. 63 4. Luc. 2 38. Rom. 3 24. Eph. 1 7. 14. Col. 1 14. Hebr. 9 15. 11 35.

---

*ܦܪܫ I. *Pe.* ܦܪܫܬ(ܕ) Luc. 9 33 AB, ܐܦܪܫܬ(ܕ) C. Impf. 3. ܢܦܪܫ Jon. 1 3. Ptc. act. ܦܪܫ, etc. — *1.* se separavit Gen. 2 10 Lect. *2.* abiit, discessit Luc. 9 33 AB (cf. *Aph.*) Act. 2 10 (ἐπιδημεῖν). *3.* navem conscendit (gr. πλεῖν) Js. 42 10 (c. ܠ maris). Jon. 1 3. Act. Philem. S. F. 74 3 (leg. ܦܪܫܝܢ pro ܦܪܫܝܢ, non ܕܦܪܫܝܢ, ut in Stud. Sin. XI p. ܩܠܝ, 3 corrigebat editor. Gr. πλεόντων).

ܦܪܝܫ Luc. 7 36ᵃ A². v. ᵇB. 37 B. 18 10 BC, ܦܪܝܫܐ 18 10 A, *p. o.* 11 37, ܦܪܝܫܐ 7 36 A¹. emph. ܦܪܝܫܐ 7 36ᵇ sq. AC. 39. 18 11. Pl. [abs. ܦܪܝܫܝܢ etc. Mt. 22 5. 34. 41 B, al.: leg. st. emph. Cf. quae ad ܡܠܟܝܢ adnotavi]. emph. ܦܪܝܫܝܢ A: Mt. 9 34; 19 3, *pass., p. o. pass.* ܦܪܝܫܝܐ Mc. 8 11. ܦܪܝܫܐ Luc. 14 1 A *cod.* ܦܪܝܫܐ *pass.* BC (*e. g.* Mt. 3 7. 9 11). ܦܪܝܫܐ Mt. 5 20 AB. 9 11 A. 14 A, al. [ܦܪܝܫܝܐ Mt. 22 41 Ev. 158 A]. — Pharisaeus, *pass.* N. T. Praeterea Hom. Ox. 953 21.

*ܦܪܫܘ. *m.* — Vox incerta legitur in Act. Adrian. fol. 3ᵛ: ܦܪܫܘ ܗܝ ܠܐ ܐܝܬ ܕܐܙܠܐ pro οὐκ ἔστι γὰρ αὕτη ἡ πορεία ἐκείνη τῆς ὁδοῦ (ἣν κτέ).

*ܦܪܫܐ (targ. פָּרְשָׁתָא). Pl. ܦܪܫܬܐ Dt. 13 16 (Anecd. 165). C. suff. ܦܪܫܬܗܘܢ Mt. 22 9 B, ܦܪܫܬܗܘܢ C; ܦܪܫܬܗܘܢ A. *f.* — compitum (pro δίοδοι, διέξοδοι), sequ. ܕܐܘܪܚܬܐ, ll. cc.

*ܦܪܫܘ (targ. פָּרְשׁוּתָא). C. suff. 3. *f.* ܦܪܫܘܬܗ. *f.* — *id.* Dt. 13 16 Lect.

Ithpe. Pf. pl. 1. ܐܬܦܪܫܢܢ. Impf. pl. ܢܬܦܪܫܘܢ. Ptc. ܡܬܦܪܫ — *1.* se separavit Lit. 695 15. 704 23. *2.* separatus est (nisi fort. *Ithpa.*) Eph. 1 11.

Pa. Impf. ܢܦܪܫ. Ptc. act. ܡܦܪܫ s. ܡܦܪܫ. Pass. ܡܦܪܫ Gen. 2 10 Lit., ܡܦܪܫ Joh. 20 7. Rom. 1 1. — *1.* separavit, c. acc., Mt. 19 6; c. acc. et ܡܢ Mt. 25 32; acc. et ܡܢ ܒܝܬ 13 49; sequ. ܒܝܢ(ܘ)— ܒܝܢ etc. (vid. ܒܝܢ) Gen. 1 6. 14. 18. Ex. 9 4. 11 7. *2.* excommunicavit Luc. 6 22. *Ptc. pass.:* separatus, ll. cc.

Aph. ܐܦܪܫ; etc. — *1.* separavit Gen. 14. 7. Ex. 19 12. *2.* abiit, discessit Luc. 9 33 C? (cf. *Pe.*).

ܐܦܪܫܘ (inf.). C. suff. ܐܦܪܫܘܬܗܘܢ. *f.* — *1.* separatio *nubium* Anecd. (pars lat.) 210 (locus obscurior). *2.* discrimen Ex. 8 23. Rom. 3 22. Hebr. 5 14. ܕܐܦܪܫܘ, διάφορος diversus Rom. 12 6.

---

*ܦܪܫ II. *ܦܪܫ. pl. ܦܪܫܝܢ; c. suff. 3. *m.* ܦܪܫܘܗܝ (Ex. 15 19). — eques l. c., Gen. 50 9. Jo. 2 4.

*ܦܪܫܐ. pl. ܦܪܫܝܢ — eques (ἀναβάτης) Ex. 15 4.

ܦܪܬ (פְּרָת. Cf. فُرات) N. pr. Euphrates fluvius Gen. 2 14. Dt. 11 24. Lit. 704 22.

[ܦܪܬܘܬܐ micae Mt. 15 27 A: pericopa ex vers. Peš. assumpta].

---

*ܦܪܬܝܐ, pl. abs. ܦܪܬܝܐܝܢ (?) — Πάρθοι Act. 2 9.

ܦܪܬܘܠܡܘܣ N. pr.: vid. ܬܠܡܝ.

ܦܫܛ *Pe.* ܦܫܛ Mt. 8 3 A, *p. o. pass.*; etc. Impf. ܢܦܫܛ; 2. ܬܦܫܛ (Joh. 21 18 A); etc. Imp. ܦܫܘܛ. Ptc. act. ܦܫܛ. — *1.* extendit *manum* Gen. 3 22. 8 9. 19 10. 22 10. Ex. 9 22 sq. 29. 33. 10 12 sq. 21 sq. 3 Reg. 8 22. Js. 11 15. Ps. 43 21. Mt. 8 3. 14 31. 26 51. Mc. 1 41. 3 5. Luc. 5 13. Joh. 21 18. Hom. Ox. 968 15. Lit. 708 18. Lit. Dam. I fol. 2ʳ; *pedes* Gen. 49 33. Vit. Anton. S. F. 90 5 (leg. ܦܫܛ); *gladium* Sirac. 46 2. *2.* pandit *viam* (ἁπλοῦν) Job. 22 4.

ܦܫܝܛ. pl. ܦܫܝܛܝܢ — simplex, sincerus Lit. 708 10.

[ܦܫܛܐ Mt. 25 26 Ev. 165 B: leg. ܦܫܘܫܐ].

ܦܫܫ. Pl. ܦܫܫܘ Hymn. Lect. 136 2. Impf. 2. ܬܦܫܫ Dt. 13 14. Imp. ܦܫܫ Joh. 7 52 (C om.); pl. ܦܫܫܘ Luc. 24 39(A). — palpavit, investigavit, ll. cc., Joh. 5 39.

*ܦܫܪ. ܦܫܝܪ — clarus Js. 35 6.

ܦܫܝܪܐܝܬ *adv.* — clare Hom. Anecd. [197 24: ita supplendum videtur]. 198 4.

Pa. Ptc. act. ܡܦܫܪ — interpretatus est Hom. Anecd. 206 21.

*ܦܘܫܪ (*qiṭṭūl;* pl. abstr.). C. suff. ܦܘܫܪܝܗ. *m.* — interpretatio Hom. Anecd. 209 3.

*ܦܬܐ. ܦܬܐ — lātus Mt. 7 13 (BC *p. o.*).

*ܦܬܝ (ܦܬܝܐ, nisi fort. ܦܬܝܐ). emph. ܦܬܝܐ Eph. 3 18. C. suff. 3. *f.* ܦܬܝܗ Gen. 6 15. *m.* — latitudo, ll. cc.

Ithpa. ܐܬܦܬܝ Lit. Dam. I fol. 2v. Impf. 3. ܬܬܦܬܐ Dt. 11 16. — dilatatus est *os* Lit., *cor* Dt., l. c.

Aph. Impf. 3. ܢܦܬܐ Dt. 12 20. Ptc. act. pl. *m.* ܡܦܬܝܢ Mt. 23 5 B, *p. o.* A, ܡܦܬܝܢ C. — dilatavit, ll. cc.

[ܦܬܓܡܐ responsum Mt. 15 23: vid. ܦܬܓ].

ܦܬܚ *Pe.* ܦܬܚ Luc. 24 45 A, ܦ Joh. 9 21 A; etc. Impf. 2. ܬܦܬܚ Js. 42 7. pl. 3. *m.* ܢܦܬܚܘܢ Luc. 12 36 A, ܢܦܬܚܘܢ C. Imp. ܦܬܚ A: Mt. 17 27, 25 11 Ev. 96; *p. o.* al., ܦܬܚ Mt. 17 27 B; 25 11 Ev. 164 B. Ptc. act. ܦܬܚ s. ܦܬܚ (Joh. 10 3 A *corr.*). Pass. pl. ܦܬܝܚܝܢ, ܦܬܝܚܝܢ (Mc. 1 10 BC, al.). — aperuit, ll. cc., Gen. 8 6. Dt. 11 6. Js. 50 5. 53 7. Mt. 5 2. Luc. 2 23. 4 17. 13 25. Alibi. Hom. Ox. 957 7. Lit. 704 8 (cit. Ps. 50 17). 708 4. Lit. Dam. I fol. 2v. Lect. ZDMG 56 252 5 (cit. Ps. l. c.).

*ܡܦܬܚ (cf. Idiot. p. 77). pl. ܡܦܬܚܝܐ (A) *m.* — clavis Mt. 16 19. Hom. Ox. 963 11. 72 11. 16.

Ithpe. Pf. 3. *f.* ܐܬܦܬܚܬ; etc. Impf. pl. ܢܬܦܬܚܘܢ; etc. Imp. ܐܬܦܬܚ. Ptc. ܡܬܦܬܚ (Mt. 7 8 Ev. 135 A, cf. v. 7 A); etc. — apertus est, ll. cc., Gen. 3 5. 7. 7 11. Js. 35 5 sq. 60 11. Mt. 3 16. 9 29. 20 33. 27 52. Act. 16 26. Alibi. Hom. Anecd. 198 3 (cit. Job. 38 17). Hom. Ox. 969 9.

Pa. Impf. 3. ܢܦܬܚ Joh. 10 21 A, *p. voc. o.* BC; etc. Ptc. pass. ܡܦܬܚܝܢ Joh. 1 51 Ev. 138 B. — *1.* aperuit Joh. 1 51. 10 21. *2.* solvit (vinculis), liberavit Joh. 18 39.

Ithpa. ܐܬܦܬܚ Luc. 1 64; pl. ܘ—, ܐܬܦܬܚܘ Mc. 7 35 B. — apertus, patefactus est, ll. cc.

ܦܬܚ N. pr. Jephtah Hebr. 11 32. Fort. leg. ܝܦܬܚ sec. Peš.

ܦܬܘܪ Ps. 22 5. Act. 16 34 (cod. ms.). emph. ܦܬܘܪܐ Luc. 22 21 A, *p. o.* BC, al. C. suff. 3. *m.* ܦܬܘܪܗ (Luc. 16 21 A); etc. Pl. ܦܬܘܪܝܢ (Mc. 7 28 A). [ܐ— Mt. 5 27 A: interpol.]. C. suff. ܦܬܘܪܝܗܘܢ. *m.* — mensa, ll. cc., Ex. 26 35. Prov. 9 2. Mt. 21 12. Luc. 16 21. 22 30. Joh. 2 15. Act. 16 34.

ܪ

ܪܓܐ *Pe.* ܪܓܐ; etc. 1. ܪܓܝܬ, ܪܓܝܬ Mt. 17 5 A, *p. voc. o.* B: ib.; 3 17, Mc. 1 11, al. Impf. 2. ܬܪܓܐ. Ptc. act. ܪܓܐ s. ܪܓܝ (Mt. 21 30 A, et pass. al.). *f.* c. pron. pers. ܪܓܝܐ Mc. 6 25 C. pl. *m.* ܪܓܝܢ (Mt. 26 15 Ev. 170 A), *p. o. pass.* — *1.* propenso fuit animo *in alqm*, delectatus est, c. ܒ: Ps. 84 2. Mt. 3 17. 17 5. 27 43. Mc. 1 11. Luc. 3 22. 1 Cor. 10 5. Vit. Sct. cod. ms. *2.* assensus est Prov. 1 10 (abs.). *3.* petiit, optavit, voluit, sequ. acc. r. vel enuntiato subiuncto (ܕ c. impf.): Ex. 8 32.

92. 10 3 sq. Js. 95. 42 21. Jon. 114. Mt. 119. 17 12. Alibi. Hom. Ox. 95 311 (cit. Mt. 23 4). 72 2 sq. Sequ. impf. (ܕ om.) Mt. 20 14 AB. 26 15 Ev. 175 B. Mc. 10 43 B. 44 C. Luc. 18 13 A. Sequ. ptc. Mt. 26 15 C. Hom. Ox. 95 613. Sequ. ܕܠܡ p.: συνθέλειν Dt. 13 8.

ܨܒܝ (ptc. pass.), *f.* ܨܒܝܐ. — placens Lit. 706 22. ܨܒܝ ܠܝ ܕ ἔδοξε μοι animo proposui Luc. 1 3.

ܨܒܝܢ, Mt. 18 14, al. emph. ܨܒܝܢܐ, ܨܒܝܢܐ, Luc. 10 21 Ev. 114 A *corr.* (?). C. suff. ܨܒܝܢܗ; etc. *m.* — *1.* propensio, beneplacitum, εὐδοκία: Sirac. 18 31. Luc. 2 14. 10 21. Rom. 10 1. Lit. 704 8 (cit. Luc. 2 14). 706 22. 708 13, alibi. *2.* voluntas Ps. 142 10. Job. 21 21. Mt. 6 10. 18 14. 21 31. Joh. 1 13. 6 38. 2 Petr. 3 5. Rom. 12 2. Col. 1 1. 9; et saepe al. [Hom. Anecd. 177 12]. ܡܢ ܨܒܝܢܗ sua sponte Lit. Dam. III[v], cf. Vit. Abrah. Qīdōn. ZDMG 56 256 4/5; ܕܨܒܝܢܗ Lit. Dam. I fol. 1[v] (Cf. Lagard. Mitth. 4 140). ܕܨܒܝܢܐ [ܠܐ] καὶ μὴ θέλων Vit. Anton. Stud. Sin. 11 148 15 (cf. Migne, P. Gr. 26 904 B).

ܨܒܐܘܬ N. pr. Zebaoth Js. 8 18. 9 7. 10 16. 33. 44 6. ܨܒܐܘܬ 1 Reg. 1 11.

ܨܒܝܐ: vid. ܨܒܝܐ.

---

*ܨܒܥ I. *ܐܨܒܥ. C. suff. ܐܨܒܥܝ Joh. 8 6 A; ܐܨܒܥܟ, ܨܒܥܟ (Joh. 20 27 A); etc. ܐܨܒܥܗܘܢ Mt. 23 4 C, cett. ܐܨܒܥܬܗܘܢ (A[2]). Pl. c. suff. 3. *m.* ܐܨܒܥܬܗ. *f.* — digitus, ll. cc., Mc. 7 33. Luc. 16 24. Joh. 20 25. Hom. Ox. 95 310. Vit. Sct. cod. ms.

*ܐܨܒܥܐ. C. suff. ܐܨܒܥܬܗܘܢ Mt. 23 4 B. *f.* — *id.*, l. c. Hom. Ox. 95 310 (perperam punctis pl. instructum).

---

*ܨܒܥ II. *Pe.* Impf. 3. ܢܨܒܥ Luc. 3 16 et 16 24 A *corr.* (cett. *Aph.*). Ptc. act. ܨܒܥ Mt. 26 23 A, *p. o.* B, ܨܒܥ C. — intinxit, ll. cc.

ܡܨܛܒܥ A: Mc. 1 4, Luc. 3 3; *p. o.* BC; ܡܨܛܒܥܐ Hom. Anecd. 201 2. emph. ܡܨܛܒܥܘܬܐ A: Mc. 10 38 sq., Luc. 3 3 *corr.*; *p. voc. o. pass.* Per ܣ scr. Lect. 80 4. ܡܨܛܒܥܘܬܐ Luc. 20 4 A. C. suff. ܡܨܛܒܥܘܬܗ *pass.*, ܡܨܛܒܥܘܬܗ Luc. 20 4 Dam. Pl. abs. ܡܨܛܒܥܢ Hebr. 6 2. *f.* — baptisma, ll. cc., Mt. 21 25. Mc. 11 30. Luc. 20 4. Rom. 6 4. Col. 2 12. Apocr. Dam. fol. 1[r]. Vit. Sct. cod. ms. (*bis.*)

Ithpe. ܐܨܛܒܥ (A: Mt. 3 16, al.), ܐܨܛܒܥ Mt. 3 16 B; ܐܣܛܒܥ ib. C. Luc. 3 21 C. Act. 16 33 (Lit.). Pl. ܐܨܛܒܥܘ; etc. Impf. 3. ܢܨܛܒܥ Mt. 3 13 AB, per ܣ scr. C; etc. Pl. ܢܣܛܒܥܘܢ Mt. 3 7 C. Luc. 3 12 C (cett. ܨ); etc. Ptc. ܡܨܛܒܥ s. ܡܨܛܒܥ (Mc. 10 38 A); etc. ܡܣܛܒܥܝܢ Mt. 3 6 Ev. 261 C. — baptizatus est, ll. cc., Mt. 3 7. 14. Mc. 1 9. 10 38 sq. Luc. 3 21. 7 29. Joh. 3 23. Rom. 6 3. 1 Cor. 10 2. Gal. 3 27. Hymn. Anecd. 111 26.

Pa. Impf. 3. ܢܨܒܥ Mt. 26 23 C (vix recte, cf. *Pe.*). Ptc. act. ܡܨܒܥ Lit. 709 5 — intinxit ll. cc. [ܡܨܒܥ „baptizat" Joh. 10 40 A: de punctis erravit librarius].

Aph. ܐܨܒܥ Act. 1 5; etc. Impf. ܢܨܒܥ; etc. Imp. pl. ܐܨܒܥܘ Mt. 28 19 A, *p. o.* BC. Ptc. act. ܡܨܒܥ, ܡܨܒܥ, ܡܨܒܥ BC *pass.* — baptizavit, ll. cc., Mc. 1 8. Luc. 3 16. Joh. 1 25 sq. 28. 31. 33. 3 22 sq. 26. 10 40. Apocr. Dam. fol. 1[r]. — Cf. ܐܨܒܥ.

ܡܨܒܥܢ Hymn. Anecd. 112 7. emph. ܡܨܒܥܢܐ (per ܣ scr. Lit. 708 16). — baptista, ll. cc., Mt. 3 1. 11 11. 14 2. 16 14 B. Mc. 6 24 sq. 8 28 AB. Luc. 7 20. Cf. ܡܥܡܕܢܐ.

ܨܕܘܩ (ܨ A) N. pr. Σαδωκ (Peš. ܨܕܘܩ) Mt. 1 14.

---

*ܨܕܩ. ܨܕܩ Mt. 3 15 A, *p. o. pass.*, ܙܕܩ *pass.* [ܙܕܝܩ Mt. 21 32 A]. emph. ܨܕܩܐ. C. suff. ܨܕܩܟ, ܙܕܩܟ Ps. 118 12. ZDMG 56, 251 2. 4. ܨܕܩܗܘܢ, ܙܕܩܗܘܢ Mt. 6 1 B, Ev. 134 C. Pl. c. suff. 3. *m.* ܨܕܩܘܗܝ, ܙܕܩܘܗܝ Luc. 1 6 C, ܙܕܩܘܗܝ B. *m.* — *1.* iustitia, ll. cc., Gen. 18 19. Dt. 10 13. 11 1. Js. 11 5. 10 23. 42 6. 60 17. 61 3. 8. 11. 63 1. Jo. 2 23. Ps. 44 5. 49 6. 142 11. Sirac. 45 26. Mt. 5 6. 10. 20. 6 4.

Joh. 7 24. 16 8. 10. Rom. 4 3. 5. 9. Gal. 3 6. … δικαίως Tit. 2 12. *2.* eleemosyna Mt. 6 2 sqq. Luc. 12 33. *3.* Pl. δικαιώματα Dt. 10 13. 11 1. Luc. 1 6.

[… Gen. 19 19: leg. … sec. LXX]. … (A: Mc. 6 20 al.), *p. o. pass.* … A Mt. 20 4. 7. emph. …. Pl. …; emph. …. — iustus Gen. 6 9. Ex. 9 27. Js. 3 10. Eccl. 7 21. Mt. 5 45. Luc. 1 6, et persaepe al. V. et N. T. Lit. Dam. fol. 2v.

*…. Pl. [… Mt. 22 34 B, … C: leg. … vel …, st. emph.]. emph. … Mt. 22 34 A, cf. v. 23 A; … Mt. 3 7 BC, A …. — Sadducaeus, ll. cc.

Pa. Impf. 3. … s. … (Luc. 10 29 A). Imp. pl. [..]… Ps. 81 3. Ptc. act. … et … (*pass.*); etc. Pass. …, … (Luc. 18 14 A), … (ib. B). — iustificavit, ll. cc., Js. 42 21. 50 8. 53 11. Rom. 3 26. 4 5. Gal. 2 16.

Ithpa. …; etc. Impf. 2. … (Mt. 12 37 A); etc. Ptc. …; etc. — iustificatus est Js. 43 9. Mt. 12 37. Rom. 3 20. 24. 28. 4 2. 5 1. 9. 6 7. Gal. 2 16. 3 24.

---

*ܨܗܐ *Pe.* Pf. 1. … Mt. 25 35 Ev. 129 A, *p. voc. o.* al. Impf. 3. [..]… Joh. 6 35 Anecd. Ptc. … Joh. 4 13 sq. A, al., … BC (*pass.*); etc. — sitivit, ll. cc., Js. 35 1. Mt. 25 35. 37. 44. Joh. 6 35. 7 37. 19 28. Rom. 12 20.

… s. … (v. *Pe.*) *pass.* [… Mt. 25 37 Ev. 129 B. 44 Ev. 167 B: lectio contaminata ex … et …]. *f.* … Js. 53 2. Js. 41 5. emph. … Js. 35 6. pl. *m.* … Mt. 5 6. emph. … Job. 22 7. — *1.* sitiens, ll. cc. (*pass.*). *2.* arida *terra* Js. 35 6. 53 2.

… (cf. Merx. Gloss. p. 266) Am. 8 11. emph. … Js. 44 3. Joh. 19 28 Dam. C. suff. 1. … Joh. ib. A, *p. voc. o.* al. *f.* — sitis, ll. cc., Ps. 68 22.

---

*…. … (cf. „Homon. Wurzeln" p. 57). *m.* — scopus (σκόπος) Job. 16 12.

*ܨܝܕ *Pe.* Pf. *a)* … *pass.*; … Mt. 8 15. Mc. 6 17. 9 26 AB. Luc. 8 54 B. C. suff. 3. *m.* … Mt. 14 31. Luc. 14 4. *b)* … (Possis etiam *Pa.* conicere. Quod mihi tamen minime arridet) Mt. 9 25 C. 14 3. 18 28 C. Mc. 9 26 C. Luc. 5 9 BC. 8 54 C. Joh. 8 20 B. 3. *f.* …. 1. … Js. 42 6. Pl. … (A *pass.*), … (Mt. 22 6 B, al.); *f.* …. 2. *m.* … Mt. 26 55 A (*p. o.* al.), … l. c. C. Impf. 3. …; etc. Pl. *a)* … A: Mt. 26 4, Joh. 10 39; *p. o.* al. *b)* … BC: Mt. Joh. ll. cc. et Joh. 7 44. … 7 44 D. 2. *m.* *a)* … Mt. 26 55 A. *b)* … Joh. 20 23 A, *p. o.* B. … Mt. 26 55 C. [… ib. B, forma contaminata ex *a)* et *b)*]. 1. …. Imp. pl. …, … (Mt. 26 48 C). Ptc. act. … Luc. 16 8 C, … ib. A, *p. o.* B, al.; … Mc. 16 8 BC, al. [Lit. 704 15 leg. …]. … ib. Ev. 217 A. Pl. …, … (Luc. 4 42), … (1 Cor. 15 2, al.). Pass. …; *f.* … Luc. 24 16 A, … BC. — *1.* apprehendit, c. acc. Ex. 9 2. Js. 10 29. Ps. 87 18. Job. 17 8. 21 6. 17. Mt. 14 3. 31. 18 28. 22 6. 26 4. 48. 50. 55. 57. 28 9. Mc. 6 17. 16 8. Luc. 5 9. 8 37. 14 4. Joh. 7 44. 8 20. 10 39. 18 12. Act. 16 19. Hom. Ox. 9 64 17. Lit. Dam. I fol. 2r. Sequ. … r. Hebr. 4 14, cf. 10 23. Sequ. acc. p. et … apprehendit illum manu eius Js. 42 6; sequ. … apprehendit manum eius Gen. 19 16. Mt. 8 15 B. 9 25 sq. Luc. 8 54; sed … Mt. 8 15 C. Cf. etiam …. *2.* cepit, (uxorem) duxit Hom. Anecd. 176 15. *3.* valuit (ἐπικρατεῖν!) Gen. 7 18 sq. *4.* bene tenuit Job. 17 9. Joh. 20 23. 1 Cor. 15 2. 2 Cor. 6 10. Phil. 1 7. Hebr. 10 23. *5.* retinuit, cohibuit Luc. 4 42. Cf. … πάντα ἐγκρατεύεται 1 Cor. 9 25, similiterque … ὑποπιάζω (de quo verbo Blass. Gramm.[2] p. 22. 59 egit) ib. v. 27. *6.* continuit, clausit Dt. 11 17. Jon. 2 7. Luc. 24 16. *7.* habuit *alqm tamquam* (…): ἔχειν τινὰ ὡς Mt. 21 26.

ܐܚܝܕ ܟܠ παντοκράτωρ Am. 9 5 sq. Lit. 704 12. Cf. ܐܚܝܕ.

ܨܝܕ (*qᵉṭāl*). C. suff. 3. *m.* ܨܝܕܗ Hebr. 2 14 Lect. 118, ܨܝܕܗ ib. Lect. 14. Hymn. Anecd. 205 23 (cf. ZDMG 53 708). *m.* — robur, potestas, ll. cc.

Ithpe. ܐܬܐܚܕ, 3. *f.* ܐܬܐܚܕܬ Joh. 8 3 sq. A; etc. Impf. ܢܬܐܚܕ Act. 2 24; etc. Ptc. ܡܬܐܚܕ, ܡܬܐܚܕ Joh. 5 4 C. — *1.* prehensus est Joh. 8 3 sq. Act. Philem. S. F. 74 5 (*somno*, gr. κατέχεσθαι). Joh. 5 4 (*malo*). Lit. Dam. I fol. 1ᵛ (*timore*). *2.* retentus, cohibitus est Gen. 8 2. Act. 2 24. *3.* Pro κρατεῖσθαι = servatus est Joh. 20 23.

ܨܘܚ *Pe.* ܨܘܚ Luc. 8 28 A. Pl. ܨܘܚܘ Joh. 19 12 A; sed ܨܘܚܘ Mt. 8 29 B. Joh. 18 39 B. 19 6 B, Ev. 198 C (si recte se habet, = *צְוַח). Ptc. act. ܨܘܚ Js. 40 3 Lect. 88. — clamavit, ll. cc.

ܨܘܚܐ (*צְוָחָא, ܨܘܚܬܐ; samar. צבעתא) Mt. 25 6 Ev. 164 A, ܨܘܚܐ Luc. 1 42 A; *p. o.* al. emph. ܨܘܚܬܐ. C. suff. ܨܘܚܬܟ, etc. *f.* — clamor, ll. cc., Gen. 18 20 sq. 19 13. Jon. 1 2. 2 3. Ps. 101 2. Job. 16 18. Eph. 4 31. Hebr. 5 7.

Pa. ܨܘܚ A: Mc. 9 23, Luc. 9 38 (*p. o.* Mc. C, Luc. BC). 3. *f.* ܨܘܚܬ Mc. 9 25 (*p. voc. o.* BC). Pl. ܨܘܚܘ Joh. 18 39, ܨܘܚܘ Mt. 8 29. Joh. 19 6 Ev. 198 (*p. o.* C, 19 12 BC). — clamavit, ll. cc.

Aph. ܐܨܘܚ A: Mt. 27 46 Ev. 203; v. 50; al., *p. o.* BC ll. cc., al. ܐܨܘܚ Mt. 27 46 Ev. 212 A, Luc. 4 33 C; al. 3. *f.* ܐܨܘܚܬ; etc. pl. ܐܨܘܚܘ, ܐܨܘܚܘ Mt. 14 26 C. Impf. 1. ܐܨܘܚ, ܐܨܘܚ Js. 40 6 Lect. 38; etc. Imp. ܐܨܘܚ; etc. [Js. 15 2 leg. ܐܨܘܚܘ]. Ptc. act. *a)* ܡܨܘܚ Mc. 1 3 A, ܡܨܘܚ Luc. 3 4 A; *p. o.* saepius; ܡܨܘܚ Hymn. Anecd. 111 15. 18 (sic leg.). *b)* ܡܨܘܚ (cf. מַצְוְחִין apud Dalm., Gramm. p. 264 6) A: Luc. 8 8, 9 39, 18 39; *p. o.* BC ll. cc. *f.* *a)* ܡܨܘܚܐ Act. 16 17. *b)* ܡܨܘܚܐ Gal. 4 6. Pl. *m.* *a)* ܡܨܘܚܝܢ Mt. 27 23 AC, Ev. 210 B. Luc. 4 41; al. *b)* ܡܨܘܚܝܢ Jon. 1 5. Mt. 9 27. 20 30 sq. Hom. Ox. 9 67 20; al. — clamorem sustulit, ll. cc., Js. 15 4 sq. 40 3 (Lect. 37). 6. 44 5. Jo. 1 14. 19. 3 16. Jon. 1 14. 2 3. 3 8. Ps. 3 5. 76 2. 87 2. Mt. 3 3. 14 30. 21 9. 15. 27 23. Luc. 1 42. 18 7. 38. 19 40. 23 46. Joh. 7 28. 37. 11 43. 12 13. Hom. Ox. 9 68 13. Act. Philem. Anecd. 169 16. Act. Andr. et Matth. fol. 2ʳ. Hymn. Anecd. 111 6. 9. 13. Lit. 697 8 (cit. Ps. 64 14) = 706 18. Lit. Dam. I fol. 1ʳ. ᵛ. 2ʳ.

---

*ܨܗܠ (cf. „Homon. Wurzeln" p. 22, n. 8) *Pe.* Ptc. ܨܗܠ — hinnivit Hom. Anecd. 194 7.

---

*ܨܘܡ *Pe.* ܨܡ, ܨܡ Mt. 4 2 C. Impf. pl. ܢܨܘܡܘܢ Mt. 9 15 A, *p. o.* BC, al. Ptc. act. ܨܐܡ Mt. 6 17 A, *p. o.* BC, al., ܨܐܡ Luc. 18 12 A; pl. ܨܐܡܝܢ, ܨܝܡܝܢ, ܨܝܡܝܢ, *pass.* — ieiunavit ll. cc., Mt. 6 16. 18. 9 14. 15 32. Mc. 8 3. Luc. 5 33 sqq.

*ܨܘܡ. emph. ܨܘܡܐ. Pl. ܨܘܡܝܢ Luc. 2 37 A; al. ܨܘܡ Luc. l. c. BC. *m.* — ieiunium l. c., Jo. 1 14. 2 12. 15. Jon. 3 5. Mc. 9 28; al. 2 Cor. 6 5.

ܨܘܦܝܐ σοφία Lit. 709 11.

ܨܘܦܝܢ: vid. ܐܨܦܝܢ.

---

*ܨܘܩ (vid. ܥܩܐ, ܥܩܬܐ) *Pe.* 3. *f.* ܨܩܬ — *impers.* ܨܩܬ ܠܝ ܠܗ moestus factus es Jon. 4 9.

ܨܘܩܐ Joh. 16 21 Ev. 56 B. 22 ib. BC. emph. ܨܘܩܬܐ Joh. 16 6 BD. C. suff. ܨܘܩܬܟܘܢ Joh. 16 20 D. *f.* — maeror (λύπη), ll. cc.

ܨܩܐ Jon. 4 1. Joh. 16 21 CD Anecd., Ev. 189 B; v. 22 AD, Ev. 189 BC (ܨܩܐ Ev. 189 A). emph. ܨܩܬܐ Js. 35 10. Joh. 16 6 Ev. 55 A, Ev. 187 C. (ܨܩܬܐ Ev. 187 A). C. suff. ܨܩܬܟܘܢ Joh. 16 20 BC, Ev. 56 A (ܨܩܬܟܘܢ Ev. 189 A). *f.* — *id.*, ll. cc. Quae omnia num defective sint scripta pro ܨܘܩܐ etc., dubitatur. Mihi quidem pro *צְקָא. *צְקְתָא (targ., syr. ܥܩܬܐ) habenda videntur. Unde formae recentiores, quas uncinis saepsi, ita exortae sunt, ut ܫܥܬܐ „hora" ex ܫܥܬܐ (per שַׁעְתָּא), ܐܬ „signum" ex אָת, alia id genus.

Aph. ܐܨܝܩ; etc. Impf. pl. 2. ܬܨܝܩܘܢ, ܬܨܝܩܘܢ (Joh. 16 20 BCD). Imp. pl. ܐܨܝܩܘ Js. 15 2 (sic leg. pro ܐܨܝܩܘ). Ptc. act. ܡܨܝܩ (ܡܨܝܩ Mt. 26 37 A); etc. — maeruit, tristitia affectus est Js. l. c., Jon. 4 1. 4. 9. Mt. 18 31. 19 22. 26 22. 37 sq. Mc. 3 5. 6 26. Luc. 18 23. Joh. 16 20. 2 Cor. 6 10. 1 Thess. 4 13; c. ܥܠ r. Act. Philem. Anecd. 169 20, ܒ r.: ܐܨܝܩܘ ܒܡܠܬܐ „aegre *s.* indigne tulerunt hanc rem" Vit. Sct. cod. ms.

---

*ܨܘܪ. *ܨܘܪ (צַוְּרָא). C. suff. ܨܘܪܗ; etc. *m.* — collum Gen. 50 1 (τράχηλος, vid. Field.). Js. 9 4. Prov. 1 9. Luc. 15 20.

ܨܘܪܐ (assyr. originis; √יצר Jensen, Mythen u. Epen 1900, p. 405) Rom. 1 23. emph. ܨܘܪܬܐ Mt. 22 20 A, *p. o.* al. C. suff. ܨܘܪܬܗ; etc. *f.* — imago Gen. 1 26 sq. 9 6. Mt. l. c. Mc. 12 16. Rom. l. c. 2 Cor. 3 18. 4 4. Phil. 2 7 Dam. (Lect. ܕܡܘܬ). Col. 1 15. 3 10. Hebr. 1 3 Dam. (χαρακτήρ; Lect. om.). Hom. Anecd. 196 1 (sic leg., cit. Gen. 1 26). 206 21. Lit. 707 5.

*ܨܝܪ. emph. ܨܝܪܐ — pictus, variegatus Ex. 28 6.

Pa. ܨܝܪ — pinxit, ornavit Lit. 704 15 (ita reponendum pro ܨܝܪ).

ܨܘܪ (A: Mc. 7 24. 31.) N. pr. Tyrus Ps. 44 13. 82 8. Jo. 3 4. Mt. 15 21 A. Mc. 7 24. 31. Luc. 6 17.

---

*ܨܘܬ *Pe.* Imp. pl. ܨܘܬ[ܘ] — auscultavit Jo. 1 2.

Aph. Impf. 3. ܢܨܝܬ Js. 42 23. Imp. ܐܨܝܬ Ps. 54 2; pl. ܐܨܝܬܘ Act. 2 14. Ptc. act. pl. ܡܨܝܬܝܢ Act. 16 25 (cod. mscr.). — *i. q. Pe.*, ll. cc.

---

*ܨܚܢ (cf. ZDMG 48 366. Nöld. p. 465, n. 1.). *Pe.* Impf. 2. ܬܨܚܢ. Ptc. act. ܨܚܢ, ܨܚܢܝܢ. — pugnavit (c. ܥܡ) μάχεσθαι Joh. 6 52, λοιδορεῖσθαι Ex. 17 2 (*bis*). ܬܨܚܢ ܠܐ noli tibi molestiam exhibere, μὴ σκύλλου Luc. 7 6 B: sed fort. est pro ܬܬܨܚܢ (ut ܬܩܛܠ pro ܬܬܩܛܠ), cf. *Ithpe.*

*ܨܚܘܢ (*qāṭol*). emph. ܐ—. Pl. ܨܚܘܢܝܢ, ܐ—. *m.* — pugnator (μαχητής) Jo. 2 7. 3 9. Zach. 9 13.

Ithpe. Pf. pl. 2. ܐܬܨܚܢܬܘܢ S. F. 100 ult. (cf. GGA 1901, p. 206). Impf. 2. ܬܬܨܚܢ Luc. 7 6 A, *p. o.* C. — molestiam suscepit, σκύλλεσθαι (quo de verbo videatur „The Expositor" Apr. 1901, p. 273 sq.) ll. cc. — Cf. *Pe.*

Pa. Impf. 2. ܬܨܚܢ (A). Ptc. act. ܡܨܚܢ, etc. — molestia affecit, παρενοχλεῖν Job. 16 3, σκύλλειν Luc. 8 49. Vit. Sct. cod. ms.: ܕܠܐ ܢܨܚܢܘܢ ܠܗ ܡܨܚܢܝܢ ܗܘܘ ܥܡܗ ܕܝܠܗ ܠܗ.

Ithpa. (nisi fort. *Ithpe.*). Ptc. ܡܬܨܚܢܝܢ — molestia affectus est (ἐνοχλεῖσθαι) Luc. 6 18.

ܨܝܪ: vid. ܐܣܝܪ.

ܨܥܪ (vid. Dalm. Gramm. p. 166. Kohn., Samar. Stud. p. 105 et ZDMG 47 636. Syr. ܙܥܘܪ ܕܨܥܘܪܐ apud Eliam Nisib. 346 6 et B. Bahl. 1664 6. Cf. etiam Duval., Journ. Asiat. 1893², p. 328): ܒܨܥܝܪ s. ܨܥܝܪ — paululum, pauci: ܒܬܪ ܝܘܡܝܢ ܨܥܝܪ δι' ἡμερῶν Mc. 2 1; ܒܬܪ ܩܠܝܠ ܨܥܝܪ S. F. 107 3. [Hom. Anecd. 199 6: palimpsesti locus foedissimus]. ܒܬܪ ܗܠܝܢ ܨܥܝܪ paullo post Vit. Sct. cod. ms. ܘܒܬܪ ܨܥܝܪ ib. Reddit μικρός Joh. 12 35; ὀλίγοι, ὀλίγα Num. 13 19. Js. 10 7. Ps. 16 14 (ܡܢ ܨ' ἀπὸ ὀλίγων, vid. Field.). Mt. 7 14. 9 37. 15 34. 20 16. 22 14. 25 21. 23. Mc. 6 5. 8 7. Luc. 10 2. 42. al., cf. ܗܘ ܕܨܥܝܪ ὁ ὀλιγοστός Js. 60 22; οὐ πολλοί Luc. 15 13. Μικρόν: Ex. 17 4. Js. 10 25. Mt. 26 39. 73. Joh. 13 33. 14 19. 16 16 sqq. Hebr. 10 37; ὀλίγον Luc. 5 3. 7 47. Hom. Anecd. 180 5 (cit. 3 Rg. 17 12); ἐλάχιστον Luc. 16 10; δράξ Hom. Anecd. 180 7 (vid. ZDMG 53 707), cf. 179 24.

*ܨܝܕ *Pe.* Pf. pl. ܨܕܘ, ܨܐܕܘ, ܨܝܕܘܢ. Impf. [1. ܐܨܘܕ Joh. 21 3A, *a manu recentissima*], pl. ܢܨܘܕܘܢ Mt. 22 15 BC (de A vid. not.). Ptc. act. ܨܐܕ, ܨܐܝܕ, ܨܝܕ; etc. — venatus, piscatus est, l. c., Luc. 5 5 Anecd. 9 sq. Joh. 21 3. 10. 2 Tim. 2 26. Hom. Ox. 97 4 16. 75 4. (De ܢܨܘܕܘܢ Mt. 26 4 BC et ܢܨܕܘܢܝ 26 55 C vid. rad. *ܨܕܐ).

*ܨܝܕ (צַיְדָא). emph. ܨܝܕܐ. *m.* — venatus, piscatus Luc. 5 4 A. [BC om.] 9. Hom. Ox. 97 4 6. 14.

*ܨܝܕ (צַיָּד). Pl. ܨܝܕܝܢ, ܐ—. *m.* — venator, piscator Ps. 90 3. Mt. 4 18 sq. Luc. 5 2.

ܡܨܕܐ (*מְצָדְתָא, מְצָדָא) Mt. 13 47. emph. ܡܨܕܬܐ A: Joh. 21 6. 8; *p. o.* BC *pass.* Pl. ܡܨܕܝܢ Prov. 11 7. [emph. ܡܨܝܕܬܐ Luc. 5 5 A]. C. suff. ܡܨܕܘܬܗܘܢ Mt. 4 18, al. [ܡܨܝܕܬܗܘܢ Luc. 5 4 A]. *f.* — rete, ll. cc., Js. 8 14 (leg. ܡܨܕܐ pro ܡܨܕܝܢ). Mt. 4 20 sq. Luc. 5 6. Joh. 21 11. (Formae uncinis saeptae loci sunt ex Peš. assumti).

ܨܝܕܢ (צִידֹן) N. pr. Sidon Jo. 3 4. Mt. 15 21. Luc. 4 26 A. 6 17 A[2] (ܢ incertum), ܨܝܕܢ Mc. 7 31 A *corr.* Per صيدا Mc. ib. A, *p. o.* BC, Luc. 4 26 BC, 6 17 BC. [ܨܝܕܐ Mc. 7 24 *corr.* in. marg., vocab. nimio deletum].

ܨܝܘܢ (ܨܗܝܘܢ Jo. 3 17, al. ܨܗܝܘܢ) N. pr. Sion, Js. 8 18. 9 11, al. (vid. concord.); Hom. Ox. 96 2 19. Hymn. Lect. 138 12. ܨܗܝܘܢ Ps. 49 2. [ܨܗܝܘܢ Joh. 12 15 A *corr.*: syriace].

ܨܝܢ N. pr. Sin (Σιν, Peš. ܨܝܢ) Num. 13 22.

*ܨܠܐ I. ܨܠܘ (Ps. 64 2; al.). emph. ܨܠܘܬܐ Luc. 22 45 A, *p. voc. o. pass.* C. suff. ܨܠܘܬܝ; etc. Pl. ܨܠܘܢ Luc. 2 37 BC, ܨܠܘܬܢ ib. A. Ps. 55 13. emph. ܨܠܘܬܐ Col. 4 12. C. suff. pl. 1. ܨܠܘܬܢ 1 Thess. 1 2. *f.* — oratio, precatio, ll. cc., Jon. 2 8. Ps. 54 2. Job. 16 17. Mc. 9 28. Act. 1 14. Hom. Anecd. 181 14. 20. 22. 27. 182 1. ܒܝܬ ܨܠܘ οἶκος προσευχῆς Mt. 21 13. Luc. 19 46. ܒܝܬ ܨܠܘܬܐ ἡ προσευχή Act. 16 16; itaque temere ܒܝܬܐ ܕܒܝܬ ܨܠܘܬܝ pro ὁ οἶκος τῆς προσευχῆς μου Js. 60 7.

Pa. ܨܠܝ *pass.*, ܨܠܐ Ex. 8 30. Hom. Anecd. 181 3. Impf. 3. ܢܨܠܐ Luc. 9 28 A, *p. o.* BC. 1. ܐܨܠܐ s. ܐܨܠܝ (Mt. 26 36 A, *p. o.* al.); pl. ܢܨܠܘܢ Ps. 44 13. Imp. ܨܠܝ, ܨܠܘ. Ptc. act. ܡܨܠܐ s. ܡܨܠܝ (Mt. 26 39 C); pl. ܡܨܠܝܢ. [Inf. ܡܨܠܝܘ Mt. 14 23 A in marg.: syr.]. — oravit, precatus est, ll. cc., Ex. 8 28 sq. 9 28. 10 17 sq. Jon. 2 2. 4 2. Mt. 5 44. 6 5 sq. 23 14. 24 20. 26 41 sq. 44. Mc. 1 35. 11 24. Luc. 1 10. 3 21. Act. 16 25. Act. Sct. Anecd. 170 10.

*ܨܠܐ II. *Pe.* Pf. 1. ܨܠܝܬ Hom. Ox. 97 5 2. Ptc. pass. ܨܠܐ Luc. 24 42 A, *p. o.* BC. — assavit, ll. cc.

ܨܠܝܒܐ. *ܨܠܝܒ (*i. e.* ܨܠܝܒܐ). emph. ܨܠܝܒܐ [ܨܠܝܒܐ Mt. 27 42 Ev. 212 A, *ut videtur.* Mc. 15 30 et 32 A *corr.*]. C. suff. ܨܠܝܒܗ [ܨܠܝܒܗ Mt. 27 32 A. Mc. 15 21 A *corr.*], ܨܠܝܒܗ Mc. 8 34 Dam. *m.* — crux, ll. cc., Mt. 10 38. 27 40. Mc. 8 34. Joh. 19 17. 19. 31. 1 Cor. 1 18. Gal. 6 14. Eph. 2 16. Phil. 2 8. Col. 1 20. 2 14. Hom. Ox. 97 0 11. Hom. Anecd. 181 12 (*bis*). 19. 211 4. Lit. 695 7. 708 23. 709 5. Lit. Dam. *pass.* (*e. g.* fol. 1r. v.).

*ܨܠܒ *Pe.* Pf. pl. ܨܠܒܘ; etc. Impf. 1. ܐܨܠܘܒ (Joh. 19 10 A; *p. o.* al.); pl. ܢܨܠܒܘܢ (A), ܢܨܠܒܘܢ (BC *pass.*); etc. Imp. ܨܠܘܒ Joh. 19 6 A. 15 (In v. 6 praeterquam varie corruptum legitur apud BC). pl. ܨܠܘܒܘ Joh. 19 6 Ev. 198 A, ܨܠܘܒܘ B, Ev. 198 C, Ev. 237 A; ܐܨܠܒܘ(ܗ) Ev. 237 C. Ptc. pass. ܨܠܝܒ 1 Cor. 1 23, ܨܠܝܒ Gal. 3 1. 6 14. (Formam ܐܨܠܒܘܗ ad *Aph.* pertinere putaveris, sed nusquam, quod sciam, tale quid reperitur). — crucifixit, ll. cc., Mt. 23 34. 27 26. 31. 35. Mc. 15 20; al. Hom. Anecd. 205 16.

*ܨܠܘܒ (ܨܠܘܒܐ). pl. ܨܠܘܒܐ — crucifixor Hymn. Lect. 138 15.

Ithpe. ܐܨܛܠܒ, ܐܨܛܠܝܒ (Joh. 19 20. 41 A); ܐܨܛܠܒ(?) Mt. 28 5 (cf. adn.) ܐܨܛܠܒ Mc. 16 6 Ev. 217 C, ܐܨܛܠܒ(?) Mt. 28 5 C. Pl. ܐܨܛܠܒܘ, ܐܨܠܒܘ (?. Cf. Nöld., Mand. Gr. p. 214) C: Mt. 27 38, 44 Ev. 203., ܐܨܛܠܒܘ(?) Joh. 19 32 Ev. 213 C. Impf. 3. ܝܨܛܠܒ, ܝܨܛܠܒ Mt. 26 2 Ev. 98 B, Ev. 167 C, Ev. 175 C. Luc. 24 7 C; ܝܨܠܒ Mt. 27 22 sq. Ev. 200 sq. C. pl. ܝܨܛܠܒܘܢ, ܝܨܠܒܘܢ Luc. 23 32 C. — crucifixus est ll. cc. et al. Hom. Anecd. 204 12.

---

*ܨܠܚ *Pe.* (*an Pa.?*) — scidit, fidit Gen. 22 3.

Aph. Pf. 3. *f.* ܐܨܠܚܬ Luc. 12 16 A, *p. o.* BC. Ptc. act. ܡܨܠܚ; etc. — prosperavit, successit, l. c., Job. 21 9. 23. Eccl. 11 6.

ܨܠܚܘܣ (cf. Idiot. p. 80 sq. Unde arab. صَلَاحِيَة) Mt. 26 7 A; *p. o.* BC. Luc. 7 37. emph. ܨܠܚܘܣܬܐ Mt. l. c. A *corr.*, (sic) ܨܠܚܘܣܬ Luc. l. c. A[2] *corr.* *f.* — vasculum (ἀλάβαστρος), ll. cc.

---

*ܨܠܡ. *ܨܠܡ. emph. ܐ—. Pl. ܨܠܡܝܢ Act. Andr. et Matth. fol. 2ᵛ, et vid. mox. emph. ܐ—. C. suff. 3. *f.* ܨܠܡܝܗ. *m.* — imago εἴδωλον Js. 10 11. Hos. 14 9. Act. Andr. fol. 2ᵛ. Cf. Hom. Anecd. 200 3. 206 21. Pro σφίγξ Act. Andr. l. c. (*bis*). ܦܠܚܝ ܨܠܡܝܢ εἰδωλολάτραι 1 Cor. 10 7; ܦܠܚܘܬ ܨܠܡܝܐ εἰδωλολατρεία 1 Cor. 10 14. Col. 3 5. [ܐ]ܡܩܕܫܬ ܨܠܡܝܗܘܢ ܒܝܬ τὰ ἱερὰ αὐτῶν Act. Andr. fol. 2ᵛ.

---

*ܨܠܨܠ. Ex hac rad. ܨܠܨܐ *m.* — tympanum 1 Cor. 13 1 est decurtatum (si vere est traditum), ut ܛܠܛܠ (*q. v.*) = ܛܠܛܠ ex rad. ܛܠܠ.

---

*ܨܡܕ. ܨܡܕܐ *f.* — coniunctio: ܒܨ̇ coniunctim, unā Hymn. Lect. 136 14.

ܨܡܚ *Pe.* ܨܡܚ(?) Luc. 8 8; etc. Impf. (nisi fort. ad *Aph.* pertinet) ܝܨܡܚ Gen. 2 5 Lect., al. pl. ܝܨܡܚܘܢ Js. 35 2, al. Ptc. act. ܨܡܚ Luc. 8 6 A, *p. o.* al. — progerminavit, ll. cc., Gen. 19 25. Ex. 10 5. Js. 35 1. 44 4. Jo. 2 22.

Aph. ܐܨܡܚ Gen. 2 9 Lect., ܐܨܡܚ ib. Lit. Impf. 3. ܝܨܡܚ Gen. 2 5 Lit. (cf. *Pe.*). Luc. 8 6 B. 3. *f.* ܬܨܡܚ et ܬܨܡܚ. Ptc. act. ܡܨܡܚ, *f.* ܐ—. *1.* progerminare fecit, procreavit Gen. 1 11. 2 9. 3 18. Js. 61 11. Lect. 697 2 (cit. Ps. 64 11). 706 3, et pass. *2.* progerminavit, ortus est Luc. 8 6 B (nisi fort. *Pe.* leg. cum cett.).

---

*ܨܡܛ. ܡܨܡܛܝܢ Hom. Anecd. 200 21, fort. ptc. pass. *Pa.* „conveniunt". (P. Sm. 3419 „fort. *perversi*"!!).

---

*ܨܢ (cf. Nöld. p. 516. Idiot. p. 81). *Pe.* Impf. 3. *f.* ܬܨܘܢ Mt. 24 12 ABC. Ptc. *f.* ܨܢܐ ib. Anecd. (sic leg. pro ܨܢܐ) — refrigeratus est, ll. cc.

---

*ܨܢܦ. *ܨܢܦ (cf. Idiot. p. 81. 125; targ. צִנְפָן, samar. *id.* Num. 15 38 Nutt). emph. ܨܢܦܬܐ Mt. 9 20 A; *p. voc. o.* BC, Luc. 8 44. C. suff. ܨܢܦܬܗܘܢ Mt. 23 5. *f.* — margo (vestimenti) ll. cc.

---

*ܨܢܪ. ܨܢܪܬܐ (cf. Idiot. p. 81. Fraenkel., Fremdw. p. 88. Macl. Dict. 266) Mt. 17 27 BC Anecd.; ܨܢܪܝܬܐ A. C. suff. ܨܢܪܬܝ Hom. Ox. 9 73 19. *f.* — hamus, ll. cc.

---

*ܨܥܪ, *ܨܥܪ (צְעַר). emph. ܨܥܪܐ A: Mt. 25 46, Luc. 16 28; *p. o. cett.* C. suff. 3. *f.* ܨܥܪܗ Mt. 6 34 BC (A om.). Pl. ܨܥܪܝܢ Mt. 4 24, al. emph. ܨܥܪܝܐ Mt. 25 46 Ev. 130 BC, Ev. 167 B, al. C. suff. ܨܥܪܝܗܘܢ Hymn. Anecd. 112 16 (cf. ZDMG 53 706). 113 24. *m.* — tormentum, cruciatus, poena, ll. cc., Ps. 37 18. Luc. 7 21 Anecd.[1] (var. lect. ܟܐܒܝܢ). Hom. Ox. 9 73 14. Act. Philem. Anecd. 169 4. Act. Adrian. fol. 1ᵛ (κόλασις), et ib. pro τὰ δεινά; ܨܥܪܐ ܘܚܫܐ, ܨܥܪܐ ܘܚܫܝܢ Vit. Sct. cod. ms.

Pa. Impf. 2. ܬܩܛܠܢܢ, ܬܩܛܠܝܢ, ܐܩܛܠ (B Mt. 8 29). — cruciavit Mt. 8 29. Luc. 8 28.

*ܡܩܛܠܢ (*m^e qaṭṭ^e lān*). Pl. ܡܩܛܠܢܐ Mt. 18 34 [A], *p. o.* cett. — tortor, l. c.

Ithpa. Pf. pl. ܐܬܩܛܠܘ. Ptc. ܡܬܩܛܠ; etc. — cruciatus est Mt. 8 6. 14 24. Hebr. 11 35 (cf. ZDMG 53 706).

---

*ܨܦܐ. ܨܦܘܠ (*qāṭōl*). Pl. c. suff. 2. *f.* ܨܦܘܠܝܟܝ. *m.* — speculator, custos Js. 60 17.

---

*ܨܦܡ. *Aph.* (?) ܡܐܨܦܡܝܢ — saluit Jo. 2 5 ἐξαλοῦνται. Verbum obscurum, quocum editores (Lect. p. CXI) ܩܦܨ comparabant, notioni tamen minus convenienter. Fortasse leg. ܡܐܨܦܪܝܢ, a *ܨܦܪ (צפר ضفر).

---

*ܨܦܘܢ (צָפוֹן. Rad. incerta). emph. ܨܦܘܢܐ (ܣ Lit. 704 22). *m.* — septentrio, l. c., Ex. 26 35. Js. 14 31. 43 6. Jer. 38 8. Jo. 2 20. Am. 8 12. Eccl. 11 3.

---

*ܨܦܪ I ܨܦܪ. emph. ܨܦܪܐ Joh. 21 4 A, ܨܦܪܐ Mt. 27 1 A; *p. o.* al. *m.* — tempus matutinum, *st. abs.* Gen. 1 5. 8. 13. 19. 23. 31. Jon. 4 7. Sirac. 18 26 (sic leg. pro ܨܦܡ); ܒܨܦܪ τὸ πρωΐ, ἐν τῷ πρωΐ 1 Reg. 1 19. Eccl. 11 6. *St. emph.* Gen. 19 15. 22 3. 49 27. Ex. 9 13. 10 13. 16 7. Js. 50 4. Ps. 45 6. 89 14. Mt. 20 1. 21 18. 27 1. Mc. 1 35. 16 2. 9. Joh. 18 28. 20 1. 21 4. Anecd. 132 ult. Hom. Ox. 974 15. 18. Hom. Anecd. 173 9. Lit. 707 21.

---

*ܨܦܪ II (rad. onomatopoiët.) *ܨܦܪ. Pl. ܨܦܪܝܢ Luc. 12 6 sq. B, ܨܦܪܝܢ C. [ܪ, ܪ̈ A]. *f.* — passer. ll. cc.

---

*ܨܦܪ III (ضفر)? Vid. *ܨܦܡ.

---

*ܨܪ I (صرّ) *Pe.* Ptc. pass. pl. ܨܪܝܪܝܢ — involvit Joh. 11 44 A (cett. ܟܪܟ, *q. v.*).

*ܨܪ II (ظر). *ܨܪܘܪ (hebr. צְרוֹר). pl. c. suff. 3. *m.* ܨܪܘܪܘܗܝ. *m.* — lapillus acutus, silex Job. 21 33.

---

*ܨܪܟ. ܨܪܘܟ Luc. 17 10 A, ܨܪܘܟ BC ib. emph. ܨܪܘܟܐ Luc. 10 42 A, *p. o.* al. C. suff. ܨܪܘܟܗ, etc. Pl. c. suff. 3. *m.* ܨܪܘܟܝܗܘܢ Lit. 705 13; ܨܪܘܟܝܟܘܢ Rom. 12 13, al. *m.* — necessitas, indigentia, ll. cc., Eph. 4 29. Phil. 4 16. 19. 1 Thess. 4 9. Act. Adrian. fol. 1 r. Lit. 706 19.

ܨܪܝܟ (צָרִיךְ) Ps. 85 1; al. emph. ܨܪܝܟܐ. Pl. ܨܪܝܟܝܢ Mc. 2 17 A, *p. o.* al. st. cst. ܨܪܝܟܝ Prov. 9 4 Lect. emph. ܨܪܝܟܝܐ Ps. 40 2 (Lect. 113). — indigens, egenus, abs. s. sequ. impf. c. ܕ, ll. cc., Ps. 81 3. Mt. 3 14. 6 8. 14 16. Mc. 2 25. Luc. 5 31. Hebr. 5 12; et pass. N. T. Vit. Anton. S. F. 102 14. paen. 104 10. Act. Adrian. fol. 1 v. Hom. Anecd. 171 25. 27. 172 3. 183 19. 209 27. Lit. 707 9.

---

*ܨܪܦ. ܨܪܝܦ — afflictus, contristatus Mc. 3 5 (P. Sm. 3448 „ardens“! — Cf. syr. ܨܪܦ anxit, mand. ܠܒܐ ܨܪܝܦ). Verbum insequ. ܡܬܚܫܒ glossema.

ܨܪܦܬ N. pr. Σαρεπτα (syr. ܨܪܦܬ) Luc. 4 26.

*ܨܪܦܝ (cf. הצרפי Neh. 3 31, ut P. Haupt in S.B.O.T. sec. LXX legit; talm. *f.* צָרְפִית; syr. ܨܪܦܬܝܬܐ Ephr. Syr. apud P. Sm. 3450 b). *f.* emph. ܨܪܦܬܝܬܐ — Ṣarepta oriunda *mulier* Hom. Anecd. 180 13. 181 9 (cf. 3 Rg. 17).

---

*ܨܪܨܪ. emph. ܨܪܨܪܐ (צַרְצְרָא). *m.* — locustarum quoddam genus Jo. 1 4.

ܩ

ܩܒܚ (pro ܩܡܚ. Lectio tuenda contra Idiot. p. 130). *Pa.* Imp. ܩܒܚܘ — plausit *manibus* Ps. 46 2, cf. Lit. 695 18.

ܩܒܠ. [ܡܩܒܠܝܢܗܘܢ Joh. 10 35 C: leg. 'ܠܩ, cum cett.].

ܠܩܘܒܠ Mt. 19 8 A, ܠܩܘܒܠ A: Mt. 27 14. 25 15 Ev. 94; Mc. 12 41; al.; *p. o.* Gen. 2 14 (Lect.). 3 24. Ps. 22 5. Job. 16 8. Sirac. 46 4. Mt. 27 14 Anecd. Mc. 11 31. 16 3 Anecd. 21 8. Luc. 18 11 C. Rom. 12 6. 13. S. F. 89 16. Alibi. ܠܩܘܒܠܗ Gen. 2 14 (Lit.). ܠܩܘܒܠ A: Joh. 19 12 Ev. 198 A, ܠܩܘܒܠ Mt. 25 15 Ev. 165. Luc. 22 23; *p. o.* BC *pass.* (*e. g.* Mt. 5 39. 19 8. Luc. 5 30); Mt. 25 15 Anecd. Lit. 695 10. 704 22. ܠܩܘܒܠܗ Jo. 1 16. ܠܩܒܠܗ Hebr. 1 7 Lect. ܠܩܒܠ Luc. 5 30 Anecd. Eodemque modo in formis suff. instructis variat prior ܠܩܘܒܠ cum altera ܠܩܒܠܗ, velut ܠܩܘܒܠܗ Luc. 13 17 A (*p. o.* Job. 21 19. Sirac. 46 6) cum ܠܩܒܠܗ Luc. l. c. BC; 3. *f.* ܠܩܘܒܠܗ Luc. 21 15 A (*p. o.* B. Gal. 3 15) cum ܠܩܒܠܗ Luc. l. c. C; etc. pl. 3. ܠܩܘܒܠܗܘܢ A: Mt. 8 24, 14 24; al., ܠܩܒܠܗܘܢ B: Luc. 5 22, Joh. 10 35; ܠܩܒܠܗܘܢ Luc. 5 36. ܠܩܒܠܗܘܢ Mt. 14 24 BC. Luc. 5 22 C. Joh. 7 50 BCD; etc. *praep.* — versus, ll. cc. et saepe al. Aliquoties est pro κατά c. acc., sc. *a*) de loco: ܠܩܘܒܠ ܐܘܪܚܐ κατὰ τὴν ὁδόν in itinere Luc. 10 4 A (cett. om.); *b*) de norma: secundum, iuxta Mt. 25 15. Rom. 12 6.

ܠܩܘܒܠܐ ܡܢ — ex adverso (ἀπέναντι) Jon. 4 5.

ܩܒܠ ܩܒܠ (targ. קְבֵל, קַבְלָא, קִיבְלָא. Etymologiam parum probabilem temptavit Lagarde, Mitt. 4 336, cf. 141 sq.) Ex. 10 21. Js. 8 22. Job. 22 11. Luc. 11 35 (sic leg. pro ܩܒܠ). Act. 2 20. emph. ܩܒܠܐ (A), ܩܒܠܐ, *pass.* ܩܒܠܐ (leg. aut 'ܩܒ aut 'ܩܒ) A: Mt. 8 12, Joh. 1 5, al. (quinquies). C. suff. 3. *m.* ܩܒܠܗ Hom. Anecd. 184 24. *m.* — tenebrae, caligo, ll. cc., Gen. 1 2. 4 sq. 18. Ex. 10 22. Js. 9 2. 42 7. 60 2. Jo. 2 2. Ps. 81 5. Job. 17 12. Mt. 4 16. 6 23 AB. 22 13. 25 30. 27 45. Luc. 12 3. Joh. 3 19. 6 17; *al.* 2 Cor. 4 6. Col. 1 13. Hom. Ox. 959 10. 14. Lit. Dam. I fol. 1[r].

ܩܒܝܠ. *f.* ܩܒܝܠܐ. — tenebricosus Prov. 1 6. Mt. 6 23. Luc. 11 34. 36. Cf. *Aph.*

Pa. ܩܒܠ s. ܩܒܠ. C. suff. 3. *m.* ܩܒܠܗ Luc. 2 28 AC. 19 6 AB Anecd., al.; etc. Impf. ܢܩܒܠ s. ܢܩܒܠ; etc. Ptc. act. ܡܩܒܠ, ܡܩܒܠ; etc. — accepit, excepit, ll. cc., passim V. et N. T., *e. g.* Js. 40 2. 63 5. Ps. 29 2. Prov. 1 3. 9. Mt. 10 14. 40 sq. Mc. 9 36. Luc. 9 5. 10 38. 16 13. 25. 22 17. Act. 1 9. 16 24 (Lit.). 1 Cor. 11 23. 15 1. 2 Cor. 6 1. Phil. 3 20. 4 18. Act. Philem. Anecd. 169 7. Hom. Ox. 968 17. Hom. Anecd. 198 14. Lit. Dam. II[v]. III[v].

ܡܩܒܠ (ptc. pass.), ܡܩܒܠ (2 Cor. 6 2 *bis*). *f.* ܡܩܒܠܐ; etc. — acceptus, gratus, δεκτός Js. 61 2. Luc. 4 24. 2 Cor. 6 2[a]. Phil. 4 18. Lit. 696 9; εὐπρόσδεκτος 2 Cor. 6 2[b].

ܩܘܒܠ (קִבּוּל) *m.* — receptio, δοχή Luc. 5 29 (A *corr.* mutavit in ܩܘܒܠ, *i. e.* syr. ܩܘܒܠܐ].

*ܡܩܒܠܢ (מְקַבְּלָן), per امالة ܡܩܒܠܝܢ Lect. ZDMG 56 251. C. suff. ܡܩܒܠܢܗ; etc. — accipiens *i. e.* adiutor Lect. l. c.; ἀντιλήμπτωρ Ps. 34. 45 8. 12. 90 2; διάδοχος Sirac. 46 1.

*ܡܩܒܠܢܘ. emph. ܬܐ— Lit. Dam. I fol. 1[r].

Pl. abs. ܩܘܒܠܝܢ 1 Cor. 12 28. *f.* — auxilium, ἀντίληψις, ll. cc.

Aph. (deriv. a ܩܒܠܐ) ܐܩܒܠ (sic) Luc. 23 44 A, *p. o.* C, ܐܩܒܠ B. — obtenebratum est, l. c.

ܩܒܥ *Pe.* — fixit, statuit *tentorium* Hebr. 8 2; *coelum* Js. 42 5.

*ܩܘܒܥ. pl. c. suff. ܩܘܒܥܝܗܘܢ. *m.* — capitulum columnae (κεφαλίς) Ex. 26 32.

Ithpe. Pf. 1. ܐܬܩܒܥܬ — fixus fuit, haesit in re (ܒ) Ps. 68 3.

---

*ܩܒܪ *Pe.* ܩܒܪܗ. Impf. ܢܩܒܪ, ܢܩܒܘܪ Mt. 8 21 C; etc. Imp. ܩܒܘܪ. Ptc. act. ܩܒܪܝܢ. — sepelivit Gen. 49 31. 50 5. 7. Mt. 8 21 sq. 26 12. Luc. 9 59 sq. Joh. 19 40.

*ܩܒܪ. emph. ܩܒܪܐ. C. suff. ܩܒܪܝ. Pl. ܩܒܪܝܢ (Mt. 23 27). emph. ܩܒܪܝܐ. [ܩܒܪܐ Luc. 23 44 A *corr.*, interpol.]. C. suff. ܩܒܪܝܗܘܢ. *m.* — sepulcrum, ll. cc., Gen. 50 5. Job. 21 32. Mt. 23 29. [Luc. 24 12 Ev. 4, interpol.]. Lit. Dam. II[r]. III[v].

*ܩܒܘܪܐ (pl. abst.). C. suff. 3. *m.* ܩܒܘܪܬܗ Js. 53 9. 2. ܩܒܘܪܬܟ (sic!) Lit. Dam. III[r]. 1. ܩܒܘܪܬܝ Joh. 12 7 A, *p. o.* BC, [ܩܒܪܬܝ D]. pl. 3. ܩܒܘܪܬܗܘܢ Mt. 23 29 C. *m.* — *1.* sepultura Js., Joh., Lit. Dam. ll. cc. *2.* sepulcrum Mt. l. c.

ܡܩܒܪ *m.* — sepulcrum Gen. 49 30.

ܡܩܒܪܬܐ (مَقْبَرَة, nabat. מקברתא) Mt. 27 7 Ev. 209 A; *p. o.* cett., Joh. 19 41 B. [ܡܩܒܪܬܐ Joh. ib. A]. emph. ܡܩܒܪܬܐ A: Mt. 27 61. 64, al.; *p. o.* al. *pass.* ܡܩܒܪܬܐ Joh. 11 31 AC. 38 A Dam. [ܡܩܒܪܬܐ A: Joh. 20 6. 8]. Pl. ܡܩܒܪܢܬܐ Mt, 8 28 A, al., *p. o.* BC *pass.* ܡܩܒܪܬܐ Luc. 8 27 A. C. suff. ܡܩܒܪܬܗܘܢ Mt. 23 29 A[2] (cf. A[1]), *p. voc. o.* BC, ܡܩܒܪܬܗܘܢ Anecd. *f.* — sepulcrum, ll. cc., Mt. 27 52 sq. 66. 28 1 sqq. Mc. 6 29. 15 46. 16 1 sqq. Joh. 5 28. 19 41. Hom. Ox. 9 69 10. 70 13. 18. Hom. Anecd. 204 6. Lit. Dam. I fol. 1[v]. II[v]. III[v].

Ithpe. ܐܬܩܒܪ (Luc. 16 22 A); etc. Impf. 1. ܐܬܩܒܪ. — sepultus est Job. 17 1. Luc. 16 22. Act. 2 29. Rom. 6 4. 1 Cor. 15 4. Col. 2 12. Lit. Dam. III[v].

ܩܕܡ: vid. ܩܕܡ.

---

*ܩܕܠ. *ܩܕܠ (קְדָל). C. suff. ܩܕܠܗܘܢ. *m.* — cervices, collum Dt. 10 16.

---

*ܩܕܡ. *Pe.* Ptc. pass. ܩܕܝܡ. — antea fecit: ܩܕܝܡ ܟܬܝܒ antea scriptum est Lit. Dam. I fol. 1[v].

ܩܕܡ A: Mt. 7 6, 10 32, *pass.*, ܩܘܕܡ Mc. 2 12; *p. o. pass.* C. suff. 3. *m.* ܩܕܡܘܗܝ A: Mt. 27 29, Mc. 1 40, ܩܕܡܘܗ' Mt. 21 9; *p. o.* al. ܩܕܡܘܗܝ A: Mc. 5 33, Joh. 3 28; *p. o.* Job. 16 20. ܩܕܡܘܗ BC *pass.* (*e. g.* Mt. 21 9. Mc. 1 40), ܩܕܡܘܗ B *pass.* (*e. g.* Mt. 27 29), C: Luc. 5 18. 2. ܩܕܡܝܟ Mt. 6 2 A, ܗ Luc. 15 18. 21; *p. o.* al., ܩܕܡܝܟ Ps. 55 9. 89 8; BC *pass.* 1. ܩܕܡܝ. Pl. ܩܕܡܝܗܘܢ A: Mt. 2 9, al., ܗ Gen. 19 1 Dam.; ܩܕܡܝܗܘܢ Joh. 10 4 C. 2. ܩܕܡܝܟܘܢ Luc. 10 8 A, *p. o.* al. 1. ܩܕܡܝܢ Luc. 10 21 Ev. 234 C, ܩܕܡܝ ib. B. *praep.* — ante, ll. cc., Gen. 6 11. 7 1. Ex. 8 26. 9 8. Num. 13 23. Dt. 11 26. Js. 40 10. Jer. 12 13. Sirac. 46 6. Mt. 27 11. Mc. 1 2; *pass.* V. et N. T. Act. Adrian. fol. 1[r].

ܩܕܡ ܕ *coni.* — priusquam Gen. 19 4 Lect. (Dam. ܕ ܠܐ ܥܕ). Hom. Anecd. 190 23.

ܠܩܕܡ (A, *p. o.* al.). C. suff. ܠܩܕܡܘܗܝ Mt. 25 32 Ev. 129 A (cf. 166 A), *p. o.* 166 B; ܘܗܝ— Anecd., ܘܗ— Ev. 129 C, ܘܗ— Ev. 96 B, 129 B, 166 C. Joh. 11 20 BC. ܠܩܕܡܝܗܘܢ Gen. 18 2. 19 1 (Lect.). *praep.* — ante, coram, ll. cc., Mt. 10 18. Luc. 5 19. 12 11. 21 12. Joh. 8 3 A.

ܡܢ ܩܕܡ, ܡܢ ܩܘܕܡ. — *1. adv.* *a*) ab anteriore parte Gen. 2 8 Lit. *b*) antiquitus, olim Jo. 2 23. Joh. 6 63. 7 50. 9 8. 13. 10 40. 12 16. 13 1. 19 39. 2 Petr. 3 2. 5. Rom. 5 10. Gal. 3 17. Sequ. s. anteced. verbo est = πρό— (cf. *Pa.*, ܩܕܡ): ܡܢ ܩ' ܫܡܥܬܘܢ προηκούσατε Col. 1 5; ܡܢ ܩ' ܡܪ προεπηγγείλατο

Rom. 1 2; ܐܣܬܟܡܗ ܩ' ܡܢ προέθετο αὐτόν 3 25; ܛܝܒ ܩ' ܡܢ προητοίμασε Eph. 2 10. Cf. ܩ' ܡܢ ܐܙܠ προάγων Hebr. 7 18. *2. praep.* C. suff. 3. *m.* Sirac. 46 3. 2. *m.* Dt. 31 3. *1.* Joh. 1 30. pl. 2. *m.* Mt. 5 12. *a*) e conspectu (ἀπό) Gen. 3 8. Ex. 8 30. 9 33. 10 6. 11. 11 23. 3 Reg. 8 25. Js. 10 18. *b*) ante (*de tempore*) Dt. 6 8. 31 3. Sirac. 46 3. Mt. 5 12. 24 38. Luc. 21 12. 14. Joh. 1 30. 12 1. 17 24.

ܩܕܡܝ (קַמַּי, cf. Dalm. Gramm. p. 100) Js. 9 1. Mt. 5 24 B, 7 5 C; *pass.* ܩܕܡܝܐ s. ܩܕܡܝܐ s. ܩܕܡܝܐ *pass.* (*e. g.* Js. 25 1. Mt. 8 21 A. 10 2); ܩܕܡܝ Mt. 8 21 A, al., *p. o.* Js. 11 14. Mt. 7 5 B, al. ܩܕܡܝ 1Thess. 4 16. Lit. 696 1. emph. ܩܕܡܝܐ Mt. 17 27. 21 28, al. C. suff. ܩܕܡܝܟܘܢ, ܩܕܡܝܟܘܢ Mc. 10 44 B. *f.* ܩܕܡܝܬܐ [ܩܕܡܝܬܐ Mt. 27 64 A *corr.*] *pass.* Pl. *m.* ܩܕܡܝܐ Js. 11 14. Mt. 19 30ᵇ B. Lit. 707 17, al., ܩܕܡܝܐ Mt. 19 30ᵃ B. 20 16ᵃ B; ܩܕܡܝܝܢ A: Mt. 19 30, al., *p. o.* Js. 61 4; ܩܕܡܝܝܢ Mt. 19 30 C (*bis*). 20 16 C (*bis*). 16ᵇ B. 21 36 Ev. 154 B. emph. ܩܕܡܝܐ A: Mt. 20 8. 10, al.; *p. voc. o.* Eccl. 7 11, al. ܩܕܡܝ Mt. 5 21 C (B). 27 BC. 20 8 BC. 10 C; al. ܩܕܡܝ 20 10 B. *f.* ܩܕܡܝܬܐ Js. 43 18, al. C. suff. 3. *m.* ܩܕܡܝܬܗ Luc. 11 26. — primus, *passim.* Pl. *f.* τὰ πρῶτα Js. 43 18. Luc. 11 26, ܒܩܕܡܝܬܐ ἐν πρώτοις in primis, maxime 1Cor. 15 3 (sic leg. pro ܒܩܕܡܝܬܐ). Hom. Ox. 9 50 6, aliter Js. 60 9: ܒܩܕܡܝ. Pro ἀρχαῖος Js. 25 1. Mt. 5 21. 27. Pl. *f.* τὰ ἀρχαῖα 2Cor. 5 17.

ܩܕܡܝ s. ܩܕܡܝܐ *adv.* — primo, prius Js. 9 1. Mt. 5 24. 6 33. 7 5. Mc. 7 27. Luc. 9 61. Joh. 7 51. 2Petr. 3 3. 1Thess. 4 16. Hebr. 7 27, alibi. Act. Philem. Anecd. 170 6. Lit. 696 1. ܡܢ ܩܕܡܝ prior, prius quam Joh. 1 15. 27. 30. Col. 1 17.

[ܩܕܡܝܬ *adv.* — primum Lit. 680: edessen.].

ܩܕܡܐܝܬ *adv.* — protinus: ܩ' ܐܙܠܝܢ προάγοντες Luc. 18 39 A; B ܩܕܡܝܬ, C ܩܕܡܝܬ.

ܠܩܕܡܝܬܐ *adv.* — *id.*: ܠ' ܩܕܡ ܪܗܛ (cf. *Pa.*) προδραμὼν εἰς τὸ ἔμπροσθεν Luc. 19 4 A, *p. o.* Anecd.; B ܠܩܕܡܝܬܐ. Cf. voc. praegress.

*ܩܕܘܡ (קָדוּם). emph. ܩܕܘܡܐ. *m.* — ܪܘܚܐ ܕܩ' ventus ex oriente veniens Jon. 4 8 (πνεῦμα καύσων).

Pa. ܩܕܡ, ܩܕܡ; c. suff. 3. *m.* ܩܕܡܗ Mt. 17 25 A Anecd. 3. *f.* c. suff. 3. *m.* ܩܕܡܬܗ Joh. 11 30 Anecd.; etc. Impf. 3. ܢܩܕܡ; etc. Imp. pl. ܩܕܡܘ. Ptc. act. ܡܩܕܡ s. ܡܩܕܡ (BC *pass.*); etc. — *1.* praevenit *alqm*, antevertit *alcui*, sequ. acc., Mt. 14 22. 17 25 A Anecd. 21 31. 26 32. 28 7. Mc. 16 7. Joh. 5 7. 11 30. 12 18. 20. 20 4. Hom. Ox. 97 18. *2.* Sequ. verbo = προ—: ܩܕܡ ܝܕܥ praenovit Act. 2 31 (προιδών); cf. v. 34. Mt. 24 25. Luc. 19 4 (vid. supra ܠܩܕܡܝܬܐ). Rom. 12 10. Lit. Dam. IIᶻ. . . . ܐ [lacuna] ܡܩܕܡܝܢ ܠܐ μὴ προκαταπίπτωμεν Vit. Anton. Stud. Sin. 11 149 8 sqq. = Migne, P. Gr. 26 904 C. Copulā ܘ insertā ܩܕܡ ܘܚܙܐ Act. 2 25 = Hom. Anecd. 182 9, itidemque ܡܩܕܡ ܗܘܐ ܘܡܬܢܒܐ ib. Jon. 4 2. Luc. 1 17. 76.

*ܡܩܛܠܢ (*mᵉqaṭṭᵉlān*). emph. ܐ—. *m.* — praecursor, praeco Hymn. Anecd. 112 6. Lit. 708 16.

---

*ܩܕܪ. emph. ܩܕܪܐ (קִדְרָא). (genus non cognoscitur). — olla, Jo. 2 6.

ܩܘܕܪܢܛܝܣ χοδράντης (cf. Krauss. 2 500) — quadrans Mc. 12 42.

ܩܕܫ. ܩܘܕܫ 1Thess. 4 4 (S. F.). Hebr. 9 12 (Lect. 120); ܩܘܕܫ Js. 8 14; ܩܕܫ 1Thess. 4 4 (Ox.); ܩܘܕܫ Hymn. Anecd. 111 19. emph. ܩܘܕܫܐ Mc. 12 36 (A), *p. o.* Ex. 28 3 sq., al. C. suff. 1. ܩܘܕܫܝ Jo. 2 1, al.; ܩܘܕܫܟܘܢ 1Thess. 4 3. *m.* — sanctitas, sacrum, *pass.* ܒܝܬ ܩܘܕܫ sanctuarium Jer. 38 40; ܩ' ܩܘܕܫܐ τὰ ἅγια (*id.*) Hebr. 9 12.

ܩܕܝܫ. emph. ܐ—. C. suff. ܩܕܝܫܝܟܘܢ Js. 43 15. *f.* ܩܕܝܫܐ; ܬܐ—, ܩܕܝܫܬܐ Mt. 4 5 BC.

27 53 B, Ev. 204 C; al. Pl. ܝܢ—; ܐ— [ܩܕܝܫܐ Luc. 23 44 A: gloss.]. *f.* ܩܕܝܫܐ Tit. 2 5. — sanctus, sacer, ll. cc. et pass. V. et N. T. Praeterquam Anecd. 130 10 (ubi leg. ܩܕܝܫܐ). Lit. 708 12. Lit. Dam. I fol. 2r. v. Pl. ܩܕܝܫܝܐ τὰ ἅγια = sanctuarium Hebr. 10 19.

*ܩܕܝܫܘ. emph. ܩܕܝܫܘܬܐ. *f.* — sanctitas 1Thess. 4 7.

Pa. ܩܕܫ s. ܩܕܝܫ. C. suff. 3. *m.* ܩܕܫܗ Joh. 10 36 A, ܩܕܝܫܗ BC ib. Impf. 3. ܢܩܕܫ Js. 10 17 (cf. ZDMG 53 710). Imp. ܩܕܫܝ s. ܩܕܝܫ (Joh. 17 17 BC, al.); ܩܕܫܘ. Ptc. act. ܡܩܕܫ s. ܡܩܕܝܫ; etc. Pass. *m.* ܡܩܕܫܐ Hymn. Lect. 137 1. Lit. 695 8; pl. ܡܩܕܫܝܢ Joh. 17 19. — lustravit, sacravit, ll. cc., Gen. 2 3. Ex. 19 10. 14. Js. 8 13. Jo. 1 14. 2 15 sq. 3 9. Ps. 45 5. Mt. 23 19. Hebr. 2 11. 9 13.

*ܩܘܕܫ (ܩܘܽܕܳܫܐ). emph. ܐ—. *m.* — consecratio (vox edessena) Lect. 80 4. Lit. 695 5. 'ܕܩ ܬܘܬܒܬܐ „Weiheordnung" Lit. 681. 695 2.

Ithpa. Pf. 2. *m.* ܐܬܩܕܫܬ; etc. Impf. 3. ܢܬܩܕܫ. Ptc. ܡܬܩܕܫܝܢ. — consecratus, sanctificatus est Mt. 6 9. Hebr. 2 11. Hymn. Anecd. 111 21. 24. Lit. 709 15.

ܩܗܠ (קְהָלָא) Dt. 14 2 *bis*; al. emph. ܩܗܠܐ A *pass.*, ܩܗܠܐ Luc. 24 19. C. suff. 3. *m.* ܩܗܠܗ (*i. e.* ܩܗܠܗ) Mt. 1 21 A; etc. ܩܗܠܟܘܢ (sic leg.) Ps. 44 11. Pl. ܩܗܠܝܢ Js. 60 5. emph. ܩܗܠܝܐ Js. 61 9. Jo. 2 6; al. C. suff. ܩܗܠܝܗܘܢ Lit. 706 19. *m.* — coetus, populus: λαός, ll. cc., Gen. 19 4. Ex. 8 23. 29. 31 sq. 9 1 sq. 7. 13 sq. 11 2 sq. Num. 13 31. 33. Dt. 13 9. 11. Js. 3 14. 8 11 sq. 9 2. Jer. 38 7. Jo. 2 2. Sirac. 46 7. Luc. 2 10. Tit. 2 14. Hebr. 5 3, et *pass.* V. et N. T.; alia exempla in Idiot. p. 82. Hom. Anecd. 181 26. Lit. Dam. I fol. 1v. 2v. Act. Andr. et Matth. fol. 2v. Act. Adrian. fol. 2r. Sermone liturg. (sg. et pl.) = laici, ecclesia (clero oppos.) Lit. 696 15. 18. 20. 705 10. 706 19; cf. ܥܡܐ.

ܩܘܒܪܢܝܛܐ (cf. Krauss. 2 500) — κυβερνήτης gubernator Act. Philem. 74 10 (cf. GGA 1901, p. 206).

---

*ܩܘܠ. ܩܠ, ܩܠ, *pass.* emph. ܩܠܐ. C. suff. ܩܠܗ s. ܩܠܝܗ (Ps. 45 7. Joh. 3 29 BC, al.); etc. Pl. ܩܠܝܐ Ex. 9 23. 29. 33 sq. Jo. 3 14. C. suff. ܩܠܝܗ Ex. 9 28. *m.* — *1.* vox, sonus, vociferatio, ll. cc., Gen. 22 18. Dt. 13 4. Js. 40 3. Prov. 9 3. Mt. 2 18, *pass.* Hom. Ox. 9 67 7. Lit. Dam. I fol. 2v. *2.* tonus, moduli Lit. 695 10. 697 21. 701 18.

ܩܘܠܣܣ N. pr. Colossae Col. 1 2 (syr. ܩܽܘܠܳܣܰܣ).

*ܩܘܠܣܝ. pl. emph. ܩܘܠܣܝܐ Col. 1 1 (in praescripto), ܩܘܠܣܝ[ܐ] Ox. 5 10 7. [Corrupt. legitur Lect. 12 4. 13 1]. — Colossensis, ll. cc.

---

*ܩܘܡ. *Pe.* ܩܡ s. ܩܐܡ (Mt. 9 9 A, *p. o.* BC *pass.*); 3. *f.* ܩܡܬ, ܩܐܡܬ; etc. Impf. 3. ܢܩܘܡ A Mt. 17 9, al., *p. o. pass.*, ܢܩܘܡ Js. 8 10, ܢܩܡ Luc. 13 25 B; etc. Imp. ܩܘܡ; etc. Ptc. act. ܩܐܡ, ܩܐܝܡ, ܩܝܡ (Joh. 3 29 B), ܩܡ (Mt. 24 15 C. Joh. 6 22 B). *f.* ܩܝܡܐ, ܩܐܡܐ (Joh. 8 9 A. Hom. Ox. 97 0 10); etc. — *1.* surrexit, resurrexit, stetit, ll. cc. et pass. Sequ. ܠܩܘܒܠ restitit, rebellavit Mt. 5 39. Luc. 21 15. Gal. 3 15; sequ. ܥܠ (*id.*) Sirac. 46 1. *2.* constitit, substitit, mansit Gen. 7 4. 19 17. Js. 8 10. 1Cor. 15 6.

[*ܩܘܡܣܝܢ stamus Lit. 705 19: leg. ܩܝܡܝܢ. Hom. Anecd. 194 20 ?].

*ܩܘܡܐ. emph. ܩܘܡܬܐ Luc. 2 40 Ev. 259 A; 52 A; *p. voc. o.* ib. al. C. suff. ܩܘܡܬܗ (Luc. 19 3 A). *f.* — *1.* statura, corpus Luc. 2 40. *2.* ἡλικία Mt. 6 27. Luc. 2 52. 19 3.

*ܩܝܡ (קְיָם). emph. ܩܝܡܐ. Pl. c. suff. 1. ܩܝܡܝ 3 Rg. 9 4. *m.* — *1.* substantia, res subsistens Gen. 7 23. *2.* statutum, mandatum 3 Rg. l. c.

ܩܝܡܐ (*pass.*), ܩܝܡܬܐ Mt. 22 23 A (et ita leg. in C). Hom. Anecd. 208 24. emph. ܩܝܡܬܐ; ܩܝܡܬܐ A: Mt. 22 31, Joh. 11 24 sq. ܩܝܡܬܐ Rom. 1 4. C. suff. ܩܝܡܬܗ; etc. *f.* — *1.* substantia, ὑπόστασις Dt. 11 6. Hebr. 1 3 Dam. (Lect. om.). Hom. Anecd. 208 24 (?). *2.* resurrectio Luc. 2 34; pec. *mortuorum* Mt. 22 23. 28. 30 sq. Mc. 12 18. Joh. 5 29. 11 24 sq. Act. 2 31. Rom. 1 4. 6 5. Phil. 3 10. Hebr. 6 2. 11 35. Anecd. 143 14. Lit. Dam. *pass.*

*ܩܝܡ (קַיָּם). Pl. ܩܝܡܝܢ — constans, permanens Gen. 49 26.

ܡܩܝܡܐ (מְקָמָא, מְקַמְתָּא) Mc. 16 18 BC. Ps. 90 6 (sic leg. pro ܡܩܝܡܐ) al.; ܡܩܝܡܐ Mc. l. c. A (ad מְקִימָא, מְקִימְתָּא respexisse videtur librarius). Pl. ܡܩܝܡܝܢ (sic) Hom. Anecd. 200 6. emph. ܡܩܝܡܬܐ Luc. 1 1 A, *p. voc. o.* BC Anecd. C. suff. 3. *m.* ܡܩܝܡܬܗ 2 Tim. 2 4 Lect. *f.* — *1.* res Ps. 90 6 (πρᾶγμα); ܡܩܝܡܐ ܝܩܝܪܐ res pretiosa Hom. Anecd. 173 23; ܛܒܐ 'ܡ bonum aliquid ib. 203 2, Vit. Sct. cod. ms. [ܕ]ܡܘܬ 'ܡ θανάσιμόν τι Mc. 16 18. ܕ ܡܩܝܡܐ ܟܠ πᾶν πρᾶγμα ὃ κτέ Mt. 18 19; ܕܙܢܘ 'ܡ ܟܠ scortatio quaevis Hom. Anecd. 200 11. ܡܩܝܡܐ ܒܟܠ ἐν παντί Phil. 4 12, κατὰ πάντα Hebr. 2 17. ܡܩܝܡܝܢ ܕܥܘܠܐ res iniustae Hom. Anecd. 200 6. ܡܩܝܡܬܐ ܠܒܝܫܬܐ Vit. Sct. cod. ms. Cf. etiam *ܩܘܡ *Aph.* *2.* res gesta, factum, πρᾶγμα Luc. 1 1. *3.* opus, negotium, πραγματεία 2 Tim. 2 4 Lect. (Ox. ܚܫܚܬܐ). [Hom. Anecd. 198 19: loc. foedissimus].

Ithpe. Ptc. ܡܬܩܝܡ, ܡܬܩܝܡܝܢ. — ܡܬܩܝܡ ܥܠ καθίσταται ὑπέρ Hebr. 5 1. ܕܡܬܩܝܡ ὁ προϊστάμενος antistes Rom. 12 8.

Pa. Pf. 3. c. suff. 1. ܩܝܡܢܝ — excitavit Eph. 2 6.

*ܩܝܘܡ (קִיּוּם). emph. ܩܝܘܡܐ. *m.* — constitutio, status (κατάστασις) Act. Adrian. fol. 2ᵛ.

ܩܘܡܐ — τροφή Stud. Sin. 11 144 13. Lectio dialecti rationi repugnans (nam exspectaveris ܩܘܬܐ) atque prorsus incerta, cf. S. F. 89 13, ubi ܩܘܬܐ legerat editor!

Aph. ܐܩܝܡ, ܐܩܡ (BC *pass.*); anteced. ܕ: ܩܡ(ܕ) Joh. 12 9 CD, ܕܐܩܝܡ Mt. 24 45 A², *p. o.* B Anecd., ܕܩܡ C. C. suff. 3. *m.* ܐܩܝܡܗ Mc. 9 35 Anecd. 21 6. Etc. Impf. ܢܩܝܡ A: Mt. 22 24 *et pass.*, ܢܩܡ (BC *pass.*); etc. Ptc. act. ܡܩܝܡ, ܡܩܡ; etc. — *1.* statuit, collocavit 3 Rg. 9 5. Js. 9 7. 40 12. Am. 9 11. Ps. 44 17. Mt. 4 5. Luc. 2 22. Rom. 3 31; al. Restituit (ἀποκαθιστάνειν) Act. 1 6. *2.* constituit Act. 1 3. 2 Cor. 6 4. *3.* excitavit Js. 43 14. Jon. 1 4; pec. *mortuos* Rom. 8 11; al.; Apocr. Dam. fol. 2ʳ. Lit. Dam. I fol. 2ʳ. IIʳ. *4.* foedus fecit Gen. 6 18. 9 9.

ܩܘܣܡ N. pr. Κωσαμ (Peš. ܩܘܣܡ) Luc. 3 28 B; ܩܘܣܡ v. 29 C.

ܩܘܣܛܢܛܝܢܘܦܘܠܝܣ (sic!) N. pr. Κωνσταντινόπολις Hom. Anecd. 177 20.

---

*ܩܘܦܐ (קוּפָא, ܩܘܦܐ). Pl. ܩܘܦܐ. *m.* — vectis (ἀναφορεύς) Num. 13 24 (cf. Peš.), *perperam per* ܦ *scriptum.* Huc fort. pertinet (C ܩܦܘܦܐ, B ܩܘܦܐ) ܕܩܦܘ ܒܩܦܘܦܐ Joh. 6 19, quae verba nihil aliud quam „remigaverunt" significare mihi saltem certum videtur admodum. Sed incerta est appellationis ratio in eo, quod text. gr. ἐληλακότες habet. Quaeritur enim, utrum interpres hoc verbum eodem sensu remigandi intellegerit, quem tam hoc ipso loco habere potest, quam alibi habet (vid. Lexx., cf. Mc. 6 48, ἐλάτης „remex" apud Lexx. et Act. Bolland. Oct. IV 163 A. Tougard, Quid apud prof. mores etc. p. 127 et De l'histoire profane etc. p. 259 sq.), an fort. pro ἐλαύνειν (ἐληλακότες) verbum ἐρέσσειν (*ἐρηρεκότες) aut legerit aut finxerit. Varia lectio ut κώπαις ἐλαύνειν s. κωπηλατεῖν vel simile quid nusquam, quod sciam, reperitur. Dolendum quod alter ille locus Mc. 6 48 hodie desideratur, qui fort. aliquando opem feret.

*ܩܘܪܢܬܝ. Pl. emph. ܩܘܪܢܬܝܐ Lect. 6 6. 40 7. 115 11; ܩܘܪܢܬܝܐ 44 8; ܩܪܢܬܝ 109 1. — Corinthius, ll. cc. (Perperam ܩܘܪܢܬܝܐ etc. ediderunt. Vid. quae ad ܠܣܛܝܐ adnotavi).

ܩܘܣܡܣ N. pr.: vid. ܩܘܣܡܣ.

ܩܛܠ *Pe.* ܩܛܠ; etc. Impf. ܢܩܛܘܠ (Joh. 7 21 A), *p. o. pass.* ܢܩܛܠ Mt. 14 5 (vix *Pa.* esse potest); etc. pl. ܢܩܛܠܘܢ, ܢܩܛܠܘܢ; etc. Ptc. act. ܩܛܠ, ܩܛܠ; etc. Inf. ܡܩܛܠ Dt. 13 15. — occīdit, ll. cc., Gen. 18 25. Dt. 13 9. 15. Js. 11 4. Mt. 5 21; et persaepe al. Act. Philem. Anecd. 169 15. Hom. Ox. 9 66 1 (cit. Ps. 68 17). 17.

*ܩܛܠ. C. suff. ܩܛܠܗ. *m.* — nex Dt. 13 15. Job. 21 20. Hebr. 11 37.

*ܩܛܝܠ. Pl. ܩܛܝܠܝܐ — necatus Js. 10 4. Job. 21 22 = Hom. Anecd. 182 27 (sed LXX φόνοι).

ܩܛܘܠ (Joh. 8 44 A, *p. o.* C). Pl. ܩܛܘܠܝܢ Act. Adrian. fol. 2ᵛ. emph. ܩܛܘܠܝܐ Mt. 22 7. — interfector, homicida ll. cc.

Ithpe. Impf. 3. ܢܬܩܛܠ Mc. 8 31 A, *p. voc. o.* BC. Ptc. ܡܬܩܛܠ Mc. 9 30, A ܡܬܩܛܠ. — necatus est, ll. cc.

Pa. Pf. ܩܛܠ = ܩܛܠ Mt. 2 16 A, *p. o.* cett. Ptc. act. *f.* ܡܩܛܠܐ Mt. 23 37. — interfecit, ll. cc.

ܩܛܥ *Pe.* ܩܛܥ; etc. Impf. pl. 1. ܢܩܛܥ. Imp. c. suff. 3. *f.* ܩܛܥܝܗ Mt. 5 30 A, *p. o.* C, ܩܛܥܝܗ B. Ptc. act. ܩܛܥ. Pass. *f.* ܩܛܝܥܐ Js. 10 23. — *1.* decidit, amputavit Num. 13 24 sq. Mt. 5 30. [Luc. 5 36 *bis*]. Joh. 18 10. 26. Hom. Ox. 9 61 8. *2.* cecidit *arbores* Js. 9 10. 10 15. *3.* decrevit Js. 10 23. [Hom. Anecd. 210 10].

Ithpe. ܐܬܩܛܥ Mt. 27 51 A, *p. voc. o. pass.* ܐܬܩܛܥ Joh. 19 31 A. 3. *f.* ܐܬܩܛܥܬ; etc. Ptc. ܡܬܩܛܥ; etc. — *1.* scissus est Job. 17 11. Mt. 27 51. Joh. 19 31. Hom. Ox. 9 67 7. Act. Philem. Anecd. 169 24. *2.* excisa est *arbor* Mt. 3 10. Luc. 3 9. *3.* avulsus est Hom. Anecd. 206 22 (cf. Dan. 2 34). *4.* interclusus est Gen. 8 1.

Pa. Ptc. act. ܡܩܛܥ, ܡܩܛܥ; pl. ܡܩܛܥܝܢ — concīdit, decīdit Mt. 21 8. Luc. 8 29.

*ܩܛܦ. *ܩܛܦ (קִטְפָא). emph. ܩܛܦܐ. *m.* — messis Jo. 3 13. Am. 9 13.

Pa. Ptc. act. pl. ܡܩܛܦܝܢ — evellit Mc. 2 23. Luc. 6 1 ABC (cf. ܠܩܛ).

*ܩܛܪ *Pe.* pf. pl. ܩܛܪܘ. Impf. pl. 2. ܬܩܛܪܘܢ. Ptc. pass. ܩܛܝܪ — *1. tr.* vinxit, annexuit Gen. 22 13. Dt. 11 18 (hinc corrig. 6 8). *2. intr.* compactus est, congelavit Ex. 15 8 (*bis*).

*ܩܛܪܐ. pl. ܩܛܪܝܢ. *m.* — amuletum, periaptum Hom. Anecd. 200 22, ubi verte „noli uti unquam periaptis paganorum“ (δεσμοί, καταδεσμοί?).

Ithpe. Impf. 2. ܬܬܩܛܪ — se adiunxit, sociatus est, c. ܠ p., Sirac. 18 32.

ܩܛܓܘܪܝܢ (κατηγορίαν) Joh. 18 29 A, [ܩܛܓܘܪܝܐ C; B ܡܩܛܓܘܪܝܢ] — accusatio, l. c.

*ܩܛܪܓ. Impf. pl. ܢܩܛܪܓܘܢ. Ptc. act. ܡܩܛܪܓ, ܡܩܛܪܓܝܢ; etc. — accusavit Mc. 3 2. Luc. 6 7. Joh. 5 45. 8 6. Hom. Anecd. 174 23. 26.

*ܡܩܛܪܓ. Pf. *f.* ܢܫܝܢ ܡܩܛܪܓܢ — *mulieres* calumniatrices Tit. 2 3 (διάβολοι).

Ithpa. Ptc. ܡܬܩܛܪܓ — accusatus est Mt. 27 12.

ܩܛܪܘܣ: ܕܩܛܪܘܣ, ܢܚܠܐ Joh. 18 1 A, *p. om.* B². (ܩܛܪܘܣ Anecd., B¹, C²; ܩܕܪܘܣ C¹) = ὁ χείμαρρος τῶν κέδρων (cf. Blass. Gramm.² p. 33). Aut fallor, aut lectio est antiquitus corrupta ex ܩܕܪܘܣ (*i. e.* κέδρος, in terminationem plur. aram. desinens).

*ܩܛܪܩܛܐ (cf. Krauss. 2 527). Pl. ܩܛܪܩܛܐ. *m.* — καταῤῥάκτης Gen. 7 11. 8 2. Hom. Ox. 9 57 8.

ܩܝܪܝ s. ܩܝܪ *pass.*; ܩܝܪܝ Joh. 4 23 A; ܩܝܪܝ Luc. 6 33 sq. A, *p. o.* Hebr. 4 2; ܩܝܪܝ Luc. 7 8 A. *coni.* — καὶ γάρ Js. 14 29. 42 22. Job. 21 16 (LXX solum γάρ). Sirac. 46 6. Mc. 10 45. Luc. 1 66. 6 33 sq. 7 8. 21 19. Joh. 4 23. Act. 2 18 (gr. καίγε). Rom. 15 3. 1Thess. 3 4. 4 10 Ox. Hebr. 5 12. 10 34. Hom. Anecd. 173 20. 178 2. 181 23. 206 15. Vit. Anton. S. F. 80 3. 90 18. Act. Andr. et Matth. fol. 2v. Vit. Sct. cod. ms. ܘ ܩܝܪܝ Lit. 697 8 (cit. Ps. 64 14) = 706 18. ܐܦ ܩܝܪܝ pro καὶ γάρ Mt. 8 9. Hebr. 4 2; ܐܦ ܩܝܪ καὶ γὰρ καί Ps. 82 9 (cf. ZDMG 53 706).

ܩܝܕܪ N. pr. Κηδαρ Js. 60 7 (Peš. ܩܝܕܪ).

*ܩܝܛ. ܩܝܛܐ. *m.* — aestas Gen. 8 22. Num. 13 21 (ἔαρ). Mt. 24 32 ABC, Luc. 21 30 A. Hom. Anecd. 199 5; cf. ܐܝܪܐ.

*ܩܝܛܘܢ (cf. Krauss. 2 528). C. suff. 3. *m.* ܩܝܛܘܢܗ. *m.* — cubiculum, κοιτών Jo. 2 16.

ܩܝܛܘܣ (cf. Krauss. 2 499) Jon. 2 1. emph. ܐ— ib. v. 1. 11. Pl. ܩܝܛܘܣܐ Gen. 1 21. — κῆτος, ll. cc.

ܩܝܢܕܘܢܘܣ *m.* — κίνδυνος periculum Vit. Eulog. ZDMG 56 259 a p u.

*ܩܝܢܣܘܢ (cf. Krauss. 2 554. Lidzb. Handb. 364. Brockelm. 329). ܩܢܣܘܢ A: Mt. 17 25, 22 17 Ev. 87. 19 Ev. 88; *p. o.* BC *pass.* ܩܝܢܣܘܢ 22 17 Ev. 156 A, ܩܝܢܣܘܢ v. 17 et 19 Ev. 156 B, ܩܝܢܣܘܢ v. 19 ib. A. — κῆνσον, census, ll. cc.

ܩܝܣ Js. 10 15, al. emph. ܩܝܣܐ (A: Mt. 7 3. 5), ܩܝܣܐ, *pass.* C. suff. ܩܝܣܗ Hom. Anecd. 211 4, al. Pl. ܩܝܣܝܢ Gen. 6 14, al. emph. ܩܝܣܝܐ, *pass.* *m.* — *1.* lignum, ll. cc., Gen. 22 3. 6 sq. 9. Js. 11 19. 60 17. Eccl. 11 3. Mt. 7 3 et 5 AC (B utroque loco ܩܝܣܐ, q. v.). 2Tim. 2 20. Hom. Anecd. 176 9 (cit. Prov. 12 4). 180 11 (cf. 3Rg. 17 12). 199 18. 208 22. 210 22. Lit. Dam. I fol. 1v. 2r. IIIr. *2.* arbor Lit. 704 16. Lit. Dam. I fol. 2v. [Pro ܩܝܣܐ Ps. 44 9 leg. ܩܣܝܐ, q. v.].

ܩܝܣܪ A: Mt. 22 17 Ev. 156; *p. o. pass.*; ܩܣܪ A: Mt. 22 21 Ev. 156, Joh. 19 12. 15 Ev. 199. ܩܣܪ Luc. 2 1 A. — Καῖσαρ Caesar, ll. cc., Mc. 12 16 sq. Phil. 4 22. Apocr. Dam. fol. 1r. Hom. Anecd. 182 9.

ܩܝܣܪܝܢ (cf. Krauss. 2 536) N. pr. Καισάρειαν, Caesarea Hom. Anecd. 191 23; ܩ' ܕܦܝܠܝܦܘܣ Καισαρεία(ς) τῆς Φιλίππου Mt. 16 13 BC (A ܩܝܣܪܝܐ). Mc. 8 27.

ܩܝܦܐܣ Luc. 3 2 A, *p. o.* C ib., Joh. 18 14. 28 Ev. 196. ܠܩܝܦܐܣ Mt. 26 3 A, *p. o.* ib. C. 57 BC Anecd. Luc. 3 2 B. Joh. 18 24 C. ܠܩܝܦܐܣ A: Mt. 26 57, Joh. 18 [13, gloss.] 14. 24. 28; *p. o.* Mt. 26 3 B. Joh. 11 49 AC. 18 28 Ev. 196 B. ܩܝܦܐܣ Joh. 11 49 B. 18 14 B. 24 B. 28 Ev. 194 BC. N. pr.— Καϊάφας (cf. Dalm. Gramm. p. 127, n. 4), ll. cc.

ܩܝܦܣ N. pr. Κηφας 1Cor. 15 5. Gal. 2 14.

ܩܝܪܘܣ (cf. Krauss. 2 540) A *pass.*, ܩܝܪܘܣ Js. 60 22. Rom. 5 6. Hebr. 4 16. emph. ܩܝܪܘܣܐ; ܩܝܪܘܣܐ 1Reg. 1 20. Hom. Anecd. 194 23. C. suff. ܩܝܪܘܣܗ; etc. ܩܝܪܘܣܗܘܢ Mt. 21 34 Ev. 154 A, *p. o.* al., ܩܝܪܘܣܗܘܢ Mt. 21 41 A, Ev. 154 C, Ev. 89 C; etc. Pl. ܩܝܪܘܣܝܢ Gen. 1 14. Act. 1 7. emph. ܩܝܪܘܣܝܐ Eph. 1 10 [2Cor. 6 2b leg. sing.]. *m.* — *1.* καιρός, momentum, tempus Gen. 1 14. 6 13. 1Reg. 1 20. Mich. 5 3. Mt. 21 34. 41. 24 45. 26 18. Luc. 1 20. Joh. 7 6. 8. Act. 1 7. 14 17. Eph. 1 10. Hebr. 5 12. Praeterquam Hom. Anecd. 177 16. 199 2. 8. 15. Lit. 696 8. 707 3. ܩܝܪܘܣܐ ܗܘ *pass.* Ev. = τῷ καιρῷ ἐκείνῳ, de quo multa exposuit Praetorius ZDMG 54 111 sq. ܟܩܝܪܘܣ κατὰ καιρόν in tempore Js. 60 22. Rom. 5 6; καιρῷ δεκτῷ 2Cor. 6 2.

ܠܐ ܒܩܝܪܣܗ importune Hom. Anecd. 178 9 (sic leg.). ܒܩܝܪܣܟ tempore tuo ib. 211 11; ܠܐ ܒܩܝܪܣܗ[ܝ] Eccl. 7 18. ܠܩܝܪܣܗ πρὸς καιρόν Luc. 8 13. Lit. 695 10. ܥܕ ܩܝܪܣܗ ἕως καιροῦ Js. 8 22. ܡܢ ܩܕܡ ܩܝܪܣܗ πρὸ καιροῦ Mt. 8 29. ܒܟܠ ܩܝܪܣܗ ἐν παντὶ καιρῷ Luc. 21 36. ܡ 'ܩ 'ܠ κατὰ καιρόν ad tempus Joh. 5 4. ܒܩܝܪܣܐ ܕܗܫܐ ἐν τῷ νῦν καιρῷ Rom. 3 26 Dam. (Lect. ܗܫܐ). *2.* χρόνος Hebr. 5 12. *3.* εὐκαιρία = tempus opportunum Mt. 26 16; ܩܝܪܣܗ ܕܛܒ *id.* Luc. 22 6; cf. ܠܩܝܪܣܗ ܕܥܘܕܪܢܐ εἰς εὔκαιρον βοήθειαν Hebr. 4 16.

*ܩܝܪܘ. emph. ܩܝܪܘܬܐ (cf. Krauss. 2 538). *f.* — cereus Lit. 695 8.

*ܩܠܠ. *ܩܠܝܠ (קליל). *f.* ܩܠܝܠܐ; pl. *f.* ܩܠܝܠܢ — celer Prov. 1 16. Mt. 11 30. Hom. Anecd. 186 24 (cit. Job. 9 25).

ܩܠܠ (קְלָל). emph. ܩܠܠܐ. *m.* — opprobrium, ἀτιμίᾳ Rom. 1 26. 2Tim. 2 20; ὕβρις Js. 9 9.

Pa. Impf. pl. ܢܩܠܠܘܢ. — *1.* exoneravit Jon. 1 5. *2.* (denom.) turpavit, c. acc. et ܒ r., Rom. 1 24.

Ithpa. Ptc. *f.* ܡܬܩܠܠܐ — contemptus est *s.* turpem se praebuit 1Cor. 13 5.

Aph. (denom.) Pf. pl. ܐܩܠܘ. Ptc. act. pl. ܡܩܠܝܢ, ܡܩܠܠܝܢ (Joh. 8 49 B). — contumelia affecit Mt. 22 6. Joh. 8 49. 9 28.

ܩܘܠܬܐ (קֻלְתָא. Syr. *id.* Fort. peregr.). C. suff. 3. *f.* ܩܘܠܬܗ Joh. 4 28 A, *p. voc. o.* BC. *f.* — urceus 4 Rg. 2 20. Joh. 4 28. Hom. Anecd. 180 6 sq. (cit. 3 Rg. 17 12. 14).

*ܩܘܠܒ (κολόβιον; cf. Krauss. 2 504). C. suff. 3. *m.* ܩܘܠܒܗ Joh. 21 7 A, *p. o.* C [ܩܘܒܠܗ B]. *m.* — tunica (ἐπενδύτης) Joh. l. c.

ܩܠܝܘܦܣ, ܩܠܝܘܦܐܣ (Luc. 24 18 A), ܩܠܝܘܦܣ (Joh. 19 25 Ev. 238 A, *p. voc. o.* Ev. 206 C, 281 C), ܩܠܝܘܦܣ (Joh. l. c. Anecd.), ܩܠܝܘܦܣ (Ev. 238 C), ܩܠܝܘܦܐܣ (Luc. l. c. C), ܩܠܝܘܦܐ (Joh. l. c. Dam., pro gen. Κλεωπα, sed cf. palmyr. קלופא Lidzbarski, Handb. p. 363, קליפא „Ephemeris" I, 79 supra). N. pr. Κλεοπας, ll. cc.

*ܩܠܝܬܐ (ܩܶܠܳܝܬܳܐ). C. suff. 3. *m.* ܩܠܝܬܗ; 3. pl. ܩܠܝܬܗܘܢ. *f.* — cella Act. Sct. Anecd. 170 10. Vit. Anton. S. F. 78 7. Vit. Sct. cod. ms. (*pass.*). — St. abs. extat in eiusdem vitae verbis ܒܚܕܐ ܩܠܝܐ ܒܠܚܘܕܝܗ (Duensing), si vera est lectio.

ܩܠܝܡܝܣ[ܣ] N. pr. Κλημης („Κλημεντος") Phil. 4 3.

ܩܠܢܕܝ Κάλανδαι, calendae (cf. Krauss. 2 546) Lect. 35 15. 36 8. 37 13. 38 7.

*ܩܠܣ *Ithpa.* (deriv. a καλῶς) Ptc. *f.* ܡܬܩܠܣܐ — celebratus est Lit. 706 24.

*ܩܠܨ. ܩܠܨܬܐ (num fort. *ܩܠܨܝܬܐ?) *f.* — locustarum quoddam genus Jo. 2 25 (ἐρυσίβη).

*ܩܠܦܣ (κόλαφος). Pl. ܩܠܦܣܝܢ Mt. 26 67 Ev. 195 A, *p. o.* C, Ev. 181 B; ܩܠܦܣܝܢ Ev. 181 A. [ܩܠܦܣܝܢ Ev. 195 B]. *m.* — colaphus l. l.: 'ܩ sic ܝܗܒܘ ܠܗ ἐκολάφισαν αὐτόν.

*ܩܡܚ. ܩܡܚ, ܩܡܚܐ (Luc. 13 21 C). emph. ܩܡܚܐ. *m.* — farina Luc. 13 21. Hom. Anecd. 180 6 sq. (cit. 3 Rg. 17 12. 14).

ܩܕܡ primus: vid. *ܩܕܡ.

ܩܡܝܢܐ (cf. Krauss. 2 551). *m.* — caminus Mt. 13 50 A (Anecd. ܩܡܝܢ).

*ܩܡܩܡ. pl. ܩܡܩܡܬܐ. *f.* — κάμπη locusta Jo. 2 25.

*ܩܡܨ. *ܩܡܨܐ (קְמָצָא). C. suff. 3. *m.* ܩܡܨܗ. *m.* — pugillus Js. 40 12.

ܩܡܨ Ex. 10 4. 14. 19. emph. ܩܡܨܐ *pass.* Pl. ܩܡܨܝܢ (קַמְצִין) Mt. 3 4 A; *p. o.* B. Mc. 1 6; ܩܡܨܝܢ Mt. C. *m.* — locustarum quoddam genus, ll. cc., Ex. 10 12 sq. 19. Jo. 1 4. 2 25.

ܩܢ (ut syr. ܩܢ Anecd. syr. 3 51 6 = καὶ ἐάν apud Combefisium, Lect. triumph. 270 8) — κ'ἄν Joh. 10 38 B (AC om.).

*ܩܢ. *ܩܢ. emph. ܩܢܐ Js. 10 14. Pl. ܩܢܝܢ Luc. 9 58 C; sed ܩܢܢܝܢ Gen. 6 14. Luc. l. c. Anecd. ܩܢܢܝܢ ib. A *cod.*, Mt. 8 20 BC, ܩܢܢܝܢ Luc. B. [De formis ita iudicandum est ut de ܢܝܪܐ tela, נִירָא = נִירָא, hebr. חָקְקֵי, al.]. *m.* — *1.* nidus ll. cc.; νοσσιά, cellula Gen. 6 14.

*ܩܢܐ I (קנא قنأ). ܩܢܝܐ Mt. 27 18 A, *p. o.* BC. C. suff. 3. *m.* ܩܢܐܬܗ. *f.* — studium, aemulatio, ζῆλος Js. 9 7. 11 13. Joh. 2 17. Rom. 10 2; φθόνος Mt. 27 18.

ܩܢܐ (קַנָּא) — aemulator, zelotes Dt. 6 15 (ζηλωτής).

Pa. ܩܢܝ Jo. 2 18 S. F., ܩܢܐ ib. Lect. Impf. 3. ܢܩܢܐ. Imp. pl. ܩܢܘ 1Cor. 12 31. Ptc. act. ܡܩܢܐ. — *1.* studuit *rei*, c. acc., Js. 11 11, cf. Tit. 2 14; ܒ r. Jo. et Cor. ll. cc. *2.* aemulatus est *alicui* (ܒ) Js. 11 13.

Aph. Pf. pl. ܐܩܢܘ — aemulari fecit, invidiam *alicuius* incitavit Ps. 77 58.

ܩܢܐ II *Pe.* ܩܢܐ; etc. Impf. pl. 2. ܬܩܢܘܢ; etc. Imp. ܩܢܝ Hom. Anecd. 194 10. Ptc. act. ܩܢܐ s. ܩܢܝ; pl. ܩܢܝܢ. — comparavit, acquisivit, l. c., Gen. 49 30. Js. 43 21 (Lect. 36). Jer. 13 4. Prov. 1 5. 14. Mt. 10 9. Luc. 18 12. 21 19. 1Thess. 4 4. Hom. Anecd. 202 22.

ܩܢܝܢ Tit. 2 14. Hebr. 10 34. emph. ܩܢܝܢܐ Luc. 21 4 A, *p. o.* B. C. suff. 3. *m.* ܩܢܝܢܗ Luc. 15 12 AB (al.), ܩܢܝܢܝܗ ib. C; etc. Pl. ܩܢܝܢܝܢ Mt. 19 22, ܩܢܝܢ ib. B. emph. ܩܢܝܢܝܐ (cod. manuscr.); ܩܢܝܢܐ Luc. 19 8 Anecd. C. suff. ܩܢܝܢܟ Mt. 24 47 A², *p. o.* al.; ܩܢܝܗ— Mt. 25 14 Anecd., ܩܢܝܢܗ utroque loco C. 1. ܩܢܝܢܝ, ܩܢܝܢܝ (Luc. 19 8 A); etc. *m.* — possessio, bona, facultates, ll. cc., [Gen. 49 30]. Prov. 1 13. Job. 17 3. 21 19. Mt. 19 21. Mc. 12 44. Luc. 8 3. 43. 12 33. 15 30. 1Cor. 13 3. Hebr. 10 34. Hom. Ox. 97 3 18 (ubi leg. ܩܢܝܢܝܗܘܢ pro ܩܢܝܢܗܘܢ).

*ܩܢܐ III ܩܢܝ (Mt. 27 30 Ev. 201 A? vid. adn.) (*קַנְיָא), *p. o.* al. emph. ܩܢܝܐ. *m.* — arundo Mt. 11 7 (C. om.) 27 29 sq. 48. Mc. 15 19. Luc. 7 24.

ܩܢܐ N. pr. Κανα Joh. 2 1 A (BC ܩܢܢܐ). 11. 21 2 BC (A *corr.* ܩܛܢܐ, *cod.* ܩܢܝ?).

*ܩܢܘܡ, c. suff. ܩܢܘܡܗ, ܩܢܘܡܟܘܢ — ipse: hanc vocem non modo apud Syros, sed etiam apud Samaritanos usitatam — de קנם Lidzb. Handb. 363 cf. Wellhausen GGA 1899, 605 — latere fort. licet suspicari hisce duobus locis: Joh. 12 26, ubi ABCD Ev. 48: ܗܘܐ ܩܢܘܡܗ ܐܢܐ ܕ ܬܡܢ, BC Ev. 168 ܩܢܘܡܗ ܐܢܐ ܕ ܬܡܢ, A Ev. 168 ܬܡܢ ܩܢܘܡܗ ܐܢܐ ܕ, pro καὶ ὅπου εἰμὶ ἐγώ; et 3 28, ubi A ܩܢܘܡܟܘܢ ܐܢܬܘܢ, C ܩܢܘܡܟܘܢ ܐܢܬܘܢ, B ܐܢܬܘܢ ܩܢܘܡܟܘܢ, pro αὐτοὶ ὑμεῖς. Priore loco Nöldeke (p. 469, n. 1) ܐܢܐ ܗܘܐ vel simile quid requirebat, literarum tamen, ut opinor, typis manu scriptis minus convenienter, nec favente altero loco 3 28.

ܩܢܘܢ *m.* — κάνων (cf. Christ. et Paranikas, Anthol. gr. p. LXII sqq.) Lect. 136 8.

ܩܢܛܪܝܘܢ (cf. Krauss. 2 529) Mt. 8 5 BC. Luc. 7 2 C; ܩܢܛܪܝܘܢ Luc. ib. A, *p. o.* Mt. l. c. A. emph. ܩܢܛܪܝܘܢܐ Mt. 27 54 Ev. 212 A, ܩܢܛܪܝܘܢܐ Luc. 23 47 A, *p. o.* pass. ܩܢܛܪܝܘܢܐ A: Mt. 8 13 et Luc. 7 6; *p. o.* Mt. l. c. v. * C. 27 54 Ev. 204 A *corr.* — κεντυρίων centurio Mc. 15 44 sq., ἑκατοντάρχης ll. cc., Mt. 8 8. Luc. 7 2. 23 47.

ܩܝܢܢ N. pr. Καιναμ Luc. 3 36 sq. (Peš. ܩܝܢܢ. Hinc fort. corrigendum).

*ܩܢܢܝ. emph. ܩܢܢܝܐ (Mt. 10 4 A, *p. o.* al.). — *id.* Act. 1 13; ὁ Καν(α)ναῖος Mt. 10 4; cf. Dalm. Worte Jesu (1898) p. 40.

ܩܩܒܐ (syr. *id.*) — urceus Ex. 16 33.

ܩܘܣܛܘܕܝܐ (Payne Smith 3549. Krauss. 2 515) Mt. 27 65 sq. A, *p. o.* al. — κουστωδία s. κοστωδεία (Oxyrrhynch. Papyri 294), l. c., Mt. 28 11. Lit. Dam. III^v.

ܩܣܛܪܐ (*qesṭrā*, ex κάστρα natum, de quo cf. Krauss. 2 557) A, *p. o.* BC. — manipulus, turba (pro σπεῖρα) Mt. 27 27. Mc. 15 16.

ܩܣܝܐ — κασία cassia (cf. Löw. Pfl. p. 348) Ps. 44 9 (sic leg. pro ܩܨܝܐ).

---

*ܩܣܡ (Vid. Gesen.[13] 736. Cf. ܩܨܡ). ܩܣܝܡ Gen. 8 11. emph. ܩܣܝܡܐ Mt. 7 3 sq. B, ܩܣܝܡܐ v. 5 B. *m.* — festuca, ll. cc. (Cf. ܩܨܝܐ).

*ܩܣܡ. Pl. c. suff. ܩܣܡܝܗܘܢ *m.* — vaticinatio Hom. Anecd. 200 3; cf. ܩܨܡ. (Ineptit B. Jacob ZATW 1902, p. 109).

ܩܣܘܡ Tit. 1 12 in marg. emph. ܩܣܘܡܐ. — vates l. c., Act. 16 16 (*bis*).

[ܩܥܐ clamavit Mt. 15 22 sq. A. Luc. 12 21 A. Vox syriaca, eximenda lexico].

ܩܦܦ *Pe.* ܩܦܦ. Impf. 3. *f.* ܬܩܦܘܦ, ܬܩܦܘܦ. Ptc. act. ܩܦܦ, pl. ܩܦܦܝܢ, ܩܦܦܝܢ (C *bis*). — *1.* flexit *genua* Eph. 3 14. *2. intr.* genua flexit Mt. 27 29. Mc. 15 19; se inclinavit: *genu* Phil. 2 10; *in genua* (ܥܠ ܐܒܪܟܘܗܝ) procubuit Mt. 17 14, cf. Vit. Sct. cod. ms. ܩܦܦ ܥܠ ܐܒܪܟܝܗ. — Cf. ܟܦܦ.

---

*ܩܦܦܐ (cf. Fraenkel., F. W. p. 80. Idiot. p. 108. Krauss. 2 516 sq.). Pl. ܩܦܦܢ. *f.* — sporta Mt. 15 37. Mc. 8 8.

ܩܦܦܐ: vid. supra (suo loco).

ܩܦܕܘܩܝ(ܐ)ܐ (קפודקיא etc., Krauss. 2 459) N. pr. Καππαδοκία Am. 9 7. Act. 2 9.

ܩܦܣ: vid. ܩܒܣ.

---

*ܩܦܠ *Pe.* Ptc. act. ܩܦܠ — volvit (ἑλίσσειν) Hebr. 1 12 Dam.

Pa. Impf. 2. ܬܩܦܠ (sic) — *id.* Hebr. 1 12 Lect.

ܩܦܠܝܘܢ, ܩܦܠܝܢ (Stud. Sin. 1 100 1) — κεφάλαιον, capitulum libri, l. c., Hom. Ox. 9 65 15. Lect. 28 21. 31 19. 48 16. 124 1. 128 13. Anecd. 114 17. 117 8. 130 9. 131 10. 218 4. 153 22. 154 18. Vit. Sct. cod. ms. (ܩ ܦܠ).

---

*ܩܨܐ. *Pe.* ܩܨܐ, ܩܨܐ (Jac. 1 12. Hebr. 10 23 Lect. 122). 1. ܩܨܬ Jon. 2 10. Pl. ܩܨܘ. Impf. pl. 2. ܬܩܨܘܢ Dt. 12 17. — *1.* definivit, pactus est Luc. 22 5. *2.* **promisit:** ἐπαγγέλλεσθαι Jac. 1 12. Rom. 1 2. Hebr. 10 23; εὔχεσθαι (vovit) Dt. 12 17. Jon. 2 10; ܩܨܬ ܩܨܐ ηὔξατο εὐχήν 1 Reg. 1 11; ܩܨܘ ܩܨܝܢ ηὔξαντο εὐχάς Jon. 1 16.

ܩܨܝܐ *f.* Gal. 3 18 (*bis*). emph. ܩܨܝܬܐ *pass.* ܩܨܝܬܐ Gal. 3 14. 29. Cum suff. 3. *m.* ܩܨܝܬܗ Luc. 24 49 A; ܩܨܝܬܗ ib. BC. Act. 1 4. [ܩܨܝܬܗ Am. 9 6]. 2. ܩܨܝܬܟ Ps. 55 9 (sic leg. pro ܩܨܝܬܟ). ܩܨܝܬܟ Lit. 707 7. pl. ܩܨܝܢ Jon. 1 16. emph. ܩܨܝܬܐ *pass.* ܩܨܝܬܐ Hebr. 11 33. Cum suff. ܩܨܝܬܟ Hom. Anecd. 183 17. — promissio (ἐπαγγελία) ll. cc., Act. 2 33. 2 Petr. 3 4. 9. Gal. 3 16 sq. Eph. 1 13. Hebr. 9 15. 10 36. 11 39. Hom. Ox. 97 3 13. 21. Act. Adrian. fol. 1^v; εὐχή (votum) Dt. 12 17. 1 Reg. 1 11. Jon. 1 16 (v. *Qal*).

ܩܨܐ *Pe.* ܩܨܐ, ܩܨܐ — fregit (panem) Mt. 14 19. 15 36. 26 26. Mc. 8 6. Luc. 22 19. 24 30. 1 Cor. 11 24.

*ܩܨܝ (ܩܨܝܐ). C. suff. 3. *m.* ܩܨܝܗ Luc. 24 35 A, *p. o.* BC. Pl. ܩܨܝܢ Joh. 6 13 A, *p. o.* C, Mc. 8 8; ܩܨܝܢ Joh. l. c. A *corr.*, ܩܨܝܢ (sic) ib. B. emph. ܩܨܝܐ Mt. 14 20 A, *p. o. pass.* ܩܨܝܐ Joh. 6 12 B. *m.* — *1.* (sg.) fractio (panis) Luc. 24 35. *2.* (pl.) fragmenta Mt. 14 20. 15 37. Mc. 8 8. Joh. 6 12 sq.

---

*ܩܨܡ (cf. ܩܣܡ. Temere B. Jacob ZATW 1902, p. 109 hoc verbum ad hebr. כסם retulit). *Pe.* Impf. pl. ܬܩܨܡܘܢ —

divinatus est: ܬܬܩܨܡܘܢ ܠܐ Dt. 14 1, vid. Field. in loc., not. *1*.

---

*ܩܨܪ *Pe.* Pf. pl. ܩܨܪܘ Mt. 24 22, ܩܨܪ ib. Anecd. 214. Impf. pl. ܢܩܨܪܘܢ l. c. A, ܢܩܨܪܘܢ C. Ptc. act. ܩܨܪ Job. 16 6. — decurtatus, minutus est, ll. cc.

ܩܨܝܪ (targ. קְצִירָא) Luc. 19 3 A, *p. o.* Anecd., ܩܨܝܪ C, ܩܨܝܪ B. — brevis, l. c.

[ܩܨܨܐ, ܩܨܨܐ etc.: vid. *ܩܨܨ. Pro ܩܨܨܐ Hom. Anecd. 183 20 requiro ܩܪܝܬܗ; verte: „audi promissionem, quam scripsit dominus tuus".]

---

*ܩܪ. *ܩܪܝܪ. Pl. ܩܪܝܪܝܢ — frigidus Mt. 10 42.

Aph. ܐܩܪ. Imp. pl. ܐܩܪܘ — refrigeravit, καταψύχειν abs. Gen. 18 4. Sequ. ܠܢܦܫܗ (Lect.) s. ܠܢܦܫܗ (Ox.) ἀναψύχειν 2 Tim. 1 16.

ܩܪܐ I. *Pe.* ܩܪܐ *pass.*, ܩܪܝ Gen. 19 22. 22 14. Mt. 15 32 C. 3. *f.* ܩܪܬ; etc. Impf. ܢܩܪܐ, ܢܩܪܝ Ex. 10 16; etc. 1. ܐܩܪܐ, ܐܩܪܝ Luc. 5 32 Anecd. Pl. ܢܩܪܘܢ; etc. Imp. ܩܪܝ; *f. id.* Joh. 4 16 B; ܩܪܐܝ A, *p. o.* C. Pl. ܩܪܘ. Ptc. act. ܩܪܐ; etc. Pass. ܩܪܐ; pl. ܩܪܝܢ, emph. ܩܪܝܐ (Mt. 22 14 A). — *1.* vocavit, clamavit, appellavit, invitavit, ll. cc., Gen. 1 5. Js. 7 14. Sirac. 46 5. Mt. 1 21; et persaepe al. ܩܪܘ ܫܡܗ βοᾶτε τὸ ὄνομα αὐτοῦ Js. 12 4. Sequ. ܩܪܢܐ cornu cecinit Mt. 6 2 A (cf. ܩܪܝܢ). *2.* legit, recitavit Mt. 19 4. 21 16. 42. 22 31. Mc. 2 25. 12 26. Luc. 6 3. Col. 4 16. Act. Andr. et Matth. fol. 2ᵛ.

*ܩܪܝ (ܩܪܝܐ). emph. ܩܪܝܐ. *m.* — clamor Lit. 696 2. 697 13.

*ܩܪܝܐ. emph. ܩܪܝܬܐ. C. suff. 3. *m.* ܩܪܝܬܗ Eph. 1 18 (sic leg.). *f.* — vocatio (κλῆσις) l. c., Act. Philem. Anecd. 169 10.

*ܩܪܘܝ (*qāṭōl*). emph. ܩܪܘܝܐ. — lector Lit. 680.

ܩܪܝܢ Lect. 25 8, ܩܪܝܢ *pass.* emph. ܩܪܝܢܐ s. ܩܪܝܢܐ. Pl. ܩܪܝܢܝܐ Lect. 110 7. *m.* — *1.* vocatio (κλῆσις) Jer. 38 6. *2.* lectio 2 Cor. 3 14. Lect. 23 9 (leg. ܩܪܝܢ). 24 1. 12; *pass.* Ox. 51 4 19. Anecd. 143 13. 156 4. 159 24. 221 10.

Ithpe. ܐܬܩܪܝ; anteced. ܕ: ܕܐܬܩܪܝ, Mt. 10 3 C. Pl. ܐܬܩܪܘ Luc. 14 24 BC, al. ܩܪܘ— Luc. l. c. A. Impf. 3. ܢܬܩܪܝ s. ܢܬܩܪܐ; etc. Ptc. ܡܬܩܪܝ s. ܡܬܩܪܐ. — *1.* vocatus, appellatus, nominatus est, ll. cc., Gen. 2 23. Js. 60 14. Mt. 5 9. 1 Cor. 15 9, *pass.* V. et N. T. Praeterquam Hom. Anecd. 191 21. 205 27. 207 8. *2.* lectus, recitatus est 2 Cor. 3 2. Col. 4 16 (*bis*).

ܩܪܐ II. ܩܪܝܐ (קִרְיָא) Luc. 10 38 A, *p. o.* *pass.* emph. ܩܪܝܬܐ, ܩܪܝܬܐ, *pass.* ܩܪܬܐ (defect. scr., nisi fort. = קַרְתָּא) BC: Mt. 21 2, Luc. 19 30, 24 28 A *cod.*, al. C. suff. 3. *f.* ܩܪܝܬܗ Joh. 11 1 A, ܩܪܬܗ BC. Pl. a) ܩܪܝܬܐ Gen. 19 28. Mt. 9 35 Anecd. b) ܩܘܪܝܐ Luc. 9 6 A, *p. o.* Mt. 9 35 C. 14 15 AC. Luc. 5 17 A *cod.* (?) C. 8 1 BC. 13 22 AC; ܩܘܪܝܢ Luc. 9 12. ܩܘܪܝ Mc. 8 27 A; ܝ BC, Luc. 13 22 B; ܩܘܪܐ Mt. 14 15 B. Luc. 5 17 (A?) B. 9 6 BC; ܩܪܐ Mt. 9 35 A, *p. o.* B. *f.* — vicus, oppidum, ll. cc., Mt. 10 11. 14. Luc. 8 1. 9 52. 17 12. 24 13. Joh. 7 42. 11 30. Vit. Eulog. ZDMG 56 259 8 a. f. (τὸ κτῆμα). ܩܪܝܬܐ ܕܚܕܪܝܗ ἡ περίχωρος Gen. 19 28, cf. Luc. 9 12.

---

*ܩܪܐ. ܩܪܝ (Formam non intellego; alias קְרָא, ܩܪܐ) Jon. 4 6ᵃ. emph. ܩܪܘܬܐ (nescio an comparandum sit קְרוּיָא *m.*) v. ᵇ7. 9. — cucurbita pepo, ll. cc.

---

*ܩܪܒ *Pe.* ܩܪܒ s. ܩܪܒ A *pass.*, ܩܪܒ Mt. 8 15 C. 9 29 BC, et saepe BC. ܩܪܒ Mt. 26 49 Anecd.[2]. [ܩܪܒ A: Mc. 5 30, al., *ter*]; etc. Impf. 3. ܢܩܪܒ; etc., pl. ܢܩܪܒܘܢ (Luc. 6 19 et 8 19 BC) s. ܢܩܪܒܘܢ (ll. cc. A. Jo. 3 9); etc. Imp. pl. ܩܪܘܒܘ Ex. 16 9. Ptc. act. ܩܪܒ (Luc. 12 33 BC); etc. pl. ܩܪܒܝܢ (Mc. 10 35 A, al.), ܩܪܒܝܢ (l. c. B, al.). — appropinquavit, accessit tetigit (cf. Jacob. ZDMG 55 137, n. 1), ll. cc.

et pass.; sequ. ܠ Mt. 9 29. 21 28. Hebr. 4 16; al.; ܠܘܬ Mt. 4 3; ܠܘܬ ؛ Luc. 15 25.

*ܩܪܘܒ. emph. ܩܪܘܒܬܐ *m.* — propinquitas Eph. 2 17.

ܩܪܝܒ *pass.* C. suff. ܩܪܝܒܗ; etc. *f.* ܐ—; c. suff. ܩܪܝܒܬܟܝ Luc. 1 36 A, *p. o.* BC. Apocr. Dam. fol. 2ᵛ. Pl. ܩܪܝܒܝܢ (*pass.*), st. cst. ܩܪܝܒܝ Luc. 2 22 A (cett. om.). C. suff. 3. *f.* ܩܪܝܒܝܗ Luc. 1 58 A, ܩܪܝܒܗ BC. ܩܪܝܒܝܗܘܢ Luc. 2 44; ܝܟܘܢ— 21 16. Vit. Abrah. Qīdōn. ZDMG 56 256 18. *f.* ܩܪܝܒܐ. [C. suff. 3. *f.* ܩܘܪܒܬܗ, incertum, Ps. 44 15]. — propinquus, proximus, consanguineus, vicinus, ll. cc., Num. 5 8. Dt. 13 7. Jo. 1 15. Job. 16 21. 17 12. Mt. 5 43, et saepe alibi.

ܩܪܒ (קְרָב) Jo. 2 7. emph. ܩܪܒܐ. C. suff. 3. *m.* ܩܪܒܗ Sirac. 46 6. Pl. ܩܪܒܝܢ, ܩܪܐܒܝܢ Luc. 21 9 Ev. 128 B, ܩܪܒܝܢ Ev. 132 B. emph. ܐ—. C. suff. ܩܪܒܝܗ Sirac. 46 3. *m.* — bellum, ll. cc., Ex. 15 3. Js. 42 25. Jo. 2 5. 3 9. Zach. 9 10. Job. 22 10. Mt. 24 6. Hebr. 11 34. Act. Adrian. fol. 2ᵛ. — Cf. ܩܪܒ I. *Pe.*, *Ithpe.*

*ܩܪܒܬܢ. emph. ܐ—. Pl. ܐ—. *m.* — bellator, pugnator: ܓܒܪܐ ܩܪܒܬܢܐ ἄνδρες πολεμισταί Jo. 3 9. ܥܡܐ ܩܪܒܬܢܐ populus bellicosus Sirac. 46 6 (a LXX prorsus absonat).

ܩܘܪܒܢ. emph. ܩܘܪܒܢܐ (A: Mc. 12 41), ܩܘܪܒܢܐ Joh. 8 20 B (sic leg. pro ܩܘܪܒܢܐ). C. suff. ܝ—, etc. Pl. ܩܘܪܒܢܝܢ Mt. 2 11. Hebr. 5 1. [emph. ܩܘܪܒܢܝܐ Mc. 12 41 B, cf. Joh. l. c.: leg. sing.]. C. suff. ܩܘܪܒܢܝܗܘܢ Luc. 21 1 (A). *m.* — oblatio, sacrificium: ὁλοκάρπωσις Js. 40 16; θυσία Jo. 2 14: δῶρον Mt. 2 11. 5 23 sq. 8 4. 23 18 sq. Luc. 21 4; cf. Mc. 1 44. Hebr. 5 1; al. Hom. Ox. 9 5 123. Mt. 27 6 (κορβαν); λατρεία Joh. 16 2. ܒܝܬ ܩܘܪܒܢܐ (pro quo codd. BC hic illic perperam ܩܘܪܒܢܐ 'ܒ) γαζοφυλάκιον Mc. 12 41. 43. Luc. 21 1. Joh. 8 20.

Pa. ܩܪܒ s. ܩܪܝܒ; etc. Impf. 2. ܬܩܪܒ; etc. Imp. ܩܪܒ s. ܩܪܝܒ; etc. Ptc. act. ܡܩܪܒ s. ܡܩܪܝܒ; etc. — adduxit, obtulit Ex. 28 1. Mt. 17 16. 25 20 Anecd. (cett. ܐܝܬܝ). Mc. 2 4. Luc. 12 11. 23 36. Act. 16 20; *pec. sacrificium* obtulit Mt. 5 23 sq. 8 4. Mc. 1 44. Hebr. 5 3; et saepe al. Praeterea Hom. Ox. 9 5 122. Hom. Anecd. 172 8. 181 14. 23. Lit. 705 6.

*ܡܩܪܒ (ܡܩܪܒܐ). emph. ܐ—. *m.* — oblatio, aditus (προσαγωγή) Eph. 2 18.

Ithpa. ܐܬܩܪܒ. Impf. pl. ܢܬܩܪܒܘܢ; etc. Ptc. ܡܬܩܪܒ; etc. — *1.* appropinquavit, c. ܠ, Gen. 3 3. Ps. 90 10. Hebr. 7 19; ܠܘܬ Vit. Anton. S. F. 78 10, cf. Mt. 1 18. *2.* adductus est, c. ܠ, Mt. 18 24. *3.* oblatum est *sacrificium* Js. 60 7. Hom. Anecd. 173 4 (cit. Phil. 2 17). Act. Adrian. fol. 2ᵛ.

---

*ܩܪܚܘ. ܩܪܚܘܬܐ (קָרַחְתָּא) *f.* — calvitium Dt. 14 1. Js. 15 2. Am. 8 10.

ܩܘܪܚܘܢ N. pr. קֹרַח (Peš. ܩܘܪܚ) Κορε: Anecd. 105 18 in praescripto Ps. 46, ubi leg. ܠܫܘܠܡܐ ܕܡܙܡܘܪܐ ܗܘ ܕܒܢܝ ܩܘܪܚܘܢ εἰς τὸ τέλος ὑπὲρ τῶν υἱῶν Κορε ψαλμός; cf. lin. 1 (praescript. Ps. 45), ubi lacuna hiat.

---

*ܩܪܛܘܒܐ (קורטובא, vid. Löw. Pfl. p. 355 sq.). Pl. ܩܪܛܘܒܝܢ. *m.* — τρίβολος, tribulus Gen. 3 18.

ܩܪܛܥ (dissimilatione ex ܛܪܛܥ טרטע natum videtur, cf. ZA 1903, 266, n. 1). A, *p. o.* BC; etc. Imp. pl. ܩܪܛܥܘ, ܩܪܛܥܘ — exsiliit Jo. 1 17. Luc. 1 41. 44. 6 23. Hymn. Anecd. 111 12.

ܩܪܝܛܝ N. pr. ἡ Κρήτη: 'ܩ ܐܢܫ οἱ Κρῆτες Tit. 1 12. ܩܪܝܛܝܐ ib. in marg.

*ܩܪܝܛܝ, pl. ܩܪܝܛܝܢ — Κρῆτες Act. 2 11.

ܩܪܝܢܐ (sic!) N. pr. Κυρήνη Act. 2 10. ܩܪܝܢܝ Mt. 27 32 Ev. 201 C, 210 B. emph. ܩܪܝܢܝܐ ib. Ev. 201 A, ܩܪܝܢܝܐ Mc. 5 21 C, ܩܪܝܢܝܐ ib. A. (Praeterquam interdum varie corruptum legitur.) — Κυρηναῖος, ll. cc.

ܩܘܪܝܢܘܣ N. pr. Κυρήνιος vel potius Κυρῖνος (cf. Blass. Gr.[2] p. 10. 14) Luc. 2 2 B; ܩܝܪܝܢܘܣ A, *p. o.* C.

ܩܪܡܝܕܘܣ (B), ܩܝܪܡܝܕܘܣ (A, *p. o.* C) κεραμίδος (cf. Krauss. 2 569) — tegula Luc. 5 19.

---

*ܩܪܢ. *ܩܪܢ. emph. ܩܪܢܐ. Pl. ܩܪܢܬܐ; c. suff. ܩܪܢܬܗ. *f.* Mt. 24 31 Ev. 162 AC, sed *m.* ib. 156 A, 162 B. — *1.* cornu *arietis* Gen. 22 13. *2.* bucina Ex. 19 13. Jo. 2 1. 15. Zach. 9 14. Mt. 6 2 A (cf. ܩܪܐ). 24 31. 1 Thess. 4 16.

*ܩܪܢ. Impf. 3. ܢܩܪܢ Zach. 9 14. 2. ܬܩܪܢܘܢ Mt. 6 2 B, ܬܩܪܢܘܢ A *cod.* (ܢܘ nihil aliud est quam ܘܢ). [C ܬܩܪܘܢ]. Imp. pl. ܩܪܘܢܘ Jo. 2 1. 15. — cornu cecinit, ll. cc.

---

*ܩܪܨ (cf. „Homon. Wurzeln" p. 40). ܩܪܨܐ, ܩܪܨܐ (Mc. 1 35 BC. Joh. 8 2 B [C ib. ܩܪܨܐ]). emph. ܩܪܨܬܐ Jo. 2 2. *f.* — diluculum Jo. l. c. ܩܪܨܐ ܡܢ ὄρθρου diluculo Luc. 24 1 AB. Joh. 8 2; ἔννυχον (var. lect. ἔννυχα) Mc. 1 35 AB, cf. Hom. Ox. 970 16. ܩܪܨܐ ܚܕ ܡܢ Mc. l. c. C. Luc. 24 1 C. 22 (omnes codd.). ܩܪܨܐ ܠܘܬ πρὸς ὄρθρον Ex. 19 16.

Pe. (denom.) ܩܪܨ. Imp. ܩܪܘܨ. Ptc. act. ܩܐܪܨ, pl. ܩܐܪܨܝܢ, ܩܐܪܨܝܢ (Lit. Dam. III[v]). — *1.* diluculo fuit *s.* fecit *alq.* Gen. 19 2: ܐܙܠܘ ܩܪܨܘ ܐܙܠܘ Dam., ܐܙܠܘ ܩܪܨܘ ܐܙܠܘ Lect., ὀρθρίσαντες ἀπελεύσεσθε. Ex. 9 13. 1 Reg. 1 19. Job. 7 21. *2.* diluculo profectus est sequ. ܠ l. Gen. 19 27, ܠܘܬ l. Lit. Dam. III[v].

---

*ܩܪܩܦܬܐ. emph. ܩܪܩܦܬܐ. *f.* — cranium Mt. 27 33. Mc. 15 22.

---

*ܩܫ I. *ܩܫܝܫ. Pl. ܩܫܝܫܝܢ (A *pass.*), *p. o.* al. ܩܫܝܫܝܢ Mc. 8 31 AB. Luc. 20 1 A. C. suff. 3. *m.* ܩܫܝܫܘܗܝ (A *pass.*), *p. o.* al.; ܩܫܝܫܘܗܝ BC *pass.* (*e. g.* Mt. 21 23. 26 3). *f.* pl. ܩܫܝܫܬܐ Tit. 2 3. — *1.* senex πρεσβύτης Tit. 2 2; *f.* πρεσβυτίδες Tit. 2 3. *2.* pl. seniores (πρεσβύτεροι) Mt. 21 23. 26 3. 47. 57. 59. Mc. 8 31; al. Hom. Anecd. 190 13. 191 19.

---

*ܩܫ II. ܩܫܐ (st. abs.; syr. ܩܶܫܳܐ). *f.* — stipula (καλάμη) Ex. 15 7. Jo. 2 5.

---

*ܩܫܬܐ, ܩܫܬܐ (?) Ps. 77 57. emph. ܩܫܬܐ Ps. 45 10. C. suff. ܩܫܬܗ; etc. *f.* — *1.* arcus Zach. 9 10. 13. Ps. ll. cc. Hymn. Lect. 138 7. *2.* arcus coelestis Gen. 9 13. 14. 16.

Pe. denom. *ܩܫܬ. Imp. ܩܫܘܬ — arcum intendit Ps. 44 5 (pro ἔντεινον, quo verbo הדרך redditur, quasi esset הַדְרֵךְ. Errabat Schwally in Idiot. p. 85).

ܩܫܛ (cf. Idiot. p. 86). ܩܘܫܛ Joh. 17 8 Ev. 52 A, ܩܘܫܛ *pass.* ܩܘܫܛܐ Js. 10 20. 40 7; al. (creberrime codd. BC); ܩܫܛ Joh. 7 40 C. ܩܘܫܛܐ C: Joh. 6 14 Ev. 39 et 17 8 Ev. 190. emph. ܩܘܫܛܐ *pass.*, ܩܘܫܛܐ Joh. 3 21 C. ܩܘܫܛܬܐ 2 Cor. 4 2. C. suff. ܩܘܫܛܗ. *m.* — veritas, ll. cc., Js. 11 5. Jer. 11 20. Ps. 44 5. 90 4. Luc. 16 11. Joh. 1 14. 17. Rom. 1 25. 2 Cor. 4 2. Eph. 1 13; *et pass. al.* Hom. Anecd. 179 5. 195 20. Hymn. Lect. 138 3. Lit. Dam. III[v].

(ܒܩܘܫܛܐ) ܩܘܫܛ ܡܢ *adv.* — *1.* vere, re vera, ἀληθῶς 3 Reg. 8 27. Js. 40 7. Joh. 1 47; alibi; cf. 4 18 (ἀληθές); ἐπ' ἀληθείας Mc. 12 32. Luc. 4 25. Joh. 4 42. 6 14; ὄντως Luc. 23 47; δικαίως Luc. 23 41. Praeterquam Vit. Anton. S. F. 79 16. Act. Adrian. fol. 1[r] (*ter*). Hom. Anecd. 172 15. Lit. Dam. II[r].

(ܒܩܘܫܛܐ) ܒܩܘܫܛ — *id.* Js. 10 20. Mt. 22 16. Mc. 5 33.

ܩܫܝܛ ܡܩܫܛ (קְשׁוֹט) *pass.*; ܩܫܛ Job. 17 10. Joh. 5 30 C. ܩܫܛܐ Joh. 8 26 C. [ܩܘܫܛܐ (e confusione cum voc. praegressa exortum videtur) Joh. 8 26 B, ܩܘܫܛ Joh. 7 18 B.] emph. ܩܫܛܐ. *f. id.*, ܩܫܛܐ Dt. 13 14

Anecd., 2 Cor. 6 6; al. [ܩܘܫܛܐ Joh. 19 35 Ev. 207 et 239 B]. emph. ܩܘܫܛܐ s. ܩܘܫܛܬܐ (Joh. 15 1 Ev. 53 BC, Ev. 135 C). Pl. ܩܫܝܛܝܢ s. ܩܫܛܝܢ (2 Cor. 6 8). emph. ܩܫܝܛܝܐ, ܩܫܛܝܐ (Job. 17 8), ܩܫܛܝܐ Joh. 4 23 B. — verus, ll. cc., Js. 25 1. 43 9. Ps. 85 15. Prov. 1 3. Sirac. 18 29. Mt. 22 16; al. Phil. 4 3 (γνήσιος, cf. Peš.). s. Tit. 1 13. Hebr. 10 22. Hom. Anecd. 174 17. 175 2.

ܩܫܝܛܐܝܬ (A *pass.*), *p. o.* al., ܩܫܛܐܝܬ Luc. 21 3 BC, C saepius (*e. g.* Mt. 14 33). ܩܫܛܐܝܬ Mt. 27 54 Ev. 213 C. *adv.* — vere, ll. cc., Num. 22 37 (sic leg.). Luc. 24 34.

---

*ܩܫܝ. ܩܫܐ (קְשֵׁי) (*pass.*), ܩܫܐ Mt. 25 26 Anecd., ܩܫܝܐ ib. v. 24 Ev. 165 B. emph. ܩܫܝܐ. *f. id.* Pl. *f.* ܩܫܝܢ (Js. 8 12, al.); emph. ܩܫܝܬܐ, ܩܫܝܬܐ (Js. 40 4 Lect. 88). — *1.* durus, asper, ll. cc., Num. 13 29. Dt. 31 27. Js. 8 21. Eccl. 7 18. Luc. 3 5. *2.* molestus, gravis Hom. Ox. 953 7 (cit. Mt. 23 4). *Impers.* ܠ ܩܫܐ grave, molestum est *alicui* Luc. 18 24. ܠܗ ܗܘܐ ܩܫܐ difficile fuit *alicui* Hom. Ox. 957 20; cf. Luc. 1 37 (ἀδυνατεῖν).

ܩܫܐ s. ܩܫܝ (קְשִׁי, emph. קַשְׁיָא) *m.* — duritia, molestia; hinc *adv.* (ut samar. בקשׁ, בקושׁ „duriter“ ܒܩܫܐ Mt. 19 23 AC [B mend.], ܒܩܫܝ Luc. 9 39 B, ܒܩܫܝܐ ib. C, Rom. 5 7: aegre, difficulter. ܒܩܫܐ ܡܘܓܝܠܠܘܣ μογιλάλος Mc. 7 32.

ܩܫܝ 1 Reg. 1 15. st. cst. ܩܫܝܬ Dt. 10 16. emph. ܩܫܝܘܬܐ Luc. 3 5 B. *f.* — durities, ll. cc. ܒܩܫܝܘܬܐ μόγις Luc. 9 39 A haud dubie corrector effecit ex ܒܩܫܝ, licet sileat editor.

Pa. ܩܫܝ; etc. Impf. pl. 2. ܬܩܫܘܢ — durum reddidit Ex. 8 32. 9 12. 35. 10 1. 20. 27. 11 10. Dt. 10 16.

*ܩܫܝܘ. C. suff. 3. *m.* ܩܫܝܘܬܗ (A, *p. o.* BC). *m.* — durities Mt. 19 8. Mc. 16 14.

*ܩܫܝܘ (קְשׁוּיָא). emph. ܩܫܝܘܐ. *m.* — obstinatio, contumacia (ἀπείθεια) Hebr. 4 11.

Ithpa. ܐܬܩܫܝ. Impf. ܢܬܩܫܐ (Mt. 17 20 A[2] ܢܬܩܫܐ, vix recte). Ptc. ܡܬܩܫܐ — *1.* induratus est, obduruit *animus* Ex. 9 7 35. *2.* restitit *alicui*, c. ܒ p., Ex. 9 17 (ἐμποδίζειν); sequ. ܠܘܬ p. Mt. 17 20 AC (ἀδυνατεῖν. B om.).

Aph. Pf. 2. ܐܩܫܝܬ — induravit *animum* Hom. Anecd. 210 9 (loc. mutil.).

ܩܬܝܣܡܐ κάθισμα (cf. Land. Anecd. part. lat. 191 sq. Christ et Paranikas, Anthol. gr. p. LXII) Hom. Anecd. 105 18.

ܩܬܪܐ κιθάρα — cithara Job. 21 12.

ܪ

*ܪܝܫ. ܪܫ Js. 15 2, ante Luc. 1 24 A, al. emph. ܪܫܐ. C. suff. ܪܫܝ; 3. *f.* ܪܫܗ Mt. 24 31 Anecd., al. [ܪܫܗܘܢ Prov. 1 7[a], v. [b] Lect. 25]. 2. ܪܫܟܘܢ; etc. Pl. ܪܫܝܢ Gen. 2 10. st. cst. ܪܫܝ Jo. 2 5, ܪܫܝ (vid. mox composita), ܪܝܫ Col. 2 16. emph. ܪܫܝܐ Num. 4 46. C. suff. 3. *f.* ܪܫܝܗ Mc. 6 21 A, ܪܫܗ BC. ܪܫܝܗܘܢ, ܪܫܝܗܘܢ Gen. 8 5 et saepe al., ܪܫܝܗܘܢ Mt. 24 31 B. 27 39 B, Ev. 211 AC, al., ܪܫܗܘܢ Mt. 27 39 Ev. 203 C. ܪܫܝܗܘܢ, ܪܫܗܘܢ Luc. 21 28 C. *m.* — *1.* caput Gen. 3 15. 49 26. Js. 9 14. Job. 16 12. Mt. 5 36, et pass. al. *2.* summum, summitas, extremitas Gen. 8 5. Dt. 13 7. Jo. 2 5. Mt. 24 31. *3.* principium (ἀρχή) Gen. 2 10. Dt. 11 12. Prov. 1 7. Col. 2 16. Hebr. 6 1; ante Luc. 1 24 A et saepe al. in praescriptis. ܪܫ ܡܢ a principio Hom. Anecd.

207 25. 26. Lit. Dam. I fol. 1ᵛ; ἀπ' ἀρχῆς Js. 42 9. 43 13. Sap. 9 8. Mt. 19 4. 8. Luc. 1 2, cf. 2 Petr. 3 4; ἐξ ἀρχῆς Js. 43 9; κατ' ἀρχάς Hebr. 1 10; ἐν ἀρχῇ Gen. 1 1. Joh. 1 1 sq., al. ἄνωθεν Luc. 1 3. ܕܡܢ ܪܫ τὰ ἀρχαῖα Js. 43 18. ܡܢ ܪܫܝܬ denuo: ܠܐܬܝܠܕܘ ܡܢ ܪܫܝܬ ἡ παλιγγενεσία Mt. 19 28 A, (BC ܡܢ ܪܫ 'ܠ). *4.* princeps, dux Gen. 1 16. 18 (utroque loco pro ἀρχή). Num. 4 46. Js. 9 6. Mc. 6 21. Luc. 2 2 C. ܗܘܐ ܪܫ ܥܠ ἄρχειν, dominatus est Gen. 1 26. 28. Js. 11 10 Anecd.

ܪܫ ܐܒܗܬܐ patriarcha Act. 2 29.

ܪܫ ܟܠܒܐ, vid. ܟܠܒ III.

ܪܫ ܟܗܢܝܢ ἀρχιερεύς princeps sacerdotum Hebr. 2 17. 4 14 sq. 5 1. Hom. Anecd. 172 5. 207 3. 4. ܪܫ ܟܗܢܐ Mt. 26 3. 51. 57 sqq. Hebr. 9 11. ܪܫܝܗܘܢ ܕܟܗܢܐ Lit. 696 2. Pl. ܪܫܝ ܟܗܢܝܐ A *pass.*, Mt. 24 C. Act. Andr. et Matth. fol. 1ʳ (*bis*). 2ʳ; ܪܫܟܗܢܝܐ Mt. 21 23 A; ܪܫܝܐ ܟܗܢܐ Mt. 26 57 Ev. 195 AC. 27 1 A², Ev. 208 C, al. [ܪܫܝܐ ܕܟܗܢܝܐ A *corr. pass.*]; sed ܪܫܟܗܢܝܐ A: Mt. 26 59 Ev. 180, Joh. 19 6 Ev. 198; ܪܫ ܟܗܢܐ Mt. l. c. Ev. 195 A, BC Anecd. *pass.*

ܪܫ ܟܗܢܘܬܐ *1.* pontifex, princeps sacerdos Hom. Anecd. [207 2]. 208 20. *2.* pontificatus Luc. 3 2.

ܪܫ ܟܢܘܫܬܐ ὁ ἀρχισυνάγωγος Luc. 13 14.

ܪܫ ܡܣܡܟܐ praesidium Luc. 20 46 C; ܪܫܝ ܡܣܡܟܬܐ ib. AB, Mt. 23 6, Mc. 12 39 (αἱ πρωτοκαθεδρίαι).

ܪܫ ܡܟܣܐ ὁ ἀρχιτελώνης Luc. 19 2.

ܪܫ ܡܠܐܟܐ ὁ ἀρχάγγελος 1 Thess. 4 16. Lit. Dam. IIIʳ.

ܪܫ ܡܫܡܫܢܐ } vid. p. 189ᵃ.
ܪܫ ܫܡܫܢܐ }

ܪܫܝܬ Col. 2 10; ܪܫܝܬ Hom. Anecd. 208 2. emph. ܪܫܝܬܐ Js. 42 10; ܪܫܬܐ Js. 10 10. C. suff. ܪܫܝܬܗ; etc. Pl. ܪܫܘܬ Col. 1 16. emph. ܪܫܘܬܐ Luc. 12 11 C, al., ܪܫܘܬܬܐ Luc. l. c. B; al., ܪܫܝܬܬܐ Luc. l. c. A. *f.* — *1.* pl. ἀπαρχαί Dt. 12 17. *2.* principatus, ll. cc., Js. 9 6. 7. 43 4. Col. 2 15. Lit. 696 5. *3. pl.* principes Rom. 13 3.

---

*ܪܒ. ܪܒ s. ܪܒ (Mt. 4 16 C. 28 2 B. Mc. 9 33 B; al.); ܪܒ (cf. Dalm. Gr. 65. 116. Hieron. *rob*) Luc. 22 27 A, *p. o.* ib. al., Mt. 23 17. 19. Luc. 7 16. emph ܪܒܐ. *f. id.*, emph. ܪܒܬܐ. Pl. ܪܒܪܒܝܢ et ܪܒܪܒܢ: vid. infra. — *1.* magnus, ll. cc., Gen. 1 16. 18 18. 59 9 sq. Ex. 9 3. 11 3. 6. Dt. 10 17. Js. 8 22. Jo. 2 11 (μεγάλη, vid. Field.). Mt. 18 1; et persaepe al. Act. Andr. et Matth. fol. 2ᵛ. *2.* maior natu Luc. 15 25.

ܪܒܐ (رَبَّا, جِدًّا) *adv.* — magno opere, valde Lit. Dam. I fol. 2ᵛ.

ܪܒܝ (A *pass.*), *p. o.* al., ܪܒܝ Joh. 4 31 C. — ῥαββει (cf. Dalm. Worte Jesu, 1898, p. 269. 272 sqq.) Mt. 23 7. 26 25. 49. Mc. 11 21, et saepe al. (vid. concord.). ܪܒܝ ἐπιστάτα Luc. 17 13 AB, ܪܒܠܝ C (sic leg. pro ܪܒܢܝ); ܪܒܝ (ῥαββει) Joh. 1 18 A.

ܪܒܘܢܝ (A, *p. o.* cett.) — ῥαββουνει (cf. Dalm. op. cit. p. 267. 279 sq.) Joh. 20 16; Hom. Ox. 9 70 15.

ܪܒܘ st. cst. (רְבָא) *m.* — multitudo Hymn. Anecd. 113 19; cf. ܪܒܘܬ.

*ܪܒܘ (רִבּוֹ). emph. ܪܒܘܬܐ. C. suff. ܗ—, etc. *f.* — magnitudo, maiestas Luc. 9 43. Hebr. 1 3 = Hom. Anecd. 204 26. Lit. 707 1.

ܪܒܪܒܝܢ (pl. voc. ܪܒ). emph. ܪܒܪܒܢܐ. *f.* ܪܒܪܒ s. ܪܒܪܒܠ (Luc. 21 11 C). emph. ܪܒܪܒܬܐ Dt. 10 21, al. C. suff. 3. *m.* ܗ— Dt. 11 2. — magni Gen. 1 16. 21. 18 20. Num. 13 29. Dt. 11 7 (leg. ܪܒܪܒܐ, vid. tab.). Mt. 24 24. Mc. 13 2. Luc. l. c.; 1 49. 12 18. Joh. 1 50. 5 20. 14 12. 21 11. 1 Cor. 12 31; alibi. Hymn. Lect. 138 5. Pl. *f.* virtutes, prodigia Dt. 10 21. 11 2. Act. 2 11.

*ܪܒܪܒܢܝܢ (pl. voc. ܪܒ). C. suff. 3. *m.* ܪܒܪܒܢܘܗܝ Jon. 3 7; ܗܘܢ— Mc. 6 21 A (hinc corrig. B). Luc. 19 47 B; ܪܒܪܒܢܘܗܝ Luc. ib. C. ܪܒܪܒܢܝܗܘܢ Mc. 10 42. Luc. 19 47 C. — optimates, principes, ll. cc.

ܪܒܘ Mt. 18 24. Pl. ܪܒܘܢ (רִבְּוָן) Jon. 4 11; ܪܒܘܬܐ Ps. 90 7 (sic leg. pro ܪܒܘܬܐ). *f.* — myrias, ll. cc.

*ܪܒܝܒ (cf. Nöld. p. 519). emph. ܪܒܝܒܐ Js. 53 7. C. suff. 3. *m.* ܪܒܝܒܗ Joh. 1 29 Ev. 266 A, ܪܒܝܒܗ 1 29 Ev. 4 A. 36 A; *p. o.* BC. Pl. ܪܒܝܒܐ Js. 40 11 Lect. C. suff. 1. ܪܒܝܒܝ Joh. 21 15 A, *p. o.* BC. *m.* — agnus, ll. cc.

---

*ܪܒܐ *Pe.* Pf. pl. ܪܒܘ. Impf. pl. ܢܪܒܘܢ. Imp. pl. ܪܒܘ. Ptc. act. ܪܒܐ (Col. 2 19), pl. ܪܒܝܢ. — *1.* magnus, multus fuit *s.* evasit, auctus est Gen. 1 22. 28. 8 17. 9 1. 7. Col. 2 19. Hom. Ox. 9 55 24 = 56 7. 56 21. *2.* superbus evasit Jo. 2 20 (cf. Peš.).

ܪܒܘ (st. abs. et cst.) Lit. Dam. II^{v} = Hymn. Anecd. 112 24; III^{v}. Hymn. Anecd. 112 14. emph. ܪܒܘܬܐ *pass.* C. suff. ܪܒܘܬܗ Ex. 15 16. Ps. 8 2. ܪܒܘܬܗܘܢ Hom. Anecd. 184 22. *m.* — magnitudo, ll. cc., Eph. 1 19. Hebr. 8 1. Hom. Anecd. 187 14 ܪܒܘܬܐ ܕܪܒܘܬܟ ἡ μεγαλοπρέπειά σου Lit. 704 10 = Ps. 70 8, cf. Ps. 8 2. ܒܪܒܘܬܐ μεγάλως Phil. 4 10.

Pa. Pf. 2. ܪܒܝܬ. Impf. 3. ܢܪܒܐ. Ptc. act. *f.* ܡܪܒܝܐ, pl. *m.* ܡܪܒܝܢ. Ptc. pass. ܡܪܒܐ (Luc. 4 16), *f.* ܡܪܒܝܐ. — *1.* crescere fecit Js. 61 11; auxit 42 21; longum fecit, produxit, promisit Mt. 23 5. *2.* educavit Jon. 4 10. Luc. 4 16. *3.* magnificavit Luc. 1 46. Lit. Dam. I, fol. 2^{r}. II^{r}. ^{v}.

*ܪܒܝ (= רִבּוּי, ut opinor. Cf. ZDMG 56 254, *n.* 3). C. suff. 3. *m.* ܪܒܝܗ. *m.* — capillus: ܪܒܝܗ ܕ' ἡ κόμη Job. 16 12.

*ܪܒܝ. emph. ܪܒܝܬܐ (רִבִּיתָא) Hom. Anecd. 200 17. C. suff. 3. *m.* ܪܒܝܬܗ (A, *p. o.* cett). *f.* — usura l. c., Mt. 25 27, Hom. Ox. 9 53 24.

Ithpa. ܐܬܪܒܝ. Impf. pl. ܢܬܪܒܘܢ — *1.* auctus est Mich. 5 4. *2.* educatus est Vit. Anton. S. F. 104 5.

Aph. ܐܪܒܝ, 2. ܐܪܒܝܬ — multum, magnum fecit Gen. 19 19. Jo. 2 21. Luc. 1 58.

*ܪܒܘܥ. ܪܒܘܥ (samar. רבוע. Cf. Nöld. p. 517. Idiot. p. 87.) *pass.* emph. ܪܒܘܥܐ *pass.* C. suff. 3. *m.* ܪܒܘܥܗ Hom. Anecd. 207 17. *m.* — pulvis, l. c., Apocr. Dam. fol. 2^{r}; κονιορτός Ex. 9 9. Js. 10 6. Job. 21 18. Mt. 10 14. Luc. 9 5. 10 11; χοῦς Gen. 2 7. Ps. 43 26; γῆ Js. 63 3.

---

*ܐܪܒܥ I. ܐܪܒܥ Gen. 1 24. 6 14. Luc. 2 37. *f.* ܐܪܒܥܐ Gen. 2 10. Mc. 8 9; al. Hom. Anecd. 201 17. 202 5 (cit. Joh. 11 39). — quattuor. ܐܪܒܥܬ ܥܣܪ quattuordecim Mt. 1 17 A, ܐܪܒܥܬܥܣܪ ib. B, Lect. 121 16; ܐܪܒܥܬܥܣܪ Mt. l. l. C (*bis*); ܐܪܒܥܥܣܪ Lect. 14 1. — Determ. ܪܘܚܐ (אַרְבַּעְתָּא) ܐܪܒܥܬܐ (cf. Nöld. p. 484, Praetor. ZDMG 48, p. 366 sq.) οἱ τέσσαρες ἄνεμοι Mt. 24 31 BC, ubi Anecd. ܐܪܒܥܬܗܘܢ, sed A ܐܪܒܥܬܝܗܘܢ, quae mira forma praeter hunc locum quater occurrit: Js. 11 12. Lect. 65 7. 70 15. Hom. Anecd. 209 16: ܐܪܒܥܬܝܗܘܢ ܣܛܪܝܐ, quare pro forma mendosa haberi non potest. Cf. etiam ܡܪܒܥܬܐ.

ܪܒܝܥ quartus Gen. 1 19. Lect. 25 8. 38 7. emph. ܐ— Gen. 2 14. Lect. 5 1. Lit. 697 4. *f.* emph. ܪܒܝܥܝܬܐ Mt. 14 25 A, *p. o.* Hom. Ox. 96 7 14; ܪܒܝܥܬܐ Mt. l. l. C.

ܐܪܒܥܝܢ quadraginta Mt. 4 2 A; *p. voc. o.* Gen. 7 4, al. Hom. Ox. 9 57 11. 12. Anecd. 131 10. 156 4.

---

*ܐܪܒܥ II. *Pe.* ܪܒܥ Luc. 24 30 A, ܪܒܥ ib. B; ܪܒܥ *pass.* (ܪܒܥ A: Luc. 22 14; Joh. 13 12). pl. ܪܒܥܘ Joh. 6 10. Impf. 2. ܬܪܒܥ; ܢܪܒܥܘܢ s. ܢܪܒܥܘܢ (BC *pass.*). Imp. ܪܒܘܥ, ܪܒܥ — recubuit, accubuit, ll. cc., Mt. 8 11. 14 19. 15 35. 26 7. 20. Luc. 7 36. 14 8. 10. 17 7. Joh. 6 10. 21 20.

ܪܒܥ, ܪܒܝܥ s. ܪܒܝܥ (BC *pass.*), pl. ܪܒܥܝܢ s. ܪܒܝܥܝܢ (C *pass.*, *e. g.* Mc. 6 26. Luc. 7 49) — qui accumbit *vel* qui accubuit (utrum hic illic *qāṭil* an ubique *q'ṭīl* intellegendum sit, ambigitur) Mt. 9 10. 26 7. Mc. 2 15. 6 22. 26. 16 14. Luc. 5 29. 7 37. 49. 14 10. 22 27. Joh. 6 11. 12 2. Vit.

Anton. S. F. 90 12 (ubi leg. ܪܒܥ, ut ipse cod. habet).

*ܪܒܘܥ (fort. qāṭōl Nöld. p. 474). Pl. ܪܒܘܥܐ — discumbens Mt. 22 10 sq.

ܪܒܘܥܝܐ (A), p. o. BC — ܪܒ ܪܒܘܥܐ ἀρχιτρίκλινος Joh. 2 9. Vox ambigua. Num. forte = רַבוֹעֲיָא (vid. praegressum)? an, quod mallem, st. emph. pl. abstr. ܪܒܘܥܝܢ = ܡܣܡܟܐ (Peš.)?

*ܡܪܒܥ. emph. ܡܪܒܥܐ (syr. ܡܪܒܥܐ, al. ܟ). m. — uterus Gen. 49 25.

ܡܪܒܘܥܝܐ — *κλισία: ܪܝܫ ܡܪܒܘܥܝܐ Mt. 23 6 A (Lag. 302) B, Luc. 14 8 B; ܪܝܫ ܡܪܒܘܥܝܐ Luc. l. c. A, p. pl. et voc. o. C; ܪܝܫܐ ܡܪܒܘܥܝܐ Mt. l. c. A (Lag. 301) C: pro ἡ πρωτοκλισία. Similiter redditur pl. αἱ πρωτοκλισίαι: ܪܝܫ ܡܪܒܘܥܝܐ Luc. 14 7 B. 20 46 BC; ܪܝܫ ܡܪܒܘܥܝܐ Luc. 14 7 A. 20 46 A; ܪܝܫܐ ܡܪܒܘܥܝܐ Mc. 12 39 A, p. o. BC; ܪܝܫ ܡܪܒܘܥܝܐ Luc. 14 7 C. Quaeritur igitur, utrum st. emph. pl. vocis ܡܪܒܘܥܝܢ (nom. abstr., syr. ܡܣܡܟܐ) sit, quo punctorum pl. auctor respexisse videtur, an st. abs. nominis מַרְבוֹעֲיתָא: ܡܪܒܘܥܝܢ s. ܡܪܒܘܥܝܐ (ut ܡܨܒܘܥܢ s. ܡܨܒܘܥܐ „baptisma", alia id genus).

Aph. Ptc. act. ܡܪܒܥ (A, p. o. cett.) — discumbere iussit Luc. 12 37.

---

*ܪܒܙ *Pa.* (talm. רבץ) Ptc. act. ܡܪܒܙ Anecd. 111 3; pl. ܡܪܒܙܝܢ Hebr. 10 22. — aspersit Hebr. l. c. Itaque verba ܡܪܒܙ ܛܠܐ Hymn. Anecd. l. l. vertenda mihi videntur „qui rore aspergit". Aut fallor, aut initium est cantus cuiusdam in honorem Johannis baptistae. Land (in parte lat. p. 193): „quicunque requiescit in umbra".

Ithpa. Ptc. ܡܬܪܒܙ — aspersus est Hebr. 9 13 (ῥαντίζουσα).

ܪܒܩܐ N. pr. Ρεβεκκα (רִבְקָה; Peš. ܪܦܩܐ) Gen. 49 31.

*ܪܓܓ. *ܪܓܓ. Pl. [ܪܓܓܝܬܐ] (רגג). *f.* — voluptates (ἡδοναί) Tit. 3 3.

[ܪܓܝܓܬܐ *id.* Luc. 8 14 A *corr.* Vox syriaca. Anecd. ܪܓܝܓܬܐ].

---

*ܪܓܙ. *Pe.* ܪܓܙ Mt. 22 7 B, ܪܓܙ *pass.*; etc. Impf. 3. ܝܪܓܘܙ Dt. 11 17. Ptc. act. ܪܓܙ. — iratus est, ll. cc., Js. 12 1. Mt. 5 22. 18 34. Luc. 14 21 A in marg. 15 28. Eph. 4 26. Hom. Ox. 95 18.

ܪܘܓܙ Job. 16 9. Mc. 3 5 A, ܪܘܓܙܐ Eph. 2 3; ܪܘܓܙ Luc. 6 10 A, *p. o.* BC. Mc. 3 5 BC. emph. ܪܘܓܙܐ. C. suff. 3. *m.* ܪܘܓܙܗ Col. 3 6. 1. ܪܘܓܙܝ *pass.*, ܪܘܓܙܝ Js. 10 6. [ܪܘܓܙܬܝ Js. 63 6, forma manifeste mutata ex st. emph.]. ܪܘܓܙܟܘܢ Eph. 4 26. *m.* — ira, ll. cc., Dt. 13 17. Js. 9 19. 10 5. 25. 42 25. 63 3. Jer. 39 37. Hos. 14 5. Jon. 3 9. Mt. 3 7. Luc. 3 7. Col. 3 8. Hebr. 4 3. Alibi.

Ithpe. Pf. ܐܬܪܓܙ — iratus est Act. Philem. Anecd. 169 14 (cf. ZDMG 53 713).

Aph. Pf. pl. ܐܪܓܙܘ — irritavit Ps. 77 58.

---

*ܪܓܠ. ܪܓܠܐ — locustarum quoddam genus Jo. 1 4 (*bis*). 2 25, pro ὁ βροῦχος s. βροῦχος. Nihil tale reperio in dialectis. De חַרְגֹּל quivis cogitat, sed quomodo inter sese cohaereant me fugit.

---

*ܪܓܠ. *ܪܓܠ. C. suff. ܪܓܠܗ Mt. 4 6 BC, ܪܓܠܗ ib. A et Prov. 1 15. Pl. ܪܓܠܝܐ Dt. 11 10. Hom. Anecd. 175 23. C. suff. ܪܓܠܝܗ *pass.*; ܪܓܠܝܗ A *pass.* Act. 14 8, ܪܓܠܘܗܝ Mt. 28 9 A, al. ܪܓܠܝܟ Luc. 8 35 C, ܪܓܠܝܟ ib. A et 10 39 A; ܪܓܠܝܗܘܢ (Act. 16 24 cod. ms.; al.); etc. (Persaepe punctis *Rukkākhā*, quod vocant, instructum). *f.* — pes, ll. cc., Gen. 8 9. 18 4. Dt. 11 24. Js. 3 12. 60 13. Ps. 55 14. Prov. 1 16. Mt. 22 44. Luc. 7 44 sqq., et persaepe al. ܪܓܠܝܢ ܕܐܪܒܥ τετράποδα Rom. 1 23; hinc corrig. ܪܓܠܝܢ 'ܐ Gen. 1 24.

---

*ܪܓܡ *Pe.* Pf. pl. ܪܓܡܘ. Impf. pl.

ܢܪܓܡܘܢ Dt. 13 10, BC *pass.*, ܢܬܪܓܡܘܢ A: Joh. 8 59, 10 31, al., *p. o.* Joh. 11 8 Dam. Ptc. act. ܪܓܡ s. ܪܐܓܡ (Luc. 20 6 C); etc. — lapidavit, ll. cc., Ex. 17 4. Mt. 21 35. 23 37. Joh. 8 5. 10 32 sq. Hom. Anecd. 175 1.

Ithpe. Pf. pl. ܐܬܪܓܡܘ Hebr. 11 37. Impf. 3. ܢܬܪܓܡ Ex. 19 13. Ptc. pl. ܡܬܪܓܡܝܢ Ex. 8 26. — lapidatus est, ll. cc.

---

*ܪܓܫ. *Aph.* Pf. ܐܪܓܫ — sensit (abs.) Vit. Sct. cod. ms.

ܐܪܓܫ (inf.) Prov. 1 4. emph. ܐܬܐ—. Pl. c. suff. ܐܪܓܫܬܗܘܢ Hebr. 5 14. *f.* — sensus, intelligentia, αἴσθησις Ex. 28 3. Prov. 1 4. 7.; pl. αἰσθητήρια Hebr. l. c.

---

*ܪܕܐ *Pe.* Pf. pl. 3. *f.* ܪܕܝ Anecd. 182 11. Impf. 2. ܬܪܕܐ Ps. 37 2. Ptc. act. ܪܕܐ *pass.* *f.* ܪܕܝܐ Tit. 2 12. — *1.* aravit (ἀροτριᾶν) Luc. 17 7 (ut targ. אדרי. Cf. etiam هاس *aravit* [sensu propr. *calcavit*] in dialecto ʿOmân.: Rössler, Mittlg. Sem. Or. Spr. Berl. 1898, II, 89 11. 18, هَيْس aratrum (Freyt.). *2.* castigavit, erudivit ll. cc., Prov. 9 7 Lect. 2 Tim. 2 25. Hom. Anecd. l. c. (cit. Ps. 15 7).

ܡܪܕܘ. emph. ܡܪܕܘܬܐ. C. suff. ܗ—. Pl. ܡܪܕܘܬܐ Hom. Ox. 952 16. *f.* — castigatio, disciplina l. c., Dt. 11 2. Js. 50 4 sq. 53 5. Prov. 1 2. 7 sq.

Ithpe. Ptc. pl. *m.* ܡܬܪܕܝܢ, c. pron. enclit. pl. 1. ܡܬܪܕܝܢܢ 1 Cor. 11 32 (sic leg.). — castigatus, eruditus est, l. c., Ps. 89 10. 2 Cor. 6 9.

---

*ܪܕܦ *Pe.* Pf. 1. ܪܕܦܬ; etc. Impf. 1. ܢܪܕܘܦ Jo. 2 20; pl. ܢܪܕܦܘܢ s. ܢܪܕܘܦܘܢ (A *pass.*); etc. Ptc. act. pl. ܪܕܦܝܢ s. ܪܐܕܦܝܢ (Joh. 5 16 C). Pass. ܪܕܝܦܝܢ s. ܪܕܝܦܝܢ (Mt. 5 10 BC). — *1.* persecutus est Dt. 11 4. Mt. 5 10 sqq. 44. 23 34. Luc. 21 12. Joh. 5 16. 15 20. 1 Cor. 15 9. *2.* expulit, ἐκδιώκειν Jo. 2 20; propulsavit, ἀμύνεσθαι Ps. 117 10.

*ܪܕܘܦ. emph. ܪܕܘܦܐ — persecutor Ps. 43 17.

Ithpe. Ptc. pl. ܡܬܪܕܦܝܢ — persecutionem passus est 2 Cor. 4 9.

---

*ܪܗܒ *Ithpe.* Pf. ܐܬܪܗܒ Ex. 19 16; pl. ܐܬܪܗܒܘ Luc. 24 37 A, *p. voc. o.* BC. *f.* ܐܬܪܗܒܝ Mc. 16 5 Ev. 217 C (Hinc corrig. in Anecd.); etc. Impf. 2. ܬ[ܬ]ܪܗܒ Jer. 30 10; etc. Ptc. ܡܬܪܗܒ; etc. — territus est, timuit, ll. cc., Mt. 24 6. Luc. 21 9. [Vit. Anton. S. F. 78 16: loc. mutil.]; sequ. ܡܢ *r.* Hymn. Anecd. 113 13. Lit. 701 21, vel *p.* Phil. 1 28 (ὑπό).

ܪܗܛ *Pe.* Pf. ܪܗܛ A: Mc. 9 24, Luc. 19 4, *p. o. pass.* ܪܗܝܛ Mc. l. c. B; ܪܗܛ A: Mt. 27 48 Ev. 204, Luc. 15 20. 3. *f.* ܪܗܛܬ (Joh. 20 2 A); etc. Impf. ܢܪܗܛܘܢ Jo. 2 9, ܢܪܗܛܘܢ 24. 7. Am. 8 12. Imp. pl. ܪܗܛܘ 1 Cor. 9 24. Ptc. act. ܪܗܛ; etc. — cucurrit, ll. cc., Gen. 18 2. 19 1 Dam. Ex. 9 23 (pro ἔβρεξε interpres ἔθρεξε legisse videtur. Silent codd. gr.). Prov. 1 16. Mt. 28 8. Luc. 19 4. 24 12. Joh. 20 4. 16 (gr. om., sed vid. Peš. sin). Rom. 12 13. 1 Cor. 9 24. 26. Hom. Anecd. 172 26 (cit. Phil. 2 16). Sequ. ܥܠ κατατρέχειν ἐπί τινι Job. 16 10; ܒܬܪ διώκειν Rom. 9 30 sq. 14 19, καταδιώκειν Mc. 1 36.

*ܪܗܛܐ. emph. ܐ—. pl. ܪܗܛܐ. — cursor 3 Rg. 14 28. Hom. Anecd. 186 25 (cit. Job. 9 25). [173 24. 174 11?].

ܪܘܒܝܠ N. pr. Ruben Ρουβην, Peš. ܪܘܒܝܠ, Dt. 11 6.

ܪܚܒܥܡ N. pr. Ροβοαμ (Peš. ܪܚܒܥܡ) Mt. 1 7 A *bis*, *p. o.* 3 Rg. 14 25. Mt. l. c. BC, sed ܪܚܒܥܡ v. ᵇC.

ܪܘܚ. ܪܘܚ A: Mc. 9 16; *p. o.* Ex. 28 3. Js. 11 15, al. emph. ܪܘܚܐ. C. suff. ܪܘܚܗ; etc. Pl. *a)* ܪܘܚܝܢ Luc. 8 2 B. Hebr. 1 14. emph. ܪܘܚܬܐ Mt. 8 16 BC (A om.). 10 1 BC. Luc. 4 36. 6 18. 7 21 BC. 10 20. [ܪܘܚܬܐ Mt.

10 1 Anecd.]; ܪ̈ܘܚܬܐ Mt. 10 1 Ev. 287 A, ܪ̈ܘܚܬܐ Ev. 245 A. *b*) ܪܘܚܝܢ Luc. 8 2 AC. emph. ܪ̈ܘܚܐ Mt. 8 27 A, cf. 24 31 A, *p. o.* al. ܪ̈ܘܚܐ Mt. 8 26 A. — *1.* spiritus, anima Gen. 1 2. 6 17. 7 15. Ex. 28 3. Js. 11 2 sqq. Mt. 10 1. Mc. 1 10. Luc. 7 21. Act. 1 8. Rom. 5 5; et persaepe alibi. V. et N. T. Lit. 695 16. 698 5. Hom. Ox. 966 15. Hom. Anecd. 191 13. 26. Lit. Dam. I fol. 2ᵛ. Act. Philem. Anecd. 169 5. *2.* ventus Gen. 8 1. Ex. 10 13. 19. Jon. 1 4. Job. 21 18. Eccl. 11 4. 5. Mt. 7 25; et pass. al. Hom. Anecd. 183 22. Act. Adrian. fol. 3ʳ. — Cf. ܢܦܫ.

[ܪܘܚܬܐ („spiritus") Luc. 8 29 C. 9 42 B: leg. ܪܘܚܐ].

*ܪܘܚܢܝ. Pl. *f.* ܪܘܚܢܝܬܐ — spiritualis Lit. 706 21.

*ܪܘܝܚ. *f.* ܪܘܝܚܐ Mt. 7 13 A [C ܪܘܝܚܐ], ܪܘܝܚܐ B. — amplus, spatiosus, l. c.

---

*ܪܘܝ *Pe.* Impf. pl. ܢܪܘܘܢ Joh. 2 10 A, ܢܪܘܢ BC. — inebriatus fuit, l. c.

ܪܘܝܐ. pl. ܪܘܝܢ. *f.* — *1.* ebrietas μέθη Jo. 1 5. Luc. 21 34. Rom. 13 13. *2.* μέθυσμα 1 Reg. 1 11. 15.

*ܪܘܝ (ܪܘܶܐ). *f.* ܪܘܝܐ 1 Reg. 1 13. Pl. ܪܘܝܐ Mt. 24 49 A², *p. o.* B. Jo. 1 5. Act. 2 15. ܪܘܝܢ Mt. A (sic leg. pro ܪܘܝܢ), C (sic leg. pro ܪܘܝܢ), ܪܘܝܐ Anecd. — ebrius, ll. cc.

Ithpe. Ptc. *f.* ܡܬܪܘܝܐ — inebriatus fuit 1 Reg. 1 14.

Aph. Pf. 2. ܐܪܘܝܬ; etc. Impf. 3. ܢܪܘܐ; etc. Imp. ܐܪܘܐ. — potum praebuit Js. 63 6. Jer. 38 4. Lit. 697 1 (cit. Ps. 64 11) = 704 1. 705 4. 706 9 sq.

ܪܘܡ *Pe.* Pf. 3. *f.* ܪܡܬ; pl. ܪܡܘ — *1.* altae evaserunt *aquae* Gen. 7 20. *2.* in altum sublata est *arca* Gen. 7 18.

ܪܡ Js. 40 9, al. emph. ܪܡܐ Js. 9 12. 17; al. *f. id.* emph. ܪܡܬܐ Gen. 22 2. pl. *f.* ܪܡܬܐ. — altus, editus, excelsus, ll. cc., Dt. 11 2. Js. 9 21. 10 4. Prov. 9 3. Mt. 4 8. 17 1. 27 46. Luc. 1 35 A. Pl. *f.* *a*) loca alta, edita Gen. 49 26 (βουνῶν Aqu.). Jo. 3 18. *b*) res altae, excelsae Rom. 12 16.

*ܪܘܡ. emph. ܪܘܡܐ. C. suff. ܪܘܡܗ; etc. Pl. c. suff. ܪܘܡܝܗ Js. 10 34. ܪܘܡܝܗܘܢ Jon. 2 4. *m.* — altitudo, ll. cc., Gen. 6 15. Js. 7 11. 35 2. Luc. 24 49.

*ܡܪܘܡ. Pl. ܡܪܘܡܝܐ. *m.* — ܒܡܪܘܡܝܐ in excelsis Job. 16 19. 22 12. Sap. 9 17. Mt. 21 9. Luc. 2 14. 19 38 B. Hebr. 1 3. Lit. 704 7 (cit. Luc. 2 14) = 708 1. Lit. Dam. I fol. 2ʳ.

Aph. ܐܪܝܡ s. ܐܪܡ (Mt. 26 51 C). 2. ܐܪܝܡܬ s. ܐܪܡܬ (Joh. 20 15 BC); etc. Impf. 3. ܢܪܝܡ Luc. 1 25 Ev. 278 A, *p. o.* al. ܢܐܪܝܡ Js. 53 10, ܢܪܡ Luc. l. c. B, Ev. 285 C. 2. ܬܪܝܡ s. ܬܪܡ; etc. Imp. ܐܪܝܡ (Joh. 19 15 A); etc. Ptc. act. ܡܪܝܡ s. ܡܪܡ (Joh. 1 29 Ev. 266 B); ܡܪܐܡ Ps. 45 10 (sic leg. pro ܡܪܐܡ). Pass. *f.* ܡܪܡܐ s. ܡܪܝܡܐ (Joh. 20 1 C). — sustulit, abstulit, removit Ex. 8 31. Dt. 13 5. 3 Rg. 14 28. Js. 9 4. 12. 14. 53 10. Am. 9 8. Jon. 3 6. Prov. 1 12. Mt. 14 20. 15 37. Mc. 2 4. 6 29. 8 8. Luc. 1 25. Joh. 1 29; al. Hom. Anecd. 187 7 (cit. Job. 9 34). 191 16. Abstulit *caput*, *aurem* (cf. Nöld. p. 516 sq.) Mt. 14 2. 26 51. Mc. 6 16.

Ithpe. ܐܬܪܝܡ Js. 53 8. Impf. 3. ܢܬܪܝܡ s. ܢܬܪܡ (Mt. 9 15 BC. Luc. 5 35, sic leg.). [semel ܢܬܐܪܝܡ Js. 11 13]. pl. ܢܬܪܝܡܘܢ Joh. 19 31 A, *p. voc. o.* BC (confusioni cum ܪܡܐ adscribendum videtur, cf. ZDMG 53 709). Imp. ܐܬܪܝܡ. Ptc. ܡܬܪܝܡ; etc. — sublatus, ablatus est, ll. cc., 3 Reg. 8 25. Js. 10 27. Mt. 21 21. 43. 25 29. Mc. 11 23.

Pol. ܪܘܡܡ s. ܪܘܡܝܡ (Phil. 2 9 Lect.). Impf. 3. ܢܪܘܡܡ Mt. 23 12 A, cf. Luc. 18 14 A, *p. o.* cett.; etc. 1. p. c. suff. 2. ܬܪܘܡܡܝܢܢ Ps. 29 2. pl. 3. *m.* ܢܪܘܡܡܘܢ Hymn. Anecd. 111 20; etc. Imp. ܪܘܡܡ. Ptc. act. ܡܪܘܡܡ; etc. — *1.* elevavit, exaltavit Ps. 3 4. Job. 17 4. Mt. 23 12. Luc. 14 11. 18 14. Joh. 3 14. 8 28. Phil. 2 9; *fluvium* (ut intumesceret) Lit. 706 5; *vocem, clamorem* sustulit Js. 40 9 Anecd. (Lect. ܠܐ). *2. met.* exaltavit Ex. 15 2. Ps. 29 2. Hymn. Anecd. 111 17.

ܪܘܡܡܘܬ. emph. ܪܘܡܡܘܬܐ. C. suff. ܗ—. *f.* — *1.* altitudo, celsitudo Jac. 1 9; *cordis* i. e. superbia Js. 9 9. 10 12. *2.* auctus *fluvii* Lit. 705 8.

ܡܪܘܡܡ (ptc. pass.) Ps. 46 3. emph. ܡܪܘܡܡܐ *pass.* [ܡܪܘܡܐ Act. 1 8]. Pl. *f.* ܡܪܘܡܡܢ. — excelsus (ὕψιστος) ll. cc., Ps. 45 5. 56 3. 77 56. 81 6. Sirac. 46 5. Luc. 1 32. 35 C. 76. 6 35 AB. 8 28. Act. 16 17. Hymn. Anecd. 111 18. 112 7. Pl. *f.* res excelsae Js. 12 5.

Ithpol. ܐܬܪܘܡܡ; etc. Impf. 3. ܢܬܪܘܡܡ Luc. 18 14 A, *p. voc. o.* pass.; etc. Imp. ܐܬܪܘܡܡ. Ptc. ܡܬܪܘܡܡ; etc. — *1.* exaltatus est Js. 12 4. 6. 52 13. Jer. 38 37. Ps. 8 2. 45 11 (*bis*). 46 10. 56 6. Mt. 23 12. Luc. 14 11. Joh. 3 14. 12 32. Act. 1 9. *2.* se sustulit Gen. 19 13; auctus est *fluvius* Gen. 7 24. Lit. 696 9. 707 10. *3. met.* superbivit Js. 10 34.

ܪܘܡܐ N. pr. ἡ Ῥώμη Roma Rom. 1 7. 15. 2 Tim. 1 17; ܪܘܡܝ Phil. 4 23 (in postscripto).

*ܪܘܡܝ. Pl. ܪܘܡܝܢ Stud. Sin. 11 147 1. emph. ܪܘܡܝܐ, ܪܘܡܐܝܐ (Mt. 27 27 Ev. 201 B, 210 A), ܪܘܡܝܐ, ܪܘܡܝ (BC *pass.*). [De ܪܘܡܐܝ Act. 16 21. Lect. 16 18, ܪܘܡܝܝܢ et ܪܘܡܝܢ *pass.* vid., quae ad *ܪܗܘܡܝ notavi]. — *1.* Romanus Joh. 11 48. Act. 16 21. Lect. 11 10. 16 18. 40 15. 46 10. 50 12. 58 7. 123 1. *2. pl.* milites, στρατιῶται (cf. Nöldeke p. 518) Mt. 8 9. 26 57. 27 27. 33. 28 12. Mc. 15 16. Luc. 3 14. 7 8. 23 36. Joh. 19 2. 32. 34. Vit. Anton. Stud. Sin. l. c. (= Migne P. Gr. 26 900 B). Ἡ σπεῖρα Joh. 18 3. 12.

ܪܘܡܐܝܣܛܝ *adv.* Ῥωμαϊστί Luc. 23 38 et Joh. 19 20 B. ܪܘܡܐܝܣܛܝ ll. cc. A, Joh. C. [Luc. C ܪܘܡܐܝܣܛܝ].

ܪܘܦܘܣ N. pr. Ῥοῦφος Rufus Mc. 15 21 (A, *p. o.* cett.).

ܪܘܬ N. pr.: vid. ܪܥܘܬ.

---

*ܪܙ. emph. ܪܙܐ. C. suff. 3. *m.* ܪܙܗ Eph. 6 19. Pl. ܪܙܝܢ [ܪܙܝ Luc. 8 10 *corr.*]. *m.* — secretum l. c., Luc. 8 10. 1 Cor. 13 2. Eph. 1 9. 1 Tim. 3 16.

ܪܚܒ N. pr. Ῥαχάβ Mt. 1 5 (A ܪܚܒ; Peš. ܪܚܒ).

ܪܚܘܒ N. pr. l. Ῥοόβ, Ῥοώβ, Peš. ܪܚܘܒ, Num. 13 22.

---

*ܪܚܝ. ܪܚܝܐ *m.* — lapis molaris Mt. 24 41; ܪ' ܕܚܡܪܐ mola Ex. 11 5.

[ܡܪܚܝܬܐ: leg. ܡܛܚܢܬܐ, q. v.].

ܪܚܡ *Pe.* Pf. 3. *f.* ܪܚܡܬ; etc. Ptc. act. ܪܚܡ s. ܪܐܚܡ; etc. — dilexit, amavit Mt. 6 5. Luc. 16 14. Joh. 11 3. 36. 12 25. 16 27. Tit. 2 4. Hom. Anecd. 194 5. Hymn. Lect. 138 18. Lit. Dam. II[v].

ܪܚܡ Act. Adrian. fol. 1[v], ܪܐܚܡ Joh. 19 12 B. C. suff. ܪܚܡܗ; etc. Pl. c. suff. 3. ܪܚܡܘܗܝ Joh. 15 13 A, *p. o.* B (al.), ܪܚܡܘܗܝ l. c. C. 1. ܪܚܡܝ, ܪܚܡܝܟܘܢ (A *pass.*); etc. — amicus, ll. cc., Dt. 13 6. Luc. 7 6. 12 4. 14 10. 15 29. 21 16. Joh. 3 29. 11 11. 15 14 sq. Act. Adrian. fol. 1[v] (*bis*).

ܪܚܡܝܢ, ܪܚܡܝܢ (Mt. 9 13 C), ܪܚܡܝܢ (Dt. 13 17 Anecd. 223. 2 Tim. 1 16 Ox. 18 ib. Hom. Anecd. 181 5). emph. ܪܚܡܝܐ. C. suff. ܪܚܡܝܟ, ܗ— Hom. Ox. 9 57 14; ܪܚܡܝܢ s. ܪܚܡܝܢ (Ps. 142 12), ܪܚܡܝܢ ZDMG 56 251 4. 1. ܪܚܡܝ Js. 60 10. *m.* — misericordia, ll. cc., Gen. 19 19. Js. 63 7. Jo. 2 13. Jon. 2 9. 4 2. Ps. 84 8. 85 15. Sirac. 46 7. Mt. 5 7. 9 13. 23 23. Luc. 1 54 A. 58. 10 37. 2 Cor. 4 1. Gal. 6 16. Eph. 2 4. Col. 3 12. Hebr. 4 16. Hom. Anecd. 183 15. 26. Hom. Ox. 9 57 16. Lit. 707 18. 708 10. Lit. Dam. II[r. v]. III[v].

ܪܚܡܢܐ misericors Lit. 705 8: leg. ܪܚܡܬܐ.

ܪܚܡܢ, ܪܚܡܢ (Hebr. 2 17 Lect. 118. Hymn. Anecd. 112 14. 113 19). Pl. [abs. ܪܚܡܢܝܢ Rom. 12 10: leg. ptc. act. ܪܚܡܝܢ]. emph. ܪܚܡܢܐ Mt. 5 7. — misericors, ll. cc., Jo. 2 13. Jon. 4 2. Luc. 6 35.

*ܪܚܡܢܘ. emph. ܬܐ—. C. suff. 3. m. ܗ—. *f.* — misericordia Hom. Anecd. 177 25. 178 4. 181 19. 198 6. 202 17.

ܘܪܚܡܬܝ Luc. 14 18 A: vid. rad. ܪܚܡ.

Ithpe. Ptc. act. ܡܬܪܚܡ — dilectus est Joh. 14 21 Ev. 184.

*ܡܪܚܡܢ. emph. ܡܪܚܡܢܐ — misericors Lit. 709 10.

Ithpa. ܐܬܪܚܡ (A: Mc. 1 41, al.); etc. Impf. ܢܬܪܚܡ; etc. Imp. ܐܬܪܚܡ. Ptc. ܡܬܪܚܡ — miseratus est Dt. 13 8. 17. Js. 9 17. 19. 12 1. Ps. 40 5. 56 1. Mt. 9 27. 36. 14 14. 15 22 A. Mc. 1 41. Luc. 17 13; pass. N. T. Hymn. Lect. 136 4.

---

*ܪܚܨ (cf. Idiot. p. 89. 126) *Pe.* Ptc. act. ܪܚܨ s. ܪܚܝܨ; etc. — confisus est, c. ܥܠ, Js. 8 14. 17. 10 20. 21. 12 2. 42 17. Luc. 18 9 BC. Phil. 1 6.

ܪܚܝܨܐܝܬ *adv.* — confidenter Jer. 39 37.

ܪܚܨܘ *m.* — confidentia: ܒܪܚܨܘ confidenter Lit. Dam. I fol. 1r.

Ithpe. Pf. 1. ܐܬܪܚܨܬ. Ptc. ܡܬܪܚܨ — fisus est, c. ܥܠ, Ps. 24 2. 56 2. Hom. Anecd. 181 14. 20.

[ܪܚܨܝܢ Ps. 3 2 pro θλίβειν, ܬܪܚܨܘܢ Js. 10 20 pro ἀδικεῖν: fort. leg. ܠܚܨܝܢ, ܬܠܚܨܘܢ].

ܪܚܩ *Pe.* ܪܚܩ *pass.* (ܪܚܝܩ Luc. 24 51 A), ܪܚܩ (Luc. ib. B). Impf. 3. ܢܪܚܩ; etc. Imp. ܪܚܩ; pl. ܪܚܩܘ *pass.*, ܪܚܘܩܘ Mt. 9 24 A, ܪܚܩܘ ib. B et Luc. 13 27 B. Ptc. act. ܪܚܩ; etc. — *1.* procul stetit, abstinuit Jo. 2 8; c. ܡܢ r. 1 Thess. 4 3. *2.* discessit, abiit Ex. 8 28. Zach. 11 12 (Lect. 110). Job. 21 14. Mt. 9 24. 26 39 Anecd.[1] (cett. ܥܒܪ). Luc. 2 37. 8 13 Anecd. 9 10. 39. 13 27. 24 51. Act. 1 4. Hom. Anecd. 200 11. ܪܚܩ ܠܒܣܬܪܗ ἀπέστη εἰς τὰ ὀπίσω Ps. 43 19; ܪܚܩ ܠܗܠ ἀπόστα ἐκεῖ Gen. 19 9.

*ܪܚܩ s. *ܪܚܘܩ. emph. ܪܚܘܩܐ (A ܝ) *pass.*, ܪܚܩܐ Mc. 8 3. Luc. 23 49 A *cod.* C. *m.* — distantia, ܪܚܘܩܐ ܡܢ e longinquo Gen. 22 4. Js. 60 4. 9. Jer. 30 10. Mt. 26 58. 27 55. Mc. 8 3. Luc. 16 23. 17 12. 18 13. 23 49. ܠܪܚܘܩܐ longe Ex. 8 28. Jo. 3 8; ܒܪܚܘܩܐ *id.* Eph. 2 17.

ܪܚܝܩ (Js. 42 19, al.). emph. ܪܚܝܩܐ s. ܪܚܩܐ (Mt. 14 24 BC). *f.* ܪܚܝܩܬܐ Js. 43 6. Pl. ܪܚܝܩܝܢ s. ܪܚܩܝܢ (Eph. 2 13) — distans, remotus, ll. cc., Dt. 13 7. Jo. 3 8. Mc. 12 34. Luc. 7 6. 15 13. 20. 24 13. Phil. 1 27. Hebr. 7 26.

Aph. Impf. 3. ܢܪܚܩ. Imp. ܐܪܚܩ — amovit Dt. 13 10. Eccl. 11 10.

---

*ܪܚܫ. *ܪܚܫܐ. Pl. ܪܚܫܬܐ (sic) *f.* — reptile Rom. 1 23.

---

*ܪܚܬ (hebr. רַחַת, syr.-arab. رَحْت; cf. etiam Lidzb., Ephem. 1 176 de pun. אברחת(?). Rad. incerta, fort. ورخ). C. suff. 3. *m.* ܪܚܬܗ (A, *p. voc. o.* BC); genus non cognoscitur. — πτύον, vannus Luc. 3 17. Cf. Idiot. p. 89.

[ܪܚܒܬ spumavit: leg. ܪܒܚܬ].

---

*ܪܝܚ. ܪܝܚ (st. cst.) Gen. 8 21. Phil. 4 18. C. suff. 3. *m.* ܪܝܚܗ. *m.* — odor ll. cc., Joh. 12 3.

Aph. ܐܪܝܚ — olfecit, odoratus est Gen. 8 21.

---

*ܪܝܩ. *ܪܝܩ (targ. samar. ריקא). *f.* (?) ܪܝܩܐ. — vanus (κενός) 2 Tim. 2 16. — Cf. ܪܩܐ.

ܪܝܩܢ (si recte se habet, per إمالة nata est forma defective scripta ex ריקן; sin minus leg. ܪܝܩܢ) 1 Cor. 15 10. *f.* ܪܝܩܢܐ Col. 2 8. Phil. 2 3. Pl. *f.* ܪܝܩܢܢ Job. 22 9. — *1.* vacuus Job. l. c. *2.* vanus Cor., Col. ll. cc. ܫܒܚܐ ܪܝܩܢܐ κενοδοξία Phil. l. c.

ܪܝܩܢܘ. emph. ܪܝܩܢܘܬܐ. *f.* — vanitas, res

vanae s. irritae Jon. 2 9. Eccl. 11 8. 10. ܡܪܘܩܢܝܢ ܡܠܠܝܢ ܪܘܩܢܘ κενολογοῦντες Js. 8 19. ܠܪܘܩܢܘ εἰς κενόν frustra Hom. Anecd. 173 1 = Phil. 2 16; ܒܪܘܩܢܘ 2 Cor. 6 1. ܒܪܘܩܢܘ κενά frustra Job. 21 34.

Aph. ܐܪܩܢ — evacuavit (ἐκένωσεν) Phil. 2 7 (Lect. 10).

Pol. ܪܘܩܢ Phil. 2 7 Dam., ܪܘܩܢܢ ib. Lect. 112. — *i. q. Aph.*, l. c.

Ithpol. Pf. pl. ܐܬܪܘܩܢܘ — evacuatus est (ματαιοῦσθαι) Rom. 1 21.

ܪܗܣܐ N. pr. Ρησα (Peš. ܪܝܣܐ) Luc. 3 27 B. 29 C.

---

*ܪܩܩ. ܪܩܝܩ (רַקִּיךְ). Pl. *f.* ܪܩܝܩܢ (sic) Ps. 54 22. — tener, mollis, l. c., Mt. 24 32 (C mendose).

---

*ܪܟܒ *Pe.* ܪܟܒ Joh. 12 14 A *cod.* B, ܪܟܒ ib. C, Stud. Sin. Impf. pl. 1. ܢܪܟܒ Hos. 14 4. — vectus est, equitavit, ll. cc.

ܪܟܝܒ (A *pass.*, *p. o.* al.), ܪܟܒ Mt. 21 5 B. — vectus, equitans Zach. 9 9. Mt. 21 5. Joh. 12 15.

ܐܪܟܘܒܐ (cf. Idiot. p. 89, add. אַרְכֻּבָּתֵהּ Dan. 5 6) Phil. 2 10. Pl. ܐܪܟܘܒܬܐ Js. 35 3. C. suff. 3. *m.* ܐܪܟܘܒܬܗ Mt. 17 14 A², *p. voc. o.* al., 2. ܟ— Vit. Sct. cod. ms. (cf. ܩܕܡ). 1. ܝ— Eph. 3 14. pl. 3. ܗܘܢ— Mc. 15 19. *f.* — genu, ll. cc., Mc. 1 40. Luc. 5 8.

*ܪܟܒ (רַכָּב). emph. ܪܟܒܐ. — eques Ex. 15 1.

*ܡܪܟܒܐ. C. suff. 3. *m.* ܡܪܟܒܬܗ. Pl. ܡܪܟܒܢ, ܡܪܟܒܢ Stud. Sin. 11 146 9, ܡܪܟܒܢ, Js. 43 17 Lect. 76. emph. ܡܪܟܒܬܐ. C. suff. 3. *m.* ܡܪܟܒܬܗ; ܡܪܟܒܬܗܘܢ Dt. 11 4. *f.* — currus Gen. 50 9. Ex. 15 4. 19. Dt. l. c. Js. 43 17. Jo. 2 5. Zach. 9 10. Lit. 695 13. Vit. Anton. Stud. Sin. l. c. (leg. ܒܪ pro ܒܪ; vid. Migne, P. Gr. 26 900 B, cit. Ps. 20 7).

Aph. ܐܪܟܒ — equitare fecit, sequ. acc. *p.* et ܥܠ *iumenti* Luc. 10 34.

ܪܩܚܝܠ N. pr. Ραχηλ (Peš. ܪܚܝܠ) Mt. 2 18 A, *p. voc. o.* C, ܪܚܝܠ B.

---

*ܪܟܢ *Pe.* ܪܟܢ Luc. 24 29 BC, ܪܟܢ ib. A. Impf. ܢܪܟܢ Luc. 9 12. Ptc. ܪܟܢ. — se inclinavit *dies* Luc. ll. cc. ܕܠܐ ܪܟܢ ἀκλινής Hebr. 10 23. [De ܪܟܢ S. F. 74 3 vid. ܪܟܢ *Pe.*].

Aph. ܐܪܟܢ s. ܐܪܟܢ (Joh. 19 30); etc. Impf. 3. ܝܪܟܢ Luc. 9 58 A, *p. o.* al., ܢܪܟܢ Luc. l. c. BC, Mt. 8 20 BC. pl. ܬܪܟܢܘܢ Jo. 2 7. Imp. ܐܪܟܢ; etc. Ptc. act. ܡܪܟܢ Ps. 85 1; pl. ܡܪܟܢܝܢ; etc. — *1. trans.* inclinavit, flexit: *a*) inclinavit *caput* Mt. 8 20. Luc. 9 58. 24 5. Joh. 19 30; *aurem* Ps. 44 11. 85 1. *b*) flexit *iter* Jo. 2 7; sequ. ܡܢ Ps. 43 19. *c*) convertit *pedem* a via (ܡܢ) Prov. 1 15. *d*) flexit, mutavit *ius* Js. 10 2. *e*) inclinavit *hostium aciem* Hebr. 11 34. *2. intr.* *a*) se inclinavit *regnum* Ps. 45 7. *b*) se convertit Ex. 10 6; sequ. ܠ loci Js. 9 20. *c*) devertit, c. ܠ loc. Gen. 19 2 sq., ܠܘܬ p. Prov. 9 4, ܠܘܬ r. Gal. 1 13[b]. (Hinc corrig. v [a]).

ܐܪܟܢܘ (infin.) *f.* — deflexio, defectio (ἔκκλισις) Jer. 29 32.

---

*ܪܡܣ. ܪܡܣܐ (ר = רִבְסָא) Mc. 2 4 A; *p. o.* BC. Gen. 8 13. C. suff. ܪܡܣܗ Mt. 8 8 C [AB ܪܡܣܗ, corrupte]. Pl. ܪܡܣܝܢ. *m.* — contignatio, στέγη, ll. cc.; ܬܠܬ ܪܡܣܝܢ τὸ τρίστεγον Act. 20 9 (sic leg., cf. ZDMG 53 707).

ܪܡܐ N. pr. Ραμα (Peš. ܪܡܬܐ) Js. 10 29. Jer. 38 15. Mt. 2 18 (ubi A *corr.* ܪܡܬܐ, sec. Peš.].

ܪܡܐ *Pe.* ܪܡܐ; etc. Impf. 3. ܢܪܡܐ; etc. [1. ܢܪܡܐ Am. 9 8: leg. ܢܪܡ = ܢܪܝܡ]. Pl. 2. ܬܪܡܘܢ Mt. 7 6 A; etc. Imp. ܪܡܝ (*pass.*), ܪܡܐ Zach. 11 13 Lect. 110; pl. ܪܡܘ. Ptc. act. ܪܡܐ s. ܪܡܝ; etc. Pass. ܪܡܐ; etc., pl. *m.* ܪܡܝܢ s. ܪܡܝܢ (Mt. 9 36 C). — iecit, proiecit, abiecit Dt. 11 18. 25. 4 Rg. 2 20. Js. 9 11. Jon. 1 7. 12. Zach. 11 13. Ps. 21 19. Job. 16 13. Mt. 4 6. 7 6. Mc. 6 17 B (AC aliter). 12 41 sqq. Luc. 2 19. Joh. 15 6;

alibi. Sequ. ܠܩܕܠ resupinus se incurvavit (ἀνακύπτειν) Luc. 13 11. (Cf. ܐܠ). 'ܪ ܫܪܫܐ radicatus est Eph. 3 18. ܐܝܕܝܐ ܪܡܐ ܥܠ ἐπιβάλλειν τὰς χεῖρας ἐπί τινα Mt. 26 50 (cf. *Aph.*). ܣܡܐ [?ܣܡܝ] ܪܡܐ ἀπεσχοίνισέ σε Act. Adrian. fol. 2r. *Ptc. pass.* iacens, *pec.* morbo afflictus, Mt. 8 6. 14. 9 2. Mc. 24. 7 30. Luc. 5 25. 16 20.

Ithpe. ܐܬܪܡܝ Hom. Anecd. 189 5. 3. *f.* ܐܬܪܡܝܬ Mt. 13 47 A. Impf. 3. ܢܬܪܡܐ Joh. 15 6 Ev. 185 B, ܢܬܪܡܐ Mt. 5 29 A, al. Etc. Imp. ܐܬܪܡܝ s. ܐ—. Ptc. ܡܬܪܡܐ; etc. — iactus, abiectus est, se abiecit, ll. cc., Mt. 3 10. 6 30 BC. 21 21. Mc. 11 23. Luc. 3 9. Joh. 12 6. 2 Cor. 4 9.

*ܪܡܝ (רַמַּי). Pl. ܪܡܝܢ — deceptor 2 Petr. 3 3 (ἐμπαίκτης).

ܪܡܝܘ *f.* — fraus 2 Petr. 3 3 (ἐμπαιγμονή).

Aph. ܐܪܡܝ Gen. 2 21. Impf. 3. ܢܪܡܐ; etc., pl. ܢܪܡܘܢ Js. 11 14 (sic leg.), al. 1. ܢܪܡܐ s. ܢܪܡܝ. [Imp. pl. ܐܪܡܘ Luc. 5 4 A, gloss. Inf. ܠܡܪܡܝܗ Mt. 15 26 A, ex Peš. assumptum]. — i. q. *Pe.* Gen. 2 21. Prov. 1 14. Mt. 25 27. Mc. 7 27. Joh. 20 25. Sequu. acc. r. et ܠ p.: tradidit, βάλλειν Mt. 25 27 (ubi solus cod. B Ev. 95 ܥܠ pro ܠ habet). ܥܠ ܐܝܕܝܗ ܐܪܡܝ *i. q.* 'ܐ ܪܡܐ Gen. 22 12. Js. 11 8. 14. Luc. 21 12. Joh. 7 44.

*ܪܡܙ *Pe.* Pf. pl. ܪܡܙܘ. Ptc. act. ܪܡܙ, ܪܡܙܝܢ — innuit Luc. 1 22. 62. 5 7.

ܪܡܙ (רֶמֶז, ܪܶܡܙܳܐ). Pl. ܪܡܙܝܢ Prov. 1 6. *m.* — aenigma Prov. 1 6 (αἰνίγματα). ܒܪܡܙ obscure Hom. Anecd. 189 8.

*ܪܘܡܚ. *ܪܡܚ. Pl. ܪܘܡܚܝܢ Jo. 3 10. emph. ܪܘܡܚܝܬܐ (sic) 3 Rg. 14 26. (Genus non cognoscitur). — hasta, ll. cc.

*ܪܡܠ. ܐܪܡܠܐ A: Mc. 12 42, Luc. 18 3; *p. o.* al. emph. ܐܪܡܠܬܐ A: Mc. 12 43, Luc. 21 3; *p. o.* al. Pl. ܐܪܡܠܢ Job. 22 9, Luc. 4 25 AC, B ܐܪܡܠܢ. emph. ܐܪܡܠܬܐ. C. suff. ܐܪܡܠܬܗܘܢ. — vidua, ll. cc., Dt. 10 18. Js. 9 17. 10 2. Ps. 77 64. Mt. 23 14. Mc. 7 26 Dam. (a prima manu ex ܐܪܡܠܐ correctum). 12 40. Luc. 2 37. 4 26. 7 12. 18 5. 20 47. 21 2. Hom. Anecd. 180 22. 26.

*ܪܡܘܢ (רִמּוֹן. Rad. incogn.). Pl. ܪܡܘܢܝܢ — Num. 13 24.

*ܪܡܫ *Pe.* Ptc. act. *f.* ܪܡܫܐ, pl. ܪܡܫܢ — serpsit Gen. 1 21. 26. 28. 30.

ܪܡܫܐ Gen. 7 14. 21. 8 17. 19. emph. ܪܡܫܬܐ Gen. 1 30. Pl. abs. ܪܡܫܢ 1 20. emph. ܪܡܫܬܐ 1 26. 28; ܪܡܫܬܐ 1 24. *f.* — reptile, ll. cc. Alibi ܪܡܫܬܐ sensu collect. usurpatur: 1 35 (c. *f.* sg. iunctum), cf. 6 19 sq. 7 8. 23. 8 1.

*ܪܡܫ. ܪܡܫ Gen. 1 5. 8. 13. 19. 23. 31. emph. ܪܡܫܐ (רַמְשָׁא) A: Mt. 14 23, 20 8, 26 20; *p. o. pass.* ܪܡܫܐ (רַמְשָׁא) Gen. 3 8. Mt. 8 16 B, 27 57 AB, *et pass.* BC (*e. g.* Mt. 14 15. 28 1). *m.* — vespera, ll. cc., Gen. 8 11. 19 1. 49 27. Mt. 14 24. 20 8. 26 20. Mc. 11 19. Luc. 24 29. Joh. 6 16. 20 19. Hom. Anecd. 211 5. 6.

ܪܡܬܐܝܡ Joh. 19 38 A, *p. o.* al.; ܪܡܬܝܡ Mt. 27 57 A, *p. o.* Mc. 15 43 Anecd., Ev. 207 C; ܪܡܬܝܡ Mc. l. c. A. — N. pr. Ἀριμαθαία(ς) (Peš. ܪܡܬܐ), ll. cc.

*ܪܛܢ *Pa.* Pf. 3. *f.* ܪܛܢܬ; etc. Impf. pl. 2. ܬܪܛܢܘܢ. Ptc. act. ܡܪܛܢ, pl. ܡܪܛܢܝܢ, ܡܪܛܢܝܢ (Joh. 6 41 C. 62 A). — murmuravit Luc. 19 7. Joh. 6 43. 1 Cor. 10 10 (*bis*). Hom. Ox. 952 5. Sequ. ܥܠ *p.* Ex. 16 7. 8. 17 3. Mt. 20 11. Joh. 6 41. Hom. Ox. 951 9. 13. 52 10; ܠܩܕܡܘܗܝ Luc. 5 30; ܥܠ ܡܢ *r.* Joh. 6 62.

ܪܛܢ (רִטְנוּן) Joh. 7 12. emph. ܪܛܢܐ Sirac. 46 7. C. suff. ܪܛܢܝܟܘܢ Ex. 16 7 sqq. *m.* — murmuratio (γογγυσμός) ll. cc.

ܪܢ, ܡܪܢ: vid. ܐܪܢ.

*ܪܥ. *Palp.* Pf. 1. ܪܥܪܥܬ — confregit, contudit Js. 63 3.

*ܪܥܐ I. *Pe.* Impf. 3. ܢܪܥܐ. C. suff. 3. *m.* ܢܪܥܝܘܗܝ Mt. 2 6 A, ܢܪܥܝܗ C. Pl. ܢܪܥܘܢ. Imp. ܪܥܐ Joh. 21 15 C, ܪܥܝ ib. AB. Hom. Ox. 9 50 6. Ptc. act. ܪܥܐ; etc. — *1. transpavit* Js. 40 11. 61 5. Mich. 5 4. Ps. 22 1. Mt. 2 6. 8 33. Luc. 8 34. 17 7. Joh. 21 15 = Hom. Ox. l. c. *2. intr.* pastus est Js. 11 6 sq. Jon. 3 7. Mt. 8 30. Luc. 8 32; depastus est, c. ܒ loci, Hom. Anecd. 201 14, cf. 2 Tim. 2 17.

*ܪܥܐ. emph. ܪܥܝܐ. Pl. ܪܥܘܢ (Luc. 2 8). emph. ܪܥܝܐ. — pastor Js. 40 11. Jer. 38 10. Mt. 9 36. 25 32. 26 31. Luc. 2 8. 15. 18. 20. Joh. 10 2. 11 sqq. 16.

ܡܪܥܝܐ Joh. 10 9 A, ܡܪܥܝܬܐ Jo. 1 18, *p. o.* Joh. l. c. BC. ܡܪܥܝܬ A: Mt. 8 30, Luc. 8 32, Joh. 10 16; *p. o.* BC. emph. ܡܪܥܝܬܐ A: Mt. 8 31 sq., al., *p. o.* cett. C. suff. ܡܪܥܝܬܗ; etc. Pl. ܡܪܥܝܢ Js. 35 7. emph. ܡܪܥܝܬܐ Jo. 1 18. *f.* — *1.* pascua (νομή) Joh. 10 9. *2.* grex (ποίμνιον, ἀγέλη) ll. cc., Js. 40 11. Jer. 38 10. Mich. 5 4. Ps. 77 52. Mt. 26 31. Luc. 2 8. 12 32.

Ithpe. Impf. pl. ܢܬܪܥܘܢ — pastus est Js. 14 30.

---

*ܪܥܐ II. *Ithpa.* Impf. pl. 1. ///ܢܬܪܥܐ 2 Cor. 3 5. Ptc. ܡܬܪܥܐ Act. Adrian. fol. 1ᵛ (sic leg. pro ܡܬܪܥܐ) — *1.* curavit: ܘܠܐ ܐܢܫ ܠܐܢܫ ܡܬܪܥܐ οὔτε τίς τινι προστήσεται Act. Adrian. l. c. *2.* meditatus est 2 Cor. l. c.

---

*ܪܥܐ III. *ܪܥܝܢ. emph. ܪܥܝܢܐ. *m.* — propositum, voluntas Eph. 1 5.

Pa. ܪܥܐ; etc. Impf. 3. ܢܪܥܐ. Ptc. act. ܡܪܥܐ — reconciliavit 2 Cor. 5 18 sq. Eph. 2 16. Col. 1 20. c. ܥܡ — ܠ Lit. 707 19.

ܪܥܘ. emph. ܪܥܘܐ. *m.* — reconciliatio, καταλλαγή 2 Cor. 5 18 sq., ἱλαστήριον Rom. 3 25.

Ithpa. Pf. pl. 1. ܐܬܪܥܝܢܢ. Imp. pl. ܐܬܪܥܘ — reconciliatus est Rom. 5 10. 2 Cor. 5 20.

---

*ܪܥܡ (رعد „tonuit“; רעד „tremuit“). ܪܥܡ *m.* — tonitru Joh. 12 29 A *cod.* BCD; cf. ܪܥܡ.

Aph. ܐܪܥܡ — intonuit Lit. 696 14 (cit. Ps. 28 3).

ܪܥܘܬ N. pr. Ρουθ, syr. ܪܥܘܬ, Mt. 1 5 A (an *corr.?*), ܪܘܬ BC.

[ܪܥܡ *m.* — tonitru Joh. 12 29 A: *corr.* ܪܥܡ e Peš. mutavit].

ܪܥܫ *Pe.* — excitavit (perraro ita syr., vid. GGA 1895, p. 673) ܪܥܫ ܩܪܒܐ bellum excitavit contra *alqm* (ܥܠ) Sirac. 46 6.

---

*ܪܥܦ *Aph.* Ptc. act. ܡܪܥܦ, ܡܪܥܦܐ, ܡܪܥܦܐ (Luc. 9 39 C) — spumavit Mc. 9 17 [corrupte AB ܦ pro ܦ, C ܡܪܥܦ]. 19. Luc. 9 39.

---

*ܪܦ. *ܪܦ. Pl. ܪܦܝܢ *m.* — conclave (cf. neosyr. ܪܦܐ apud Macl., Dict. 295) Gen. 6 16 *bis* (vid. ܐܪܦ, sub rad. *ܐܪܦ I).

---

*ܪܦܐ. *ܪܦܐ (ܪܦܐ). *f.* ܪܦܝܐ — profanus, nequam 2 Tim. 2 16 (βέβηλος).

*ܪܦܝܘ. C. suff. ܪܦܝܘܬܗܘܢ. *f.* — mollitia, pigritia Hom. Anecd. 194 11.

Aph. Pf. 2. ܐܪܦܝܬ, pl. 1. ܐܪܦܝܢܢ — reliquit Hom. Ox. 9 72 15. 20.

*ܡܪܦܝ (ptc. pass.). Pl. *f.* ܡܪܦܝܢ — *manus* remissae Js. 35 3.

ܪܦܝܕܝܢ N. pr. l. Ραφιδειν Ex. 17 1.

[*ܪܦܫ: vid. ܪܦܫ].

---

*ܪܦܦ Ptc. pass. *f.* ܡܪܦܦܐ — se movit Gen. 1 2 (ἐπιφέρεσθαι).

*ܪܦܦ. Pl. (*propr.* dual.) c. suff. 1. ܪܦܦܝ — palpebrae (βλέφαρα) Job. 16 16. (Formatum ex ܪܦܦ „continue vibravit“, ut hebr. עַפְעַפַּיִם ex *עפעף, *עוף *id.*).

---

*ܪܦܨ (cf. „Homon. Wurzeln“ p. 71 et adn. 1). *Pe.* Imp. ܪܦܨ — bono animo fuit Mt. 9 2. Mc. 10 49 (sic leg.).

ܪܦܨ — qui bono animo est, fiduciae plenus Act. Adrian. fol. 1ᵛ (τεθαῤῥηκώς).

ܪܩܣܘܣ *f.* — bonus animus (θάρσος) Job. 17 9.

ܪܩ *Pe.* ܪܩ s. ܪܐܩ (Joh. 9 6 B). — spuit, exspuit Mc. 7 33. Joh. 9 6.

*ܪܘܩ. emph. ܪܘܩܐ. C. suff. ܪܘܩܗ. *m.* — sputum Js. 50 6. Joh. 9 6.

Pa. Pf. pl. ܪܩܩܘ. Ptc. act. ܡܪܩܩܝܢ — exspuit, conspuit Mt. 26 67 Ev. 195 A. 27 30 AB. Mc. 10 34 Dam. AB. 15 19 B.

*ܪܩܪܩ. Pl. ܪܩܪܩܘ. Ptc. act. ܡܪܩܪܩܝܢ — *id.* Mt. 26 67 BC, Ev. 181 A. Mc. 10 34 C. 15 19 C [A mendose ܡܪܩܣܝܢ].

ܪܩܐ — ρακα, ραχα Mt. 5 22 (cf. Dalm. Gramm. p. 138, n. 2).

---

*ܪܩܡ. *Aph.* ptc. pass. pl. ܡܪܩܡܝܢ — ܠܐ ܡ' ἄσηπτοι Ex. 26 32.

---

*ܪܩܨ *Pa.* Pf. 3. *f.* ܪܩܨܬ — saltavit Mc. 6 22.

---

*ܪܩܥ [*ܪܘܩܥܐ. emph. ܪܘܩܥܬܐ Mt. 9 16 A *corr.*, *cod.* ܪܘܩܥܬܐ. *f.* — pannus a veste avulsus. Vox a diall. Iud. aliena Syrismum olet (cf. Gwilliam. Tetraev. in loc.); sinceram lectionem codd. BC, al. servaverunt, vid. voc. insequ.].

ܡܪܩܥܐ. emph. ܡܪܩܥܬܐ. Pl. ܡܪܩܥܝܢ Luc. 2 7 BC (*Imâlā* ex ܡܪܩܥܢ natum, nisi fort. ad sing. *ܡܪܩܥ pertinet). *f.* — *1.* pannus a veste avulsus Mt. 9 16 BC. Luc. 9 36. *2.* fasciae Luc. 2 7.

*ܡܪܩܥܘܢ. Pl. ܡܪܩܥܘܢܬܐ (fort. leg. 'ܡܪܩܥܢ). *f.* — fasciae Luc. 2 7 A. (Cf. adn. editoris; mihi tamen lectio tuenda videtur).

---

*ܪܫܠ. ܡܪܫܠ (ptc. pass. *Pa.*) A: Mc. 2 3, Luc. 5 18; ܡܪܫܠ Mt. 8 6; ܡܪܫܠ *pass.* BC. emph. ܡܪܫܠܐ Mc. 2 4 A, ܡܪܫܠܐ Luc. 5 24 A, *p. o.* al., ܡܪܫܠܐ Mc. 2 5 A. Pl. ܡܪܫܠܝܢ Mt. 4 24. *f.* ܡܪܫܠܬܐ Js. 35 3. — remissus, paralyticus Js. l. c., Mt. 4 23 sq. 8 6. 9 2. 6. 35 C. Mc. 2 3 sqq. 9 AB. 10. Luc. 5 18. 24. Act. 14 8.

ܡܪܫܠܘ (inf.), ܡܪܫܠܘ (*p. o.* BC). *f.* — aegritudo (μαλακία) Mt. 4 23. 9 35. 10 1.

---

*ܪܫܡ. ܪܘܫܡ *m.* — signum Lit. 705 20.

---

*ܪܫܥ *Pe.* Ptc. act. ܪܫܥ — ausus est (τολμᾶν) Mc. 12 34 A (ita repono pro ܟܫܥ; BC om.).

*ܪܘܫܥ s. *ܪܫܥ. emph. ܪܘܫܥܐ. *m.* — impietas, ἀσέβεια Prov. 1 19. 2 Tim. 2 16. Tit. 2 12.

ܪܫܥ (Num fort. leg. ܪܘܫܥ?) *f.* — 'ܒ audacter, τόλμῃ Job. 21 27.

*ܪܫܝܥ (רָשִׁיעַ). emph. ܪܫܝܥܐ. Pl. ܝܢ—, ܝܐ—. — impius, ἀσεβής Gen. 18 23. 25. Ex. 9 27. Js. 11 4. 25 2. Ps. 16 9. Prov. 1 7. Job. 16 11. 21 7. 16 sq. 28. Eccl. 7 22. 2 Petr. 3 7. Rom. 4 5. 5 6. Hom. Anecd. 186 19. Lit. Dam. III[v]. Act. Adrian. fol. 2[v].

Aph. Impf. 2. ܬܪܫܥ Eccl. 7 18. Ptc. act. ܡܪܫܥ Hom. Anecd. 185 23. — impie fecit, impius fuit, ll. cc.

---

*ܪܬ [*Pe.* Ptc. act. ܪܐܬ — tremens Act. 16 29. Ex vers. Peš. assumptum. Dialecti ratio postulat ܪܬܬ = רתת].

*ܪܬܬ (רְתִית). emph. ܪܬܬܐ (A), *p. voc. o.* cett. *m.* — tremor Ex. 15 15. Mc. 16 8.

*ܡܪܬܬ. *f.* ܡܪܬܬܐ (ptc. pass. — an act.? — *Pa.*) — tremulus Mc. 5 33. Luc. 8 47.

*ܐܪܬܬܘ (inf. *Aph.*). emph. ܬܐ—. C. suff. ܐܪܬܬܘܬܗܘܢ. *f.* — tremefacere, τρόμος Gen. 9 2. Ex. 15 16. Dt. 11 25.

---

*ܪܬܚ *Pe.* Ptc. act. pl. ܪܬܚܝܢ — ebullivit, pustulavit (ἀναζεῖν) Ex. 9 9.

Pa. s. *Aph.* Ptc. [act. ܡܪܬܚ Mc. 9 17 C: leg. ܡܪܬܚܐ]. pass. pl. ܡܪܬܚܝܢ — effervescere fecit Rom. 12 11.

ܪܬܚ *m.* — calor, fervor: ܐܦ ܠܐ ܡܬܚܫܚܐ ܘܠܐ ܒܗ ܪܬܚ ܕܚܘܠܡܢܐ ܕܠܒܐ Vit. Sct. cod. ms.

---

*ܪܬܩ *Aph.* (Talm. הִרְתִּיק. Minus recte Schwally, Idiot. p. 91 ad *Pa.* retulit, temere B. Jacob ZDMG 55 141 ad *Pe.*).

Impf. 3. ܢܪܬܩ Luc. 12 36 A, *p. voc. o.* BC. Imp. pl. ܐܬܪܩܘ s. ܐܬܪܩܘ (A), ܐܬܪܘ (BC).

Ptc. act. ܡܬܪܩ s. ܡܬܪܩ. — pulsavit, l. c., Mt. 7 7. 8.

ܫ

ܫܐܕ (A ܫܐܕ, ܫܕ) *pass.*, ܫܐܕ Luc. 4 33 B. emph. ܫܐܕܐ (ܫܐܕܐ C: Mt. 9 33, Mc. 7 26. 29 sq., Luc. 4 35). Pl. ܫܐܕܝܢ, ܫܐܕܝܐ [ܫܐܕܐ S. F. 102 16, vix recte editum] *m.* — daemon ll. cc., Mt. 4 24. 8 16. Mc. 1 39. Luc. 4 41. Joh. 7 20, et persaepe N.T. Hom. Ox. 9 70 5. [73 15. 19]. Hom. Anecd. 184 5. Vit. Sct. cod. ms. (*pass.*). ܗܘ ܕܫܐܕܐ daemoniacus Luc. 8 36 AB; pl. ܗܠܝܢ ܕܫܐܕܝܢ Mt. 8 33.

ܫܐܘܠ N. pr. Σαουλ (syr. ܫܐܘܠ) Js. 10 29.

ܫܐܠ *Pe.* (Quot formae coniugationi *Pa.* adscribendae sint, non satis constat). ܫܐܠ *pass.* ܫܠ C: Mt. 22 35 Ev. 92; 27 11 Ev. 200, Mc. 9 32, 15 44 Ev. 207, Luc. 1 63, 18 18; B: Mt. 27 11 Ev. 200 et v. 58. Palaestinenses nostri igitur *šel* pronuntiasse putandi sunt. Hinc ܫܐܠ (A: Mt. 22 35 Ev. 157, Mc. 9 20, al.) ita intelligendum est ut Syrorum occidental. ܫܐܶܠ. ܫܐܠ Mt. 27 58 lectio contaminata ex ܫܐܠ et ܫܠ (nisi fort. *Pa.*). ܫ(ܐ)ܠ Mc. 15 44 A. C. suff. 3. *m.* ܫܐܠܗ Mt. 22 35 Ev. 157 B. 27 11 Anecd. Luc. 5 3. 8 30 B. 3. *f.* ܫܐܠܬܗ Mc. 6 25 A, Luc. 1 41 A, *p. voc. o.* cett., sed ܫܐܠܬ Luc. C. *2.* ܫܐܠܬ Eccl. 7 11; etc. Pl. ܫܐܠܘ s. ܫܠܘ (BC *pass.*). 2. ܫܐܠܬܘܢ *pass.* ܫܐܠܬܘܢ Joh. 16 24 Ev. 56 C, ܫܐܠܬܘܢ Joh. ib. Ev. 189 B. Impf. 3. ܢܫܐܠ A *pass.*, *p. o.* Mt. 22 46 BC; ܬܫܐܠ Jac. 1 5. 2. ܬܫܐܠ Joh. 11 22 A, *p. o. pass.*, ܬܫܐܠ Joh. l. c. B. 1. ܐܫܐܠ [ܐܫܐܠ Mc. 11 29]. C. suff. pl. 2. ܢܫܐܠܢܟܘܢ Luc. 20 3 A, *p. o.* ib. Dam., Act. Sct. Anecd. 170 14 (cf. ZDMG 53 707). Pl. ܢܫܐܠܘܢ. 2. ܬܫܐܠܘܢ;

ܬܫܐܠܘܢ Mc. 11 24 C, ܬܫܐܠܘܢ C *pass.*; etc. Apoc. ܬܫܐܠܘ Mt. 5 47 (cf. ܬܫܐܠܘܢܢܝ Js. 14 29). 1. ܢܫܐܠ, ܢܫܐܠ (Mc. 10 35 A, *p. o.* C). Imp. ܫܐܠ, ܫܐܠܝ; etc. Ptc. act. ܫܐܠ; ܫܐܠ, *p. o. pass.* BC. ܫܠ Mt. 5 42 C. 7 8 Ev. 68 B. 16 13 B. *f.* ܫܐܠܐ, ܫܐܠܐ. Pl. ܫܐܠܝܢ, ܫܐܠܝܢ, ܫܐܠܝܢ (BC *pass.*). — *1.* petiit Ex. 11 2. Dt. 13 14. 1 Reg. 1 17. Js. 7 11 sq. Mt. 5 42. 7 8. Mc. 6 22. 24 sq. Luc. 1 63. 5 3. Joh. 4 10. 1 Cor. 1 22. Eph. 3 20. Alibi. Sequ. ܠ *r.* Mt. 27 58 B, sed apud cett. *acc.* Sequ. ܒܫܠܡܐ (ܒܫܠܡܗܘܢ etc.) salutavit Mt. 5 47. 10 12. Mc. 15 18. Luc. 1 40. Phil. 4 21. 22. Col. 4 14 sq. Hom. Anecd. 182 15 (ubi leg. ܐܠܐ ܫܐܠܗ). *2.* interrogavit Js. 8 19. Ps. 34 11. Job. 21 29. Eccl. 7 11. Mt. 6 13. 17 10. Mc. 8 29. 9 20. 31 sq. Luc. 3 10. 14. Joh. 5 12. Act. 1 6, et saepe alibi.

ܫܐܠ (*qᵉṭāl*, samar. שיאל), ܫܐܝܠ(ܐ) Mt. 23 7 A[1], Mc. 12 38 A. [ܫܐܠ fort. = ܫܐܠ Mt. l. c. A[2]. Luc. 1 29 A] ܫܠ Luc. ib. C. [ܫܐܠ saepius BC]. *m.* — ܫܐܠ ܫܠܡܐ salutatio Mt. 23 7. Mc. 12 38. Luc. 1 29. 20 46. Col. 4 18.

*ܫܐܠܐ (שְׁאִילְתָא, שְׁאֵלָה; plane convenit c. syr. ܫܐܶܠܬܳܐ). C. suff. 2. *f.* ܫܐܠܬܟܝ 1 Reg. 1 17. Pl. abs. [ܫܐܠ]ܢ Hebr. 5 7. C. suff. ܫܐܠܬܟܘܢ Phil. 4 6. *f.* — petitio, ll. cc.

Pa. (cf. *Pe.* Pf.) Ptc. act. ܡܫܐܠ (A *bis*), ܡܫܠ (BC) — percontatus est Mt. 2 4. Mc. 8 27.

Aph. Pf. pl. ܐܫܐܠܘ. Ptc. act. ܡܫܐܠ — commodavit Ex. 11 3. Act. Adrian. fol. 1ᵛ.

ܫܐܠܐ N. pr. Σαλα (ܫܠܐ Peš. [sin.]) Luc. 3 32 B, ܫܠܐ C.

---

*ܫܐܪ. ܫܪܝܬܐ (ex שְׁאֵרִית ortum) *pass.*,

ܫܪܝܬ Mt. 25 11 Ev. 164 B, Luc. 18 11 B, ܫܝܪܬ Mt. l. c. Ev. 164 AC, Mc. 10 41 C. Luc. l. l. C. ܫܝܪ Mt. l. l. Ev. 96 B. emph. ܫܝܪܝܬܐ *pass.*, ܫܪܝܬܐ BC *pass.*; ܫܝܪܐ Mt. 22 6, *p. voc. o.* Eph. 2 3. *f.* — reliquiae, reliqui (syntaxi plurali utitur, ad sensum) 3 Rg. 14 29. Js. 11 11. Jer. 38 7. Am. 9 12. Mich. 5 3. Mt. 22 6. 25 11. 27 49. Mc. 10 41. 16 13 BC (A ܫܝܪܐ) Luc. 8 10 Anecd. 18 9. 11. 24 9 sq. 43. Gal. 2 13. Eph. 2 3. Phil. 4 3. 1Thess. 4 13. ܫܝܪܬܐ dein (fort. pro τὸ λοιπόν) Hom. Anecd. 182 9.

Ithpe. ܐܫܬܝܪ Js. 11 16. Pl. (ܢ)ܐܫܬܝܪܘ Ex. 28 10. Ptc. pl. *m.* ܡܫܬܝܪܝܢ Js. 10 19. — relictus est, restitit, ll. cc.

Ittaph. Impf. 1. ܐܫܬܐܪ Luc. 9 61 A, ܐܫܬܪ BC — valedixit, c. ܡܢ = ἀποτάσσεσθαι, l. c. (Ineptit B. Jacob ZATW 1902, p. 98).

[ܫܘܒܒܢ Mt. 20 12 A: leg. ܫܘܝܬܢ].

ܫܒܐ *Pe.* ܫܒܐ. Impf. pl. ܢܫܒܘܢ — *1.* bello abegit, praedatus est (προνομεύειν) Js. 11 14. *2.* sequ. ܫܒܝܬܐ captivos abduxit *vel potius* reduxit (שוב שבות) Hom. Ox. 96 11 1 (cf. Jer. 30 3).

ܫܒܐ (ptc. pass.). Pl. ܫܒܝܐ(ܢ) Luc. 4 19 A, ܫܒܝܐ cett., Js. 61 1. — captivus, ll. cc.

ܫܒܝܐ Js. 10 6. Jo. 3 8. emph. ܫܒܝܬܐ. C. suff. 3. *m.* ܫܒܝܬܗ. Pl. c. suff. 3. *m.* ܫܒܝܬܗ Jer. 30 3. ܫܒܝܬܗܘܢ ib. v. 10. *f.* — *1.* captivitas, ἀπαγωγή Js. 10 4, αἰχμαλωσία Jer. 30 10. Jo. 3 1. 8. Am. 9 14. Ps. 77 61. 84 2; ἀποικία Jer. 30 3. *2.* praedatio (προνομή) Js. 10 6.

ܫܒܚ (Non est cur radicem dissecemus; significatus primarius est „amplus fuit, amplificavit". Hebr. שבח „laudavit" aramaismus est, hebr. שבח „placavit" = assyr. *pašāḫu*) *Pe.* 3. f. ܫܒܚܬ; etc. Ptc. act. ܫܒܚ s. ܫܒܚ (Luc. 2 40 A corr. [??], Ev. 273 B. Eph. 2 21); etc. — amplificatus est, auctus est, incrementum cepit: αὔξειν, αὐξάνειν, -εσθαι Mt. 6 28. Luc. 1 80. 2 40. 13 19. Eph. 2 21. Col. 1 6 (cod. ܫܒܚ). 2 19; ἀναθάλλειν Phil. 4 10. Sequ. ܝܬܝܪ: περισσεύειν 1Thess. 4 10.

Pa. ܫܒܚ (A: Luc. 23 47, al.); etc. Impf. ܢܫܒܚ s. ܢܫܒܚ (Joh. 17 1 D, Ev. 52 B; al.); etc. 1. ܐܫܒܚ, ܐܫܒܚ (Js. 25 1); etc. Imp. ܫܒܚ s. ܫܒܚ (Joh. 17 1 B, al.); etc. Ptc. act. ܡܫܒܚ s. ܡܫܒܚ (Joh. 12 28 Ev. 168 A); etc. — gloriavit, laudavit, ll. cc., Js. 3 12. 9 16. 42 10. 60 13. Jo. 2 26. Mt. 5 16. Mc. 2 12. Luc. 2 13. 5 25 sq. Joh. 17 5. Act. 16 25 (Lit.). Rom. 1 21. 15 6; et saepe al. Hom. Anecd. 207 4. Lit. 698 5. Lit. Dam. *pass.* ܫܒܚܬ ܐܦܝܗܘܢ ἐθαύμασας πρόσωπον αὐτῶν Job. 22 18 (cf. Burkitt. in loc. p. 42; vid. etiam ܐܦܐ).

ܫܒܘܚ (שְׁבוּחָ) 2 Cor. 6 8. Phil. 4 8 Dam. emph. ܐ—. C. suff. 3. *m.* ܫܒܘܚܗ. *m.* — laudatio, ἔπαινος Eph. 1 6. 12. 14; εὐφημία 2 Cor. l. c.; αὔξησις Col. 2 19; ἀρετή Phil. l. c.

ܬܫܒܘܚ Js. 61 3 (*ter*). Mt. 24 30 Anecd. 2 Cor. 3 7 sqq., al. ܬܫܒܘܚ Js. 60 19. 21. Phil. 4 8 (sic leg.). ܬܫܒܘܚ Luc. 14 10 AB. ܬܫܒܘܚܐ Joh. 9 24 A, ܦ Luc. 21 27 Ev. 128 A, *p. o.* Js. 53 2. Joh. 9 24 BC, *pass.* BC. ܬܫܒܘܚܐ Js. 42 10. Mt. 24 30 AB, al. emph. ܬܫܒܘܚܬܐ Ex. 28 2. Js. 40 5 (Anecd. 223). C. suff. ܬܫܒܘܚܬܗ, ܬܫܒܘܚܬܗ, ܬܫܒܘܚܬܗ; etc. Pl. ܬܫܒܚܢ, ܬܫܒܚܢ (vide mox ܒܬ'). C. suff. ܬܫܒܚܬܗܘܢ Sirac. 45 26. *f.* — laudatio, gloria, ll. cc., Dt. 10 21. Js. 10 3. 12. 16. 11 3. 12 2. 35 2. 40 5. 42 8. 43 7. 60 1. Mt. 24 30. 25 31. Luc. 14 10. Joh. 8 50. 54. Rom. 13 3. Eph. 1 12. Phil. 1 26. Col. 3 4. 1Tim. 3 16. Alibi. Hom. Anecd. 187 24 sq. 188 2. Hom. Ox. 9 61 12. Lit. 704 6. Lit. Dam. I fol. 2r. Est = ὕμνος Js. 42 10. ܒܬܫܒܚܢ ἐνδόξως Ex. 15 1; ܒܬܫܒܚܢ Lit. Dam. I fol. 2v. Cf. etiam ܫܒܚ.

ܡܫܒܚ (ptc. pass. *Pa.*), emph. ܐ—; etc. Pl. *m.* c. suff. 3. *f.* ܡܫܒܚܝܗܝܢ Js. 11 4.

f. ܡܫܒܚܢ, ܢ— (Luc. 5 26 BC), emph. ܬܐ—. C. suff. 3. *m.* ܡܫܒܚܬܗ Js. 12 4. — laudatus, laudabilis, gloriosus, ll. cc., Ex. 15 1. Js. 10 33. 11 4. 43 21. 60 9. Js. 61 10 (LXX om.; cf. Field. et Peš.). Luc. 7 25. Lit. Dam. II[r. v.] — Pl. *f.* ἔνδοξα Dt. 10 21. Js. 12 4; παράδοξα Luc. 5 26.

Ithpa. ܐܫܬܒܚܢ Joh. 7 39 A, *p. o.* al.; etc. Impf. 3. ܢܫܬܒܚܢ (A), *p. o.* al. ܢܫܬܒܚܢ Js. 60 7; hinc corrig. Jac. 1 9 et Eph. 2 9. Ptc. ܡܫܬܒܚܢ; etc. [Phil. 4 10 leg. ܫܘܒܚܟܘܢ]. — *1.* celebratus, laudatus est Js. 43 4. 52 13. 60 7. 13. Joh. 7 39. 11 4. 12 16. 23. 13 31. Lit. Dam. I fol. 2[r]. *2.* gloriatus est Js. 10 15. Jac. 1 9. Rom. 5 11. Eph. 2 9.

---

*ܫܒܛ. *ܫܒܛ. C. suff. 3. *m.* ܫܒܛܗ Luc. 2 36 C, ܫܒܛܗ B, al. Pl. ܫܒܛܝܢ Js. 14 31, ܫܒܛܝܢ *pass.* C. suff. 3. *m.* (?) ܫܒܛܗ Mt. 19 28 C; etc. *m.* — *1.* virga, baculus: ܫܒܛܐ [ܢܛܪܝ] ῥαβδοῦχοι Act. 16 35. *2.* tribus, φυλή Ps. 77 55. Sirac. 45 25. Mt. 19 28. 24 30. Luc. 2 36. 22 30. Jac. 1 1. ܫܒܛܐ ܕܐܢܫܐ Js. 11 14. 14 31. 61 5. ܪܫܝ [ܫܒܛܝܟܘܢ] οἱ φύλαρχοι ὑμῶν Dt. 31 28.

---

*ܫܒܝܠ. ܫܒܝܠ (targ. שְׁבִיל) Js. 43 16 (Lect. 76). Pl. ܫܒܝܠܝܢ ib. Lect. 35. emph. ܫܒܝܠܐ Js. 3 12. C. suff. ܗ— *pass.*, ܗܘܢ— Mt. 3 3 A, ܗ— Mc. 1 3 C. Hymn. Anecd. 111 19; ܗ— B: Mt. 3 3, Mc. 1 3; 3. f. ܫܒܝܠܗ (??) Hom. Anecd. 176 5; etc. 1. ܫܒܝܠܝܢ Ps. 43 19. *m.* — semita, via, ll. cc., Js. 40 3. Jo. 2 7. Sap. 9 18. Luc. 3 4. Hom. Anecd. l. l. (cit. Prov. 5 6).

*ܫܒܠ (cf. Dalm. Gr. p. 126). Pl. ܫܒܠܝܢ Mc. 2 23 AB. Luc. 6 1 B; ܫܒܠܝܢ Mc. C. Luc. B. ܫܒܠܝܢ Luc. A, *p. o.* Anecd. *m.* (?) — spica, ll. cc.

[ܫܒܩ Ptc. act. Col. 1 6: leg. ܫܒܩܢ].

ܫܒܥ. ܫܒܥ Mt. 15 34 A, ܫܒܥܐ Joh. 4 52 A, ܫܒܥܐ Num. 13 23; ܫܒܥܐ Mt. 15 37 A, *p. o. pass.* ܫܒܥܐ C: Mt. ll. cc. et Luc. 2 36. ܫܒܥܐ Luc. 17 4 A, ܫܒܥܐ Mt. 22 25 A, Mc. 16 9 A, Hom. Ox. 970 5; *p. o.* Gen. 7 4, al. — septem, *pass.* ܫܒܥܐ ܫܒܥܐ septeni Gen. 7 2. 3. — *Determ.* st. cst. ܫܒܥܬܐ (cf. Nöld. p. 484, Praetor. ZDMG 48 366) Gen. 7 10. Mt. 15 36. 22 28 BC. Luc. 8 2 C. [ܫܒܥܬܐ Mc. 8 6]; c. suff. ܫܒܥܬܝܗܘܢ Mt. 22 26 C, ܫܒܥܬܝܗܘܢ B. *st. emph.* ܫܒܥܬܐ Mt. 22 28 A, ܫܒܥܬܐ v. 26 A, *p. voc. o.* Luc. 17 4 C, ܫܒܥܬܐ Luc. 17 4 A: *a*) οἱ ἑπτά Mt. ll. cc. *b*) septies Luc. 17 4.

ܫܒܥܣܪ decem septem Anecd. 117 8. ܫܒܥܬܥܣܪ 153 22.

ܫܒܝܥܝ septimus Lect. 114 17. emph. ܫܒܝܥܝܐ Gen. 2 2 sq. 8 4. Hebr. 4 4. Lect. 8 10.

ܫܒܥܝܢ septuaginta Gen. 50 3. Dt. 10 22. Ps. 89 10. Luc. 10 1. emph. ܫܒܥܝܢܐ Luc. 10 17 BC, ܫܒܥܝܢܐ A.

ܫܒܩ σαβεκ Gen. 22 13.

ܫܒܩ *Pe.* ܫܒܩ *pass.* ܫܒܩ Mt. 26 44 B. ܫܒܩܗ Col. 2 13. Etc. Impf. ܢܫܒܘܩ; etc. pl. 2. ܬܫܒܩܘܢ *pass.*, ܬܫܒܩܘܢ Joh. 20 23 A, ܬܫܒܩܘܢ Mt. 18 35 A, al.; etc. Imp. ܫܒܘܩ Mt. 7 4 A, al., *p. o. pass.* ܫܒܘܩ A: Mt. 8 22, al. ܫܒܩܘ Js. 42 22. ܫܒܩܘ Mt. 5 24 A; etc. Ptc. act. ܫܒܩ (ܫܒܩ Joh. 10 12 Anecd.); etc. Pass. ܫܒܝܩ, ܫܒܩ (Mt. 23 38 BC); etc. — *1.* sivit, passus est, destituit, reliquit Gen. 2 24. 18 24. 26. 50 8. Ex. 9 21. 10 5. 12. 24. 26. Js. 10 3. 60 15. Jon. 2 9. Ps. 21 2. Prov. 1 8. Mt. 3 15 sq., et persaepe al. Hom. Ox. 972 18. Act. Adrian. fol. 1[r]. *2.* dimisit *uxorem* Mt. 5 32. 19 9. *3.* concessit *alicui aliquid* Js. 42 22 (ἀποδιδόναι). *4.* condonavit Mt. 9 2. 18 35. Mc. 2 5. 9. Luc. 5 20 sq. 23; al. Col. 2 13. Lit. 706 23. *5.* dereliquivit, parvi aestimavit, reiecit Prov. 1 7 (ἐξουθενεῖν).

ܫܒܩܢ (ܫܒܩܢܐ) Luc. 24 47 A. emph. ܫܒܩܢܐ 4 19 A, *p. o.* BC. *m.* — remissio, condonatio ll. cc. (Syrismum olet. Priore loco, 24 47, codd. BC sinceram lectionem servaverunt, altero hanc vocem syr. interpres praegressae vocis ܫܒܩܝܢ evitandae causa admisisse videtur).

ܫܒܩܝܢ (pl. abstr.) Js. 61 1. Mt. 26 28 ABC. Mc. 1 4 C. Luc. 3 3 BC. 4 19 BC. 24 47 B. ܫܘܒܩܢܝܢ Luc. 4 19 A, ܫܒܩܢܝܢ Mt. 26 28 Anecd. ܫܒܩܢ Mc. 1 4 B, ܫܒܩܢܝܢ ib. A *cod.*, Luc. 3 3 A. C. suff. ܫܒܩܢܝܗܘܢ Luc. 24 47 C, ܫܒܩܢܝܗ (pro ܫܒܩܢ—) Eph. 1 7. Col. 1 14. *m.* — remissio, condonatio, ll. cc. (noli confundere cum שִׁבּוּקִין „repudium" = ܫܘܒܩܝܢ. Immo *šᵉbūqīn* est).

Ithpe. ܐܫܬܒܩ s. ܐܫܬܒܝܩ (Ex. 10 5); etc. pl. 3. *m.* ܐܫܬܒܩܘ Ex. 10 15 (al. ܘ—). Impf. 3. ܢܫܬܒܩ; etc. Ptc. ܡܫܬܒܩ; etc. — *1.* relictus est Ex. 10 5. 15 (*bis*). Js. 10 11. Mt. 24 40 sq. 2 Cor. 4 9. *2.* remissum, condonatum est Mt. 12 31 sq. Luc. 7 47. 12 10. Joh. 20 23. Rom. 4 7. Hom. Ox. 9 52 24. *3.* reiectus est Jon. 2 5 (ἀπωθεῖσθαι).

[ܫܒܩܬܢܝ Anecd. 106 5: vid. ZDMG 53 706].

---

*ܫܒܫ (cf. „Homon. Wurzeln" p. 90). [ܫܒܫܝܢ Act. Philem. Anecd. 169 25: leg. ܫܒܫܝܢ ܘܫܒܫܝܢ = περιαχθῆναι]. *Ithpe.* ܐܫܬܒܫ [Luc. 19 6 A male ܐܫܬܒܫ]. Imp. ܐܫܬܒܫ (Luc. 19 5 A, *p. o.* al.). Ptc. ܡܫܬܒܫܝܢ, *f. id.* Lit. Dam. IIᵛ. — festinavit Ex. 9 19. 10 16. 15 15. Luc. 2 16. 19 5 sq. Lit. Dam. l. c.

Pa. Ptc. act. pl. ܡܫܒܫܝܢ — festinare iussit Gen. 19 15.

ܒܫܒܫܘ *f.* — ܒܫܒܫܘܬܐ festinanter (?) Hom. Anecd. 210 10. 11. (Palimpsesti locus obscurus).

*ܫܒܫܒ. *ܫܒܫܒܬܐ (cf. שְׁבִשְׁבַת). pl. ܫܘܒܫܒܢ. *f.* — pampinus Joh. 12 13 A [Stud. Sin.].

*ܫܒܫܒܬܐ (ex ܫܒܫܒܬܐ natum, ut targ. שׁוּשְׁבַתָּא). pl. ܫܒܫܒܢ (pro ܫܒܫܒܢ). *f.* — *id.* Joh. 12 13 BC.

---

*ܫܒܬܐ. ܫܒܬܐ (cf. Dalm. Gramm. p. 74. 126. 196) *pass.*, ܫܘܒܬܐ A: Mt. 28 1, Joh. 20 1. 19; ܘ Mc. 16 9, Luc. 24 1. ܫܒܬܐ Lect. 2 6. 5 1, al. (fort. syr.). emph. ܫܘܒܬܐ A: Luc. 4 31, 6 1 sqq., al., ܘ Mt. 28 1, Luc. 4 16, al., *p. voc. o.* al. Pl. ܫܒܝܬܐ Mt. 28 1 C. Col. 2 16. — σάββατον, σάββατα. *a*) dies sabbathi Mt. 24 20. Mc. 2 23 sq. 27. 3 2. 4. 6 2. 16 1. Luc. 4 31. 6 1—10 (*pass.*). 14 1. 3. Joh. 5 9 sq. 16. 18. 9 14. 16. 19 31. Act. 1 12. *b*) hebdomas Luc. 18 12. ܬܪܝܢ ܫܒܬܐ Luc. 4 16. 14 1 B; ܚܕ ܒܫܒܐ 13 14. 16. 14 5. ܚܕ ܒܫܒܐ (s. ܚܕ ܒܫܒܐ) primus hebdomadis dies Mt. 28 1. Mc. 16 2. 9. Luc. 24 1. Joh. 20 1. 19. Lect. 2 6. 3 1. 4 1. 5 1 et pass. al. Lit. 695 3. 4. — ܐܪܒܥܬܐ ܒܫܒܬܐ (*i. e.* אַרְבַּעְתָּ֫ר) dies Mercurii Lect. 42 5. Stud. Sin. 100 4; ܕܫܒܬܐ ? Lect. 65 7.

ܫܒܬܐ (syr. ܫܒܬܐ; cf. Löw. Pfl. p. 373) Mt. 23 23 Anecd., ܫܘܒܬܐ A. *f.* — anethum graveolens, l. c.

---

*ܫܕܪ *Pa.* ܫܕܪ; etc. Impf. ܢܫܕܪ; etc. 1. ܐܫܕܪ Ex. 9 15; etc. Imp. ܫܕܪ, ܫܕܪ Ex. 10 3. 7. Ptc. act. ܡܫܕܪ — misit, emisit, ll. cc., Gen. 3 23. 8 6—12. 19 3. 29. Ex. 8 28 sq. 32. 9 1 sq. 7—35 (*pass.*). Num. 5 2. 4. Js. 43 14 (Lect. 76). 61 1. Prov. 9 3. Act. 16 35. Hom. Ox. 9 51 21. Lit. 707 7. Vit. Eulog. ZDMG 56 258 ult. Alibi. — Cf. ܫܠܚ.

Ithpa. Ptc. ܡܫܬܕܪ — missus est Hom. Anecd. 206 17 (palimpsesti loco corrupto).

ܫܕܐ *Pe.* ܫܕܐ; etc. pl. ܫܕܘ Luc. 19 35 (sic leg. pro ܫܕܘ); al. Impf. 3. ܢܫܕܐ Joh. 8 7 A. pl. 2. ܬܫܕܘܢ Hebr. 10 35 (sic leg. pro ܬܫܕܘܢ, quidquid obnititur B. Jacob ZDMG 55, p. 137 sq.). Imp. ܫܕܝ Mt. 5 29 B. 30; ܫܕܝ v. 29 AC. — iecit, pro-, reiecit, ll. cc., Ex. 10 19. 15 1. 4. 4 Rg. 2 21. Jon. 1 5. 2 4. Zach. 11 14 Lect. 104 (var. lect. ܪܡܐ, vid. Peš.). Job. 16 11. Mt. 13 48. 27 5. Luc. 4 35. Act. Adrian. fol. 2ᵛ. 3ʳ. Vit. Sct. cod. ms.

Ithpe. Impf. 3. *f.* ܬܫܬܕܐ Mt. 15 13. pl. 1. ܢܫܬܕܐ Hebr. 2 1. — abiectus est, ll. cc.

ܫܕܪ (cf. Idiot. 93. 127) *Pe.* Pf. ܫܕܪ —

desiit, quievit (abs.) Vit. Sct. cod. ms.; c. ܡܢ r. Luc. 5 4 Anecd. (A ܫܠܐ).

ܫܝܢ *m.* — tranquillitas (maris) Mt. 8 26 A (cett. om.).

ܫܝܢܘ *f.* — quies, inertia: ܒܫܝܢܘ otiose Act. Sct. ZDMG 56 257 8 sf.

Pa. Pf. ܫܝܢ — tranquillum fecit, placavit *mare* Hom. Ox. 96 511.

[ܫܪܐ *Pa.* Luc. 14 17 A et Joh. 18 13 A, *Ithpa.* Mt. 15 24 A. Quae omnia ex Peš. assumpta. Itidemque ܫܪܝܐ Sap. 9 17 ex hac versione recepit interpres. Vox a dialecto aliena est putanda.]

---

*ܫܗܪ *Pe.* Ptc. act. ܫܗܪ, pl. ܫܗܪܝܢ s. ܫܗܪܝܢ (Luc. 21 36 Ev. 133 C). — vigilavit Job. 21 32. Luc. 21 36.

*ܫܗܪ (syr. ܫܗܪܐ). C. suff. 3. *f.* ܫܗܪܗ Lect. 23 9. Pl. ܫܗܪܝܢ. *m.* — vigilia l. c., Vit. Sct. cod. ms.; *pl.* insomnia, ἀγρυπνίαι 2 Cor. 6 5.

*ܫܗܘܪ (*qiṭṭūl*). emph. ܫܗܘܪܐ. C. suff. 3. *m.* ܫܗܘܪܗ. *m.* — vigilia Lect. 124 1. 126 16.

---

*ܫܘܐ. ܫܘܐ A *pass.*, ܫܘܐ Luc. 15 19, ܫܘܐ *pass.* ܫܘܝ Mt. 10 11. 13ᵃ. Joh. 1 27 B, al. Pl. ܫܘܝܢ s. ܫܘܝܢ (Luc. 3 8 C. 23 41 Ev. 211 C. Lit. 706 20, al.) [ܫܘܝܢ Mt. 22 8 C]. emph. ܫܘܝܐ Hom. Anecd. 196 4. *f.* abs. ܫܘܝܐ Phil. 1 27. — dignus (abs. s. sequ. ܕ) Mt. 3 11. 10 10. 11. 13. 37 sq. 22 8. Luc. 3 8. 7 4. 7. 10 7. 15 19. 21. 23 41. Joh. 1 27. 1 Cor. 11 27. 29. 15 9. Phil. 1 27. Hebr. 11 38. Hom. Anecd. 196 4. 7. 201 5. Lit. 706 20. 708 10. Sequ. ܠ Mt. 3 8 AC, ܠܡ Mt. 10 37ᵃ Ev. 66 B, ܕ (ἄξιος c. gen.!) Lit. 708 11.

ܫܘܐ (ptc. pass.) *pass.*, ܫܘܝ Phil. 2 6 Dam. ܫܘܝ Joh. 5 18 B. *f.* ܫܘܝܐ s. ܫܘܝܐ (Ps. 142 10). emph. *f.* ܫܘܝܬܐ (v. infra). Pl. *m.* ܫܘܝܢ s. ܫܘܝܢ (C: Mt. 3 3, Mc. 1 3, Luc. 3 4). *f.* ܫܘܝܢ Hom. Anecd. 178 7 (?). — *1.* aequus, par Dt. 13 6. Js. 40 3. Mt. 3 3. 20 12. Mc. 1 3. Luc. 3 4. Joh. 5 18. Phil. 2 6. Cf. etiam ܡܫܘܝܘ. *2.* rectus Jer. 38 9. Ps. 142 10. Act. 14 10. ܗܝܡܢܘܬܐ ܫܘܝܬܐ vera fides („ὀρθοδοξία“) Hom. Anecd. 195 8. Hymn. Anecd. 111 16. Hymn. Lect. 138 1. — Praeterquam *adverbialiter* usurpatur: illico, statim, itidemque varie scriptum legitur ܫܘܐ Mt. 21 2 A, ܫܘܐ A *pass.*, plerumque ܫܘܐ s. ܫܘܐ (anteced. ܘ: ܘܫܘܐ A: Mt. 21 3; 26 49, al., ܘܫܘܐ Mc. 5 29 sq., ܘܫܘܐ 1 10), ܫܘܝ Mc. 1 42, ܫܘܝ 6 25, *p. o. pass.*; ܫܘܐ Mt. 26 49 Anecd., Luc. 21 9 Ev. 132 A, ܫܘܝ Mc. 2 12 A. De aliis exemplis vid. Idiot. p. 93 et concord. s. v. εὐθύς, εὐθέως. (Cum hic significatus unius nostrae dialecti sit, fortasse magis vox graeca εὐθύς quam ܒܫܘܝܘ (vid. mox) et syr. ܫܘܐ, ܐܫܘܐ, ܒܫܘܝܘ ἅμα, comparanda est. Interpretem imitationes huius generis non sprevisse, ܕܡܫܬܘܝܐ ܒܗܘܢ, ܛܘܪܢܝܬܐ ἡ ὀρεινή, alia id genus, satis demonstrant). — ܕ (ܫܘܝ) ܫܘܐ simul atque Ex. 9 29. Mc. 1 10. 7 25. Luc. 1 41 BC (A ܥܡ). 44. Joh. 19 33.

ܫܘܝܐܝܬ, ܫܘܝܬ (Mc. 7 35 et Luc. 10 28, C) *adv.* — recte (ὀρθῶς) Mc. 7 35. Luc. 7 43. 10 28.

ܫܘܝܘ *f.* — aequitas ܒܫܘܝܘ Js. 40 4 (Lect. 37. Anecd. 223) = Luc. 3 5; *met.*: ܕܫܘܝܘ εὐθύτητος Hebr. 1 8 Dam. (pro quo Lect. ܕܐܫܘܝܘ) = Ps. 44 7. ܒܫܘܝܘ *adv.* a) decore, decenter, honeste Hom. Anecd. 205 17 (cf. 1 Cor. 14 40, ubi gr. εὐσχημόνως). b) συντόμως Act. Philem. Anecd. 169 15 (sic leg. pro ܒܫܘܝܘ).

Ithpe. (ܠܡܕܒܪܐ) ܠܗ ܐܫܬܘܝ Vit. Sct. cod. ms. significare videtur „profectus est“; text. gr. fort. ἀφώρμησεν habuit.

Pa. ܫܘܝ Gen. 22 3. Ptc. act. pl. *m.* ܡܫܘܝܢ, ܡܫܘܝܢ (Mt. 21 8 B *bis.* Luc. 19 36). [ܡܫܘܝܢ Mt. l. l. C]. Pass. ܡܫܘܐ (Job. 17 13) s. ܡܫܘܝ (Luc. 9 62); *f.* ܡܫܘܝܐ (Luc. 22 12). — *1.* stravit *iumentum* Gen. l. c. *2.* expandit, prostravit *lectum* Job. l. c., *vestimenta* Mt. 21 8. Luc. 19 36. *3.* (saxis) stravit viam Luc. 22 12. Ptc. pass. εὐθετός aptus, utilis Luc. 9 62.

*ܫܘܝ (שׁוי, cf. Nöld. p. 519). emph. ܫܘܝܐ Joh. 19 13 A, *p. o.* Ev. 199 C; ܫܘܐ Ev. 137 BC [ܫܘܝܬܐ Ev. 199 B]. C. suff. 3. *m.* ܫܘܝܗ Joh. 1 27 A, *p. o.* C, ܫܘܗ B. 1. ܫܘܝ Job. 17 13. Pl. ܫܘܝܢ Luc. 15 22 B. 22 36 A, ܫܘܐܝܢ 10 4 A, ܫܘܝܝܢ 22 36 B. [ܫܘܝܢ 15 22 A, ܫܘܐܢ 22 36 C], ܫܘܢ 15 22 C. C. suff. 3. *m.* ܫܘܝܗܝ Luc. 3 16 A, *p. o.* C, Mt. 3 11 C, ܫܘܝܗܝ Mt. ib. A, ܫܘܗ B, ܫܘܗ Luc. l. c. B. *m.* — *1.* stratum (στρωμνή) Job. 17 13. ܕܟܐܦܐ ܫܘܝܐ (al. ܕܟܐܦܐ 'ܫ) λιθόστρωτον Joh. 19 13. *2.* calceamentum (ὑπόδημα) Mt. 3 11. Luc. 3 16. 10 4. 15 22. 22 36. Joh. 1 27.

Ithpa. Pf. pl. ܐܫܬܘܝܘ Sap. 9 18. Imp. ܐܫܬܘܝ Ps. 44 5. — *1.* aequatus, ad planitiem redactus est Sap. l. c. *2.* prospere cessit Ps. l. c. (κατευοδοῦ. Fort. *Ithpe.* est).

Aph. Pf. 3. *f.* ܐܫܘܝܬ; etc. Impf. 3. ܝܫܘܐ s. ܝܫܘܝ (Js. 9 7). Pl. ܝܫܘܢ Mt. 18 19 A, ܝܫܘܢ B Anecd. [ܝܫܘܝܢ C]. Imp. pl. ܐܫܘܘ Prov. 9 6 (Lect.). Ptc. act. ܡܫܘܝ (Prov. 1 3 Lect. 24) s. ܡܫܘܐ (ib. Lect. 87). — *1. trans.* a) planam fecit *viam* Mt. 11 10. Joh. 1 23. 1 Thess. 3 11. Hymn. Anecd. 111 18; cf. Lit. Dam. I fol. 2v. b) direxit *fluminis cursum* Lit. 704 20 (ubi leg. ܐܫܘܝܬܗ). c) *met.* direxit, gubernavit Js. 9 7. Ps. 89 17 (*bis*). Prov. 1 3. 9 6 (Lect.). Gal. 2 14. d) συμφωνεῖν, convenit inter eos, Mt. 18 19. *2. intr.* se direxit, ὁρμᾶν Mt. 8 32. Luc. 8 33.

ܐܫܘܝܐ (inf.) Hebr. 1 8 Lect., al. emph. ܐܫܘܝܘܬܐ Luc. 15 25 A, *p. voc. o.* B [ܐܫܘܝܬܐ C]. C. suff. 3. *m.* ܐܫܘܝܘܬܗ Ps. 45 5. *f.* — *1.* aequitas: 'ܕܐ Hebr. l. c. (sed fort. = ܕܫܘܝܐ, ut cod. Dam. habet). *2.* convenientia: ܒܐܫܘܝܐ ܥܡܗ σὺν τούτῳ συμφώνως Eccl. 7 15. ܐܫܘܝܘܬܐ ܕܙܡܪܐ συμφωνία Luc. 15 25 A — Syr. Philox. ܙܡܪܐ ܫܘܝܐ — (B ܙܡܪܐ? C ܕܙܡܪܐ); cf. *Aph.* 1, d). *3.* directio *fluminis* Ps. 45 5 (ὁρμήματα), cf. *Aph.* 1, c).

[ܐܫܘܬ Anecd. 166 18: leg. ܐܫܘܬ].

*ܫܘܚ. ܫܘܚܐ *m.* — aestus(?): ܕܪܡܫܐ 'ܫ (cod. manuscr.).

*ܫܘܓ. *Aph.* ܐܫܝܓ s. ܐܫܓ (Mt. 27 24 Ev. 210 C); etc. Impf. 3. ܢܫܝܓ s. ܢܫܓ (Joh. 13 10 Ev. 174 C); etc. Imp. ܐܫܝܓ; etc. Ptc. act. ܡܫܝܓ; etc. — lavit Gen. 18 4. 19 2. Ex. 19 10. 14. Mt. 6 17. 27 24. Luc. 5 2. Joh. 9 7. 11. 15. 13 5 sqq. 10. 12. 14.

ܫܘܙܒ Impf. ܢܫܘܙܒ; etc. Imp. ܫܘܙܒ ZDMG 56 251 et n. 6. Ptc. act. ܡܫܘܙܒ s. ܡܫܘܙܒ — eripuit, liberavit, l. c., Jer. 30 10. 38 7. Ps. 56 4. Lit. Dam. *pass.* Vit. Abrah. ZDMG 56 255 sq. (*bis*). Act. Philem. Anecd. 170 5.

ܫܘܙܒܐ. emph. ܫܘܙܒܬܐ. *f.* — liberatio, conservatio Eph. 1 14 (περιποίησις).

Ithpa. ܐܫܬܘܙܒ; etc. Impf. pl. 1. ܢܫܬܘܙܒ. Ptc. ܡܫܬܘܙܒ; etc. — liberatus est Jo. 2 3. Sirac. 46 8. Luc. 8 36. 13 23. Rom. 5 9 sq.

*ܫܘܚ (targ. שחח *id.*) *Pe.* Pf. pl. 3. *m.* ܫܚܘ. *f.* ܫܚܝ — liquefactus, debilitatus est Ex. 15 15. Job. 17 5.

*ܫܘܛ *Pe.* Ptc. act. *f.* ܫܝܛܐ Gen. 7 18, ܫܐܛܐ Hom. Ox. 9 59 10. — circumvagatus est, ll. cc.

*ܫܘܡ *Pe.* Ptc. act. ܫܐܡ — aestimavit 1 Cor. 11 29 (διακρίνειν).

[ܫܘܥܐ saxa Lux. 23 44 A *corr.*: glossema].

ܫܥܐ hora: vid. suo loco.

ܫܘܫܢ N. pr. Luc. 3 29 C: leg. ܫܡܥܢ (v. 26 B).

*ܫܘܩ. ܫܘܩܐ. pl. ܫܘܩܝܢ, ܫܘܩܐ Luc. 14 21 A. C. suff. 3. *f.* ܫܘܩܝܗ. 1. pl. ܫܘܩܝܢܢ Luc. 13 26 A, *p. o.* C). *m.* — via publica, forum Gen. 19 2. Js. 15 3. Mt. 6 2. 5. 20 3. 23 7. Mc. 12 38. Luc. 10 10 A. 12 3. 13 26. 14 21. 20 46. Act. 16 19.

ܫܘܪ *Pe.*, ܫܘܪ Mc. 10 50. Impf. 3. ܢܫܘܪ Js. 35 6. — exsiliit, ll. cc., Act. 14 10. 26 29. Sequ. ܥܠ irruit *in alqm* Job. 16 10 (nisi fort. *Pa.* est).

Pa. Ptc. act. ܡܫܘܪ, etc. — *1.* insiliit, irruit *in alqm*, ܥܠ, Job. 16 4. *2.* prorupit, scaturivit Joh. 4 14.

ܫܘܪ Luc. 19 43. C. suff. 3. *f.* ܫܘܪܗ. Pl. ܫܘܪܝܢ, ܫܘܪܝܐ. C. suff. 2. *f.* ܫܘܪܝܟܝ; etc. *m.* — murus, l. c., Num. 13 20 (*bis*). 29. Js. 15 1. 25 2. 60 10. 18. Jo. 2 7. 9. Lit. Dam. I fol. 1ᵛ.

---

*ܫܘܫܠ: vid. ܫܠܫܠ.

ܫܘܫܡܢ *f.* — formica Hom. Anecd. 193 20. Hinc corrig. ܫܘܫܡܢܐ 194 9 et ܫܘܫܡܢܐ ib. 19.

ܫܘܫܢ N. pr. Susanna (Peš. ܫܘܫܢ) Luc. 8 3 A, ܫܘܫܢ B [C ܫܘܫܢ!].

---

*ܫܘܫܢܐ. nom. unit. ܫܘܫܢܬܐ Hos. 14 6 Pl. ܫܘܫܢܐ (?) Mt. 6 28 BC. *f.* — lilium, ll. cc.

---

*ܫܙܪ *Pe.* Ptc. pass. ܫܙܝܪ, *f.* ܫܙܝܪܐ — netus Ex. 26 31. 36. 28 6. 8.

---

*ܫܚܕ. ܫܚܕ, ܫܘܚܕ (שׁוֹחֲדָא) *m.* — donum (quo aliquis corrumpitur) Dt. 10 17. Js. 8 20.

---

*ܫܚܢ *Pe.* Ptc. act. ܫܚܢ s. ܫܚܝܢ; etc. — corpus calefecit Joh. 18 18. 25.

*ܫܚܢ. emph. ܫܚܢܐ (targ. שְׁחָנָא); pl. ܝܢ—, ܝܐ—. *m.* — ulcus Ex. 9 9 sqq. Luc. 16 20. Cf. ܫܝܚܢ.

---

*ܫܚܩ *Pe.* Pf. 3. *f.* ܫܚܩܬ; etc. Impf. 1. ܐܫܚܘܩ; etc. Ptc. act. ܫܚܩ; etc. Pass. pl. ܫܚܝܩܝܢ s. ܫܚܝܩܝܢ (Luc. 4 18 B). — contrivit, exstirpavit Gen. 19 9 (Lect.). 13 sq. 29. Ex. 9 25. 15 3. 7. Dt. 6 15. 12 29. Js. 63 3. Zach. 9 10. Ps. 45 10. 82 5. 142 12. Luc. 4 18. 9 39. 1 Cor. 10 1 (ܫܚܘܩܐ incertum, ὀλοθρευτής). Lit. Dam. I fol. 1ᵛ.

ܫܚܩܢ *m.* — σύντριμμα Am. 9 9.

ܫܚܘܩܢ *m.* — *id.* Js. 60 18.

Ithpe. ܐܫܬܚܩ; etc. Impf. ܢܫܬܚܩ Js. 14 29; etc. Ptc. pl. *f.* ܡܫܬܚܩܢ Hom. Anecd. 181 18 (sic leg. pro ܡܫܬܚܩܝܢ). — contritus, exstirpatus est, ll. cc., Ex. 8 24. 9 15. Dt. 12 30. Js. 8 15. Jo. 1 16. 26. Joh. 19 36. Hom. Ox. 95 16.

Pa. Ptc. pass. pl. *m.* ܡܫܚܩܝܢ; etc. — multum contrivit Js. 61 1. Luc. 4 19.

---

*ܫܚܩܢ: vid. ܫܚܩ.

---

*ܫܛܐ. ܫܛܐ (שְׁטָיָא). emph. ܫܛܝܐ s. ܫܛܝܝܐ (Mt. 5 22 B). Pl. *m.* ܫܛܝܐ. *f.* ܫܛܝܢ (Mt. 25 2 A), ܫܛܝܝܢ (ib. B; cett. mendose). emph. ܫܛܝܬܐ s. ܫܛܝܝܬܐ s. ܫܛܝܬܐ. — stultus, Mt. 5 22. 7 26 B. 23 17 A. 19. 25 2 sq. 8. 1 Cor. 1 25. Vit. Anton. S. F. 100 4. 7. 12. Act. Andr. et Matth. fol. 2ʳ.

ܫܛܝܘ (Luc. 24 11 A, *p. o.* al.). emph. ܫܛܝܘܬܐ. *f.* — stultitia Luc. 24 11. 1 Cor. 1 18. 21. 23. 2 Tim. 2 23. Tit. 3 9 (cf. GGA 1901, p. 205).

Ithpa. Pf. pl. ܐܫܬܛܝܘ Rom. 1 22. Ptc. ܡܫܬܛܝܐ Joh. 10 20 A, BC *p. o.* — desipuit, insanivit, ll. cc.

Aph. Pf. ܐܫܛܝ — stultum fecit 1 Cor. 1 8 20.

---

*ܫܛܚ *Ithpa.* Pf. pl. ܐܫܬܛܚܘ 1 Cor. 10 5 (sic leg. pro ܐܫܬܛܚܘ) — prostratus est, l. c.

ܫܛܝܡ N. pr. Jo. 3 18 (sec. Peš.).

---

*ܫܛܚ *Ithpa.*: vid. ܫܛܚ.

ܫܝܘܠ (A ܫܝܘܠ, ܫܐܘܠ) *f.* — Scheol, infernus 3 Rg. 2 14. Jon. 2 3. Ps. 29 4. Prov. 1 12. Job. 17 13. 16. 21 13. Mt. 16 18. Luc. 16 22 A (in marg.). 23. Act. 2 27. 31. Hom. Ox. 9 60 16 (cit. Mt. l. l.). 61 9. 16. Hom. Anecd. 175 28 (cit. Prov. 5 5). 201 17.

Hymn. Anecd. 112 8. Lit. Dam. I fol. 1v. 2v. IIr (*bis*).

[ܫܝܠܘܬܐ Num. 22 37: leg. 'ܫܠ].

ܫܝܠܐ N. pr. Σιλας, syr. ܫܝܠܐ, Act. 16 19. 25 (Lit.). 29; ܫܝܠܘܣ v. 25 cod. manuscr.

ܫܝܠܘ N. pr. Silo (syr. ܫܝܠܘ) Ps. 77 60.

*ܫܝܨܝ (שֵׁיצִי, targ., samar.). ܫܝܨܝ A: Mt. 10 22, Luc. 22 37; *p. o.* pass. [ܫܝܨܝܘܢ Mt. 24 13 Anecd.]. emph. ܫܝܨܝܐ A *pass.*, *p. o.* Mt. 24 14 C Anecd. (Corrupte Mt. 26 58 Ev. 195 C). C. suff. 3. *m.* ܫܝܨܝܗ A *pass.*, *p. o.* Mt. 13 39 sq. [*f.* ܫܝܨܗ Luc. 1 33 B]. ܫܝܨܝܗܘܢ Phil. 3 19. *m.* — finis (τέλος, συντέλεια) Mt. 13 39 sq. 49. 24 3. 6 A. 14 AC. 26 58 A. 28 20 A. Luc. 1 33 A. 21 9. 22 37 AC. 1 Cor. 10 11. [2 Cor. 3 13]. Phil. 3 19. ܠܫܝܨܝ εἰς τέλος Am. 9 8. Ps. 43 24. 45 1 (Anecd. 104 22). Mt. 10 22 AB. 24 13. Luc. 18 5 A. Joh. 13 1 AB.

ܫܝܨܘ (vid. postea). emph. ܫܝܨܘܐ Mt. 24 6 BC. 14 B. Luc. 21 9 C (in utraque lectione). C. suff. 3. *m.* ܫܝܨܘܗ Mt. 24 3 BC. 28 20 BC. *f.* ܫܝܨܘܗ Luc. 1 33 C. — *id.*, ll. cc. ܠܫܝܨܘ (εἰς τέλος) Mt. 10 22 C. 24 13 Ev. 92 C. Luc. 18 5 BC. Joh. 13 1 C. Anecd. 105 18. Fortasse nihil aliud est quam varia vocis ܫܝܨܝ scribendae ratio; sed confundere nolebam neque cum illa voce neque cum insequente. Cogitare possis quoque de שֵׁיצָיָא.

ܫܝܨܘ Luc. 22 37 B. emph. ܫܝܨܘܐ Mt. 26 58 B, Ev. 180 C. Luc. 21 9 B (utroque loco). — *id.* Cf. quae modo ad ܫܝܨܘ adnotavi. De formarum varietate compares ܫܝܨܝܐ iuxta ܫܝܨܘܐ.

*ܫܝܨܝ. 3. *f.* ܫܝܨܝܬ — delevit Jo. 1 19.

*ܫܝܪ. *ܫܝܪ. pl. ܫܝܪܝܢ *m.* — hymnus Lit. Dam. I fol. 2r (Nisi fort. est pro ܫܝܢ = שִׁירָן).

ܫܝܪܐ (*pass.*). emph. ܫܝܪܬܐ Ps. 64 2, al. C. suff. 3. *f.* ܫܝܪܬܗ (ante Ex. 15 1). 1. ܫܝܪܬܝ Js. 12 2. Pl. ܫܝܪܢ (*pass.*). *f.* — canticum, hymnus, ll. cc., Js. 60 18. Jon. 2 10. Ps. 97 1. Hymn. Lect. 136 9. 10. Lect. ZDMG 56 251 8.

Aph. Pf. pl. ܐܫܝܪܘ. Impf. 1. ܐܫܝܪ; etc. pl. 1. ܢܫܝܪ (*pass.*). Imp. pl. ܐܫܝܪܘ. Ptc. act. ܡܫܝܪ; etc. — cantu celebravit Ex. 15 1. Js. 12 4 sq. 25 1. Ps. 97 1. Mt. 26 30. Luc. 2 20. Act. 16 25 (cod. mscr.). Hebr. 2 12. Hymn. Lect. 136 9 sq. Lit. 697 8 (cit. Ps. 64 14). 698 5. 704 10 (cit. Ps. 70 8). 705 7. 706 18. 707 21. Lect. ZDMG 56 249 5. Lit. Dam. *pass.*

ܫܝܪܘܛܘܢܝܐ χειροτονία(ς). (Cf. شِرْطُونِيَّة; Vollers ZDMG 50 614, Mez Abulḳāsim LXIII. Syr. ܫܝܪܐ χελάνδιον, Violet Psalmfragm. 43, n. 2; ܣܛܝܟܪܐ στιχηρά. Pers. شيلونه = χελώνη Nöld., Pers. Stud. 24 3; al. De χ = š vid. Thumb., Handb. d. neugr. Volksspr. § 21). — suffragium Lit. 680 18, ܫܝܪܛܘܢܝܐ (sic leg.) lin. 4.

ܫܝܫܝ N. pr. Σεσσι, Σεσει, syr. ܫܫܝ, Num. 13 23.

ܫܟܘܠܬܐ: vid. ܬܟܠ.

*ܫܟܒ. [*Pe.*: vid. ܫܟܒ]. *ܫܟܒ. pl. ܫܟܒܝܢ — dormiens Hom. Ox. 96 57 (κοιμᾶσθαι?).

*ܡܫܟܒܐ. C. suff. 3. *m.* ܡܫܟܒܗ, ܡܫܟܒܗܘܢ. pl. ܡܫܟܒܢ. *f.* — cubile Ex. 10 23. Js. 11 8 (Lect.). Rom. 13 13.

*ܫܟܚ. *Aph.* ܐܫܟܚ s. ܐܫܟܚ (Luc. 22 45 A, *p. o.* BC *pass.*, al.). C. suff. 3. *f.* ܐܫܟܚܗ Mt. 13 44 A. (puncta recentioris cuiusdam videntur). 3. *f.* ܐܫܟܚܬ; etc. 2. *f.* ܐܫܟܚܬܝ Luc. 1 30 A, *p. o.* B, ܐܫܟܚܬ C. Etc. Impf. 3. ܢܫܟܚ s. ܢܫܟܚ; c. suff. 3. *m.* ܢܫܟܚܗ, Mt. 24 46 A[2], ܢܫܟܚܢܗ ib. B. Etc. Ptc. act. ܡܫܟܚ s. ܡܫܟܚ; etc. — invenit, reperit, ll. cc., Gen. 8 9. 18 3. 26. 19 19. 50 4. Js. 43 19 Lect. 36 (var. lect. ܐܫܟ). Am. 8 12. Jon. 1 3. Ps. 45 2. Eccl. 7 15. Mt. 2 8. Mc. 1 37. Luc. 4 17. Hebr.

912, et saepe al. Hom. Anecd. 173 14. 175 24. 176 12. 183 9. Act. Adrian. fol. 1r (*pass.*). Lit. Dam. I fol. 1r.

* ܡܫܟܚܢܐ — inventor: ܡܫܟܚܢܐ ܕܒܝܫܬܐ ܐܚܪܢܐ ܡܪܩ… alter malorum inventor (Marcion?) Hom. Anecd. 203 21 sq.

Ithpe. ܐܫܬܟܚ s. ܐܬܫܟܚ (Luc. 15 32 C, al.); etc. Impf. ܢܫܬܟܚ; etc. — inventus est Gen. 2 20. 18 28 sqq. Ex. 9 19. Js. 35 9. Job. 17 6. 22 11. Mt. 1 18. Luc. 9 36. 15 24. 32. Joh. 6 21. Phil. 2 7. 3 9.

ܫܟܠܠ Pf. 3. ܫܟܠܠ Lit. Dam. I fol. 1v [ܫܟܠܠ S.F. 71 18: loci foedissimi]. 2. ܫܟܠܠܬ s. ܫܟܠܠܬ (Mt. 21 16 A); etc. Impf. 3. ܢܫܟܠܠ; etc. Imp. ܫܟ[ܠ]ܠ Ps. 16 5. Ptc. ܡܫܟܠܠ; etc.; pass. ܡܫܟܠܠ s. ܡܫܟܠܠ (Luc. 1 17 BC); etc. — perfecit (κατασκευάζειν, καταρτίζειν, ἐξαρτίζειν, sed. cf. τελειοῦν Theod. Ps. 16 5), ll. cc., Ex. 28 7 (ubi leg. ܡܫܟܠܠܢ pro ܡܫܟܠܢ). Js. 43 7. Ps. 8 3. Mt. 4 21. 21 16. Mc. 1 2. Luc. 7 27. Hom. Anecd. 197 12. ܠܐ ܡܫܟܠܠܐ ἀκατασκεύαστος Gen. 1 2.

ܫܟܠܠܐ. C. suff. 3. *m.* ܫܟܠܠܗ *m.* — perfectio Eph. 1 4 (καταβολή). Hom. Anecd. 206 23.

---

*ܫܟܢ I. *ܡܫܟܢ. emph. ܐ—. C. suff. 3. *m.* ܡܫܟܢܗ, etc. Pl. c. suff. ܡܫܟܢܝܗܘܢ. *m.* — tabernaculum Gen. 18 1 sq. Num. 4 47. Dt. 11 6. 31 14. Am. 9 11. Ps. 45 5. 77 60. 82 7. 90 10. Job. 21 28. Sap. 9 8. Hebr. 8 2. 9 11. Hom. Ox. 955 5. [Hom. Anecd. 181 8?].

---

*ܫܟܢ II. *Pa.* ܫܟܢ; etc. Imp. ܫܟܢ — dedit, donavit Lit. 705 11. Lit. Dam. *pass.* (*e. g.* I fol. 1r).

---

*ܫܟܪ. *Pa.* Pf. ܫܟܪ — turpem reddidit, depravavit: ܕܫܟܪܘܢ ܕܗܠܝܢ … ܠܐ ܫܟܪܗ ܠܗ Vit. Sct. cod. ms.

---

*ܫܟܪ. ܫܟܪ *m.* — σίκερα Luc. 1 15 [B ܫܟܪܐ!].

---

*ܫܠܐ I. (cf. „Homon. Wurzeln“ p. 82) *ܫܠܐ. Pl. ܫܠܝܢ A, *p. o.* B [ܫܠܝܢ C]. *f.* — θρόμβος gutta Luc. 22 44.

ܫܠܐ II. *Pe.* ܫܠܐ; etc. Impf. ܢܫܠܐ; etc. Ptc. act. pl. *m.* ܫܠܝܢ — desiit, quievit Gen. 8 6. 8. 22. Ex. 9 28 sq. 33 sq. Jer. 38 36 (*bis*). Jon. 1 11 sq. Mt. 14 32. Luc. 7 45 (sequ. ptc.). Hom. Ox. 9 50 22. 59 6. 14. Lit. Dam. I fol. 2r. Sequ. ܡܢ Gen. 18 33. 49 33.

*ܫܠܐ ([Hebrew]). Pl. *m.* ܫܠܝܢ — quietus, tranquillus 1 Thess. 4 11.

*ܫܠܝ. emph. ܫܠܝܐ s. ܫܠܝܐ (Luc. 2 13 A). *m.* — ܡܢ 'ܫ repente Luc. 2 13. 9 39. 21 34. Act. 2 2. 16 26. Vit. Anton. Stud. Sin. 11 149 1.

ܫܠܝ (?) — 'ܫ ܕܠܐ continuo 1 Thess. 1 3. Hymn. Anecd. 111 17.

---

*ܫܠܒܘܩܐ (In libris Iud., Samaritan. necnon Syr. per metathesim et varie corrupta legitur haec vox. Re vera omnia ad rad. [Hebrew] pertinent, de qua cf. „Homon. Wurzeln“ p. 84). Pl. ܫܠܒܘܩܝܢ. *f.* — pustula Ex. 9 9. 10.

---

*ܫܠܗܒ. Ptc. pass. *f.* ܡܫܠܗܒܐ — accendit; 'ܡ ܢܘܪܐ πῦρ φλογίζον Ex. 9 24.

*ܫܠܗܒ (?). emph. ܫܠܗܒܝܬܐ (Luc. 16 24 A, *p. voc. o.* al.). *f.* — flamma Gen. 3 24. 19 28. Js. 10 18. 43 2. Jo. 1 19. 2 3. 5. Luc. 16 24. Hymn. Anecd. 111 14. Vit. Sct. cod. ms.

Ithpa. Ptc. ܡܫܬܠܗܒ — accensus est, arsit Lit. Dam. I fol. 1v.

---

*ܫܠܗܡ. Ptc. act. ܡܫܠܗܡ — συνχαίων Jon. 4 8: fort. leg. ܡܫܠܗܡ (cf. לחם, syr. ܠܗܡ).

ܫܠܘܡܐ (A, *p. o.* BC), ܫܠܘܡ (Anecd.). N. pr. Σαλωμη, Peš. ܫܠܘܡ (cf. Dalm. Gramm. p. 122, adn. 1) Mc. 16 1.

---

*ܫܠܚ [*Pe.* usitatum fuisse, non dubitatur, tamen nullo certo testimonio comprobatur. Nam ܫܠܝܚ (A: Mt. 2 16, al.) pro ܫܠܚ accipi potest; ܫܠܝܚܬ (A: Mt. 27 19 Ev. 209) est = ܫܠܚܬ, etc. BC paene constanter ܫܠܝܚ scribunt. Quare formas ambiguas sub *Pa.* disposui].

ܫܠܝܚ. emph. ܫܠܝܚܐ. Pl. ܝܢ—, ܝܐ—; ܫܠܝܚܝܐ Mt. 10 2 A, ܫܠܝܚܘܗܝ (?) ib. Anecd. C. suff. ܫܠܝܚܗ; etc. ܫܠܝܚܝ (pro ܝ—) Lit. 708 12. — *1.* legatus Luc. 7 24. 19 14. Eph. 6 20. *2.* apostolus Mt. 10 2. Joh. 13 16. Rom. 1 1; al. Hom. Anecd. 173 16. 202 16. 206 10. Hymn. Anecd. 112 6. Hymn. Lect. 136 5. 11. Lit. l. c.

*ܫܠܝܚܘ. emph. ܫܠܝܚܘܬܐ. *f.* — ἀποστολή, munus apostoli Rom. 1 5. Lect. 24.

Pa. ܫܠܚ (Mt. 20 2 A, al.) s. ܫܠܝܚ (*pass.* BC; Rom. 8 3). C. suff. 3. *m.* ܫܠܚܗ Joh. 10 36 A, *p. o.* B, Luc. 15 15. 3. *f.* ܫܠܚܬ; etc. Impf. 3. ܝܫܠܚ (Luc. 8 32 A, *p. o.* al.). 2. ܬܫܠܚ s. ܬܫܠܝܚ, ܬܫܠܝܚ (Lit. 705 22), ܬܫܠܚ (Luc. 16 27 C). 1. ܐܫܠܚ(ܢ) Am. 8 11. Imp. ܫܠܚ (Luc. 16 24 A, *p. o.* al.) s. ܫܠܝܚ (l. c. B; al.); etc. Ptc. act. et pass. ܡܫܠܚ s. ܡܫܠܝܚ; etc. — misit, emisit, ll. cc., Js. 9 8. Jo. 2 19. Prov. 9 3. Job. 22 9. Mt. 10 40. Mc. 6 17, et pass. V. et N. T. Praeterea Hom. Anecd. 203 7. Lit. 695 11. 698 5.

*ܡܫܠܚ. emph. ܡܫܠܚܐ. — ὁ ἀπεσταλμένος Joh. 9 7.

Ithpa. ܐܫܬܠܚ (A Luc. 1 26 ܐܫܬܠܝܚ, cf. Joh. 1 24: cave pro *Ithpe.* ducas), ܐܫܬܠܝܚ Luc. 1 26 Dam. 3. *f.* ܐܫܬܠܚܬ(ܢ) Ox. 510 9. Etc. Ptc. ܡܫܬܠܚܝܢ — *1.* missus est, ll. cc., Mt. 23 37. Luc. 1 19. 26. 4 26. 7 10. 19 32. Hebr. 1 14. Hymn. Anecd. 111 15. Act. Adrian. fol. 2ᵛ. *2.* legatus fuit 2 Cor. 5 20.

ܫܠܚ N. pr. ܫܠܚ (Peš.), Σαλα, Luc. 3 35 B [C ܫܠܡ].

---

*ܫܝܠܘܚܐ N. pr. l. Siloah (שִׁלֹּחַ Σιλωαμ) Joh. 9 11 A, cf. v. 7 A. ܫܝܠܘܚܐ B utroque loco. [ܫܝܠܘܚܐ v. 11 C, ܫܝܠܘܚܐ v. 7 C].

*ܫܠܛ *Pe.* Pf. pl. ܫܠܛܘ — potitus est, c. ܒ r., Hebr. 11 33.

ܫܠܝܛ (ܫܠܝܛ), ܫܠܛ (Mc. 6 18 A, BC *pass.*). Pl. ܫܠܝܛܝܢ s. ܫܠܛܝܢ (Luc. 22 25 B). — *1.* potens s. abs. s. sequ. ܒ, Eccl. 7 20. Mt. 7 29. 9 6. Mc. 10 42. Luc. 22 25. Joh. 10 18. 19 10; sequ. ܥܠ Mc. l. l. C. *2. impers.* (*m.*) licitum, fas est, c. ܠ p., Mt. 14 4. 19 3. 22 17. 27 6. Mc. 2 24. 26. 3 4. 6 18. Luc. 6 2. 4. 9 (Anecd. utroque loco ܐܝܬ). 14 3. Joh. 5 10. 18 31. Act. 2 29. 16 21.

*ܫܠܝܛܢ vel potius *ܫܠܛܢ; pl. ܫܠܛܢܝܐ — praefectus Ex. 15 15.

ܫܘܠܛܢܘ A: Mt. 10 1 Ev. 245, Luc. 4 32, al., ܫܘܠܛܢܘܬ Mt. 10 1 Ev. 287; 21 27; *p. o.* al. ܫܠܛܢܘ BC *pass.*, Luc. 20 2 Dam., A rarius. emph. ܫܘܠܛܢܘܬܐ Mt. 9 8 et 21 23 A, *p. o. pass.* ܫܠܛ ll. cc. BC. Luc. 20 2 Dam. C. suff. ܫܠܛܢܘܬܗ; etc. Pl. ܫܠܛܢܘܬܢ Col. 1 16. emph. ܫܠܛܢܘܬܐ Js. 9 6. Luc. 12 11 A. Rom. 13 1; ܬܐ— ib. B (sic leg.). Col. 2 15; ܫܠܛܢܘܬܐ Luc. l. l. C C. suff. ܫܠܛܢܘܬܗ Hom. Ox. 966 19 (Hinc corrig. 59 12). 2. ܝ— ib. 65 19. *f.* — potestas, dominium, ll. cc., Mt. 10 1. 21 23 sq. Mc. 2 10, et saepe al. Hom. Ox. 971 18 (cit. Mt. 28 18). 72 7. Lit. Dam. I fol. 1ᵛ.

Pa. ܫܠܛ, ܫܠܛ. C. suff. 3. *m.* ܫܠܛܗ Joh. 19 38 A, *p. o.* BC. Imp. ܫܠܛ, ܫܠܛ — *1.* iussit (κελεύειν) Mt. 14 28. *2.* permisit (ἐπιτρέπειν) Mt. 8 21. 19 8. Luc. 8 32. 9 59. 61. Joh. 19 38.

Ithpa. Pf. pl. ܐܫܬܠܛܘ. Impf. 3. ܢܫܬܠܛ — *1.* dominatus est Zach. 9 10. *2.* suscepit, tentavit (ἐπιχειρεῖν) Luc. 1 1.

ܫܠܝܡ N. pr. Σαλειμ, Peš. ܫܠܝܡ, Joh. 3 23 A (*p. o.* B; C ܫܠܡ).

---

*ܫܠܡ *Pe.* ܫܠܡ (Joh. 8 8 A), *p. o.* al., ܫܠܡ Js. 40 2 Lect. 37, Luc. 7 10 BC, al. Etc. Impf. ܢܫܠܡ. 3. *f.* ܬܫܠܡ, sed ܬܫܠܡ Luc. 22 37 A, Joh. 15 25 A, al., ܬܫܠܡ

Hom. Ox. 96 91. pl. 3. *f.* ܫܠܡܝ Luc. 1 20 A (BC mend.). Ptc. act. pl. *m.* ܫܠܡܝܢ Rom. 4 12. Gal. 6 16. — *1.* finitus, completus est Gen. 50 3. Js. 40 2. Luc. 1 20. 23. 2 21. 22 C. 22 37. Joh. 8 8. 15 25. 18 9. 32. Gal. 4 2. Hom. Ox. 95 86. 68 21. 69 1; *liber* (ܫܠܡ, انتهى) Luc. 7 10 BC, pass. in subscriptis pericoparum. *2.* mortuus est Luc. 23 46 (ἐκπνέειν, cf. Peš.). *3.* assensus est, comprobavit, sequ. ܠ r. Gal. 6 16, sed acc. Rom. 4 12.

ܫܠܡ (שָׁלֵם) *pass.*, ܫܠܡ A: Luc. 1 28; al. ܫܠܡ Luc. l. c. A *corr.*, Eph. 6 23. Hom. Ox. 97 114. ܫܠܡܐ Js. 14 30, ܫܠܡ Jac. 1 1, ܫܠܡ A: Mt. 26 49 et 27 29 Ev. 210. emph. ܫܠܡܐ *pass.*, ܫܠܡܐ Mt. 5 9 A[2], al. (5), ܫܠܡܐ Luc. 1 29 C. C. suff. ܫܠܡܟ s. ܫܠܡܟ; etc. 3. pl. ܫܠܡܗܘܢ, ܫܠܡ̈, ܫܠܡܗܘܢ Mt. 10 12, ܫܠܡܟܘܢ Mt. 5 47 B; etc. 1. ܫܠܡܝܢ Js. 53 5, ܫܠܡܝܢ Eph. 2 14. *m.* — salus, pax, ll. cc., Js. 9 6. 60 17. Mich. 5 5. Zach. 9 10. Job. 16 12. Mt. 10 12. 26 49. Mc. 5 34, *et pass.* Evv. Rom. 1 7. 5 1. 8 6. 14 17. Gal. 6 16. Eph. 2 15. 17. Col. 4 12. 18. Hom. Anecd. 183 15. Hom. Ox. 95 710. Lit. 705 9. 708 2. Lit. Dam. II[v]. Cf. ܫܠܡ, ܫܠܡ.

ܫܠܡ (syr. ܫܠܡ, ܫܠܡܐ) Mt. 5 48 A, *p. o.* B. ܫܠܡ Jac. 1 4. [ܫܠܡ Mt. l. l. C]. ܫܠܡ Rom. 12 2. Pl. ܫܠܡܝܢ Mt. l. c. A, *p. o.* Hom. Anecd. 209 19; ܫܠܡܝܢ Mt. l. l. B [ܫܠܡܝܢ C]. ܫܠܡܝܢ Col. 4 12. — perfectus, τέλειος, ll. cc., Gen. 6 9.

ܫܠܡܐܝܬ (ܫܠܡܐܝܬ) *adv.* — prorsus, plane Js. 63 3. Vit. Sct. cod. ms.

*ܫܠܡܘ. emph. ܫܠܡܘܬܐ *f.* — perfectio Hebr. 6 1.

Pa. ܫܠܡ s. ܫܠܡ; etc. Impf. ܢܫܠܡ; etc. Ptc. act. *f.* ܡܫܠܡܐ; etc. Pass. ܡܫܠܡ Joh. 19 28 A. ܡܫܠܡ BC; etc. [Ex. 28 7 leg. ܡܫܠܡܢ] — *1.* perfecit, confecit, absolvit, finivit Gen. 2 2. 6 16. 18 21. Js. 10 12. Prov. 1 19. Job. 21 13. Mt. 7 28. 11 1. 26 1. Luc. 2 43. Joh. 5 36. 17 4. 13. 23. 19 28. Hebr. 7 19. Hymn. Anecd. 112 2. Lit. 706 3. *2.* osculatus est = καταφιλεῖν Luc. 7 45, cf. Lit. 708 11 (cit. Rom. 16 16). Vid. ܫܠܡ, ܫܠܡ (سلّم على يده *manum eius osculatus est:* Mouliéras, Le Maroc inconnu II 563).

ܫܠܡ (שִׁלּוּם) Luc. 7 45 A[2], *p. o.* ib. A[1], Luc. 1 45 C [Rom. 12 18], ܫܠܡ ib. 1 45 B [ܫܠܡ A]. emph. ܫܠܡܐ Gal. 4 4, al. C. suff. ܫܠܡܗ Rom. 10 4. *f. id.* Dt. 11 12. ܫܠܡܗܘܢ Hom. Anecd. 209 11, ܫܠܡܗܘܢ— Lit. 707 3. *m.* — *1.* perfectio, consummatio, finis Lit. 707 3. Hom. Anecd. l. c.; πλήρωμα Rom. 13 10. Gal. 4 4; τελείωσις Luc. 1 45; συντέλεια Dt. 11 12; τέλος Rom. 10 4. Vit. Anton. Stud. Sin. 144 [9: lectio incerta]. 18. *2.* φίλημα Luc. 7 45 A; sed cf. ܫܠܡ. [ܫܠܡ ܥܡ εἰρηνεύοντες Rom. 12 18 vix vere traditum; num fort. = ܫܠܡ *i. e.* ܫܠܡ „pax“?].

ܫܠܡ (= ܫܠܡܐ, si vere est traditum) Luc. 7 45 BC. Lit. 708 12. emph. ܫܠܡܐ Rom. 12 6. *m.* — *1.* φίλημα Luc. l. l., Lit. l. l. (cit. Rom. 16 16), cf. ܫܠܡ (Quae sit forma sincera, mihi non constat). *2.* consensus, proportio (ἀναλογία) Rom. 12 6.

ܡܫܠܡ (ptc. pass.) Mt. 19 21 A, *p. o.* B Anecd., ܡܫܠܡ C. emph. ܡܫܠܡܐ. *f. id.* Pl. ܡܫܠܡܝܢ — perfectus Js. 10 23. Mt. l. c. Jac. 1 4. Vit. Abrah. Qīdōn. ZDMG 56 255 5.

*ܡܫܠܡܢ. emph. ܡܫܠܡܢܐ — perfectus (τέλειος) Hebr. 2 11.

Ithpa. ܐܫܬܠܡ, etc. Impf. 3. ܢܫܬܠܡ (Luc. 22 16 A), etc. Ptc. ܡܫܬܠܡ — perfectus est Gen. 2 1. Luc. 22 16. Hebr. 5 9. 11 40. Lit. 696 3. 709 17.

ܫܠܝܡܘܢ (syr. ܫܠܝܡܘܢ) A: Mt. 1 6; Luc. 11 31, cf. Joh. 10 23; *p. o.* 3 Rg. 2 12. 8 22. Prov. 1 1. Mt. 1 7 AC. Luc. 11 31. Lect. 24 12. 87 12. 96 1. (Minus probanda videtur forma ܫܠܡܘܢ Joh.

1023 C). ܫܠܝܡܘܢ Mt. 16 BC. Formae ܫܠܝܡܘܢ Mt. 629 C, ܫܠܝܡܢ Joh. 1023 B Arabismo olent (سُلَيْمان). — Salomo, ll. cc.

ܫܠܦ I. *Pe.* ܫܠܦ Mt. 2651 BC Anecd. (A ܫܠܦ), Joh. 18 10 AC (B ܫܠܦ). — eduxit *gladium* e vagina ll. cc. (Formae quas uncinis saepsi, cum neque *Pe.* intr. neque *Pa.* esse possint, repudiandae sunt).

ܫܠܦ II. ܫܠܦ (*qeṭāl*, ut videtur) *m.* — ܝܕܥܬܐ ܫܠܦ πρόγνωσις Act. 223.

Pa. (an *Aph.?*) ܫܠܦ, etc. Ptc. ܡܫܠܦ — priorem fecit *rem.* Alii verbo praepositum idem significat quod ܩܕܡ *Pa.*, gr. πρό—: ܫܠܦ ܐܦܪܫ προώρισεν Eph. 15, alia id genus, cf. Eph. 19. 1 Thess. 46. Hebr. 1140; insertā copulā ܘ Eph. 112. [Act. Philem. Anecd. 16910 locus mutilus, gr. προτραπήσεται εἰς].

*ܫܠܫܠ *ܫܠܫܠ (verb. denom. a שלשלתא) pl. ܫܠܫܠܘ — dimisit Mc. 24 B.

*ܫܠܫܠܐ (שַׁלְשְׁלָא). Pl. ܫܠܫܠܬܐ Luc. 829. C. suff. 1. ܫܠܫܠܬܝ 2 Tim. 116 Ox. [Lect. ܫܠܫܠܬܝ]. *f.* — catena, ll. cc.

*ܫܫܠ (verb. denom.). pl. ܫܫܠܘ — dimisit Mc. 24 A. [C ܫܫܠܫܠܘ, contaminatum ex ܫܫܠܘ et ܫܠܫܠܘ].

*ܫܡܡ *Ithpe.* s. *Ithpa.* Pf. pl. 3. *f.* ܐܫܬܡܡܝ — territus est, horruit Lit. Dam. IIIv s. fin.; mira neque plane ferenda sunt verba ܠܫܠܝܚܐ (sic) ܫܠܝܚܝܗܘܢ ܐܫܬܡܡܝ ib. IIv.

*ܫܡ. ܫܡ Mt. 1041, Eph. 121. Phil. 29; al. emph. ܫܡܐ *pass.* ܫܡܐ Lit. 680 (locus syrizans). C. suff. ܫܡܗ *pass.* ܫܡܗ Jer. 3835. S. F. 9811. Hom. Anecd. 17913 (quae omnia palimpsestorum!) Luc. 221 A *corr.* ܫܡܗ Luc. 113 A. 3. *f.* ܫܡܗ; etc. ܫܡܗܘܢ (= ܫܡܗܘܢ) Luc. 622 BC. Pl. ܫܡܗܢ Gen. 220. Ex. 2810. emph. *a*) ܫܡܗܬܐ Ex. 2810 sq., ܫܡܗܬܐ v. 9. C. suff. ܫܡܗܬܗܘܢ Mt. 102 A *corr.* Phil. 43. Hom. Anecd. 20721. ܫܡܗܬܗܘܢ Luc. 1020 A. *b*) ܫܡܗܬܐ Lit. 70419. C. suff. ܫܡܗܬܗܘܢ Mt. 102 C. ܫܡܗܬܗܘܢ Luc. 1020 BC (in utraque lect.). *m.* — nomen, ll. cc. et pass. V. et N. T. Praeterquam Hom. Anecd. 2078. 21 (cit. Ps. 15 4b). Lit. 7074.

Ithpa. Impf. 3. *f.* ܬܫܬܡܗ (?) Vit. Sct. cod. ms. (cit. Eph. 53). Ptc. ܡܫܬܡܗ Eph. 121. *f.* ܡܫܬܡܗܐ 315 — nominatus est, ll. cc.

*ܫܡܝܐ, ܫܡܝܐ Luc. 213. st. cst. ܫܡܝܐ Dt. 1014, ܫܡܝܐ Anecd. 11123, al. (cf. ZDMG 53706). emph. ܫܡܝܐ A (Mt. 417 Ev. 68; 1419, al.), *p. o. pass.* (constanter BC); ܫܡܝܐ Mt. 1352 A, *p. o.* A *pass.* (e. g. Mt. 32), Phil. 320 (altero loco). ܠܫܡܝܐ Luc. 620 A2. C. suff. ܫܡܝܗ 3 Reg. 827. *m.* (*f.* 3 Rg. l. c.). — caelum, ll. cc., *pass.* Cf. etiam ܫܡܐ (s. rad. ܫܡܐ).

ܫܡܘܐܝܠ N. pr. Samuel (sic sec. Peš. leg. pro ܫܡܘܐܝܠ) Hebr. 1132.

[ܫܡܘܫܐ vox corrupta, vid. ZDMG 53706].

*ܫܡܢ. ܫܡܢ (שָׁמְנָא = שַׁמְנָא) Js. 715. Jer. 3814; al. emph. ܫܡܢܐ. C. suff. 3. *m.* ܫܡܢܗ. [pl. ܫܡܢܝܢ Lit. 6975: del., cf. 70616]. *m.* — pinguedo Jer. 3814. 40. Job. 2124 (priore loco). Lit. 6975 (cit. Ps. 6412) = 70616; = βούτυρον Js. l. c., μυελός Job. l. c. (altero loco).

*ܫܡܝܢ. *f.* ܫܡܝܢܐ (ex שַׁמִּינָא) — pinguis Num. 1321.

Aph. (an *Pa.?*) Ptc. act. *f.* ܡܫܡܢܐ — pinguem reddidit Hom. Anecd. 176[10]. 26 (cit. Prov. 53).

ܫܡܥ *Pe.* ܫܡܥ (A *pass.*), *p. o.* al. ܫܡܥ (Mt. 222, al.); ܫܡܥ Jon. 23. Ps. 35. Etc. pl. ܫܡܥܘ, ܫܡܥܘ Act. Philem. Anecd. 1697 (sic leg.). 3. *f.* ܫܡܥܝ (Joh. 108 Ev. 40 BC) s. ܫܡܥܝܢ (Ev. 246 A),

ܫܡܥܬ (Ev. 40 A). ܫܡܥܬܘܢ; ܫܡܥܬܘܢ Joh. 14 28 Stud. Sin., ܫܡܥܬܘܢ Hom. Anecd. 207 13; etc. Impf. ܢܫܡܥ A: Luc. 8 8; 12 21; *p. o.* Ex. 11 9, *pass.* ܢܫܡܥ Mt. 11 5 B. ܐܫܡܥ; etc. pl. ܢܫܡܥܘܢ A: Joh. 5 25. 28, al. ܢܫܡܥܘܢ v. 28 BC, Luc. 6 17 BC. Mc. 7 37 ABC; etc. Imp. ܫܡܥ *pass.*, ܫܡܘܥ (Act. Sct. Anecd. 170 6); etc. pl. ܫܡܥܘ Luc. 9 35 A, *p. o.* Dt. 13 4 et saepe, ܫܡܥܘ Jer. 38 10. Hom. Anecd. 192 19. 204 17. ܫܡܥܘܢ Hom. Ox. 953 13; ܫܡܥܘ Js. 42 18, al. ܫܡܥܘ Hom. Anecd. 175 27. Ptc. act. ܫܡܥ s. ܫܡܥ; etc. — audivit, oboedivit (sequ. acc. s. abs.) ll. cc., et pass. V. et N. T. Hom. Anecd. 207 13. 210 17. Hom. Ox. 962 15. 64 2. 67 7. Act. Andr. et Matth. fol. 1r. Lit. Dam. I fol. 1r. Sequ. ܒ Gen. 22 18. Lit. 707 5; ܡܢ (سمع من, etc.) Ps. 3 5. 16 6. Mc. 12 37. Luc. 2 46. 17 6 C. 2 Cor. 6 2.

ܫܡܝܥ (שְׁמִיעָא) — ὑπήκοος subditus Phil. 2 8 Dam.

ܫܡܘܥ — *id.* Phil. 2 8 Lect. [pl. Hom. Anecd. 201 6?].

*ܫܡܥܘ. emph. ܫܡܥܘܬܐ. *f.* — oboedientia Rom. 1 5.

ܫܡܥܘ Dt. 11 13. 22. emph. ܫܡܥܬܐ Gal. 3 5. Hebr. 4 2; al. C. suff. ܫܡܥܬܟܘܢ; etc. Pl. ܫܡܥܢ Mt. 24 6 Ev. 91 A, *p. o.* B, Ev. 91 C; ܫܡܥܢ Ev. 160 C, ܫܡܥܢ Ev. 160 A. C. suff. ܫܡܥܬܗ Mc. 7 35 A, ܫܡܥܬܗ BC. ܝܗܘܢ— Hom. Anecd. 195 21. *m.* — auditus, ἀκοή, *a*) auditio, fama Dt. 11 13. 22. Js. 53 1. Mt. 4 24. 14 1. 24 6. Luc. 7 1. Joh. 12 38. Gal. 3 2. 5. Hebr. 4 2. Hom. Anecd. 190 8 (cit. Js. l. l.). Lit. Dam. I fol. 1r *bis.* Vit. Sct. cod. ms. Cf. ܩܛܠ (*qᵉṭāl*). *b*) auditus membrum, auris Mc. 7 35. Hymn. Anecd. 111 24. [195 21]. 200 8.

Ithpe. ܐܫܬܡܥ (Mc. 2 1 A); etc. pl. 1. ܐܫܬܡܥܢܢ Gal. 2 5. Impf. 3. ܢܫܬܡܥ (Luc. 12 3 A, al.); etc. Ptc. ܡܫܬܡܥ (Luc. 2 51 A). — *1.* auditus est Ex. 16 7. Js. 15 4. 60 18. Jer. 38 15. Mt. 6 7. 28 14. Mc. 2 1. Luc. 1 13. 12 3. Hebr. 5 7. *2.* oboedivit, concessit Js. 11 14. Luc. 2 51. Gal. 2 5. Phil. 2 12.

ܫܡܥܘܢ N. pr. Simeon *1.* Luc. 2 25. 28. 34. *2.* Luc. 3 30 C, B ܫܡܥܘܢ.

ܫܡܥܝ N. pr. Σεμεει, Peš. ܫܡܥܝ, 3 Rg. 2 15. Luc. 3 26 B (C om.).

ܫܡܪܝܢ, ܫܡܪܝܢ (A), ܫܡܪܝܢ (Luc. 17 11 A). N. pr. Samaria Js. 9 9. 10 9 sqq. Mt. 10 5. Luc. 17 11. Joh. 4 7. Act. 1 8.

ܫܡܪܝ BC *pass.*; ܫܡܪܝܐ Luc. 10 33 A, cf. Joh. 8 48 A, *p. o.* Luc. 17 16 AC. Pl. ܫܡܪܝܢ Luc. 9 52. emph. ܫܡܪܝܐ A: Joh. 4 5. 9. 39 sq. [Hom. Anecd. 208 13], ܫܡܪܝܐ ll. cc. BC. — *f.* sg. ܫܡܪܝܬܐ Joh. 4 9 A, *p. o.* BC. emph. ܫܡܪܝܬܐ ib. A *corr.* — Samaritanus, ll. cc.

---

*ܫܡܫ I. ܫܡܫܐ s. ܫܡܫܐ *pass.* C. suff. 3. *m.* ܫܡܫܗ Mt. 5 45 BC, ܫܡܫܗ A ib., Hom. Anecd. 203 17. *m.* — sol, ll. cc., Gen. 19 23. Js. 9 12. 11 11. 14. 60 19 sq. Jo. 2 10. Am. 8 9. Ps. 49 1. Eccl. 7 12. 12 2. Mt. 13 43. 17 2; alibi. Hom. Ox. 969 5 (cit. Am. l. l.).

---

*ܫܡܫ II. [ܫܡܫܐ famulus Luc. 4 20 A *corr.* — ?].

ܫܡܫ (ptc.?) — servus, famulus Mc. 10 43 C.

*ܫܡܫܘ. emph. ܫܡܫܘܬܐ. *f.* — ministerium Rom. 12 7.

ܫܡܫ (שַׁמָּשׁ) Eph. 6 21. emph. ܐ—, ܫܡܫܐ *pass.* C. suff. 3. *m.* ܗ—, ܫܡܫܗ Rom. 13 4; etc. ܫܡܫܝܗܘܢ Mt. 23 11 A (punctorum auctor ad ܫܡܫ respexisse videtur), *p. o.* Anecd.; ܫܡܫܝܗܘܢ Mt. ib. BC, Mc. 10 43 B. Pl. ܫܡܫܝܢ Hebr. 1 14. emph. ܫܡܫܝܐ. C. suff. ܘܗܝ—, ܫܡܫܘܗܝ 2 Cor. 6 4. 3. *f.* ܫܡܫܬܗ Luc. 1 2 A, *p. o.* Anecd., ܫܡܫܬܗ BC. 1. ܫܡܫܝ Joh. 18 36 (A). — servus, famulus, diaconus (διάκονος, ἐπίτροπος, λειτουργός) Js. 61 6. Mt. 20 8 B (AC ܡܫܡܫܢܐ). 22 13. 23 11. Mc. 9 34 (C om.). 10 43. Luc. 1 2. 4 20. Joh. 2 5. 9. 12 26. 18 36. Rom. 13 4. Phil. 1 1. Col. 1 7. Hebr. 1 7. 8 2. Lit. 696 7. ܪ[ܘܚ] ܫܡܫܐ ܕܥܒܕܐ spiritus servi Hebr. 1 14.

*ܫܡܫܘ. emph. ܬܐ—. *f.* — ministerium Col. 4 17.

Pa. ܫܡܫ s. ܫܡܫ (cf. 2 Tim. 1 18, var. lect.); etc. pl. 1. ܫܡܫܢܢ, ܢ—, ܢܢ— Mt. 25 44 (cf. var. lect.). Impf. 3. ܢܫܡܫ (Mt. 6 24 A), ܢܫܡܫ; etc. Imp. ܫܡܫ. Ptc. act. ܡܫܡܫ s. ܡܫܡܫ; etc. — servivit, ministravit, ll. cc., Js. 53 11. 60 12. Jo. 2 17. Mt. 4 10 sq. 6 24. 8 15. Mc. 10 45. Luc. 2 37. 4 39. 8 3. 10 40. 12 37. 15 29. 16 13. 17 8. 22 26. Rom. 1 25. 6 6. 12 7. 11. 14 18. 2 Cor. 3 6. 6 3. Hebr. 8 5. 9 14. Hom. Anecd. 207 8. Sequ. acc. p. Mt. 25 44. 27 55. Luc. 8 3 (? ܠ). 17 8. 2 Tim. 1 18.

*ܡܫܡܫܢ. emph. ܐ—. C. suff. ܡܫܡܫܢܟܘܢ (Mt. 20 8 A, *p. o.* C). — *1.* minister, curator (ἐπίτροπος) Mt. 20 8 (B ܫܡܫܐ). *2.* diaconus Lit. 704 4.

ܬܫܡܫ Luc. 10 40 C. Col. 2 23, ܬܫܡܫܝ Luc. l. c. A, ܬܫܡܫ ib. B. emph. ܬܫܡܫܬܐ *pass.* C. suff. 3. *m.* ܬܫܡܫܬܗ; ܬܫܡܫܗ Luc. 1 23 B. *m.* — servitium Luc. 1 8 sq. 23. 10 40. 2 Cor. 5 18. Col. 2 23. Hebr. 1 14. Hom. Anecd. 173 6 (cit. Phil. 2 17).

*ܬܫܡܫܐ. C. suff. 3. *m.* ܬܫܡܫܬܗ. *f.* — *id.* 2 Cor. 3 7.

Ithpa. Pf. ܐܫܬܡܫ 2 Cor. 3 3; etc. Impf. 3. ܢܫܬܡܫ Mc. 10 45 A, *p. o.* cett. [Ptc. ܡܫܬܡܫ Hom. Anecd. 191 14?] — ei ministratum est, ll. cc., Vit. Sct. cod. ms.

ܫܡܫܘܢ N. pr. Simson Hebr. 11 32.

---

*ܫܢ. ܫܢ Js. 8 14. Mt. 5 38. Rom. 9 33. Hom. Ox. 962 21. emph. ܫܢܐ Mc. 15 46 A, *p. o. pass.* ܫܝܢܐ A: Mt. 7 24 sq., al.; *p. o.* pass. Pl. *a)* ܫܢܝܢ s. ܫܢܝܢ *pass.* ܫܢܝܐ Mt. 8 12 A. ܫܢܝܐ Mt. 25 30 Ev. 166 A *corr.*, *p. o.* 8 12 C. C. suff. ܫܢܝܗ Mc. 9 17 B, ܫܝܢܗ A; *p. o.* C, Job. 16 9. ܫܢܝܗܘܢ Ps. 56 5. *b)* ܫܢܝܬܐ Mt. 27 51 A. Hom. Ox. 969 8, ܫܢܝܬܐ Mt. l. l. BC. *m.* et *f.* (nulla notionis diversae ratione habita). — *1.* dens Ps. 56 5. Job. 16 9. Mt. 5 38. 8 12. 13 42. 50. 22 13. 24 51. 25 30. Mc. 9 18. Luc. 13 28. *2.* saxum, petra (πέτρα, cf. Nöld. p. 519) Ex. 17 6. Js. 8 14. 50 7. Mt. 7 24 sq. 27 51 (= Hom. Ox. 969 8). 60. Mc. 15 46. Luc. 8 6. 13. Rom. 9 33 (= Hom. Ox. 962 21). 1 Cor. 10 4 (= ib. 61 20). Hom. Ox. 960 10 (cit. Mt. 16 18, ubi Ev. ܟܐܦܐ habet). 62 13. Lit. Dam. I fol. 1^{v} ult. 2^{v}.

*ܫܢܝܢ. pl. *m.* ܫܢܝܢܝܢ — acutus Ps. 44 6.

---

*ܫܢܐ. ܫܢܐ Luc. 2 41. emph. ܫܢܬܐ Luc. 3 1. Lit. 696 9. 697 4 (cf. Ps. 64 12) = 706 15; ܫܢܬܐ Joh. 18 13 A; *p. o.* B, Gen. 7 11. 8 13. Dt. 11 12. Js. 63 4. Joh. 11 49 A. 51 A. [ܫܢܬܐ Js. 14 28 et Jer. 39 1 *bis:* palimpsestorum loci. Lectio procul dubio commenticia]. C. suff. 3. *m.* ܫܢܬܗ Js. 61 2. Luc. 4 19. [De ܫܢܬܗ Hom. Anecd. 176 9 vid. ܫܥܐ „hora"]. Pl. ܫܢܝܢ Gen. 1 14 (sic leg.). 7 6. 8 13; al. ܫܢܝܢ Num. 13 23, al., itaque constanter Ev. cod. A. ܫܢܝܢ Luc. 2 42 A. emph. ܫܢܝܐ *pass.*, ܫܢܝܐ Jo. 2 25. Hom. Anecd. 202 22. C. suff. ܫܢܝܟ Hebr. 1 12. ܫܢܝܢܢ Ps. 89 9 sq. *f.* — annus, ll. cc., Num. 4 47. Ps. 89 4 sq. 10. Prov. 9 11. Job. 16 22. Eccl. 11 8. Mt. 2 16. 9 20. Mc. 5 25; al. Apocr. Dam. fol. 1^{r}. Hom. Ox. 956 21. Hom. Anecd. 198 21. 202 19. Lit. 696 8.

[ܫܢܝܘܬܐ 2 Tim. 2 23: leg. ܫܛܝܘܬܐ, μωρία].

---

*ܫܢܩ. ܫܢܝܩ (ptc. pass.) — angustus (στενός) Mt. 7 14 (*porta*).

ܫܢܩܘܬܐ (pl. abstr.) *m.* — angustiae (θλῖψις) Js. 8 22.

ܫܥܐ (*שַׁעְתָּא) A: Mt. 20 11, Luc. 12 39, al.; *p. o. pass.* (BC, al.). [ܫܥܐ Joh. 5 35 B: num fort. ܫܥܬܐ?] emph. ܫܥܬܐ (ex

*שַׁעְתָא, cf. שָׁעֲתָא in libro Dan. iuxta שְׁעָתָא traditum, Syrorum nestor. ܫܳܥܬܳܐ, mand. שׁיתא, neosyr. ܫܰܥܬܳܐ) A: Mt. 8 13, 9 22, 14 15, al.; p. o. pass. ܫܥܬܐ Act. 16 18. 33 (Lit.). [ܫܥܐ Mt. 25 13 Anecd. 130]. C. suff. ܫܥܬܗ Luc. 14 17. Joh. 8 20, et vid. mox compos. 1. ܫܥܬܝ Joh. 24 AB [C ܫܥܬܝ]. Pl. ܫܥܝܢ A: Mt. 20 3. 5 sq. 9. 27 24, al.; p. o. pass. ܫܥܝܢ Joh. 4 6 AB. emph. ܫܥܬܐ ZDMG 56 252 (et cf. n. 2). f. — momentum, hora, ll. cc. et saepe, Act. Philem. Anecd. 170 3. Hom. Anecd. 179 2 (bis). ܠܫܥܐ πρὸς ὥραν Joh. 5 35. Gal. 2 5; cf. ܠܫܥܬܗ Hom. Anecd. 176 9 (sic leg. pro ܠܫܥܬܗ, cf. Prov. 5 3) horā suā. ܫܥܬܐ ܒܗ statim Hom. Anecd. 179 1. ܫܥܬܐ ܗܝ ܒܗ ἐν τῇ ὥρᾳ ἐκείνῃ Mt. 8 13. ܒܗ ܫܥܬܐ ܗܝ ἐκείνῃ τῇ ὥρᾳ Act. Andr. et Matth. fol. 2r. Apocr. Dam. fol. 2r. ܫܥܐ ܠܫܥܐ καθ' ὥραν Dt. 11 14. ܒܪ ܫܥܬܗ (plerumque adverbialiter) ipsā horā, statim Mt. 21 19. Luc. 1 64 AC. 5 25. 8 44 BC. 47 BC. Act. 16 33, Vit. Sct. cod. ms., sed cf. ܒܪ ܫܥܬܗ A: Mt. 21 20, Luc. 8 44. 47. 55; 13 13; 19 11 et ܒܪ ܫܥܬܗܘܢ Mt. 9 29 AB.

ܫܥܝܐ N. pr.: vid. ܐܫܥܝܐ.

ܫܥܢܝ (num fort. derivatum a *הושענן = הושע נא?). Impf. 1. ܐܫܥܢܝ. Imp. pl. ܫܥܢܘ — psallit Ps. 46 7 sq. Lit. Dam. I fol. 2v (ter).

ܫܥܢܝܢ pass. emph. ܫܥܢܝܐ pass. Pl. ܫܥܢܝܢ (vid. ܐܠ Pe.); emph. ܫܥܢܝܐ Luc. 24 44 B. Lect. 110 7. Lit. 709 1. S. F. 107 7, ܫܥܢܝܐ Luc. l. c. A, p. o. C. m. — psalmus, ll. cc., Ps. 40 1. Hom. Anecd. 198 5. 207 14. 16. Lit. 696 16. Anecd. 103 21. 105 18. 106 16. [107 14]. 109 2. Lect. 51 9. 65 8. 70 16. 77 5. 78 9. 97 19. 108 16. 110 3. 111 14. 113 4. 114 13. 121 3. 122 10. CXXXIX. ZDMG 56 252.

---

*ܫܦܠ. ܫܦܝܠ (ܫܦܠ Mt. 5 19 B, ܫܦܝܠ ib. C) — tenuis, parvus, simplex Hom. Anecd. 179 10; ἐλάχιστος Js. 60 22. Mt. 5 19; ἐλάσσων Joh. 2 10.

*ܫܦܝܠ. C. suff. ܫܦܝܠܝܢ (sic) — id. (ἐλάχιστος) 1 Cor. 15 9. Mutare nolebam.

ܫܦܝܠܐܝܬ adv. — simpliciter (ἁπλῶς) Jac. 1 5.

ܫܦܝܠܘ f. — simplicitas (ἁπλότης) Rom. 12 8.

Pa. Pf. pl. 1. ܫܦܠܢܐ (cod. manuscr.). Ptc. act. ܡܫܦܠ Tit. 2 15. Pass. f. ܡܫܦܠܐ Js. 52 14. — parvi existimavit, contempsit, ll. cc.

---

*ܫܦܐ. ܫܦܐ (ptc. pass.). f. ܫܦܝܐ (per ܘ scr. Mt. 6 22 C). pl. f. ܫܦܝܢ — laevigatus, planus Js. 40 4 (Lect. 88). Luc. 3 5; ἁπλοῦς Mt. 6 22 (cf. ܫܦܝܘܬܐ).

*ܫܦܝܘ. emph. ܬܐ—. C. suff. 3. f. ܫܦܝܘܬܗ. f. — sinceritas εὐθύτης 3 Rg. 9 4. ܫܦܝܘ ܕ' ἁπλοσύνη Job. 21 23.

Pa. Impf. pl. 1. ܢܫܦܐ — laevigavit Js. 9 10.

*ܫܦܝܢ. emph. ܫܦܝܢܐ m. — reconciliatio (καταλλαγή) Rom. 5 11. Hymn. Anecd. 112 14 (?).

Ithpa. Pf. pl. 1. ܐܫܬܦܝܢܢ. Imp. ܐܫܬܦܝ (ܐ Mt. 5 24 B, ܐ C) — reconciliatus est, c. ܠ p., Mt. 5 24. Rom. 5 10.

---

*ܫܦܛ (?): ܡܫܦܛܐ Ptc. f. Luc. 10 40 περισπᾶσθαι, v. 41 θορυβάζεσθαι, var. lect. τυρβάζεσθαι. Lectio vix sana, sed nondum satis feliciter emendata. Nam neque Schwally (Idiot. p. 98) audiendus mihi videtur, comparans שִׁפּוּט, שָׁפְטָן, voces manifeste toto coelo diversas, neque Praetorius (ZDMG 48, p. 366) coniciens ܡܫܦܛܐ, cuius verbi nulla, quod sciam, mentio fit in libris Iudaeorum, neque P. Sm. de ܡܫܦܛܐ cogitans. — Cf. *ܫܦܪ.

---

*ܫܦܪ Pe. Pf. ܫܦܪ Am. 9 6. Act. 2 33. 3. f. ܫܦܪܬ; etc. Impf. 2. ܬܫܦܪ. pl. 3. f. ܢܫܦܪܢ Prov. 1 16. Imp. pl. ܫܦܪܘ Dt.

12 24. Ptc. act. ܫܦܟ, etc. pl. ܫܦܟܝܢ. Pass. *f.* ܫܦܝܟܐ — effudit, ll. cc., Gen. 9 6. 1Reg. 1 15. Jo. 3 19. Job. 16 13. Eccl. 11 3. Mt. 23 35 Anecd. 26 7. Rom. 5 5. Act. 2 17 sq. Lit. 708 5.

ܐܬܪ ܡܫܦܟܢܐ „locus quo aqua se effundit“? Hymn. Lect. 138 11 (locus subobscurus).

Ithpe. ܐܫܬܦܟ s. ܐܫܬܦܝܟ (Mt. 23 35 BC Anecd.); etc. Impf. 3. ܢܫܬܦܟ; etc. Ptc. ܡܫܬܦܟ s. ܡܫܬܦܝܟ — *1.* se effudit Lit. 705 1. 707 8. *2.* effusus est Gen. 9 6. Jo. 2 2. 10. Jon. 2 6. Ps. 44 3. Job. 21 24. Mt. 9 17. 23 35. 26 28. Luc. 5 37. 22 20. Συνεχύθη (= turbatus est) Jon. 4 1. Act. 2 6.

---

*ܫܦܠ. *ܫܦܠ (= ܫܦܠ). emph. ܫܦܠܐ (ex שִׁפְלָא) Mt. 25 26 Ev. 165 A, per ܐ scr. Ev. 95 A, *p. o.* ib. B; sed ܫܦܠܐ Ev. 165 C [B ܫܦܠܐ]; ܫܦܠܬܐ Anecd. [ܫܦܠܬܐ Ev. 95 C]. Pl. ܫܦܠܝܢ Rom. 12 11. emph. ܫܦܠܝܐ Hom. Anecd. 194 12. 19 (cit. Prov. 6 6: leg. sing.) — segnis (ὀκνηρός) ll. cc.

*ܫܦܘܠ. C. suff. 3. *f.* ܫܦܘܠܗ. *m.* — margo *navis,* puppis Hom. Ox. 965 10 (cf. Mc. 4 38).

ܫܦܠܢ, ܐ— Hom. Anecd. 189 2. 198 18 (cf. ib. „Corrig.“). Vox incerta.

---

*ܫܦܢܝܢ, ܐ—. Pl. ܫܦܢܝܢܝܢ Luc. 2 24 A, sed ܫܦܢܝܢ B [C ܫܦܢܝܢ]. — turtur, l. c.

---

*ܫܦܥ *Pe.* Pf. pl. ܫܦܥܘ. Impf. 3. ܢܫܦܥ, pl. 3. *f.* ܢܫܦܥܢ — superfusus est, redundavit Jo. 2 24. 3 13. Lit. 705 1.

---

*ܫܦܩ. *Pa.* Ptc. *f.* ܡܫܦܩܐ — compressus, angustus? Mt. 7 14. Vox dubia. Cf. *ܫܩܓ.

ܫܦܪ I. *Pe.* ܫܦܪ; etc. Impf. 3. ܢܫܦܪ; etc. Ptc. ܫܦܝܪ; etc. — placuit, c. ܠ p., Gen. 6 9. 19 8. Dt. 12 28. 13 18. Zach. 11 12. Ps. 55 14. Sap. 9 9 sq. 18. Mt. 3 15. Mc. 6 22. Joh. 8 29. Rom. 12 1. 14 18. 15 1 sqq. Phil. 4 18. 2Tim. 2 4. Alibi. Hom. Anecd. 202 19. Lit. 708 13; πρέπειν Ps. 64 2. Hebr. 7 26. Vit. Sct. cod. ms. (cit. Eph. 5 3). Cf. ܫܦܪܐ.

ܫܘܦܪܐ Js. 53 2. C. suff. ܫܘܦܪܗ; etc. *m.* — pulchritudo l. c., Ps. 8 2. 44 3. 4. 12. Jac. 1 11.

ܫܦܝܪ. *f.* ܫܦܝܪܐ — *1.* placens (nisi fort. *ptc.* est) Rom. 12 2. *2.* pulcher Gen. 29. 3 6. Js. 63 1. Lit. 704 21.

*ܫܦܝܪܘ. C. suff. 3. *m.* ܫܦܝܪܘܬܗ Ps. 46 5; ܫܦܝܪܘܬܗ (sic) 77 61. *f.* — pulchritudo, ll. cc.

---

*ܫܦܪ II. (Nescio an eadem sit radix atque praegressa). *Pa.* Pf. 3. *f.* ܫܦܪܬ. Ptc. act. ܡܫܦܪ Joh. 13 5 A, *p. o.* BC. *f.* ܡܫܦܪܐ — detersit Luc. 7 38 B (var. lect. ܫܦܪ). 44 A *cod.* BC. Joh. 11 2. 12 3. 13 5.

Aph. (?) Pf. ܐܫܦܪ(ܘ) Gen. 7 23ᵃ. pl. ܐܫܦܪܘ(ܢ) ib. v. ᵇ. Impf. 1. ܢܫܦܪ Gen. 7 4. pl. ܢܫܦܪܘܢ 9 15. — detersit, delevit ll. cc.; deletus est (?) Gen. 7 23ᵇ.

ܫܘܦܪܐ (ex שׁוֹפָר) *m.* — cornu Ps. 46 6

---

*ܫܦܫ. *Pe.* Ptc. act. *f.* ܫܦܫܐ — infatuatus est (μωραίνεσθαι) Mt. 5 13.

ܫܦܫܐ — stultus (μωρός) Job. 16 7.

*ܐܫܩܩ (אֲשָׁקָק). pl. ܐܫܩܩܐ *m.* — angiportus (ῥύμη) Luc. 14 21: ita repono pro ܐܫܩܩܐ.

ܫܩܩܐ (pl.) = διώρυγες Jer. 38 9 (palimpsest).

---

*ܫܩܐ *Aph.* pf. 2. ܐܫܩܝܬ. pl. ܐܫܩܝܬܘܢ; ܐܫܩܝܬܘܢ, ܐܫܩܝܬܘܢ(ܢ) Mt. 25 35 Ev. 166 A. 1. ܐܫܩܝܢܢ s. ܐܫܩܝܢܢ (Mt. 25 37 Ev. 129 A). Impf. 3. ܢܫܩܐ s. ܢܫܩܝ, *pass.* Imp. ܐܫܩܐ Rom. 12 20. [pl. ܐܫܩܘ Prov. 9 6 Anecd.: leg. ܐܫܩܘ]. Ptc. act. ܡܫܩܐ s. ܡܫܩܝ (Gen. 2 6 Lit.), pl. ܡܫܩܝܢ Dt. 11 10. — potavit, rigavit, ll. cc., Gen. 2 6. 10. Js. 43 20. Jo. 3 18. Ps. 68 22. Job. 22 7. Mt. 10 42. 27 48. Mc. 9 40. Luc. 13 15. Lit. 705 3. 707 8.

[*ܫܩܓ. ܐܫܩܓ καταπραΰνῃς Ps. 82 2: „ܡ et ܓ *incerta*“ Land].

[*ܫܩܠ. ܫܩܠ Lit. 680: locus syriacus].

ܫܩܡܐ Luc. 19 4 A, *p. o.* B Anecd. [ܫܩܡܝܢ C]. Pl. ܫܩܡܝܢ Js. 9 10. — ficus sycomorus, ll. cc.

*ܫܩܥ *Pe.* Pf. 1. ܫܩܥܬ — submersus est Ps. 3 6, sed gr. κοιμᾶσθαι: unde fort. emendandum ܫܟܒܬ.

ܫܩܦ *Pe.* ܫܩܦ (Mt. 26 51 A ܫܩܦ: nescio an ad *Pa.* respexerit librarius); etc. Impf. 3. ܢܫܩܘܦ, ܢܫܩܘܦܢ Js. 11 4; etc. Ptc. act. ܫܩܦ — verberavit, Js. l. c., Gen. 8 21. 19 11. Ex. 17 5 sq. Js. 11 15. 60 10. Jon. 4 7 sq. Mt. 26 31. 51.

Pa.: vide quae ad *Pe.* adnotavi.

*ܫܩܘܨ. ܫܩܘܨ. emph. ܫܩܘܨܘܬܐ. *f.* — impuritia (ἀκαθαρσία) Col. 3 5. 1 Thess. 4 7. Hom. Anecd. 200 11. Vit. Sct. cod. ms. (cit. Eph. 5 3); ib. saepius.

*ܫܩܪ. ܫܩܪ Mt. 23 28 A, ܫܩܪܐ 5 33 BC [ܫܩܪ 23 28 Anecd.] *m.* — falsitas, mendacium, ll. cc. Cf. ܫܩܪܐ.

ܫܩܪܝܢ (pl. abstr.). emph. ܫܩܪܝܐ Gal. 2 13ᵃ. C. suff. ܫܩܪܝܗܘܢ ib. v. ᵇ. *m.* — mendacitas, hypocrisis, ll. cc. ܕܠܐ ܫܩܪܝܢ, ἀνυπόκριτος Rom. 12 9; ܕܠܝܬ ܒܗ ܫܩܪܝܢ, *id.* 2 Cor. 6 6.

*ܫܩܪܝ. emph. ܫܩܪܝܐ — hypocrita Mt. 7 5. Est = שַׁקְרָאָה, si vere est traditum, quod maxime dubito.

*ܫܩܪ (*qaṭṭāl*). emph. ܫܩܪܐ Mt. 7 5 (sic leg. propono pro ܫܩܪܝܐ). pl. ܫܩܪܝܐ — mendax, hypocrita Mt. 6 2. 5. 16. 7 5. 22 18. 23 13. 15. 23. 25. 27. 29. 24 51. Mc. 12 15. Luc. 13 15.

*ܫܩܪܘ. C. suff. ܫܩܪܘܬܗܘܢ. *f.* — mendacitas, hypocrisis Mc. 12 15.

*ܫܪܝܪ. ܫܪܝܪ (Sirac. 46 1). *f.* ܐ—. emph. ܬܐ—, ܫܪܝܪܬܐ Js. 50 7. Pl. ܫܪܝܪܝܢ, ܫܪܝܪܬܐ. — *1.* firmus Dt. 11 2. Js. 8 11. 50 7. Jer. 38 11. Sirac. 46 1. Hebr. 2 2. *2.* sanus 2 Tim. 1 13. Tit. 1 13. 2 2. 8 (Cf. שׁר, i. e. שֹׁר, *sanitas* Sirac. 30 16? — Quidquid in buccam venit effutit B. Jacob ZDMG 55 595. Etiam Peš. ll. cc. ܚܠܝܡ perhibet). — ***Adverbialiter*** ܫܪܝܪ firmiter, vere (ἀσφαλῶς) Act. 2 36.

ܫܪܝܪܐܝܬ adv. — firmiter, vere Jer. 11 18. Mt. 2 8. Hom. Anecd. 201 23. 206 8.

Pa. ܫܪܪ s. ܫܪܝܪ (Js. 42 5, al.); etc. Impf. 3. c. suff. pl. 2. ܢܫܪܪܟܘܢ 1 Thess. 3 2. Imp. ܫܪܪ s. ܫܪܝܪ (Luc. 22 32 C); etc. Ptc. act. ܡܫܪܪ s. ܡܫܪܝܪ. Pass. ܡܫܪܪ, ܡܫܪܝܪ (Luc. 15 26 BC); etc. — *1.* firmum fecit, stabilivit, confirmavit Js. 42 5. Prov. 9 1. Mc. 16 20. Luc. 15 26. 22 32. Gal. 3 15. 1 Thess. 3 2. Lit. 704 13. Hymn. Lect. 138 18. Hom. Anecd. 176 1 (cit. Prov. 5 5). ܫܪܪ ܐܦܘܗܝ ܕܝܐܙܠ ἐστήρισεν τὸ πρόσωπον αὐτοῦ τοῦ πορεύεσθαι Luc. 9 51. *2.* tutum reddidit, custodivit (ἀσφαλίζεσθαι) Mt. 27 65 sq.; ἀσφαλίζειν Act. 16 24 cod. mscr. (Lit. ܐܚܕ).

*ܫܪܪ. emph. ܫܪܪܐ Luc. 1 4 A, *p. o.* al. C. suff. ܫܪܪܗ; 3. *f.* *id.* Ps. 46 10 (cf. ZDMG 53 706). *m.* — *1.* confirmatio Phil. 1 7 (βεβαίωσις) Lit. 706 1. Lit. Dam. I fol. 1ʳ. *2.* firmamentum Hymn. Lect. 137 3; στερέωμα Gen. 1 6—20 *pass.*; ἑδραίωμα 1 Tim. 3 15. *3.* firmitas, robur (κραταιότης) Ps. 45 4. 46 10. Lit. Dam. IIIʳ. *4.* veritas, fides (ἀσφάλεια) Luc. 1 4 (Aliter Schwally p. 99).

Ithpa. Pf. pl. ܐܫܬܪܪܘ. Impf. 3. ܢܫܬܪܪ s. ܢܫܬܪܝܪ (Mt. 27 64 C). Ptc. ܡܫܬܪܪ; etc. — *1.* confirmatus est Luc. 1 80. 2 40. Eph. 3 16. Hebr. 2 3. Lit. Dam. I fol. 2ᵛ. *2.* custoditus est Mt. 27 64.

ܫܪܐ I. *Pe.* ܫܪܐ. 2. ܫܪܬ. Impf. 3. ܢܫܪܐ s. ܢܫܪܝ (Joh. 7 23 A, *p. o.* Act. 2 24); etc. Imp. ܫܪܝ (Mt. 15 23), pl. ܫܪܘ. Ptc. act. ܫܪܐ, pl. ܫܪܝܢ, ܫܪܝܢ (Mc. 11 3). Pass. ܫܪܐ s. ܫܪܝ (Mt. 16 19 B). — *1. trans.* *a*) solvit, dissolvit Mt. 5 17. 19. 18 18. 21 2. Mc. 1 7. 11 2 sq. Luc. 3 16. 19 30. 33. Joh. 1 27. 7 23. Act. 2 24. Lit. 707 8. *b*) abolevit, irritum fecit Gal. 3 17. *c*) dimisit Mt.

1523. *d*) liberavit Vit. Abrah. Qīdōn. ZDMG 56255 a p u. *e*) destruxit, delevit Mt. 2661. 2740. Mc. 1529. Joh. 219. Rom. 1420. Eph. 214. *2. intr.* substitit, devertit (καταλύειν) Gen. 192. Vit. Abrah. l. c. 25611.

ܫܪܐ (ptc. pass.) — licitum, fas Luc. 64 et 9 Anecd. (cett. ܫܠܝܛ). *f.* ܫܪܝܐ (ex שָׁרְיָא) Act. 112: ܕܫܒܬܐ ܫܪܝܐ ܐܘܪܚܐ ܕܝܠܗ habens viam quam facere licet die sabbati, σαββάτου ἔχον ὁδόν (cf. vers. Philox. Prorsus aliter Peš.).

*ܡܫܪܐ. C. suff. 2. *m.* ܡܫܪܝܟ Ex. 1513. *m.* — κατάλυμα Ex. l. c.; ܒܝܬ ܡܫܪܐ *id.* (κατάλυμα) Luc. 27. 2211; c. suff. 3. *f.* ܒ' ܡܫܪܝܗ 1Reg. 118.

*ܡܫܪܝܐ. emph. ܡܫܪܝܬܐ. C. suff. 3. *m.* ܡܫܪܝܬܗ. Pl. ܡܫܪܝܢ Js. 357; ܡܫܪܝܢ Hebr. 1134 (cf. משירייתא Jer. I Num. 1025). C. suff. ܡܫܪܝܬܗܘܢ, etc. *f.* — *1.* castra, παρεμβολή Gen. 509. Ex. 171. Num. 53sq. Jo. 211. Hebr. 1134. Hom. Ox. 95120. *2.* stabulum, ἔπαυλις Js. 357.

Ithpe. ܐܫܬܪܝ; etc. pl. ܐܫܬܪܝܘ Act. 1626, ܐܫܬܪܝܘ Hom. Anecd. 20112. Impf. 3. ܢܫܬܪܐ (Joh. 1035A); etc. Ptc. pl. ܡܫܬܪܝܢ; etc. — *1.* solutus, dissolutus est, ll. cc., Js. 402. Mc. 735. Joh. 1035. 2Petr. 311. Hebr. 716. *2.* liberatus est, sequ. ܡܢ r., Luc. 1316.

Pa. ܫܪܝ (*pass.*), ܫܪܐ Mt. 1824B; etc. pl. ܫܪܝܘ A: Mc. 1041, 1518, Luc. 1524; *p. o.* Mc. 811; ܫܪܝ Mc. 1518C, Luc. 1418A; ܫܪܘ Mt. 2622. Mc. 223, et BC *pass.* Hom. Ox. 96420. Etc. Impf. ܢܫܪܐ s. ܢܫܪܐ; etc. Ptc. act. ܡܫܪܐ Lect. 1055. [pl. ܡܫܪܝܢ Lit. 680: syr.] — coepit *abs.* Luc. 323. 2447. Gal. 33. Lect. 1055, et saepius al.; c. ܡܢ (ἀπό) Mt. 208. Sequ. ܕ c. impf. Gen. 23. 1827. Jon. 34. Mt. 1824; al.; ܕ om. Mt. 39A. Lect. 23. Sequ. ptc. Mt. 39BC. 417. 117. 2622. 37. Mc. 223. 62. 811. 31. Luc. 421. 715. 24. 38, et saepe al. Hom. Ox. 96420. 6719. 6811. 7411/13.

*ܫܪܘܝ (samar. שרוי Pessach-Hagg. ed. Kohn S. 16. 36. Gesenius, Carm. II, 8). C. suff. 3. *m.* ܫܪܘܝܗ Mt. 2534 Ev. 129A; *p. o.* Ev. 166A, Joh. 1724 Anecd., Ev. 58A, Phil. 415; ܫܪܘܝܗ Joh. l. c. Ev. 192A. *m.* — initium (καταβολή [κόσμου]) ll. cc.

ܫܘܪܝ (ܫܘܪܝܐ, nisi fort. ex voce praegressa corruptae sunt formae sequentes) Hymn. Lect. 13613. C. suff. 3. *m.* ܫܘܪܝܗ Mt. 2534B, Ev. 129C. Joh. 1724BD [ܫܘܪܗ Mt. Ev. 166C. Joh. C] *m.* — *1.* initium, principium Hymn. Lect. l. c. *2.* καταβολή Mt. et Joh. ll. cc.

---

*ܫܪܐ II. (cf. „Homon. Wurzeln" p. 23, n.). *ܫܪܝ. emph. ܫܪܝܬܐ Mt. 73sqq. A, *p. voc. o.* BC. Pl. c. suff. 1. ܫܪܝܬܝ Gen. 198. Luc. 76. *f.* — trabs Mt. 73—5. *Pl.* tectum, αἱ δοκοί Gen. l. c., ἡ στέγη Luc. l. c.

---

*ܫܪܒ I. (cf. op. cit. p. 85sq. Nöld. ZDMG 54162).

*ܫܪܒ. emph. ܫܪܒܐ. C. suff. 3. *m.* ܗ—, ܫܪܒܗ Mt. 2012B. *m.* — aestus Gen. 822. Mt. 2012. Jac. 111.

---

*ܫܪܒ II. *ܫܪܒ. C. suff. 3. *m.* ܫܪܒܗ. *m.* — ἐφημερία Luc. 15C (ceteri ܫܪܒܬܗ).

ܫܪܒܐ (vid. infra). emph. ܫܪܒܬܐ Num. 1329. C. suff. 3. *m.* ܫܪܒܬܗ Luc. 15A, *p. o.* al.; etc. Pl. ܫܪܒܢ Js. 426. emph. ܫܪܒܬܐ Num. 1323, al. *f.* — gens, familia: γένος Js. 426; ܡܢ ܫܪܒܐ ܐܚܪܢ(?) ἀλλογενής Luc. 1718; γενεά Num. 1323. 29; συγγένεια Gen. 508. Luc. 161; ܒܢܝ ܫܪܒܬܗ οἱ συγγενεῖς αὐτοῦ Mc. 64; πατριά Luc. 24; τὰ πάτρια Js. 821; ἐφημερία Luc. 15AB (cf. voc. praegress.).

---

*ܫܪܓ (cf. ܣܪܓ). ܐܫܪܓܘ (inf. *Aph.*). C. suff. ܐܫܪܓܘܬܗܘܢ 2Cor. 519; ܗܘܢ— Eph. 21. Col. 213; ܐܫܪܓܘܬܟܘܢ Eph. 25. Col. 213 (Quae omnia etiam *pl.* esse possunt). Pl.

c. suff. 1. ܐܫܪܓܢܝ Eph. 1 7. *f.* — lapsus, delictum, παραπτώματα, ll. cc. ܐܫܪܓܝܢ lubricus Hom. Anecd. 176 4 (cit. Prov. 5 6, ubi LXX σφαλερός habent).

---

*ܫܪܪ. *ܫܪܪ. emph. ܫܪܪܐ — reliqui Luc. 8 10 A *corr.*, ܫܪܪܐ Mc. 16 13 A, cett. ܫܪܝܬܐ, vid. rad. ܫܐܪ.

ܫܪܓ (שׂרע, syr. *id.* Hinc fort. ܐܫܪܓܝܢ corrig.) *Pe.* Pf. ܫܪܓ — lapsus est (Adam) Hom. Anecd. 210 20.

*ܫܪܓܘܠܐ. emph. ܫܪܓܘܠܬܐ. C. suff. 1. ܢ— Ps. 21 2; ܫܪܓܘܠܬܟܘܢ Mt. 6 14 A (perperam, ut videtur, punct. plur. instructum), *p. voc. o.* cett., v. 15. [ܫܪܓܘܠܟܘܢ v. 15 B]. ܗܘܢ—. *f.* — lapsus, delictum, παραπτώματα ll. cc., Mt. 6 14 sq. Mc. 11 25; ὀλίσθημα Ps. 55 14. Praeterquam Lit. Dam. I fol. 2[v].

Aph. Ptc. act. *f.* ܡܫܪܓܐ — corrupit Vit. Sct. cod. ms.

---

*ܫܪܫ. ܫܪܫ Js. 53 2. Luc. 8 13 Anecd. C. suff. 3. *m.* ܫܪܫܗ; ܗܘܢ—, ܗܘܢ— Mt. 3 10 AC, Luc. 3 9 A. Pl. ܫܪܫܝܢ Eph. 3 18. C. suff. 3. *f.* ܫܪܫܝܗ Mc. 11 20. *m.* — radix, ll. cc., Js. 11 1 (*bis*). 10. Mt. 3 10. Luc. 3 9. Cf. ܫܪܝ.

---

*ܫܬ. ܫܬ, ܫܬ (A *pass.*). ܫܬܐ Ex. 28 10. Luc. 4 25 A, al., ܫܬܐ Luc. 13 14 A, sed ܫܬܬܐ Ex. 28 10, ܫܬܐ Luc. 4 25 et 13 14 BC, Joh. 12 1 C. — sex, *pass.* ܫܬܫܥܝܢ (sic) hora sexta Joh. 4 6 C, ܫܬܫܥܝܢ AB. ܫܬ ܥܣܪ sedecim Lect. 15 15. ܫܬ ܡܐܐ sexcenti Sirac. 46 8.

ܫܬܝܬܝ sextus Luc. 1 36 B. Lect. 114 1; ܫܬܝܬܐܝ Luc. l. c. A, *p. voc. o.* Gen. 1 31 — emph. ܫܬܝܬܐ (sic) Lect. 65 7 = ܫܬܝܬܝܐ Gen. 2 2. Ex. 16 5. Luc. 1 26. 36 C. Lit. 695 10. *f.* ܫܬܝܬܝܬܐ Lect. 70 15.

ܫܬܝܢ sexaginta Luc. 24 13 BC, ܫܬܝܢ A; ܫܬܝ Lit. 706 22; ܐܫܬܝܢ(ܘ) Apocr. Dam. fol. 1[r].

ܫܬܝܘܬܐ Mt. 6 2; in textu gr. nihil respondet. Cf. ܐܫܬܝܢ sub finem.

---

*ܫܬܝ *Pe.* 3. *f.* ܫܬܬ 1Reg. 1 18. 2. *m.* ܫܬܝܬ ZDMG 56 256. 3. pl. ܐܫܬܘ (1Cor. 10 4). 1. ܫܬܝܢܢ(ܘ) Luc. 13 26 B, ܫܬܝܢܢ(ܘ) A, ܐܫܬܝܢܢ(ܘ) A *corr.*, C. Impf. 3. ܢܫܬܐ. 2. ܬܫܬܐ s. ܬܫܬܝ (Joh. 4 9, al.). 1. ܐܫܬܐ (A: Luc. 22 18, al., *p. o.* pass.). C. suff. 3. *f.* ܢܫܬܝܢܗ Mt. 26 29 A, *p. o.* cett. pl. ܢܫܬܘܢ, ܬܫܬܘܢ (sic) Jon. 3 7; etc. Imp. ܐܫܬܐ: sic leg. Js. 9 1 pro ܐܬܐ; pl. ܐܫܬܘ Mt. 26 27 A, *p. o.* Prov. 9 5 Anecd., ܐܫܬܘ ib. Lect., Mt. l. l. Anecd. Ptc. act. ܫܬܐ s. ܫܬܝ; etc. — bibit, ll. cc., Dt. 11 11. Mt. 6 31. 24 38. 49. 27 34. Mc. 2 16. 10 38 sq. 15 23. Luc. 17 8. Joh. 4 10. Rom. 14 21. 1Cor. 10 4. 11 27 (leg. aut ܫܬܐ aut ܫܬܝ); et saepe al. Hom. Ox. 96 119 (cit. 1Cor. 10 4).

ܫܬܝ Luc. 21 34 Ev. 128 B, ܫܬܐ Ev. 128 C. [ܫܬܐܝ Ev. 133 ABC, ܫܬܐܝ(ܕ) Ev. 128 A: lectio contaminata ex ܫܬܐ et ܫܬܝ] (syr. ܫܬܝܐ). *m.* — potatio, perpotatio l. c. (κραιπάλη).

ܡܫܬܐ Joh. 6 56 A, *p. o.* BC, Gen. 19 3; ܡܫܬܝ Rom. 14 17. Col. 2 16. emph. ܡܫܬܝܐ 1Cor. 10 4. *m.* — potus, ll. cc.

ܡܫܬܘ A: Mt. 22 2. 12; *p. o. pass.* [ܡܫܬܘܗ Luc. 14 8 C]. emph. ܡܫܬܘܬܐ Mt. 22 8 A, al. [ܡܫܬܘܬܐ Luc. 12 36 C]. *f.* — nuptiae (γάμος) ll. cc., Mt. 22 3 sq. 8 sq. 11. Luc. 12 36. Joh. 2 1 sq. ܒܝܬ ܡܫܬܘܬܐ (A: Mt. 22 10) domus nuptiarum Mt. 22 10 (ὁ νυμφών). 25 10 Anecd. 130 (οἱ γάμοι; cett. ܒܝܬ 'ܕ).

---

*ܫܬܦ (vid. Idiot. p. 99, ubi add. aeth. ሰተፈ c. derivv. Cf. syr. ܐܫܬܦ) *Pa.* Ptc. act. pl. ܡܫܬܦܝܢ, ܡܫܬܦܝܢ (Mt. 24 38 A[2]). De Mt. 22 30 B vid. ܢܣܒ. — nuptum dedit Mt. 22 30. 24 38.

Ithpa. (sic). ܐܫܬܦ Mc. 6 17 A, *p. o.* al., ܐܫܬܦ(ܕ) Mc. 6 17 C; etc. Impf. 3. ܢܫܬܦ s. ܢܫܬܦ. Imp. ܐܫܬܦ (Prov. 1 11). Ptc.

[Syriac] Mt. 19 9 A, [Syriac] Mt. 5 32, al.; etc. — *1.* consors fuit, κοινωνεῖν, sequ. ܒ r., Prov. 1 11. Hebr. 2 14ª (Lect. 118); ܥܠ r. Rom. 12 13. Phil. 4 14sq.; μετέχειν, sequ. ܒ r. Prov. 1 18. Hebr. 2 14ᵇ (Lect. l. c.). *2.* uxorem duxit, c. ܥܠ, Mt. 5 32. 19 9sq. 22 30. 24 38. Mc. 6 17. — Cf. [Syriac].

*[Syriac] (samar. שותף). C. suff. [Syriac]. Pl. [Syriac], [Syriac] Mt. 23 30 Anecd. C. suff. 3. *m.* [Syriac] Luc. 5 10 A, [Syriac] BC. [Syriac] Luc. 5 7. — *1.* socius Luc. 5 7. 10. Hebr. 10 33. Hom. Ox. 96 317. Hymn. Anecd. 112 12. *2.* consors, particeps, c. ܒ r., Mt. 23 30. Phil. 1 7.

*[Syriac]. *f.* C. suff. [Syriac], etc. — uxor Luc. 1 18 Dam. (Lect. [Syriac]). Vit. Sct. cod. ms.

[Syriac]. emph. [Syriac]. C. suff. [Syriac], [Syriac] (sic) Phil. 1 5. *f.* — *1.* communitas, societas Phil. 1 5. 2 1. 3 10. [Syriac] communiter, una Prov. 1 14. *2.* connubium Lit. Dam. I fol. 1ᵛ. IIᵛ. *3.* consortes, μέτοχοι Ps. 44 8 = Hebr. 1 9.

*[Syriac] (verb. denom.). Ptc. act. pl. [Syriac] — *i. q.* [Syriac] *Pa.*, Mt. 22 30 B (sic fort. leg. pro [Syriac]).

Ithpa. [Syriac]; etc. Impf. 3. [Syriac] Mt. 19 9sq. A *corr.* Ptc. [Syriac] 19 9 A *corr.*, pl. [Syriac] — *1.* consors fuit, κοινωνεῖν, c. ܒ r., Hebr. 2 14ª (Lect. 14); μετέχειν c. ܒ ib. v. ᵇ. *2.* uxorem duxit Mt. ll. cc. *3.* nupsit Lit. Dam. I fol. 2ᵛ. — Cf. *Ithpa.*

ܫܬܩ *Pe.* [Syriac] Luc. 5 4 A (cett. om.), pl. [Syriac] Luc. 9 36. Impf. 3. [Syriac] (Luc. 18 39 A, *p. o.* BC); etc. Ptc. act. [Syriac] s. [Syriac]; etc. — tacuit, ll. cc., Ps. [49 3]. 82 2. Job. 16 6. Mt. 20 31. 26 63. Mc. 3 4. 9 33. Luc. 1 20. 14 4. 19 40. 20 5 B (AC Dam. om.).

Pa. Pf. [Syriac] (A, *p. o.* cett.) — silentium imposuit, c. ܠ p., Num. 13 31. Mt. 22 34.

---

*ܫܬܪ. *Ithpa.* (targ. [Hebrew]. Deriv. a [Syriac]). Pf. [Syriac]. Ptc. pl. [Syriac] — relictus est, restitit Gen. 7 23. Ex. 10 19. 1Thess. 4 15. 17.

ܬ

*ܬܐܡ. [Syriac] Joh. 20 24 C. emph. [Syriac] A: Joh. 11 16, 21 2. [Mt. 10 3 *corr.*], [Syriac] Joh. 20 24; *p. o.* BC ll. cc. (Quasi esset pl. vel dual.! Legendum suspicor [Syriac] = תְּיוֹמָא). — geminus, ll. cc.

---

*ܬܐܢ. [Syriac], [Syriac] Gen. 3 7. Mt. 21 19ª A. Mc. 11 20. emph. [Syriac] *pass.* A Anecd., [Syriac] Mt. 21 20 BC, *p. o.* pass. pl. [Syriac] Mt. 7 16. *f.* — ficus arbor, ll. cc., Jo. 2 20. Mt. 21 21. 24 32. Luc. 21 29. Joh. 1 48. 50. *Pl.* fici (fructus) Mt. 7 16.

---

*ܬܐܪ (cf. Idiot. p. 100. Praetorius ZDMG 48 366. Samar. תור, תער) *Pe.* [Syriac] Js. 10 7. Impf. [Syriac]; etc. Imp. [Syriac] 2Tim. 2 7 Ox. Ptc. act. [Syriac] Mt. 24 15 A, [Syriac] B, [Syriac] C, [Syriac] 2Tim. 2 7 Lect. pl. [Syriac] Eph. 3 20. — consideravit, intellegit, λογίζεσθαι Js. 10 7, νοεῖν ll. cc., Prov. 1 2. 3. 6; διανοεῖσθαι Vit. Anton. Stud. Sin. 11 149 paen. (. . . [Syriac]: leg. [Syriac] s. [Syriac] ptc. act. pl. *m.*).

[Syriac] Phil. 4 7 Lect. emph. [Syriac]. C. suff. 3. *m.* [Syriac]; 1. pl. [Syriac] Stud. Sin. 11 149 11. Pl. (?) [Syriac] Luc. 24 25 A. C. suff. [Syriac] Phil. 4 7 Dam. *f.* — consideratio, mens, prudentia, νοῦς Phil. 4 7. ([Syriac]) [Syriac] ἀνόητοι Luc. 24 25; [Syriac] ἀγχίνους Vit. Anton. S. F. 98 17; διάνοια Prov.

9 10. Vit. Anton.: Stud. Sin. l. c.; ἔννοια Prov. 1 4.

*ܬܒܘܠ ((*qāṭōl*). emph. ܬܒܘܠܐ — prudens, νοήμων Prov. 1 5.

[ܡܬܒܠܢܘܬܐ Hom. Anecd. 202 24; locus corruptus].

---

*ܬܒܠ (cf. Idiot. p. 99 sq.) *Pa.* ptc. pass. *f.* ܡܬܒܠܐ — condiit (ἁλίζειν) Mt. 5 13.

---

*ܬܒܢ. ܬܒܢ Js. 11 7 Lect., ܬܒܢ ib. Anecd. emph. ܬܒܢܐ *m.* — acus (ἄχυρον,-α) l. c., Job. 21 18. Luc. 3 17.

---

*ܬܒܪ *Pe.* (Formae insequ. ex parte ad *Pa.* referri possunt) ܬܒܪ Js. 9 4. Hom. Ox. 96 19. 1. ܬܒܪܬ Zach. 11 14. Impf. 3. pl. ܢܬܒܪܘܢ Gen. 19 9 Dam. Ptc. act. ܬܒܪ Jo. 3 11, ܬܒܪ Ps. 45 10. — fregit, ll. cc.

Ithpe. Impf. 3. *f.* ܬܬܒܪ (sic) — fractus est Jon. 1 4. Cf. etiam ܬܒܪ *Ithpe.*

Pa. Pf. pl. ܬܒܪܘ Joh. 19 32 sq. Impf. pl. ܢܬܒܪܘܢ v. 31. [Ptc. act. ܡܬܒܪ Hom. Ox. 96 5 17? cf. p. 90 editionis.] — confregit, ll. cc.

ܬܓܪ (ex assyr.) *m.* — mercator Mt. 13 45.

Ithpa. ܐܬܬܓܪ s. ܐܬܓܪ (BC); etc. Impf. 3. ܢܬܬܓܪ Mc. 8 36 A, *p. voc. o.* al., ܢܬܬܓܪ Mc. 8 36 C, ܢܬܓܪ ib. B. 1. ܐܬܬܓܪ Phil. 3 8. Imp. pl. ܐܬܬܓܪܘ Luc. 19 13. — *1.* negotiatus est Mt. 25 16. Luc. 19 13. Act. Philem. Anecd. 169 4. *2.* lucratus est Mt. 18 15. 25 17. 20. 22. Mc. 8 36. Phil. 3 8.

---

*ܬܕܝ. Pl. (*propr.* dual.) ܬܕܝܢ (תַּדַיָּא, ثَدْي) *m.* — mammae Gen. 49 25.

ܬܕܝ (cf. Dalm. Gramm. p. 143) N. pr. Θαδδαῖος Mt. 10 3 A, *p. o.* B.

ܬܘܝ I. (cf. *ܬܘܒ) *Pe.* ܬܘܝ; etc. Impf. pl. ܢܬܘܘܢ Luc. 16 30 A, ܢܬܘܢ BC. Imp. pl. ܬܘܘ Mt. 4 17 Ev. 26 8 A, *p. o.* al. ܬܘܘ l. c. Ev. 68 A. Ptc. act. ܬܘܐ — poenituit eum, ll. cc., Jo. 2 14. Jon. 3 9. Mt. 3 2. 21 30. 32. 27 3. Luc. 17 3 sq. 11 32. Hom. Ox. 95 58. Sequ. ܥܠ r. Jon. 3 10; ܡܢ r. Jo. 2 13. Jon. 4 2; ܘܬܘܐ ܡܢ ܒܝܫܬܐ ܘܬܘܐ Vit. Sct. cod. ms.

ܬܝܘ s. ܬܝܘ A *pass.* (Mt. 3 11. 9 13; al.), *p. o.* BC. ܬܝܘ(ܬܐ) Luc. 5 32 A; sed ܬܝܘܬ (cf. ܬܝܘ = ܬܝܘ) Mc. 1 4 A. emph. ܬܝܘܬܐ Luc. 3 8 A, *p. voc. o.* al. *f.* — poenitentia Mt. 3 8. 11. 9 13. Mc. 1 4. 2 17. Luc. 3 3. 8. 5 32. 24 47. 2 Petr. 3 9. Hebr. 6 1. Vit. Sct. cod. ms.

---

*ܬܘܝ II. *ܬܘܘ emph. ܬܘܘܬܐ *f.* — dilatio Hom. Ox. 95 619. (De ܬܘܘܬܐ Luc. 21 25 C vid. *ܬܘܘ).

---

*ܬܘܗ (cf. ܬܘܝ) *Pe.* Impf. pl. ܢܬܘܗܘܢ. Ptc. act. pl. ܬܘܗܝܢ — poenituit eum, c. ܥܠ r. Hom. Ox. 95 622; ܡܢ r. ib. 52 13.

ܬܘܡ: vid. *ܬܡ.

ܬܘ = τό Lit. 696 6. Cf. ܬܘ.

ܬܘܝ *Pe.* Pf. — poenituit eum Mt. 27 3 Anecd. (sed ܘ *incertum*, Land).

*ܬܝܒ (syr. ܬܝܒܘܬܐ). emph. ܬܝܒܐ *m.* — poenitentia Luc. 5 32 Anecd.

---

*ܬܘܒ *Pe.* Pf. ܬܒ s. ܬܐܒ (Js. 9 13. 10 4. Mt. 9 22 C; B *pass.*); 3. *f.* ܬܒܬ s. ܬܐܒܬ (Js. 9 17. 21); etc. Impf. 3. ܢܬܘܒ A: Luc. 10 6; al., *p. voc. o. pass.*; etc. pl. ܢܬܘܒܘܢ Mt. 2 12 A, *p. voc. o.* al.; ܢܬܘܒܘܢ Js. 35 10. Hom. Ox. 95 611; ܢܬܘܒܢ Luc. 17 18 BC, al.; etc. Imp. ܬܘܒ, ܬܘܒ Ptc. act. ܬܐܒ Jo. 2 14, al., ܬܒ Jon. 3 9; pl. ܬܐܒܝܢ, ܬܐܒܝܢ, ܬܐܒܝܢ, ܬܐܒܝܢ. — *1.* reversus est, rediit Gen. 3 19. 8 7. 9. 11 sq. 50 5. Num. 13 26. Dt. 13 17. Jo. 2 12 sqq. Jon. 1 13. 3 8 sqq. Js. 9 12 sq. Ps. 55 10. Job. 7 21. 16 22. Mt. 10 13. 18 3. Luc. 1 56; et persaepe al. Act. Andr. et Matth. fol 1r. ܬܒ ܠܘܬ ὑπέστρεψεν Luc. 8 37, ܐܬܐ ܠܡܬܒ ܘܬܐܒ Apocr. Dam. fol. 1v. ܕܢܬܘܒ(ܘ) ἀναλύσῃ Luc. 12 36. *2. met.* poenitentiam egit Luc. 22 32; alibi. Hom. Ox. 9 56 11. 13.

ܬܘܒ (ܬܒ Mt. 4 8 B. 21 36 Ev. 88 BC. Joh. 4 54 BC.) *part.* — rursus, iterum Gen. 8 10. 18 29. Mt. 4 8 [C ܬܘ]. 5 33 A. 21 36 Anecd., Ev. 88 A. 26 72 Ev. 181 B. Joh. 4 54. 10 17. 21 16 B. Phil. 1 26. Hom. Anecd. 176 7. 193 9. Alias ܬܘܒܢ. — Cf. ܚܙܪ.

ܬܘܒܢ (ܦ A *pass.*; ܬܘܦܢ Lit. Dam. II[r]) — *id.* Dt. 12 31. Js. 8 9. 43 13 (Lect. 76). Jer. 11 19. Mt. 5 33 BC. 13 45. 47. 18 19. 19 24. 20 5. 21 36. 22 4. 26 43 Anecd. 44. 72 AB, Ev. 181 C. 27 50. Mc. 2 1. 3 1. 7 31. 8 13. 11 27. Joh. 1 35. 4 13. 6 15. Hebr. 1 5 sq. et saepe al. Vit. Abrah. Qīdōn. ZDMG 56 256 7. Vit. Eulog. ib. 259 13. Vit. Anton. Stud. Sin. 11 147 3. Hom. Anecd. 171 14. 172 6, al. Lit 696 16. 19; etc.

ܬܝܒܘ (syr. ܬܝܒܘܬܐ) 2 Tim. 2 25. emph. ܐܬ— Mt. 3 8 A (corr. ex ܐܬܝܒܘ). *f.* — poenitentia, ll. cc.

*ܡܬܒܐ (*מְתָבָא). C. suff. 2. *f.* ܡܬܒܬܟܝ. *f.* — ἀποστροφή refugium Gen. 3 16.

Aph. ܐܬܝܒ (A: Mt. 27 3 Ev. 199, al.). *2.* ܐܬܝܒܬ, ܐܬܒܬ (Ps. 84 2); etc. Impf. 3. ܝܬܝܒ s. ܝܬܒ (Luc. 1 17 B, *p. o.* A); etc. 1. ܐܬܝܒ, ܐܬܒ Jo. 3 1, ܐܬܒ(ܘ) Jer. 30 3 (*bis*). Imp. ܐܬܝܒ. Ptc. act. ܡܬܝܒ. [Interdum perperam ܐܬܝܒ, ܐܬܝܒܘ, similia, leguntur]. — *1.* redire fecit, reduxit Ex. 10 8. Jer. 30 3. Jo. 3 1. Am. 9 14. Mt. 26 52. Act. Andr. et Matth. fol. 2[v]. *2.* reddidit Mt. 27 3. *3.* convertit Ps. 84 2. Luc. 1 16 sq. *4.* avertit Js. 12 1.

---

*ܬܘܗ. *ܬܘܗܐ (targ. תְּוָהָא, syr. ܬܘܗܐ). emph. ܬܘܗܬܐ Luc. 21 25 Ev. 128 C (ita repono pro ܬܘܗܘܬܐ). C. suff. 3. *m.* ܬܘܗܬܗ l. l. Ev. 133 C (sic leg. pro ܬܘܗܘܬܗ). *f.* — stupor, ἀπορία, l. c. (cett. ܬܘܗܡܘܬܐ, ܬܘܗܡ).

ܒܪ ܬܘܠܡܝ N. pr. Bartholomaeus (cf. Dalm. Gramm. p. 148, eiusdem Worte Jesu p. 40) Mt. 10 3 A; ܒܪܬܘܠܡܝܣ BC, ܒܪ ܬܘܠ Anecd. ܒܪܬܘܠܡܝܣ Act. 1 13.

---

*ܬܗܘܡ (ex ܬܗܘܡ, תְּהוֹם). emph. ܬܗܘܡܐ *pass.*, ܬܗܘܡܐ Lit. Dam. I fol. 1[v]. [ܬܗܘܡܐ, syr., Luc. 8 31 A *corr.* ܬܗܘܡܐ Gen. 7 11. ܬܗܘܡܐ Lit. 705 14]. *m.* — abyssus ll. cc., Gen. 1 2. 8 2. Ex. 15 5 (LXX πόντος, al. ἄβυσσος, vid. Field.) Jon. 2 6. Lit. Dam. l. c. (cit. Jon. 2 6). Luc. 8 31. Rom. 10 7.

ܬܐܘܡܐܣ Joh. 11 16 A, ܬܐܘܡܣ A: Joh. 14 5 Ev. 183, al., *p. o.* BC. N. pr. — Θωμᾶς (cf. Dalm. Gramm. p. 112) Mt. 10 3. Joh. 11 16. 14 5. 20 24. 26 sq. 21 2. Act. 1 13.

---

*ܬܘܝ: vid. ܐܬܐ I.

---

*ܬܘܪ: vid. ܬܪܐ.

---

*ܬܘܪ. ܬܘܪ Js. 11 6 Anecd. emph. ܬܘܪܐ C. suff. ܬܘܪܗ. Pl. ܬܘܪܝܢ Luc. 14 19, al. emph. ܬܘܪܝܐ; ܬܘܪܐ Joh. 2 15 A. C. suff. 1. ܬܘܪܝ Mt. 22 4 AC. ܬܘܪܝܟܘܢ — Ex. 10 24. ܬܘܪܝܢ 10 9. *m.* — bos, taurus, ll. cc., Ex. 9 3. Js. 11 6 sq. Jer. 38 12. Jo. 1 18. Jon. 3 7. Luc. 13 15. 14 5. 15 23. 27. 30. Joh. 2 14 sq. Hebr. 9 13. Vit. Anton. S. F. 88 3.

ܬܘܪܐ Js. 11 7 Anecd. emph. ܬܘܪܬܐ ib. Lect. C. suff. ܬܘܪܬܟܘܢ Job. 21 10. *f.* — vacca, ll. cc.

ܬܘܬܐ *m.* — morus Luc. 17 6 (A, *p. voc. o.* BC).

ܬܚܘܡ (assyr.) Js. 9 7. C. suff. 3. *m.* ܬܚܘܡܗ. Pl. ܬܚܘܡܝܐ Mt. 15 39 A, al., ܬܚܘܡܝܐ v. 21 sq. A. C. suff. 3. ܬܚܘܡܝܗ Mt. 4 13 A, ܬܚܘܡܗ BC; etc. *m.* — terminus, finis, ll. cc., Ex. 10 4. 14. Dt. 11 24. Js. 10 13. 60 18. Jo. 3 6. Mt. 2 16. 8 34. Mc. 7 24. 31. Act. 14 6. Lit. 705 3. 9. 706 6.

Pa. Ptc. act. pl. ܡܬܚܡܝܢ — definivit, praescripsit Job. 21 15.

ܬܚܘܬ (ܘ A *pass.*) *praep.* — sub, infra

Gen. 17. 9. Js. 104. Mt. 515. Act. 235. Rom. 319, et *pass* V. et. N. T. Hom. Ox. 97119. Hom. Anecd. 2056 (cit. Hebr. 113). — C. suff. 3. *f.* ܬܚܬܝܗ̇ (sic) Jon. 45. 2. *m.* ܬܚܬܘܗܝ Ps. 446.

ܠܬܚܬ A *pass.* (e. g. Mt. 2337 priore loco), *p. voc. o.* pass. [ܠܬܚܬ Mt. 88A *corr.*, vid. adn.]. — sub, infra l. c., Gen. 198. Ps. 464. 904. Mt. 88BC. Luc. 76. Hom. Ox. 9725. Hom. Anecd. 18119.

[ܬܚܬ ܡܢ Mc. 728A *corr.* (sec. Peš.), sed *cod.* ܬܚܬ, sicut cett.].

ܬܗܘܡܐ abyssus: vid. ܬܗܘܡܐ.

ܬܐܘܦܝܠܐ N. pr. Θεόφιλε Luc. 13A, ܬܐܘܦܝܠܐ Anecd., ܬܐܘܦܝܠܐ C. [ܬܐܘܦܝܠܐ B, ܬܐܘܦܝܠܐ Act. 11].

ܬܐܘܦܢܝܐ theophania Lect. 239. 12616.

ܬܝܫܐ: vid. *ܬܝܫ.

*ܬܝܫ (תַּיִשָׁא). Pl. ܬܝܫܝܢ. emph. ܬܝܫܝܐ. *m.* — hircus Hebr. 912sq.

*ܬܟܠ. ܬܟܘܠ 4 Reg. 221. *f.* ܬܟܘܠܐ ib. v. 19 — orba (ἀτεκνουμένη) ll. cc.

ܬܟܠܐ. emph. ܬܟܠܬܐ (תְּכֵלֶת, ܬܟܠܬܐ, etc.). *f.* — color hyacinthinus *v.* eo colore infectum Ex. 2636. 285, ܬܟܠܬܐ v. 8, ܬܟܠܬܐ 2631. ܕܬܟܠܐ ὑακίνθινος Ex. 3630.

[ܬܟܠ Hom. Anecd. 1875: vid. ZDMG 53707].

*ܬܠ I. ܬܠ Js. 404. Luc. 35AC, ܬܠܠ B. emph. ܬܠܐ Jer. 3839 (cod. ܬܠܠܐ,?). Pl. ܬܠܠܐ *pass.* C. suff. ܬܠܠܝܗܘܢ Ps. 7758. *m.* — collis, ll. cc., Js. 918. 1018. 32. Am. 913. Lit. 6976 (cit. Ps. 6413[b]) = 70617.

[ܬܠ II. ܬܠܝܠܘܬܐ humor Luc. 813A: pericopa ex Peš. assumpta].

ܬܠܐ *Pe.* ܬܠܐ *pass.*, ܬܠܐ (vix *Pa.*) Gen. 182; ܬܠܬ; etc. Impf. 3. ܢܬܠܐ (Luc. 1813). Imp. ܬܠܝ Js. 409, *f.* ܬܠܝ 604, pl. ܬܠܘ 409, al. Ptc. pass. ܬܠܐ, pl. ܬܠܝܢ — *1.* suspendit: *ptc. pass.* pendens, c. ܒ r., Mt. 2240. Luc. 1948. Act. Philem. Anecd. 16918. *2.* sustulit, elevavit *arcam* Gen. 718; *oculos* 182. Js. 604. Mt. 178. Luc. 620. 1623. 1713. 1813. 2128. Joh. 435. 65. 1141. 171; *vocem* Js. 409 (*bis*). Luc. 1127. Act. 214. 1411; *caput* Ps. 823; *manus* Sirac. 462. Luc. 2450; *faciem* Joh. 87 (ἀνακύπτειν); *animum* Ps. 241. 1428. ܬܠܐ ܪܫܗ ἀνακύπτειν Joh. 810 (cf. ܪܫܐ ܬܠܐ). *3. abs.* suscepit, respondit (sermon. liturg.) Lit. 7099.

Ithpe. Ptc. ܡܬܬܠܐ — elevatus est Js. 1015. 5213.

*ܬܠܓ. ܬܠܓܐ. *m.* — nix Mt. 283.

*ܬܠܡ. *ܬܠܡ. pl. c. suff. 3. *f.* ܬܠܡܝܗ̇ (sic). *m.* — sulcus Lit. 69619 (cit. Ps. 6411) = 7041.

ܬܠܡܝ N. pr. Θελαμι (Peš. ܬܘܠܡܝ) Num. 1323.

ܬܘܠܥܐ. emph. ܬܘܠܥܬܐ. *f.* — vermis Jon. 47. Hom. Anecd. 1768 (cf. Prov. 124).

*ܬܠܫ *Pa.* ܬܠܫ Job. 1612 (cod. ܬܠܫ, num fort. pro ܬܠܫ?). Ptc. act. pl. ܡܬܠܫܝܢ Luc. 61 (ita repono pro ܡܬܠܫܝܢ) — evellit (τίλλειν, διατίλλειν) ll. cc.

ܬܠܬ (semel ܬܠܬ: Luc. 1321C) — tres, Gen. 615. Mt. 174, *pass.* Hom. Ox. 95023. Hom. Anecd. 1792. Lit. 6953. ܬܠܬܐ Gen. 610. 713; al. Hom. Ox. 95712. Hom. Anecd. 17922. 1841. Lect. ZDMG 56252, *pass.* Determinat. ܬܠܬܐ (cf. Nöld. p. 483) Luc. 1036A, ܬܠܬܐ B, ܬܠܬܐ C; st. cst. ܬܠܬ Ex. 1636. — ܬܠܬܥܣܪ tredecim Lect. 1217, ܬܠܬܥܣܪ Luc. 242C.

ܬܠܬܝܢ Gen. 113, Lect. 2412, al., ܬܠܬܝܢ Hom. Anecd. 1725; ܘܬܠܬܝܢ Luc. 2421A. emph. ܬܠܬܝܐ *pass.*, ܬܠܬܝܐ Mc.

10 34 Dam. *f.* ܬܠܝܬܝܬܐ Luc. 12 38 A. Pl. ܬܠܝܬܝܢ Gen. 6 16. — *1.* tertius, ll. cc., Gen. 2 14. 22 3. Mt. 17 23; al. Hom. Ox. 969 18. 71 6. Hom. Anecd. 201 12. Lit. 700 10. Lect. 41. Lect. ZDMG 56 252 7. *2.* intercessor Hebr. 9 15. Hom. Anecd. 172 5. 187 5, cf. ZDMG 53 707.

ܬܠܝܬܝܘܬܐ trinitas Hom. Ox. 954 11. Lit. 680. Lit. Dam. *pass.*

ܬܠܬܘܬܐ Hom. Anecd. 179 8 quid? (loc. mutil.).

ܬܠܬܝܢ s. ܬܠܬܝܢ A *pass.*, ܬܠܬܝܢ Mt. 27 9 Ev. 209 B. — triginta Gen. 6 15. Zach. 11 12 sq. Mt. 26 15; al. Lit. 706 23.

*ܬܠܬܐ (a ܬܠܬܘܬܐ 1/3 deriv. videtur, cf. ass. *šalšāa* [?] Del. HWB 666[b]. Hebr. שָׁלִישׁ, aram. תלתי, תלתא Dan. 5 7. 16. 29). pl. ܬܠܬܝܢ — τριστάται Ex. 15 4.

---

*ܬܡ. *ܬܡܝܡ. emph. ܐ—. Pl. *m.* ܬܡܝܡܝܢ s. ܬܡܝܡܝܢ (Mt. 10 16 B). emph. ܬܡܝܡܝܐ. — integer, probus Jer. 11 19. Prov. 1 4. Mt. 10 16. Hom. Anecd. 209 16.

---

*ܬܡܗ *Pe.* ܬܡܗ (sic; تَمِهَ) Mc. 15 44 A, *p. o.* al., ܬܡܗ l. l. Ev. 19 C. pl. ܬܡܗܘ Mt. 8 27 A, *p. o.* al.; ܬܡܗܘ (num fort. leg. ܬܡܗܘ?) BC *pass.* (Mt. 22 22 Ev. 88, Luc. 2 48, al.). 2. ܬܡܗܬܘܢ Job. 21 5 (Lect). Impf. 2. ܬܬܡܗ Joh. 3 7 C; ܬܬܡܗ A, *p. voc. o.* B. 2. *f.* ܬܬܡܗܝܢ Js. 60 5. Pl. ܢܬܡܗܘܢ Js. 52 14 sq., al. 2. ܬܬܡܗܘܢ Joh. 5 28, al. (Haec illa ad *Ithpe.* referri possunt). Ptc. act. ܬܡܗ Mt. 27 14 A, *p. o.* al., ܬܡܗ l. l. Ev. 209 C. pl. ܬܡܗܝܢ s. ܬܡܗܝܢ (interdum perperam ܬܡܗܝܢ). Inf. ܬܡܗ. — miratus est, obstupuit (abs. *s.* c. ܥܠ r.), ll. cc., Js. 61 6. Mt. 21 20. 27 14. Mc. 15 44. Luc. 1 63. 2 18. 33. 24 12. Joh. 4 27. 5 20. 7 21. Hom. Anecd. 189 4. 198 24 (*bis*). Vit. Anton. S. F. 112 12. Vit. Eulog. ZDMG 56 260 7. ܠܐ ܗܘܐ ܠܡܬܡܗ non est hoc mirandum Hom. Anecd. 174 24.

*ܬܡܗ. emph. ܬܡܗܐ (A *pass.*), *p. o.* al. Pl. ܬܡܗܝܢ (*pass.*), ܬܡܗܝܢ Ps. 97 1. emph. ܬܡܗܝܐ Mt. 21 15 A, *p. o. pass.*, ܬܡܗܝܐ Mt. l. c. B. C. suff. 1. ܬܡܗܝ Js. 43 21 (Lect. 77). *m.* — miror, res admirabilis, ll. cc., Js. 8 18. 42 8. Jo. 2 25. Job. 17 8. Luc. 5 9. 26. Joh. 9 30. Act. 1 3. Hymn. Lect. 138 5. Hom. Anecd. 208 22.

*ܬܡܗܘܢ. emph. ܬܡܗܘܢܐ Luc. 21 25 Ev. 128 A, ܬܡܗܘܢܐ ib. B. C. suff. 3. *m.* ܬܡܗܘܢܗ ib. Ev. 133 AB. *f.* — stupor, ἀπορία, l. c. Cf. ܬܘܗܐ (rad. *ܬܘܗ).

Ithpe. ܐܬܬܡܗ Luc. 7 9 A, *p. voc. o.* al., ܐܬܬܡܗ Mt. 8 10 B. pl. ܐܬܬܡܗܘ *pass.* Ptc. ܡܬܬܡܗ Luc. 9 7. pl. *m.* ܡܬܬܡܗܝܢ, ܡܬܬܡܗܝܢ (Luc. 24 41 C; A *corr.* ܡܬܬܡܗܝܢ). — miratus est, obstupuit Mt. 8 10. 9 33. 22 22. Luc. 1 21. 7 9. 9 7. 43. 24 41. Joh. 7 15. Act. 2 7.

Pa. Pf. 1. ܬܡܗܬ. Ptc. act. ܡܬܡܗ — admiratus est: ܬܡܗܬ ܐܦܝܟ ἐθαύμασά σου τὸ πρόσωπον Gen. 19 21, cf. Dt. 10 17.

ܡܬܡܗ (ptc. pass.) Ex. 15 11. Js. 9 6. Ps. 8 2. emph. ܐ— Job. 22 10. *f.* ܡܬܡܗܬܐ Mt. 21 42 A, *p. voc. o.* BC. Pl. *f.* ܡܬܡܗܢ, ܡܬܡܗܬܐ. — admirabilis, ll. cc. Pl. *f.* res mirae Js. 25 1. Act. Andr. et Matth. fol. 2[v].

ܡܬܡܗܐܝܬ *adv.* — admirabiliter Ps. 44 5.

Aph. Pf. pl. 3. *f.* ܐܬܡܗܝ — obstupefecit Luc. 24 22.

---

*ܬܡܢ. ܬܡܢܐ octo Joh. 5 5 A, *p. o.* B. [C ܬܡܢܝܐ]. ܬܡܢܝܐ Luc. 2 21 AC. Joh. 20 26 C. Anecd. 143 14; ܬܡܢܝܐ Luc. l. l. B, Joh. l. l. AB. ܬܡܢܥܣܪ octodecim Luc. 13 11 AC, divisim scr. v. 16 C; ܬܡܢܥܣܪ Anecd. 154 18. ܬܡܢܝܥܣܪܐ Luc. 13 16 A, cf. v. 11 A *corr.*; ܬܡܢܥܣܪܐ v. 16 B; ܬܡܢܥܣܪܝܢ Jer. 39 1. ܬܡܢܬܥܣܪ Luc. 13 11 B. Anecd. 142 2; divisim scr. Lit. 695 4.

ܬܡܝܢܝ octavus Lect. 115 11. emph. ܬܡܝܢܝܐ Luc. 1 59. Lect. 9 1.

ܬܡܢܝܢ octoginta Luc. 2 37 B. Hom.

Anecd. 209 11. Anecd. 109 2. 13. ܬܢܝܬܝܢ Ps. 89 10; ܬܢܝܢܝܢ Luc. l. c. AC.

ܬܡܢ (A ܬܡܢ *pass.*) *part.* — *1.* ibi Gen. 2 8. 11 sq. 18 28 sqq. 22 2. Eccl. 11 3. Mt. 2 13, et persaepe V. et N. T. Praeterquam Hom. Ox. 97 19. Hom. Anecd. 204 7. *2.* illuc 4 Rg. 2 21 (ἐκεῖ). *3.* tunc Hom. Ox. 9 68 21. ܠܬܡܢ (ܠܬܡܢ Luc. 12 18 AC) illuc Gen. 19 20. 22. Ex. 10 26. Dt. 11 8. 10 sq. 12 29. Js. 35 9. Mt. 2 22; alibi. ܡܢ ܬܡܢ illinc Gen. 2 10. 18 22. Dt. 11 10. 4 Rg. 2 21. Mt. 4 21. 5 26. 9 27. Phil. 3 20 (altero loco); alibi.

ܬܡܪ N. pr. Θαμαρ Mt. 1 3 (A ܬܡܪ).

ܬܢ, ܬܢܐ asina: vid. ܐܬܢ.

*ܬܢ. ܬܢܢ *m.* — fumus Js. 14 31.

ܬܢܢ *m.* — *id.* Act. 2 19.

Pa. Impf. 3. ܢܬܢܢ Luc. 1 9 A (hinc corrig. C), ܢܬܢܢ B. — sequ. ܒܒܣܡܐ θυμιᾶν fumavit, l. c.

*ܬܢܐ. *Pe.* Imp. ܬܢܝ. Ptc. act. ܬܢܐ — recitavit Vit. Sct. cod. ms. (abs.); ܬܢܐ ܬܢܐ ܡܬܢܝܬܐ ib.

ܬܢܝܢ secundus Lect. 36 8; ܬܢܝܢܐ ib. 24 1. Gen. 1 8. Joh. 4 54. Ox. 5 14 19. emph. ܬܢܝܢܐ A: Mt. 21 30, 22 26. 39; Mc. 12 31; cf. Joh. 6 22; *p. o.* Gen. 2 13 (Lect.), et saepe al.; Hom. Anecd. 201 11. 203 22. Lit. 696 16. Lit. Dam. I fol. 2r. Lect. 31; ܬܢܝܢܐ Gen. 2 13 Lit. *f.* ܬܢܝܢܐ Js. 61 7; emph. ܬܢܝܢܬܐ Luc. 12 38 C. S. F. 62. Lect. 45 4; ܬܢܝܢܬܐ Luc. l. l. B. Pl. *m.* ܬܢܝܢܝܢ Gen. 6 16.

ܬܢܝܢܘ (A ܬܢܝܢܘ Joh. 3 4, al.; ܬܢܝܢܘ 21 16) *f.* — iteratio: 'ܬ ܡܢ iterum Gen. 22 15. Jon. 3 1. [Mt. 26 42]. Joh. 3 4. 9 24. 21 16.

ܬܢܝܢܘܢ? Hymn. Lect. 138 11 (locus obscurior).

Pa. ܬܢܝ; etc. pl. ܬܢܝܘ Mc. 16 13 B, alias ܬܢܘ. *f.* ܬܢܝ Luc. 24 9 C, ܬܢܝܬ A [ܬܢܝܬ B]. 1. ܬܢܝܬ Js. 53 2. Impf. 3. ܢܬܢܐ Num. 5 7, al., ܢܬܢܐ Hebr. 2 16 (Lect. 14). 11 32; etc. Imp. ܬܢܝ Luc. 8 39, pl. ܬܢܘ; *f.* ܬܢܝ Mt. 28 10 B, ܬܢܝܢ A, ܬܢܝ C. Ptc. act. ܡܬܢܐ s. ܡܬܢܝ, etc. — narravit, nuntiavit, dixit, ll. cc., Ex. 10 2. Num. 13 28. Js. 12 4 sq. 42 9. 43 9. 12. 21 (Lect. 36). 44 7. Jer. 38 10. Jo. 1 3. Ps. 49 6. Job. 17 5. 21 31. Mt. 28 11. Mc. 6 30. 16 10. Luc. 7 22 (Anecd.[1]). 8 34. Joh. 1 18. 1 Cor. 11 26, et saepe al. Lit. 697 13. 704 9 = ZDMG 56 252 6 (cit. Ps. 50 17). Hom. Anecd. 206 20. S. F. 79 9. Cf. etiam ܬܢܝܢ.

*ܬܢܝ (syr. ܬܢܝܢܐ) *m.* — ܬܢܝ ܢܡܘܣܐ Deuteronomium Lect. 70 19.

ܬܢܘܝ (samar. *id.*, *qiṭṭūl*) Luc. 1 1 A, *p. voc. o.* B Anecd. [ܬܢܘܝ C]. [emph. ܬܢܘܝܐ Hom. Anecd. 209 2?] *m.* — narratio, l. c.

Ithpa. Impf. 3. ܢܬܬܢܐ — enuntiatus, divulgatus est Ex. 9 16. Js. 42 9. Lit. 707 4.

*ܬܢܘܪ. emph. ܬܢܘܪܐ *m.* — furnus Mt. 6 30. Hom. Anecd. 203 14.

ܬܢܝܢܐ: vid. *ܬܢܝ.

ܬܣܠܘܢܝܩܝ N. pr. Thessalonike Phil. 4 16.

*ܬܣܠܘܢܝܩܝ. Pl. emph. ܬܣܠܘܢܝܩܝܐ Hom. Ox. 5 10 12. 1 Thess. 1 1. Hinc corrig. ܬܣܠܘܢܝܩܝܢ Lect. 77 9. — Thessalonicus, ll. cc.

*ܬܥܠ. *ܬܥܠ. Pl. emph. ܬܥܠܝܐ Luc. 9 58 A, *p. o.* cett. *m.* — vulpes Mt. 8 20. Luc. 9 58.

*ܬܦ. *ܬܦ (תֹּף). C. suff. 2. *f.* ܬܦ[ܝ]ܟܝ. *m.* — tympanum Jer. 38 4.

*ܬܩܠ I. *Pe.* Pf. pl. ܬܩܠܘ — pependit, appendit *alicui alqd.* Zach. 11 12.

ܡܬܩܠ. pl. ܡܬܩܠܝܢ. *m.* — *1.* (sg.) σταθμός Js. 40 12. *2.* pondus Luc. 19 13 (μνᾶ).

*ܬܩܠ II. (hebr. תקלה Sirac. 31 7; התקילני 15 12. Targ. *id.*). *Pe.* Impf. 2. ܬܬܩܠ — pedem offendit Mt. 4 6 BC. Cf. *Ithpe.*

ܬܩܠܐ (st. abs.) *f.* — offendiculum Ex.

10 7. Js. 8 14. Rom. 9 32. 33 (= Hom. Ox. 962 20). 14 20. 2 Cor. 6 3.

Ithpe. Cf. pl. ܬܩܠܬܐ. Impf. 2. ܬܬܩܠ Mt. 4 6 A. Ptc. ܡܬܩܠ Joh. 11 10 A, *p. o.* v. 9 A [*corr.* ܡܬܬܩܠ], ܡܬܩܠ v. 9 C. 10 BC; ܡܬܩܠ al. — pedem offendit (cf. *Pe.*) Mt. 4 6 A. Joh. 11 9 sq. Rom. 9 32. 14 21 (sequ. ܒ r.).

ܬܡܟܐ phoenices dactyliferae: vid. ܬܡܪ.

ܬܩܢ *Pa.* Pf. pl. 3. *f.* ܬܩܢܝ. Ptc. pass. *f.* ܡܬܩܢܐ (nisi fort. *Ithpa.* est) — paravit, apparavit Ex. 10 10. Mt. 25 7.

*ܬܩܢܐ. C. suff. 3. *m.* ܬܩܢܗ Eph. 2 2. 3. pl. ܬܩܢܝܗܘܢ Gen. 2 1. *m.* — constitutio, institutio (αἰών, κόσμος), ll. cc.

Ithpa. (an *Ittaph.*?) Pf. 3. *f.* ܐܬܬܩܢܬ (ܘ) Mc. 3 5 B. ܐܬܩܢܬ (ܘ) Mc. l. l. AC. Luc. 6 10. Ptc. pl. ܡܬܬܩܢܝܢ Rom. 13 1. — constitutus est, ll. cc.

Aph. ܐܬܩܢ s. ܐܬܩܝܢ (*pass.*); etc. Impf. pl. 3. ܢܬܩܢܘܢ Luc. 1 1 A, *p. voc. o.* cett. Ptc. act. ܡܬܩܢ s. ܡܬܩܝܢ; etc. Pass. ܡܬܩܢ, ܡܬܩܢܝܢ (BC *pass.*, Act. 2 23); etc. — *1.* collocavit 3 Reg. 8 21. Js. 61 8. Act. 16 34 cod. ms. (Lit. ܣܡܗ). Rom. 9 33. *2.* constituit, decrevit, definivit, praescripsit Gen. 1 17. 9 17. Js. 42 25. Job. 17 6. Mt. 21 6. 26 15. 19. 27 10. Luc. 1 1. 3 13. 7 8. 22 22. 29. Joh. 9 22. 2 Cor. 5 19. Gal. 4 2. Hebr. 1 2. Hom. Ox. 963 12. *Ptc. pass.* collocatus *in re* (ܒ), studens Gen. 8 21. Job. 21 27. ܐܬܩܢ ܠܗ προέθετο Eph. 1 9. Reddit κοσμεῖν „ornare" Js. 61 10 (*bis*). Mt. 23 29. Luc. 11 25.

ܐܬܩܢܐ (inf.) *pass.* emph. ܬܐ— *pass.*, ܬܐܬܩܢܬܐ (ܒ) Hom. Anecd. 198 25. C. suff. 3. *m.* ܐܬܩܢܬܗ; etc. Pl. ܐܬܩܢܢ Eph. 2 15. emph. ܐܬܩܢܬܐ 3 Reg. 8 23. C. suff. 3. *f.* ܐܬܩܢܬܗ Prov. 1 8, nisi sing. est, ut ܐܬܩܢܬܗܘܢ Lit. 696 7, ubi puncta pl. reprobanda. *f.* — constitutio, institutio, decretum: τάξις Job. 16 8. Luc. 1 8; cf. Lit. 681. 695 2. 696 7. 704 14. 709 17. Hom. Anecd. 198 25. 205 17 (cit. 1 Cor. 14 10); δόγμα Luc. 2 1 AC (B ܦܘܩܕܢܐ). Eph. 2 15. Col. 2 14; θεσμός Prov. 1 8; πρόθεσις Eph. 1 11; ὅρος Ex. 9 5; ἔθος Luc. 2 42; κάνων Gal. 6 16; διαθήκη 3 Reg. 8 23 (pl.).

---

*ܬܩܦ. ܬܩܝܦ. Pl. ܬܩ[ܝ]ܦ[ܝ]ܢ, *f.* ܬܩܝܦܐ — validus, firmus, vehemens Ex. 10 19. Num. 13 29. Jo. 2 11 S. F. (Lect. ܚܣܝܢ).

*ܬܘܩܦܐ. C. suff. 3. *f.* ܬܘܩܦܗ. *f.* — robur Job. 21 23.

---

*ܬܪܒ. *ܬܪܒܐ. C. suff. ܬܪܒܗܘܢ *m.* — adeps Ps. 16 10.

---

*ܬܪܓܡ. Ptc. act. ܡܬܪܓܡ; etc. Pass. ܡܬܪܓܡ, ܡܬܪܓܡܢ (Joh. 4 25 B). — traduxit, interpretatus est Mt. 1 23. Mc. 15 22. Luc. 24 27. Joh. 1 39. 41 sq. 4 25. 9 7. 20 16. 1 Cor. 12 30. Vit. Anton. S. F. 100 16. Hom. Ox. 960 4.

*ܬܪܓܡܢ. emph. ܬܪܓܡܢܐ. — interpres Act. Philem. 169 4.

ܬܪܚ N. pr. Therach (syr. ܬܪܚ) Luc. 3 34.

---

*ܬܪܐ. *Pa.* Pf. 3. *f.* ܬܪܝܬ Luc. 7 44 B, ܬܪܝܬ AC (sic leg.). Ptc. act. *f.* ܡܬܪܝܐ v. 38 [B ܡܬܪܝܐ] — humectavit, ll. cc.

ܬܪܝܢ, ܬܪܝܢ — duo, *pass.*, Hom. Anecd. 176 15. 177 23. ܬ' ܬ' bini Gen. 6 19 sq. 7 2 sq. 9. 15. Luc. 10 1. emph. ܬܪܝܢ (ܐ) ambo, uterque Eccl. 11 6. Mt. 9 17. 21 31. 27 17. 21. Joh. 1 40. Eph. 2 14 sq. 18. C. suff. ܬܪܝܗܘܢ Gen. 2 24 sq. 3 7. 22 6. 8. Job. 21 26. Mt. 19 5. Luc. 1 6 sq. 7 42. Lit. 707 20. *f.* ܬܪܬܝܢ (ܐ) *pass.*, Hom. Anecd. 178 12. 208 1.

ܬܪܥܣܪ duodecim Mt. 19 28 A, *p. o. pass.* ܬܪܝܢܥܣܪ Mt. 26 53 A, ܬܪܝܢܥܣܪ Gen. 49 28. ܬܪܝܢܥܣܪ C: Mt. 14 20 et Joh. 6 13. ܬܪܝܢܥܣܪ Mc. 5 25 C; ܐ— Lect. 12 4, *p. o.* Mt. 9 20 B. Luc. 22 30 B. Joh. 11 9 C; ܬܪܬܥܣܪܐ Luc. 8 42 A. ܬܪܬܝܢ ܥܣܪ Luc. 2 42 B, ܬܪܬܝܢܥܣܪ Mc. 5 25 A, ܬܪܬܥܣܪ ib. B. ܬܪܬܝܢܥܣܪܐ A: Mt. 9 20, Joh. 11 9, ܬܪܬܥܣܪܐ Jon. 4 11. ܬܪܬܝܢܥܣܪܐ Luc. 8 43 A, cf. 2 42 A. — St. cst. ܬܪܬܥܣܪܬ (cf. Nöld. p. 484) Mt. 19 28 A, *p. voc. o. pass.*, ܬܪܬܥܣܪܐ A: Mt. 26 20, al. ܬܪܬܥܣܪܐ *pass.* ܬܪܝܢ ܥܣܪܐ Mt. 26 53 B: οἱ δώδεκα, ll. cc., Mt. 9 20. 10 1. 11 1. 15 32. 26 14. 47. Mc. 9 35. 10 32. Luc. 8 1. 9 12. 22 3. 14. 30. Joh. 6 67. 20 24. 1Cor. 15 5. Jac. 1 1.

*ܬܢܝܢ. *f.* emph. ܬܢܝܢܬܐ — secundus Luc. 12 38 A. Cf. ܬܢܝ.

ܬܪܢܓܘܠܐ (cf. Idiot. p. 101. 128) BC: Mt. 26 34. 75 Ev. 196; Joh. 13 38; 18 27; per ܓ scr. Mt. 26 75 Ev. 181 BC, Ev. 196 A; Luc. 22 34; Joh. 13 38 A. 18 27 A. ܬܪܢܓܘܠܐ Mt. 26 75[a] Ev. 196 A, ܬܪܢܓܠܐ Ev. 181 A, cf. v. [b] et v. 34 A. ܬܪܓܠܐ (sic) Mt. 26 34 Anecd. *m.* — gallus, ll. cc.

ܬܪܢܓܘܠܬܐ Mt. 23 37 B; ܬܪܢܓܘܠܬܐ A[1], ܬܪܢܓܘܠܬܐ A[2], *p. o.* A[2] *cod.*, C. ܬܪܓܠܬܐ Anecd. *f.* — gallina, l. c.

ܬܪܣܝܣ N. pr. Θαρσίς Js. 60 9. Jon. 1 3. 4 2.

*ܬܪܥ. ܬܪܥ Hom. Anecd. 172 2. emph. ܬܪܥܐ. C. suff. ܗ—; etc. Pl. ܬܪܥܝܢ Js. 14 31. emph. ܬܪܥܝܐ Mt. 24 33 A, Dam. (BC ܬܪܥܐ); al. C. suff. ܬܪܥܝܗ; *f.* ܗ— Mt. 16 18 A, al., ܬܪܥܝܗ ib. BC; ܬܪܥܝܟ; etc. *m.* — porta, ianua, ll. cc., Gen. 6 16. 18 1 sq. 19 1. 6. 9. 11. Dt. 6 9. 11 20. Mt. 6 6. 24 33. Mc. 16 3. Luc. 7 12; et saepius. Hom. Ox. 960 15 (cit. Mt. 16 18). Hom. Anecd. 198 4 (cit. Job. 38 17). 201 17. Cf. ܦܬܚ.

ܒܬܪܥ *praep.* — per (διά instrum.) Mc. 16 20. Joh. 1 17 B (AC ܒ). Rom. 3 20. 24. 27 (Lect.). 14 20. 1Cor. 1 21. Gal. 2 16. 4 7. Col. 2 8. 19. 2Tim. 2 2 (Lect.). Hebr. 10 20. 11 39. Hom. Anecd. 206 7. 210 20. Lit. Dam. *pass.* C. suff. 3. *m.* et *f.* ܒܬܪܥܗ Js. 14 32. Mt. 26 24. Joh. 1 7. 3 17. 11 4. Act. 2 22. Rom. 5 9. 1Cor. 15 2. Eph. 2 18. Col. 1 20. Hebr. 1 2. 7 19. ܕ (ܗ)ܒܬܪܥܗ Mt. 1 22. Joh. 1 17. 17 20. Rom. 3 30. 5 1. 11. 1Cor. 1 21. Gal. 3 14. 26 Lect. (Bibl. Fragm. ܒ). Eph. 2 8. 16. Hebr. 2 14. Minus recte ܕ ܒܬܪܥ Rom. 3 27 Dam. (*bis*).

*ܬܪܥ. emph. ܬܪܥܐ (תַּרְעָא, ܬܳܪܳܥܳܐ — cf. Gwilliam, Tetraev. p. 286 —, an ܬܳܪܳܥܳܐ?). — ianitor, ostiarius Joh. 10 3.

*ܬܪܥ. *f.* ܬܪܥܬܐ (ex ܬܳܪܥܬܳܐ) Joh. 18 16 sq. A, ܬܪܥܬܐ v. 16 C. — ostiaria ll. cc.

*ܬܪܥ. *f.* ܬܪܥܝܬܐ (ܬܳܪܥܝܬܳܐ) Joh. 18 16 sq. B — *id.* Sed fieri potest, ut ex ܬܪܥܬܐ corruptum atque ad voc. praegr. referendum sit.

*ܬܦܠ (Fort. a רפה deriv., Ryssel, Lit. Ctlbl. 1900, col. 1807. An تلف?) *Pe.* Ptc. act. ܬܦܠ s. ܬܦܝܠ — periit: ܠܐ ܕ ܐܠܗܐ ܬܦܝܠ ὁ ἄφθαρτος θεός Rom. 1 23; ܒܪܢܫ ܬܦܠ ܕ φθαρτὸς ἄνθρωπος ib., cf. 1Cor. 9 25. Hom. Anecd. 205 20. Lit. Dam. I fol. 1[r]. II[v]. III[r].

ܬܦܠ (*qᵉṭāl?*) *m.* — pernicies, ܬܦܠ ܠܐ ἀφθαρσία 2Tim. 1 10. Tit. 2 7.

ܬܦܠܐ *f.* — *id.*, ܒܬܦܠܐ ܠܐ ܕ ἐν ἀφθαρσίᾳ Eph. 6 24. Fort. eadem vox ac insequens.

ܬܦܠܘ. emph. ܬܦܠܘܬܐ. *f.* — *id.* Lit. Dam. I fol. 1[v], φθορά Jon. 2 7. Col. 2 22; διαφθορά Act. 2 27. 31.

ܡܬܦܠ (ptc. *Pa.*, *Aph.?*) — qui perit: ܡܬܦܠ (sc. ܡܥܡܕܢܘܬܐ) ܡܢ ܚܫܝܐ ܠܐ Vit. Sct. cod. ms.

*ܬܫܫ. ܬܫܫ (תָּשִׁישׁ). pl. ܬܫܝܫܝܢ — infirmus, inops ἀδύνατος Jo. 3 10. Rom. 15 1; ἀσθενής Num. 13 19. 1Cor. 1 25. Vit. Sct. cod. ms. (saepius).

ܬܫܝܫ. C. suff. 3. *m.* ܬܫܝܫܘܬܗ; etc. *f.* — infirmitas, aegritudo Vit. Sct. cod. ms. (*pass.*); imbecillitas τὸ ἀδύνατον Rom. 8 3.

ܬܫܥ C *pass.* (e. g. Mt. 18 12; 20 5), ܬܫܥ A: Mt. 27 45 sq. Ev. 203, ܬܫܥ ib. Ev. 212 A, *p. o. pass.* ܬܫܥ Mt. 18 13 C. ܬܫܥܐ Anecd. 106 16. 109 13. Determ. ܬܫܥܬܗܘܢ οἱ ἐννέα (cf. Nöld. p. 484) Luc. 17 17 A, ܬܫܥܬܐ C (ܬܫܥܬܗܘܢ B).

ܬܫܝܥܝ nonus Lect. 116 10. emph. ܐ— ib. 10 1.

ܬܫܥܝܢ nonaginta Mt. 8 12 sq.

ADDENDA ET CORRIGENDA.

1ª 4 a.f. del. Gen. 22 7, cf. LXX.

2ᵇ add. ܐܒܪܐ plumbum Ex. 15 10.

5ª 11 add. ܪܒܟ Mc. 5 34 A.

5ᵇ ܐܣܪ *Aph.* add. Luc. 12 1.

6ᵇ 10 a.f. add. ܐܝܠܐ ἡ ἔλαφος Dt. 12 22.

8ª add. ܡܐܟܘܠܬܐ *f.* cibus Gen. 9 3. ܡܝܟܘܠܬܐ Joh. 4 32 A; ܡܐܟܘܠܬܐ ib. BC. 6 56. ܡܐܟܠܐ Ex. 16 4. emph. ܡܐܟܘܠܬܬܐ Joh. 6 27 BC (A ܡܝܟܘܠܬܬܐ). 1 Cor. 10 3. Lit. 707 13. Lit. Dam. I fol. 2ᵛ. C. suff. ܡܐܟܘܠܬܬܗ Mt. 3 4 AB, ܡܐܟܠܬܬܗ ib. C. ܡܝܟܘܠܬܬܝ Joh. 4 34 A, ܐ̈ BC. Pl. abs. ܡܝܟܘܠܢ Luc. 3 11 A, *p. o.* BC.

Aph. pf. pl. 1. ܐܘܟܠܢ Mt. 25 37 Ev. 166 C (sic leg. pro ܐܟܘܠܢ). Impf. 1. ܢܘܟܠ 1 Cor. 18 3. Imp. ܐܘܟܠ Rom. 12 20. — comedere fecit, comedendum dedit, ll. cc. Cf. *ܙܘܢ.

add. ܐܟܝܡ N. pr. Αχειμ Mt. 1 14 A (*bis*), *p. o.* v. ᵇB; ܐܟܡ v. ᵃB; ܐܩܐܡ C (*bis*).

9ᵇ 8 leg. Sophocle.

13ª 10 a. f. add. ܐܬܐܢܣ (pf.) Vit. Sct. cod. ms.

13ᵇ 23 add. ܐܣܩܐܪܛܝܩܘܣ Vit. Sct. cod. ms., ܐܣܩܐܪܛܝܩܐ ib. (saepius).

14ª 11 ܐܢܫ: cf. Nöld. Mand. Gr. p. 151, n. 1 (אנישׁ ex *אֱנָשׁ ortum, G. Hoffmann).

ib. 5 a. f. add. ܐܢܬܐ (st. abs.) Ex. 11 2.

15ª 9 add. ܪܒܕܘܟܝܢ Act. 16 35.

ib. 26 ܐܣܦܛܘܢ: cf. Brockelm. Z. A. 1903, p 252.

ib. 5 a. f. add. ܐܣܟܝܡܐ σχῆμα habitus (monasticus) Vit. Sct. cod. ms. (saepius).

16ª 7 ܐܣܝܢ add. Act. 16 24 Lit. (Cod. ms. ܚܣܪ *Pa.*)

18ᵇ 2 add. pl. emph. ܐܬܢܝܩܝ (ethnici) Vit. Sct. cod. ms. (*bis*).

ib. 10 cf. etiam P. Sm. 170. 390. Brockelm. Lex. 27ᵇ. Land, Anecd. 3 50 6 (ܐܬܢܝܩܘܣ).

ib. 22 sqq. Formam ܐܬܢܝܩܐ vim habere participii pass., ex eo patet, quod cum ܠ viri iungitur.

19ª 23 cf. *ܚܒܠ.

19ᵇ 10 add. ܒܟܠ ܥܕܢ πάντοτε 2 Cor. 4 10.

ib. 19 add. ܐܪܥܗ ὑπήντησεν αὐτῷ Luc. 8 27.

20ª 21 add. ܟܠܗ ܐܘܢܐ πάντα τὸν χρόνον Dt. 12 19. ܒܐܘܢܝ Hom. Anecd. 209 20. ܐܘܢܝ plerumque reddit gr. χρόνος; sed βίος Js. 53 10, καιρός Luc. 8 13 Anecd. (De Gal. 4 2 προθεσμία cf. Peš.). Vid. etiam ܥܕܢܐ, ܙܒܢ.

21ª 9 add. Vit. Sct. cod. ms.

23ᵇ 20 ܚܘܪܐ: add. Ex. 26 31; ܚܘܪܐ ib. 36.

ib. 9 a. f. add. Vit. Sct. cod. ms. (ܚܘܪܝܐ).

27ᵇ 16 ܟܣܐ c. ܘ r. add. Vit. Sct. cod. ms.

ib. add. ܒܣܝܣ αἱ βάσεις Ex. 26 32.

28ª a. p. u. leg. Act. 16 34 Lit.

29ª 11 a. f. leg. *ventris.*

39ª 9 add. ܡܬܒܘܬܐ, ܠܘܬ ad sedem Vit. Sct. cod. ms.

ib. 16 add. ܠܘܬ ad, Vit. Sct. cod. ms. (saepius), ܠܘܬܗ ad eum, ib.

39ᵇ 18 add. Act. 16 24 cod. ms. (Lit. ܚܙܩ).

41ª 8 ܠܚܘܕܘܗܝ solus add. Vit. Sct. cod. ms. (*bis*).

41ᵇ 25 leg. utrique.

42ª 5 ante 1 Cor. 9 24 ponas Ex. 15 8.

42^b 4 a. f. add. ܐܕܗܒ *Aph.* inauravit Ex. 26 29. 32.

45^a add. ܐܕܝܢ (ex אדין, si recte legit Duensing) tum Ex. 15 15.

ib. del. lin. 10—8 a. f.

54^a 7 a. f. add. ܐܙܕܗܪܘ ܒܢܦܫܟܘܢ cavete vobis Vit. Sct. cod. ms.

54^b add. *ܙܘܕ. ܙܘܕܝܢ (זְוָדִין) ἐπισιτισμός Ex. 12 39.

ib. 11 leg. quandam.

58^a 3 cf. rad. assyr. זקר „eminuit".

63^a 7 a. f. add. vis = notio *verbi* Vit. Sct. cod. ms. (saepius).

63^b add. ܚܣܝܢܐܝܬ ἰσχυρῶς Dt. 12 23.

65^a 10 add. ܐܬܚܠܦܘ ܥܠܘܗܝ alternatim irruerunt in eum Vit. Sct. cod. ms.

ib. 15 add. ܫܠܚܘ ἐσκύλευσαν Ex. 12 36.

66^b 10 ܫܡܫ: add. Ex. 12 39. Impf. ܢܫܡܫ ib. 34.

69^b 28 leg. praepropere.

72^b add. ܛܒܝܬܐ ἡ δορκάς Dt. 12 22.

83^a 30 add. Ex. 12 30.

102^a add. *ܠܬܫ. ܠܬܫܐ massa (τὸ σταῖς) Ex. 12 39.

106^b 13 ܡܐܢܝ ܙܝܢܐ = (מָאנֵי זֵינ(א)).

124^b 16 add. ܒܪ ܢܘܟܪܝܐ ἀλλογενής Ex. 12 43.

134^b 3 add. ܡܫܚܠ Ex. 26 28.

136^b add. ܐܣܬܟܠ ܒܗܘܢ animadverte eos Vit. Sct. cod. ms.

152^b 3 add. ܚܠܝܛܐ ἐπίμικτος Ex. 12 38.

162^a ult. Cf. etiam verb. synon. فرّق Beaussier s. v., Delphin, Recueil 24 5 a. f.

163^a 7 a. f. leg. ܦܪܘܫܐ pro ܦܪܫܘܫܐ.

172^a ult. add. ܙܪܝܙܝܢ ἐνδεδεμένα Ex. 12 34.

189^b paen. add. ܒܥܒܪܝ ܪܓܠܝܢ πεζοί Ex. 12 37.

198^b 5 a. f. add. ܐܫܐܠ Ex. 12 36.

201^a 12 a. f. ܒܥܘܒܕܐ = ܒܥܘܒܕܐ Ex. 12 33 (σπουδῇ).